基于多源异构网络大数据的
消费者行为分析与智能零售模式研究

韩朝亮 著

经济管理出版社
ECONOMY & MANAGEMENT PUBLISHING HOUSE

图书在版编目（CIP）数据

基于多源异构网络大数据的消费者行为分析与智能零售模式研究 / 韩朝亮著 . -- 北京：经济管理出版社，2025. 6. -- ISBN 978-7-5243-0352-7

Ⅰ . F713.55；F713.32

中国国家版本馆 CIP 数据核字第 202524XK75 号

组稿编辑：杨　雪
责任编辑：杨　雪
助理编辑：付姝怡
责任印制：张莉琼
责任校对：王淑卿　蔡晓臻

出版发行：经济管理出版社
　　　　　（北京市海淀区北蜂窝 8 号中雅大厦 A 座 11 层　100038）
网　　址：www. E-mp. com. cn
电　　话：(010) 51915602
印　　刷：北京晨旭印刷厂
经　　销：新华书店
开　　本：787mm×1092mm/16
印　　张：25.75
字　　数：659 千字
版　　次：2025 年 8 月第 1 版　　2025 年 8 月第 1 次印刷
书　　号：ISBN 978-7-5243-0352-7
定　　价：158.00 元

前　言

新古典经济学认为消费者是同质的，零售企业面对的是标准的消费者，消费者被动接受零售厂商的产品与服务。同质化消费者是外生的，消费者被排除在经营分析框架之外。随着信息技术的发展，消费者行为发生改变，消费者之间有效联合、低成本获取信息与高效交换信息，使消费者"增权"成为现实。通过量表开发与结构方程模型，验证了消费者信息获取与信息处理行为的变化，消费者有效联合成为现实。零售厂商必须将消费者纳入经营分析框架内，从消费者需求不确定性出发，采取相应的策略性行为，这意味着零售厂商的策略性行为实际上内生于消费者的行为过程。零售渠道整合是渠道成员适应消费者需求不确定性的结果。通过零售渠道整合，零售厂商可以获取有效消费者信息，实现消费者信息熵降低，消除需求不确定性，节约交易成本。除了零售厂商之外，渠道成员也直接面对消费者需求不确定性，消费者需求不确定性将通过渠道成员内部与渠道成员间传导，渠道成员间沿着社会网络中的利益链在关联的制造商、金融机构、物流服务商等企业间转移，渠道成员内部沿着企业内业务部门实现转移。以不确定性传导为基础，将实现不确定性在更大范围的扩散。

传统零售厂商面对的消费者是同质的，其可以分类，也可以在同质化假定这个大原则下找到规律，从概率论角度看其购买行为（商品、时空等）是可以预见的，因此可以由理性的因果逻辑化解，此时零售厂商面对的可度量的不确定性——风险，零售厂商仅负责物质的"循环流转"，不创造新价值，其仅仅在 $P=MC$ 点实现均衡，没有经济利润可言。随着消费者行为变化，零售厂商面对的消费者是异质的，由于其不存在同质性基础，难以分类并合并同类，按照奈特的解释"对事例进行任何分类的可靠基础都不存在"，因此在理性层面是不可解的，只能通过相关技术（如人工智能、物联网）来化解，此时零售厂商面对的是不可度量的不确定性。零售厂商一方面要进行产品创新，另一方面要进行服务体验创新，满足消费者不确定的新价值，其在 $P=AC$ 点实现均衡，实现正的经济利润。面对消费者不断增强的需求不确定性，零售厂商只能采纳智能零售模式相适应。智能零售商业模式采纳是以网络技术、大数据技术、人工智能技术等集中应用为基础，用来降低消费者风险与不确定性，满足消费者从"千人一面""千人千面"到"一人千面"转变，从而达到"此时此刻此情此景"下的最优解，最终实现两两均衡、动态均衡与全局均衡。与新古典经济学的标准均衡不同，由于消费者需求不确定性，导致其失去了可加的基础，其市场均衡只能通过两两均衡实现。通过智能零售模式采纳，可以实现消费者个性化需求（时空状态、需求特征存在差异）与渠道成员差异化供给（商品与服务组合）的两两均衡，通过两两均衡逐步拓展到全局均衡。

　　基于消费者行为变化的基本特征，零售厂商必然加速匹配，完成技术模式与商业模式重构，加速向智能零售转型。智能零售模式的实质是通过零售大数据与商务智能系统的应用，整合企业内部仓库管理系统（WMS）、企业资源计划系统（ERP）、销售时点信息系统（POS）、客户关系管理系统（CRM）、供应链管理系统（SCM）等业务系统，构建企业数据中台，利用数据中台提供治理后的零售数据，实现在零售"人、货、场"活动中的智能化决策，支撑零售业根据消费者需求快速反应，实现零售供应链敏捷化，达到降本增效的目的。本书基于商业模式画布，详细说明智能零售商业模式的九个构成要素，即目标顾客、价值主张、渠道通路、顾客关系、收入来源、关键资源、关键活动、关键伙伴和成本结构，这九个构成要素描述了零售厂商采纳人工智能技术创造、传递和获取价值的原理，对不同规模不同业态的零售厂商具有普适性。同时智能零售模式采纳受诸多因素影响，本书基于 TOE（Technology-Organization-Environment）框架，详细说明智能零售模式采纳受到技术条件、组织条件与环境条件影响，并且技术条件、组织条件与环境条件具有组态效应。但是我们必须清醒认识新一代信息技术的工具属性，智能零售模式的实现，是智能零售技术的应用，但智能零售模式采纳后可能会面临来自组织和员工的阻力、项目交付阶段的信任危机等与原有商业模式的融合与冲突，因此需要同步完成组织重构与环境重构等。本书主要面向规模以上零售企业，但中国主要的零售网点是基层的便利店等，既不具备智能化转型的能力，又不具备智能化转型的意愿，但规模以下零售企业恰恰是中国零售企业整体降本增效的主力。基于规模以下零售企业，本书在案例研究的基础上，认为应该借助人工智能即服务、零售云、供应链、平台、智慧商圈等共性能力，在此基础上完成消费者行为分析与智能零售模式重构。从智能零售采纳的调节变量看，有效的政策支持在零售企业智能化转型过程中起到核心作用，尤其对于中小零售企业而言，其调节作用更为显著。因此，应该坚持有为政府与有效市场相结合，政府通过制定科技创新战略、财政补贴、税收优惠等政策来鼓励人工智能的研发和商业化进程，促进人工智能技术在零售领域的应用与深化。

　　为了验证以上概念理论模型的正确性，本书尝试了多种研究方法，具体包括量表开发、大数据分析、算法设计、计量模型、案例分析等。通过量表开发，本书进一步验证消费者的决策之间是相互关联的，消费者决策的相互性不仅会增加需求不确定性，更为关键的是改变了传统关于消费者原子论的假设，零售厂商面对的资源是相互影响的，因此大数据技术、人工智能技术可以依赖相关关系产生智能化决策。本书借助大数据分析方法，利用多源异构网络大数据和企业全样本数据库，说明消费者口碑数据的重要性，即消费者情感倾向可以显著影响零售厂商决策。同时本书开发了基于消费者评价的推荐算法，其效果显著提高了供求匹配效率，这也是智能零售采纳的本质要求。在零售厂商全渠道整合过程中，消费者个性化、碎片化物流服务需求特征明显，要求零售商与物流服务商对终端配送中心、线下实体门店、共同配送中心等进行重新优化配置，满足消费者越来越高的物流效率与用户体验要求，本书基于企业全样本数据库，开发了商业物流预测模型，模型的应用可以有效解决全渠道整合过程中物流的准确性。在本课题研究过程中，经历了新冠疫情的冲击，供应链风险成为零售厂商必须考量的关键问题，本书基于企业全样本数据库，开发了供应链风险管理模型，模型的应用可以有效识别供应链风险。另外，本书基于计量模型，验证了智能零售商业模式采纳可以有效消除消费者需求不确定性，同时还能有效提升零售企业绩效，但其绩效提升受技术条件、组织条件和环境条件的影响，并且由于规模的差异其提升零售企业绩效的程度也存在显著差异。

本书撰写过程哈尔滨商业大学孙旭、张欣、刘颖新、李新华、刘淑慧、张子扬同学深度参与。本书受黑龙江省"双一流"二期建设培育学科——哈尔滨商业大学"数字经济"学科经费支持，在此深表谢意。同时，感谢经济管理出版社杨雪编辑的帮助与支持。在本书的撰写过程中，我们借鉴和吸收了国内外专家学者的研究成果，在此也致以诚挚的谢意。由于笔者学术水平有限，本书尚有不少欠缺之处，恳请广大读者给予批评指正。

目　录

1 绪论

数字经济时代，消费者行为变化及零售商业模式创新研究是产业界和理论界研究的共同课题。由于信息获取和零售渠道的泛化，消费者行为的需求不确定性显著增强，传统依赖规模化经营以及薄利多销的商业模式不能适应消费者变化，需要零售厂商采取更加灵活的渠道与产品组合满足消费者行为变化，势必大范围应用物联网、大数据、云计算、人工智能等新一代信息技术，进而催生了智能零售商业模式。

1.1 研究背景

《中国互联网络发展状况统计报告（第 53 次）》显示，截至 2023 年 12 月，我国网络购物用户规模达 9.15 亿人，较 2022 年 12 月增长 6967 万人，占网民整体的 83.8%，网络视频用户规模为 10.67 亿人，较 2022 年 12 月增长 3613 万人，占网民整体的 97.7%。网络购物渠道多元化，短视频、网络直播、社交电商等渠道发展迅猛，消费者购买渠道逐步离散化。网络视频用户主要集中于快手、抖音平台，快手重点发展"信任电商"，通过建立主播和用户之间的信任感，促进交易量增长。目前，电商业务已成为快手商业生态的中心，是拉动业绩增长的重要引擎之一。根据北京快手科技有限公司发布的 2023 年第一季度业绩财报，2023 年第一季度快手总营收同比增长 19.7%，其中含电商在内的其他业务收入同比增长 51.3%。抖音则向传统电商网站靠拢，上线商城功能，方便用户通过商城入口直接搜索商品。随着用户在短视频平台购物习惯的养成，直接搜索更有利于促进交易和提高复购率。抖音电商披露的数据显示，2022 年 5 月至 2023 年 4 月，抖音电商商品交易总额（GMV）同比增长超 80%，其中商城 GMV 同比增长 277%。截至 2023 年 6 月，我国网络直播用户规模达 7.65 亿人，较 2022 年 12 月增长 1474 万人，占网民整体的 71.0%，其中，电商直播用户规模为 5.26 亿人，较 2022 年 12 月增长 1194 万人，占网民整体的 48.8%。根据商务部数据，2022 年商务部重点监测电商平台累计直播场次超 1.2 亿场。根据《2022 年度中国电子商务市场数据报告》，2022 年全年直播电商交易量总额在 3.5 万亿左右，同比增长 48%。截至 2023 年 6 月，我国直播电商用户达到 5.26 亿人，渗透率持续提升。2023 年小红书电商生态持续繁荣，年交易规模过亿的商家数同比增长 500%，突破千万的商家数同比增长 380%。一批单场销售额过亿元、数千万元的买手，正在小红书电商诞生。加之传统 C2C 平台、B2C 平台竞争的白热化，消费者线上购买渠道逐步多元化、离散化。相较线上购买渠道，线下购买渠道也逐步增加。零售业态作为线下零售的主要形态，其承载着商品策略、店铺设施、价格策略、销售技术等组合，满足消费者对不同商品和服务的需求。近年来，传统百货商店、超级市场逐步式微，仓储会员店、折扣店成为热点，零食量贩店、生鲜奥莱等新业态逐步涌现，线下零售渠道专业化、细分化趋势明显，消费者根据时空特征与购买情境，选择最适合的零售渠道，消费者渠道选择愈加多样化、离散化。消费者渠道选择的变化，对于消费者而言只是购买行为的新途径、新体验，但对于零售企业而言，却意味着要打通消费者接触的前台，整合中后台业务，匹配商流、物流、信息流、资金流等零售活动，更需要协调制造商、物流服务商、金融机构等渠道成员的资源与利益。

随着消费者购买行为的变化，零售商普遍尝试渠道整合相适应。传统实体零售商开始探索线上经营，苏宁，探索"店商＋电商＋零售服务商"模式。物美商超整合 App、门店、DM 单、私域、公域、直播等渠道，数字化贯通全链路，实现线上线下一体化、店仓一体，逐步实现全渠道融合。传统线上零售企业也积极拓展线下实体渠道，2024 年 12 月前，阿里巴巴提出"新零售"概念，全面探索全渠道零售，战略入股线下零售企业三江购物、联华超市和新华都等，全资收购大润发超市，发展新兴业务如盒马鲜生、零售通、淘咖啡无人便利店，盒马鲜生的探索已经成为零售渠道整合的样本。京东商城通过"京东到家＋沃尔玛"模式满足消费者即时需求，京东到家平台下单，沃尔玛门店作为前置仓即时配送，实现零售渠道整合。亚马逊收购全食超市，探索线上资源与线下资源整合，满足消费者购买行为变化。在零售企业渠道整合实践中，由于消费者需求不确定水平提高，零售渠道整合难度不断提升。以即时需求为例，盒马鲜生要求全部品类 30 分钟送达，京东到家尝试最快 15 分钟送达。面对极致的消费者体验，要求零售商线上渠道与线下渠道业务高效协同，制造商、零售商、物流服务商、金融机构等渠道成员之间分工明确、协调一致。随着社交网络、直播平台、短视频、自媒体等渠道引入，进一步提高了零售商渠道整合的难度，同时增加了渠道成员间冲突的可能。随着零售渠道整合，在横向渠道间，制造商线上渠道与实体零售商渠道冲突严重，由于消费者信息能力的提升，策略性消费者越来越多地采取"搭便车"行为，线下体验服务线上购买，导致线下零售渠道缺乏提高服务水平的激励。同时线上收集信息、线下购买的反展厅现象也普遍存在。在纵向渠道间，消费者个性化需求、多样化需求使供应商、零售商、消费者之间供需错配明显，导致商品滞销、库存积压，同时传统积累的通道费、商业贿赂冲突问题依然存在。零售渠道整合过程中既面临零售渠道内部业务整合与资源配置问题，又必须面对不断增多的零售渠道外部关系治理问题。

随着消费者渠道选择多样化，消费者需求不确定性增加。从消费者需求特征看，消费者需求从排浪式需求向个性化需求、多样化需求转化。从消费者购买行为发生的时间和空间看，离散程度增加。从消费者信息获取看，获取离散化程度进一步提高。从消费者权利看，消费者"增权"成为不可逆转的趋势。消费者行为变化，对于消费者而言只是购买行为的新途径、新体验，但对于零售企业而言，却意味着要打通消费者接触的前台，整合中后台业务，匹配商流、物流、信息流、资金流等零售活动，更需要协调制造商、物流服务商、金融机构等渠道成员的资源与利益。消费者行为变化需要零售商业模式重构。面对消费者需求不确定性，零售企业只能通过技术手段（如大数据、人工智能）来化解，智能零售商业模式应运而生。零售也是较早拥抱大数据技术的领域,其过程中存在显著的资本加持现象,数字零售的进程明显加快。零售业经营主体以用户数字化为核心,利用数字化驱动消费者的全生命周期运营,为业务决策提供精细化、场景化支撑,从而实现降本增效、精准开展新业务,更快、更优地提升企业数字竞争力。传统零售经营主体在后台使用 ERP、WMS、CRM、OMS、SCM 等业务系统,还有 HR、财务、OA 等支持系统。消费者需求不确定性决定了前台系统需要快速迭代响应消费者需求变化。前台对消费者的快速响应要求后台与之相匹配,而后台设立的核心目的并不是服务前台,而是提升后端数据的安全及系统的稳定性。随着业务范围的扩大,后端存储大量的合同、商品、订单及用户等私密数据,考虑到企业安全、审计、合规、法律等限制,这些数据无法提供给前台直接使用,也无法快速地改造系统来响应前台的变化。因此,出现了"前台为了满足消费者需求,期望系统不断地快速迭代""后台为了数据安全与系统稳定,期望系统趋于稳定"的矛盾局面。随着零售业务的发展,因为后台修改的成本和风险较高,驱使零售企业尽量选择保持后台系统的稳定性。为了响应消费者持续变化的需求,自然就会将大量的业务逻辑(业务能力)直接匹配到前台系统,在重复建设的同时,还会致使前台系统不断膨胀,变得臃肿,形成了一个个独立的"烟囱式单体应用",逐渐拖垮前台系统的消费者响应能力,消费者满意程度降低,零售渠道的竞争力随之不断下降。随着消费者需求不确定性以及零售渠道整合程度的不断提高,后台信息系统兼容差、消费者响应慢、缺乏信息能力沉淀等问题凸显,部分零售企业把中台战略放到了空前重要的位置,通过组织架构调整来加速技术、业务能力沉淀与协同。阿里巴巴在国内创造性地提出了"中台"概念,核心是将后台的逻辑层拆分出来,形成"前台(应用层)—中台(逻辑层)—后台(数据层)"的技术架构。在这一技术架构下,当前台需求来临时,中台能快速进行响应,从而提升了匹配效率,降低了创新成本。中台存在的目的是更好地服务前台规模化创新,快速响应消费者需求变化,使企业真正做到自身能力与消费者需求的持续对接。中台是企业内部系统分工的结果,相对前台其具有更强的稳定性,与后台相比具有更高的灵活性,匹配前台与后台的速率,是前台与后台的桥梁。

随着零售业企业数字化转型步伐的加快以及中台改造,零售业经营沉淀了海量多源异构数据,但海量数据的处理与应用成为难题,数据如果不能形成零售决策,满足消费者需求,只能徒增企业成本。例如大润发早期通过线上渠道(飞牛网)和系统应用,没能产生降本增效的效果,数字化转型探索失败被阿里巴巴收购。同时,随着《中华人民共和国网络安全法》《中华人民共和国数据安全法》《中华人民共和国个人信息保护法》等法律法规的出台,消费者数据开发利用进入严监管时代,由于零售业的主要数据来源于消费者,使数据治理与应用难度进一步增加。从技术角度看,数据仅是零售业经营主体在经营过程中经济活动的客观沉淀,但从数据到决策还需要经历模型化阶段。模型包括业务模型、数据模型等,模型的大规模部署和适应,可以替代自然人进行决策,随着零售实时决策的增加,自然人的认知局限和有限理性越来越突出,所以无论从客观实际出发还是从零售业主体的实际出发,零售业必然进入模型的大规模适应阶段,智能零售模式应运而生。零售业具有广泛且灵活的市场特征,是较早实践人工智能模式的行业,为人工智能技术赋能的商业模式提供了良好的模块化应用场景。人工智能技术实现零售业从店铺到用户、从运营到管理全方位覆盖。例如,智能门店技术通过人脸识别等技术对顾客进行深度剖析,实现清晰的用户画像；建立全品类商品的识别和知识图谱，在顾客购买时自动识别并介绍产品详细信息；通过视觉方案让店面的货架盘点效率提升，帮助进行店面实时监控和分析。例如店面运营管理，基于销量预测及多元外部数据实现智能订货；基于店铺的销量和客户需求定制店铺的选品策略；基于单店的定价与组合实现"千店千价"的智能定价；根据顾客购买行为与店内库存情况实时促销返利；通过用户行为分析实现智能商品摆放；全局优化使配送员在相同工作时间内完成更多订单。例如智能客户管理，通过人工智能算法实现个性化推荐、智能会员分级体系、智能线上定价系统和智能客服交互，提升顾客满意度。例如智能供应链根据不同商品的销量与关联，加快新商品的设计和制造，打造柔性供应链；根据销量预测的单品数据，优化从源头采购的智能规划；以最高的风控能力为生产方保证充分的资金供应；通过智能技术实现机器质检，节省人工、提高精度。全球管理咨询公司麦肯锡 2018 年的报告表明，未来零售行业中 54% 的工作环节将实现任务自动化，零售行业自动化（智能零售）市场 2022 年增长至 140.3 亿美元，而这一指标在 2017 年仅有 87.9 亿美元。

零售企业采纳人工智能商业模式之后，可能存在与零售企业原有管理或流程的不兼容或冲突之处。因为一种新的技术或商业模式带给企业的变革，往往会挑战旧的流程和制度，新模式的推广必将存在诸多阻力。零售企业采用智能零售商业模式，必然要对内部组织结构、人力资源结构等进行系统优化，达到降本增效的目的。因此，本书以消费者行为变革下智能零售商业模式采纳与应用为主要研究对象，建立消费者行为变化模型，并基于多源异构网络大数据对其进行验证，根据消费者行为变革，具体提出零售商业模式优化方向——智能零售，重点指出智能零售模式与原有管理或流程的冲突，提出零售企业采纳智能零售商业模式的融合路径，同时针对中小规模零售企业采纳智能零售商业模式的困境与出路进行系统分析，细化智能零售商业模式的规模异质性研究。

1.2 研究目的与意义

1.2.1 研究目的

2024 年 3 月 5 日，国务院总理李强在《政府工作报告》中指出要"深化大数据、人工智能等研发应用，开展'人工智能 +'行动，打造具有国际竞争力的数字产业集群"。零售业是较早实践人工智能模式的行业，相比工业领域零售业有较好的数据基础，同时实施基层阻力较小；相较金融、医疗等服务业其数据安全风险小，高层组织简单；零售业其广泛且灵活的市场特征，为"人工智能 +"技术应用与商业模式创新提供了良好的实践场景。在通用大模型掀起的人工智能热潮下，国内开展"人工智能 +"行动背景下，本书的主要目的是前瞻性地提出零售业应用人工智能的理论前提、应用场景、技术架构、商业模式、制约因素、实施路径、政策保障等，为零售厂商开展"人工智能 +"行动提供前沿性指导，同时为政府制定科技创新战略、财政补贴、税收优惠等政策来鼓励人工智能的研发和商业化进程，促进人工智能技术在零售领域应用深化提供政策依据。

1.2.2 研究意义

1.2.2.1 理论意义

在经济学领域对于大数据技术、人工智能技术的应用存在多种解释框架，例如，大数据技术的应用弥补了新古典经济学关于信息不完全、相关关系的假设，人工智能技术的应用弥补了新古典经济学关于有限理性的假设，在新古典经济学框架下增强其对新一代信息技术应用的解释能力。但长期以来，经济学与信息科学存在显著的两个话语体系，在实际运行中其基本概念与作用机制都难以兼容。本书以经济学与信息科学共性概念不确定性为切入点，将弗兰克·奈特在《风险、不确定性和利润》以及 Shannonce 在 *A Mathematical Theory of Communication* 中关于不确定性的描述与计算进行融合，实现在一个话语体系下解释大数据技术与人工智能应用问题。本书的理论意义在于通过对消费者需求不确定性的界定，从理论层面说明零售厂商必然采取智能零售模式相适应，缓解消费者需求不确定性，降低消费者信息熵，满足消费者从"千人一面""千人千面"到"一人千面"转变，从而达到"此时、此刻、此情、此景"下的最优解。更为关键的是，本书基于消费者需求不确定性，设计了智能零售模式采纳的技术架构、商业模式、影响因素、实现路径、政策保障，可以直接作为零售厂商实践与零售学研究的基础，后续可以基于细分领域开展拓展性研究。

1.2.2.2 现实意义

随着通用大模型的广泛使用，零售业逐渐从关注数字化转型，转向侧重人工智能带来的零售决策问题。本书基于智能零售模式采纳的技术架构、商业模式、影响因素、实现路径、政策保障的研究，可以直接为零售企业开展智能化转型与智能决策提供直接依据，尤其是进一步细化不同规模零售企业的差异化实现路径，可以为大型零售企业、中小零售企业提供切实可行的落地方案。从智能零售采纳的调节变量看，有效的政策支持在零售企业智能化转型过程中起核心作用，可以为政府部门制定试点示范、公共服务平台等政策提供直接依据。

1.3　国内外研究现状

本书以消费者行为变革对智能零售采纳的影响为主要研究对象，因此文献的梳理主要围绕消费者行为变革、消费者行为变革对零售组织的影响、零售商业模式创新研究、智能零售模式的采纳与融合四个领域展开。研究发现，国内外研究文献普遍关注消费者行为变化对零售组织的影响，关于为什么要采纳智能零售商业模式，部分学者开展零星探索研究。虽然智能零售模式采纳与应用主要停留在规模以上零售业经营主体，但在中国的商业环境中，由于城乡差别和城市层级差别，小规模零售业经营主体是中国商业网络中最活跃、最广泛的，也是构成中国零售业最微小细胞，其缺少智能零售模式采纳的绝大部分要素，其二元对立决定了必须对智能零售模式的规模异质性进行研究，通过文献梳理，发现此领域完全处于空白状态。因此本书改变传统通过案例分析和量表开发的方法，通过多源异构网络大数据分析方法，分析消费者行为，确保消费者行为研究的客观性。在此基础上重点研究消费者行为对零售业态演化的影响，并形成智能零售模式采纳与融合的一般机制，同时重点关注小规模零售业经营主体智能零售应用问题。

1.3.1 国外研究现状

1.3.1.1 消费者行为研究
（1）基于 CiteSpace 的文献可视化分析

从消费者行为研究发文量变化趋势来看，国外关于消费者行为领域的研究发文量逐年递增，如图 1-1 所示，说明该领域在国际学术界的重要性和关注度不断提升。其中，2020年发文量出现了局部最低点，为 174 篇，可能是因为受到严重疫情冲击，这种经济环境使学者更难以获得研究支持，进而影响了研究产出。

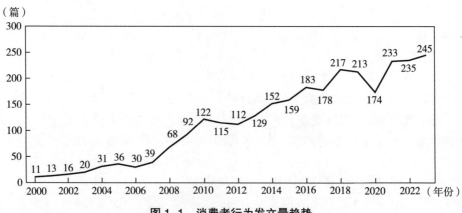

图 1-1　消费者行为发文量趋势

国外近几年关于消费者行为的研究从关键词来看（如图 1-2 和表 1-1 所示），Behavior（行为）和 Planned Behavior（计划行为）是中心度最高的关键词，表明计划行为理论仍是研究的核心框架；Consumer Behavior（消费者行为）和 Consumers（消费者）频次较高，但中心度相对较低，表明这些概念更多作为基础主题被单独探讨，而非与其他领域深度交叉；Model（模型）和 Determinants（决定因素）进一步体现了研究者对构建理论模型和识别行为驱动因素的重视。此外，一些新兴议题逐渐兴起，Environmental Concern（环境问题）和 Willingness to Pay（支付意愿）虽频次较低，但中心度达到 0.05，显示可持续消费和支付意愿等新兴议题开始进入研究视野，可能与环境问题和社会责任相关。

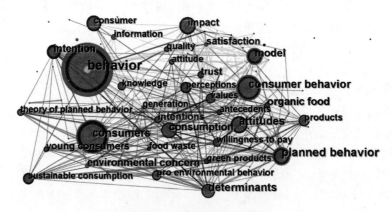

图 1-2　关键词可视化图谱

表 1-1 关键词频次及中心度

排序	关键词	频次	中心度	排序	关键词	频次	中心度
1	Behavior	1570	0.54	11	Impact	360	0.07
2	Planned Behavior	335	0.19	12	Information	193	0.07
3	Consumer Behavior	642	0.13	13	Attitudes	376	0.06
4	Consumers	989	0.12	14	Values	154	0.06
5	Model	340	0.11	15	Word of Mouth	66	0.06
6	Determinants	267	0.10	16	Environmental Concern	85	0.05
7	Intention	201	0.08	17	Intentions	151	0.05
8	Loyalty	60	0.08	18	Trust	95	0.05
9	Consumption	430	0.07	19	Willingness to Pay	80	0.05
10	Young Consumers	68	0.07	20	Products	179	0.05

从关键词突现分析可得，关键词突现强度最高的是 Consumer（消费者），在 2000~2015 年引起了学者的广泛关注，突现强度为 30.14，如表 1-2 所示。Model（模型）作为另一个突现强度较高的关键词，也显示了其在消费者行为和相关领域中的关键地位。然而，值得注意的是，这些在之前引起广泛关注的关键词在 2015 年过后便不再是主要的关注热点。渐渐地，Market（市场）开始走向大众学者的视野，这种变化反映了市场环境的变迁、消费者需求的变化以及技术进步对消费者行为的影响。

表 1-2 关键词突现强度

关键词	出现年份	突现强度	突现开始（年）	突现结束（年）
Consumer	2000	30.14	2000	2015
Model	2000	11.51	2000	2015
Internet	2004	10	2004	2015
Information	2004	9.94	2004	2015
Consumer Choice	2002	9.37	2002	2015
Commitent	2003	5.1	2003	2015
E-commerce	2007	5.08	2007	2015
Behavior	2000	10.37	2008	2015
Time	2008	8.2	2008	2015
Market	2008	7.94	2008	2023

　　国外学者关于消费者行为的研究，在深度和广度上都展现出了丰富的层次和多样性，采用聚类分析，得到 8 大类关键词（如图 1-3 所示）：Behavior（行为）、Theory of Planned Behavior（计划行为理论）、Sustainable Development（可持续发展）、Social Media（社交媒体）、Food Waste（食物浪费）、Corporate Social Responsibility（企业社会责任）、Destination Market（目标市场）和 Shopping Behavior（购物行为）。计划行为理论作为基础模型，解释了态度、主观规范与感知行为控制对购物行为的联合作用。可持续发展与企业社会责任的耦合效应则凸显行为研究的社会转向：消费者对"漂绿行为"的识别能力直接影响品牌信任。在具体行为层面，食物浪费研究揭示零售环境设计—个体心理的隐性关联；而社交媒体的时空压缩特性正在重塑消费路径。这一研究图谱既包含微观行为机制解构，又延伸至宏观系统博弈，未来需突破技术乐观主义局限，在算法操纵伦理与文化之间寻求平衡。

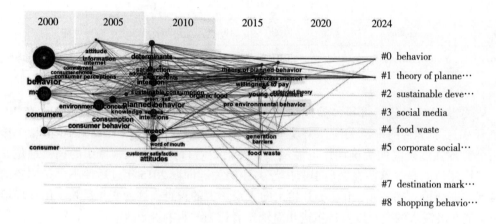

图 1-3　关键词时区分布可视化图谱

（2）文献综述

　　1）消费者行为研究演进。作为营销学、流通研究的基础，消费者行为学经历了半个世纪的发展，随着新一代信息技术的出现，数字化消费者行为学研究再次成为研究热点。对消费者行为观察早已有之，但只是零星提及与描述（T. 维伯伦，1964），由于新古典经济学消费者"理性人"的假设，消费者行为只是在预算约束下精确计算的结果，使学者长期忽略消费者行为研究。20 世纪 50 年代开始，营销学逐渐引入社会学、行为学研究成果，消费者行为开始摆脱新古典经济学"理性人"假设，逐渐回归"社会人"（Clark，1955），学者开始关注消费者行为研究。Engel（1968）出版的《消费者行为学》（*Consumer Behavior*）以及 Howard 和 Sheth（1969）提出的购买者行为理论（The Theory of Buyer Behavior）正式开始对消费者行为学进行研究，消费者行为学主要是研究个体或群体为满足需要与欲望而挑选、购买、使用或处置产品、服务、观念或体验所涉及的过程（所罗门，2014）。消费者行为研究主要是追求广告促销效果、建立品牌与消费者关系、创新消费者驱动的商业模式的结果，经历了四个阶段：第一，发端阶段，20 世纪 50~60 年代零星出现消费者行为的单一概念，如个性、生活方式、家庭生命周期、心理图像、社会阶层等，消费者行为研究开始关注市场细分。第二，创立阶段，Engel 的《消费者行为学》（*Consumer Behavior*）教材的出版以及 Howard 和 Sheth 提出的购买者行为理论，奠定了消费者行为研究基础，并且开始通过定量研究分析消费心理。第三，深化阶段，在此阶段研究的核心是消费者行为是如何产生与决定的，Sirgy（1982）创新性提出了"消费者行为中的自我"（Self Concept in Consumer Behavior）概念，"自我"开始成为学者理解消费者行为的核心工具和解释变量，同时也开始从消费者内在理解其行为。Ajzen（1985）和 Lawson（2010）提出了受限意向行为理论（Theory of Planned Behavior，TPB），区别于理性行为理论，受限意向行为理论认为消费者行为不仅受行为意向的影响，还受执行行为的个人能力、机会以及资源等实际控制条件的制约。第四，重构阶段，随着新一代信息技术的普及与应用，消费者行为产生的基础条件发生了变化，数字化消费者行为成为研究的热点与核心。消费者行为研究的四个阶段普遍围绕消费者选择和决策展开，《消费者研究》（*Journal of Consumer Research*，JCR）2015 年发表的关于该杂志 40 年研究趋势的分析，直接指出消费者选择与决策一直是消费者行为研究的重心和主题，随着新一代信息技术的普及与应用，学者的研究中心逐渐深化到数字化消费者的选择与决策中。随着消费者研究主题与重心的变化，消费者行为研究的方法大致可以分为实证主义（Positivism）和阐释主义（Interpretivism）（Hudson & Ozanne，1998），实证主义坚持理性人假设，阐释主义坚持非理性假设，任何消费者行为都是多重因素影响的结果（Hirschman，1986）。自 20 世纪 80 年代以来，研究消费者行为的阐释主义方法更受关注。更为具体地，消费者行为研究主要使用了观察法、因果模型方法、实验方法、大数据分析方法等。

2）数字化消费者行为。进入 21 世纪，新一代信息技术应用不仅为消费者提供了多样化的渠道，更为关键的是可以有更加数字化、智能化手段满足消费者个性化需求，因此数字化消费者行为研究成为研究热点与核心。Negroponte（1995）在《数字化生存》一书中，描绘了人类在虚拟化、数字化生存空间内的生存状态，更为关键的是提出"数字化"（Digital）这一新时代思想概念。迈克尔·R. 所罗门（2009）界定了数字化消费者行为，国际著名咨询公司也普遍关注数字化消费者行为变化，试图捕捉新的商业机会（埃森哲，2013，2014；波士顿咨询，2014）。Howard-Sheth 购买者行为理论其实已经开始关注消费者决策过程中的信息问题，其认为消费者与厂商面对着显著的信息不对称性，数字化消费者行为变革的前提是缓解了消费者与厂商之间的信息不对称，厂商可以利用大数据技术与人工智能技术精准预测、匹配消费者行为，消费者行为研究的基础与方法开始发生颠覆。Court 等（2009）和 Edelman（2010）通过漏斗模型和双环模型对比分析了传统与数字化购买行为和决策模式的差异。

1.3.1.2　消费者行为变革对零售组织影响研究

（1）基于 CiteSpace 的文献可视化分析

从消费者行为变革影响零售厂商决策的发文量变化趋势（见图 1-4）分析来看，国外关于消费者行为与零售厂商决策领域的研究呈现显著上升的趋势，从 2000 年初步研究时的不到 10 篇，到 2022 年已经接近 300 篇，这一增长不仅体现了研究领域的广泛性和热度，也反映了该领域对于零售商业实践和消费者行为理解的重要性。

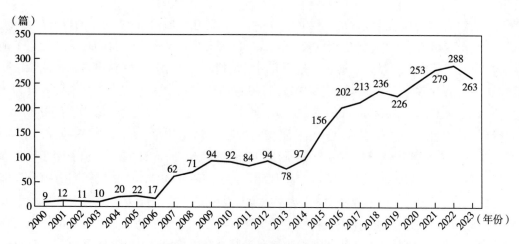

图 1-4　消费者行为变革影响零售厂商决策发文量变化趋势

从消费者行为变革关键词的研究结果（见图 1-5 和表 1-3）来看，目前，国外学者把研究重点普遍放在 Impact、Satisfaction、Competition、Quality 等方面，中心度分别为 0.21、0.16、0.12、0.1。Online、Technology、Loyalty 等出现的频次也比较高，依次为 161、125、122。通过对 Impact、Satisfaction、Competition 和 Quality 等议题的深入研究，学者们能够更好地理解消费者需求和市场动态，为零售企业制定有效的商业模式和竞争策略提供指导。同时，Online 和 Technology 等关键词的高频次出现，也反映了数字化和技术创新对零售业带来的深刻变革。Loyalty 作为消费者行为的重要方面，也是学者们关注的焦点之一。消费者忠诚度的提升不仅能够为企业带来稳定的客源和收入，还能够增强企业的品牌形象和市场地位。

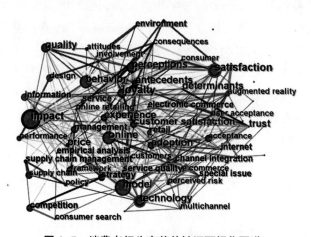

图 1-5　消费者行为变革关键词可视化图谱

表 1-3　消费者行为变革关键词频次及中心度

排序	关键词	频次	中心度	排序	关键词	频次	中心度
1	Behavior	318	0.24	11	Online	161	0.06

排序	关键词	频次	中心度	排序	关键词	频次	中心度
2	Impact	420	0.21	12	Technology	125	0.06
3	Satisfaction	213	0.16	13	Loyalty	122	0.06
4	Competition	140	0.12	14	Price	121	0.05
5	Model	340	0.1	15	Performance	114	0.05
6	Quality	208	0.1	16	Supply Chain	97	0.05
7	Customer Satisfaction	147	0.09	17	Acceptance	63	0.05
8	Trust	121	0.08	18	Responses	47	0.05
9	Choice	124	0.07	19	Risk	41	0.05
10	Perceptions	178	0.06	20	Channel	39	0.05

从表 1-4 消费者行为变革关键词突现强度来看，Consumer Behavior、Internet（互联网）、Model（模型）、Consumer Choice（消费者选择）的突现强度依次为 9.91、9.56、8.36、7.26，在一段时间内表现出较高的突现强度，但它们的突现主要集中在 2015 年之前，之后逐渐退出了研究范围的中心（见图 1-6）。Artificial Intelligence（人工智能）不断进步，其在零售业中的作用日益凸显，对于提升消费者体验、优化零售运营等方面具有巨大潜力，因此，越来越多的学者开始关注这一领域，研究如何利用人工智能技术推动零售业的创新和发展。Engagement（参与度）作为近几年研究的热点，也展现出较高的突现强度。在消费者行为与零售商业模式领域，参与度是衡量消费者与品牌或产品互动程度的重要指标。

表 1-4　消费者行为变革关键词突现强度

关键词	出现年份	突现强度	突现开始（年）	突现结束（年）
Consumer Behaviour	2005	9.91	2005	2013
Internet	2002	9.56	2002	2014
Model	2005	8.36	2005	2011
Consumer Choice	2007	7.26	2009	2015
Artificial Intelligence	2021	6.90	2021	2023
Consumer Behavior	2001	6.40	2001	2010
Engagement	2021	6.21	2021	2023
Customer Loyalty	2007	6.19	2007	2011
Consumer Satisfaction	2007	6.08	2007	2017
Quality	2001	5.94	2001	2013

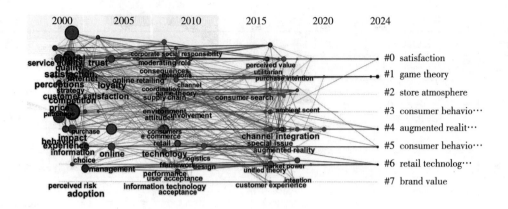

图 1-6　消费者行为变革关键词时区分布可视化图谱

这些关键词可以被归纳和整理为五大聚类，每个聚类都代表了零售商业模式研究的不同方面和重点。第一个聚类是顾客体验与满意度相关的聚类，包括 Satisfaction（满意度）、Store Atmosphere（店铺氛围）及 Consumer Behavior（消费者行为）。这个聚类主要关注如何通过全渠道零售策略即物理空间与数字触点的融合提供优质的顾客体验，从而增强顾客满意度和忠诚度。第二个聚类是运营管理与效率相关的聚类（Retail Technology），这个聚类关注如何利用大数据技术进行精细化的库存管理，以提高运营效率和降低成本。第三个聚类是策略与竞争分析相关的聚类，包括 Game Theory（博弈论）。这个聚类关注零售企业如何利用博弈论等分析工具来制定竞争策略，以应对激烈的市场竞争。第四个聚类是社交媒体与数字营销相关的聚类，涉及 Brand Value（品牌价值）。这个聚类关注社交媒体在零售营销中的应用，包括品牌宣传、顾客互动、口碑营销等方面。第五个聚类是技术创新与可持续发展相关的聚类，涵盖 Augmented Reality（增强现实）和 Retail Technology（零售技术）。这些聚类不仅展示了零售商业研究的多元性和复杂性，也反映了零售业在不断发展和创新的过程中所面临的挑战和机遇。通过深入研究这些聚类，零售企业可以更好地理解市场动态和消费者需求，制定更有效的战略和决策，以适应不断变化的市场环境。

（2）文献综述

Singh 和 Rakesh（2020）研究了消费者偏好、行为和态度对零售厂商自有品牌的影响，研究结果显示，消费者对自有品牌产品的感知质量能够提高消费者愿意支付的价格，自有品牌的价值感知与整体门店形象之间存在很强的相关性，而且门店忠诚度提升自有品牌的价值感知。Childs 等（2020）研究了消费者对非传统零售商的惠顾相关的可能的商店和消费者因素，提出了非传统零售购买行为模型，研究结果发现个人体验质量和消费者好奇心是解释差异的主要因素。具体而言，店内因素（店内氛围、产品质量和价值）和消费者因素（消费者好奇心、质量意识）影响消费者的惠顾意愿，零售商需要突出产品质量和店内氛围，激发消费者的质量意识和好奇心，提高消费者的忠诚度。Pizzi 等（2019）研究消费者在传统渠道中享乐主义和功利主义购物取向的重要性，同时考察了虚拟现实商店引发享乐主义和功利主义的潜力，在受试者之间的准实验设计中，测量了享乐主义、功利主义、商店满意度和感知分类大小的水平，参与者分别在虚拟现实商店和实体商店中看到进行相同的购买体验；研究发现，虚拟现实对满意度有负面影响，这种影响被感知的分类大小所调节，并且虚拟现实引发了功利主义和享乐主义。Bonett 等（2019）通过对在店内使用 AR 技术的消费者的访谈和观察收集的定性数据进行分析，以提供对于 AR 技术增强的实体店的互动和感知的自然理解。研究结果表明，消费者喜欢通过增强现实技术来体验更身临其境的商店环境。他们认为与增强型商店的互动是"现实的"，并将享乐动机作为这种购物环境中互动的驱动力。增强型商店似乎刺激了品牌参与，增加了消费者在零售商处购物的愿望，为加强品牌定位提供了管理机会。Rayburn 和 Voss（2013）通过构建消费者零售氛围感知模型提出四种感知氛围建构对享乐主义和功利主义购物评价影响的新模型。调查数据表明，感知氛围建构与零售购物价值的享乐主义和功利主义评价呈正相关关系。重要的是，对于不同的零售品牌，顾客对商店的复杂程度的感知（感知风格）和顾客对商店是一个令人愉快的地方的总体评估（感知整体氛围）之间的关系是不同的。结果表明，构念之间的关系可以用来检测零售品牌之间的差异。Jacob 等（2010）在零售环境中进行了一项实验，四名销售人员被指示模仿顾客的一些口头表达和非口头行为，研究结果表明，在销售环境中发展员工和顾客之间的人际关系可以增加销售额，并提高员工和商店的积极形象，模仿陌生人的语言和非语言行为会增加陌生人对模仿他们的人的好感，并影响他们的帮助行为。Ballantine 和 Fortin（2009）考察了网上购物环境的两个方面（互动性水平与乐趣）如何影响消费者的情绪状态，以及这些情绪随后如何影响他们在线购买产品的意图，结果表明，在线商店提供的互动性水平与乐趣之间存在线性关系。此外，愉悦感（在某些情况下是兴奋感）被发现是消费者在线购买产品可能性的重要预测因素。Ryan 和 Neil（2008）通过追踪消费者的在线体验的共同属性，对消费者对互联网零售商的认知进行了检验，结果表明消费者对在线零售商的感知取决于个性化、参与和体验、便利性、设计/易用性、可信度、告知能力、可靠性和特异性/多样性。Andrew 和 Leigh（2008）通过对英国主要零售忠诚计划参与者的定性研究，调查了消费者在零售忠诚计划积分兑换中的动机，研究表明兑换活动对消费者对计划和零售商的看法有积极的影响，似乎可以增强未来的购买行为。Carpenter 和 Moore（2008）探索美国消费者对与非价格零售促销相关的乐趣水平的看法，并预测人口群体参与的可能性，采用零售前瞻性面板数据生成的样本（$n = 500$）来评估人口统计变量（包括性别、年龄、受教育程度、收入和家庭规模）对消费者感知和参与五种非价格零售促销的可能性的影响，这项研究为在美国经营的零售商提供了关于消费者对非价格零售促销的看法的具体知识，并确定了可能参与此类活动的消费者的人口统计学特征。随着行业价格竞争的不断发展，了解非价格形式的竞争对行业的卓越表现和生存至关重要。Nam-Kyu 和 Cheryl（2007）认为，照明作为零售商店氛围的重要组成部分，可以影响消费者购物行为的情绪反应，检验零售环境中光线的颜色质量对消费者情绪状态、行为意图和感知的影响，研究结果表明，特定的照明效果会引起消费者的兴奋和愉悦，文化差异会影响零售环境中"接近—避免"的感知和行为意图。这项研究的实际意义可能包括应用商店照明技术，增强消费者的视觉感知，诱导消费者唤醒愉悦的情绪状态，并吸引来自不同文化的消费者。Luisa 等（2006）考察了消费者对零售环境的感知与他们对购物环境的情感、满意度和行为意图之间存在的关系，结果表明，对零售环境的积极感知对两种零售环境（购物中心与传统零售区域）中的积极情绪、再光顾意图和在购物区域停留更长时间的愿望都有积极的影响。然而，在购物中心和传统零售区域之间出现了一些有趣的差异：内部环境对购物中心情绪的影响比传统零售区域更强；内部环境对购物中心的消费倾向有负面影响。Vincent-Wayne 和 Greg（2005）认为在零售业中获得和保持战略竞争优势需要了解消费者所看重的属性，购物者的动机只与四个主要风险维度有关，即时间、经济、社会心理和身体，为重新评估商店定位策略提供了证据，更加强调所涉及的风险。Kim 等（2005）认为消费者越来越多地通过多渠道购物，这为零售商提供了通过多渠道交叉销售产品来增加利润的机会，结构方程模型揭示了多渠道消费者在三个渠道（即实体店、目录和互联网）中对重要零售属性的感知是不同的。消费者通过互联网购买服装，是因为可以接触到各种各样的商品，而且与便利相关。此外，成本水平较高的消费者倾向于通过目录和互联网购买服装产品。另有研究表明关系营销的两个结果——情感承诺和行为忠诚与消费者不道德行为当中，情感承诺确实与消费者不道德行为负相关。

1.3.1.3 零售商业模式研究

（1）基于 CiteSpace 的文献可视化分析

从零售商业模式发文量变化趋势（见图 1-7）来看，国外关于零售商业模式的分析一直以来都备受学术界的关注，其发文量也呈现逐年累增的态势。自 2022 年起，关于零售商业模式的发文量开始出现下滑趋势。这也是研究领域进入一个新的发展阶段的表现，需要更多的时间和努力来推动新的研究突破和进展。

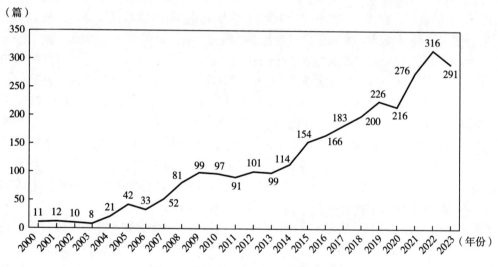

图 1-7　零售商业模式发文量变化趋势

关于零售业商业模式关键词的研究结果如图 1-8 和表 1-5 所示，其中 Impact 在研究文献中出现的频次高达 356 次，反映了研究人员对零售商业模式对各方面影响的广泛关注，包括对消费者行为、市场竞争格局、企业绩效以及行业发展的深入探究。另外，Satisfaction（满意度）的中心度较高，达到了 0.12，这与其他关键词和研究主题有着紧密的关联，是零售商业模式研究不可或缺的一部分。Customer Satisfaction、Competition（竞争）和 Quality 等关键词也频繁出现在研究文献中，并具有较高的中心度。这些关键词共同揭示了零售商业模式研究的多维特性，包括如何提升顾客满意度、如何应对市场竞争压力以及如何确保产品或服务的质量等核心议题。

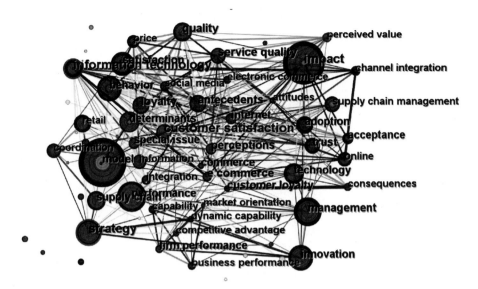

图 1-8　零售业商业模式关键词可视化图谱

表 1-5　零售业商业模式关键词频次及中心度

排序	关键词	频次	中心度	排序	关键词	频次	中心度
1	Model	553	0.14	11	Strategy	138	0.08
2	Impact	356	0.09	12	Demand	133	0.03
3	Performance	226	0.04	13	Information	121	0.03
4	Management	205	0.1	14	Models	121	0.04
5	Satisfaction	192	0.12	15	Service Quality	115	0.03
6	Behavior	189	0.06	16	Antecedents	112	0.06
7	Custome Satisfaction	147	0.07	17	Loyalty	112	0.02
8	Competition	144	0.08	18	Price	112	0.04
9	Quality	144	0.05	19	Determinants	111	0.06
10	Supply Chain	144	0.04	20	Technology	108	0.07

　　从零售业商业模式关键词突现强度（见表 1-6）来看，Digital Transformation（数字化转型）这一概念自 2021 年出现后，迅速吸引了国外学者的广泛关注，突现强度高达 6.83。数字化转型在零售商业模式中的应用与实践，不仅改变了传统零售业的运营方式和消费者体验，还推动了整个行业的创新与发展。Omnichannel Retailing（全渠道零售）的突现强度也很高，为 5.71。这一模式在近年来的研究中占据了重要地位，不仅因为它符合消费者日益多样化的需求，还因为它为零售企业提供了更广阔的市场空间和增长机会。虽然 Supply Chain Management、Consumer Perceptions（消费者感知）、Internet 以及 Organizational Commitment（组织承诺）等关键词在早期的研究中具有较高的突现强度，但自 2015 年起，这些主题逐渐淡出了研究视野。国外关于零售商业模式的研究正在不断发展和演变，新的

概念、技术和模式不断涌现。数字化转型和全渠道零售作为当前的研究热点，将继续引领零售业的发展和创新。

表 1-6　零售业商业模式关键词突现强度

关键词	出现年份	突现强度	突现开始（年）	突现结束（年）
Supply Chain Management	2002	9.22	2002	2012
Consumer Perceptions	2008	7.46	2009	2015
Digital Transformation	2021	6.83	2021	2023
Internet	2002	6.67	2002	2010
Information Technology	2002	6.36	2002	2010
Organizational Commitment	2008	5.75	2008	2013
Omnichannel Retailing	2016	5.71	2021	2023
Special Issue	2016	5.37	2017	2020
Business	2002	5.32	2010	2013
Demand	2001	5.25	2001	2007

　　这些关键词可以被归纳和整理为三大聚类，每个聚类都代表了零售商业模式研究的不同方面和重点。第一个聚类是顾客体验与满意度相关的聚类，包括 Customer Satisfaction（顾客满意度）和 Omnichannel Retailing（全渠道零售）。这个聚类主要关注如何通过全渠道零售策略提供优质的顾客体验，从而增强顾客满意度和忠诚度。第二个聚类是运营管理与效率相关的聚类，涵盖 Business Performance（经营业绩）和 Business Model（商业模式）。这个聚类主要关注如何利用大数据技术进行精细化的库存管理，以提高运营效率和降低成本。第三个聚类是策略与竞争分析相关的聚类，包括 Game Theory（博弈论）和 Small Enterprise（小型企业）。这个聚类主要关注零售企业如何利用博弈论等分析工具来制定竞争策略，以应对激烈的市场竞争。这些聚类不仅展示了零售商业研究的多元性和复杂性，还反映了零售业在不断发展和创新的过程中所面临的挑战和机遇。通过深入研究这些聚类，零售企业可以更好地理解市场动态和消费者需求，制定更有效的战略和决策，以适应不断变化的市场环境。零售业商业模式关键词时区分布可视化图谱如图 1-9 所示。

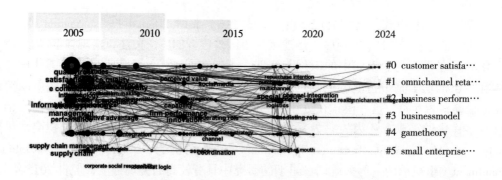

图 1-9　零售业商业模式关键词时区分布可视化图谱

（2）文献综述

Pierre（1999）认为消费者行为逐渐从非理性购物（Shop Till You Drop）转向理性的购买（Drop Shopping），因此零售厂商必须采取新的商业模式适应消费者变化。尤其随着电子商务的发展，网络零售模式对传统砖头加水泥模式（Bricks-and-Mortar）带来了经营压力，网络零售商与传统零售商都试图通过扩展商业模式来获得新的渠道以弥补传统模式和网络模式的缺陷（Albrecht and Tawfik，2000）。Chen（2003）对比分析了网络零售模式、传统零售模式与融合模式，发现传统模式与零售模式并行存活率最高。Magretta（2002）提出良好的商业模式对每个成功的组织来说都是必不可少的，零售业商业模式的创新是在原来的价值链的基础上加入新的环节和过程。Rafay（2023）等指出为了满足全渠道消费者对新产品与服务的需求，零售厂商应加速业务流程、组织结构、治理机制和客户互动构成的商业模式创新（BM），并强调供应链组织是帮助企业适应和实施全渠道战略与商业模式创新的关键。Mostaghel 等（2022）重新构建了生态系统伙伴关系和战略联盟，重视数字化提升决策过程所需信息的数量和质量，并在此基础上数字化修正了价值创造、价值交付和价值捕获三个方面商业模式构成，提出零售数字商业模式创新特征、BM 修正维度、零售数字商业模型绩效以及未来研究方向的整体框架，同时重点强调零售企业专注于数字化能力提升是推动效率和创新水平的有效途径。Ali 和 Sudan（2018）认为以消费者需求为中心，需要在全渠道环境中改变 BM 设计，并重点从全渠道强度、组织结构整合、运营和供应链管理创新、数据分析和智能四个维度分析数字化与技术进步对全渠道零售商业模式的影响，研究发现，跨渠道整合和数据分析与智能已被发现对全渠道零售商的战略增长作出了巨大贡献。零售商日益增长的多元化努力导致零售行业的复杂性增加，传统的零售商业模式解释能力有限，Yvonne（2019）基于系统的文献综述和对德国零售业 16 位专家访谈的定性研究，建立了一个基于文献和经验证实的通用零售商业模型框架（Generic RBM），并激发了对零售商业模型（RBM）的新兴概念的讨论，确定了通用 RBM 的六个核心要素和各自的子要素，实证研究结果将横向整合、垂直整合、合作伙伴和网络等零售细节作为通用 RBM 的核心要素。Alina（2011）等零售商业模式阐明了零售商如何为客户创造价值并从市场中获取价值，商业模式的创新对于在瞬息万变、不断升级的客户期望和激烈的竞争所定义的市场中建立可持续的优势越来越重要，并认为活动组织方式的变化、执行活动的类型的变化，以及参与者的参与水平是零售商业模式创新的构成要素，并为零售管理者提供了一个指导零售商业模式创新的框架，以获得可持续的竞争优势。

1.3.1.4 智能零售模式研究

（1）基于 CiteSpace 的文献可视化分析

从智能零售模式发文量变化趋势分析，与国内研究发文量出现的明显拐点相比，国外在"智能 + 零售"领域的研究发文量虽然也展现出某种波动性，但其整体变化趋势相对更为平稳，没有出现剧烈的起伏。国外在该领域的研究起步较早，技术积累较为深厚。从具体的发文量数据来看，2017~2022 年，国外该领域的发文量基本保持在 70 篇左右，这一数据不仅揭示了国外研究者在该领域的研究活跃度和产出能力，更显示了其研究的持续性和深度。总体来看，国外在"智能 + 零售"领域的研究发文量虽然呈现"山峰"形状，但整体上仍然保持着上升的趋势（见图 1-10）。

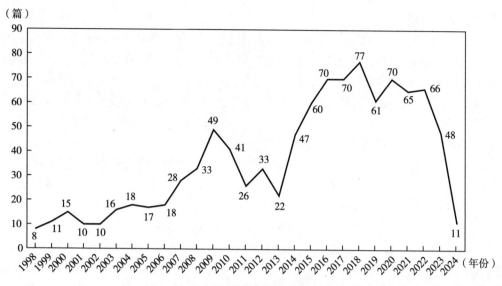

图 1-10　智能零售模式发文量变化趋势

由图 1-11、表 1-7 可得，国外"智能＋零售"领域关键词共现排名前五位的是 Internet、Impact、Electronic Commerce（电子商务）、Management（管理）、Technology（技术），中心度分别为 0.17、0.16、0.14、0.11、0.1。值得注意的是，尽管 Model 一词的出现频次高达 125 次，但其中心度仅为 0.09。Model 一词在多个研究主题中都有所涉及，但并未形成明显的聚类或核心研究方向。研究者们可能在不同的研究主题和背景下使用模型，但尚未形成统一或主导的研究焦点。这也暗示着，在未来的研究中可以更加关注 Model 在智能零售领域的应用和发展，探索其在提升零售业务效率、优化消费者体验以及推动行业创新等方面的潜力。

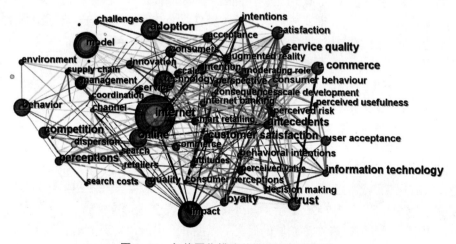

图 1-11　智能零售模式关键词可视化图谱

表 1-7　智能零售模式关键词频次及中心度

排序	关键词	频次	中心度	排序	关键词	频次	中心度
1	Internet	227	0.17	11	Acceptance	22	0.07
2	Impact	86	0.16	12	Online	79	0.06
3	Electronic Commerce	50	0.14	13	Behavior	73	0.06
4	Management	34	0.11	14	Trust	40	0.06
5	Technology	47	0.1	15	Performance	33	0.06
6	Model	125	0.09	16	Strategy	20	0.06
7	Competition	54	0.08	17	Online Retailing	23	0.06
8	Consumer	34	0.08	18	Quality	41	0.05
9	Adoption	47	0.07	19	Information Technology	25	0.05
10	Commerce	28	0.07	20	Determinants	30	0.05

由表 1-8 可得，国外"智能+零售"领域研究，Electronic Commerce 的突现强度最高，达到了 11.02。然而，Electronic Commerce 的突现期在 2006 年便结束，该主题在早期阶段便已经受到了广泛的关注和深入的研究，而后逐渐成为该领域的一个基础或常规议题。Internet Retailing（网络零售）和 Perceptions 的突现强度也很高，分别为 5.9 和 5.62。随着互联网的普及和技术的不断发展，网络零售及其带给消费者的感知体验逐渐成为研究者关注的焦点。网络零售的便捷性和个性化特点以及消费者在网络购物过程中的感知和体验，对于零售业务的发展具有重要影响。Impact 和 Customer Experience（客户体验）这两个关键词分别自 2020 年和 2022 年开始成为研究者的重要研究方向，并一直持续到目前阶段。

表 1-8　智能零售模式突现强度

排序	关键词	出现年份	突现强度	突现开始（年）	突现结束（年）
1	Electronic Commerce	2000	11.02	2000	2006
2	Internet Retailing	2004	5.9	2004	2011
3	Perceptions	2006	5.62	2006	2009
4	Impact	2004	5.33	2020	2024
5	Dispersion	2005	5.16	2005	2011
6	Customer Experience	2022	4.51	2022	2024
7	E-commerce	2007	4.24	2016	2018
8	Price Dispersion	2008	4.21	2008	2011
9	Market	2005	4.17	2005	2013
10	Special Issue	2016	4.00	2016	2019

在"智能＋零售"领域进行关键词时间聚类图谱分析，结果如图 1-12 所示，可以将相关研究主题划分为 9 个大类：Customer Satisfaction（消费者满意度）、Game Theory（博弈论）、Technology Acceptance（技术接受度）、Smart Grid（智能电网）、Internet of Things（物联网）、Consumer Behavior（消费者行为）、Retail Market（零售市场）、Multichannel Retailing（多渠道零售）以及 Machine Learning（机器学习）。

在"智能＋零售"研究领域，时间聚类图谱分析揭示了技术驱动下零售生态系统的多维演化逻辑：消费者行为与满意度构成研究基石，通过机器学习算法对多渠道零售场景下的消费决策进行建模，解析技术接受度；博弈论与零售市场动态则聚焦智能技术赋能的竞争策略重构，依托智能电网衍生的实时能源成本数据，零售商利用强化学习构建动态定价博弈模型；技术创新与系统整合贯穿全周期，智能电网不仅能优化仓储能源效率，更与机器学习协同支撑需求预测。图谱既刻画了从基础设施到界面交互、从微观行为到宏观市场的层级递进，也凸显了时间维度上研究热点的迁移：早期聚焦技术单点突破，中期转向行为—技术交叉验证，当前则进入系统性智能整合阶段，未来需破解数据伦理悖论及技术异构性挑战。值得关注的是，国外在"智能＋零售"研究领域中较国内更早认识到环境（频次：11，中心度：0.05）的重要性，也更加重视环境，因此出现了"交易能源"这一聚类，越来越多的零售企业开始关注能源管理和能源交易。购物动机是理解消费者行为的关键。

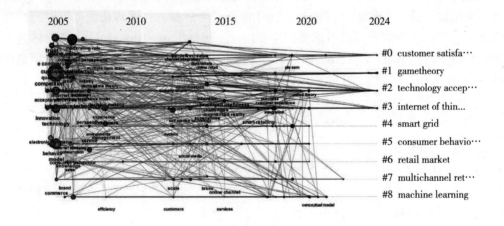

图 1-12　智能零售模式关键词时区分布可视化图谱

综上所述，2005~2015 年，"智能＋零售"领域的研究关键词聚类涵盖了价格离散、互联网银行、物联网、消费者满意度、交易能源以及购物动机等多个方面，这些研究主题反映了智能零售领域的快速发展和变革，同时为企业提供了宝贵的市场洞察和业务优化建议。从时间线上来看，关键词聚类集中在 2005~2015 年。在这一时期内，"智能＋零售"领域经历了显著的研究热潮和技术创新。关键词聚类揭示着某一领域的发展趋势。如果某一聚类在时间线上逐渐变小，可能表明该领域的研究正在从广泛探索转向深入聚焦，或者是某些技术或应用已经逐渐成熟并被广泛接受。

（2）文献综述

Paulius 和 Gurram（2024）重点分析了人工智能技术采用面临的障碍，主要障碍是在人力资源、战略规划、项目管理和 IT 系统领域，为了成功采用人工智能工具，其提出了一个成功采用人工智能工具的概念模型，并强调公司文化和人工智能解决方案成功采用的潜在投资回报率（ROI）的重要性。Heins（2023）对 2005~2021 年发表的英文学术同行评议文章进行系统的文献综述，考察了人工智能在零售业学术研究中的特点，研究的结果表明，2019~2024 年，零售领域的人工智能文献有所增加，然而，这一研究领域的范围相当分散，方法有限，并且存在一些空白。在结构化主题分配的基础上，共确定了 8 个优先主题，强调优化零售价值链与借助人工智能提高客户期望是该领域已发表研究的重点主题。Francesca 等（2022）通过调查发现人工智能经常扰乱员工的工作方式，导致他们抵制智能零售模式变革，从而阻碍技术的成功嵌入和持续使用，结合 74 个员工访谈和 5 年期间对零售工作的现场观察，研究了当零售商投资人工智能时，员工的做法是如何变化的，研究结果表明，实践协同进化被认为是巩固成功的人工智能集成并使零售员工持续使用人工智能的过程，这是一个精心策划的、协作的过程。Pillarisetty 和 Mishra（2022）认为人工智能工具和流程极大地影响了电子商务行业和在线客户的满意度，其对人工智能技术在零售领域应用进行了综述，并重点分析了使用满足程度作为中介变量对人工智能提高顾客购买意愿的影响。Cao（2021）对 2008~2018 年 54 家代表性零售商采用和实施人工智能的扎根理论多案例分析，重点考察人工智能应用在零售业的价值创造逻辑，确定了人工智能相关数据管理的五大主要战略，揭示了 28 个人工智能解决方案，改变了 14 个业务流程，涉及人工智能应用的五个管理领域，通过自动化、超个性化、互补性和创新四种逻辑创造价值。Kim 等（2020）系统分析了零售商如何在价值链的不同阶段应用人工智能技术，并使用工作完成方法将价值链中的所有人工智能活动分为四类，分别是知识和洞察力管理、库存管理、运营优化和客户参与。人工智能支持的零售价值链从线性和孤立的价值链方法转向基于知识管理的实时迭代方法，提出了增强的人工智能支持的零售价值链。利用这一框架，零售商可以优先考虑对人工智能的投资，或者使整个价值链上对人工智能的应用多样化。

1.3.2　国内研究现状

1.3.2.1　消费者行为研究

（1）基于 CiteSpace 的文献可视化分析

从消费者行为发文量趋势变化（见图 1-13）来看，2017~2024 年我国消费者行为领域的文献发文量逐年上升，并在 2022~2023 年实现了迸发式增长。这一趋势的出现既反映了消费者行为研究的重要性和价值，也体现了学术界对这一领域的持续关注和深入探索。

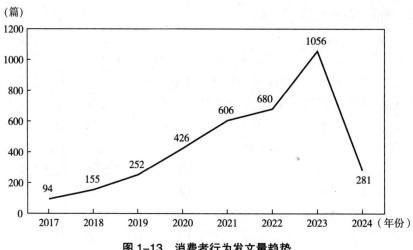

图 1-13 消费者行为发文量趋势

　　图 1-14 中的圆形节点代表了消费者行为领域中的关键词，其大小根据该关键词在文献中的出现频次进行设定，频次越高，节点显示得越大；节点与节点之间的连线反映了这些关键词在同一文献中的共现关系，连线的粗细代表了关键词共现的强度。为了确保关键词统计能够真实且精准地体现当前消费者行为领域的研究热点，选取了在文献中出现频次和中心度排名前 20 的高频关键词，如表 1-9 所示。这些关键词共同构成了该研究领域的主线和核心内容。频次越高的关键词，中心性就会越高，两者之间呈正相关关系。消费者的频次最高，为 222 次，中心度为 0.39；购买意愿、购买决策的频次分别为 157 和 113，中心度分别为 0.1 和 0.25；这三者有较大的影响力和关注度。此外，营销策略、新零售、大数据等关键词（频次分别为 75、64、46，但中心度分别为 0.13、0.13、0.12），它们代表的研究热点虽然没有受到广泛关注，但影响力比较大，值得更深入地讨论与研究。

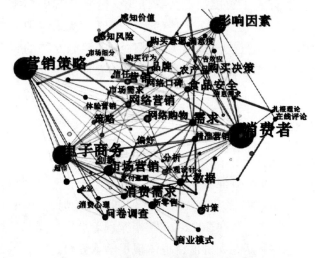

图 1-14 消费者行为关键词可视化图谱

表 1-9 智能零售模式关键词频次与中心度

排序	关键词	频次	中心度	排序	关键词	频次	中心度
1	消费者	222	0.39	11	电子商务	58	0.06
2	购买意愿	157	0.10	12	数字经济	47	0.08
3	购买决策	113	0.25	13	大数据	46	0.12
4	影响因素	78	0.09	14	电商直播	41	0.04
5	购买行为	76	0.06	15	直播带货	39	0.06
6	营销策略	75	0.13	16	电商平台	38	0.10
7	消费行为	68	0.04	17	定价决策	38	0.04
8	新零售	64	0.13	18	农产品	36	0.07
9	感知价值	63	0.08	19	直播电商	35	0.05
10	在线评论	59	0.07	20	市场营销	35	0.03

表 1-10 提取了我国消费者行为研究领域中的前 10 个关键词。这些关键词不仅揭示了消费者行为领域的动态演化趋势，还预示着当前或未来一段时间内该领域的研究热点和重点发展方向。前 10 个关键词中，突现强度最高的是购买决策，突现强度为 15.68，突现时间段为 2017~2020 年；新零售、决策、市场营销、消费决策的突现强度分别为 12.24、5.05、4.88、4.73，这些突现关键词在不同的时间段也分别成为当时的研究热点。在 2019~2021 年，随着我国数字技术的不断进步和发展，该领域的学者将关注点聚焦于互联网和大数据上。这说明，在这一阶段该领域的研究重点在于将现代化数字技术应用于消费者行为研究，试图用新兴技术改变传统的购买决策。在 2019 年后，市场营销、营销模式成为研究的热点，学者们将研究重点聚焦于消费者行为的变化、数字化与市场营销的融合以及市场营销的创新与变革等方面。

表 1-10 智能零售模式关键词突现强度

关键词	出现（年）	突现强度	突现开始（年）	突现结束（年）
购买决策	2016	15.68	2017	2020
新零售	2019	12.24	2019	2021
决策	2016	5.05	2017	2020
市场营销	2019	4.88	2019	2020
消费决策	2016	4.73	2017	2019
购买行为	2016	4.69	2021	2022
定价决策	2016	3.84	2018	2021
营销模式	2019	3.83	2019	2021
大数据	2016	3.82	2019	2020
互联网	2019	3.49	2020	2021

将关键词进行聚类分析，进而筛选出体量最大的 8 个聚类类别，分别为影响因素、消费者、电子商务、营销策略、直播电商、旅游、感知价值、新零售（见图 1-15）。据此可以依据时间线发展顺序，结合聚类标签和关键词，将我国消费者行为相关研究主体分为两个阶段。

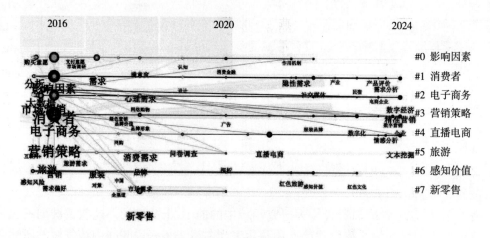

图 1-15　消费者行为关键词时区分布可视化图谱

第一阶段：消费者、购买决策与营销策略（2016~2019 年）。在此阶段，随着市场经济的发展和竞争的加剧，消费者行为研究逐渐成为学术界和企业界关注的焦点。研究的主题主要围绕着消费者、购买决策以及营销策略展开。首先，关于消费者的研究，这一阶段主要聚焦于消费者的心理、需求、动机和行为模式。其次，购买决策作为消费者行为的核心部分，也受到了广泛关注，包括产品属性、价格、品牌、口碑等。最后，在营销策略方面，研究主要关注如何通过产品策略、价格策略、促销策略和渠道策略来影响消费者的购买行为。

第二阶段：新零售、数字经济与消费者行为（2020 年至今）。新冠疫情的暴发对全球经济和社会生活产生了深刻影响，但也推动了消费者行为研究的进一步发展。在这一阶段，新零售和数字经济成为消费者行为研究的重要背景和主题。新零售模式的兴起改变了传统的零售格局和消费者购物方式。线上线下融合、无人店、智能货柜等新型零售业态不断涌现，为消费者提供了更加便捷、个性化的购物体验。在这种背景下，研究者开始关注新零售模式下消费者的购物行为、消费心理以及对企业营销策略的响应。

数字经济的发展为消费者行为研究提供了新的视角和方法。大数据、人工智能、物联网等技术的应用使企业能够更精准地分析消费者的购买记录、浏览行为、兴趣爱好等信息，从而制定更加个性化的营销策略。同时，消费者也可以通过互联网和社交媒体平台更加便捷地获取产品信息、比较价格和分享购物体验。这些变化使消费者行为研究更加复杂和多元化。在这一阶段，研究者不仅关注消费者在新零售和数字经济背景下的购物行为变化，还深入探讨了这些变化对企业营销策略、市场竞争格局以及整个经济体系的影响。

（2）文献综述

1）对于消费者行为范式研究。消费者行为是消费者在寻找、获得、使用、评定和处理希望能满足其需要的产品和服务的一种连续活动，国内消费者行为研究开始以引进消化吸收国外消费者行为理论与范式为主（司金銮，2001）。罗纪宁（2004）系统梳理了国内外消费者行为研究的方法论与理论范式，认为国内外学者仍假设消费者是各元素和局部过程的简单组合，缺乏横贯不同层面的系统整体研究方法论，要突破这些研究难题，必须从系统全息论出发，融合消费者先天气质特征与后天外部环境作用，构建一个关于消费者气质—行为整体系统的理论范式。杨晓燕（2003）认为西方消费者行为研究经历了实证主义与阐释主义两条路线，中国香港及台湾地区学者较早引入西方消费者行为研究前沿成果，中国内地学者研究仍以消化吸收国外最新研究成果为主。晏国祥（2008）对消费者行为理论进行梳理，认为消费者行为理论先后形成了实证主义和非实证主义两大范式。在实证主义研究范式中，消费者只是一个消极的、被动的顾客，其消费与体验过程可以分开；非实证主义研究范式认为消费者是社会性、复杂、不理性及不可预测的。但实证主义范式和非实证主义范式并非相互对立的，其相互补充可以为理解消费者行为提供更好的解释框架。卢泰宏（2017）以文献综述的形式，系统梳理了中国消费者行为研究的 50 年演化与颠覆，分析了消费者行为研究的标志性事件、先驱贡献者和活跃学者，在此基础上消费者行为研究分为学术研究的开始阶段、理论创立阶段、理论深化阶段和理论重构阶段，其研究主题也经历了消费者的实际行为是什么样、从心理和经济角度研究消费者行为、从社会文化角度研究消费者行为、数字化消费者行为研究四个阶段，使用的主要方法经历了观察和调研方法、因果模型方法、实验方法和大数据智能方法。尤其是随着网络渗透深度的深化以及新一代信息技术的使用，需要重点关注数字化消费者行为，理解、研究、洞察、影响消费者的路径、方法和工具手段发生了极大的变化，数字化消费者行为学轮廓初现。

2）对于电子商务环境下的消费者行为研究。在消费者行为研究范式的基础上，国内学者主要围绕消费者行为的影响因素进行研究，尤其随着网络化、数字化、智能化渗透程度不断加深，电子商务、大数据、人工智能影响下消费者行为变革逐步成为研究热点。在电子商务出现的初期，伍丽君（2001）观察到消费者出于情感动机、理智动机和光顾动机，尤其是网络购物的新奇感、快乐感、满足感，消费者开始选择在网络购买适合网络销售特性的产品与服务；由于互联网初期电子商务基础设施不健全，建议加强物流配送与售后服务体系建设。黎志成和刘枚莲（2002）对电子商务环境下的消费者行为进行研究，发现在电子商务环境下，消费市场划分更细、服务需求层次更高、选择范围更广、购买行为理性化、消费者参与度更高，根据这些消费者行为变化特征，构建 TPB 电子商务消费者行为模型，应对消费者行为变革。在其后的研究过程中，刘枚莲和黎志成（2006）在前期 TPB 模型的基础上，利用 TAM 理论和态度—意图—行为之间的关系，结合 IDT 理论，构建了电子商务环境下的消费者决策行为模型，并借助量表开发与结构方程模型，验证了电子商务环境下消费者行为的主要影响因素。之后随着电子商务模式细分，董雅丽和杨蓓（2007）开始关注 C2C 电子商务模式下影响消费者行为的关键因素，通过量表开发，得出账户安全性、网络商盟和社区、付款流程、物流实效、商品展示等因素显著影响消费者行为。苏秦等（2007）以计划行为理论为基础，分析了电子商务环境下消费者行为变化及消费者行为变化影响因素，研究发现，网站使用经历、服务可靠性、安全与隐私、客户服务经历与顾客满意度正相关，并且顾客满意度直接影响消费者继续行为。胡海清和许垒

（2011）利用刺激—反应模型研究电子商务提供的信息对消费者行为的影响，发现信息丰富度以及购物交易成本对消费者购买行为具有显著的调节作用。王崇和王祥翠（2011）通过购买风险、商品质量、商品价格、售后服务、商品配送指标，构建了商品效用量化模型以及网络消费者购买网络商品偏好序列曲线，研究结果表明消费者偏好序列曲线可以有效解释消费者行为偏好变化。

3）对于数据智能环境下的消费者行为研究。电子商务环境下消费者行为研究主要集中于前因变量的研究，随着新一代信息技术应用深化与商业模式创新，部分学者开始关注电商新趋势下影响网络消费者行为变化，孙永波和刘晓敏（2014）开始关注移动电商、电商金融、大数据等新趋势下网络消费者购买行为变化，通过网站性能、支付流程、网店信誉、商品性价比、物流服务等指标构建消费者行为的递阶层次模型，实证表明商品性价比与网店信誉仍然是影响消费者行为的主要因素，电商新趋势与传统电商同样遵循高质量商品与服务的经营理念。刘洋、李琪和殷猛（2020）关注直播电商情境下消费者行为变革，构建直播电商购物特征（互动性、真实性、娱乐性和可视性）与消费者购买行为模型，研究发现，直播电商购物能够给消费者带来愉悦感，可以促进消费者购物，但是并不能减少风险特征。随着网络化购物的深入，沉淀出海量多源异构数据，部分学者开始利用研究大数据背景下消费者行为变革。李富（2014）观察发现大数据背景下消费者行为更加个性化、品牌选择多样化、理性化，同时更容易受到用户生成内容（口碑）影响，因此零售厂商应以消费者为中心，强化精准营销和网络营销，逐步实现由商品销售向销售一揽子服务转变，重构商业模式。朱光婷和朱自璇（2014）等基于大数据环境下网络需求创新化、个性化以及网购要求高标准化特点，构建大数据背景下消费者行为模型，研究结果表明，大数据背景下网站质量、创新程度、安全因素、消费态度、感知风险显著影响消费者行为。随着大数据技术的应用，大数据体现真实购买过程中的相关关系，必须借助人工智能技术才会产生具体的购买决策，优化购物体验。汪旭晖、徐微笑和王新（2022）开始关注智能购物体验对消费者行为影响，基于心流理论和 S-O-R 模型，通过问卷数据，研究发现智能购物体验可以显著影响消费者购买意愿，并且信息类与娱乐类购物体验均可以通过心流体验间接影响消费者购买意愿，并且产品类型对心流体验对消费者购买意愿存在调节效应。陈炳霖、薛可和余明阳（2023）基于自决理论和授权理论，考察人工智能推荐对消费者采纳意愿的影响，研究结果表明，相较传统广告，人工智能推荐的产品更容易被消费者接受，并且人工智能推荐对于实用型产品推荐比享乐型产品推荐效果更好。

1.3.2.2　消费者行为变革对零售组织影响研究

（1）基于 CiteSpace 的文献可视化分析

从消费者行为变革影响零售厂商决策发文量变化趋势（见图 1-16）来看，关于消费者与零售的研究，其发文量首先经历了一个逐步上升的阶段（2000~2006 年），这反映了随着市场经济的快速发展，消费者与零售行业之间的相互作用与影响日益凸显。然而，当发文量达到一定的峰值（139 篇）后，开始趋于下滑。在 2014 年之后，发文量出现了显著的增长。这一现象与当时的市场环境和消费者行为变化密切相关。移动互联网的普及、社交媒体的崛起以及大数据技术的应用，为消费者与零售行业之间的研究提供了新的视角和议题。2020 年过后又出现了发文量下降的现象，表明全球经济形势的变化以及新冠疫情的暴发可能对零售行业和消费者行为产生了深远的影响，使该领域的研究面临新的挑战和机遇。总的来说，消费者与零售之间的研究发文量变化是多种因素综合作用的结果。通过对发文量的观察和分析，我们可以更加清晰地了解该领域的研究动态和发展趋势，为未来的研究提供有价值的参考。

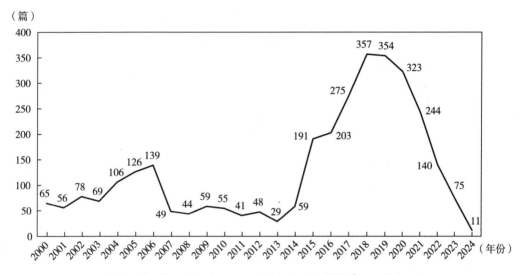

图 1-16　消费者行为变革影响零售厂商决策发文量变化趋势

根据图 1-17、表 1-11，我们观察到新零售是中心度最高的关键词，达到了 0.29，同时，零售企业、零售业、超市以及消费者等关键词也居于前列。新零售作为商业模式创新的引领者，不仅体现了零售行业的发展趋势，更推动了零售企业的转型升级。在这一进程中，零售企业作为实施主体，其战略调整、运营管理和创新发展都成为研究的热点。此外，超市作为零售业的重要组成部分，其在新零售模式下的变革与创新也备受关注。而消费者作为零售活动的最终受众，其购物习惯、需求变化以及满意度等方面也成为研究的关键点。因此，尽管顾客价值、顾客忠诚和顾客满意在研究频次上相对较低，但它们的中心度却相当集中。

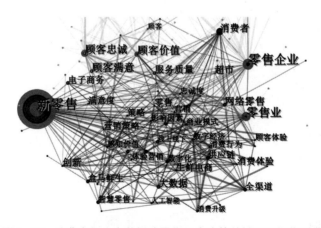

图 1-17　消费者行为变革影响零售厂商决策关键词可视化图谱

表 1-11   消费者行为变革影响零售厂商决策关键词频次与中心度

排序	关键词	频次	中心度	排序	关键词	频次	中心度
1	新零售	478	0.29	11	零售	48	0.07
2	零售企业	180	0.24	12	大数据	47	0.07
3	零售业	167	0.28	13	营销策略	45	0.10
4	超市	102	0.17	14	全渠道	38	0.01
5	消费者	80	0.18	15	供应链	30	0.04
6	电子商务	78	0.15	16	影响因素	30	0.04
7	顾客忠诚	69	0.12	17	自有品牌	29	0.05
8	顾客满意	65	0.10	18	商业模式	28	0.04
9	网络零售	61	0.07	19	顾客体验	28	0.02
10	顾客价值	58	0.14	20	服务质量	26	0.04

在表 1-12 中，前 10 个关键词突现强度最高的是新零售，其突现强度为 62.87；超市、顾客忠诚、顾客满意、零售企业的突现强度分别为 23.18、19.32、18.79、16.61，这些突现关键词在不同的时间段分别成为当时的研究热点，但是随着研究的不断扩展与深入，这些领域的学者将关注点逐渐聚焦于数字化和智慧零售等。

表 1-12   消费者行为变革影响零售厂商决策关键词突现强度

关键词	出现年份	突现强度	突现开始（年）	突现结束（年）
新零售	2012	62.87	2018	2022
超市	2000	23.18	2000	2015
顾客忠诚	2000	19.32	2005	2012
顾客满意	2000	18.79	2007	2014
零售企业	2000	16.61	2004	2016
零售业	2000	16.26	2002	2016
顾客价值	2000	15.88	2006	2015
自有品牌	2000	6.42	2000	2006
顾客	2000	6.20	2002	2015
服务质量	2006	5.45	2008	2016

关键词聚类分析结果显示，体量最大的 10 个聚类类别分别为超市、顾客忠诚、新零售、电子商务、大数据、零售业、传统零售、网络零售、策略、零售终端。基于这些聚类标签和关键词，我们可以将我国消费者与零售相关的研究主体划分为两个阶段，并依据时间线发展顺序进行详细说明。

第一阶段（2000~2010 年）。这一阶段，零售业的研究主要聚焦于顾客满意、顾客忠诚、供应链以及零售业本身。顾客满意和顾客忠诚是这一时期研究的重点，这反映了当时零售企业对于提升顾客体验和维系顾客关系的重视。同时，供应链的管理与优化也是研究的热点，这与企业追求效率和成本控制的需求密切相关。随着经济的发展和消费者需求的多样化，零售业开始探索更多的商业模式和服务方式。超市作为零售业的重要组成部分，其运营管理和市场定位也成为研究的重点。此外，随着电子商务的兴起，传统零售业开始面临新的挑战和机遇，这也为零售业的创新和发展提供了新的动力。

第二阶段（2010年至今）。进入21世纪的第二个十年，新零售模式开始兴起，并迅速成为零售业研究的热点。传统零售与网络零售的结合成为研究的重点。传统零售企业开始积极拥抱新技术和新模式，进行数字化转型和升级。此外，随着新零售模式的深入发展，智能零售的概念也开始兴起。智能零售通过运用大数据、物联网等技术手段，实现零售业的智能化和高效化。在这一阶段，零售企业开始更加注重数据分析和消费者洞察，以提供更加精准和个性化的服务。消费者行为变革影响零售厂商决策关键词时区分布可视化图谱如图1-18所示。

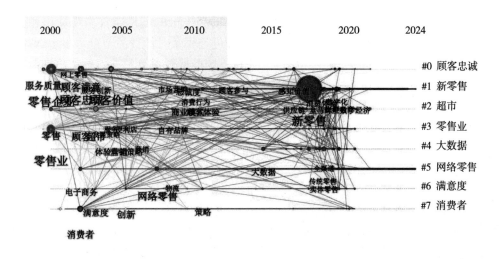

图1-18　消费者行为变革影响零售厂商决策关键词时区分布可视化图谱

（2）文献综述

消费者行为变化是零售活动研究的逻辑起点，消费者行为变化对零售影响的研究以考察消费者行为的构成元素和局部过程的微观变化对零售影响为主。王卫红（2004）较早关注消费者行为变化对零售活动的影响，认为中国逐步进入消费主导时代，零售活动中消费者行为的研究日趋关键，其通过广东省数据考察消费者行为特征变化，发现消费者需求多样化，消费结构升级加快；消费者多店购物，忠诚度逐步下降；消费者逐步关注新兴业态，传统业态逐步弱化；同时，其发现由于消费者行为变化，零售厂商也采取刺激消费的策略性行为。刘望、唐时达和张萍（2007）认为消费者出现便利消费、感性消费、体验消费、绿色消费的行为趋势，因此零售厂商应以消费者行为变化为中心，不断满足消费者行为新趋势新变化，在满足顾客利益的同时实现自身利益最大化。黄雨婷（2018）构建了异质性消费者效用函数模型以及消费者—零售商经济关系模型，分析消费者偏好异质性对零售组织的影响，研究结果表明，消费者偏好异质性是零售新业态产生以及多业态竞争的根本原因，零售业态创新与竞争是消费者偏好异质性的外在表现，同时其指出不可观测的消费者个体异质性直接调整各业态的市场份额以及零售组织之间竞争策略的选择。焦志伦和刘秉镰（2019）以消费者购物价值为基础，发现消费者购物价值由及时性、便利性和经济性等功能性顾客价值逐步转变到体验、社交、展示等享乐性和社会性顾客价值，基于消费者购物价值变化，零售组织应采取渠道协同、体验叠加、数据洞察、技术赋能四类转型升级路径。

以上考察了消费者行为变化的一般性与趋势性，但具体的零售决策需要考察消费者行为的构成元素和局部过程的微观变化，郭国庆和杨学成（2006）运用服务便利理论分析了消费者的购前便利、购中便利、交易便利和购后便利需求，并指出从选址、技术应用、营销等方面提出了满足消费者的便利需求的策略。王国顺和杨晨（2014）考察了消费者的信任转移与渠道迁徙行为，通过分析消费者信任转移和渠道迁徙行为之间存在相关关系，由于消费者的信任转移与渠道迁徙行为变化零售组织必然采取渠道协同策略，为全渠道零售提供了理论解释。田俊峰和田劲松（2016）考虑消费者策略性行为对网上零售产品与物流服务的定价机制的影响，并给出了分割报价与捆绑报价的适用条件。廖颖川和吕庆华（2019）通过文献综述的形式，研究全渠道零售演进过程及对消费者全渠道零售选择行为，发现消费者利用渠道接触点完成渠道沟通，通过不同的接触点，消费者行为更加复杂，并且全渠道零售打破消费者接触壁垒，有利于消费者行为决策。江玉庆等（2022）基于消费者零售平台支付意愿的异质性，考察消费者对自营平台、第三方开放平台和混合平台模式的偏好差异，研究结果表明，消费者对第三方开放平台的偏好程度对消费者需求及品牌厂商平台模式选择有直接影响。李宗活等（2024）将消费者时间价值量化到渠道选择中，分析时间价值、配送时效性和佣金对渠道竞合关系和博弈均衡的影响，研究结果表明，即时渠道的引入并不必然升高或降低供应链成员价格，适中的即时渠道耗时提升平台和零售商价格。王晓欢等（2024）在考虑消费者时间偏好影响的基础上，构建了平台获取消费者时间偏好信息（M 策略）模型和不获取信息（UM 策略）模型，研究零售平台的最优付费会员定价及信息获取策略，研究结果表明，当平台难以从销售自营商品和收取佣金中的任一方获取较高收益，或平台可以同时从上述两个方面获取较高收益时，平台宜采取 M 策略；否则，其宜采取 UM 策略。

1.3.2.3 零售商业模式研究

（1）基于 CiteSpace 的文献可视化分析

关于零售商业模式的研究，其发文量在特定时期的变化在一定程度上体现了该领域的动态和发展趋势。2000~2019 年对这一领域的研究量逐年上升，随着科技的迅猛发展和消费者需求的日益多元化，零售商业模式开始经历前所未有的转型。研究者们敏锐地捕捉到了这一趋势，纷纷投入相关研究中，探索新技术，如人工智能、大数据等如何重塑零售业的格局，以及新零售、无界零售等新型商业模式如何颠覆传统零售模式。到了 2019 年，零售商业模式研究的发文量达到顶峰，高达 535 篇（见图 1-19），这进一步证明了该领域在当时的重要性和热度。随着市场环境的不断变化和消费者需求的持续升级，零售企业需要不断创新以适应新的市场环境。因此，研究者们需要继续关注零售行业的最新动态和发展趋势，为企业的创新和发展提供新的思路和方向。

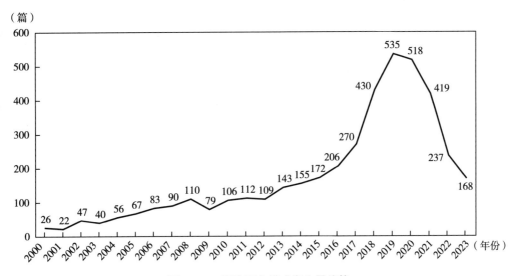

图 1-19　零售商业模式发文量趋势

由图 1-20、表 1-13 可知，具有最高中心度的关键词是新零售，中心度为 0.38，其他关键词诸如零售业、零售企业、商业模式、模式等中心度排名也比较靠前。综合分析来看，我国零售商业模式领域的研究热点主题较为集中，几个具有较高中心度的关键词之间的联系十分密切。新零售作为零售商业模式创新的代表，其影响力在不断扩大。新零售模式通过整合线上及线下资源，优化消费者购物体验，重塑了零售业的竞争格局。它不仅改变了消费者的购物方式和消费习惯，也促使零售企业调整经营策略，寻求创新发展。零售业和零售企业作为新零售模式的实施主体，其经营策略、市场定位以及创新实践成为研究的重点。商业模式和模式作为新零售的核心要素，其创新和应用对零售企业的成功至关重要。

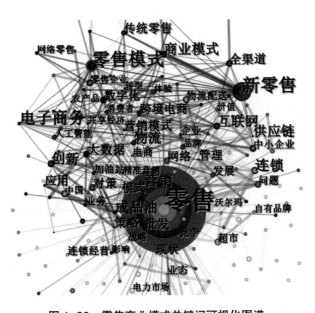

图 1-20　零售商业模式关键词可视化图谱

表 1-13　零售商业模式关键词频次及中心度

排序	关键词	频次	中心度	排序	关键词	频次	中心度
1	新零售	568	0.38	11	创新	38	0.08
2	零售业	132	0.31	12	经营模式	38	0.08
3	零售企业	147	0.23	13	网络零售	43	0.06
4	商业模式	152	0.22	14	发展模式	23	0.05
5	模式	49	0.17	15	农产品	27	0.04
6	电子商务	94	0.16	16	大数据	38	0.04
7	零售	58	0.12	17	零售模式	35	0.04
8	供应链	72	0.11	18	盒马鲜生	50	0.03
9	盈利模式	50	0.11	19	互联网	28	0.03
10	营销模式	48	0.08	20	物流配送	37	0.03

由表 1-14 可知，新零售概念自 2016 年被正式提出后，逐渐在市场实践中得到应用和验证。随着时间的推移，新零售模式在零售行业的影响力逐渐扩大，引发了学术界的广泛关注。到 2018 年，新零售在消费者行为研究领域中的突现强度达到高峰，成为该领域的研究热点，突现强度为 40.89。与此同时，虽然零售业、超市和模式等关键词在过去的研究中也具有较高的突现强度，并在不同的时间段内引领了研究趋势，但随着新零售模式的兴起，这些传统零售领域的研究热度逐渐减弱。新零售模式的创新性以及对消费者行为的深刻改变，使研究者们开始将更多的关注点放在新零售模式上，而不是传统的零售业、超市及既有模式。

表 1-14　零售商商业模式突现强度

关键词	出现年份	突现强度	突现开始（年）	突现结束（年）
新零售	2016	40.89	2018	2021
零售业	2000	15.95	2002	2015
超市	2004	15.22	2004	2013
模式	2004	11.2	2004	2015
零售企业	2004	9.86	2005	2016
盈利模式	2004	9.83	2006	2016
网络零售	2000	8.25	2010	2016
电子商务	2000	8.23	2013	2016
物流配送	2004	7.75	2005	2016
连锁经营	2000	6.03	2002	2011

近年来，文献研究主要围绕零售企业、新零售、全渠道、盈利模式、营销模式五类关键词群组展开。零售企业聚类涵盖了与零售企业直接相关的各类关键词，包括但不限于连锁经营、便利店、供应链管理等。这些关键词反映了零售企业在日常运营、管理和发展过程中的各个方面，展现了零售企业的综合性特点。新零售聚类集中体现了新零售模式的核

心要素和特征，包括智能零售、线上线下融合、大数据分析、无人零售等关键词，这些关键词展现了新零售模式在技术应用、消费者体验、渠道整合等方面的创新，反映了新零售模式对传统零售业的深刻变革。全渠道聚类涵盖了与多渠道销售、消费者体验等相关的关键词，如O2O模式、移动支付、社交媒体营销、跨境电商等，这些关键词反映了零售企业在全渠道战略下的创新实践，旨在为消费者提供更加便捷、个性化的购物体验。零售企业需要借助O2O模式，打通线上线下购物渠道，利用移动支付等新型支付方式提升交易效率，通过社交媒体营销增强品牌影响力，同时开展跨境电商业务，拓展更广阔的市场空间。盈利模式聚类主要关注零售企业的盈利方式和成本控制策略，包括成本控制、差异化定价、会员制度、增值服务等关键词，这些关键词体现了零售企业在追求盈利过程中的不同策略和方法。营销模式聚类涵盖了零售企业在市场推广、品牌建设等方面的关键词，如精准营销、品牌传播、口碑营销、体验式营销等，这些关键词反映了零售企业在市场竞争中采取的多样化营销策略，旨在提升品牌知名度和市场份额。零售商业模式关键词时区分布可视化图谱如图1-21所示。

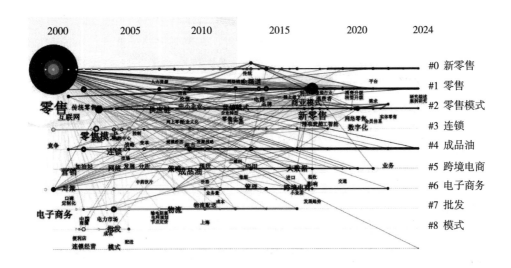

图1-21 零售商业模式关键词时区分布可视化图谱

（2）文献综述

1）关于零售商业模式的研究。随着消费者行为研究的深入，在网络化、数字化、智能化阶段，消费者行为具有显著变化，因此零售厂商需要基于消费者行为变革不断调整商业模式。关于零售商业模式创新的基础性理论，原磊（2009）认为零售商业模式可以细分为从伙伴价值、企业价值、顾客价值寻求盈利的商业模式，零售商场所获得的价值总和是由伙伴价值、企业价值、顾客价值共同决定的。盛亚和吴蓓（2010）认为商业模式万变不离其宗，核心仍是企业价值创造的基本逻辑，其主要由价值创造体系和价值获取体系构成，并且认为零售商业模式创新的基础是将原有企业价值创造过程进行分解，在此基础上加入新的价值创造环节、过程与活动。张艳（2013）基于Morris层次论和Osterwalder要素论，在观察零售商业模式演化过程的基础上，提出零售商业模式的核心要素构成、边际要素构成以及零售商业模式的层级关系，形成了完备的零售商业模式理论模型。郭守亭、李万方和蔡佳佳（2016）认为商业模式具有系统性与复杂性，因此可以基于模块化系统基本原理与思想分析零售商业模式创新路径，零售企业可以通过改变界面模块与要素模块来实现商业模式创新，进而实现零售企业价值创造，零售商业模式创新是界面模块与要素模块组合的结果。

2）关于零售商业模式演化的研究。由于技术条件和渠道条件变化，零售价值创造体系与价值获取体系需要不断适应，因此零售商业模式出现不断创新与动态演化的趋势。由于渠道的变化，研究者首先关注单一渠道零售商业模式问题，盛亚、徐璇和何东平（2015）认为电子商务渠道影响零售企业价值主张，有利于提供全天候、全覆盖的商品与服务，因此零售商业模式构成要素发生显著变化；其构建了零售企业商业模式的价值创造模型，分析了在电子商务属性影响下，价值网络、价值主张、资源能力与盈利模式的变化。随着"互联网+"战略在零售领域的深入实施，零售厂商开始将线上渠道与线下渠道融合。张艳（2014）认为O2O模式结合了线上线下渠道的优势，为消费者在选择商品、支付、配送、退换及售后维修与保养的全方位零售服务中提供实体门店和网络的交互服务，但O2O并没有改变传统零售经营模式与盈利模式构成的商业模式。李玉龙和李雪欣（2015）基于价值链视角对零售厂商O2O商业模式进行了分解，认为线上线下两种零售商业模式具有相同的本质，并且线上线下融合可以进一步增强网络外部性，进而实现渠道成员锁定与正反馈。王国顺和陈怡然（2015）认为零售厂商O2O商业模式设计的核心是处理好实体零售和网络零售的共用资源和差别资源。当线下渠道和线上渠道实现战略资源共享时，将有助于零售厂商降本增效，重塑竞争优势；当线上渠道和线下渠道资源错配时，将导致消费者价值导向紊乱，内部非良性竞争。夏清华和冯颐（2016）重点分析了线上线下双重商业模式冲突问题，认为线上线下渠道成本的差异，如果在线上渠道与线下渠道销售相同的产品与服务，必然导致线下线上双重商业模式冲突；可以通过双线资源整合的方式缓解线上线下融合冲突，形成线上线下互补模式，充分整合线上线下资源，给消费者带来更好的消费体验。随着移动互联网与智能终端的广泛普及，出现了社交网络渠道、短视频渠道等全新渠道，零售厂商开始选择全渠道商业模式。刘向东（2014）考察在移动互联网浪潮下，零售企业如何选择最合适的全渠道商业模式，提出传统零售厂商应该根据经营的商品类型以及与之相关的不同服务要素的组合方式，设计全渠道商业模式的转型方向和模式类型。刘煜、汤定娜和刘遗志（2015）基于Osterwalder的商业模式构成要素理论，在消费者行为变化的背景下，探究零售企业实施全渠道模式的路径，认为零售企业实施全渠道战略面临着各种障碍，大企业组织结构复杂、流程繁琐，内部阻力较大；小企业财政预算有限、技术不成熟、缺少技术型人才等问题。丁宁和丁华（2020）通过中国零售上市公司数据，考察了零售厂商全渠道融合商业模式与经营绩效的关系，实证结果表明零售厂商全渠道融合商业模式可以显著提升经营绩效，并且通过市场价值、盈利能力和运营效率三个中介变量对经营绩效产生影响。2016年开始，部分网络零售厂商提出新零售概念，大量学者开始围绕新零售商业模式展开研究。齐严（2017）通过分析对国外零售企业商业模式创新，探索零售业商业模式创新路径与方向，研究发现消费者偏好是零售业商业模式创新的直接动力，数字技术发展是商业模式创新的间接动力。张建军和赵启兰（2018）以流通供应链视角，系统研究供应链商业模式亟须转型升级的原因及路径，研究发现新零售通过对"人、货、场"要素的调整完成对流通供应链重塑，流通供应从传统的以供给为导向向以消费者需求为导向转变。狄蓉、曹静和赵袁军（2020）提出新零售供应链全渠道整合创新模式，认为全渠道零售是以场景化为基础，实现全渠道获客与营销，同时应打造开放的零售商业系统，实现渠道成员以及数据流、信息流、资金流、信息流、服务流的高效整合。周蓉蓉（2020）系统分析了中国新零售模式产生的动力机制，认为新零售是以消费者需求为核心的全新商业模式，在新零售诸多驱动因素中，技术是主要驱动力，通过智能化、可塑化商业基础设施，实现全渠道融合，构建新零售场景，实现集"全场景、全客群、全数据、全体验、全渠道"于一体的零售新模式。王福等（2021）认为零售商业模式设计是以满足消费者场景化消费期望为基础，新零售商业模式创新就是满足消费者在特定时空的需求偏好，消费者参与的特定场景价值创造是新零售商业模式的逻辑起点；并且随着消费者需求的时空演变，消费者参与的特定场景将形成多样化价值，新零售通过场景化情境适配实现商业模式不断迭代，将形成难以复制的竞争优势。随着零售全渠道获客与营销，并将消费者需求实时反馈到渠道成员，构建了快速反应的流通供应链网络，同时也产生了海量数据分析与智能决策需求。彭虎锋和黄漫宇（2014）较早关注到新一代信息技术在零售领域的应用，技术的加速应用必然要求零售厂商加速零售业态、零售活动、治理机制创新，重构零售商业模式，并通过苏宁易购案例验证了以效率、有效性和顾客关系作为基础，从价值获取和价值创造进行零售商业模式创新的路径。包振山、常玉苗和万良杰（2022）在消费数字化变革背景下，探究零售业商业模式创新的内在机制，并提出五种商业模式创新方法及路径。余丽（2024）以微观调查数据为基础，研究数智化转型对零售企业商业模式创新的影响，实证结果表明，数智化资源对零售企业商业模式创新存在"U"形关系，且供应链协同对"U"形关系起正向调节作用。

1.3.2.4 智能零售模式研究

（1）基于 CiteSpace 的文献可视化分析

如图 1-22 所示，有关"智能 + 零售"领域的研究发文量在 2016~2022 年的变化呈现一个显著的凸点。2016~2018 年，智能零售领域的研究发文量呈现快速上升的趋势，并在 2018 年达到峰值，为 144 篇。这一时期的快速增长主要得益于技术进步和市场需求的双重推动。自 2018 年之后，智能零售领域的研究发文量逐渐下滑，但仍处于研究热潮。

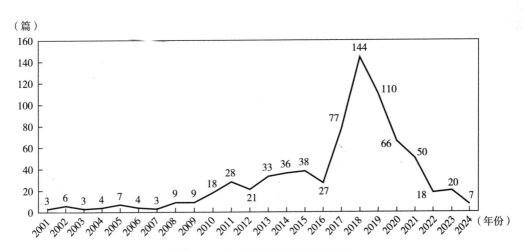

图 1-22　智能零售模式发文量趋势

图 1-23、表 1-15 显示，在"智能 + 零售"领域的研究中，人工智能和新零售是出现频次最高的关键词，其中心度分别达到了 0.61 和 0.4。人工智能技术的深入应用，为零售业带来了前所未有的变革，从智能客服到自动化仓储，再到精准营销，都体现了人工智能在提升零售效率和顾客体验方面的巨大潜力。同时，大数据在近几年出现的频次也相当高，中心度达到了 0.21。大数据技术使零售企业能够更深入地了解消费者行为、市场需求和竞争态势，为精准营销、库存管理等方面提供了有力的数据支持。整体来看，这几年国内研究者普遍将视野放在了如何利用人工智能、大数据等先进技术推动零售业的创新与发展上。

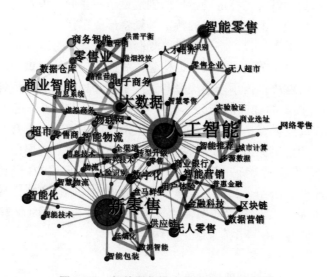

图 1-23　智能零售模式关键词可视化图谱

表 1-15　智能零售模式关键词频次及中心度

排序	关键词	频次	中心度	排序	关键词	频次	中心度
1	人工智能	60	0.61	11	区块链	2	0.03
2	新零售	60	0.40	12	数据营销	2	0.03
3	大数据	14	0.21	13	智能物流	6	0.02
4	零售业	14	0.16	14	物联网	4	0.02
5	智能零售	18	0.16	15	电子商务	5	0.02
6	商业智能	13	0.09	16	商务智能	7	0.02
7	超市	7	0.08	17	数据挖掘	3	0.02
8	智能化	8	0.05	18	智能包装	2	0.02
9	网络零售	3	0.05	19	智能推荐	2	0.02
10	智能营销	4	0.03	20	零售革命	2	0.02

表 1-16 深入揭示了"智能 + 零售"领域研究的动态变化。虽然人工智能、新零售、大数据、智能零售等关键词在文献中出现的频次较高，但它们的突现强度均为 0，这意味着这些概念虽然在该领域占据重要地位，但在研究趋势上并未出现明显的突发性增长或变化。商业智能和零售业突现强度最高，分别达到了 6.02 和 3.57，但是它们并非近三年研究的前沿话题。这些概念在之前的研究中已经得到了深入的探讨，而现在的研究则更加注重实际应用和创新发展。

表 1-16 智能零售模式关键词突现强度

排序	关键词	出现年份	突现强度	突现开始（年）	突现结束（年）
1	商业智能	2001	6.02	2001	2017
2	零售业	2005	3.57	2005	2014
3	人工智能	2012	0	—	—
4	新零售	2017	0	—	—
5	大数据	2014	0	—	—
6	智能零售	2016	0	—	—
7	超市	2002	0	—	—
8	智能化	2018	0	—	—
9	网络零售	2016	0	—	—
10	智能营销	2020	0	—	—

关键词时区分布可视化图谱分析（见图 1-24）将"智能 + 零售"领域的研究关键词划分为六大类，即新零售、人工智能、智能零售、大数据、智能营销、网络零售。在 2001~2010 年，商业智能的概念崭露头角，研究者们开始将视线投向零售业领域，探索如何利用大数据技术来优化零售业务，提升经营效率，这一时期的研究为后续的智能零售发展奠定了理论基础。进入 2010 年之后，随着人工智能技术的迅猛发展和广泛应用，有关新零售、智能零售、智能营销的研究开始迅速扩散。新零售模式的兴起，标志着零售业进入了全新的发展阶段，智能零售和智能营销等概念也应运而生。这些新兴概念不仅为零售业带来了前所未有的变革，还为研究者们提供了丰富的研究课题。随着研究的深入，研究领域也在不断细化。研究者们开始关注各种智能技术在零售业务中的具体应用，如智能客服、智能推荐、智能仓储等，同时开始探索如何利用这些技术来实现供需平衡、精准营销等。

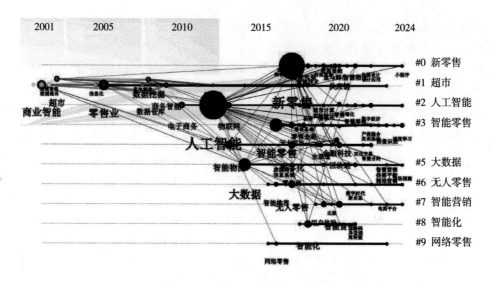

图 1-24   智能零售模式关键词时区分布可视化图谱

（2）文献综述

蒋侃、覃美连和李姝蓉（2021）探索零售厂商商业模式创新路径，发现零售厂商应用人工智能技术，可以从替代、增强、协作和平台方面实现降本增效，进而实现零售业态创新。郭漫勤和师佳英（2021）重点指出零售企业必须关注人机协同问题，由于零售厂商忽略人工智能价值网络和商业模式创新，导致难以在竞争激烈的零售中获取竞争优势，通过结构方程模型和问卷数据，实证检验发现无论是对内还是对外的零售企业价值网络均能促进零售企业商业模式创新，有助于尽快提高企业效益。周雨薇和吕巍（2021）通过文献综述形式梳理了人工智能重塑零售行业的底层逻辑，通过任务自动化、数据数值分析、图像文本分析、上下文感知四种方法分析了人工智能应用场景，提出人工智能触达消费者与企业的四个价值，同时指出零售企业采纳人工智能也面临显性与隐性诸多问题。王砚羽、苏欣和谢伟（2019）通过多案例分析方法，分析了零售企业采纳人工智能商业模式的驱动因素以及采纳后的融合和冲突问题，研究结果表明企业采纳人工智能商业模式面临着内外部驱动因素影响，其中内部因素包括组织管理和数据准备，外部因素包括外部竞争、人工智能效能等，人工智能商业模式采纳后零售面临着内部组织和员工的阻力、技术供应商信任危机，最终提出探索型知识开发模式和利用型知识开发模式两种融合路径。王先庆和雷韶辉（2018）探索性研究了人工智能技术对消费者购物体验的影响，发现人工智能可以提供定制化、个性化服务，实现场景体验，契合消费者情感，更好地满足消费者基础性需要。

1.3.3   国内外研究现状评述

以上基于 CiteSpace 的文献可视化分析以及文献梳理，系统分析了消费者行为、消费者行为对零售组织影响以及零售组织商业模式创新领域国内外研究成果。通过文献综述，可以清晰地发现消费者行为变化研究是零售组织技术采纳、业态调整、商业模式变革的根本原因与逻辑起点。21世纪随着数字化、网络化、智能化水平提高以及对商业逻辑的重构，现有研究普遍关注数字化消费者变革以及零售组织的影响，研究普遍认为消费者存在异质性偏好，因此零售组织必然与全渠道影响相适应，同时充分利用新一代信息技术，实现流通供应链网络协同与商业模式重构。但仍然在以下方面存在深入研究的可能：一是现阶段消费者行为变革主要以描述性为主，如差异化、个性化等，缺少科学的界定，在消费者行为构成元素和局部过程的微观变化过程中，应对离散化、异质性进行科学界定，在下一阶段的研究过程中需要借助自然科学对消费者行为变化进行界定，并可以通过自然科学表述，最终实现社会科学与自然科学统一话语体系。二是对智能化阶段消费者行为与零售组织决策缺乏关注，从数字化转型阶段看，可以分为显著的网络化、数字化、智能化阶段。限于发展阶段，现阶段主要关注网络化与数字化阶段的消费者行为与零售组织决策，缺少对智能化阶段问题的前瞻性研究。三是缺少消费者行为变革对零售组织影响机制的系统化、细腻化研究，更多的是基于计量模型与实证检验的需要，对两个变量的机制的简单梳理。针对以上问题，本书重点通过不确定性对消费者行为变革进行界定，实现经济学、管理科学、信息科学、数学核心概念的一致性。同时系统分析消费者行为变革对零售组织的影响，尤其是智能化时代消费者行为变革对零售组织的直接影响与间接影响并关注智能化阶段零售组织智能化决策与商业模式变革，以上也是本书的主要边际贡献。

1.4　研究内容

本书主要围绕消费者行为变革与智能零售模式采纳进行研究，主要研究内容如下：

第一，问题提出与文献综述。本书第 1 章、第 2 章主要提出研究对象，即消费者行为变革与智能零售模式，具体可以分为三部分：消费者行为变革、消费者行为变革对零售组织的作用机制、智能零售模式采纳。在此基础上，对以上三部分文献进行梳理，提出本书的边际贡献。进一步地，在文献梳理的基础上，对研究对象涉及的多源异构网络大数据、消费者行为、智能零售、商业模式等核心概念进行界定，同时对下文所利用的经典理论进行阐释。

第二，消费者行为变革。在技术变革下，消费者行为发生了显著变化。从消费者需求特征看，消费者需求从排浪式需求向个性化需求、多样化需求转化；从消费者购买行为发生的时间和空间看，消费者购买行为离散程度增加；从消费者信息获取看，消费者信息获取离散化程度进一步提高；从消费者权利看，消费者"增权"成为不可逆转的趋势。从总体上界定消费者行为各层面、各阶段的变化是不可能的，本书将消费者在购买行为过程中体现出的随机性本源行为和不可预期的变化定义为消费者需求不确定性，具体指消费者的需求特征、需求发生的时空属性的剧烈变化程度以及组织对于消费者需求进行预测的困难程度，属于一级不确定性。

第三，消费者行为变革与智能零售模式的互动机制。将弗兰克·奈特在《风险、不确定性与利润》以及 Shannonce 在 *A Mathematical Theory of Communication* 中关于不确定性的描述与计算进行融合，实现在一个话语体系下解释消费者行为变革与智能零售采纳问题。本书通过对消费者需求不确定性的界定，从理论层面说明零售厂商必然采取智能零售模式相适应，缓解消费者需求不确定性，降低消费者信息熵，满足消费者从"千人一面""千人千面"到"一人千面"转变，达到从而达到"此时、此刻、此情、此景"下的最优解。

第四，智能零售技术应用与典型场景举要。智能零售是新一代信息技术集中应用、迭代的结果，本书重点介绍了网络技术、大数据技术、人工智能技术、平台（集成）技术在智能零售领域的应用技术逻辑与经济学逻辑，在此基础上构建智能零售技术架构，并重点通过"人、货、场"场景说明智能零售典型应用领域，方便研究者和零售厂商具象化理解智能零售采纳。

第五，智能零售商业模式。借助商业画布工具，对智能零售商业模式进行描述、分析、设计和创新。通过目标顾客、价值主张、渠道通路、顾客关系、收入来源、关键资源、关键活动、关键伙伴、成本结构九个构成要素，系统分析智能零售商业模式，并对比分析智能零售商业模式与传统零售商业模式的差异。智能零售商业模式不是一蹴而就的，其广泛应用需要诸多影响因素共同作用，本书基于 TOE 理论框架，分析制约智能零售商业模式采纳的技术条件、组织条件与环境条件，并分析各条件相互作用的组态效应。

第六，智能零售商业模式采纳的路径与政策。通过智能零售商业模式分析，以及智能零售商业模式实施所需影响因素与阻碍条件，本书根据大型零售企业以及中小零售企业实际情况，细化智能零售行业模式采纳的差异化路径，可以为零售厂商智能化转型提供切实可行的路径。从智能零售采纳的调节变量看，有效的政策支持在零售企业数字化转型过程中起核心作用，尤其对于中小零售企业而言，其调节作用更为显著。因此，应该坚持有为政府与有效市场相结合。政府通过制定科技创新战略、财政补贴、税收优惠等政策来鼓励人工智能的研发和商业化进程，促进人工智能技术在零售领域应用深化。

1.5 研究方法

为验证本书提出的主要机制、模式与路径，笔者采取了大数据分析、算法设计、量表开发、计量模型、博弈模型等多种方法，尤其是采用了网络大数据与企业全样本数据，分析消费者行为变化。此外，为了使逻辑闭环，本书创新性地开发了多种算法，可以直接应用于智能零售模式设计与零售厂商实践。

第一，大数据分析。为了分析消费者行为的不确定性，本书对用户生成内容进行大数据分析，通过全渠道挖掘华为mate10~60系列手机数据，基于扎根理论从用户在线评论中挖掘出用户需求，分析消费者对外观手感、服务保障、通用体验、待电续航、物流配送等因素的差异化需求；构建了用户需求和销售量的逐步回归模型和分位数回归模型，分析结果表明：分位数回归模型能够较好地解释用户需求对销售量的影响，且在线评论中的用户需求特征对消费者行为（销售量）有显著影响。为了研究零售物流库存预测体系准确性，本书基于某钢铁销售平台的库存数据、订单数据和销售数据，这些数据来自不同的业务系统，难免会出现数据错误或者无效的情况。因此，首先需要对数据进行清洗，删除无效字段，只保留钢材编号、钢材种类、钢材材质、钢材价格、钢材销量等数据；其次根据预测训练的设计要求，对数据进行有条件的整合；最后提炼出用于实验的基础数据。为了研究零售企业供应链关系与优化问题，本书收集了100家企业关于可持续供应链风险评价的有效数据，将样本1~90作为训练样本，输入网络进行训练。此外，样本91~100作为测试样本，测试样本可以检验模型的泛化能力。

第二，机器学习算法。由于消费者需求的不确定性以及相互影响，本书考虑到在图数据中，不同的连接（边）可能具有不同的重要性，但是传统的图神经网络模型往往难以有效地区分连接之间的重要性差异，从而影响了推荐系统对用户—商品互动行为的精细建模。针对无法区分连接重要性的问题，本书改进了GCN模型，利用预训练的语言模型BERT，将用户评论转换成边上的特征表示，进而创建出表达用户需求或偏好的向量。接着，把这些需求特征纳入GCN的表征学习过程中，使区分连接重要性的用户需求特征成为用户与商品之间重要的互动信息，从而实现对用户的个性化推荐，提升了基于用户生成内容的推荐性能。基于零售物流库存预测体系问题，本书选择BA优化神经网络的方式构建预测模型，并利用实际数据进行模型检验以验证模型的有效性。通过对比实验研究可知，本书提出的方法具有较好的效果，可以应用于零售物流库存的实际预测，能够为后续的相关研究提供理论参考。基于供应链风险与优化问题，本书建立了具有单隐层结构的BP神经网络模型，确定输入层节点数、隐含层节点数、输出层节点数，对可持续供应链风险评估模型进行学习和训练，系统在达到期望的误差精度时，不断调整计算量输出训练结果，然后对验证集数据进行模型验证。通过模型验证与企业数据验证，BP神经网络模型对企业供应链风险识别与优化具有较高的验证能力。

第三，量表开发。随着新一代信息技术的应用，消费者行为不确定性显著增强，更为关键的是消费者决策过程受到相关关系以及依赖相关关系形成的人工智能影响，消费者需求不确定性进一步增强。为了验证消费者行为受复杂决策网络与数据智能应用影响，本书在阅读、梳理现有文献的基础上确定消费者复杂决策网络、消费者数据智能、消费者信息搜集能力、消费者信息处理能力四个变量问卷，利用结构方程模型进一步验证了消费者行为受到复杂决策网络与数据智能应用影响，加速了消费者需求不确定性。

第四，计量模型。智能零售采纳是为了消除（缓解）消费者需求不确定性，为了验证智能零售采纳与消费者需求不确定性的关系，本研究采用中国A股上市零售企业2015~2022年的数据，通过计量模型，得出智能零售采纳能够显著降低消费者需求不确定性，且在经过内生性检验与稳健性检验后结论依旧稳健。智能零售模式采纳是应对消费者行为不确定性的结果，零售厂商采纳智能零售模式后，其经营绩效受技术条件、组织条件和环境条件等因素影响。因此本书数据来自2015~2022年国泰安数据库及WIND数据库，选取上海证券交易所、深圳交易所、中小板和创业板82家样本零售企业，共1414条观测值。其中上海证券交易所、深圳交易所为大型零售企业，将中小板和创业板中员工规模或营业收入过高、远远超出中小企业的范畴企业剔除，余下全部为中小零售企业，方便考察规模异质性。本书利用熵值法测度零售业经营绩效，构建零售业智能零售程度关键词词典，以词频统计数之和来衡量智能零售程度，同时考察运营效率、经营成本、创新水平三个中介变量，以及技术条件、组织条件和环境条件三个调节变量。通过以上计量模型的构建，验证智能零售模式采纳对零售业经营绩效的影响。

　　第五，案例分析。本书研究的是在消费者行为变化的基本特征下，零售厂商商业模式采纳与融合的作用机制。在目前智能零售商业模式带来价值增值的机制尚不明晰的情境下，通过采用规范的多案例研究方法，能够保证研究结果的准确性、有效性和稳定性，尤其是在研究中小企业智能零售模式采纳差异化路径时。本书基于长期跟踪访谈，最终在归纳阿里云、多点 DMALL、京东到家、苏宁易购零售云、天河路智慧商圈等案例的基础上，提出了人工智能即服务、零售云、供应链、平台、智慧商圈等差异化路径。

　　第六，斯塔克尔伯格博弈模型与算例分析。斯塔克尔伯格博弈模型是在纳什均衡和古诺模型的基础上演化而来的，在智能零售模式采纳过程中大量使用的原因在于其主要用于地位不对等的厂商之间的博弈。零售商、制造商、技术服务提供商、消费者等供应链成员在智能零售模式采纳过程中，地位往往是不对等的，导致博弈发起顺序与谈判地位的差异，所以斯塔克尔伯格模型解释能力更强。由于供应链成员智能零售模式采纳的博弈过程相对复杂，尤其是在协调机制的作用下，供应链成员间的均衡解更加复杂，通过解析式的直观比较相对困难。本书通过运用 Matlab 手段，根据实践数据与前期研究成果数据，对相关参数进行赋值，可以直观比较均衡解的大小，展现博弈的动态变化与供应链成员的收益变化，使实证过程获得较好的可视化体现。

1.6　研究创新点

　　第一，视角创新。长期以来，经济学与信息科学存在显著的两个话语体系，在实际运行中其基本概念与作用机制都难以兼容。本书探索基于经济学与信息科学共有概念不确定性为切入点，将奈特在《风险、不确定性与利润》（ *Risk, Uncertainty and Profit* ）以及 Shannonce 在《通信的数学理论》（ *A Mathematical Theory of Communication* ）中关于不确定性的描述与计算进行融合，实现在一个话语体系下解释消费者行为变革与智能零售采纳问题。本书的视角创新主要体现在对消费者需求不确定性的界定，从理论层面说明零售厂商必然适应智能零售模式，缓解消费者需求不确定性，降低消费者信息熵，满足消费者从"千人一面""千人千面"到"一人千面"转变，从而达到"此时、此刻、此情、此景"下的最优解。

　　第二，方法创新。本书集中应用了量表开发、大数据分析、算法设计、计量模型、案例分析方法，验证涉及的机制、路径等，尤其是采用了大数据分析方法与算法设计，既保证了研究数据的全样本特征，又基于数据开发了零售领域可以直接应用的推荐算法、供应链风险识别与优化算法、零售物流库存预测算法，实现了数据—算法—应用的闭环，改变了传统社科类研究过多关注机制研究而未能解决实际场景应用问题。

　　第三，路径创新。区别于以往关于智能零售模式问题研究，本书细腻化地研究了智能零售技术模式，设计了切实可行的技术架构与应用场景；基于目标顾客、价值主张、渠道通路、顾客关系、收入来源、关键资源、关键活动、关键伙伴、成本结构九个构成要素分析了智能零售商业模式；分析了智能零售模式应用的制约因素，基于 TOE 框架的技术条件、组织条件与环境条件分析了大型零售企业与中小零售企业的差异化制约因素；给出了大型零售企业、中小零售企业的差异化路径模式，大型零售企业智能零售采纳可以采取全要素路径与组织—环境路径，中小零售企业智能零售采纳可以采取人工智能即服务、零售云、供应链、平台、智慧商圈等差异化路径。

本书的研究框架如图 1-25 所示。

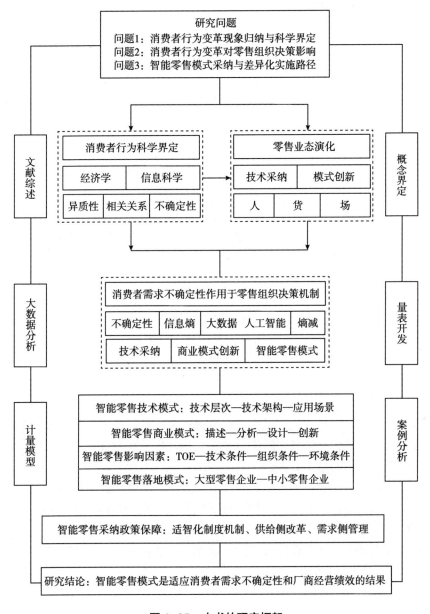

图 1-25　本书的研究框架

2 概念界定与理论基础

2.1 概念界定

概念界定的主要目的是明晰本书的研究对象，厘清研究对象的内涵与外延，本书涉及的核心概念主要包括多源异构网络大数据、消费者行为、智能零售、商业模式。

2.1.1 多源异构网络大数据

闫佳和等（2024）从数据来源和数据类型两个方面定义多源异构数据。从数据来源看，多源指的是数据来自多个信息源，即数据集取自不同端口，电脑、手机、GPS、监控等都是数据来源；从数据类型看，异构指的是数据存在的形态或格式不同，或者同种形态但不同格式，包括结构化、半结构化和非结构化数据（鲁晓峰，2017），一般包括数据库、文本、音频、图片、视频等。多源异构数据的存储方式也越来越多，存储数据的各系统在操作步骤、网络平台、数据模型、运行方法以及所使用的编程语言等方面形式各异。王元卓、靳小龙和程学旗（2013）认为网络大数据是指在互联网上可获得的，由"人、机、物"三元世界在网络空间中彼此交互与融合所产生的大数据，同时指出由于网络大数据的规模与复杂度，给现有 IT 架构与计算能力带来了挑战。在后续的研究中，林海伦等（2017）指出网络大数据中蕴含丰富的知识资源，包括描述特定事物的实体、刻画实体逻辑联系的关系、用于语义标注实体的分类等，网络大数据知识自身呈现出异质性、多元性和碎片化等特点。通过对多源异构网络大数据的界定的梳理，发现多源异构网络等主要是大数据的特征，因此本部分将进一步解释多源异构网络基本特征，在此基础上进一步定义大数据。

本部分认为多源异构网络大数据是指在网络环境下，从不同源头采集并汇集的，格式、类型、结构和生成方式各不相同的大规模数据集合。这类数据不仅体量巨大，而且在数据特性上表现出显著的异质性和多样性，涵盖了非结构化数据、半结构化数据和结构化数据，具体来说，有以下四项特征：

一是多源。数据来自多种渠道和设备，如社交媒体、物联网传感器、移动设备、在线交易记录、公共数据库、企业内部信息系统等。

二是异构。数据具有不同的组织形式和内容结构，如关系数据库中的表格数据、文本文件、图像、音频、视频、日志文件、JSON/XML 文档、用户点击流数据、网络交互数据等。

三是网络。数据在分布式的网络环境中生成、交换和处理，通常需要借助云计算、边缘计算和大数据处理技术来整合和分析。

四是大数据。数据规模庞大，增长速度快，传统的数据处理工具难以有效捕获、存储、管理和分析。这类数据的特点还包括高维度、实时性要求、价值密度低但总体价值高等。

多源异构网络大数据的整合与分析对于提取有价值的信息、洞察市场趋势、优化业务流程、提升决策效率、实现个性化服务以及创新商业模式等方面具有重要意义，但也带来了数据清洗、一致性处理、安全性、隐私保护和技术实施等一系列挑战。

2.1.2 消费者行为

消费者行为是整个西方经济学理论分析的重要出发点之一，需求理论、效用理论、均衡理论等都是在分析消费者行为的基础上得出的结论。对消费者行为的分析通常包括三个方面：一是消费者偏好。它表示消费者对社会提供的各种不同商品、劳务组合所做出的比较、判断，通常假定消费者偏好具有完备性、传递性、非饱和性三个特点。完备性是指消费者对任何两种商品组合都能做出或优、或劣、或相同的判断；传递性是指当消费者偏好商品 A 胜于商品 B、偏好商品 B 胜于商品 C 时，则他一定偏好商品 A 胜于商品 C；非饱和性是指所有商品都是正效用的，在不考虑成本的前提下消费者总是偏好数量更多的商品束。二是预算约束。它表示消费者面对既定的价格时，其消费能力所受到的限制，这种限制来自消费者收入水平和市场价格水平，是影响消费者选择的重要因素之一。当收入水平或价格水平发生变化时，消费者受到的约束也发生变化，从而他的选择也发生变化。三是消费者选择。这是指在消费者偏好和所受预算约束给定的情况下，消费者如何选择每种可选商品的购买量。一般假定消费者的选择是有理性的，即他在给定的预算约束下将尽量追求最大限度的满足。上述三个方面完整地描述了消费者的行为，共同构成消费者行为理论的重要组成部分。消费者行为的实质是与理性人假设完全一致的。

区别于西方经济学理论，营销学界也对消费者行为普遍关注，并作为营销学、营销管理、品牌管理、战略管理的基础，经历了半个世纪的发展，正面临重大的挑战。营销学界关于消费者行为的界定主要指消费者从购买到消耗消费品的全过程中的内心活动和举止行为，包括需求动机的形成、购前准备、购买决策、购买行为、对消费对象（商品和劳务）的占有和使用的效果等一系列行为过程。需求动机是基于消费者对某种目标的渴望和欲求而由各种刺激引起的心理冲动，即各种行为的直接推动力。当消费者受到某种刺激时，其内在的需求就被激活，从而演化成一种动力，形成动机，推动消费者去寻找自己所需要的东西，做出购买决策，产生购买行为。购买行为实质上是一种选择行为，即在何时、何地、向何人购买及如何购买等。当消费者通过上述行为将自己所需要的东西购买回来后，便采取一定的方式对买回的商品进行消费，以获得满足，消费行为的全过程也得以完成。消费者行为有十分复杂的行为模式，涉及需求、动机、态度、学习等多个方面的因素，因此要全面分析和了解消费者行为，仅运用经济学的方法是远远不够的，还涉及心理学、社会学、社会心理学、人类学、美学等方面。

消费者行为分析是智能零售模式研究的基础，智能零售模式的被采纳源于对消费者行为的分析。基于经济学与营销学对消费者行为的界定，本部分认为消费者行为是指消费者在寻求、购买、使用、评价及处置商品和服务的过程中所表现出来的各种心理活动和实际行为的总和。这个过程涉及消费者的内在动机、需求、价值观、态度、信念、决策制定以及外在因素，如经济条件、社会文化背景、家庭与个人影响等。具体而言，消费者行为包括购买决策过程、消费体验、消费后行为等，如果聚焦于具体细颗粒度消费者行为研究，就偏离了经济学研究的核心目标，经济学研究更多偏向于研究人类经济活动的规律，因此本部分更多集中于消费者在寻求、购买、使用、评价及处置商品和服务等实际行动过程中体现的共性规律，零售厂商与生产厂商基于共性规律的把握，更好地研发产品与应用技术，迎合消费者行为的变化。

2.1.3　智能零售

Pantano 和 Timmermans（2014）指出，一个智能的零售环境，可以让一家企业创造更多的消费者、更大的商业价值。智能零售是第四次零售革命的高级阶段（王成荣，2018），现阶段智能零售仍处于发展初期，学术界对智能零售缺乏统一定义，并且存在"新零售""智慧零售""数字零售"等相近概念。智能零售最早由微软公司提出，是微软公司提出的"智能零售运动"中的核心概念。微软公司在 2004 年 10 月发布的最早的智能零售产品——Windows Embedded for Point of Service，是基于 Windows XP Embedded with Service Pack2 技术，专门为零售 POS 服务系统标准开发的零售商优化操作系统平台。它使零售商使用和管理零售 POS 服务系统更加容易，能够通过标准的、优化的平台建立最迅速、便捷的顾客交互。现今，智能零售是指传统零售业利用移动互联网、O2O、云计算、物联网等新技术进一步推动零售商与顾客之间的互联和数字化，主要是通过背后的大数据，最终实现针对顾客需求的个性化定制和服务。部分学者将智能零售定义为"综合应用了信息技术、物联网技术、大数据技术和人工智能等先进技术，以互联网为依托，实现了线上线下、实体和电商融合发展的新兴零售模式"（雷锦梅和刘婷，2019）。智能零售的本质，是采用各种智能技术以云端运算、物联网、感测技术、数据分析、实时回馈等预测消费者需求，不再只是虚实整合和虚拟电商。线下商家将人工智能技术应用于实体商店，打造一个集销售、互动体验、品牌加值的场域，或成为线上购物的物流中转站，增强与改善消费者的购物体验，不再局限于销售商品，而是为提供顾客的全方位体验（Grewal et al.；Kim et al.；Pantano & Priporas；Pantano & Timmermans；Pantano & Viassone；Voropanova；Yadav & Pavlou）。人工智能技术超越了时空的限制，改变了消费者与零售商的互动模式，进而影响消费者的使用意愿及购买决策过程。

通过对上述概念的梳理，智能零售定义表现出三方面关键特征：一是新一代信息技术使用，主要包括网络技术、大数据技术与人工智能技术，通过新一代信息技术解决了零售厂商经营过程中出现的数据获取、数据治理与智能决策等问题。二是帮助零售厂商发现目标消费者以及其商品与服务需求，实现零售行业针对顾客需求的个性化定制和个性化服务。三是改变了传统零售行业依靠规模化与连锁化的经营模式，根据消费者需求的变化，挖掘价值链上下游多个盈利点，并且通过与消费者持续性客户关系建立，通过智能零售协力零售商获得多维度、长久、持续的获利能力。综上所述，本部分将智能零售定义为一种融合了现代信息技术和智能化手段的零售模式，旨在通过数字化、网络化、智能化的技术手段来改造和升级传统零售行业，从而实现更高效、个性化的商品销售和服务。智能零售的目标是在保证良好消费者体验的同时，提升零售企业的运营效率和盈利能力，推动整个零售行业的可持续发展。

　　智能零售具有数字化、智能化、个性化和场景化的特点。数字化是指将零售业务的各个环节，如商品管理、销售管理和用户管理等，都实现数字化管理。智能化是指通过人工智能和大数据等技术，实现智能的商品推荐、客户服务以及库存管理等功能。个性化则是基于数据分析，为每个消费者提供个性化的推荐和服务，满足他们的个性化需求。场景化则是根据不同的消费场景，为消费者提供不同的商品和服务，使他们能够在最合适的场景下购买到需要的商品。

2.1.4　商业模式

　　新一代信息技术的使用存在较高的使用成本，既包括硬件投入、软件投入以及人力资本投入成本等直接成本，也包括业务流程重构成本、安全与隐私保护成本、文化变革成本、风险管理成本等间接成本。由于成本的存在，零售厂商在使用新一代信息技术实现数字化、网络化、智能化转型后，必须通过商业模式创新获得超额利润，才能弥补新一代信息技术使用带来的成本。一直以来，研究者往往忽略智能零售商业模式创新，最终导致智能商业模式采纳带来的降本增效收益无法弥补其成本，导致智能零售商业模式采纳失败。2005 年 Economist Intelligence Unit 的一项调查显示，超过 50% 的高管认为，对于企业的成功而言，商业模式创新比技术和产品创新显得更为重要。

　　在深入探讨企业内部运营的核心视角时，研究者主张企业应立足自身内部流程，将盈利作为商业模式设计的核心考量，并围绕这一目标整合内部活动及资源。Morris、Schindehutte 和 Allen（2005）的商业模式框架为理解这一过程提供了多维度的视角，其理论框架可细化为三个递进层面，其中第一层是基础经济，聚焦于企业的根本盈利模式与经济逻辑。它要求企业清晰界定利润产生的路径与成本结构，确保经济活动的可持续性。正如 Stewart 和 Zhao（2000）所阐述的，商业模式首要解决的是企业如何有效创造并维持稳定的利润流，这是企业生存与发展的基石。第二层是运营架构层，商业模式转化为一个促进企业价值创造的内部系统架构。它强调内部流程与组织架构的优化设计，以支撑并增强企业的运营效率和价值产出。Mayo 和 Brown（1999）的观点表明，这一层面关注如何通过内部程序和结构的精心布局，实现价值的最大化创造与传递。第三层是市场战略层，商业模式进一步延伸至市场战略维度，侧重于通过精准的市场定位与捕捉增长机遇，构建企业的可持续竞争优势。Slywotzky（1996）的理论强调了市场战略在商业模式中的重要性，指出企业需通过深入理解市场需求、细分目标客户群体，并据此制定差异化的价值主张，以实现市场领先地位和长期盈利。从内部过程视角审视，企业商业模式的构建是一个由内而外、从经济模式向运营架构再到市场战略的递进过程。初期聚焦于产品、营销、利润及流程优化，随后逐步拓展至价值创造、市场细分、目标市场定位及价值主张等战略层面。这一过程不仅体现了企业商业模式内涵的深化与扩展，也彰显了企业面对市场竞争，通过不断优化内部结构与外部策略，以实现持续成长与盈利的战略智慧。

　　在探讨商业模式的外部交易视角时，侧重于企业与其外部利益相关者之间的交易互动。Weill 和 Vitale（2001）的观点强调了商业模式作为描绘公司与消费者、客户、联盟伙伴及供应商之间角色与关系的框架，其核心在于界定这些交互过程中涉及的产品流、信息流、现金流以及参与者间的利益分配机制。Amit 和 Zott（2001）的早期研究为外部交易视角提供了坚实的理论基础和实证支持，特别是在电子商务领域，他们提出，商业模式不仅仅是企业内部的运营逻辑，更是企业与合作伙伴之间交易结构、内容及治理方式的概念化表达。这种视角强调了商业模式在促进企业间高效、有序交易中的核心作用，以及如何通过优化交易连接模式来增强企业的市场竞争力。外部交易视角下的商业模式关注的是企业与外部世界的交互界面，包括交易对象的选择、交易内容的确定、交易流程的管理以及利益分配的平衡。通过精细构建和持续优化这一交易生态系统，企业能够更好地满足市场需求，提升资源利用效率，并在激烈的市场竞争中占据有利地位。

系统整合视角将商业模式的构建视为一个复杂而精细的过程，其中各组成要素需紧密协作、相互匹配，以形成一个高度协同的整体。从活动系统的视角出发，学者深入剖析了商业模式的构成要素，并提炼出"价值提供、经济模型、客户交互/关系、关系网络、内部结构、目标市场"等高频要素。这些要素在 Morris（2005）的定义中相互交织，共同构成了一个企业在战略、结构、经济等多维度上做出的一系列相互关联决策，旨在特定市场中创造并维持可持续的竞争优势。Amit 和 Zott（2007）的研究则进一步拓展了系统整合视角的边界，指出商业模式不再局限于企业内部的交易活动，而是一个跨越企业边界的复杂系统，涵盖了企业与合作伙伴之间的相互依赖活动。这一系统通过整合内外部资源，共同创造价值并分享价值成果，体现了商业模式在现代商业环境中的动态性和开放性。Henry 等（2007）从功能协同的角度出发，强调了商业模式应包含价值主张、目标市场、价值链、赢利机制、价值网/价值系统以及竞争战略六大功能要素，这些功能要素相互支持、协同作用，共同推动企业的商业模式不断演进和优化。还有学者从设计角度提出了商业模式的三层次模型，即基础层、专有层和规则层。这一模型为创业企业提供了一个清晰的框架，指导其如何构建和优化商业模式。系统整合视角下的商业模式理论强调了各组成要素之间的协调与匹配，以及整体系统的优化与演进。上述研究无论是从活动、功能还是设计的角度出发，都旨在揭示商业模式作为一个复杂系统的本质特征，并为企业提供了构建和优化商业模式的理论指导和实践路径。

通过上述三个视角的深入剖析，商业模式的内涵与外延得以更为清晰地展现，凸显出三大核心特征。本书旨在基于这些特征，提出一个具有操作性的商业模式定义。首先，商业模式是围绕一系列精心设计的运营活动而构建的，这些活动涵盖了价值主张的明确、价值的创造过程、价值的实现方式、价值网络的构建，以及企业在市场中的战略定位与抉择等方面。这些构成要素相互作用，共同支撑起商业模式的整体框架。其次，商业模式的核心聚焦于客户价值主张的塑造、价值的创造与获取。企业需明确其为客户提供的独特价值，并通过有效的运营活动实现这一价值，最终转化为可持续的经济收益。这一过程不仅体现了企业对市场需求的深刻理解，也彰显了其在价值创造与传递方面的独特能力。最后，商业模式本质上是一个复杂的架构系统，它描述了各构成要素之间的逻辑关系与互动方式。从企业内部审视，商业模式可以被视为一种利润优化、运作高效或市场战略导向的架构；而从企业外部视角出发，则更多地体现为与客户、合作伙伴及供应商之间交易互动的框架。这一架构系统的可持续性，依赖于其内部各要素之间的一致性配置，以及在外界环境变化中的合理调整与适应。一个成功的商业模式是一个相对稳定且高度协同的系统，在这个系统中，各要素以一致和互补的方式紧密联合，共同推动企业实现价值最大化与市场领先。这一定义不仅揭示了商业模式的本质特征，也为企业在实践中构建与优化商业模式提供了有益指导。

综上所述，本书基于系统整合视角以及商业模式构成要素，将商业模式定义为一个描述客户价值主张、价值创造和价值获取等活动连接的架构，涵盖了企业为满足客户价值主张而创造价值，最终获取价值的概念化模式。具体到本书的研究内容，商业模式主要是指为了满足消费者从"千人一面""千人千面"到"一人千面"转变，零售厂商发现目标消费者以及其商品与服务需求，从而达到"此时、此刻、此情、此景"最优的消费者价值需求细分，在此基础上整合零售厂商内外部资源和能力以创造价值，尤其是数字化、网络化、智能化资源与能力，并且从提供差异化产品或服务、优化资源配置过程中不断实现竞争优化，从而获得经济利益。

2.2　理论基础

理论基础是后续研究分析的基石，零售业态演化理论作为解释为消费者行为变革、技术应用与零售业态创新的传统理论，对智能时代消费者行为变革与零售模式创新仍具有较强的解释能力。同时，考虑到新一代信息技术应用，本部分引入了信息不完全理论、交易费用、信息论、数字孪生等理论，具象化地解释新一代信息技术采纳过程中的技术逻辑与经济学逻辑。另外，技术的应用还面临商业模式创新与影响因素重塑，因此本部分引入双边市场理论、创新扩散理论，解释智能零售商业模式创新和影响因素配置。

2.2.1　零售业态演化理论

传统零售业态演化理论的研究已形成了系统的理论体系，部分理论在零售业态演化中的适应性已经得到了验证，本部分结合 Brown（1998）对国外零售业态演化理论的综述，系统地对国内外零售业态演化理论进行梳理。

2.2.1.1　国外零售业态演化理论

Brown（1987）对 20 世纪 80 年代之前零售业态演化研究成果进行了系统梳理，将零售业态演化理论细分为环境理论、循环理论、冲突理论，并认为环境理论、循环理论、冲突理论相互融合会形成新的混合理论。本部分基于 Brown 的综述成果，并补充最新研究文献，形成表 2-1。

表 2-1　国外零售业态演化理论

理论分类		典型代表学者	理论方法与观点
环境理论	宏观零售理论	Rosenbloom & Schiffman（1981）	宏观环境变化影响零售组织的变迁
	调适理论	Gist（1971）；Roth & Klein（1993）；Evans et al.（1993）	越适应环境的零售组织越不会被淘汰
	组织进化论	Dressman（1968）	以达尔文进化论为基础提出零售业"物竞天择"学说
	生态进化论	Markin & Duncan（1981）	用生态观念解释零售组织演进

理论分类		典型代表学者	理论方法与观点
循环理论	零售手风琴理论	Brand（1963）；Hollander（1960）	以手风琴推拉引起风囊的宽窄变化说明产品线的宽窄变化
	零售轮理论	Mc Nair（1958）	新零售业态以低价格策略进入市场，随后逐渐提升价格，又有更新的业态以低价策略进入市场
	零售生命周期理论	Davidson et al.（1976）	运用生命周期理论说明零售业态演进
	两极理论	Dressman（1968）；Schary（1970）	零售组织存在两极化现象
冲突理论	危机反应模型	Fink et al.（1971）	新零售业态出现，现有业态出现危机感并随着新零售业态发生变化
	辩证发展理论	Gist（1971）	零售组织变迁源于新旧机构的冲突，新零售业态扬弃旧业态
	真空地带理论	Nielsen（1966）	用客户对零售服务和价格的偏好的空隙解释新业态的产生
混合理论	环境—循环混合理论	Mc Nair（1958）；Deiderick & Dodge（1983）	零售业态的周期演化是在一定的政治、经济、文化、法律和技术等环境下进行的
	循环—冲突混合理论	Martenson（1981）；Izraeli（1970）	零售业态的周期演化和新旧业态冲突相伴随
	环境—冲突混合理论	Alderson（1957）；Mc Nail（1958）	环境影响竞争优势，竞争优势导致业态间的冲突，最终带来业态变化
	环境—循环—冲突混合理论	Ageragaard，Olsen & Allpass（1970）；Beem & Oxonfoldt（1966）；中村正雄和吴小丁（2023）	零售业态的变化是由环境、周期、冲突共同推动的

（1）环境理论

零售业态演化的环境理论是指零售业态演化是宏观环境与微观环境协同演化的结果，零售业态演化理论可以细分为宏观零售理论与生物进化理论，生物进化理论又可以细分为调适理论、组织进化论、生态进化论。Rosenbloom 和 Schiffman（1981）综合考量政治、经济、文化与人口情况（密度、就业情况、收入水平）等宏观因素，认为零售业态演化是宏观环境下自然选择的结果，其从本质上体现了零售组织的被动性。而生物进化理论主要是将达尔文进化论的生物学观点引入零售业态研究的过程，其与宏观零售理论的主要差异体现在零售组织的主动性方面，零售业态主动改变、适应环境变化的能力，基于环境的变化进行新业态演化与商业模式创新。环境理论主要是经济生物学在零售领域的应用，其基本前提是演化理性假设。演化理性认为，人类的理性不是先验存在的，而是在漫长的生物和文化演化中演进出来的；它不是孤立或超越所有历史文化背景的，而是内嵌于各种习俗、惯例、法律、制度、语言、历史等文化制度中（弗里德里希·奥古斯特·冯·哈耶克，2016）。

（2）循环理论

零售业态的循环理论认为新业态是在传统业态基础上保留部分业态，循环上升的结果。循环理论主要包括零售手风琴理论、零售轮理论、生命周期理论、两极理论。零售业态手风琴理论认为零售业态商品经营范围类似于手风琴的风囊变化，不断在扩张—收缩—扩张的区间徘徊，其实质是典型的经验判断与应用。与零售手风琴理论相似，Mc Nair（1958）将零售业态演化类比为车轮旋转，新业态在出现时与传统成熟业态进行竞争必然经历低价、低毛利、低档定位，在新业态获得成功后，必然吸引零售业态进行价格竞争与非价格竞争，非价格竞争的结果是经营成本普遍上升，原有低价、低毛利、低档定位的基础不复存在，新业态必然向高毛利、高定位、高价格演化，在此基础上必然产生新的业态，零售业态类似于车轮般循环往复。零售生命周期将管理学企业生命周期理论系统引入，认为零售组织必然经历产生、成长、成熟、衰落四个阶段。两极理论认为零售业态规模存在大小两极分化，较大规模的业态依靠规模经济发展，较小规模的业态定位于差异化竞争。后期学者指出零售业态不仅仅在规模上规模两极分化，在商品范围、服务水平等领域同样存在两极分化。循环理论的基本方法是经验判断，在特定的领域具有较好的解释能力，但普适性较差，同时缺乏自然科学的有效支撑。

（3）冲突理论

冲突理论主要研究零售组织面对业态间与业态内部冲突时，采取的手段与方式。主要包括危机反应模型、辩证发展理论、真空地带理论。危机反应模型将冲突类比为地震，认为面对新的零售业态竞争，零售业态将经历震感、防御、认知和适应阶段，在不同阶段采取不同的策略，最终回归均衡态势的过程。辩证发展理论是将黑格尔哲学中正反合理论的概况性引入，其指出正反零售业态在竞争过程中必然最终回归融合的演化路径。真空地带理论是对辩证发展理论的深入，其指出正反零售业态趋向融合后，传统正反零售业态的领域将出现真空地带，由于消费者需求的多样性，真空地带为未来零售创新提供了可能。冲突理论是传统均衡理论的应用，其实质认为竞争的结果必然导致最终均衡水平。

（4）混合理论

上述已提及，环境理论、循环理论与冲突理论在解释零售业态演化过程中都存在适用范围有限的问题，所以为了更好地解释零售业态演化，部分学者开始将经典零售业态演化理论再融合。混合理论主要包括环境—循环理论、循环—冲突理论、环境—冲突理论、环境—循环—冲突理论。环境—循环理论认为在宏观、微观环境的变化下零售业态将呈现周期性变化。Regan（1964）将环境理论与零售轮理论相结合，认为在环境的影响下，零售轮会不断向前演化。Deiderick 和 Dodge（1983）将零售环境理论、零售生命周期理论与零售轮理论结合起来进行研究。循环—冲突混合理论，Gist（1957）将冲突理论与循环理论相结合，认为以传统零售业态为代表的正方，与以新零售业态为代表的反方冲突的结果是新旧业态融合，形成更新的业态。环境—冲突理论主要包括竞争优势理论与简单—复杂化理论，Aldersen（1957）认为环境会使新旧零售业态确立竞争优势，并在遏制对方获取演化必要环境中向前演化。Regan（1964）认为零售业态会率先选择简单的服务与商品组合，即高档商品—高服务、中档商品—中服务、低档商品—低服务，随着环境变化与零售业态演化，会形成三种商品层次与三种服务的多样化复杂组合。环境—循环—冲突理论主要包括螺旋式上升理论、市场演进的多元化理论和新零售轮转理论。部分学者尝试将环境理论、循环理论与冲突理论融合在解释零售业态演化现象。螺旋式上升理论认为，零售业态演化不是静止的周期性，而是具有螺旋式上升的特征。Beem 和 Oxenfeldt（1966）认为在社会与技术环境变化影响下，零售业态演化经历了长周期与短周期，在短周期内业态竞争导致差异化与创新，导致在长周期内充分演化出新的零售业态。新零售轮转理论阐述了一种动态演变过程，其中技术创新成为推动零售业态革新的关键力量。该理论指出，随着新技术的涌现与应用，原本的行业技术边界得以拓宽，为市场带来了前所未有的顾客体验与价值，从而吸引并赢得了更多消费者的青睐。这一成功模式随即引发行业内其他企业的竞相模仿，旨在通过采纳类似技术策略来增强自身竞争力，进而加剧了市场内的竞争态势。在此过程中，原有的技术边界被逐步重塑，形成了一条新的、更高层次的技术边界线。这条新边界不仅代表了技术进步的最新成果，还连接并融合了新旧技术边界的元素，促进了技术生态的连续性与多样性。随着新旧边界的交融与碰撞，新的竞争格局逐渐形成，新旧业态在费用结构上的差异逐渐模糊乃至消失，为行业带来了更加均衡的发展环境。更为重要的是，这种持续的技术革新与边界拓展，不断激发新的创新动机与需求。企业为了保持竞争优势，必须不断探索和应用新技术，以创造新的价值点和服务模式。如此循环往复，新零售轮转理论描绘了一个由技术创新驱动、竞争与合作并存、业态不断进化的零售业发展图景。

2.2.1.2 国内零售业态演化理论

由于中国零售业态演化的时间、充分程度、基本环境、技术变化与国外差异性较大，国内零售业态演化理论研究主要是在引进国外经典理论的基础上，进行中国化与适应性验证，如表2-2所示。

表2-2 国内零售业态演化理论

理论分类		典型代表学者	理论方法与观点
环境理论	宏观环境	沈蕾和于炜霞（2000）；方虹（2001）；戴黎燕（2006）；杨宜苗和夏春玉（2007）；刘晓雪（2009）；卫海英和高庆伟（2009）	宏观环境变化对零售业态演化具有影响
	微观环境	赵伟和白长虹（2000）；晏维龙（2003）；孙明贵（2004）；张鸿雁和李程骅（2004）；朱涛（2009）	微观环境变化对零售业态演化具有影响
	综合环境	李飞（2001）；徐少丹（2014）	综合环境变化对零售业态变化具有影响
循环理论	零售轮理论	晏维龙（2002）	检验和完善零售轮理论
	零售生命周期理论	庄华强（2002）；汪建成和任丽霞（2006）	用生命周期说明零售业态演进
冲突理论	辩证发展理论	芮明杰和李想（2007）	零售业态源于新旧机构的冲突
混合理论	环境—循环理论	刘星原（2001）；彭娟（2012）	环境和循环变化引起业态变化
	环境—冲突理论	黄漫宇（2011）	零售业态演化是环境、竞争冲突等因素共同作用的结果
	环境—循环—冲突理论	陶伟军和文启湘（2012）	零售业态变化由环境、周期和冲突共同推进的
混合理论	多理论综合模型	鲍观明和叶永彪（2006）；龚雪（2014）；李飞和贺曦鸣（2015）	建立零售业态演化的综合模型

（1）环境理论

国内关于环境理论的研究主要围绕宏观环境、微观环境和综合环境展开，普遍利用描述性统计，找出制约零售业态演化的环境因素，进而影响零售业态演化方向。宏观因素视角认为，经济发展水平、收入水平、市场竞争、消费需求、技术变迁是零售业态演化的主要因素（沈蕾和于炜霞，2000；方虹，2001；戴黎燕，2006），宏观因素对零售微观组织的影响一定是存在的，但宏观因素作为自变量，在短期内是难以改变的，所以零售业态只能被动适应宏观因素变化，在其适应范围内进行业态创新。微观环境与宏观因素不同，微观环境因素认为消费者需求特征与生活方式改变是零售业态演化的根本动力（赵伟和白长虹，2000；晏维龙，2003；孙明贵，2004）。与之不同的观点认为，以企业家才能为基础，对零售组织要素革新与重构形成了全新的零售业态，零售业态内部与零售业态间的竞争导致了零售业态不断适应消费者偏好向前演化（张鸿雁和李程骅，2004；朱涛，2009）。综合环境理论在结合了宏观环境理论与微观环境理论的基础上，认为零售业态演化是以宏观环境为背景，以微观消费者需求为基础，以技术变革为动力，不断调整零售组织的资金、劳动力等有形要素与信息、知识等无形要素的投入组合，形成适应内外部环境的零售业态演化方向。

（2）循环理论

国内对循环理论的理解主要在于评价其适应性方面，尤其对零售轮理论与生命周期理论。在此基础上晏维龙（2003）提出消费者偏好理论。部分学者通过考察中国具体的百货商店、超级市场演化过程，检验和完善了零售生命周期理论（庄华强，2002；汪建成和任丽霞，2006）。

（3）冲突理论

在解释业态创新方面，学者普遍认为成本劣势零售组织在竞争中具有差异化的动机，当差异化使零售要素全面重组时，新业态产生，新业态的产生必然在业态间进行大规模复制与应用，导致业态间竞争激烈，创新主导企业不能再依靠原有差异化获得超额利润，于是零售业态进入下一个创新周期，新零售业态由此产生（芮明杰和李想，2007）。

（4）混合理论

国内关于混合理论的研究主要可以分为环境—循环理论、环境—冲突理论、环境—循环—冲突理论、多理论综合模型。一是环境—循环理论。零售业态在环境影响的背景下，零售组织必然经历"扬弃—异化—趋同—再扬弃—再异化—再趋同"的演化过程，实现零售要素重组，使零售业态不断向前演化（刘星原，2001）。宏观环境尤其是消费需求的差异，导致零售业态沿着不同的生命周期演化（彭娟，2012）。二是环境—冲突理论。在宏观环境与消费者偏好变化的影响下，零售业态内部与零售业态间的竞争是零售业态演化的基本动力（黄漫宇，2011）。三是环境—循环—冲突理论。零售知识是零售业态的基本驱动力，在其驱动下零售业态演化过程经历业态新生期—业态成长期—业态成熟期—业态蜕变期，呈现一个螺旋循环过程（陶伟军和文启湘，2002）。

以往零售业态演化的研究，主要沿着单一视角展开，仅考察零售业态自身演化的趋势与特征，研究方法主要以经验判断为主，代表理论包括循环理论、冲突理论、环境理论、综合理论，没有对零售业态演化形式、特征和演化动力等问题做出深入分析。零售业态是处于生产与消费的中间环节，从演化的视角看，其演化受微观生产组织与消费者决策演化的影响，零售业态与生产厂商、消费者决策的协同演化构成复杂的经济系统。在其后的研究中，部分学者尝试从消费者演化视角，通过基本理论与描述性统计分析消费者行为演化对零售业态的影响，包括市场细分和顾客受让价值理论（张宁宁和叶永彪，2006）、消费者主体意识（李光琴，2009）、零售业态嬗变理论模型（王娟，2012）、业态多重均衡分析（石明明，2013）、Logistic 模型（赵玮和李玉萍，2016）、消费者异质性（田华伟，2018）。基于消费者行为研究的实质是一致的，即在经典演化理论的指导下，零售业态演化研究都沿着单一时间序列视角展开，零售业态被预设成超越社会结构的独立存在，可使用描述性统计方法，找出制约零售业态演化的因素，总结演绎零售业态演化的特征与趋势。从微观生产组织视角研究看，零星的研究理论主要从供应链视角阐释零售与生产的协同，包括全球生产网络视角（王玥，2018）、企业生产效率的角度（周霄雪，2016）、零售供应链的 Stackelberg 博弈模型（马树建、王慧敏和施庆生，2008），虽然关注生产对零售的决定作用，但并未涉及零售业态演化研究。

本部分研究的核心是尝试零售业态演化的全新视角与范式，所以文献梳理的重点区别于传统零售业态演化的研究范式、研究视角、研究方法、研究观点。石奇和岳中刚（2008）分析了大型零售商的双边市场特征，尤其指出消费现代化是大型零售商双边市场特征的主要来源。龚秀芳（2011）对比分析了网商生态系统与传统零售生态系统，指出两个系统融合发展是零售业态演化的基本动力。骆品亮和傅联英（2014）总结了零售企业平台化转型的趋势，并对平台化转型的模式进行了对比和适用性分析。雷兵（2017）基于系统动力学理论与方法，仿真分析了中国网络零售业在 2001~2030 年发展状况，研究发现，中国网络零售业受行业竞争情况及经济增长的影响，在 30 年间一直处于增长态势。鄢章华和刘蕾（2017）认为零售业态演化是基于平行社会的分工协作，将实现数据化和交易成本的零边际化，虽然其对零售业态演化是初步研究，但平行系统、零边际等复杂系统思想已经出现。可以看出复杂系统理论、信息经济理论、生物进化理论、耗散结构理论等思想与方法开始导入零售业态演化的研究，零售业态演化研究开始从自然科学中汲取养分。

智能零售是零售业态演化现阶段的萌芽形态和未来主流形态，智能零售发展主要是消费者行为变革与人工智能技术采纳的结果。传统的环境理论、循环理论、冲突理论、混合理论作为解释零售业态演化的主流理论，其基本理论也普遍关注消费者行为变革与技术采纳问题，例如，环境理论认为越适应环境的零售组织越不会被淘汰，尤其是要适应技术的变革趋势，因此环境理论可以有效解释智能零售模式采纳与人工智能技术应用。新一代信息技术在零售领域应用经历了网络化、数字化、智能化阶段，相应也产生了"互联网＋零售"、数字零售、智能零售的螺旋式上升的零售业态演化趋势，从"互联网＋零售"、数字零售、智能零售的演化，即由于新一代信息技术革新而不断突破网络技术边界线、大数据技术边界线和人工智能技术边界线，并融合了原有技术体系的成果。传统零售业态演化理论是不断传承与发展的，对智能化时代零售业态演化仍然具有较强的解释能力。

2.2.2 信息不完全理论

新古典经济学假设信息是完全的，即经济活动参与者知晓所有信息，因此可以通过理性人的精确计算得到收益最大化的均衡解。但现实世界中，任何经济活动参与者的信息都是不完全的，信息不完全是指在经济决策、市场交易或其他社会交互过程中，参与者没有获取到相关对象、事件或环境状态的全部必要信息。这种情况可以分为以下三个方面：一是绝对意义上的信息不完全。这是因为人类的认识能力和信息处理能力有限，导致无法在任何时候、任何地点都获取到所有可能发生的情况或即将发生的事件的详细信息。二是相对意义上的信息不完全。在市场经济环境中，即使假定每个个体的认知能力无限，但市场机制本身并不能保证所有的相关信息都能够被生产出来，并且能够以低成本传递给所有参与者。这意味着即使存在某些重要信息，市场上也可能因为信息传播成本、技术障碍等，使这些信息无法有效配置给需要它们的人。三是信息不充分、不准确和不及时。参与决策的人可能由于各种原因只获得了部分信息，信息可能存在偏差或过时，这同样构成了信息不完全的一部分。

除了以上三种情况，信息不对称现象同样显著存在，揭示了经济活动中不同参与者之间信息掌握程度的差异性。这种差异导致信息充裕的一方（信息优势者）能够利用其信息优势谋取额外利益，而这种行为往往以牺牲信息匮乏一方（信息劣势者）的利益为代价。值得注意的是，尽管信息优势者可能因此获得收益，但这些收益往往不足以弥补信息劣势者所承受的损失，最终导致整个经济活动的总体福利水平下降。信息经济学正是基于信息不对称的假设，致力于通过精巧的机制设计来识别并激励经济行为中的正面因素。在常规操作中，信息劣势方会尝试通过机制设计来减轻信息不对称带来的负面影响，但这一过程并非无代价，机制的设计与实施本身需要投入成本。因此，在信息不对称的市场环境中，不可避免地会存在效率损失，这是市场机制在面对信息不对称挑战时的一种固有局限。

根据图2-1，按照信息不对称的类型不同，信息不对称主要划分为两种情形，在交易前存在隐藏知识的行为，即逆向选择问题；在交易后存在隐藏行为倾向，即道德风险问题。逆向选择问题开始于旧车市场的开创性研究（Akerlof，1970），其通过旧车市场的典型研究证明了逆向选择的存在，其后逆向选择分析框架扩展到其他研究领域。逆向选择可以通过机制设计解决，根据机制设计一方是否拥有信息，改进机制可以分为信号发送与信息甄别。无论哪种改进机制，其基本原理都是让信息优势方显示真实信息，使信息弱势方根据真实信息进行经济决策，减少资源配置损失。信号发送模型是信息优势方通过适当的契约主动传递私人信息，解决隐藏知识问题，信号发送典型的应用是教育信号模型（Spence，1973）。信息甄别是信息劣势方通过机制设计，实现对信息优势方不同类型的甄别，获取真实交易信息，典型的应用是保险市场模型（Rothschild & Stiglitz，1976；Wilson，1977）。信息甄别机制设计是依据显示原理，通过契约诱导信息优势方说真话的过程，可以实现非对称信息下的帕累托改进。道德风险现象研究始于保险问题，当被保险人获得对不利事件的保险后，对待不利事件的态度不再谨慎，可能不再努力规避不利事件的发生。道德风险揭示了一个普遍的经济现象，即在信息不对称存在的情形下，交易行为发生后信息劣势方无法观察、监督信息优势方的行为，导致信息优势方获益，而信息劣势方利益受损的机会主义行为发生。道德风险是典型的委托—代理问题，其广泛应用于保险市场、公司治理、效率工资与内部审计等领域。道德风险可以通过机制设计解决，当代理人的行为与努力程度不可观察时，代理人会选择对自己最有利的行为与努力水平，同时代理人的努力程度与其付出的成本、获得的收益正相关。委托人只关注代理人努力后的绩效结果，为了实现预期的绩效结果必须对代理人的努力程度进行补偿。一般情形下，当代人是风险中性且不受财富约束时，委托人最好的选择是将代理人的努力程度与绩效水平相互关联，代理人对其努力结果拥有剩余索取权。当代理人是风险厌恶时，其努力程度与绩效水平并不一定是严格的正相关关系，绩效水平还可能受到其他不确定性因素影响。此时将代理人的努力程度与绩效水平相互关联的机制设计，可能会导致激励失效，代理人的风险规避倾向使其不会选择对社会最优的努力水平。

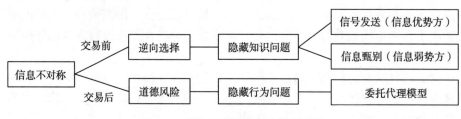

图 2-1 信息不对称分类与机制设计

在消费者行为研究与智能零售模式采纳问题研究过程中，存在显著的信息不完全问题。零售厂商与消费者之间存在信息不完全，厂商不知晓消费者具体的消费偏好，对"人"的信息缺失，无法按照消费者偏好设计"货""场"，因此传统零售厂商只能增加 SKU 与经营面积，例如沃尔玛、家乐福等传统商超。智能零售模式通过大数据技术对消费者行为数据进行搜集、整合，形成消费者画像，解决了对消费者的信息不完全，最终可以按照消费者的偏好定制商品与场景，实现"人、货、场"的匹配以及从"千人一面""千人千面"到"一人千面"转变。同时，消费者对零售厂商提供的商品与服务也是信息不完全的。通过零售厂商全渠道整合，消费者借助口碑评论等用户生成内容，即可以缓解对零售厂商提供的商品与服务的信息不完全。对于智能零售而言，除解决了消费者与零售厂商之间信息不对称问题，还通过人工智能广泛应用，解决了消费者以及零售厂商信息能力有限问题，例如通过推荐算法，解决了消费者与零售厂商相关关系计算问题，实现了精准匹配。另外，在消费者行为研究与智能零售模式采纳问题研究过程中存在显著的信息不对称问题，在消费者与零售厂商交易之前，存在商品质量带来的隐藏知识问题以及零售厂商内部经营管理的隐藏行为问题。通过采用智能零售模式，首先解决了商品质量带来的隐藏知识问题，实现了商品全过程可追溯、可视化。其次通过商务智能应用，内部经营过程数字化，有效解决了委托代理带来的隐藏行为问题。

2.2.3 认知理性理论

回归消费者行为研究，传统新古典经济的建构理性假设实质是建立在信息完全的基础上，信息完全即在一定程度上，个体可以根据完全信息做出效用最大化决策。而现实是，消费者决策在一定程度上是信息不完全的，需要通过消费者在决策过程中依靠认知进行因果分析，这里的因果分析必须借助环境与交互关系进行判断，最终得出效用比较后的决策。将认知纳入偏好、效用的新古典分析框架，其实质是在调和建构理性与演化理性。随着经济学的深入研究，认知逐步成为内生变量进入理性选择理论，介于偏好与效用之间，在理论研究尚处于不可逾越的位置。

　　本部分深入解析了认知理性的核心内涵，构建一种针对外界环境刺激的、稳定且高效的认知框架。此框架不仅使个体能够敏锐地捕捉并处理来自内部生理机能及外部环境的能量流转、信息交换与知识积累，还显著增强了其在复杂多变环境中的适应力与生存策略。简而言之，这种经由多维度认知过程塑造的认知模式即为认知理性的本质体现，而基于该认知模式所产生的行为方式，则被定义为认知理性行为。认知理性的个体可以界定为：一是个体必须生理正常，不存在生物神经结构缺陷；二是个体行为具备一定的稳定性；三是个体都存在节约认知资源的倾向；四是个体具有演化适应性，但不是绝对的演化理性。人类在认知过程中受到认知约束与信息约束，认知约束的存在使个体普遍存在节约认知资源倾向，即有效地将能量、知识最终将转化为信息，认知模式的核心就是处理信息的效率。所以各种解决认知约束的行为，我们都可以看作认知理性，如决策过程中的群体决策和遵循社会规范的"价值理性"。

　　认知理性具有以下特征：第一，场景依赖性。场景会影响个体的认知模式。在同一场景中偏好一般是稳定的，在不同场景中偏好会发展变化的，但这并不是说环境对个人认知有绝对作用，偏好不具有独立性，只是在环境的激发下会进入一种认知模式，即建构理性与环境理性的统一。认知理性在一定程度上受到个体约束，包括感知能力、计算能力、记忆能力、注意力、自控能力等，说明认知也是一种稀缺资源，所以个体普遍存在节约认知的偏好。同时，在判断个体行为效率和是否实现效用最大化时，我们要考虑个体约束的存在，往往个体的效用水平恰恰是在个体认知约束下的效用最大化。认知理性是动态变化的，个体理性可能是无意识的遵照，也有可能是精确算计的结果，既可能是演化理性，也可能是建构理性，随着时间的推移而发生动态变化。当人们面对的环境可以不需要消耗太多认知资源就可以计算出效用最大化结果时，人们偏向建构理性；但无论多努力，对效用最大化结果无能为力时，只能被动遵照。比如个人进入陌生环境时，往往对新环境无能为力，只能被迫遵照本能和社会规范，但随着时间的演变，慢慢熟悉环境后，认知模式将逐渐切换到建构理性。第二，螺旋式上升。根据认知理性动态变化的过程，不难发现认知理性既受到个体主观能动性的制约，也内嵌于外界环境，在与外界环境交互的过程中，认知理性是不断螺旋式上升的，即个人认知水平与外景环境是累积因果关系。第三，不完全个体主义方法论。必须明确的是，认知理性与建构理性一样都是以个体的偏好、效用水平为依据，所以方法论是个体的，但其明确地表示个体认知模式是内嵌于各种结构中，即包括社会结构也包括神经元与基因结构，但这些结构不具有决定性作用（黄凯南和程臻宇，2007）。

　　认知理性受到认知约束与信息约束的制约，那么我们有必要对认知约束与信息约束进行分析。在探讨认知约束与信息约束时，我们可以关注认知的概念。认知是一个综合性的过程，它涵盖了信息的获取、整合与应用，始于对外界信息的搜集，继而进行有序整理与深入分析，最终实现对信息的有效处理。作为人类心智活动的基础环节，认知过程不可避免地受到个体脑神经架构与心理构造的深刻影响。具体而言，认知活动涉及感觉、知觉、记忆、思维、想象及语言等多个维度，构成了人类理解世界、积累知识的基石。在这个过程中，人脑作为信息处理的中枢，负责接收并解析来自外部环境的各种信息输入。这些信息经过大脑内部复杂而精细的加工处理，转化为内在的心理表征或知识结构，进而指导并驱动人类的行为决策。这一过程即我们通常所说的"信息加工"或"认知过程"，是人类探索未知、适应环境、创造文明的关键所在。因此，认知能力作为人类智慧的核心体现，对于个体认识客观世界、掌握广泛知识具有不可替代的作用，它不仅是学习与思考的基础，而且是创新与实践的源泉。

从上述概念中我们可以看出，认知约束的核心也被主要归结为信息约束。在整个经济学演化的历史过程中，认知有限性与信息有限性是一个反复迭代的过程，其螺旋式上升决定了经济学的研究路径。在认知有限的情况下，决策所需要的信息提取不足，就需要外部环境信息补充，在完成相关决策的过程中认知水平在信息积累的作用下得以提升，认知约束与信息约束最终的实质体现在对于信息约束的逐渐回归，展现了经济学不断调整假设，适应实际经济演化的过程。新古典经济学的基本前提是信息完全，由于信息完全使其在投资消费决策过程中直接抽象掉认知，直接导致建构理性与偏好—效用的消费者行为分析框架。在经济理论演化的过程中，学者逐步认识到信息可以完全脱离现实，基于信息不完全，信息经济学与博弈论、新制度经济学派开始尝试将认知逐渐被内生化，而认知内生化与信息约束的研究是相伴的，认知约束与信息约束是决定偏好、效用理性选择的中间变量。随着行为经济学、神经元经济学研究的逐渐体系化，真正将认知约束纳入个体行为分析中，偏好—认知—效用的分析框架逐渐确立。

认知理性受到认知约束与信息约束的制约，认知理性的基本假设使本书关于人的假设回归到现实，人的理性水平是有限的，因此在采用智能零售模式过程中，由于大数据技术与人工智能技术的深度应用改变了消费者的认知约束与信息约束，同时零售厂商是由自然人构成的，显然，由自然人构成的零售厂商也面临着认知约束与信息约束，零售过程中供需双方同时面临着认知理性与有限理性，人工智能通过处理海量数据，在短时间内将数据体现的关系转变为智能化决策，超越自然人在面对大量信息时的分析局限。尤其是在面对复杂决策时，人工智能能够处理多维度、多目标的问题，计算出全局最优策略，克服了人类受认知约束与信息约束的有限理性问题。可以说智能零售采纳的核心问题就是解决消费者与厂商认知理性和有限理性问题，通过提高信息处理效率、模拟多种决策情景、优化动态策略以及引入更为严谨的推理机制，有效解决了消费者与零售厂商双向匹配过程中的有限理性挑战。

2.2.4　信息论

2.2.4.1　信息与不确定性

根据信息论基本原理，不确定性在现实中是普遍存在的，而信息是消除不确定性的有效手段。从客体角度而言，客体本身的运动是无规律的，是不以主体意志为转移的独立存在，从根本上来说，是无法消除的，但是如何掌握一定客体运动的规律，可以在一定程度上缓解不确定性。特别是信息技术的使用，在一定程度可以准确知晓其未来某一时刻可能的结果，消除不确定性。大数据技术的使用，使消费者数据挖掘成为可能，通过海量消费者行为数据、交易数据的挖掘，逐步明晰消费者购买行为的预期结果，降低消费者不确定性程度。除了客体自身的原因外，主体认知局限与计算能力局限，也是不确定性产生的来源。通过提高客体自身的教育程度、学习能力在一定程度上可以解决客体自身的局限。除此之外，随着算法与人工智能的应用，借助数学模型与计算机程序，以及海量的数据资源，可以实现算法的迭代，解决客体认知局限与计算能力局限。

在零售活动的双向互动中，零售商与消费者互为作用对象。在购买环节，消费者处于主动地位，为降低选择过程中的不确定性，他们需积极搜集零售商的渠道信息、商品详情及服务质量等方面的资料，这一过程深受信息总量及信息处理技术的双重影响（Lindsay Norman，1987）。消费者利用复杂的决策支持系统，能够汇聚口碑、评价等多源信息，扩充信息量；同时，借助智能推荐系统、信息中介平台等先进工具，提升信息处理效率，从而更有效地把握零售商及商品情况。转至售卖环节，零售商成为主导方，但往往面临知识储备与技能不足的挑战，难以全面洞悉消费者需求的变化趋势，尤其是当消费者需求日益多元化与不确定时，这一难题凸显出来。为解决此问题，零售商可采取渠道整合策略，构建全方位消费者接触体系，全面捕捉消费者的交易记录、行为模式乃至通过传感器收集的微观数据，以此丰富对消费者的认知。进一步地，结合人工智能与算法技术，优化信息输入的内容与形式，加速信息处理流程，从而有效减轻由消费者需求不确定性带来的经营压力。

2.2.4.2　信息熵与不确定性

在现代理论框架下，信息科学为衡量不确定性的消除提供了坚实的理论基础。信息的核心价值在于减少或消除经济主体在面对事物动态变化时所持有的不确定性，这种消除不确定性的程度，直接成为量化信息价值的关键指标。进一步地，现代信息科学详细阐述了信息通信的构成要素，包括信源、信道、信宿，以及编码、译码、反馈和噪声等辅助环节。其中，信源（发信端）、信道（信息传输通道）和信宿（收信端）构成了通信系统的核心三要素，三者缺一不可，共同支撑着信息的有效传递。具体而言，信息从信源出发，通过信道传输至信宿，实现了从发送者到接收者的完整通信流程。这一流程不仅是信息科学的基本原理，而且是现代通信技术得以发展的基石。

噪声是通信过程中的干扰项，通过编码、译码、反馈手段可以消除噪声带来的失真。不确定性度量在信息论中用信息熵（H）表示，信息熵代表信源整体的不确定性程度，对于信源，不管它是否输出符号，只要这些符号具有某些概率特性，必有信源的 H 值，H 值在总体平均上才有意义。Shannonce 在其代表作《通讯的数学理论》中，曾谈到选择、不确定性和熵之间的关系，他说：假设有一可能事件集，它们出现的概率为 P_1, P_2, $\cdots$, P_n，这些概率是已知的，但是，至于哪一个事件将会出现，我们没有更进一步的资料，现在我们能否找到一种测度来量度事件选择中含有多少"选择的可能性"，或者找到一种测度，来度量选择的结果具有多大的不确定性呢？他认为，最适当的测度，就是用 H 表示的熵函数：

$$H = -K \sum_{i=1}^{n} p_i \log p_i \tag{2-1}$$

其中，K 是常数，p_i 是某一可能出现的概率，如果令 K 为一度量单位，则 $H = -\sum_{i=1}^{n} p_i \log p_i$ 值代表信源的不确定性程度。信息熵表示系统中某一组随机事件集合可能出现的程度，可能出现的程度越大，则概率越大，熵就越小；可能出现的程度越小，则概率越小，熵就越大。当获得更多关于信源的信息时，对信源某一随机事件出现的情况越清晰，其可能出现的概率越大，信息熵越小，信源平均的不确定性程度越低，客体更有序，将减少主体决策的不确定性。

根据信息论,世界上大多数联系都是相关关系,而非因果关系,相关关系可以强,可以弱,但弱相关其实没有意义,我们需要寻找和利用的是强相关关系。但是,要知道相关程度的大小,就需要有一个定量衡量它的指标,这就是互信息。互信息(Mutual Information,MI),表示两个变量 X 与 Y 是否有关系,以及关系的强弱。两个离散随机变量 X 和 Y 的互信息可以定义为:

$$I(X,Y) = \sum P(X,Y) \log \frac{P(X,Y)}{P(X)P(Y)} \tag{2-2}$$

可以看出,如果 X 与 Y 独立,则 $P(X,Y) = P(X)P(Y)$,$I(X,Y)$ 就为 0,即代表 X 与 Y 不相关。

信息不完全、有限理性是消费者行为与智能零售采纳过程中体现出的现象与不足,但是关于信息不完全与有限理性相关理论的阐释并没有给出解决上述问题与不足的根本路径,即从基础理论说明如何解决信息不完全与有限理性问题,信息论关于不确定性与信息熵的基本理论为解决信息不对称与有限理性问题提出了直接的理论来源,即提供信息与处理信息的手段,并且提供信息与处理信息的手段是可以计量的,即熵减程度。因此智能零售模式采纳的核心作用即提供信息与信息处理手段,实现零售活动过程的熵减,实现零售活动的有序高效。

2.2.5 平行系统理论

随着网络技术、大数据技术、人工智能技术等技术的发展,为应对数实融合、实现物理世界与数字世界交互与共融的需要,数字孪生和平行系统技术成为数实融合和复杂系统管理与控制领域研究的热点。1994 年,王飞跃研究员提出了影子系统的思想,形象地描述了现实世界与人工世界的关系;其后在 2004 年,他提出了平行系统理论,并系统论述了平行系统的管理与控制问题。他认为所谓的平行系统,是由现实系统与其一一对应的虚拟人工系统相互作用而形成。平行系统通过实际系统与人工系统之间的虚实互动,对两者的行为进行对比、分析和预测,相应地调整实际系统和人工系统的管理和控制方式,实现对实际系统的优化管理与控制、对相关行为和决策的实验与评估,具体的平行系统研究框架如图 2-2 所示。通俗地讲,人类现实世界存在错综复杂的经济活动与行为,但是由于缺乏必要的技术手段,经济行为的交互无法得到全面地刻画、建模、还原。随着网络技术、大数据技术、区块链技术的集中应用,经济行为可以通过物联网实现数据采集,通过大数据技术进行数据采集、整合,并借助算法和人工智能技术,实现对现实经济行为的再配置与再优化。平行系统理论的实质是通过数据的搜集与整合,实现对现实世界的控制,为资源的优化配置提供了思路来源,同时为智能化升级提供了理论支撑。零售环节具有衔接供需的优势,由于网络技术的普遍应用,零售领域数据可以有效地实现计算机网络、移动互联网与物联网传递,随着物联网的普及与应用,零售领域正逐步实现万物互联。大数据技术的出现为流通领域数据的挖掘、整合、处理提供了技术可行性,此时在流通环节初步出现了现实世界与数字世界相互映射的平行系统。算法与人工智能普遍应用,借助数据整合所呈现的相关关系,实现对实际零售活动的调节、优化,零售环节双向匹配的能力不断提升。

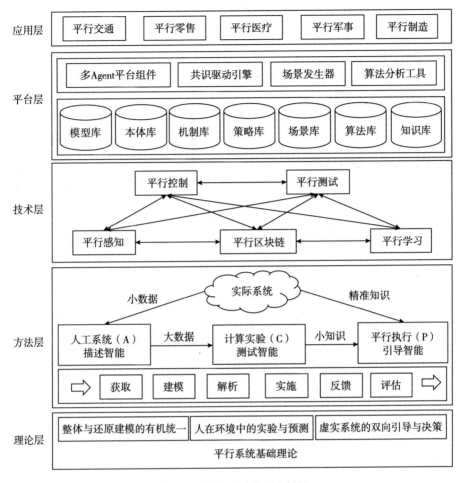

图 2-2　平行系统的研究框架

与平行系统理论类似，数字孪生理论也广泛应用于数实融合领域研究。数字孪生是一种实现物理系统向信息空间数字化模型映射的关键技术，它通过充分利用布置在系统各部分的传感器，对物理实体进行数据分析与建模，形成多学科、多物理量、多时间尺度、多概率的仿真过程，将物理系统在不同真实场景中的全生命周期过程反映出来。借助于各种高性能传感器和高速通信，数字孪生可以通过集成数据，辅以数据分析和仿真模拟，近乎实时地呈现物理实体的实际情况，并通过虚实交互接口对物理实体进行控制。数字孪生的基本概念模型由三部分组成：一是物理空间的物理实体；二是虚拟空间的虚拟实体；三是虚实之间的连接数据和信息。从技术角度看，平行系统与数字孪生的基础设施、实现技术方法存在一定差异，但是数字孪生与平行系统技术与理论为本书提供了具象化的指导，智能零售发展需要经历网络化、数字化、智能化阶段。通过计算机网络、移动互联网应用，零售活动各要素连入网络，特别是在计算机网络、移动互联网提供的底层网络基础上，物联网在零售供应链各环节、各领域普遍应用，零售各要素实现万物互联；在万物互联的基础上，通过大数据技术提供的数据存储与数据处理能力，将零售活动的数据进行存储、治理，此时基本形成数据空间，并且数据空间与物理空间相互映射，因此形成了数字孪生系统或平行系统。智能零售基于人工智能技术，将数据空间体现的物理空间的相关关系进行建模，依托相关关系优化配置零售活动，实现零售活动要素替代、组合、优化，达到降本增效的作用。因此平行系统、数字孪生技术与理论为本书提供了具象化的解释框架。

2.2.6 交易费用理论

交易费用最早是作为一个解释变量存在的，科斯在《企业的性质》一文中，借助交易费用来说明被解释变量——企业的产生，但是相对企业的产生，次要的解释变量交易费用恰恰奠定了新制度经济学派的基础，修正了新古典经济学关于零交易费用的假设。交易费用实际是实际交易过程中人与人交易带来的成本，实质是为了防止个人利益受到侵害所付出的实际成本，科斯、诺斯、威廉姆斯等新制度经济学家普遍认为通过制度设计可以有效降低交易费用，实现交易过程的帕累托改进。新制度经济学派认为清晰的产权有助于降低交易环节的交易费用。赫维茨承认制度设计的作用，并提出了参与约束与激励相容原理，为具体的制度设计提供了客观依据。新制度经济学派将新古典经济学拉回了现实，承认交易费用的客观存在，并认为从产权设定和机制设计方面可以有效降低交易费用，但是在一个国家或地区的某一次交易中测度交易费用是不可能的，这导致除了提出制度设计这一功能之外，并没能有效分解交易费用，阻碍了进一步降低交易费用的可能。

随着新一代信息技术的发展，在消费者行为与智能零售研究过程中，技术的应用成为降低交易费用的有效手段，相较制度设计具有较强的稳定性。例如零售渠道整合的根本动因是提供消费者与零售商双向匹配的信息传输通道，同时提升双向信息搜集和处理能力，实现零售系统信息熵 H 降低，消除双向不确定性，提高零售系统有序程度。零售渠道的整合过程，是从消费者、零售商无序开始，通过信息交互，构建一种新的有序的过程。伴随零售系统信息熵 H 降低，零售商与消费者之间的交易费用普遍降低。围绕商品与服务交易，消费者可以随时随地搜集信息，完成交易评估，降低交易费用。零售商可以通过数据沉淀，高效识别潜在消费者，提供差异化产品与服务，降低交易费用。在零售业智能化转型的过程中，在交易前推荐算法与匹配算法的使用，有效降低了消费者与零售厂商之间的交易费用；在交易过程中，智能供应链诸多场景与技术的使用，有效降低了零售供应链成员间的交易费用；在交易完成后，智能会员管理增强了消费者与零售厂商之间的互动性与复购率，同时显著降低了消费者与零售厂商之间的交易费用。

2.2.7 双边市场理论

传统市场研究都停留在单边市场研究领域，随着电子商务平台的发展，双边市场逐步成为市场的主流形态。关于双边市场的研究，大量学者从理论与实践角度进行了探讨。作为网络经济学与产业组织的核心理论，双边市场理论已经形成了完整的研究框架。Rochet 和 Tirole（2003）最早从价格非中性角度对双边市场进行界定，但忽视了平台的网络外部性与交叉外部性。假设平台企业向买家 A 收取 P_A 的费用，向卖家 B 收取 P_B 的费用，当平台向买卖双方收取的总价格 $P = P_A + P_B$ 保持不变，而任意一方价格变动都会对平台总交易量产生影响时，这样的市场便是双边市场；否则，当市场的交易总量仅与总价格 P 相关，而与价格结构无关时，这样的市场称为单边市场。在此基础上，Armstrong（2007）从交叉网络性视角将双边市场界定为平台市场对交易双方制定一定的收费策略，平台一方的效用取决于另一方的数量。双边市场的理论与实践研究集中于平台企业的定价策略、双边用户的单归属与双归属、双边市场的反垄断规制、市场绩效测度、动态规划模型在产业中的应用。

我们对双边市场的认识是从平台结构、交叉网络外部性、价格结构非中性认识的，但如果仅通过特征认识资源配置的主要载体——双边市场，显然缺乏对平台及平台活动的深刻认识。对平台的认识主要包括：双边市场相对单边市场具有较强的主动性，并不局限于仅提供交易场所的传统单边市场，更为关键的是其对交易双方或多方具有调节作用，通过价格结构非中性策略可以调节交易及市场绩效，获得交叉网络外部性；但双边市场对交易双方或多方的调节并不总是积极的，其也存在滥用市场行为的可能，降低市场绩效水平。双边市场沉淀海量交易行为，是供给与需求双向匹配的载体，但随着交易双方或多方行为的复杂性，双向匹配的难度不断提升。随着信息技术的应用，交易双方通过数据沉淀、挖掘，形成海量多源异构数据。因为数据的产生于应用，双边市场对平台的双向匹配从模型逐渐转向精准，实现交易双方与多方的匹配。同时，数据并不是"向善"的，双边市场往往通过数据导致市场行为的滥用。

相对单边市场，消费者与零售厂商活动越来越依赖双边市场。现有零售活动需要借助交易平台、物流平台、金融平台等双边市场，尤其是中小企业实现零售网络化、数字化、智能化更需要借助上述平台提供的渠道、流量、数据、政策、工具等。中小企业由于技术条件、组织条件与环境条件的局限，导致其智能化转型受到诸多限制，需要采纳人工智能即服务、零售云、平台、供应链、智慧商圈模式，以上模式的核心都是接入借助双边市场能力，通过双边市场服务提供商提供的渠道、流量、数据、政策、工具等实现智能化转型，并且接入的企业越多，越能实现交叉网络外部性，越有助于智能化转型生态形成。

2.2.8　创新扩散理论

创新扩散理论阐释了技术创新作为降低风险与不确定性、实现既定目标并服务于工具性行动的综合设计，它融合了硬件与软件的双重元素。技术创新的接纳者不限于个体，组织内部的成员往往是在组织整体采纳某项技术创新后，才更倾向于接受并应用。组织接纳技术创新的过程是复杂而系统的，可细化为五个紧密相连的阶段：问题识别与议程设定、匹配性分析、重新定义与结构重塑、清晰界定以及常规化实施。前两个阶段构成初始阶段，侧重于数据收集、概念构思及创新采纳规划的制定，为后续的决策与引入奠定基础；后三个阶段则构成采纳实施阶段，涵盖了与创新应用直接相关的所有决策、活动及事件。技术创新能否迅速被个人或组织采纳，关键在于其能否带来显著的相对优势，与采用者的既有价值观、过往经验及实际需求相契合，同时保持易用性和可理解性。此外，技术创新若能在控制环境中进行试验，并即时反馈应用效果，将进一步提升其被采纳的速度。一些学者在此基础上，将技术创新扩散的理论视野拓宽至组织层面，指出影响组织接纳技术创新的因素需综合考量个人（领导者）特质、组织内部特性以及组织外部环境的特征。这一多维度的分析框架为理解技术创新在组织中的传播与接纳机制提供了更全面的视角。

本部分聚焦于智能零售技术与模式采纳与应用的影响因素探讨，这一研究视角根植于创新扩散理论中的组织创新启动阶段。当组织识别到对特定创新的需求，并通过问题识别进入创新初始阶段后，随即基于问题识别的结果寻求解决方案，这一过程便自然过渡到智能零售技术采纳与管理创新的决策阶段。在创新扩散理论的框架下，影响组织接纳创新的多元因素被广泛讨论，其中涵盖了相对收益、组织规模、外部压力及组织领导者的创新特质等关键要素。随着创新扩散理论应用研究的深入，研究者倾向于将这些影响因素整合归纳为三大核心构面：技术创新特征、组织氛围以及外部环境。技术创新特征涵盖了相对收益、技术安全性及技术可移植性等方面；组织氛围则涉及高层管理支持、组织信息能力及领导者知识素质等要素；而外部环境则包括外部压力及政策支持等关键因素。在智能零售领域，这些核心构面如何协同作用，以及它们各自的维度如何影响云计算技术的采纳与应用，进而促进技术创新能力的发展，这一综合分析框架，旨在揭示智能零售技术创新扩散的内在机制与外在动因。

人工智能已经渗透到了各行各业和各企业主体之中，成为一种重要的经济形态，这就使零售企业不得不重视对人工智能技术的进一步应用，只有大面积采用人工智能技术，才能基于零售业沉淀、治理的数据产生决策，才能实现降本增效的作用。本书以创新扩散理论为基石，深入剖析了人工智能技术的创新传播与动态演变过程，揭示了这一过程如何为企业开辟出通过商业模式革新、组织管理优化等创新途径实现发展的潜在机遇。在错综复杂的因素交织作用下，企业需明确采纳人工智能技术的初衷与愿景，全面评估智能零售策略带来的收益与潜在风险，并探索有效的风险管理策略。唯有如此，企业方能把握技术变革的脉搏，实现效益的稳步增长和竞争力的显著提升，以及向更高层次转型升级的跨越。同时，智能零售模式也将助力企业更好地融入由人工智能与大数据驱动的新型数字经济生态，增强其在市场中的竞争力和动态适应能力，为零售企业的长远发展奠定坚实基础。零售企业采纳智能零售模式是一个纵深演化的过程，从企业对数据的挖掘和数字化基础设施的建设开始，到数字技术与企业组织和业务的深度融合，最终利用数字技术整合上下游资源、拓展市场边界、实施商业模式变革。人工智能技术的创新扩散同时面临着技术条件、组织条件、环境条件的影响，因此，只有逐步满足人工智能技术采纳所需的调节变量，才能发挥其组态效应，实现人工智能技术采纳带来的降本增效作用。

2.3 本章小结

本章通过对多源异构网络大数据、消费者行为、智能零售、商业模式等主要研究对象进行界定，清晰研究对象的内涵与外延，在此基础上对零售业态演化理论、信息不完全理论、认知理性理论、平行系统理论、交易费用理论、双边市场理论、创新扩散理论等经典理论进行概述，并重点说明经典理论在本研究作用机制梳理过程中的具体应用，为后续理论模型与机制分析奠定基础。

3 消费者行为变革与需求不确定性

3.1 消费者行为变革的表征

归纳推理是科学研究过程中高效的推理方式，其通过个性化的观察、总结与推理，形成共性规律与一般性结论。本部分尝试对消费者行为变革的显性和隐性表征的观察，最终形成稳定的、具有普适性的一般性结论，在演绎推理过程中指导零售企业具体实践。

3.1.1 消费者行为变革的显性表征

随着新一代信息技术的应用，消费者行为发生了显著变化，从外在显性表征看，其变化如下：

第一，从消费者需求特征看，消费者需求从排浪式向个性化、多样化转化。传统消费者需求热点比较集中，一段时间内以一种商品为主，符合新古典经济学同质化消费者的假设。随着信息技术的发展，线上渠道开始提供长尾商品满足消费者个性化需求，由于线上渠道打破了空间限制，使其经营长尾商品有利可图。由于信息技术的发展，制造商与消费者的双向互动成为可能，交易成本逐渐降低，厂商提供大规模定制与个性化定制成为技术基础。

第二，从消费者购买行为发生的时间和空间看，消费者购买行为离散程度增加。消费者购买行为离散主要体现在购买行为发生的时间与空间不连续的特征。传统消费者购买行为受固定时间与固定地点的约束，所以消费者的消费需求主要集中于固定的线下渠道，零售商客户关系管理的重点是建立用户忠诚计划。同时，传统消费者购买时间也相对集中，零售商可以在周末、节假日进行促销以增加销量。而随着移动互联网技术、智能手机、购物平台的普及与应用，消费者购买行为逐渐摆脱时空约束，实现了随时随地购买的可能。消费者购物时间、空间碎片化，购物需求碎片化，希望通过尽可能多的渠道获得交易信息并完成购物过程。

第三，从消费者信息获取看，长期以来，消费者信息获取的渠道主要是电视、报纸、门户网站等媒体，被动接受厂商的广告营销。随着新一代信息技术在零售领域的应用，消费者开始关注消费者评价，客观的消费者评价成为消费者信息获取的主要来源。随着社交网络、即时通信等技术的普及与应用，消费者开始从微信、微博、论坛获取可靠信息。进入信息获取全渠道阶段后，网络社区、网络社群、自媒体、直播平台、短视频等普遍应用，消费者信息获取离散化程度进一步提高。

第四，从消费者信息处理看，在传统购买过程中，消费者一般依赖于个体认知（大脑）进行信息的处理，并完成备选方案的评估。随着大数据、云计算、算法等技术在零售领域的普遍应用，智能推荐逐步辅助消费者完成信息处理过程，价格比较、智能推荐等应用降低了消费者利用大脑进行备选方案评估的风险。可以看出新一代信息技术应用为消费者信息搜集、处理提供了来源与便利，提升了消费者信息能力。消费者充分利用零售商提供的接触点，逐渐增强渠道使用能力，可以更高效地完成购买决策过程以及选择最适合特定场景需求的接触（Hansen & Sia，2015）。消费者渠道运用能力增强，意味着全渠道时代的来临（施蕾，2014）。

第五，从消费者权利看，消费者增权成为不可逆转的趋势。消费者权利表达的是渠道成员的相互关系，在传统零售活动中，零售商处于主导地位，是供应链的起点与终点，即订单与物流的起点与终点都是零售商。现阶段，供应链的主导地位从零售商变为消费者，物流配送的对象也由零售商变为消费者，消费者成为供应链的起点和终点，渠道权利逐步由零售商转移到消费者。消费者间的有效联合、低成本地获取信息与高效地交换信息是消费者实现增权的三个关键因素，消费者对其他渠道成员决策的影响力逐步增加。传统消费者存在宏观上权利（Macro-power）和微观上无法行权（Micro-impotence）之间的矛盾，即消费者从理论上看，存在影响渠道成员的权利，但在实际运行过程中缺乏运用权利的可能。信息技术的应用，使消费者有效联合，改变了消费者个体与企业间地位不对等的劣势，消费者联合成为整体面对企业，他们行使奖惩权不再是无能为力，企业无法忽视消费者有效联合带来的增权。信息是增权的基础，消费者搜集信息、处理信息能力的增强，消费者与企业间信息不对称程度降低，提升了消费者专家权与信息权。消费者"增权"不仅仅是一种趋势，更成为一种现实，这恰恰是消费者主体性地位的一种回归，也是作为"消费者主权经济"的市场经济发展的应有之义。在消费主权时代，零售渠道整合逐步由面向渠道成员向面向消费者转变（罗宾·刘易斯和迈克尔·达特，2012）。

第六，从消费者行为变化的长期性来看，消费者行为具有棘轮效应。棘轮效应，也称为制轮作用，是由经济学家杜森贝利提出的，描述了人的消费习惯形成之后具有不可逆性，即易于向上调整，而难于向下调整。这种不可逆性主要体现在短期内，消费者的消费习惯一旦形成，就很难因为收入降低而减少消费。例如，疫情对消费者行为影响较大。在疫情防控期间，消费者对基本生活物资的需求量基本不变，导致零售业并未受到过度冲击，为其数字化转型提供了持续利润来源，但由于消费者购买基本生活物资的渠道发生了显著变化，因此部分企业主动对产品购买渠道进行数字化改造，以保证业务的连续性，也为把握数字化发展机遇夯实了基础。消费者对全渠道依赖的变化是长期性的，不会因为疫情结束发生变化，并且其要求零售厂商进一步利用新一代信息技术，优化其购买体验与便利性。棘轮效应说明消费者的消费行为变化是长期的、稳定的，为大数据、人工智能技术使用提供了稳定的微观基础。

3.1.2　消费者行为变革的隐性表征

消费者的需求一般可以分为显性需求与隐性需求。除了显性需求外，我们大量的需求是隐性需求，隐性需求往往不会活跃于我们的认知或内部信息来源，甚至我们从不知道有隐性需求的存在，需要通过特殊消费情境激发和匹配。我们借助冰山模型来说明隐性需求与显性需求（见图 3-1），正如冰山上下两部分，显性需求是消费者日常看得见的需求，即冰山上的部分，但隐藏在冰山之下的隐性需求却在总需求中占主要部分。

显性
需求

隐性
需求

图 3-1　显性需求与隐性需求

菲利普·科特勒（Philip Kotler）一直呼吁消费者的需求是不断变化的，厂商要根据消费者的需求变化调整策略，这里的需求主要是指显性需求。而消费者的隐性需求并未得到满足，因为零售厂商缺乏了解消费者隐性需求的工具与能力。消费者隐性需求是指那些未被明确表述或识别的个人深层次需求，它们存在于人们的潜意识中，表现为模糊、未经界定的偏好，由于缺乏合适的概念或词汇来具体描述，因而难以直接表达或实现。这类需求也包括因社会进步尚未普及而未能充分体验到的期望，或是因经济能力限制无法转化成实际消费的行为，以及在不当的环境或时机下未能触发的需求。简而言之，消费者隐性是人们在生活中感受到的某种缺失或不足，但尚未清晰意识到或找到合适途径去满足的状态。如图 3-1 所示，消费者大量的需求是位于冰山之下的隐性需求，并且隐性需求占总需求的比重要超过显性需求，但隐性需求的满足并不是一蹴而就的，需要消费者具有较强的、主动的信息能力或者零售厂商被动地提供匹配能力，最终在恰当的场景激发消费者隐性需求，达到"此时、此刻、此情、此景"下的最优解。

3.2　消费者行为的相互影响

新古典经济学坚持原子论假设，即消费者行为之间不存在相互影响，因此可以借助线性代数方法加总形成市场需求曲线。随着移动互联网与社交网络的普遍应用，消费者行为之间直接发生联系，特别是用户生成内容对其他消费者的购买决策产生直接作用。消费者行为的相互影响，加速了消费者行为的复杂性以及不确定性。本书以消费者决策过程为基础，系统分析消费者行为之间的相互影响。

3.2.1　消费者决策过程模型

根据 Engle、Kollat 和 Blackwell Model 我们将消费者决策形成消费者决策过程模型，具体过程见图 3-2。在消费者决策过程中，需求、问题认知主要是偏好的形成，基于偏好进行信息搜集，在信息搜集渠道方面存在内部信息搜集与外部信息搜集，内部信息主要来源于长期经验的积累与记忆，假设内部信息搜集能满足消费者对信息搜集的要求，那么消费者直接进入信息处理环节，对各备选方案进行评估，但事实是由于产品生命周期的缩短、产品与服务的多样化，以及更迭速度加快，内部信息存在更新时差，不能有效满足消费者信息处理要求。在此阶段，消费者将信息搜集渠道转向外部信息搜集，通过计算机网络、社交网络、市场、家庭成员搜集信息，尤其是随着网络应用的深化，计算机网络、社交网络成为信息获取的主要来源。但必须要说明的是，内部信息搜集渠道与外部信息搜集渠道是不断迭代的过程，消费者内部信息搜集不足会切换到外部进行信息搜集，外部信息搜集获得的信息会直接在消费者记忆沉淀，形成经验和认知，同时内部经验和认知的形成也会直接影响下一次外部信息搜集效率。

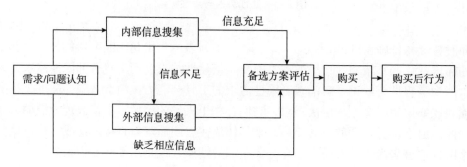

图 3-2　消费者决策过程

在消费者完成内部信息搜集与外部信息搜集后，将进入备选方案评估阶段，备选方案评估的实质是信息处理的过程，信息处理对应信息输入、信息处理、有效信息输出三个环节，传统消费者信息处理主要依赖于人脑，所以消费者信息处理被认为是"黑箱"，其具体流程与运行机制不为人所知，消费者购买行为的霍华德—谢思模式和科特勒模式对消费者信息处理黑箱进行了系统论述。但随着外部信息，尤其是互联网信息的冗余，由于人脑在信息处理方面的局限性，在此阶段开始出现了计算机辅助与数据智能辅助，节约消费者认知资源，这将在 3.2.2 节进一步讨论。借鉴认知的界定，消费者信息搜集、处理的过程其实就是认知过程，认知正式进入偏好—效用的经典分析框架。

3.2.2　消费者信息搜索

如图 3-2 所示，消费者信息搜索始于对问题的认知，是消费者通过内部记忆、经验与外部环境获得消费决策所需信息的过程。消费者内部信息搜索是消费者在决策过程中依赖自身已经形成的记忆、经验的搜索行为。在商品差异化水平较低、信息匮乏的时代，消费者决策过程中主要依赖内部信息搜索渠道。消费者外部信息搜索是指消费者从周围环境、交互关系中获取的信息的过程，随着商品更新换代速度加快及商品表现多样化、个性化，单凭记忆与经验来进行消费决策信息搜集已经难以满足消费者对信息的需求，尤其是随着服务消费的增加。服务具有典型的异质性、生产与消费同时进行、无形性等特征，如果没有体验过程，消费者不可能借助内部信息完成对服务商品的客观认识。由于商品与服务自身的性质，势必要求消费者信息搜索更多的依赖外部信息搜索。随着网络信息技术的普及与应用，外部信息搜索的介质与渠道极大地提高了信息搜索的效率，针对商品与服务可以进行在线咨询，可以发起在线群组讨论，可以客观地查询其他消费者的消费体验，消费者信息搜索逐渐由内部信息搜索转向外部信息搜索。因此，本部分所指的消费者信息搜索具体指消费者在消费过程中，为满足与消费决策有关的信息需求所进行的外部信息搜索，特别是主动使用网络资源获取信息的搜索行为。

消费者外部信息搜索早期主要依赖于广告。在信息相对匮乏的时代，广告作为厂商展示商品质量、功能等的主要手段，是消费者外部信息的主要来源，但广告的产生是为了影响消费者偏好，其客观性难以得到保证，不可能要求厂商如实客观地描述自家商品。为了克服广告客观性差的特点，消费者开始依赖于线下口碑传播和社会关系网络，开始逐渐向朋友咨询相关商品与服务的评价。随着网络信息技术的普及与应用，消费者不仅可以高效借助社会关系网络获取信息，而且可以高效地基于互联网查看陌生人的购物评价与感受，并且与陌生人进行基于商品与服务的一对一讨论和群组讨论。从一定程度上看，陌生人与商品和服务没有直接利益往来，提供的关于商品与服务的信息客观性较强，消费者越来越依赖外部信息渠道，尤其是使用网络资源获取信息。

在消费者外部信息搜索的过程中，与来自厂商的信息相比，来自朋友、其他消费者的信息排除了利益诉求，具有较高的客观性、可信度（Schmitt，Skiera & Van den Bulte，2011；Trusov，Bucklin & Pauwels，2009）。在信息搜索之外，消费者的主观态度与行为也会直接影响消费者的决策行为（Sara et al.，2016）。消费者的满意程度会进一步传递给其他消费者，消费者之间的满意程度的连锁反应，使消费者之间相互影响、相互制约的关联关系成为消费者决策过程中的决定性力量。消费者的关联关系与信息交互，逐渐构成了基于特定商品与服务的节点与链路，节点与链路构成网络，贯穿整个消费者信息搜索过程。消费者成为内嵌于消费者复杂网络的一个节点，节点与节点之间呈现关联性与网络外部性。

从网络的视角出发，通过将消费者视为节点，将消费者在特定产品或服务决策过程中与能够影响其决策的个体所产生的、所有能对其决策产生影响的关联关系视为连边，消费者决策问题可以抽象化为一个围绕特定消费品（如产品与服务），由决策者（即消费者）、决策对象（即特定产品或服务）以及在消费决策过程中产生的所有相互依赖、相互影响的关联关系所构成的复杂图，本部分将其定义为消费者复杂决策网络。借用图论的语言，消费者复杂决策网络是一个有序的三元组 $[V(n), E(m), \Psi(g)]$，其中 $V(n)$ 是一个有限非空的顶点集，即特定活动中的消费者；$E(m)$ 是不与 $V(n)$ 相交的边集，即围绕特定决策目标形成的消费者决策关联关系；$\Psi(g)$ 是使 G 中每条边对应于 G 中无序顶点的关联函数，表示消费者之间是否关联以及关联关系的特征。从连边的权重和方向上看，在数学中，网络可细分为加权有向网络、加权无向网络、无权有向网络和无权无向网络四种形式，本部分将消费者复杂决策网络定义为无权无向网络。

借助邻接矩阵，消费者复杂网络可以表示为：

$$A = (a_{ij})_{N \times N}, a_{ij} = \begin{cases} (\, 1\ 如果节点\ v_i\ 到\ v_j\ 有连边\,) \\ (\, 0\ 如果节点\ v_i\ 到\ v_j\ 没有连边\,) \end{cases} \qquad (3\text{-}1)$$

其中，v_i、v_j 是网络中的节点，即消费者；N 是网络中节点的数目；a_{ij} 是由节点 v_i 到节点 v_j 的连边，表示消费者 i 与消费者 j 之间是否存在围绕某一特定决策问题的相互依赖与相互影响的关联关系。

从承载内容看，消费者复杂决策网络的承载物既可以是商品，又可以是服务，而且由于服务的客观性质，消费者的服务消费过程更加依赖于消费者复杂决策网络。从影响途径看，消费者复杂决策网络可以产生直接影响和间接影响，而且间接影响成为主要的影响途径。直接影响主要产生于社会关系中朋友之间的全息交流、即时通信交流等，间接影响主要产生于对陌生人在网络中客观数据的留存，即消费者对在线评价、在线互动的主动观察。从时间维度看，消费者复杂决策网络可以是长期持续的交流，如社会关系网络中朋友的潜移默化的影响；也可以是瞬间的、临时的影响，如在线下实体商店某一时刻的交流与模仿，对一次评论的注意与采纳（Ailawadi et al., 2009）。

消费者复杂决策网络具有以下特征：

（1）嵌入性

嵌入性是消费者复杂决策网络的最主要特征，包括消费者的行为嵌入和情境嵌入。行为嵌入是指消费者信息搜索行为受到复杂决策网络的关联关系的影响，即消费者既不是建构理性，独立于关联关系之外，也不是演化理性，只是毫无意识地遵照（Granovetter，2002），而是具有主体意识，嵌入一个真实存在与实时运行的社会关系系统。情境嵌入指由于复杂决策网络关联关系与决策背景的变化，消费者的信息搜索行为将发生改变，即在不同的决策背景、不同的决策空间、不同的决策阶段，消费者会依赖不同的关联关系。消费者复杂决策网络呈现不同的结构特征，是对消费者具体决策过程的客观适应、整体拓扑。

（2）复杂性

消费者复杂决策网络的复杂性主要体现在节点的复杂性、连边的复杂性、网络的复杂性。嵌入性是构成消费者复杂决策网络的基础，由于消费者偏好的复杂性以及形成偏好制约因素的复杂性，导致构成消费者复杂决策网络的节点的复杂性。节点的复杂性必然要求消费者信息搜索行为具有较大的差异，直接影响消费者的交互对象、交互方式、交互行为，基于交互的差异必然带来连边的复杂性。

（3）商品与服务的差异性

由于大部分服务具有高收入弹性的特征，即随着收入水平的提高，服务需求在总需求中的比重将逐渐提高。商品与服务的属性差异，决定了消费者复杂决策网络的差异。尽管商品与服务的界限不是十分清晰，但与商品相比，服务作为一种经济活动还是表现出一些显著的特征。服务具有如下特征：无形性（Intangibility）、不可分离性（Inseperablity）、异质性（Heterogeneity）和不可存储性（Perishabilty），简称服务的 IIHP 特征。服务的无形性特质相较商品而言尤为显著，其缺乏明确且固定的空间形态，难以直接通过视觉感知，故常被视为无形之物，这一特性导致了服务提供者在展示服务时面临挑战，无法像商品那样呈现具体的样品供顾客参考。同时，消费者在交易前往往难以预知服务内容，交易后也仅能体验到服务的结果，而非服务过程本身，这增加了服务的不确定性和体验性。服务的消费体验与品质因其异质性而呈现显著差异，这种差异源于供需双方的多种因素。服务提供者的专业技能、服务难度及环境条件均可能随时间、地点及个体不同而变化，导致服务行业的多样性和动态性。此外，消费者可能拥有独特的个性化需求，进一步加剧了服务的定制化与差异化。服务的异质性不仅丰富了服务市场的多样性，而且为服务质量标准的制定带来了挑战。由于服务过程的灵活性和个性化，难以设定统一且固定的质量标准，使服务质量具有较大的弹性。这种弹性一方面为服务行业提供了创造卓越服务体验的机会，通过不断创新和提升满足消费者的多样化需求；另一方面也为部分不良商家提供了利用服务的无形性进行低质量服务的空间，需要行业监管和消费者教育来共同维护市场的健康发展。基于上述商品与服务属性的差异，在服务信息搜集过程中，要求消费者更多依赖于其他消费者的服务体验、服务评级等，消费者的嵌入性与复杂性更强。同时，在服务消费过程中，需要消费者搜集更多的服务信息。

（4）结构效应

消费者复杂决策网络的结构效应是调节消费者复杂决策网络与消费者信息搜索行为的中间调节变量。消费者复杂决策网络的结构效应主要体现在网络规模、网络密度、网络中心性、网络结构洞、网络凝聚子群、关系强度，如表 3-1 所示。

表 3-1　消费者复杂决策网络的结构特征

结构特征	描述
网络规模	反映消费者所拥有的、能够获取有效信息的关系资源的数量
网络密度	反映消费者在信息搜索过程中有用的直接连接的比例或者信息传递的效率
网络中心性	衡量消费者距离网络中心位置的程度，反映信息流动的速度以及信息传播渠道的重要性
网络结构洞	衡量消费者与不同子网络连接的能力，反映个体获取信息的能力或对信息的控制能力
网络凝聚子群	反映消费者所在小群体紧密的程度，凝聚力以及信息流通的速度
关系强度	衡量消费者彼此之间关系的亲疏，互动的频率以及对对方行为的影响

1）网络规模。网络规模主要反映了消费者复杂网络构成节点的数量以及有效的交互关系数量，即节点与连边数量。网络规模大小直接决定信息来源渠道的多少，网络规模越大，意味着消费者之间拥有更多的交互资源，沉淀数据、信息的数据越大，使嵌入消费者决策网络的消费者获得更多信息与数据资源。另外，由于消费者信息生成与需求的差异性较大，只有较大的网络规模，才能保障基于消费者复杂决策网络实现信息供给与需求的匹配，这是网络规模较小的网络不具备的能力。

2）网络密度。网络密度刻画网络节点与连边的密集程度，网络密度越高说明与网络节点相关联的连边越多，消费者完成信息搜集、传递的效率越高，网络密度直接刻画了网络中信息传递的数量和速度。在高密度的网络中，成员之间的交流密切，互动频繁，有更多的机会交流信息。

3）网络中心性。网络中心性是指能够与更多网络节点建立联系的个体，我们将其定义为中心。相对于技术网络而言，以计算机网络为例，其核心网络节点具有分布式特点，即节点间的平等性与去中心性。但由于消费者复杂决策网络的复杂性，其是社会网络、社交网络与计算机网络的统一，其网络节点在地位上存在中心性特征，网络中心具有和更多节点交互的能力，其成为信息传播的主要渠道，乐于分享高质量信息。比如明星、社交网络大 V 与网红是具有典型的网络中心性特征，其在消费者复杂网络中具有更强的交互能力与影响范围。

4）网络结构洞。虽然网络是广泛连接的，在理论上网络可以与所有网络节点建立连边，但现实是网络中普遍存在脆弱和断裂的关系，消费者之间并不是相互认识，缺乏直接的联系，出现断点。为了弥补脆弱、断裂关系，网络中出现类网络中介与代理人，这种中介与代理人就是消费者复杂决策网络中的结构洞，排除网络结构洞，消费者的直接联系将断裂（Burt，1992）。比如电子商务平台、社交网站在消费者复杂网络中具有结构洞特征，剔除电子商务平台、社交网站，我们无法获得大部分口碑评价与社交信息。

5）凝聚子群。凝聚子群是社会网络或消费者复杂决策网络中的子网络。在凝聚子群内部，成员之间遵守共同的道德规范、拥有共同的目标，在兴趣、价值观上具有相似性。与子群外部的个体相比，成员之间往往保持相对较强的、直接的、紧密的、经常的或积极的关系。在消费者复杂决策网络中，我们可以与所有消费者进行沟通，但现实生活中我们网络仅仅与子网络中的消费者发生主要的信息交互，例如微信群、通讯录、兴趣小组等，在子网络中由于更密切关系的存在，网络成为信息最直接的来源，在交互频率上更为频繁，在交互关系上更值得信赖。

6）关系强度。关系强度值是消费者复杂决策网络中消费者之间关系的亲疏远近与决策行为的相互影响程度。根据投入的时间、情感强度、亲密程度和互惠关系可以将强关系与弱关系，陌生消费者之间的关系属于典型的弱关系，社会关系中的亲戚、朋友关系属于典型的强关系，但关系强度对消费者信息搜集的调整视具体情境而定，比如在价值较低的商品消费过程中，弱关系的口碑评价完全可以满足消费者决策需要，而在保险服务消费的过程中，强关系对信息搜集的作用比较显著。

通过上述特征分析可以发现，消费者信息搜集是消费者决策的首要环节。在网络深化的背景下，消费者信息搜集行为越来越依赖于网络，以及在网络的基础上产生的交互关系与关联关系，网络限定了消费者信息搜集的"可能性边界"，对于消费者来说，消费者复杂决策网络是其重要的信息获取渠道，网络中的其他消费者是其值得信赖的信息来源，消费者的信息搜索行为内嵌于网络当中，网络结构成为影响消费者信息搜索行为的关键变量。

消费者复杂决策网络是消费者最重要的外部信息搜集渠道。消费者信息搜集渠道的核心是消费者对于渠道的信任和采纳程度（Groflaten，2010）。与信息贫乏时代相比，互联网时代的显著特征是信息冲突与信息冗余，与传统由商品与服务生产、流通主体提供的信息相比，消费者更加信赖其他个体的真实消费体验与评价，此过程排除了利益驱动与盈利目的，更加可靠、值得信赖，这使消费者在进行决策时更多地依靠自己网络中的成员（如朋友和同伴），而不是权威人物、专家、主流媒体和广告来自"网络"成员的信息在消费者信息搜索时占据很大比例。

消费者信息搜集效率受到消费者复杂网络结构特征调节。消费者信息搜集效率的高低直接依赖于消费者复杂决策网络的结构特征，上述已提及消费者复杂决策网络具有网络规模、网络密度、网络中心性、网络结构洞、网络凝聚子群、关系强度等结构特征，如果将消费者复杂决策网络与消费者信息搜集效率作为相关关系分析,消费者复杂决策网络的结构特征将作为调节变量,调节着两者相关关系的强度。以淘宝平台为例,其网络规模的大小、网络密度的强弱,决定沉淀在其平台上交易行为的多少,交易行为将形成交易数据与关系数据,最直接体现的就是口碑评论,口碑评论的存在以及在此基础上形成的可视化数据,直接影响绝大部分消费者的信息搜集行为。

消费者信息搜集行为内嵌于消费者复杂决策网络中,并形成有效的数据闭环。消费者依赖复杂决策网络获得的客观决策信息,经过消费者信息处理过程,产生消费决策。在此过程中不仅将更新消费者内部信息渠道,更为关键的是会进一步为消费者信息复杂决策网络沉淀数据,由此形成消费者复杂决策数据闭环,其中新的数据的更新与沉淀来源于消费者信息处理环节。

3.2.3 消费者信息处理

消费者信息处理是依托消费者复杂信息网络获得行为数据,依据行为数据对相关关系与因果关系进行分析。但信息中介与信息助手的普遍应用,其重要功能就是节约认知资源,提高个体处理各种能量、信息和知识的效率。在分析消费者信息处理历史演化过程之前,有必要对消费者信息处理的计算单元——大脑进行分析。

3.2.3.1 智慧大脑与非智慧大脑"二元结构"

根据消费者信息处理水平的高低,将消费者分为智慧大脑与非智慧大脑(何大安,2018)。在现实中,普通消费者只能依据有限信息和有限信息处理能力进行有限或不准确的因果分析与相关分析得出认知。我们将不能运用大数据思维与云计算辅助的行为主体(普通消费者)定义为非智慧大脑。按照上述定义标准,人们几乎都是非智慧大脑。人类社会长期处于信息贫乏时代,所以非智慧大脑通过对有限信息的因果关系演绎推理或者主观判断,在一定程度上能满足认知的需要。但随着计算机网络的深化应用,信息冲突与信息冗余的特征逐渐明显,依靠非智慧大脑得到正确认知的难度逐渐提高,智慧大脑开始出现。这里我们将智慧大脑定义为能够有效利用大数据辅助和替代人脑进行决策科技人士。在现阶段,已经形成了非智慧大脑与智慧大脑共存的二元结构。智慧大脑的特点是能借助多源异构、多维度、完备的大数据获取决策所需的完全信息,通过云计算技术的辅助获得认知。智慧大脑从大数据多维度的相关性获得正确信息,并通过机器学习或其他人工智能技术形成认知的,这个过程决定智慧大脑高效用的效用函数的形成过程。

从智慧大脑的定义特征看,其具备的条件包括:一是信息完全。智慧大脑可以借助历史、现期和未来的消费投资数据进行信息搜集、整理、处理,其信息是完备的。二是客观分析。智慧大脑可以借助云计算集约式的计算能力,通过分析大数据背后的相关关系,准确得出决策所需的精准信息,而不需要进行主观判断与臆测。三是认知的内生。基于智慧大脑的信息完全与客观分析的基本条件,我们开始认为智慧大脑消费者行为将回归新古典经济学的基本范式,即消费者基于信息完全的基本假设,通过均衡分析与边际分析的客观过程,得出效用最大化的结果。表面上看的确如此,但此分析范式明显抽象掉了认知过程。智慧大脑改变的不是信息完全的基本假设与客观的效用最大化的分析,而是将认知内生化,即认为认知是处于偏好与效用的中介位置,通过对认知形成过程的影响,调节偏好实现效用最大化的程度,这是智慧大脑的核心特征。

智慧大脑与非智慧大脑二元结构的存在，使我们普遍关注非智慧大脑虽然不具备大数据与云计算的计算应用条件，但非智慧大脑是理性的，非智慧大脑的理性决定其在一定程度上会效仿智慧大脑进行决策，即在非智慧大脑决策过程中，智慧大脑的决策会进入消费者复杂决策网络，作为其主要信息来源，非智慧大脑的效用函数是智慧大脑效用函数的复合函数，我们可将智慧大脑的选择偏好、认知和效用期望等，理解为是非智慧大脑相应变量的解释性变量（何大安，2018），即 $U_{ui} = kU_i$，其中 U_{ui} 代表非智慧大脑的效用水平，U_i 代表智慧大脑的效用水平，k 代表非智慧大脑效仿智慧大脑的程度，$0 \leq k \leq 1$，但 $k = 1$ 时代表智慧大脑完全替代非智慧大脑进行消费者决策，即非智慧大脑的完全效仿。

3.2.3.2　消费者信息处理的阶段划分

作为人类进行消费者信息处理的核心单元，人类大脑可以划分为智慧大脑与非智慧大脑，基于此划分，消费者信息处理可以细分为非智慧大脑阶段、非智慧大脑与智慧大脑二元阶段和智慧大脑阶段。

（1）非智慧大脑阶段

非智慧大脑阶段（见图 3-3）的典型特征是消费者信息处理完全依赖于人脑决策，可能进行网络信息技术辅助，但最终备选方案的评估是非智慧大脑的因果关系完成，即在非完全信息基础上依赖非智慧大脑因果关系理性选择的结果。非智慧大脑阶段对应的是消费者通过市场竞争信息、价格信息等获取消费者决策的信息，在有限信息处理工具的基础上，主要利用非智慧大脑做出判断、形成认知，最终形成购买方案的评估。从信息角度看，客观信息难以获取，主要的信息来源是厂商的利润诱导信息等；难以利用网络信息技术获得信息，信息获取效率较低；获得的信息主要是历史信息。在此部分信息的基础上，消费者依赖于不完全的样本数据，进行因果分析，得出消费决策。

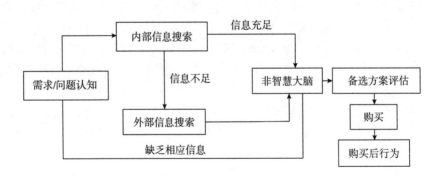

图 3-3　非智慧大脑阶段

在非智慧大脑阶段，经济学的理性选择理论受到了极大的限制和质疑。这种质疑不是新古典经济学追求效用最大化的问题，也不是现代经济学把信息内生作为实现效用最大化的路径的错，而是经济学没有关注非智慧大脑受到信息约束与认知约束的错。自 20世纪 50 年代赫伯特·西蒙的有限理性学说问世以来，理性选择理论对偏好、认知和效用等的分析有了很大的完善。例如，针对如何降低认知约束，经济学家通过并轨经济学与心理学，运用心理预期分析来探索认知约束形成及降低认知约束的方法（Kahneman & Tversky，1979；Lucas & Prescott，1971；Lucas & Stokey，1983；Smith，1994）。

（2）非智慧大脑与智慧大脑交互阶段

随着网络信息技术的深化与应用，消费者信息处理环节突出的变化体现在数据来源、数据储存、数据计算能力的提升。数据来源不仅是原有的结构化数据，一切能够被电子化的都可以被纳入数据范围（王汉生，2018）。在消费者决策环节，图片、视频、位置、语音等非结构化数据被大量采集与应用，与此同时数据的存储介质容量提高、价格下降。由于消费者可利用的终端介质（电脑、手机）通信能力与计算能力普遍提升，获取信息的途径主要是通过大数据、云计算和机器学习，消费者选择行为及其过程便进入了智慧大脑与非智慧大脑交互阶段（见图3-4）。在此阶段出现了部分可以利用大数据与云计算技术进行消费者决策的少数智慧大脑，他们能通过对大数据的多维度进行相关分析而获取精准信息，能借助互联网、大数据和运用云计算来设置模型，并运用机器学习处理参数而做出选择（这可看成是对智慧大脑者的定义）。而那些不具备以上能力的芸芸众生，则可看成是非智慧大脑者。智慧大脑与非智慧大脑交互阶段，消费者决策过程中信息冲突与信息冗余的特征逐渐明显，为了节约消费者认知资源，信息中介开始出现。

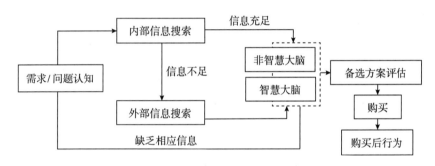

图3-4 非智慧大脑与智慧大脑交互阶段

随着信息冗余以及智慧大脑的出现，在此阶段，信息分工逐渐深化，信息中介，即能匹配信息需求双方的平台开始出现。信息中介在组织和推进信息劳动分工时，不仅起到集聚信息的作用，而且在很大程度上解决了"如何让充满噪声和矛盾的大量数据成为有价值、有意义的信息"这一难题（张翼成、吕琳媛和周涛，2018）。信息中介的实质是双边市场。搜索引擎、点评网站、购物平台都属于典型的信息中介，它们顺应消费者节约认知资源、提升信息处理效率的要求。例如大众点评网与淘宝网基于大量的商品与服务消费，形成了数以万计的评分与客观评价，通过对这些评分与客观评价的可视化数据分析，极大地提高了消费者信息处理的效率。信息中介可以利用这些评论，给商家的质量和信誉进行评价，从而用一个或几个综合的得分替代无数的评论，帮助消费者进行快速选择。如果消费者想看的内容更多，信息中介还可以按照差评、中评、好评进行分类，按照时间先后顺序，按照其消费者对于某评论是否有用的反馈进行排序，并将评论中的要点以关键词云、统计饼图等方式清晰地展示给消费者，总之是帮助消费者快速处理这些信息。

（3）智慧大脑阶段

智慧大脑阶段（见图3-5）的显著特征是覆盖全社会的泛在网络的实现。随着计算机网络、移动通信网络、物联网的深入普及与应用，现阶段已经开始实现覆盖全社会的协同网络，如智慧城市的建设。覆盖全社会的协同网络的基础作用在于沉淀社会活动的所有数据，包括历史数据、实时数据、未来数据。其中，未来数据是基于历史数据与实时数据形成对未来的预判形成的数据，预判数据的客观性来源于多源异构数据的相互验证。大数据时代的来临，在一定程度上提高了消费者信息处理的难度，在此阶段为了适应消费者节约认知资源的本质，基于算法与深度的人工智能开始进入消费者信息处理环节，基于深度学习算法，通过大数据的持续输入，算法不断迭代优化，开始出现辅助、替代消费者的趋势。人工智能辅助、替代人脑进行消费者信息处理是智慧大脑的来源与本质，仍没有脱离偏好—认知—效用的分析框架，只是节约认知资源、摆脱信息约束的方式与手段，其实质仍然是调节偏好实现效用最大化的过程。

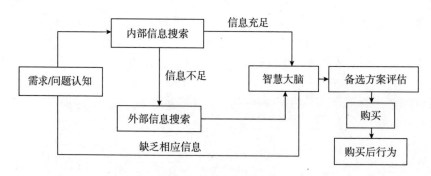

图 3-5　智慧大脑阶段

现阶段，智慧大脑在消费者信息处理领域的应用已经开始出现，如智能推荐系统与个人信息助手。智能推荐系统来源于亚马逊对图书的推荐，在其初期，依赖于历史数据，根据相关关系的判断来帮助消费者节约信息处理的时间。智能推荐系统发展到今天，开始采集消费者实时数据，由于智能穿戴设备与智能手机的应用，对消费者实时位置、实时状态、实时浏览数据的采集成为可能，淘宝基于对历史数据与实时数据的采集，可以做到"千人千面"，其推荐的准确性进一步提高。智能推荐系统只是在原有信息中介的基础上对于消费者信息处理能力的提升，在信息分工中仍然是厂商处于主导，消费者长期以来处于弱势的地位仍然没有改变，提高消费者的信息处理能力是今后的趋势。

个人信息助手是指经过消费者的全部访问授权，通过智能终端对消费者所有行为数据进行采集，挖掘消费者显性需求与隐性需求，辅助、替代消费者进行信息处理的个人应用。由于数据采集技术的普及与应用，智能终端、智能穿戴设备开始覆盖消费者的所有活动，通过传感器授权搜集消费者的行为、语言、社会与环境数据，在可以预见的不久将来，来自语言、手势、心跳、肌肤湿度等各方面的数据可以添加到包含我们日常生活和与外界交流的数据中，构成一个前所未有的巨大数据库。每个人都有许多特殊的、偶尔的欲望与需求，这些需求一直在我们的头脑中，但是很多时候处于休眠状态。而个人信息助手拥有近乎无穷的记忆能力，或称为存储空间，它可以保存许多东西，如所有相关地图、兴趣点、个人喜好、联系人和过去的经历；个人信息助手还可以自动匹配场景，提醒主人可能的兴趣点，并且从它所管理的冗长的待办事项列表中，选出一些长尾中的低频事件以满足我们眼下场景的最适合需求。

个人信息助手以其独特的优势，成为我们记录与筛选信息的得力工具。无论是在网络搜索、浏览资讯还是参与社交活动时，个人信息助手都能细致地观察我们的行为，并据此不断完善我们的个性化需求画像，帮助我们过上更加适合自己的生活方式。这种精准化、个性化的服务，让我们的生活变得更加便捷与高效。一个功能强大的个人智能助手具备双重职能：内向服务与外向防护。内向服务方面，它敏锐捕捉并深入理解用户的多样化需求，依据优先级、情境适应性及执行成本等因素，主动寻求满足这些需求的途径。外向防护方面，它扮演着信息守护者的角色，有效屏蔽外部涌入的冗余信息与有害信息，确保用户信息环境的纯净。个人信息助手聚焦于人类显性与隐性知识间的动态交互，预示着未来个性化智能助手将更加专注于为人类提供全方位服务，展现出高度的忠诚与服从。同时，这一领域的发展将催生新的交叉学科，专注于探索人与广泛分布的智能设备之间无缝衔接的交互方式，特别是在显性知识与隐性知识交织的模糊区域取得突破性进展。

3.2.3.3 消费者信息处理的数据智能依赖

纵观消费者信息处理的三个阶段，消费者信息处理过程中存在显著的认知节约与数据智能依赖。在经济学演化历史中，认知内生是消费者行为研究的核心，偏好—认知—效用的基本研究范式是不变的。由于认知约束的存在，在消费和信息处理过程中，信息输入的复杂性指数级增加，消费者普遍存在节约认知资源的趋势。从非智慧大脑阶段利用机械式的基本原理，通过因果关系节约认知资源；到非智慧大脑与智慧大脑交互阶段，利用信息中介节约认知资源；再到智慧大脑阶段，利用个人信息助手节约认知资源。而认知资源节约过程的典型趋势是充分利用社会协同网络的覆盖范围的扩大，沉淀大数据，利用深度学习算法，以数据智能辅助、替代消费者信息处理。

本书将消费者信息搜集、处理能力界定为消费者信息能力，消费者信息能力是消费者的基本特征之一。在传统经济学下由于信息来源渠道的限制以及非智慧大脑信息处理能力的局限，消费者普遍存在有限信息能力。随着进入智慧大脑阶段，依赖于消费者复杂决策网络沉淀大数据，通过消费者数据智能辅助、替代进行数据处理，消费者信息能力普遍提升。有限信息能力来源于 Herbert Simon 的有限认知与认知局限，有限认知主要来源于信息约束，本书在 Herbert Simon 的基础上进一步深化，提出有限信息能力，更好地适用于消费者信息约束的研究。

当消费者完全无信息能力时，其对商品与服务的完全无知，而当消费者具备完全信息能力时，其可以知晓商品与服务的完全信息，即产品与服务的质量与适用程度。一般而言，消费者的信息能力在完全能力与完全无能力之间徘徊。在非智慧大脑阶段，消费者信息能力的决定因素包括消费者自身属性与外部制约因素。自身属性包括消费者搜集处理信息的技术水平与努力程度等，外部制约因素包括时间与厂商的产品与服务特征等。一般而言，随着时间的推移，消费者对特定产品与服务的了解将显著增加，信息能力将提升；而厂商出于利润最大化的要求，将进一步进行产品创新，使产品更新换代。厂商差异化程度的提高将进一步稀释消费者信息能力。同时产品与服务的差异化与多样化，在横向和纵向两个方向稀释消费者的信息能力。在横向上，随着产品与服务差异化、多样化程度不断提高，消费者需要将信息能力在不同产品与服务之间进行横向分类。在纵向上，针对特定产品由于复杂程度不断提高，消费者需要仔细进行产品与服务质量深化研究。经过横向与纵向的对比，消费者最终做出消费决策，但原本有限的信息能力，经过横向与纵向的稀释，已经难以满足决策的需要。

随着进入智慧大脑阶段，消费者复杂决策网络为消费者信息搜集提供了可信的信息来源，并且消费者复杂决策网络的结构特征调节着消费者信息搜集能力的强弱。信息中介、信息助手等消费者决策数据智能辅助、替代消费者进行信息处理，在很大程度上提高了信息处理的效率。但无论消费者信息搜集、处理能力怎样提高，商品与服务的厂商都存在稀释消费者信息能力的激励机制，只不过在消费者复杂决策网络与消费者数据智能的辅助、替代下，消费者会快速实现对厂商商品与服务的完全信息能力，厂商将进入下一轮商品与服务创新周期。

3.3　消费者需求不确定性

在技术变革下，消费者行为发生了显著变化，消费者需求不确定性显著增强，更为关键的是消费者决策的相互影响，进一步加剧了消费者需求不确定性，要求零售厂商必须将消费者纳入决策范围，采取智能零售模式相适应。

3.3.1　消费者需求不确定性与风险

微观经济学中，消费者需求函数是一系列受预算硬约束与商品价格约束的连续函数，不同消费者需求函数没有本质区别。而在现实生活中，不同消费者的需求函数截然不同，消费需求是零散无序的，选择一个商品不仅受到其预算约束，而且受消费习惯、时尚流行、商家活动、时间空间、便利性等因素影响，消费需求往往是具有随机性与偶然性。加之其需求特征、时空属性、信息获取的随机性本源行为和不可预期的变化，消费者需求不确定性程度显著提高。消费者考虑产品、偏好、便利性等因素，考量不同的需求接触点和品牌，选择不同的渠道类型沟通，通过不同渠道接触点的使用，消费者表现出更复杂的需求行为（Fulgoni et al., 2014）。将消费者在购买行为过程中体现出的随机性本源行为和不可预期的变化定义为消费者需求不确定性，具体指消费者的需求特征、需求发生的时空属性的剧烈变化程度以及组织对于消费者需求进行预测的困难程度，属于一级不确定性。Koopsman（1957）将经济组织核心问题描述为处理不确定性，其将不确定性划分为一级不确定性与二级不确定性，一级不确定性来源于消费者偏好随机性本源行为和不可预期的变化，二级不确定性是由缺乏沟通导致的，某个决策者无法知晓其他人所做出的决策与计划。

为了进一步理解消费者需求不确定性，我们对风险与不确定性进行对比。经济学研究往往混淆风险与不确定性，弗兰克·奈特在《风险、不确定性与利润》中开始有意对风险与不确定性进行区分，目的是阐释企业存在的意义。他认为风险与不确定性的本质区别在于是否可以度量。风险是可以通过概率估计得出结果的，是可以度量的，即"事先可以合理预见的变化"；而不确定性是难以进行概率估计的，是不可以度量的，即"事先不可合理预见的变化"，因此人们往往对不确定性是无能为力的。凯恩斯在弗兰克·奈特的基础上认为经济决策都是在不确定性的条件下作出的，其批评新古典经济学将不确定性转化为风险，赋予一个确定的和可以计算的简单形式；在其 1921 年发表的《论可能性》中指出风险是可以预测的、可保险的，而不确定性则不可以。其中，风险被描述成如下情形：概率分布是可知的，在数量上可确定的、封闭的和完备的；而不确定性则是没有已知的概率分布，是不可确定的，易受新事物的影响。哈耶克对不确定性和风险的区分是清晰的，其认为在不确定性条件下，在最好的情况下预测也是不确定的，而在最坏的情况下则是不可能的。不确定性是不能被消除的，它是自由市场的根本特征，将经济现象数学模型化是不切实际的幻想。新制度学派对不确定性研究的贡献是承认不确定性的客观存在，但正是由于交易活动的不确定性，才可以通过制度安排来降低不确定性。诺斯认为制度恰好能够设计一系列规则来降低环境的不确定性。

风险与不确定性的表面差异在于是否可以度量，但其背后的差异主要体现在以下方面：第一，经济活动主体的同质性与异质性假设。风险可度量的前提是认为经济活动主体是同质的，是可以分类的，通过概率进行估计；而不确定性不可度量的前提是经济活动主体是异质的，不存在分类的可能。从概率角度讲，所谓可度量的是同质之量，不可度量的是异质之量（姜奇平，2019），即奈特所指的"对事例进行任何分类的可靠基础都不存在"。第二，风险、不确定性对应人的物性（理性）与能动性（自由）。前者的风险是非能动因素造成的，可以通过理性计算化解；后者的不确定性是能动因素造成的，只能通过技术手段（如大数据、人工智能）来化解。第三，奈特分析风险与不确定性是为了说明企业与利润的来源，其与熊彼特关于资本家与企业家的区分从内在看是一致的。熊彼特通过是否创造新价值，区分了资本家与企业家。资本家不创造新价值，是"物质循环流转"的承担者；而企业家创造新价值，是创新的承担者。新熊彼特学派的数学表述，进一步辨析出资本家的均衡点在 $P = MC$（新古典经济学的零利润均衡点），企业家的均衡点在 $P = AC$（张伯伦理论中的正的经济利润点），$AC - MC$ 的利润差，被称作熊彼特剩余，是差异化创新的回报。对应于奈特的研究，资本家承担风险，但不创造新价值，对应着新古典经济学的零利润点；企业家为了满足异质性需求与人的能动性需求，产生差异化创新行为，获得熊彼特剩余，即奈特所指的利润来源。

传统零售商面对的消费者是同质的，其可以分类，可以在同质化假定这个大原则下找到规律，从概率论角度看其购买行为（商品、时空等）是可以预见的，因此可以由理性的因果逻辑化解，此时零售商面对的可度量的不确定性——风险，零售商仅仅负责物质的"循环流转"，零售商不创造新价值，其仅在 $P = MC$ 点实现均衡，没有经济利润可言。随着消费者行为变化，零售商面对的消费者是异质的，由于其不存在同质性基础，难以分类并合并同类，按照奈特的解释"对事例进行任何分类的可靠基础都不存在"，因此在理性层面是不可解的，只能通过相关技术（如大数据、人工智能）来化解，此时零售商面对的是不可度量的不确定性。零售商一方面要进行产品创新；另一方面要进行服务体验创新，满足消费者不确定的新价值，其在 $P = AC$ 点实现均衡，实现正的经济利润。确定与不确定，是一个相对概念，是相对人的主观判断而言的，如果人们能够对事物未来可能产生的结果或结局作出准确的判断，其结果就是确定的，否则就是不确定的（陈克文，1998）。

通过对风险与不确定性的辨析，可以发现现阶段零售商同时面对风险与不确定性，只是风险与不确定的比重与过去不同。毫无疑问，相对人的有限理性与信息不对称，不确定性的确存在两种情况：一种是人们知晓结果发生的概率，另一种是人们无法知晓结果发生的概率。实际上我们可以将前者称为概率型不确定性，将后者称为非概率型不确定性。非概率型不确定性在理性层面是不可解的，但由于信息技术的变革（相较奈特所处的时代），通过相关技术（如大数据、人工智能）是可以化解的。所以随着新一代信息技术变革，人们对非概率型不确定性也并非无能为力。

3.3.2　消费者需求不确定性的产生

不确定性的产生既与客体密切相关，又与主体密不可分。客体本身的运动是无规律的，它可能产生一种结果，也可能产生另一种结果，即客体产生何种结果是不确定的，因此结果具有不可准确预测的性质。消费者是客体，其运动变化是无规律的，相对主体——零售厂商而言，消费者产生何种结果，是难以准确预测的。主体缺乏关于客体的知识和信息，经济活动主体决策受到信息不完全的制约。零售厂商普遍缺乏关于消费者的知识，难以准确预知客体消费者的需求特征，不确定性增强。由于主体认知能力的差异与局限，导致其对客体的认知水平不同，面对同样的客体，同时拥有等量的客体知识和信息，一部分主体可立即做出肯定或否定的结论，准确预测结果，而另一部分主体可能无法做出结果的判定，完全无法预测结果。对于零售厂商而言，其信息技术使用的差异与局限，导致其对消费者的预测会出现截然不同的结果。对应 Koopsman 关于不确定性的划分，客体本身的运动是无规律的，其产生了一级不确定性；而主体的有限理性与信息不完全，导致了二级不确定性。

具体到零售活动过程中，为了简化研究，我们将零售活动的主要参与者限定为零售商与消费者，零售商、消费者互为主体与客体。在售卖过程中，消费者是客体，零售商为主体。根据上述分析，消费者作为客体，其变化过程是无规律的，受随机因素影响，其购买行为是异质性的，所以零售商在提供渠道与商品过程中的结果是不确定性的。零售商作为主体，缺乏关于消费者的知识，而且受到技术的局限，其素质与判断能力是有限的。同样在购买过程中，消费者是主体，零售商的渠道与商品是客体。零售商作为客体，其渠道与商品是无规律的；而且存在差异化创新的可能，异质性普遍存在。消费者作为主体，缺乏关于渠道与商品的知识，而且其信息搜集与处理的能力是有限的。无论在售卖过程中还是购买过程中，普遍存在客体的无规律性，以及主体的知识局限与技术局限。售卖过程与购买过程是一体的，所以消费者、零售商互为主体与客体。

3.3.3　消费者需求不确定性的度量

3.3.3.1　信息与不确定性

现代信息科学告诉我们，消除不确定性的主要途径是获取足够的信息。因此，现在要讨论的问题是，为什么只有获得足够的信息才能减少和消除不确定性？对应不确定性产生的原因，客体本身的运动是无规律的，是不以主体意志为转移的独立存在，即从根本上来说，是无法消除的。但是如果我们掌握关于客体本身运动的信息，通过先验推断或统计推断，仍可在一定程度上提高预测的准确性，降低不确定性。特别是新一代信息技术的使用，在一定程度可以准确知晓未来某一时刻可能的结果，消除不确定性。对于消费者客体变化无常的不确定性，我们必须掌握其更多信息。大数据技术的使用，使消费者数据挖掘成为可能，通过海量消费者行为数据、交易数据的挖掘，逐步清晰消费者购买行为的预期结果，消费者不确定性程度降低。提升个人素养，认识并掌握事物变化的规律及其驱动因素，即深入了解事物本质信息，是精准预测与有效应对客体知识不足以及认知水平的局限导致的不确定性的基石，能够将不确定性大幅缩减乃至彻底化解。尽管个人天赋受遗传影响难以直接改变，但通过多种途径优化信息输入与处理能力，如深化教育层次、接受职业培训、强化思维训练与实践、营造积极向上的社会环境等，均可间接促进信息吸收与利用的效率。这些努力实质上是在优化信息输入的内容、方式及效率，从而增强应对不确定性的能力。充分而广泛地收集与掌握信息，是减少乃至消除不确定性的核心策略之一。通过不断丰富自身的信息储备，个人和组织能够更加准确地把握未来趋势，制定更为科学合理的决策，进而在复杂多变的环境中稳健前行。

对应零售活动过程，零售商与消费者互为主体与客体。在购买过程中，零售商作为客体，消费者只有掌握更多关于零售商渠道、商品与服务的信息才能消除不确定性，消费者信息获取主要取决于信息量与信息处理技术（Lindsay & Norman，1987）。对于消费者决策过程模型，消费者通过复杂决策网络获取口碑、评价等信息，增加了信息量；通过消费者决策数据智能，利用智能推荐、信息中介提高了信息处理能力，从而缓解了关于零售商渠道、商品与服务的不确定性。在售卖过程中，零售商作为主体，其知识与技能欠缺，导致对消费者客观变化了解较少；同时，消费者需求不确定性程度越来越高，增加了其了解消费者客观变化的难度。此时，零售商可通过零售渠道整合，搭建消费者可能使用的所有渠道（接触点），实现对消费者购买行为过程中的交易数据、行为数据与传感器数据的收集，增加关于消费者的信息量；通过人工智能、算法技术，改变输入信息的内容和输入的方式，提高信息处理的效率，就可在一定程度上降低消费者需求不确定性。

3.3.3.2　信息熵与需求不确定性

关于消除不确定性的度量，现代信息科学理论提供了直接的理论来源。现代信息科学理论认为信息的作用是用来消除经济主体关于事物运动状态和方式的不确定性；其数值可以用它所消除的不确定性的多少来度量。

根据 2.2.4 节的公式（2-1）可知，信息熵表示系统中某一组随机事件集合可能出现的程度，可能出现的程度越大，则概率（P_i）越大，熵（H）就越小，信源平均的不确定性程度越低，客体更有序，将减少主体的决策的不确定性。

具体到零售活动过程中，根据研究需要经济行为可以分为售卖行为与购买行为。在售卖活动中，零售商作为主体，消费者作为客体。消费者所需的商品与服务组合是可能事件集，它们出现的概率分别为 P_1，P_2，…，P_n，消费者具体会购买哪种商品与服务组合是随机的，H 代表某一组随机购买组合可能出现的程度，H 值越小，消费者购买某种商品与服务组合的概率越高。零售商的动机是获取更多信息实现对消费者的信息完全，在理想的状态下信息熵 H 会逐步趋向于零，消费者购买行为是确定的。零售商进行渠道整合，将消费者所有行为数据、交易数据沉淀于零售渠道，通过数据挖掘、处理，其目的是为了实现对消费者可能出现的概率的精准预测，实现消费者信息熵（H）减小。此时从售卖行为看，零售商、消费者构成的零售系统无序程度降低，有序程度增加。在购买过程中，消费者作为主体，零售商作为客体，此时消费者依赖复杂决策网络与数据智能，完成信息搜集、处理过程，不断提高其信息能力，消除零售商不确定性。但在此过程中消除不确定性如何度量，从客体零售商看，通过信息搜集、处理，零售商的信息熵（H）减小。此时从购买行为看，零售商、消费者构成的零售系统无序程度降低，有序程度增加。当消费者、零售商互为主体与客体时，零售渠道整合的作用是提高双向信息搜集与信息处理能力，实现双向信息熵 H 降低，即消费者与零售商构成的零售系统熵值 H 降低，消除双向不确定性。

3.4　消费者需求不确定性的传导

　　智能零售采纳是零售厂商缓解消费者需求不确定性的适应性行为。除零售厂商之外，供应链成员也直接面对消费者需求不确定性。消费者需求不确定性将通过供应链成员间与供应链成员内部传导，供应链成员间沿着社会网络中的利益链在关联的制造商、金融机构、物流服务商等企业间转移，供应链成员内部沿着企业内业务部门实现转移。以消费者需求不确定性传导为基础，将实现消费者需求不确定性在更大范围的扩散。

　　以上分析了消费者需求不确定性经过零售渠道传导到供应链成员的过程。除零售商之外，制造商直接面对消费者个性化、多样化需求特征的变化。随着消费者需求不确定性的增强，制造商将生产新产品，从而提升产品的多样性，新古典经济学创始人马歇尔说过，产品的多样化趋势是经济增长的一个主要原因。企业可建立"抗衡力"（Countervailing Power）来对抗消费者增权，最传统的建立抗衡力的方式是差异化战略，产品差异化会导致市场信息不透明，从而建立了一种抗衡力。由于制造商主动进行大规模定制、个性化定制，产品生命周期越来越短，特别是在手机、服装、汽车等传统制造行业，产品迭代速度显著加快，每年推出一款显著性迭代产品已经成为惯例，消费者需求不确定—制造商差异化创新—产品生命周期缩短成为普遍趋势。

　　面对消费者需求不确定性，服务提供商也需要差异化创新与之相适应，满足消费者物流服务、消费信贷服务、大数据服务的需求。从需求特征看，消费者个性化、碎片化的需求明显；从时空特征看，消费者购买行为发生的时间、空间离散，导致物流服务发生了根本改变。物流服务商需要在接触点、物流体系与退换货体系等领域相适应，直接导致物流服务商面对的不确定性增加。随着渠道整合的深化，物流服务商可能成为与消费者直接接触的唯一实体接触点，其服务水平影响渠道整合的质量。从物流体系建设看，零售商与物流服务商应对终端配送中心、线下实体门店、共同配送中心等进行重新优化配置，满足消费者越来越高的物流效率与用户体验要求。从退换货体系看，退换货体系在处理退货产品时，可允许顾客通过不同渠道退回他们在另外一个渠道中购买的产品，物流服务不仅要做到交叉销售，还要做到交叉退换货和交叉售后服务。消费者需求不确定性要求金融机构提供多元化的支付选择与消费金融解决方案，同时面对渠道成员开发更多的金融选择。消费者需求是不确定的，其数据离散于各个渠道、接触点与场景，同时产生行为数据、交易数据、时空数据等不同属性的数据，大数据服务商构建单个消费者"全样本"数据库的难度提高。物流服务、消费信贷服务、大数据服务不仅局限于一次购买过程，由于消费者需求随时间变化，要求服务体系不断迭代，保证消费者后续每次购物过程所获得的支持和服务都要求比上一次更加完善和周到。

　　消费者需求不确定的情形下，零售活动的实现是通过供应链成员资源配置，促进零售活动的一致、共享、协作和互补，最终实现两两均衡、动态均衡与全局均衡。与新古典经济学的标准均衡不同，由于消费者需求不确定性，导致零售活动失去了可加的基础，市场均衡只能通过两两均衡实现。通过零售渠道整合，可以实现消费者个性化需求（时空状态、需求特征）与供应链成员差异化供给（商品与服务组合）的两两均衡，并通过两两均衡逐步拓展到全局均衡。

零售供应链成员是渠道活动的承担者，也是渠道资源的所有者，零售渠道成员的高效整合是零售渠道整合的基础，要保证渠道资源的有效利用和协同。零售渠道整合的实现是消费者、零售商、供应链体系与服务体系高效整合的结果（杨德宏，2012）。消费者作为渠道整合的驱动力，渠道整合需要考虑消费者可能的接触点，实现接触点的有效整合，渠道成员提供的商品与服务组合必须在所有接触点上保持一致（珊娜·杜巴瑞，2012）。在此基础上依靠接触点的数据沉淀，实现消费者数据的整合，将消费者购买行为视为整体是进行客户关系管理与资源分配的关键。零售厂商通过不同渠道搜集并整合消费者的消费动态数据、交易数据、历史数据、社交数据、个人偏好数据和未来数据，绘制出360°的消费者画像，使消费者无论出现在哪个渠道都能够被精准识别，并实现对消费者的一对一精准营销和服务（Verhoef et al., 2010）。零售厂商自身整合主要指各渠道间业务流程整合（Urst, Kannan & Inman, 2017; Skinner, Bryant & Glenn, 2010），具体包括商品、定价、展示、沟通、订单、库存、物流、支付、发票、退换货、会员、促销、售后服务等业务环节的整合。供应链体系与服务体系是实现零售渠道整合的外部保障，在保证交易的核心业务完成后，还需要对供应链体系与服务体系进行整合。在渠道整合的过程中，需要确保制造商与供应商充分参与战略实施，根据消费者需求变化特征，提前进行产品设计、开发，满足大规模定制与个性化定制的要求，确保供给线下渠道的商品应该具有更多的购物体验元素，而供给线上渠道的商品应该具有更多的可服务性元素。服务体系包括物流服务商、金融机构、信息服务商等渠道成员。消费者购买的整个过程会与多个渠道服务商发生互动，渠道服务商是增加消费者效用的关键因素（Neslin, Grewal & Leghorn, 2017）。确保服务体系对各渠道服务的快速响应，同时确保服务水平的一致性。在服务商整合的过程中，核心目标是确保所有参与的服务商向同一消费者传递的产品、服务及信息保持高度一致性，以消除因不同渠道间服务或信息差异而可能引发的消费者困惑与不满。零售渠道的整合策略正是基于这一原则，通过促进多个渠道成员之间的紧密协作，共同在消费者购物旅程中提供恰当且统一的渠道体验。这一策略不仅优化了消费者接触点，还确保了信息传递的连贯性和服务质量的稳定性，从而增强了消费者的满意度与忠诚度（Milan et al., 2019）。

渠道成员整合是为了确保渠道活动的一致、共享、协作和互补。零售渠道一致性是指不同零售渠道提供商品服务组合、销售信息与企业形象一致的程度，确保消费者在不同渠道获得一致的消费体验。具体而言，零售商在不同渠道的品牌形象、产品的描述、产品价格、促销信息、服务形象、服务水平等是相似的或一致的。零售渠道共享性是指渠道成员的信息在不同渠道间收集并在多条渠道间共享的程度，具体包括需求信息、订单信息、积分信息、结算信息、商品信息、库存信息、营销信息、卡券信息、物流信息等业务活动信息的共享。零售渠道协作性是指各条渠道之间为服务消费者而相互配合和协作的程度，具体包括商流、物流、信息流、资金流的协作。在商流协作方面，可以线上信息搜集、线下体验购买；在物流协作方面，可以将线下实体店作为前置仓，线上购买，线下实体店发货；在信息流协作方面，通过信息共享，实现跨渠道的积分兑换、优惠券的兑换等；在资金流协作方面，可以跨渠道支付，即线上下单，线下提货支付。零售渠道互补性是指不同渠道之间功能或优势的互补程度。线上渠道与线下渠道在时空、客群、场景、数据方面具有互补性。具体到业务领域，可以在满足 24 小时服务要求，通过差异化场景实现线上线下业务场景全覆盖，将分散于各渠道零散的顾客数据绘制全息化消费者画像。零售渠道的一致性、共享性、协作性和互补性构成了评价零售渠道整合的标准，是考察零售渠道整合水平高低的依据。

上述内容从现象层面描述了零售渠道整合的实现过程，零售渠道整合通过渠道成员与渠道活动的高效衔接，更好地将"人、货、场"相匹配，实现人在其场，货在其位，人货匹配的整合效果，即零售渠道整合是利用网络组织进行渠道资源配置，实现商品、服务供给与需求均衡的过程。新古典经济学假设经济活动参与主体是同质的，具有可加的基础，通过供给与需求的加总，形成市场供给与市场需求，进而实现全局市场均衡。现实中，消费者需求是不确定的，厂商会根据消费者差异化需求采取策略性行为，进行差异化创新，差异化供给与需求导致其失去了可加的基础，不能加总形成总供给与总需求。经济活动参与主体的异质性假设，导致厂商只能通过两两均衡（即差异化供给与差异化需求的均衡）逐步拓展至局部均衡与全局均衡，实现供给与需求的匹配。相较新古典经济学的经典均衡概念，全局均衡展现了一种更为复杂而广泛的网络均衡形态，即分布式均衡，其核心在于情境最优，强调在特定网络环境下达到的最优化状态。传统均衡在此视角下，被视为全局均衡在特定条件（即所有情境均衡汇聚为单一标准）下的简化或特例。广义的帕累托最优超越了单一全局最优的范畴，它融合了全局最优与两两最优之间的全息联系，即在考虑整体最优的同时兼顾了各个组成部分之间的最优关系。这种理解深刻反映了网络经济时代的资源配置特点，即局部与整体之间的紧密互动与相互依存。从网络经济的结构分析中，我们可以得出一个重要结论：局部与整体并非孤立存在，而是相互渗透、相互影响的。局部的变化能够映射出整体的趋势，而整体的优化也离不开局部的协同努力，这一结论对于指导我们在网络经济中进行资源配置、优化决策具有重要意义（姜奇平，2018）。零售渠道具有双边市场属性，零售渠道整合过程中的均衡，是通过双向匹配，在特定时空、特定情境下，消费者个性化需求与渠道成员差异化供给（商品与服务组合）两两均衡、动态均衡，通过两两均衡与动态均衡，消费者在具体时空下的偏好"无须远行、无须久等、立即实现"，实现市场供给与市场需求的全局均衡。

3.5 消费者行为变革的实证检验

随着新一代信息技术的使用，消费者行为发生显著变化。消费者行为变化不仅体现在自身变化，而且由于消费者之间存在明显的相关关系，消费者行为是内嵌于消费者复杂网络之中的。消费者行为的相互影响改变了传统消费者原子论假设，进一步加剧了其需求不确定性，增加了零售厂商与供应链成员应对的难度，也使新一代信息技术密集应用与智能零售采纳成为必然。

3.5.1 研究模型

上述已经说明消费者在信息搜集、处理环节的变化，消费者决策过程的核心是信息搜集、信息处理过程。借鉴 Engle、Kollat 和 Blackwell 模型，其将消费者购买决策过程划分为五部分，包括认知需求、搜集信息、方案评估、购买决策、购后行为，也是目前消费者行为研究最主流的框架。消费者作为购买者，在实际购买行为中首先产生消费需求，对商品与服务产生认知，此时需要通过内部信息搜索，根据以往的购买经验，得出结论。由于消费者对个性化、多样化商品的追求，绝大部分情况下，其内部信息是不充分的，需要进一步进行外部信息搜索，对备选方案进行评估，进而完成购买行为，接受售后服务，并进行客观评价。

通过消费者购买决策过程分析，消费者信息搜集、消费者信息处理是消费者购买决策过程的基础。基于此进行核心概念的提炼，将消费者决策过程细分为四个维度，包括消费者复杂决策网络、消费者决策数据智能、消费者信息搜集能力、消费者信息处理能力，具体如图 3-6 所示。

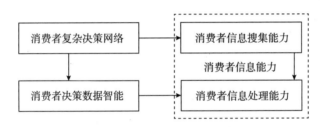

图 3-6　消费者决策过程模型

上述分析已经清晰发现，与以往消费者信息来源于厂商的主动营销不同，随着网络信息技术的普及与应用，消费者信息来源越来越依赖于客观信息渠道，社会网络、社交网络、计算机网络在消费者信息来源方面扮演着重要角色。过去消费者容易受到厂商营销活动的影响，也愿意听取专家意见，而近年来的研究结果表明，相较于厂商营销活动，消费者更愿意相信"F 因素"，即朋友、家人、脸书粉丝等，通过社交网络分享购买体验，较少依赖于广告与专家建议（菲利普·科特勒等，2017）。我们借鉴现有研究成果将消费者在信息搜集环节依赖于社会网络、社交网络、计算机网络特征定义为消费者复杂决策网络。借助图论视角，通过将消费者视为节点，将消费者在特定产品或服务决策过程中与能够影响其决策的个体所产生的，所有能对其决策产生影响的关联关系视为连边，消费者决策问题可以抽象为一个"围绕特定商品（例如，产品与服务）"，由决策者即消费者，决策对象即特定商品以及在消费决策过程中产生的所有相互依赖、相互影响的关联关系所构成的复杂图定义为消费者复杂决策网络。借助邻接矩阵，消费者复杂网络 A 的计算公式如前文的公式（3-1）所示。

在信息搜集的基础上，传统消费者决策过程中主要依赖于个体认知（大脑）进行备选方案的评估，最终实现效用最大化的选择。由于信息不对称的长期存在，消费者在备选方案评估时存在节约认知资源的情况，比如从众心理，而且随着信息贫乏向冗余转变，人脑在一定程度上难以应对复杂决策网络的海量信息来源，节约认知资源的激励会进一步增强。在现实生活中，随着大数据技术、云计算技术在辅助消费者决策领域的应用，产生了诸多数据智能应用，如信息中介、个人信息助手。信息中介具体到消费者购买决策过程中主要指线上平台，如淘宝平台、天猫平台、亚马逊平台、京东平台，其沉淀消费者口碑信息与评价，并通过数据可视化技术，直观地展示产品、服务的好评、差评比例等。个人信息助手是指经过消费者的全部访问授权，通过智能终端对消费者所有行为数据进行采集，辅助、替代消费者进行信息处理的个人应用。具体到消费者决策过程中主要应用是智能推荐，例如亚马逊、阿里巴巴普遍应用的商品推荐系统，通过对个人数据的采集，其实现"千人千面"，替代消费者进行处理，为消费者推荐最有可能购买的商品。消费者在决策过程中依赖信息中介与个人信息助手，而信息中介与个人信息助手的来源都是消费者行为数据，它们通过行为数据进行智能推荐。信息中介与个人信息助手是典型的数据智能应用，数据智能是指利用大数据引擎，通过大规模机器学习和深度学习等技术，对海量数据进行处理、分析和挖掘，提取数据中所包含的有价值的信息和知识，使数据具有"智能"。

至此，本研究的消费者决策过程模型基本形成，消费者复杂决策网络是消费者决策信息的主要来源，其有助于消费者信息搜集能力的提升，消费者决策数据智能将辅助、替代消费者进行信息处理，提升消费者信息处理能力。为了方便研究，我们将消费者信息搜集、处理细分为两个阶段，在消费者信息搜集的基础上，将搜集的信息输入消费者人脑与数据智能辅助，输出消费者最终评估方案，但现实中，在很多场景中消费者信息搜集、处理是统一的，即信息搜集与处理是同时的，因此我们将消费者信息搜集能力与消费者信息处理能力定义为消费者信息能力。消费者信息能力来源于西蒙的有限认知与认知局限，基于以上分析，不难发现有限认知主要来源于信息约束，我们在西蒙的基础上进一步深化提出有限信息能力，具体而言消费者信息能力是指消费者在具体决策过程中信息搜集、处理能力的高低，有限信息能力更好地适用于本部分关于消费者信息约束的研究。

3.5.2 基本假设

在不同的发展阶段，消费者决策信息来源存在较大差异，但其普遍具有依赖客观信息渠道的倾向（Blodgett, Hill & Tax, 1997）。在生产厂商占主导的阶段，厂商基于利润刺激的广告宣传成为消费者获取信息的主要来源，但由于其在一定程度对销量与利润的追求，缺乏客观性。随着信息技术应用，消费者信息来源依赖消费者相互关系以及消费者互动形成的消费者复杂决策网络，消费者复杂决策网络的规模、交互速度、关系强度等特征直接影响消费者信息搜集能力，消费者复杂决策网络的完备程度有助于消费者信息搜集能力的提升，从统计变量看，消费者复杂决策网络与消费者信息搜集能力正相关。由此，本部分提出第一个假设。

H1：消费者复杂决策网络有助于消费者信息搜集能力提升。

在消费者搜集信息的基础上，消费者对备选方案进行评估，其实质是经过信息处理输出结果的过程。长期以来，消费者存在节约认知资源的激励，尤其在信息冲突与信息冗余的信息社会，消费者普遍存在借助信息中介、个人信息助手辅助信息处理的激励，信息中介与个人信息助手是典型的借助大数据、算法、云计算技术形成的数据智能应用，在发展初期，消费者决策数据智能将辅助消费者进行信息处理，经过消费者的全面授权，消费者决策数据智能将实时采集消费者数据，逐步替代消费者进行信息处理，做出备选方案的评估，实现效用最大化。因此，消费者决策数据智能有助于消费者信息处理能力的提升，从统计变量看消费者决策数据智能与消费者信息处理能力正相关。由此，本部分提出第二个假设。

H2：消费者决策数据智能有助于消费者信息处理能力提升。

消费者复杂决策网络主要体现消费者之间的关联关系与交互行为。由于信息技术的普及与应用，消费者之间的关联关系与交互行为将沉淀于移动网络、社交网络与计算机网络，消费者复杂决策网络将形成基于消费者决策的关系数据与行为数据，由于全面的关系数据与行为数据的获取，直接为消费者决策数据智能提供数据来源。更为关键的是，随着覆盖全社会的协同网络的搭建，消费者决策全过程将实现全面在线化，消费者复杂决策网络将逐渐为消费者决策提供全面数据，消费者决策数据智能在全面数据的基础上，在更大范围内应用，进一步节省消费者的认知资源。因此，消费者复杂决策网络有助于消费者决策数据智能应用，从统计变量看，消费者复杂决策网络与消费者决策数据智能正相关。由此，本部分提出第三个假设。

H3：消费者复杂决策网络有助于消费者决策数据的智能应用。

消费者信息搜集能力主要体现在消费者信息搜集过程中获取完备信息的效率情况，即信息搜集过程中能否确定信息搜集的可能范围、明确所需的信息要点、知晓信息的主要来源、合理运用信息搜集手段、理解复杂信息、快速高效地完成信息搜集任务。信息搜集作为信息的直接来源，消费者信息搜集能力的强弱直接关系到经过输入、处理得出的评估方案的有效程度以及消费者效用最大化水平的实现，信息搜集能力是信息处理能力的基础。因此，消费者信息搜集能力有助于消费者信息处理能力提升，从统计变量看，消费者信息搜集能力与信息处理能力正相关。由此，本部分提出第四个假设。

H4：消费者信息搜集能力有助于消费者信息处理能力提升。

3.5.3 初始测量题项与维度确定

3.5.3.1 问卷设计

本书系统梳理了国内外关于消费者决策网络依赖与消费者数据智能的相关文献，搜集相关变量的测量题项。由于消费者复杂决策网络与消费者数据智能在国内研究领域刚刚起步，可供使用的量表有限，笔者在阅读、梳理现有文献的基础上确定消费者复杂决策网络、消费者数据智能、消费者信息搜集能力、消费者信息处理能力等概念与基本内涵。在此基础上，召开两次专家意见讨论会，对测量题项的内容效度进行了两轮讨论，专家主要是具有博士学位的教师，对前期44个基本题项进行专家打分，最后确定22个题项。在此基础上，邀请10位硕士研究生进行题项阅读，对题项是否表述准确、是否存在重复、是否能准确体现测度变量进行了讨论，对22个题项进行了最终修正。

对于消费者复杂决策网络的研究，前期主要的研究领域集中于社会网络领域（周彦莉，2014；王丽丽，2017），缺乏关于对社交网络与计算机网络综合考察。在前期研究成果的基础上，消费者复杂决策网络题项如表3-2所示。

表 3-2 消费者复杂决策网络题项

测量维度	题 项	题项编号	量表文献
消费者复杂决策网络	我喜欢与朋友分享商品或者服务的消费信息	B1	Tichy，Tushman & Fumbrun（1979）；Antia & Fraizer（2001）；周彦莉（2014）；王丽丽（2017）；陈华（2016）
	我经常在微信朋友圈分享体验过的商品与服务	B2	
	我与朋友经常对共同感兴趣的商品或服务进行讨论	B3	
	我的微信朋友圈能提供给我很多消费信息	B4	
	我在消费决策过程中经常浏览平台的购物评价，如淘宝、京东等	B5	
	我的微信群能给我提供很多消费信息来源	B6	

消费者决策数据智能是全新的研究领域，主要基于消费者复杂决策网络沉淀消费者行为数据后，通过云计算技术与算法支撑形成智能决策，节约消费者认知资源，辅助、替代消费者进行决策。消费者决策数据智能题项如表 3-3 所示。

表 3-3 消费者决策数据智能题项

测量维度	题 项	题项编号	量表文献
消费者决策数据智能	我在生活中经常关注手机情景智能与智能推荐	C1	张翼成、吕琳媛和周涛（2017）；杨一翁、孙国辉和王毅（2016）；Haubl 和 Trifts（2000）；霍春辉、袁少锋和吴雅轩（2016）
	我在消费者决策过程中依赖可视化数据，如淘宝、京东、大众点评的评价统计	C2	
	我在消费者决策过程中依赖智能推荐系统，如京东、淘宝个性化商品推荐	C3	
	我经常体验线下智能应用，如皮肤检测、健康检测、智能试衣镜等	C4	
	我在消费者决策过程中依赖智能评分排名，如亚马逊图书排行榜、手机跑分软件等	C5	
	我在购买电影票过程中经常购买推荐的最佳观影区域座位	C6	

消费者信息搜集能力主要体现在消费者在信息搜集过程中获取完备信息的效率情况，主要体现在信息搜集过程中能否确定信息搜集的可能范围、明确所需的信息要点、知晓信息的主要来源、合理运用信息搜集手段、理解复杂信息、快速高效地完成信息搜集任务。消费者信息搜集能力题项如表 3-4 所示。

表 3-4 消费者信息搜集能力题项

测量维度	题 项	题项编号	量表文献
消费者信息搜集能力	我愿意主动搜寻信息支撑消费决策	D1	胡玮玮（2003）；张翼成、吕琳媛和周涛（2017）
	我在信息搜集过程中能够明确所需的信息要点	D2	
	我在信息搜集过程中能确定信息搜寻的可能范围	D3	
	我在信息搜集过程能运用合理的信息搜集手段	D4	
	我在信息搜集过程中能判断信息的真伪	D5	

消费者信息处理对应信息输入、信息处理、有效信息输出三个环节，传统消费者信息处理主要依赖于个体认知（大脑），所以消费者信息处理被认为是"黑箱"，其具体流程与运行机制不为人所知。消费者信息处理能力题项如表3-5所示。

表3-5　消费者信息处理能力题项

测量维度	题项	题项编号	量表文献
消费者 信息处 理能力	我能快速进行信息整理筛选	E1	卢艳峰、范晓屏和 孙佳琦（2016）； 张莹、江若尘和杜 克田（2009）
	我能对线上线下渠道商品的价格进行对比	E2	
	我能够对不同购物平台的价格进行比较	E3	
	我在"双十一"购物过程中能较好地运用各种满减、跨店优惠活动	E4	
	我能快速处理固定金额包邮商品的筛选和组合	E5	

3.5.3.2　信度分析与结构确定

在初始题项确定后，为了保证预测试对象与正式测试对象的一致性，本部分选择在校学生作为主要调研对象，其中研究者全程参与问卷填写搜集过程，共发放问卷115份，回收有效问卷113份，问卷回收率达98.26%，测量题项如表3-6所示。

表3-6　测量题项

编号	初始题项	均值	标准差
B1	我喜欢与朋友分享商品或者服务的消费信息	3.72	1.271
B2	我经常在微信朋友圈分享体验过的商品与服务	3.53	1.127
B3	我与朋友经常对共同感兴趣的商品或服务进行讨论	4.37	0.997
B4	我的微信朋友圈能提供给我很多消费信息	3.85	0.935
B5	我在消费决策过程中经常浏览平台的购物评价，如淘宝网、京东等	3.68	0.872
B6	我的微信群能给我提供很多消费信息来源	3.50	0.946
C1	我在生活中经常关注手机情景智能与智能推荐	3.93	0.878
C2	我在消费者决策过程中依赖可视化数据，如淘宝网、京东、大众点评的评价统计	3.77	1.027
C3	我在消费者决策过程中依赖智能推荐系统，如京东、淘宝网个性化商品推荐	3.31	0.967
C4	我经常体验线下智能应用，如皮肤检测、健康检测、智能试衣镜等	3.50	1.150
C5	我在消费者决策过程中依赖智能评分排名，如亚马逊图书排行榜、手机跑分软件等	3.25	0.897
C6	我在购买电影票过程中经常购买推荐的最佳观影区域座位	3.96	0.930
D1	我愿意主动搜寻信息支撑消费决策	3.22	0.953
D2	我在信息搜集过程中能够明确所需的信息要点	4.13	0.901
D3	我在信息搜集过程中能确定信息搜寻的可能范围	3.34	0.963
D4	我在信息搜集过程能运用合理的信息搜集手段	3.98	0.955
D5	我在信息搜集过程中能判断信息的真伪	3.91	1.048
E1	我能快速进行信息整理筛选	3.31	1.203

续表

编号	初始题项	均值	标准差
E2	我能对线上线下渠道商品的价格进行对比	3.35	1.026
E3	我能够对不同购物平台的价格进行比较	3.45	0.996
E4	我在"双十一"购物过程中能较好地运用各种满减、跨店优惠活动	3.35	1.216
E5	我能快速处理固定金额包邮商品的筛选和组合	2.87	0.991

通过探索性因子分析和信度分析删除题项，删除因子载荷小于 0.5 的题项以及总体相关系数小于 0.3 的题项，最终题项如表 3-7 所示。

表 3-7　因子分析与信度分析结果

变量	题项	因子载荷	Cronbach's Alpha
消费者复杂决策网络	我喜欢与朋友分享商品或者服务的消费信息	0.815	
	我与朋友经常对共同感兴趣的商品或服务进行讨论	0.832	0.727
	我在消费决策过程中经常浏览购物评价，如淘宝、京东平台	0.549	
消费者决策数据智能	我在消费者决策过程中依赖可视化数量，如淘宝、京东、大众点评的评价统计	0.735	
	我在消费者决策过程中依赖智能推荐系统，如京东、淘宝个性化商品推荐	0.655	0.729
	我经常体验线下智能应用，如皮肤检测、健康检测、智能试衣镜等	0.704	
消费者信息搜集能力	我在信息搜集过程中能够明确所需的信息要点	0.771	
	我在信息搜集过程中能确定信息搜寻的可能范围	0.829	0.714
	我在信息搜集过程中能运用合理的信息搜集手段	0.735	
消费者信息处理能力	我能够对不同购物平台的价格进行比较	0.648	
	我在"双十一"购物过程中能较好地运用各种满减、跨店优惠活动	0.780	0.754
	我能快速处理固定金额包邮商品的筛选和组合	0.781	

注：完整的消费者行为调查问卷见附录 1。

3.5.4　假设检验

通过 3.2.3 的分析，最终形成的问卷由四个维度构成，分别是消费者复杂决策网络、消费者决策数据智能、消费者信息搜集能力、消费者信息处理能力，共 12 个题项，本部分将基于这些测量题项进行问卷设计、数据收集和假设检验。

3.5.4.1　问卷设计

基于探索性因子分析和信度分析删除部分题项的基础上，对每个测度变量保留 3 个题项，重新设计正式调研问卷并进行发放。正式调研问卷全部采取纸质形式发放，并且在问卷发放过程中，研究者全程参与并现场监督，使问卷客观性较强，共问卷 347 份，回收有效问卷 345 份，超过问卷题项 10 倍以上，理论上满足分析的要求。

3.5.4.2 样本分析

在样本的描述性统计方面，主要考察性别与购物频次。在性别方面，男性占 31.0%，女性占 68.4%。从购物频次看，平均每月网络购物次数主要集中于 1~2 次，占 35.4%；3~4 次，占 36.5。从平均每月线下购物次数看，线下购物频次主要集中在 1~2 次，占 29.8%，主要集中于男性；7 次及以上占 29.9%，主要集中于女性。大学生已熟练掌握网络科技，追求时尚，空闲时间多，在购物人群中具有一定的代表性。为了保证调查研究的科学性、有效性，虽然我们的调查主体是高校学生，但也涉及部分其他领域的消费者，具体样本分析结果如表 3-8 所示。

表 3-8　样本分析情况

变量	频次	占比（%）
性别		
男性	107	31.0
女性	236	68.4
缺失值	2	0.6
平均每月网络购物次数		
0 次	6	1.7
1~2 次	122	35.4
3~4 次	126	36.5
5~6 次	50	14.5
7 次及以上	41	11.9
平均每月线下购物次数		
0 次	13	3.8
1~2 次	103	29.8
3~4 次	72	20.8
5~6 次	54	15.7
7 次及以上	103	29.9

3.5.4.3 信度效度检验

为了检验关键变量消费者复杂决策网络、消费者决策数据智能、消费者信息搜集能力、消费者信息处理能力之间的信度效度，本部分利用 AMOS 对各构念进行了验证性因子分析，表 3-9 表明，各概念的 Cronbach's Alpha 系数均大于 0.6，信度基本得到数据支持。

表 3-9　有效样本的信度分析

变量	编号	题项	Cronbach's Alpha
消费者复杂决策网络	B1	我喜欢与朋友分享商品或者服务的消费信息	0.630
	B3	我与朋友经常对共同感兴趣的商品或服务进行讨论	
	B5	我在消费决策过程中经常浏览购物平台上的评价，如淘宝、京东等	

变量	编号	题项	Cronbach's Alpha
消费者决策数据智能	C2	我在生活中经常关注手机情景智能与智能推荐	0.627
	C3	我在消费者决策过程中依赖可视化数量，如淘宝、京东、大众点评的评价统计	
	C5	我在消费者决策过程中依赖智能评分排名，如亚马逊图书排行榜、手机跑分软件等	
消费者信息搜集能力	D2	我在信息搜集过程中能够明确所需的信息要点	0.711
	D3	我在信息搜集过程中能确定信息搜寻的可能范围	
	D4	我在信息搜集过程中能运用合理的信息搜集手段	
消费者信息处理能力	E4	我能够对不同购物平台的价格进行比较	0.645
	E5	我在"双十一"购物过程中能较好地运用各种满减、跨店优惠活动	
	E6	我能快速处理固定金额包邮商品的筛选和组合	

在效度方面，各变量的平均变异萃取量（AVE）均大于 0.4，组合信度（CR）均大于 0.6，大部分标准化因子均大于 0.6，各构念的收敛程度基本得到检验，如表 3-10 所示。

表 3-10　有效样本的效度分析

编号	变量	Estimate	T 值	AVE 值	CR 值
B1	消费者复杂决策网络	0.620		0.436	0.671
B3	消费者复杂决策网络	0.900	5.552		
B5	消费者复杂决策网络	0.338	5.474		
C2	消费者决策数据智能	0.704		0.408	0.672
C3	消费者决策数据智能	0.583	4.041		
C5	消费者决策数据智能	0.622	4.011		
D2	消费者信息搜集能力	0.667		0.470	0.722
D3	消费者信息搜集能力	0.809	8.518		
D4	消费者信息搜集能力	0.558	8.172		
E4	消费者信息处理能力	0.433		0.420	0.668
E5	消费者信息处理能力	0.589	6.384		
E6	消费者信息处理能力	0.851	5.717		

如果变量自身的 AVE 的平均根大于其与其他构念的相关系数，那么我们认为测量具有较好的区别效度（Fornell & Larcker，1981），从表 3-11 看，消费者复杂决策网络、消费者决策数据智能、消费者信息搜集能力、消费者信息处理能力的 AVE 平均根分别是 0.660、0.521、0.686、0.648，均大于其与其他变量间的相关系数，表明各构念具有较好的区分效度。

表 3-11　有效样本的区别效度

	消费者复杂决策网络	消费者决策数据智能	消费者信息搜集能力	消费者信息处理能力
消费者复杂决策网络	0.660			
消费者决策数据智能	0.213	0.521		
消费者信息搜集能力	0.195	0.126	0.686	
消费者信息处理能力	0.201	0.191	0.350	0.648

3.5.4.4　假设检验

利用结构方程模型检验假设，模型拟合度：$x^2 / df = 1.909$，$df = 50$，$GFI = 0.956$，$CFI = 0.932$，$IFI = 0.933$，$NFI = 0.869$，$RMSEA = 0.051$。模拟拟合良好。表 3-12 结果显示，本书提出的假设均得到数据支持，消费者复杂决策网络对信息搜集能力、消费者决策数据智能具有显著正向影响作用，消费者决策数据智能有助于提升消费者信息处理能力，消费者信息搜集能力有助于消费者信息处理能力提升。

表 3-12　假设检验情况

假设检验	Estimate	S.E.	C.R.	P	结果
H1 消费者信息搜集能力<——消费者复杂决策网络	0.200	0.051	2.848	0.004	通过
H2 消费者信息处理能力<——消费者决策数据智能	0.172	0.080	1.952	0.051	通过
H3 消费者决策数据智能<——消费者复杂决策网络	0.222	0.058	2.664	0.008	通过
H4 消费者信息处理能力<——消费者信息搜集能力	0.335	0.075	3.820	***	通过

注：*** 代表 P 值小于 0.001。

3.6　本章小结

本章主要探讨了消费者行为在信息技术影响下的变革及其带来的需求不确定性，并分析了这些变化对零售厂商与供应链成员的影响。消费者需求不确定性不仅影响零售厂商，还通过零售供应链传导至制造商、金融机构、物流服务商等渠道成员。这些渠道成员需要针对消费者需求的不确定性进行差异化创新和服务优化。由于消费者决策是相互影响的，消费者决策实质是内嵌到消费者复杂决策网络之中，进一步增加了消费者需求不确定性。本章通过构建消费者决策过程模型，揭示了消费者复杂决策网络、决策数据智能在提升消费者信息搜集和处理能力中的重要作用。本章关于消费者需求不确定性的界定，将弗兰克·奈特在《风险、不确定性与利润》以及 Shannonce 在 *A Mathematical Theory of Communication* 中关于不确定性的描述与计算进行融合，既解决了消费者行为变化的洞察界定，又解决了消费者行为变化的描述计算，实现了经济学与信息科学两个话语体系的融合，实现在一个话语体系下解释消费者行为变化与智能零售采纳问题。

4 消费者行为变革与智能零售模式采纳

环境演进是不可逃避的现实，行业技术的发展、消费者诉求的多样化等都会促使组织通过变革寻求更具突破性的解决方案（Teece，2018）。新一代信息技术的快速发展不仅重塑了消费者的购物习惯，也极大地增加了消费者决策过程中的不确定性。特别是消费者的购买选择越来越多地受到其他消费者行为的影响，进一步放大了消费者不确定性。面对消费者不确定性的显著增加这一挑战，零售商必须重新审视并调整其商业策略，将消费者纳入其决策制定过程中，并通过智能零售采纳来适应这一变化。智能零售融合了先进的数据分析、个性化服务和自动化技术，能够为消费者提供更加精准和个性化的购物体验，同时可以帮助零售商更好地预测和满足消费者需求，降低消费者需求不确定性带来的风险。

4.1 智能零售模式采纳对消费者行为变革的直接影响

第 3 章我们分析了消费者行为的变化，消费者行为具有显著的需求不确定性。通过对风险与不确定性的辨析，现阶段零售厂商同时面对风险与不确定性（即非概率型不确定性），只是风险与不确定的比重与过去不同。非概率型不确定性在理性层面是不可解的，但由于信息技术的变革（相较弗兰克·奈特所处的时代，现在出现了大数据、人工智能等技术），人们对非概率型不确定性也并非无能为力。

首先，智能零售技术通过数据挖掘和智能分析，能够精准地描绘消费者画像，并根据每个消费者的独特偏好提供定制化的信息，实现产品与服务的个性化推送。这种方式不仅满足了消费者日益增长的个性化、多样化需求，还显著提高了供需匹配的效率，有效缓解了由供给端信息不对称引发的问题。其次，智能零售实现了供应链各环节的信息共享与兼容，使企业能够及时获取产品销售信息和用户反馈，快速掌握市场动态和消费者需求。这有助于企业充分开发细分市场和长尾市场（王宝义，2017），识别和开拓新市场，缓解需求端信息不对称问题。最后，智能零售通过一系列先进的互动渠道与消费者建立紧密的沟通和反馈机制，不仅加强了消费者与零售企业之间的联系，还为企业提供了宝贵的数据和视角，帮助它们更好地理解消费者需求，提升服务质量和客户满意度。例如，许多智能零售企业开发了自己的移动应用程序，这些应用程序提供个性化的购物体验、虚拟试衣间、一键购买等功能，同时允许消费者直接通过应用反馈问题或提出建议。智能零售网站和应用常常设有用户评价系统和社区论坛，鼓励消费者分享购物体验和产品评价。这些内容为其他消费者提供参考，同时也为企业提供了改进产品和服务的机会，这些措施都可以帮助零售企业有效缓解消费者需求不确定性。

4.1.1 智能零售模式采纳对"人"的场景决策影响

随着消费者行为变革，如果零售厂商仍然依赖传统经验决策与工具，不寻求新一代信息技术采纳与突破性解决方案，就无法解决消费者需求不确定问题，不得不面对退出零售市场的现实。现实零售活动中，零售厂商主要面对"人、货、场"场景决策问题。由于消费者需求不确定性，零售厂商首先需要采用智能零售模式，通过智能化手段解决"人"的场景决策问题，通过大数据技术将沉淀在全渠道过程中消费者数据进行采集和整合，整合人口统计特征、消费者行为习惯特征、地理信息、心理和价值观等数据，形成消费者画像模型，从而准确了解消费者行为，缓解消费者需求不确定性，从源头上科学决策并为后续"货、场"场景决策提供依据。

上述分析显示，消费者存在显著的隐性需求，但隐性需求往往不会活跃于消费者的认知或内部信息来源，甚至消费者从不知道有隐性需求的存在，需要在特殊消费情境的激发和匹配。由于隐性需求是处于冰山之下的巨大潜在需求，其挖掘与匹配只能依赖人工智能手段，根据消费者需求、行为与环境等数据的整合，通过推荐算法和个人信息助手等智能化手段，实现实时匹配，最终实现消费者从"千人一面""千人千面"到"一人千面"转变，从而达到"此时、此刻、此情、此景"下的最优解。

4.1.2 智能零售模式采纳对"货"的场景决策影响

消费者需求不确定性从"人"的场景决策开始，并不断向后续"货"的场景决策传导。由于消费者需求不确定性，要求零售厂商在定制、渠道分配、定价、物流、风险控制、供应链管理等"货"的场景决策过程中，必须采纳智能化手段；在商品选择上，基于消费者需求、历史销量、市场趋势、竞争对手等数据，并根据动态数据实时进行系统优化与调整，发现具有潜力的商品品类与趋势，及时调整选品策略。同时，由于零售厂商普遍采取线上、线下全渠道融合，消除消费者不确定性，势必要求根据消费者购买频率与购买习惯，实施差异化商品分配策略，例如在线下渠道分配高频商品，在线上渠道分配低频商品。如果不采纳智能零售模式，渠道分配是无法实现的，因为随着零售渠道增多以及个性化定制的提高，商品 SKU 显著增加，并且竞争厂商价格动态调整，需要零售厂商充分考虑市场竞争环境、产品的毛利水平、市场占有率、潜在的市场流向以及价格弹性等因素进行动态定价与促销，只有借助海量数据与模型的应用，才能利用智能定价系统实现更科学高效地定价以及商品定价策略的智能化和自动化。零售物流服务需要在接触点、物流体系与退换货体系等领域与消费者需求不确定性相适应，物流服务商可能成为与消费者直接接触的唯一实体接触点，其服务水平影响渠道整合的质量，对物流服务商的服务水平提出了更高的要求。从物流体系建设看，消费者个性化、碎片化物流服务需求特征明显，要求零售商与物流服务商对终端配送中心、线下实体门店、共同配送中心等进行重新优化配置，满足消费者越来越高的物流效率与用户体验要求。从退换货体系看，退换货体系在处理退货产品时，可允许顾客通过不同渠道退回在另外一个渠道中购买的产品，物流服务不仅要做到交叉销售，还要做到交叉退换货和交叉售后服务。消费者需求不确定性对零售物流服务提出了更高的要求，智能物流通过打造完全数字化的商品到店、上架、拣货、打包、配送任务链路，实现了商品库存和物流履约状态的精准控制，显著提升了零售厂商物流配送效率，离开智能物流，零售活动将无法实现物流保障。由于消费者需求不确定，直接导致零售厂商在供应链各环节存在显著风险，具体包括供应风险、物流风险、需求风险、政策风险等，需要零售厂商及时发现和识别潜在的风险因素，离开智能风险控制的工具，零售厂商往往只能被动应对风险发生后的结果，智能风险控制工具的使用实现了风险控制的前置化，将风险消化于未然。智能供应链管理是智能选品、智能定价、智能物流、智能补货等智能化决策的集成应用，零售厂商期望供应链能力和技术随着消费者的购买习惯的变化而做出相应调整。消费者需求不确定是随着供应链网络进行传导，离开供应链成员紧密配合与智能零售采纳，是无法缓解消费者需求不确定性。基于大数据技术、物联网技术、自动化控制、移动设备等使用，实现了供应链网络分析和供应链各环节可视化、智能化。

4.1.3　智能零售模式采纳对"场"的场景决策影响

消费者需求不确定性从"人"的场景开始，并不断向后续"场"的场景决策传导。随着消费者需求不确定性程度的提高以及零售厂商差异化创新进程的加快，零售商与消费者都需要通过零售渠道获取有效信息，消除不确定性，提高零售系统的有序程度。在售卖过程中，零售厂商为了消除消费者需求不确定性，实现消费者信息熵减小，需要搜集消费者所有行为数据、交易数据与传感器数据，建立完备的消费者数据库，因此其必然进行全渠道布局，并实现跨渠道整合。在此基础上，零售厂商通过大数据技术、人工智能技术，可以实现对消费者需求不确定性的概率测算，实现消费者信息熵不断降低。对应购买过程，由于零售厂商差异化创新进程加快，消费者为了消除零售厂商供给不确定性，实现零售厂商信息熵减少，其需要获取有效信息，提高信息处理水平。零售渠道整合为消费者信息搜集提供了完备的口碑、评价等信息，消费者利用复杂决策网络增加了有效信息的搜集能力。同时，零售渠道整合提供的智能推荐、数据可视化，提高了消费者的信息处理能力。消费者借助零售渠道整合提供的复杂决策网络与数据智能，可以实现零售厂商信息熵减少。将消费者购买行为与零售厂商售卖行为过程统一时，此时消费者、零售厂商互为主体与客体，零售渠道的作用是提高双向的信息搜集与信息处理能力，实现双向熵值降低，即消费者与零售商构成的零售系统熵值降低，消除双向不确定性。

综上所述，零售渠道整合的根本动因是提供消费者与零售厂商双向匹配的信息传输通道，同时提升双向信息搜集、处理能力，实现零售系统信息熵降低，消除双向不确定性，提高零售系统有序程度。零售渠道整合过程，是从消费者、零售厂商无序开始，通过信息交互，构建一种新的有序的过程。伴随零售系统信息熵降低，零售厂商与消费者之间的交易费用普遍降低。围绕商品与服务交易，消费者可以随时随地搜集信息，完成交易评估，降低交易费用；零售厂商可以通过数据沉淀，高效识别潜在消费者，提供差异化产品与服务，降低交易费用。

消费者需求不确定性要求零售厂商全渠道融合相适应，同时要求"场"的场景决策智能化。例如在线上渠道，需要协同过滤系统，基于消费者细分，提供更加精准的商品推荐，以降低消费者与厂商的匹配程度，降低消费者交易成本；在线下渠道，需要无人便利店、无人超市、自动贩卖机、无人货架等智能零售业态，实现全过程无人值守和"即拿即走"的购物体验，解决消费者在细分场景下消费需求的满足，离开智能零售模式的采纳，传统零售业态在满足上述消费需求时将无利可图，无法满足消费者需求不确定性。零售厂商除了需要采取全渠道融合的方式有效缓解消费者需求不确定性，同时由于消费者存在"一人千面"的场景需要，即消费者在不同场景下会产生不同需求（往往对应着消费者的隐性需求），如果不采纳智能零售模式，就无法满足提前布设恰当的场景与产品服务。由于消费者隐性需求的存在，在"场"的场景决策过程中，零售厂商通过消费者数据的整合和模型开发可以准确知晓消费者的场景需求，快速布设场景与产品服务。零售厂商还可通过全新硬件设备解决场景布设的成本壁垒，广泛使用 LED、OLED 等形式多样的广告屏，同时采纳虚拟现实和增强现实技术与设备，除直观展示产品与品牌外，更为关键的是通过数字化的方式快速布设满足消费者隐性需求的场景，满足消费者"一人千面"的场景需要。

由此，本部分提出如下假设：

H5：智能零售模式采纳可以有效缓解消费者需求不确定性。

4.2 智能零售模式采纳对消费者行为变革的间接影响

在 4.1 我们认为，零售厂商只能采取智能零售模式应对消费者行为变革，除此之外别无他法。但是在消费者需求不确定的同时，消费者仍然追求物美价廉以及较好的购物体验，因此要求智能零售模式既能保证满足消费者"一人千面"的个性化要求，又能相比传统零售模式带来降本增效的间接效应。

4.2.1 效率提升机制

随着社会再生产数字化水平的不断深入，催生了生产环节的 C2M 模式。C2M 模式并不是简单的定制化生产，而是根据消费者个性化需求实现敏捷设计、柔性生产、高效供应链、数字赋能等多重经营模式的整合过程。通过上述分析可知，消费者不确定性显著增强，消费环节的新场景不断涌现，消费者多样化、个性化的需求不断增加。从生产环节与消费环节看，显著的变化是生产与消费的离散化水平不断提高。在工业化时代的分销系统中，生产者与消费者距离遥远，产品主要是满足一般性的需求，个性化的需求很难满足。作为中间的流通环节，零售厂商的传统职能是有效汇总消费者需求，根据消费者需求向生产厂商定制商品，并通过连锁经营方式实现市场供给与市场需求的匹配。随着生产与消费离散化与需求不确定性水平的提高，零售分销系统的作用更多的是匹配差异化供给与个性化需求，其具体过程演化为消费者提出个性化需求—零售环节获取消费者需求—生产厂商为消费者提供个性化需求的产品或服务系统，因此需要零售分销系统提供点对点的精准匹配机制。更为关键的是，由于消费者行为是动态变化的，零售分销系统要根据消费者细颗粒度的数据，如物理位置、时间信息、跨渠道行为、周围环境、购物伴侣和动态竞争等状态数据的动态变化了解消费者的意图、即时需求、购买决策过程和购买行为等，同时快速连接生产厂商提供的商品与服务，制定更加细化的营销组合，利用智能零售提供的场景化能力和场景化营销引擎实现更加精准的预测与匹配，促进转化，从而实现营销策略的有效性。智能零售采纳通过海量数据沉淀，通过数据模型帮助零售厂商实现"人、货、场"数据的动态对应以及消费者、生产厂商的动态匹配，从根本上履行了零售分销系统的作用，并实现降本增效，提高精准匹配效率，适应消费者行为变革。

在消费者与生产厂商离散化程度不断提升下，智能零售提供了精准匹配，有效地缓解了生产与消费环节的不确定性，但也要求智能零售可以实现效率提升机制，即在保证精准匹配的同时实现降本增效。智能零售采纳带来的效率提升机制主要体现在三个方面：第一，对消费者而言，效率的提升源自购物的便利性。消费者需求不确定性的提高，要求零售厂商根据消费者购物场景实现"千人千面"，达到"此时、此刻、此情、此景"最优。人工智能技术可以通过全渠道融合优化零售服务，提高消费者与渠道、场景、商品和需求的优化配置，减少消费者购买或使用产品和服务所必须付出的时间和成本。第二，对于零售厂商而言，人工智能可以替代某些环节的工作使运营效率提升；对于生产厂商而言，效率提升源自有效供给。传统零售业作为劳动力密集型行业，对人力资源效能水平有着严格要求；随着人工智能的应用，"机器换人"从根本上提供了人力资源效能，例如信息过滤系统、智能会员系统、智能客服在零售厂商"人"的决策场景实现了大范围内的人工替代。智能零售通过供应链管理，构建合作伙伴网络，实现资源共享、优势互补，共同开发市场，推进持续的产品创新与服务，有效解决生产厂商与消费者供需错配问题，精准预测市场需求，指导供应商按需生产，减少库存积压，提高供应链反应速度。第三，技术创新带来的成本节约。智能陈列、智能选品、智能货架、智能供应链管理、智能定价、智能质检、智能风控在零售厂商"货"的决策场景通过任务自动化，替代了机械性、重复性劳动，更为关键的是能够有效降低预测成本与风险水平。比如，智能迎宾、智能巡店、无感支付、智能能耗、智能防损、无人零售等在零售厂商"场"的决策场景使用，节约了零售活动运营过程中的人工成本、运营成本等，同时将实体零售店铺的边界拓宽到智能化运营。

通过智能零售的实施，企业能够更有效地进行专业化分工和协同作业。这不仅提高了运营效率，还促进了企业整体业务流程的优化。随着内部治理结构的持续优化，企业运营效率得到提升，这有助于外部市场和监督机构更有效地监督企业的经营和管理活动。智能零售的采纳和应用，使企业能够更精准地定位市场和客户需求，优化资源配置，提高决策质量，进而实现企业战略目标，推动经营绩效的持续提升，从而有效缓解消费者需求不确定性。

由此，本部分提出如下假设：

H6：智能零售模式采纳通过效率提升效应缓解消费者需求不确定性。

4.2.2 动态能力机制

动态能力强调在面对消费者需求不确定性和复杂性时，零售厂商识别、创造、延伸以及重新配置其内部能力和外部能力以应对快速变化的环境，通过不断学习、创新和调整战略资源与组织流程，来持续创造竞争优势。在消费者需求不确定性下，智能零售模式相对于传统零售模式具有显著的降本增效作用，因此零售厂商具有采纳智能零售模式的激励，同时零售厂商还需要依托人工智能突破性解决方案，通过商品、服务、模式等创新活动，为零售活动参与主体带来积极改变或价值创造。智能零售采纳价值创造主要体现在产品和服务创新、新业务模式与市场开发、商业模式创新，通过消费者行为数据的获取，利用人工智能驱动产品设计和创新，加快新品开发周期，满足市场快速变化的需求；通过持续的产品与服务创新开拓新市场，满足未被满足的市场需求，创造新的价值源泉；通过持续推动新业务模式与市场开发，人工智能助力企业发掘新的市场机会和业务模式，如通过虚拟现实和增强现实技术提供沉浸式购物体验，开拓线上与线下融合的新零售市场，又如开发智能购物助手、虚拟试衣间等创新服务，增强顾客互动，创造新的价值点。面对日益激烈的市场竞争和快速变化的消费者需求，零售企业可进行商业模式创新，构建跨界合作系统，与其他行业合作，为消费者提供更多元化的服务和体验，拓宽收入来源，如持续推进全渠道零售模式，无缝整合线上商城、移动应用、社交媒体和线下实体店，提供一致的购物体验，并通过虚拟现实（VR）、增强现实（AR）技术增强顾客互动。持续推进个性化与定制化服务，利用 AI 算法分析消费者行为，提供个性化推荐，实现"千人千面"的购物体验。同时，探索 C2M 模式，让顾客参与到产品设计和定制过程中，满足个性化需求。

零售厂商通过智能零售采纳，获取消费者持续互动能力与环境感知相应能力，如使用智能导购、智能客服、智能会员系统等新的交互方式，在全渠道与消费者即时沟通与反馈。基于人工智能驱动的市场趋势分析，利用数据模型分析大数据，包括社交媒体趋势、消费者行为、竞争对手活动等，帮助企业快速识别市场变化和新兴趋势。通过数据模型分析历史销售数据、季节性因素、节假日效应等，实时调整库存水平，快速响应市场需求变化。通过智能零售采纳，整合与重构资源的能力，通过智能供应链管理系统，人工智能优化供应链决策，自动调整采购计划、物流路径和库存分配，高效整合内外部资源。通过机器人、自动化分拣系统和无人机配送等 AI 技术，重构物流流程，提高效率和响应速度。通过智能零售采纳，获取学习与创新能力，通过个性化推荐系统，AI 算法分析顾客购买历史和行为模式，提供个性化产品推荐，创新顾客体验；提升新产品开发，结合市场数据和 AI 辅助设计，快速迭代和测试新产品，缩短上市周期。通过智能零售采纳，提高组织适应性与灵活性，通过智能工作流自动化，AI 自动化日常运营任务，如客户服务、订单处理，释放员工精力专注于更高价值活动，增强组织灵活性。实施动态人力资源管理，人工智能分析员工绩效和技能，支持快速组建项目团队，适应不断变化的业务需求。通过智能零售采纳，实现路径创造与依赖性管理，通过数据驱动的决策支持，人工智能分析提供决策依据，帮助管理层识别新的市场机会，制定不同于传统路径的增长策略。通过风险与合规管理，人工智能监控和评估潜在风险，包括财务、法律和数据安全风险，帮助企业避免路径依赖，确保可持续发展。通过上述措施，零售企业不仅能够提升其对市场变化的敏感度和反应速度，还能在组织内部促进资源的高效流动和创新文化的形成，最终实现动态能力的构建与强化。

由此，本部分提出如下假设：

H7：智能零售模式采纳通过动态能力效应缓解消费者需求不确定性。

4.2.3　智能零售采纳对消费者行为变革影响机制

消费者行为变革呈现不确定性，随着消费者不确定性增加，对于零售厂商而言在认知理性层面是不可解的，对应于具体的"人、货、场"场景需要人工智能赋能，零售厂商只能采取智能零售模式予以应对，除此之外别无他法，智能零售采纳的客观性构成了直接影响机制。同时由于消费者需求不确定性，智能零售商业模式具有精准匹配机制及动态能力机制，相较于传统零售模式具有较强决策准确性与策略适应性，构成了智能零售采纳的间接影响机制。消费者行为对智能零售采纳的具体影响机制如图4-1所示。

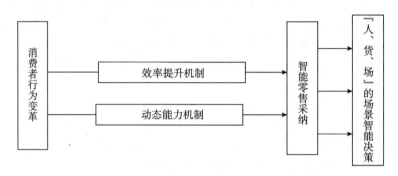

图 4-1　智能零售模式采纳对消费者行为变革的影响机制

4.3　研究设计

4.3.1　数据选取

本书数据来自2015~2022年国泰安数据库及Wind数据库，对原始样本做了如下处理：一是剔除数据严重缺失的企业；二是在样本期内被ST、*ST、PT处理的企业的财务制度异常，也予以剔除；三是在中小板和创业板上市的部分企业由于上市后得到积极的发展机会，如今员工规模或营业收入过高，远远超出中小企业的范畴，予以剔除；经筛选，最终得到80家样本企业，共640条观测值。本书所用的上市企业年报来自巨潮资讯网。

4.3.2　变量选取

4.3.2.1　被解释变量

消费者需求不确定性（CDU）。利用上市公司年报文本，采取Python网络爬虫技术和Jieba分词软件构造消费者需求不确定性关键词词典，以词频统计数之和来衡量消费者需求不确定性指数（见表4-1）。

表 4-1　消费者需求不确定性关键词词典

消费者需求	消费需求、购买需求、产品需求、市场需求、消费支出、消费结构、消费市场、消费偏好、消费习惯、购买力、需求偏好、服务质量、产品品质、购买渠道、售前服务、售后体验、售后服务、维修保养、信息反馈、信息不对称、权益保障、购物体验、退换政策、客户体验
消费者需求不确定性	个性化、不确定性、差异化、差异性、波动性、不可预测性、不可控性、多样性、多样化、需求变化

4.3.2.2　解释变量

智能零售（IR）。参考吴非、常曦和任晓怡（2021）做法，从数字技术、数字技术应用、智能零售场景应用三个方面构建零售业智能零售程度关键词词典，如表 4-2 所示，利用 Python 爬取零售业上市公司年报中的关键词，以词频统计数之和来衡量智能零售程度。

表 4-2　智能零售关键词词典

数字技术	人工智能技术	人工智能、商业智能（BI）、智能识别、计算机视觉（CV）、投资决策辅助系统、智能机器人、智能决策、柔性化、集成化、数控化、精细管理、产业智能、智能系统、智能运维、专家系统、机器学习、语义搜索、生物识别技术、人脸识别、身份验证、自然语言处理（NLP）、客户关系管理（CRM）、制造资源管理系统（EPR）、企业资源管理（ERP）、数字控制（NC）、办公自动化（OA）、产品生命周期管理（PLM）、机器人流程自动化（RPA）、企业资源管理软件系统（SAP）、智能化、智能技术、人工智能、机器人、机器学习、控制技术、传感器技术、网络通信技术、数据挖掘技术、知识图谱技术、计算机视觉技术、增强现实技术、虚拟现实技术、机器学习技术、自然语言处理技术、大模型、零售大模型、大模型微调
	区块链技术	区块链、分布式计算、差分隐私技术、智能金融合约、基础设施即服务（IaaS）、平台即服务（PaaS）、点对点分布式技术（P2P）、地理信息系统（GIS）、信息物理系统、数据库（Oracle）、分布式控制系统（DCS）
	云计算技术	云计算、流计算、图计算、内存计算、多方安全计算、类脑计算、认知计算、融合架构、亿级并发、EB 级储存、物联网、信息物理系统、云存储、云联网、云平台、云迁移、上云、云的技术、服务器虚拟化
	大数据技术	大数据、数据挖掘、文本挖掘、数据可视化、异构数据、数据存储、数据可视化、异构数据、数据赋能、数据可视化、数据采集、数据清洗、数据交换、数据挖掘、关系型数据库、数据驱动、数据产业、工业数据、数字化转型
数字技术应用		智能制造、智能终端、机器人、自动化控制、数字化运营、智能装备、智慧物流、智能工厂、智能仓储（WMS）、机械臂、库存盘点机器人、自动管理系统、数据决策系统、个性化推荐、个性化定价、精准投放、人脸识别、消费者身份识别、商品信息识别、视频数据结构化、智能客服、互动机器人、物联网平台、大数据平台
智能零售场景塑造		自动贩售、智能化供应链管理、精准营销、数字零售、无人零售、智能化运营、智慧门店、智能助手、多业态、多渠道、全渠道零售、新零售、智能零售、B2B、B2C、C2B、C2C、C2M、O2O、M2M、线上零售、电子商务、公众号、小程序、应用程序（App）、直播、无人配送、CRM 系统、SAP 系统、云店、移动场景营销、共享平台

4.3.2.3　控制变量

考虑到其他因素对消费者需求不确定性的影响，本部分选取流动资产比率、经营性现金流、杠杆率、固定资产占比、净资产收益率、股权集中度、产权性质、两职合一、企业年龄、企业规模作为控制变量，其中企业年龄 = ln（Year − 上市年份），企业规模 = ln（员工数）。

4.3.2.4　中介变量

参考楼永和刘铭（2022），以总资产周转率表示企业运营效率；以创新能力与吸收能力表示企业动态能力；变量定义、各变量描述性统计结果分别如表 4-3、表 4-4 所示。

表 4-3 变量定义

变量类别	变量	变量定义
被解释变量	消费者需求不确定性	根据企业年报文本计算
关键解释变量	智能零售	根据企业年报文本计算
控制变量	流动资产比率	流动资产 / 总资产
	经营性现金流	经营活动现金净额 / 总资产
	杠杆率	总负债 / 总资产
	固定资产占比	固定资产 / 总资产
	净资产收益率	净利润 / 平均股东权益
	股权集中度	前十大股东持股比例
	产权性质	国有企业取 1, 否则为 2
	两职合一	若董事长与总经理为同一人, 则取值为 1, 否则为 0
	企业年龄	当年年份减去成立年份再取对数
	企业规模	雇员人数的对数
中介变量	运营效率	总资产周转率
	创新能力	研发投入强度与技术人员比例标准化处理后加总得到的值
	吸收能力	研发投入与营业收入的比值

表 4-4 各变量描述性统计结果

变量	符号	平均值	标准差	最小值	最大值	N
消费者需求不确定性	CDU	115.5812	56.56126	0	328	640
智能零售	IR	24.82656	45.2204	0	583	640
流动资产比率	Car	0.5975	0.0169	0.5796	0.8519	640
经营性现金流	CF	0.5548	0.7544	−0.1346	6.8887	640
杠杆率	Lev	0.5320	0.2354	−0.0230	3.6453	640
净资产收益率	Roe	0.0559	0.1574	−1.2492	0.6221	640
固定资产占比	PPE	0.1304	0.1314	0.0001	0.88	640
股权集中度	TOP1	0.3320	0.1352	0.1072	0.8553	640
产权性质	SOE	1.5994	0.4904	1	2	640
两职合一	Dual	0.7094	0.4544	0	1	640
企业年龄	Age	2.4358	1.0815	−3.4657	3.4965	640
企业规模	Size	1.7910	0.2947	1.0668	2.5464	640
运营效率	OE	0.1221	0.3414	−0.9657	3.3909	640
创新能力	DC-Ln	1.3074	0.4537	0	1.9857	640
吸收能力	DC-Ab	0.0510	0.0521	0	0.7154	640

4.4 实证检验结果

4.4.1 基准回归分析

为了分析智能零售采纳对消费者需求不确定性的影响，本部分构建以下基准回归模型：

$$CDU_{it} = \alpha_0 + \alpha_1 IR_{it} + \beta X_{it} + \gamma_i + \delta_t + \varepsilon_{it} \qquad (4\text{-}1)$$

其中，CDU_{it} 是消费者需求不确定性指数，为被解释变量；IR_{it} 是智能零售，为核心解释变量；X_{it} 是控制变量组；γ_i 表示企业固定效应；δ_t 表示年份固定效应；ε_{it} 是随机扰动项。本部分重点关注智能零售的系数 α_1，它能够反映智能零售采纳对消费者需求不确定性的综合效应。为了解决回归分析中扰动项的异方差性和序列相关性问题，本部分采用了地级市层面的聚类稳健标准误方法，这种处理方式可以提供更为准确的标准误估计，从而增强了结果的统计推断可靠性。

基准回归结果如表 4-5 列（1）与列（2）所示。列（1）为未加入控制变量的结果，列（1）中核心解释变量系数在 1% 的水平上显著，说明智能零售采纳能够有效缓解消费者需求不确定性。列（2）在列（1）的基础上加入了全部控制变量，并使用在地级市层面聚类的稳健标准误。列（2）中核心解释变量智能零售的估计系数 α_1 在 5% 的水平上显著，说明智能零售采纳能够有效缓解消费者需求不确定性。

表 4-5　基准回归分析结果

变量名	（1）CDU	（2）CDU	（3）CDU	（4）CDU	（5）CDU
	Cofe	Coef	Coef	Coef	Coef
IR	−0.0320*** （−3.41）	−0.0324** （−2.26）		−0.0065** （−2.13）	
*IR*_滞后一期			−0.0280* （−1.87）		−0.0047** （−2.02）
Car		−0.0081 （−0.28）	−0.0092 （−0.32）	−0.0075 （−0.28）	−0.0088 （−0.29）
CF		−0.0185 （−0.19）	−0.0232 （−0.25）	−0.0164 （−0.15）	−0.0193 （−0.21）
Lev		−0.0007 （−0.06）	0.0078* （1.83）	−0.0005 （−0.03）	0.0075* （1.83）
Roe		−0.0073 （−0.72）	−0.0089 （−0.88）	−0.0069 （−0.69）	−0.0131 （−0.85）
PPE		0.0080 （0.43）	0.0102 （0.66）	0.0074 （0.41）	0.0996 （0.52）
*TOP*1		−0.0001 （−0.05）	−0.0003 （−0.08）	−0.0001 （−0.07）	−0.0002 （−0.06）

续表

变量名	（1）CDU	（2）CDU	（3）CDU	（4）CDU	（5）CDU
	Cofe	Coef	Coef	Coef	Coef
SOE		−0.0044 （−0.41）	−0.0078 （−0.53）	−0.0038 （−0.39）	−0.0057 （−0.48）
Dual		0.0150 （0.16）	0.0231 （0.34）	0.0110 （0.14）	0.0186 （0.23）
Age		−0.0230 （−0.69）	−0.0312 （−0.87）	−0.0205 （−0.65）	−0.0301 （−0.88）
Size		0.1500 （0.55）	0.2132 （1.24）	0.1326 （0.51）	0.2536 （1.35）
年份固定	Yes	Yes	Yes	Yes	Yes
企业固定	Yes	Yes	Yes	Yes	Yes
N	640	547	467	547	467
R^2	0.0594	0.0612	0.0633	0.0601	0.0647

注：括号内为 t 值，*、** 和 *** 分别表示在 10%、5% 和 1% 的显著性水平上拒绝原假设，下同。

在实际情况中，零售企业在面对较大的消费者需求不确定性时，可能会基于风险规避的考虑而减少对智能零售的投资，这可能导致因果关系的反向作用。为了解决这一潜在的反向因果问题，在表 4-5 的列（3）中，采用了滞后一期的智能零售指标，并且将所有控制变量也相应地滞后一期，再次进行了回归分析。结果表明，滞后一期的智能零售指标的系数仍然显著且为负值，说明在考虑滞后一期情况下，智能零售仍然能够缓解消费者需求不确定性。进一步地，在列（4）中，创建了一个智能零售的虚拟变量，该变量在智能零售的值高于其均值时取值为 1，否则为 0。回归结果显示，这个虚拟变量的系数为负值且在 5% 的水平上显著，与之前的基准回归结果保持一致。在第（5）列中，将滞后一期的智能零售虚拟变量作为主要解释变量纳入模型，其系数为负值且依然在 5% 的水平上显著。这一发现进一步验证了智能零售采纳与消费者需求不确定性之间的负相关关系，并且表明即使在考虑了潜在的反向因果和控制变量滞后性之后，智能零售的采纳仍然能够降低消费者需求不确定性。

4.4.2 稳健性检验分析

为保证回归结果的稳健性，本部分对以下问题进行了稳健性检验：

一是测度误差问题。目前的智能零售指标可能没有准确地刻画企业的智能化水平。由于基准回归中是以词频总数来衡量智能零售指数，存在最大值与最小值之间差距较大的问题，为了排除数据差距对结果的影响，改变智能零售指标的度量方式，对智能零售词频进行对数化处理，进一步验证基准回归结果的稳健性，结果如表 4-6 中列（1）所示，核心解释变量依旧显著为负，验证了结论的稳健性。消费者需求不确定性作为因变量，智能零售作为自变量，两者的数据均来源于上市公司的年报文本。年报文本包含的信息广泛，因此这两个变量之间理论上不应存在简单的线性关系。此外，现有研究也支持了使用文本分析方法的有效性。尽管如此，为了进一步排除潜在的疑虑，在表 4-6 的列（2）中增加了对年报文本特征的控制变量。具体来说，采用了林乐和谢德仁（2017）的方法，通过正面和负面语调的词频差异来衡量年报文本的情感倾向；同时参照聂辉华、阮睿和沈吉（2020）的研究，利用平均句子长度来评估年报的可读性。结果显示，即使加入了这些控制变量，关键系数的符号和方向仍然没有大的变化。此外，为了更准确地衡量智能零售指标，参照刘飞（2020）和祁怀锦、曹修琴和刘艳霞（2020）的研究，用固定资产净值与总资产净值的比率，来反映企业在智能零售方面的投资强度。由表 4-6 的列（3）可知，采用了这一新构造的指标后，核心解释变量的系数依然为负且在 1% 的水平上显著。这表明，无论采用哪种度量方式，智能零售采纳与消费者需求不确定性之间的负相关关系都是稳健的。

表 4-6 稳健性检验结果

变量名	（1）CDU Cofe	（2）CDU Coef	（3）CDU Coef
IR	−0.0265*** （−3.12）	−0.0378** （−2.46）	−0.7961* （−1.72）
语调		−0.0625*** （−4.84）	
平均句子长度		0.4974* （−1.83）	
控制变量	Yes	Yes	Yes
N	640	547	547
R^2	0.0624	0.0698	0.0573

二是遗漏变量问题。根据 Oster（2019）提出的调整后的 AET 检验方法，对基准回归模型进行了检测，以评估其中可能存在的遗漏变量偏误的严重性。检验结果显示，基准回归模型并未发现显著的遗漏变量问题，这表明模型的估计结果具有较高的可信度。

三是外生政策冲击。为深化因果关系的探讨并解决潜在的反向因果问题，本部分采用准自然实验的分析框架，具体而言，考察了地区数字化政策的冲击。2016 年，为了推动国内信息消费，工业和信息化部选定了 25 个城市作为国家信息消费示范城市，并推广了示范性经验。依据《2016 年国家信息消费示范城市建设指南》，这些示范城市被鼓励加速信息基础设施的升级改造、促进技术创新、推动信息产业的转型升级以及提高公共服务的网络化水平，对智能零售业务的快速发展起到了积极的推动作用。通过将此政策冲击作为工具变量，旨在更准确地识别智能零售采纳与消费者需求不确定性之间的因果关系。

为克服中国政策试点中的样本选择偏差，并考虑到不同地区政策效应的异质性，本部分采用 Dmitry 等（2021）提出的最新合成双重差分方法（SDID）进行效应评估。SDID 方法综合了合成控制法和传统的双重差分方法（DID）的优势。与传统的 DID 方法相比，SDID 方法在两个方面进行了改进：一方面，它不仅能够估计平均处理效应，还能捕捉到政策效应在不同试点地区的异质性。另一方面，SDID 方法不依赖于平行趋势的假设，而是通过在个体和时间两个维度上的加权，为每个受政策影响的组别构建一个相应的对照组。为了应用 SDID 方法，首先构建了 2015~2022 年的平衡面板数据集，涵盖了 640 个观测值和 80 家企业。其次将那些总部设在国家信息消费示范城市的 42 家上市公司定义为受政策影响的处理组，并认定 2016 年为政策实施的起始年份。再次运用 SDID 方法为每家上市公司创建了一个"假设未受政策影响"的合成对照组。最后通过比较处理组和对照组在消费者需求不确定性（CDU）上的差异，得以量化该政策对消费者需求不确定性的具体影响程度 $\hat{\tau}^{sdid}$。

表 4-7 显示了试点政策对消费者需求不确定性影响的评估。通过 t 检验的结果，在 5% 的显著性水平下，有理由拒绝 $\hat{\tau}^{sdid}=0$ 的原假设。这意味着与那些未受国家信息消费示范城市政策影响的公司相比，由于外生政策冲击而促进智能零售采纳的企业显著降低了消费者需求不确定性。

表 4-7　试点政策的外生冲击

估计值	分位数					均值	标准差	最小值	最大值
$\hat{\tau}^{sdid}$	10%	25%	50%	75%	90%	−0.0184	0.0721	−0.2857	0.1858
	−0.0875	−0.0525	−0.0212	0.0361	0.0628				

4.5　异质性分析

4.5.1　企业规模异质性

将企业规模划分为中小企业和大型企业，由表 4-8 可知，大型企业相比中小企业采纳智能零售缓解消费者需求不确定性影响效果更好，这可能是因为大型企业通常拥有更多的资金和资源，能够投入更多的资金用于智能零售技术的研发和应用，如先进的供应链管理系统、数据分析工具等。大型企业有能力采用和整合前沿技术，如人工智能、大数据分析和云计算来优化其运营和提高消费者体验，能够更好地收集和分析消费者数据，实现精准营销和服务个性化，有效缓解消费者需求不确定性。而中小企业由于自身的特点，相对大型企业，不具备智能零售采纳的技术条件。

表 4-8　企业规模异质性

	大型企业	中小企业
变量名	Cofe	Coef
IR	0.0049*** （3.14）	0.0032*** （2.68）
控制变量	Yes	Yes

	大型企业	中小企业
时间固定	Yes	Yes
个体固定	Yes	Yes
N	317	318
R^2	0.2101	0.1652

4.5.2 企业产权异质性

表 4-9 的结果显示，与国有企业相比，非国有企业在通过智能零售采纳缓解消费者需求不确定性方面表现得更为明显。尽管国有企业在制度、资金和规模等方面拥有优势，理论上应该能够在实施智能零售战略时发挥这些优势，但实际上它们在缓解消费者需求不确定性方面的效果却不如民营企业。造成这一现象的可能原因是非国有企业往往拥有更高效的组织条件与决策流程，这使它们能够迅速做出决策并实施智能零售解决方案，以应对消费者需求的波动。非国有企业通常更加灵活，能够快速适应市场变化，及时响应消费者需求；更注重创新，愿意尝试新的商业模式和技术，也更愿意承担风险，进行必要的投资，以采用先进的智能零售技术，从而更有效地缓解消费者需求不确定性。

表 4-9 企业产权异质性

	国有企业	非国有企业
变量名	Cofe	Coef
IR	0.0014 （1.57）	0.0159*** （2.89）
控制变量	Yes	Yes
时间固定	Yes	Yes
个体固定	Yes	Yes
N	254	381
R^2	0.1162	0.1263

4.6　机制检验

4.6.1 效率提升机制检验

运营效率直接关系到企业如何快速、有效地响应市场变化和消费者需求。在判断运营效率提升效应时，首先要考察智能零售采纳对运营效率提升效应的影响，根据表 4-10 列（2）的回归结果，智能零售采纳对运营效率的系数在 5% 的水平上显著，说明智能零售能够显著提升零售企业运营效率。其次要考察运营效率提升效应对消费者需求不确定性的影响，由列（3）可知，运营效率提升效应对零售企业经营绩效的系数在1%的水平上显著，说明智能零售可以通过提升零售企业运营效率来缓解消费者需求不确定性。

表4-10　中介检验结果

变量名	运营效率提升效应		
	（1）	（2）	（3）
	CDU	OE	CDU
IR	−0.0089*** （−3.24）	0.0026** （2.19）	−0.0074*** （−2.96）
控制变量	Yes	Yes	Yes
时间固定	Yes	Yes	Yes
个体固定	Yes	Yes	Yes
N	640	640	640
R^2	0.1734	0.0963	0.1568

4.6.2　动态能力机制检验

动态能力包括创新能力和吸收能力。在表4-11中，基于"企业智能零售水平提高—动态能力加强—消费者需求不确定性降低"的路径机制进行了中介检验。列（2）IR的系数为正，且在1%的水平上显著，说明智能零售显著提高企业的创新能力。列（5）IR的系数为正，且在5%的水平上显著，说明智能零售显著促进企业的吸收能力。通过创新能力与吸收能力的提升，智能零售采纳能够显著提高企业动态能力。假定企业在研发资金和科研人员方面的投入越丰厚，其创新能力也将相应地越强，这将直接影响技术创新的产出量。进一步地，当企业的研发投入在营业收入中所占的比重增加时，表明企业对技术创新的吸收能力得到了加强，这同样会促进技术创新成果的增加。由列（3）和列（6）可知，创新能力效应和吸收能力效应对消费者需求不确定性的系数同样显著，说明智能零售能够通过提高动态能力来缓解消费者需求不确定性，H7得以验证。

表4-11　动态能力中介检验结果

变量名	创新能力效应			吸收能力效应		
	（1）	（2）	（3）	（4）	（5）	（6）
	CDU	DC-Ln	CDU	CDU	DC-Ab	CDU
IR	−0.0102*** （−3.43）	0.0056*** （2.87）	−0.0083*** （−3.19）	−0.0095*** （−3.36）	0.0039** （2.43）	−0.0077*** （−2.99）
DC-Ln/DC-Ab			−0.9241*** （−3.86）			−0.4854*** （−3.55）
控制变量	Yes	Yes	Yes	Yes	Yes	Yes

续表

	创新能力效应			吸收能力效应		
	（1）	（2）	（3）	（4）	（5）	（6）
时间固定	Yes	Yes	Yes	Yes	Yes	Yes
个体固定	Yes	Yes	Yes	Yes	Yes	Yes
N	640	640	640	640	640	640
R^2	0.1513	0.0925	0.1104	0.0972	0.1246	0.1224

4.7　本章小结

在不断变化的市场环境中，消费者需求不确定性对企业带来了一定的挑战。幸运的是，数字技术（包括大数据、人工智能和云计算）的进步，为解决这一问题提供了新的途径。首先从理论上分析了导致消费者需求不确定性的因素，其次探讨了智能零售采纳如何有效地缓解消费者需求不确定性，并阐释了其背后的理论机制。通过深入分析，为零售企业提供了应对消费者需求变化的策略，并强调了智能零售在提升企业适应性和竞争力方面的潜力。因此，本章得到以下主要结论：一是智能零售采纳能够显著降低消费者需求不确定性，且在经过内生性检验与稳健性检验后结论依旧稳健。二是智能零售通过提升企业的运营效率和动态能力，间接地缓解了消费者需求不确定性。三是相对中小企业和国有企业，大型企业和非国有企业采纳智能零售缓解消费者需求不确定性效果更显著。

本章通过分析 2015~2022 年 A 股上市零售企业的微观数据，得出了若干重要结论，并据此提出以下建议：一是加强智能零售技术投入。鉴于智能零售采纳能够有效降低消费者需求不确定性，建议零售企业增加对新一代信息技术，如大数据分析、人工智能算法和云计算平台的投资。企业同时应该建立持续的监测和评估机制，定期检查智能零售采纳的效果。二是优化运营流程。企业应通过智能零售技术优化运营流程，提高运营效率，提高供应链的透明度和响应能力，确保企业能够快速适应市场变化；减少供应链中的不确定性，从而间接缓解消费者需求不确定性，提升市场响应速度和服务质量。三是定制化智能零售策略。对于大型企业和非国有企业，建议制定和实施更加积极和定制化的智能零售策略，以充分利用其规模和灵活性优势。鼓励零售企业在智能零售领域不断创新，保持策略的灵活性，以适应不断变化的市场需求和技术进步。四是强化中小企业和国有企业的智能零售应用。鼓励中小企业和国有企业加强智能零售技术的采纳，通过政策支持或内部创新，提升其缓解消费者需求不确定性的能力。五是风险管理。利用智能零售技术进行风险评估和管理，通过预测市场趋势和消费者行为，制定应对策略，减少不确定性带来的潜在风险。

5 智能零售技术架构与典型场景举要

5.1 新一代信息技术在零售领域的应用及逻辑关系

智能零售是零售业数字化转型的高级形态与模式，是在零售数据采集整合的基础上，进行智能决策的普遍应用阶段。智能零售的发展离不开零售业数字化提供的系统与数据，尤其是海量多源异构数据，否则智能零售模型无法完成数据训练。零售业数字化的系统与数据，也离不开智能零售模型普遍应用，否则智能零售数据将无法产生降本增效的零售决策。本节我们重点介绍零售业智能化转型的主要阶段及其技术应用。

5.1.1 网络化

网络化经历了计算机网络、移动互联网、物联网三个阶段，计算机网络与移动互联网为物联网的深度部署提供了底层网络，物联网在底层网络的基础上，实现万物互联，构建物理世界与数字世界相互映射的数字孪生世界，从根本上解决信息不完全问题。

5.1.1.1 网络化的三个阶段

（1）计算机网络

数字化赋能开始于网络技术的应用。从通信方式看，网络可以划分为计算机网络、移动互联网、物联网。计算机网络来源于美国军事领域的阿帕计划，主要是将计算机连接成局域网，实现军事领域数据的共享。计算机网络采取分布式网络结构，利用 TCP/IP 协议栈，实现了计算机间信息的通信，为数据共享提供了最早的技术尝试。在局域网的技术上，计算机网络的链接范围不断拓展到城域网、国家网，在国家网的基础上连接成互联网。计算机网络虽然实现了计算机间的通信，但由于受到有形介质链接与计算机便携性的限制，计算机网络仍不能随时随地解决连接主体的时空属性问题。虽然 IEEE802.11 无线局域网通用标准的出现在一定程度上弥补了计算机网络链接主体的时空属性局限，但人类仍无法完全打破时空的局限。零售业数字化转型开始于计算机网络的应用，通过计算机网络连接，零售厂商在 PC 端开设店铺，尝试线上与线下结合，同时借助计算机网络，采纳应用销售时点信息系统（POS）、客户关系系统（CRM）、供应链关系系统（SRM）等业务系统，初步完成零售业务在线化。

（2）移动互联网

随着电磁学研究的不断深入，无线电通信普遍应用。无线电通信的不断发展以及移动电话的不断迭代，逐渐摆脱了计算机网络时代连接入互联网的时空局限。移动互联网从其发展历程看，始终遵循 $C = \lambda v$（$v = \lambda f$），真空中电磁波的传播速度与光速相同，C 为恒定值，在电磁波传播速度恒定的情况下，波长越长的电磁波频率越低，波长越短的电磁波频率越高。随着移动互联网技术的发展，电磁波频率不断提高，逐步由电波向光波电波过渡频带转移，现阶段主流的 5G 的 700MHz、2.6GHz、4.9GHz 频段频率在逐步提高。在频率提高、波长缩短的同时，传输速度在逐步提高，但绕射能力减弱。车联网、远程手术等场景既需要传输速度支撑，又需要低时延保证。此时微基站技术的出现，解决了绕射能力弱问题，为需要大规模协同场景提供了大带宽、低时延网络。5G 技术凭借高频率、短波长的特征，其成熟与大规模商用，加之微基站的高密度搭建，真正保证了经济活动主体与经济资源随时随地高速稳定的信息传输。移动互联网的大规模应用，确保零售活动中"人、货、场"的实时在线。首先，通过智能手机的应用消费者实时在线，消费者开始全渠道信息获取与购买；其次，商品在供应链全过程实时在线成为可能，从商品采购、商品仓储、商品销售到商品售后服务全过程在线可追溯；最后，在实体店面和线上渠道的活动数据可以实施采集。

（3）物联网

随着计算机网络与移动互联网底层网络的搭建与布局，利用传感器、RFID、GPS 等核心技术，物联网开始实现对经济活动主体活动与经济资源信息的采集、捕获与识别。物联网技术的层级结构相对简单，可分为感知层、网络层与应用层。感知层主要实现对物体信息的采集、捕获与识别，其关键技术是传感器、RFID、GPS、自组织网络、传感器网络、短距离无线通信等。网络层是指泛在通信网络，对感知层采集物体的信息与数据进行传输，主要解决物与物、人与人、人与物之间的通信，建立一个端到端的全局物联网。物联网中接入的设备多种多样，是一个泛在化的、异构的接入，接入方式包括移动网络、无线接入网络、固定网络等。移动网络具有高效、覆盖广、移动性强的特点，成为物联网的主要接入方式。应用层是信息的具体应用，通过将数据存储、挖掘，应用到具体场景。在物联网技术应用之前，人类对经济活动主体和经济资源大多是无知的，存在显著的信息不完全，其结果是经济决策与资源优化配置往往偏离帕累托最优。随着物联网技术的广泛使用，传感器可以采集人类经济活动的数据，在理想的情况下，搭建完成万物互联的泛在网络，使人类活动的所有数据都可以实现采集。

在计算机网络与移动互联网的应用下，零售业全过程部署物联网设备，实现多源异构数据的完备数据采集。例如，大规模部署视频摄像机，通过视频全域汇聚接入，视频图像设备全域统一接入，真正实现门店"全覆盖、无死角"。视图信息全量解析，以"人、场"等目标为核心，关联目标图像的智能化全量分析、对象关联、行为分析及结构化信息提取，重点解决了零售业经营过程中异常行为的识别，减少零售业经营过程中的盗窃行为。在零售供应链管理过程中，物联网技术广泛应用于渠道成员间的信息共享，具体应用领域包括物流信息、消费者信息、追溯信息、电子价签等。物联网技术广泛应用于渠道成员库存信息与物流信息共享，通过 RFID 的投资，可以实现对商品从生产到消费全过程的跟踪，解决库存信息不准确以及物流可视化问题。通过实时信息采集与共享，提高物流资源的配置效率。随着传感器技术应用成本的降低，线下渠道充分利用物联网技术实现消费者购买全过程的数据采集，具体应用场景包括消费者行为识别、线下 ID 获取、消费者决策树路径与体征识别等。消费者行为识别主要对消费者拿取哪层货架商品、商品被拿取次数、商品加入购物车的顺序、单人购物还是家庭购物等数据进行采集。线下 ID 获取主要对店前人流、进店人流、进店率、消费者结构、消费者满意度、消费者停留时长等数据进行采集。消费者决策树路径主要对商品曝光率、商品查看时长、消费者浏览偏好、消费者热力图等数据进行采集。体征识别主要对身高、服装、饰品、背包等数据进行采集。产品可追溯体系主要应用于食品、医药等领域，主要解决产品安全问题，实现产品全过程的客观监控。电子价签的应用解决了线上渠道、线下渠道商品不一致问题，可以确保商品线上与线下动态一致、动态调整与动态定价。无人便利店、自动（无人）售货机是物联网技术集中应用与系统集成的结果，是全过程利用传感器自组织的典型应用，可实现消费者身份识别、消费者购买过程、消费者支付、商品补货等零售活动的无人化（见图 5-1）。

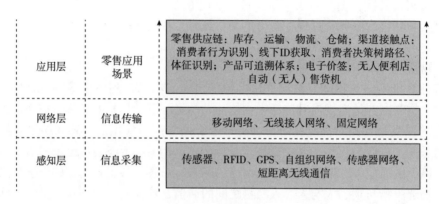

图 5-1　物联网平台的层级架构与关键技术

5.1.1.2　网络化的成果

（1）数字孪生

随着物联网技术的加速应用，经济活动主体与经济资源数据可以实现有效采集。在理想的状态下，每一个经济活动将在数字空间一一映射地形成一组数据，人类世界真正形成两个相互映射的数字孪生空间，即物理空间与数字空间，人类在物理空间的活动通过物联网形成 01 代码形成的数字空间。部分学者也将此定义为平行系统，实体经济空间在数据层面形成数据经济空间，资源优化配置的平行系统初步形成。平行系统将强调宏观层面高层涌现与演变规律的整体建模与注重微观个体层面特征刻画与行为交互的还原建模有机结合，通过全面、准确地刻画参与个体的特征、行为和交互机制，实现对复杂整体的建模，进而涌现出复杂系统的规律，通过实体经济系统与数字经济系统协同演化、闭环反馈和双向引导，实现对实体经济系统的目标优化。计算机网络、移动互联网与物联网产生的数据，部分具有客观性，部分存在被篡改、伪造的可能，随着区块链技术的进一步应用，区块链的去中心化和高信任度的分布式数据库账本技术将为数据的产生提供更加客观的微观环境。随着数字孪生环境的形成，人类所有经济活动都可以沉淀为数据，从而实现了资源优化配置过程中的信息不完全问题。一个形象的比喻，网络化程度相当于一个拉链，其向左向右的拉动，真正决定了信息完全水平，进而决定资源优化配置水平。依托计算机网络、移动互联网的广泛部署与接入，尤其是物联网在零售场景中的广泛使用，零售活动中的"人、货、场"实现了在线化，沉淀了多源异构海量的零售数据，逐步使零售活动实现从信息不完全向信息完全转化，构建了现实空间与数据空间相互映射的数字孪生零售环境（见图5-2）。

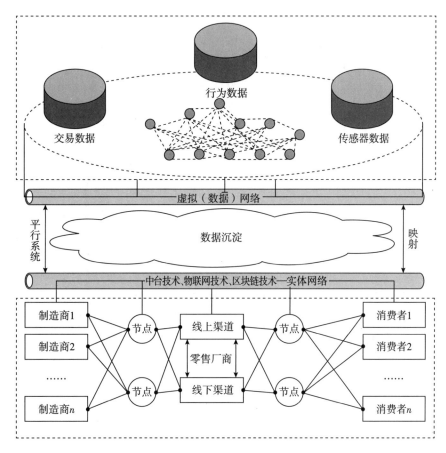

图5-2 零售数字孪生构成

（2）云端化

无论是数据采集、整合、处理过程，还是算法迭代过程，都需要算力提供保障。云计算与边缘计算技术两种处理大数据的计算运行方式，保证了大数据的存储，以及在大数据产生决策、算法迭代和人工智能应用过程的计算，保证了存储资源与计算资源的有效匹配。云计算是一种全新的能让人们方便、快捷地自助使用远程计算资源的模式，其实质是把有形的产品（网络设备、服务器、存储设备、各种软件等）转化为服务产品，并通过网络让人们远距离在线使用，使产品的所有权和使用权分离。云计算不是一种新的计算技术，而是一种新的计算模式，计算设备一旦转化为服务，使用率就会得到显著提高，但设备的寿命并没有缩短，反而会更长，因为电子产品不同于机械产品经常不开机的电子设备会比常年开机满负荷运转的电子设备更容易出故障。随着我国网络基础设施的不断优化以及"东数西算"工程的深入实施，通过高速网络将通用算力、智能算力、超级算力充分链接，基本形成"资源高效调度、设施绿色低碳、算力灵活供给、服务智能随需"的一体化算力网络。算力网络的形成，可以有效解决零售企业对计算存储设备依赖问题，零售企业可以采取"系统上云"的方式，避免独立部署私有云成本高、使用效率低问题，尤其对于中小零售企业效果更为明显。

5.1.2 数字化

大数据技术从本质来说是通过对多源异构海量数据进行挖掘处理，获得有价值信息的技术。大数据技术已成为通用技术，普遍应用于各个领域，而在零售领域主要用于精准营销、消费者画像、零售渠道优化、节约交易成本等业务，是零售行业数字化转型的主要技术工具。如图 5-3 所示，数据来源不仅仅局限于原有的结构化数据，一切能够被电子化的都可以被纳入数据范围（王汉生，2018），包括结构化数据、半结构化数据和非结构化数据。传统计算机处理的数据以结构化数据为主，通过关系数据库（Relational Data Base Management System ，RDBMS）进行处理。非结构化数据是指结构化数据以外的数据，包括图片、视频、位置、语音等。半结构化数据属于结构化数据的一部分，与典型的文本相比也存在一定的结构性，如超文本（HTML）。数据采集是大数据最为关键、基础的环节，其通过传感器、RFID、数据检索分类完成对数据源数据的采集，随着数据范围的扩展，数据采集速度与精度要求越来越高。由于数据来源与类型的复杂性，导致数据处理与集成越来越困难，在处理之前首先要保证将不同数据格式的数据转化为单一的或易于处理的结构，同时通过数据清洗去除噪声与干扰项，一般通过过滤器技术实现。其次将整理好的数据进行数据聚合和数据修正，最后统一存储于专门数据库。数据分析是将海量数据转化为价值的关键环节，传统的技术包括数据挖掘、机器学习与数理统计，但现在已经难以满足海量多源异构数据的处理要求。谷歌公司在 2006 年提出了云计算的概念，通过分布式计算、实时计算、流式计算对大数据进行分析处理。普通终端用户不关注数据采集、处理的过程，而是主要关心数据结果的解释，在数据解释环节普遍引入数据可视化技术与人机交互技术，形象地解释大数据结果，便于终端用户的理解与使用。

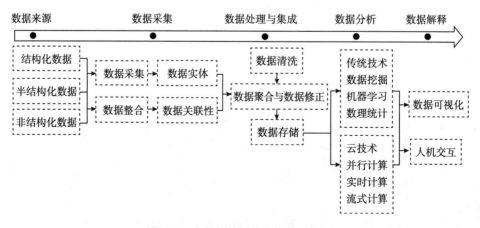

图 5-3 大数据关键技术与处理流程

大数据技术通过数据库技术将网络化阶段形成的海量零售数据进行存储，进而承接了数据空间，通过将全样本零售数据进行整合，可以挖掘零售数据体现的现实空间零售活动的相关关系。零售活动最主要的相关关系是消费者与生产厂商的关系，通过消费者数据与生产厂商数据的采集，零售厂商可以通过数据标签与画像的方式清晰知晓差异化的消费者需求与生产厂商供给，精准匹配消费者与厂商，实现零售匹配供需的基本功能。同时，通过全量零售数据的搜集与整合，零售厂商可以进一步得到物流、资金流等相关关系，如在全渠道零售阶段，可以精确知晓消费者、商品、前置仓、共同配送中心、配送人员等的精准位置信息与相关关系，从而实现全渠道零售情境下物流资源的精准匹配。大数据技术通过零售数据整合，可以精准识别零售活动中商流、物流、资金流、人员流过程中的相关关系，最终依托相关关系实现精准匹配，实现降本增效的目的。

5.1.3　智能化

大数据技术对相关关系的获取，改变了经济决策对于因果关系的依赖。受计算能力与认知水平的约束，经济主体在决策过程中对数字空间数据聚合的结果无能为力，需要通过模型（算法）赋能消除对数据的无力感。模型（算法）是定义良好的计算过程，通过经济活动过程中产生的行为数据、关系数据、交易数据的持续输入，算法输出相关关系结果，替代经济主体完成了决策过程。经济活动是复杂多样的，问题不会千篇一律，针对不同场景需要算法完成不同的决策任务。持续稳定的数据来源为机器学习与算法迭代提供了可能，算法具备了替代经济主体决策的能力，人工智能开始在部分应用场景替代经济主体决策。算法的应用，解决了经济主体的有限理性问题，使经济主体真正回归新古典经济学的理性人假设，可以对所处环境的各种状态及不同状态效率水平拥有完全信息，并且在既定条件下使每个理性人都具有选择使自己获得最大效用或利润的意愿和能力。

以常用算法为例，淘宝"千人千面"算法根据买家标签与卖家产品标签进行对应，系统会根据买家本身的特征标签为他／她推送合适的商品，进而提高买卖双方匹配效率，试想，淘宝平台实时需要匹配数以千万的买家与卖家供需，如果不借助成熟算法，以自然人的计算能力是无法实现的。抖音推荐算法同样采取用户标签与内容标签匹配原理，所谓用户标签是指抖音根据用户的行为给用户进行画像。比如用户经常浏览、点赞、分享打篮球的视频，那么抖音就会认为他／她是喜欢打篮球的人，该用户标签里肯定会包含篮球。所谓内容标签就是当用户的一条短视频发出去后，机器会从短视频的画面、声音、文字中提取出关键词，进而判断用户的这个视频是什么。比如视频画面里有篮球，文字里多次出现"篮球"一词，那么抖音就会判断这是一个关于篮球的视频。当信息发布者发出打篮球的视频后，抖音就会把该视频和喜欢篮球的用户进行匹配。同样抖音数以亿计的内容与用户的匹配，如果没有匹配算法的作用，对于自然人而言是无能为力的。

定价策略是零售企业提高利润率、增强竞争力的最有效方式，随着零售企业全渠道布局与差异化经营，定价策略的实施难度逐步提高，越来越依赖人工智能。零售企业定价策略需要进行需求预测，利用历史销售数据和市场趋势分析来预测不同时间段的需求水平，根据季节性、节假日、促销活动等因素调整价格；通过考察竞争情报、监控竞争对手的价格变动、并根据市场动态进行实时或定期调整、使用网络爬虫等工具收集竞品价格信息、确保自己的定价具有竞争力；进行有效顾客细分，通过顾客购买行为分析，将顾客分为不同的群体，针对不同群体实施差异化的定价策略、实施动态定价，根据库存水平、销售速度和市场需求的变化自动调整价格、多渠道定价，在不同的销售渠道中采用不同的定价策略，如线上商店可能会提供比实体店更低的价格、进行 A/B 测试，即对不同的定价方案进行测试，以评估哪种价格更受欢迎或更有效，根据收集反馈的数据进一步优化定价策略。零售企业上述定价策略的实施，离开人工智能是无法实施的，或者实施的效果差强人意。通过智能定价策略，零售商通常会使用专门的算法或人工智能工具，这些工具能够集成各种数据源，并运用复杂的算法来进行分析和决策支持。

区块链提供的客观微观环境为智能合约的大规模嵌入提供了基础，智能合约是利用数字技术实现可自动执行的任务合约，智能合约最早由尼克·萨博提出，但由于缺乏客观的执行条件长期未得到使用。智能合约的执行逻辑类似于计算机程序的"if-then"语句，只要触发"if"条件，那么便按照"then"的合约执行。即当执行条件满足时，不需要成员参与，会按照合约条款自动执行。区块链技术的提出与应用为智能合约提供了客观执行条件，区块链技术为智能合约提供了无法删除与修改、可追溯、去中心化的技术体系与可信的应用环境，促进了大量的智能合约的开发与应用。零售活动中不仅需要人工智能提供智能决策，还在整个零售供应链合作过程中无时无刻不产生交易，通过智能合约的使用与嵌入可以保证交易的自我履行，进一步避免了人为干预。人工智能与智能合约的大范围应用，使人类开始进入"无人世界"。

通过网络技术，零售平台沉淀采集了海量数据，构成了零售数据空间。零售数据空间是零售物理空间"人、货、场"行为映射的结果，最终形成零售数字孪生。大数据技术将海量多源异构的零售数据进行存储、治理和整合，依托数字空间体现的实体空间的相关关系，优化零售资源配置，实现降本增效。但零售资源优化配置的决策是不会自动生成的，由于零售经营主体的有限理性，其必须依赖于模型的大规模应用。零售领域的模型应用主要包括专用模型与通用模型，现阶段专用模型的使用仍是常态，主要包括供求匹配场景、供应链场景等。随着以 ChatGPT 为代表的自然语言处理大模型的广泛使用，人类尝试通过通用大模型的使用解决专用模型开发成本高、适用于单一场景、缺乏高质量数据等问题。自然语言处理技术开始在数智人、智能客服、售后服务等需要零售沟通的场景中广泛应用。

5.1.4 平台化

网络技术、云计算技术、大数据技术、人工智能技术可以直接作为技术投入，改变传统土地、劳动力、资本等要素的配置效率，但数字技术零星应用无法真正实现企业转型与产业变革，需要以平台为载体，集成网络技术、云计算技术、大数据技术、人工智能技术等，为最终消费者与厂商提供产品与服务。平台内部架构，可以大致划分为物理层、平台层、应用层、展示层等，在物理层，集成设备与网络主要使用了网络技术与云计算技术；

在平台层，通过业务系统上云与网络沉淀数据，可以产生海量多源异构数据，大数据技术通过数据的采集、汇聚、存储、治理、分析、管控、可视化、应用支撑、安全、运维形成数据中台，人工智能技术通过提供共用算法形成业务中台，支撑上层应用敏捷开发；在应用层，根据零售厂商"人、货、场"场景决策需求，借助数据中台与业务中台共性支撑能力，快速形成业务系统，并根据零售厂商与消费者动态需求，对系统进行更新迭代；在展示层，大屏观态势、中屏管处置、小屏作执行，并配置各种智能终端，满足各方业务需求。平台内部架构，其实质是将数字技术高度集成，满足最终售厂商"人、货、场"场景决策需求，实现供需有效匹配。

平台的形成过程也是零售企业系统集成的结果。零售企业的系统集成是指将不同类型的业务系统和应用程序相互连接，以便共享数据和协同工作，从而提高整体业务效率和客户体验。零售企业系统集成可以有效实现数据一致性，确保所有系统中的数据一致，减少错误和冗余；实现流程自动化，通过集成自动化日常任务，减少人工干预，降低出错率。实现决策支持，集成后的系统能够提供更全面的数据视图，帮助企业做出更好的商业决策；保障客户服务，通过跨系统的数据共享改善客户服务体验；集成库存管理系统与销售系统，实现库存的实时更新和优化。零售企业的典型集成场景包括 ERP 与 POS 系统集成、电子商务平台集成、供应链管理集成等。ERP 与 POS 系统集成，有助于实时更新库存、销售数据和财务信息。电子商务平台集成，即将线上销售平台与内部系统集成，确保订单处理、库存管理和客户数据的一致性。供应链管理集成，即与供应商和物流伙伴的系统集成，以优化采购、配送和退货流程。CRM 集成，即将客户关系管理系统与销售和其他业务系统集成，以提供个性化的客户体验。数据分析与 BI 集成，即集成数据分析工具和商业智能平台，以支持高级分析和报告。通过有效的系统集成，零售企业各业务系统有效衔接，真正形成有机融合的一体化零售平台。

平台通过数字技术的集成，为产品与服务的供需提供具体的载体，发挥着配置资源的作用，市场机制根据市场需求与供给的变动引起价格变动从而对资源进行分配、组合及再分配与再组合的过程，市场配置资源的方式主要通过价格、供求、竞争等来进行。传统线下平台是典型的单边市场，即市场主体对市场交换客体进行交易的一切设施和场所，通过供需撮合过程，产生了价格、供求、竞争等关系的市场运行机制。有别于传统线下平台功能，线上平台具有显著的双边市场特征。第一，线上平台具备平台结构，存在一个具有中介作用的平台，把市场的两个边联系在一起。第二，线上平台具备价格结构非中性，考虑一个平台，对买者和卖者的每个交互作用分别收取 α_B 和 α_S。如果在平台上实现的交易量 V 仅取决于总价格水平 $\alpha = \alpha_B + \alpha_S$，即对总价格在买者和卖者之间的分配是不敏感的，则双方之间的交互作用的市场是单边的。对比而言，如果 V 随着 α_B 或 α_S 而变化，而 α 保持不变，则说这个市场是双边的。第三，线上平台具备交叉网络外部性，如果市场中交易平台通过一定的价格策略向交易双方提供产品或服务，并且一边所获得的效用取决于另一边参与者的数量，那么这样的市场便是双边市场。

线上平台的基本功能与线下平台一致，主要是衔接供需，进而发挥着配置资源的作用，但其主要差别体现在线下平台的被动性与线上平台的主动性。线下平台仅提供交易场所，其主动调节供需的有效手段较少，导致其对资源配置是被动的，即新古典经济学描述的通过讨价还价形成市场价格。市场价格是调节资源配置的万能钥匙，市场在西方经济学范畴内核心是价格机制，新古典经济学依靠价格调节配置要素，但生产与消费的直接见面抽象掉了市场，依靠新古典经济学构建的市场经济的实质是"无市场"。而线上平台具备了更多有效手段，其可以通过价格结构非中性等手段，调节交叉网络外部性，进而具备主动调节供需的能力，因此线上平台我们又称为产业互联网平台（包括消费互联网平台）。产业互联网平台将实体经济空间中的离散的供需活动进行双向匹配，同时将数据映射于平台数据中心，为资源优化配置提供基础。我们知道，通过网络技术人类经济活动的所有数据在理论上可能得到收集与整合，例如一个企业可以建立 ERP、CRM 平台搜集整合在生产经营过程中的数据，但是整合的企业数据如何产生价值，如何将产业链上下游企业数据进行归集，为大规模的产业链协同产生价值。经济活动始终需要交易环节与交易平台（即广泛存在的双边市场）提供数据沉淀与双向匹配。双边市场的主要目的是沉淀厂商与消费者的交易数据，使离散化的交易行为在双边市场得到全息化重构；通过算法的应用与智能合约的嵌入，实现厂商差异化供给与消费者个性化需求的动态匹配。

数字世界产生了海量多源异构数据，但数据的产生仅是手段，最终的目的是产生经济决策。在数据与决策之间，需要大数据技术通过数据进行整合，在整合的过程中数字世界、物理世界的真实关系得以体现，在数据完备的情况下，经济主体依据相关关系与因果关系，可以产生精准的经济决策，实现资源的优化配置。基于大数据支撑的资源优化配置过程，其实质是经济学的供求撮合，即均衡过程，相比新古典经济学供求撮合与均衡过程更加精准。新古典经济学假设经济活动参与主体是同质的，具有可加的基础，通过供给与需求的加总，形成市场供给与市场需求，进而实现全局市场均衡。现实中，消费者需求是不确定的，厂商会根据消费者差异化需求采取策略性行为，进行差异化创新。差异化供给与需求导致消费者需求失去了可加的基础，不能加总形成总供给与总需求。经济活动参与主体的异质性假设，导致其只能通过两两均衡（即差异化供给与差异化需求的均衡），逐步拓展至局部均衡与全局均衡，实现供给与需求的匹配（姜奇平，2018）。以新零售场景为例，新零售场景中的均衡是在特定时空、特定情境下，消费者个性化需求与渠道成员差异化供给（商品与服务组合）的两两均衡、动态均衡，实现消费者在具体时空下的偏好"无须远行、无须久等、立即实现"，最终实现市场供给与市场需求的全局均衡。

零售平台在技术逻辑上是将网络技术、大数据技术、人工智能技术等新一代技术按照技术关系与层级结构进行系统集成的结果，在经济学逻辑上是供需匹配市场机制发展作用的有效载体。关于平台的技术逻辑与经济学逻辑问题，传统技术人员普遍关注平台技术逻辑，忽略平台的经济学逻辑，在平台上线后，由于违背了线上平台双边市场运营的经济学规律，导致企业数字化转型未能达到预期目标往往不能将业务痛点带到技术开发过程，也导致线上平台不能很好满足供需匹配的需要。国家发展改革委等 9 部门联合印发的《关于推动平台经济规范健康持续发展的若干意见》将平台经济定义为以互联网平台为主要载体，以数据为关键生产要素，以新一代信息技术为核心驱动力、以网络信息基础设施为重要支撑的新型经济形态，并肯定平台在经济社会发展全局中的地位和作用。平台经济实质上是将平台技术逻辑与经济逻辑融合的结果，在平台技术逻辑上以新一代信息技术为核心驱动力，在经济逻辑上是配置资源的市场载体。零售作为市场经济的主要载体，承担着供给与需求匹配的角色，传统零售主要按照新古典经济学的匹配机制发挥作用，通过连锁经营的方式，实现总供给与总需求的均衡。随着消费者需求不确定性加剧与数字化升级，零售平台升级为双边市场，其匹配机制是开始转变为离散化供给与需求的匹配，其是在两两均衡的基础上实现动态均衡与全局均衡。更为关键的是，随着零售匹配机制的变化，其必须在新一代信息技术支撑下完成，离开新一代信息技术，尤其是人工智能技术支撑，离散化供给与需求的匹配将无能为力。本部分对平台技术逻辑与经济逻辑的剖析，从本质上形成一体化解释的框架，更为关键的是说明了数字化转型与平台构建的关系。

5.1.5 智能零售的基础性地位

通过智能零售采纳过程中新一代信息技术应用的网络化、数字化、智能化、平台化过程看，智能零售是依托"互联网＋零售"、在零售业态的高级阶段，数字零售的发展必须依赖网络化阶段数据采集与数据化阶段相关关系，不然人工智能技术应用将成为"无源之水、无本之木"，使零售业态创新失去基础。同时"互联网＋零售"、数字零售离开智能零售，将无法产生基于零售"人、货、场"活动的决策，无法实现零售活动的降本增效，零售业态创新失去目的。由于数据密集的基本特征，零售业是数字化、网络化、智能化的先导产业，但部分零售厂商数字化、网络化、智能化转型并未取得预期的绩效，核心问题是没能将网络化、数字化阶段整合形成的数据与相关关系转化为智能化决策。具体而言，智能化阶段开发利用的专用模型与通用模型规模化程度越高，零售业降本增效的目的越明显。

智能零售是新一代信息技术集中应用的结果，缺少任何网络技术、大数据技术、人工智能技术等，从技术角度都无法实现闭环并发挥作用，同时平台化为网络技术、大数据技术、人工智能技术集中应用提供了系统集成、数据打通的平台，其确保新一代信息技术集中应用的效果，同时通过新一代信息技术的集中应用，可以实现双边市场的离散化需求与供给的配置目的。随着智能零售平台化水平的不断提高，离散化供给与需求匹配需要人工智能技术规模化使用，才能达到"此时、此刻、此情、此景"下的最优解，离开人工智能技术的规模化使用，市场匹配机制发挥也是无能为力的。

5.2 智能零售技术架构

上述重点介绍了智能零售的形成过程以及各阶段间的相互关系，清晰了智能零售形成的技术逻辑与经济学逻辑。智能零售网络化、数字化、智能化、平台化四个阶段技术应用与相互关系，形成了智能零售的技术架构，具体见图 5-4。

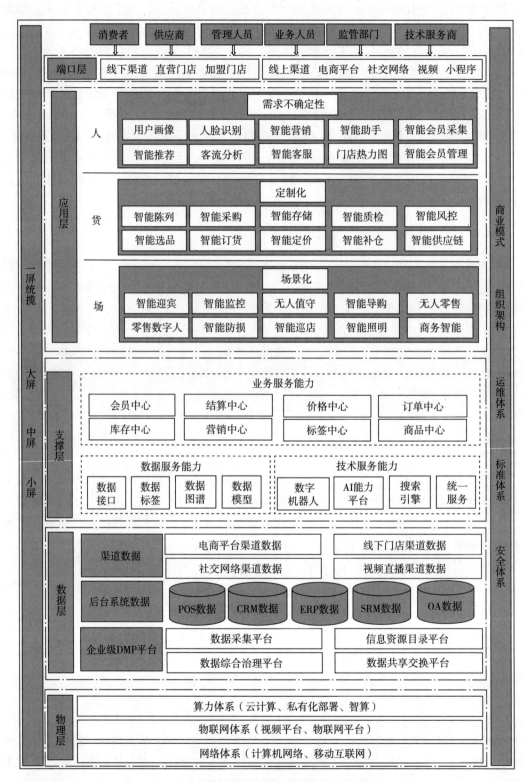

图 5-4　智能零售技术架构

　　智能零售技术架构分为物理层、数据层、支撑层、应用层、端口层，集成新一代信息技术在零售领域的集中应用，支撑智能零售商业模式采纳与智能决策。

　　（1）物理层

　　在物理层，主要使用集中应用网络技术与云计算技术，通过计算机网络与移动互联网部署，为数据传输提供主干网络，通过 Wi-Fi 探针和 ibeacon 等应用获取细颗粒度数据。同时通过移动互联网部署，为物联网的应用提供底层网络。通过视频摄像机、传感器、RFID 等物联网设备的应用，采集零售环节全样本数据。同时为了存储处理数据，需要私有化部署机房或直接采取云计算方式，存储网络技术沉淀的零售数据，同时根据模型训练需要部署智算算力。

　　（2）数据层

　　在数据层，通过企业级 DMP 平台建设，构建数据采集、资源目录管理、数据治理与数据共享共性能力，在此基础上通过业务系统上云，统一归集后台系统沉淀数据，包括传统的 ERP、WMS、CRM、OMS、SCM 等业务系统，以及 HR、财务、OA 等支持系统。由于这些系统大都是分步实施的，且部分系统由不同供应商提供，造成这些系统每一个都是自成一体的封闭的系统，难以实现有效兼容。消费者需求不确定性决定了前台系统需要快速迭代响应消费者需求变化。前台对消费者的快速响应要求后台与之相匹配，而后台设立的核心目的并不是服务前台，而是提升后台数据的安全及系统的稳定性。随着业务范围的扩大，后台存储大量的合同、商品、订单及用户信息等私密数据。考虑到企业安全、审计、合规、法律等限制，这些数据无法提供给前台直接使用，同样也无法快速地改造系统来响应前台的变化。因此，出现了"前台为了满足消费者需求，期望系统不断地快速迭代""后台为了数据安全与系统稳定，期望系统趋于稳定"的矛盾局面。数据中台的数据来自业务中台，包括结构化数据、半结构化数据、非结构化数据。业务中台数据同步到数据中台后，数据中台通过数据的采集、聚合，利用数据实体的对应关系与数据关联性，对数据进行处理与集成，通过数据分析产生可供业务中台需要的信息，包括具有直接决策价值的消费者数据、商品数据、门店数据、库存数据、资金数据等。数据中台的初衷是为了让数据沉淀下来，产生价值。所有业务系统的数据、各业务触点的信息，都会流向数据中台，解决企业"数据孤岛"的现象，达成信息共享。数据中台与业务中台是相辅相成的，两者没有冲突关系。数据中台从业务中台的数据库中获取数据，通过清洗和分析得出结果，支撑业务中台上的智能化应用；这些智能化应用产生新的数据又流转到数据中台，形成数据闭环。数据中台的另一个数据来源是后台系统，数据中台将海量的后台数据沉淀、聚合，形成有效的决策信息，供前台直接使用与渠道成员间共享。

　　（3）支撑层

　　支撑层的核心是人工智能共性能力，即为上层应用提供共性模型支撑能力，包括专用模型与通用模型。模型是对零售活动的反映和抽象，可以帮助零售供应链决策者更加清晰地了解零售活动，从而进行科学决策。模型的应用核心是将零售业数字化转型过程中带来的海量多源异构数据进行建模，产生智能化决策，赋能零售"人、货、场"全场景，实现降本增效与帕累托改进（最优）。具体而言，专用模型包括传统零售活动中"人、货、场"的模型，例如关于"人"的模型，如人脸识别技术、消费者画像、推荐算法等；关于"货"的模型，商品识别模型、智能订货模型、智能定价模型、智能质检模型、供应链管理模型等；关于"场"的模型，例如智能收银模型、能源管控模型、视觉模型等。由于专用模型小数据场景普遍，高质量大数据难以获取；数据标注不易，可用数据量有限；定制化模型数目庞大，AI 专家稀缺；通用性差，仅可用于解决特殊场景问题；零售领域开始探索将通用大模型应用于零售领域，解决专用模型的上述问题，例如将自然语言处理大模型应用于智能客户管理。通过人工智能算法实现个性化推荐、智能会员分级体系、智能线上定价系统和智能客服交互，提升顾客满意度。同时支撑层还包括数据服务能力、业务服务能力和技术服务能力，数据服务能力主要是在数据层的基础上进一步对数据进行处理，形成可供上层业务系统应用的数据接口、数据标签、数据模型和数据图谱。业务服务能力覆盖了上层应用系统中常用的用户、会员、库存、结算、营销、标签、价格、订单、商品、支付、物流、通知、权限等方面的技术统一。技术中台提供分布式应用服务、分布式数据库服务、分布式消息服务等，其实质是将重复使用的技术和能力简单化，为组合式创新提供技术模块。

（4）应用层

应用层主要围绕零售"人、货、场"活动展开，智能零售关于"人"的核心决策包括用户画像、人脸识别、智能营销、智能助手等，智能零售关于"货"的核心决策包括智能陈列、智能采购、智能存储、智能质检等，智能零售关于"场"的核心决策包括智能迎宾、智能监控、智能防损、智能巡店等，具体见图 5-4。

（5）端口层

端口层主要围绕消费者全渠道购买的趋势展开，企业采取线下门店渠道、电商平台渠道、社交网络渠道和视频直播渠道整合的方式销售产品和服务，以达到更好地满足消费者随时随地以任何方式购买产品的需求，即全渠道零售。

为了更为简化地理解智能零售的技术架构，我们简化出数据层、模型层和应用层，具体如图 5-5 所示。

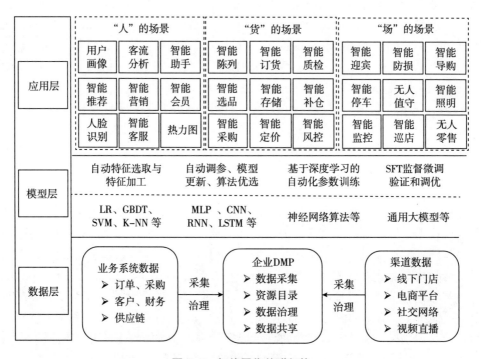

图 5-5　智能零售关联架构

第一，数据层，传统智能零售的数据来源主要包括传统的仓库管理系统（WMS）、企业资源计划（ERP）、客户关系系统（CRM）等系统，通过 ETL 工具，对数据进行提取转化装载，将数据存储于数据仓库之中，在此基础上进行数据建模，支撑应用层智能应用。随着需求不确定性的增强，消费者行为数据离散于各渠道，其数据除结构化数据外，还存在非结构化数据，海量多源异构数据的产生，需要提供新一代分布式多模数据库，支持结构化、半结构化及非结构化的多模数据管理，提供体系化的可信和安全架构、具备湖仓一体化、OLAP、OLTP、HATP 能力，从根本上解决超大规模多源异构数据的维护管理问题。针对数据库中的海量数据，智能发现、构建、维护数据间关联关系，通过自动维护数据间的关联关系，支撑大规模数据建模与智能零售决策。

第二，上述应用层面的实现得益于人工智能技术的驱动，包括传统的自动特征选取与特征加工（依托算法 LR、GBDT、SVM、K-NN 等），自动调参、模型更新、算法优选（依托算法 MLP、CNN、R NN、LSTM 等），以及基于深度学习的自动化参数训练。通过这些技术，将数据层的内外信息汇总到云端，以支撑应用层的功能实现，从而大幅提高人工智能商业模式的系统效率，吸引越来越多的企业采纳人工智能商业模式。除了专用模型外，上述应用通过这一系列技术融合和创新，成功地将大模型的强大能力应用于"人、货、场"的场景中。在"人"的场景，提供面向用户与商家的智能助手服务，如商家助手、用户增长等；在"货"的场景，提供面向商品的知识问答服务，如知识问答等；在"场"的场景，提供面向场域的智能运营服务，如舆情风险挖掘、数据分析等。零售大模型应用不仅提升了用户体验、优化了运营效率，还为零售行业的数智化转型提供了有力支撑，展现了大模型技术在零售领域广泛应用的巨大潜力和价值。

第三，从人工智能本身的系统效能来说，越来越多的零售企业意识到机器替代人工的重要性。人是有限理性的，机器在程序化、规模化的工作方面优于人工；相比机器，人工只能进行局部优化。而依靠机器学习的人工智能，能够通过系统调配精准预测，进行全局优化，从而提高企业的运营效率。当前人工智能技术赋能的商业模式从应用层上来说能够为零售业实现从店铺到用户，从运营到管理的全方位优化。具体到零售活动"人、货、场"场景，在"人"的场景主要进行消费者细分与精准识别，在"货"的场景提供精准的商品与服务组合，最终在"场"的场景实现人、货的精准匹配，即供给与需求的"此时、此刻、此情、此景"下的最优解。

5.3 智能零售典型场景举要

智能零售典型应用主要包括专用模型领域和通用模型领域，目前以专用模型领域应用为主，接下来我们将介绍其主要应用场景。未来，面对效率提升、成本下降的需求，人工智能将覆盖更多的场景，并逐渐颠覆从业者的认知。随着"人工智能 + 工程"的深入，全行业通过长期积累的数据纷纷探索智能化转型，人工智能厂商在人工智能领域围绕核心技术进行跨行业的市场和研发结盟，纷纷探索人工智能场景应用，相比而言，零售业仍是人工智能应用的"小众"市场，还远没有像在健康、交通、医疗、教育、家居等行业那么深入。从零售活动"人、货、场"场景看，智能零售应用场景在"货""场"居多，尤其是

"场"的场景，在"人"的场景偏少，也凸显了零售厂商与消费者在决策能力方面的不均衡。

从零售渠道看，线上渠道可以较低的成本、较高的效率记录全部消费者的各类访问数据，从而进行实时监控、快速捕获与精准分析，实现数字化运营和管理，在"人、货、场"场景普遍利用人工智能技术开展零售决策。线下渠道在数据获取上不仅成本高昂，在可靠性和精准性上也难有保证，同时在数据运用中也遇到了各种各样的难题。一方面实体零售存在着数据不全问题，实体零售易获取会员数据与后端供应数据，但获取前端运营数据则较难。另一方面实体零售存在数据关联性弱的问题，大数据的核心是数据的关联应用，实体零售未能将采购、物流、市场、运营、财务等不同应用场景的数据进行深度整合，提高实体零售运营效率和绩效。从零售渠道看，线下渠道在"人、货、场"场景利用人工智能技术开展零售决策的程度有待深化。

从零售供应链看，智能零售应用仍以单点式应用为主，缺少贯穿零售供应链、管理系统、市场营销、物流、服务等全零售的各个环节，没能真正形成新的商业模式与盈利模式，提升传统产业运营效率、提升用户的消费体验。那么，在更多的零售环节和接触点尝试或部署智能应用就是智能零售的本意吗？显然，在智能零售发端之初，对何为智能零售有着各种不同的观点，但以零售本质为出发点，无论是线上零售还是实体零售，如何最大程度地围绕顾客、需求场景、商品、服务等维度，最终实现生活场景感知、解决方案推送、快速交付以及整个上下游从生产到顾客体验全过程的效率最大化，才是智能零售这一商业新模式的追求目标。商业的本质永远是围绕着顾客的需求，提供适合的商品和服务。从目前的技术进程看，智能零售将更多地基于移动技术、感应器技术、大数据技术以及智能决策技术，达成商业供应、服务与顾客需求的精准匹配。这种模式下，企业（包括不同的零售形态并延伸到生产企业）的库存商品总数与顾客每天购物商品数的比值会大幅降低，库存端压力将极大下降，整个供应链效率得以大幅提高。同时，物流技术也会进化到高度自动化的阶段，包括自动驾驶与机器人上门送货等应用的普及，会让更多短时场景的商品加入到更加贴近顾客的模式。对于人工智能的未来，向来就存在左手期待、右手恐惧的观点。智能零售是生产格局和产业生态发展到一定阶段的产物，在科技的推动下，零售的边界正在进一步向上游推进，正如业内提出的"全零售"概念那样，除了电商与实体零售间可能在新的层次形成新的生态、新的场景、新的模式外，智能技术完全有可能产生更多的"破墙效应"，在数据引导下，形成线上线下、实体商家之间、消费者与商家之间、零售端与生产端之间的多重联盟，并相互引流，利益共享。

5.3.1 人的应用

智能零售场景中人的应用如表 5-1 所示。

表 5-1 智能零售场景举要——应用领域"人"

序号	具体细分领域	模型	解决问题	应用程度
1	消费者画像	基于标签体系上的行为规则库和算法模型，联邦学习技术（多个零售厂商在数据可用不可见场景下进行模型训练）	基于大数据和标签思维，全景洞察的消费者画像模型，为市场细分与定位、个性化推荐、营销策略制定、产品设计与优化、竞争分析提供依据	大规模应用

序号	具体细分领域	模型	解决问题	应用程度
2	信息过滤系统（推荐算法）	基于模型、流行度、内容、关联规则、协同过滤的推荐算法、混合推荐算法等	基于消费者细分，更好地理解消费者需求，提供更加精准的商品推荐，零售厂商广泛应用于个性化推荐、个性化搜索结果和定向广告等领域	大规模应用
3	人脸识别	计算机视觉技术、人脸识别技术	通过对人脸特征进行提取，通过人脸检测、特征提取、特征匹配与人脸识别过程，识别和确定人的身份，广泛应用于消费者行为分析、个性化推荐、会员管理、安全监测等零售领域	大规模应用
4	智能会员采集	AR、人脸识别	零售门店通过智能采集数据建立会员系统，吸引顾客注册人脸会员，提高会员转化率。会员购物时刷脸可自动累计积分和等级，并通过该系统向会员推荐个性化广告并发放福利、红包、优惠券和礼品，为零售门店提升客单价，提高会员的品牌忠诚度	探索应用
5	智能会员管理	大数据分析、机器学习算法	第一，智能会员管理系统可以帮助企业更好地进行精准营销。第二，智能会员管理系统可以帮助企业更好地管理客户关系	大规模应用
6	智能营销	大数据技术、人工智能技术	精准触达用户，丰富的营销策略，功能完善、覆盖全面、操作简捷的营销工具，让零售商的营销更高效、更智能	大规模应用
7	人员识别与客流统计	人脸识别和人体重识别算法	采集人流数量、停留时长、新老访客、移动轨迹等数据，对访客行为趋势、门店热门位置、整体人流量趋势等进行分析	大规模应用
8	门店热力图	红外感应、监控摄像头、物联网、机器学习	借助红外感应、监控摄像头等 IoT 传感设备，实时监控门店区域内人群密集和分布现状，实现精准的人群密集和人群分布的分析，进一步通过客户特征数据分析消费者特征，进行针对性营销以吸引顾客	大规模应用
9	智能比价	大数据技术、人工智能技术	通过手动输入、拍照或上传图片等多种方式，智能比价系统可以搜索电商平台价格并进行可视化展示，并推荐消费者可用优惠券。同时可以展示商品与服务价格走势与变动	大规模应用
10	智能客服（数字人）	自然语言处理大模型	客服热线、售后服务、电话营销、用户画像	大规模应用

5.3.1.1 用户画像

用户画像是指对一个或一组潜在或现有消费者的详细描述，包括他们的个人信息、行为、消费习惯、购买意愿、购买决策等方面的数据分析和视觉化呈现。用户画像旨在通过数据分析的方式深入了解消费者的需求、喜好、习惯和意见，帮助企业更好地满足消费者的需求，提高消费者的满意度和忠诚度，从而提高销售额和市场份额。企业借助用户画像可以实现市场细分和定位。通过用户画像，企业可以将潜在消费者划分为不同的市场细分，进而设计并推出更加符合每个市场细分的产品或服务，并针对特定市场细分的消费者进行营销。同时借助用户画像可以实施个性化推荐，推荐适合消费者的产品或服务，提高消费者的购买意愿和忠诚度。借助用户画像，企业可以有效制定更加精准的营销策略，了解消费者的消费习惯、需求和决策过程等。借助用户画像，企业可以高效开展产品设计和优化。用户画像不仅能够帮助企业了解消费者的需求和喜好，还能够辅助企业设计更加符合消费者期望的产品，并且在产品的生命周期中可以根据用户画像优化产品或增加新功能。此外，借助用户画像可以实施竞争分析，通过用户画像，企业可以了解竞争对手的优劣势，并与自己的用户画像进行比较来制定更好的市场战略。

5.3.1.2 信息过滤系统

信息过滤系统即推荐算法。推荐算法就是利用消费者的一些行为，通过一定步骤和数学计算，推测出消费者可能感兴趣或需要的东西，然后推荐给消费者，推荐系统本质上是一个信息过滤系统，从海量信息中选择对消费者有用的信息。常用的推荐算法包括基于模型、流行度、内容、关联规则、协同过滤的推荐算法、混合推荐算法等。基于模型的推荐算法利用机器学习算法为消费者建立推荐模型，根据消费者的历史偏好对消费者进行预测推荐并对推荐结果评分，不断修正模型。基于流行度的推荐算法，什么比较热门就给消费者推荐什么，根据大众的喜好推测消费者的喜好。基于内容的推荐算法，可以发现内容之间的相关性（如关键词等），根据消费者以往的浏览记录，推荐给消费者相似的内容。基于关联规则的推荐算法，把一堆商品归于一个集合，当消费者频繁购买其中的某些商品时，消费者购买集合中其他商品的可能性也较大。基于协同过滤的推荐算法，对相同物品感兴趣的消费者更有可能具有相同的兴趣。协同过滤推荐系统一般分为两种类型：基于消费者的推荐和基于物品的推荐。基于消费者的推荐，根据所用消费者对物品或内容的偏好（评分），发现与当前消费者偏好相似的"邻居消费者群体"，一般利用 K 近邻算法，根据 K 个邻居的偏好为当前消费者进行推荐。基于物品的推荐，根据所有消费者对物品或内容的偏好（评分），发现物品和物品之间的相似度，基于当前消费者的历史偏好，将类似的物品或内容推荐给消费者。混合推荐算法，简单来说就是利用各种推荐算法，通过加权、切换、特征组合等提升推荐方法的性能与准确度。信息过滤系统或推荐算法，其实质是双边市场的匹配机制的模型化，实现离散化供需匹配，提供市场交易效率与撮合可能性，有效解决了自然人在供需匹配过程中的认知局限与计算能力局限。信息过滤系统是智能零售的供求匹配机制的核心体现，第 7 章将基于零售智能推荐实际场景与数据，开发具体信息过滤系统。

5.3.1.3 人脸识别

人脸识别技术是计算机视觉领域的重要内容，其主要通过对人脸特征进行提取，通过人脸检测、特征提取、特征匹配与人脸识别过程，识别和确定人的身份，广泛应用于消费者行为分析、个性化推荐、会员管理、安全监测等零售领域。在消费者行为分析方面，通过人脸识别技术，零售商可以分析消费者的购物行为，如购物频率、购买品类等，从而为消费者带来更好的购物体验。在个性化推荐方面，通过人脸识别技术，零售商可以根据消费者的购物历史和喜好为每个消费者提供个性化的推荐，从而提高销售额。在会员管理方面，通过人脸识别技术，零售商可以快速和准确地验证会员的身份，从而优化会员管理流程。在安全监测方面，通过人脸识别技术，零售商可以对商场进行安全监控，如检测盗窃行为和识别潜在危险人物。

5.3.1.4 智能会员采集

在零售商店的结账区域，配置了融合人脸识别及增强现实互动技术的智能化显示屏，并与商店的 ERP 管理系统无缝集成。这一创新设计在两个方面发挥着重要作用：首先，显示屏利用基于面部关键点的 3D AR 效果，迅速抓住顾客眼球，有效促进顾客成为人脸识别会员，其转化效率显著超越常规零售环境下的水平。其次，零售店面借助智能数据收集技术构建的会员管理体系，使得会员在刷脸消费时能自动积累积分、升级会员等级，并接收根据个人偏好定制的广告推送、专享福利、电子红包及优惠券等，不仅成功提升了每位顾客的平均消费额，还极大地增强了会员对品牌的忠诚度，获得了大量品牌商的认可。

5.3.1.5　智能会员管理

智能会员管理系统通过数据分析与个性化服务，提供更加精准的服务，提升客户满意度和忠诚度。第一，智能会员管理系统可以帮助企业更好地进行精准营销。利用智能会员系统的数据分析功能，分析会员的消费行为和喜好，精准定位目标客户群，制定更加精准的营销策略，提高营销效果。比如利用数据挖掘技术，如聚类分析、关联规则挖掘，对会员历史消费记录等数据进行深度挖掘，发现会员的规律和趋势，根据会员的喜好、习惯和行为，利用推荐算法实时推荐消费者感兴趣的产品和服务，提供定制化的服务内容和体验。第二，智能会员管理系统可以帮助企业更好地管理客户关系。通过对会员反馈数据的分析，能够及时了解门店存在的问题和客户的需求，加强客户关系的维护。智能会员管理系统主要的功能包括人性化服务、会员运营管理、忠诚度管理等，通过各种渠道，将感兴趣的信息主动推送给会员，提高会员参与度和精准度；利用智能会员管理系统收集用户行为习惯和消费喜好等信息，利用后台大数据实时分析，对不同的会员通过标签进行标注，全方位刻画会员特征，从而进行深度的用户画像。根据不同的会员标签和画像，分类分群管理会员，根据消费行为和消费习惯将会员进行分类，将相同喜好或相同行为习惯的用户分到一个群进行精细化管理，例如高频消费者、高价值消费者等。针对不同类别的会员，制定不同的营销策略，提高会员满意度和忠诚度。定期对会员分类进行评估和调整，确保营销策略的有效性。设计合理的忠诚度计划，让会员感受到企业的关怀和回报。将会员的忠诚度与消费行为、消费金额等因素挂钩，制定不同的奖励措施。设计合理的积分管理制度，让会员通过消费获取积分，积分可兑换奖品或折扣。定期对积分进行清零或调整，刺激会员的消费行为。通过数据分析，了解会员的积分获取和使用情况，优化积分管理制度。

5.3.1.6　智能营销

智能营销是通过智能化手段优化顾客体验、提高运营效率和增加销售业绩。在零售领域，智能营销的核心在于利用数据分析和人工智能技术来深入了解顾客需求，实现个性化推广、库存管理优化、顾客旅程的精细化运营等。利用视频分析、物联网设备和移动信号跟踪等技术，收集店内顾客行为数据，了解顾客在店内的动线、停留时间等，优化商品陈列和促销位置，提升购物体验。丰富的可灵活配置的人群筛选条件，精细化的消费及行为分析，提高运营效率。通过分析顾客的购物历史、浏览行为、社交媒体互动等数据，运用机器学习算法为每位顾客提供个性化的产品推荐，增加转化率和顾客满意度。根据市场需求、季节变化、竞争对手价格等因素，自动调整产品价格，同时利用预测分析优化库存水平，减少积压和缺货情况，提高资金周转效率。利用自然语言处理技术分析社交媒体上的顾客反馈，及时响应顾客需求和投诉，同时识别意见领袖和正面口碑，进行精准的社会化营销。通过邀请有礼、砍价、拼团分享奖励等裂变营销的高效拉新，轻松实现会员快速增长。设置完善的优惠券工具，支持多业务场景、多渠道发放特价券、立减券、满减券、折扣券的活动。提供多样的促销活动，实现线上线下一体化的品类，品牌，商品、渠道维度多种促销玩法，支持叠加、互斥、优先级规则配置，满足零售商各种促销场景。不断提高客单价，通过满减、满赠、加价换购等促销活动及发放满减券的方式引导客户凑单，提升客单价。提升复购，通过主动推券、下单返券、集印花等营销手段鼓励用户多次消费。智能营销不仅能够提升顾客体验，还能帮助零售商在竞争激烈的市场中更加精准地定位目标顾客，提高营销效率和盈利能力。

5.3.1.7　人员识别与客流统计

零售厂商应用机器学习算法，基于人脸识别（Face Detection）和人体重识别（People Re-identification）算法，来识别进店和出店的人员，并准确统计进店和出店的客流人数。在实际的应用场景中，人员识别与客流统计主要应用于门店考核，对于门店而言，门店销售额 = 客流量 × 成交率 × 客单价，可以将人员识别与客流统计直接与门店经营绩效挂钩。在零售场景中，奢侈品门店普遍使用人员识别与客流统计系统，直接将进店转化率作为导购人员的考核指标。目前人员识别与客流统计开始借助红外线客、WiFi 探针、视频方式实现，除门店绩效考核外，也开始采集人流数量、停留时长、新老访客、移动轨迹等数据，对访客行为趋势、门店热门位置、整体人流量趋势等进行分析。

5.3.1.8　门店热力图

利用监控摄像头与红外传感等物联网技术，算法依托先进的机器学习驱动的人体检测技术，持续观察店铺内部的人群密集度与分布情况，同步实施客流量的统计与深入分析，通过划定人群区域，揭示各商品区域顾客的行为特点。在此基础上，细致分析顾客特性，旨在通过精准营销策略吸引顾客，提升其购物体验。

5.3.1.9　智能比价

商品服务价格是零售厂商经营的基础，零售厂商在采购、定价环节以及消费者在购买环节都需要面对价格决策，因此零售厂商普遍应用大数据技术、人工智能技术实现价格决策智能化。零售厂商在采购过程中面临"货比三家""价比三家"的决策，智能比价系统帮助零售厂商采购人员快速获取质优价廉的商品，通过算法将不同的供应商之间特定商品的价格和可用性信息进行对比，通过图表、列表或价格对比的形式呈现，从而帮助零售厂商做出更明智的采购决策。在智能比价系统的基础上，进一步进行智能定价决策价格决策是消费者在购买过程中最消耗精力的决策环节，消费者通过海量信息对比比较不同零售商之间的同种商品的价格和质量，从而做出更明智的购买决定。通过手动输入、拍照或上传图片等多种方式，智能比价系统可以搜索电商平台价格并进行可视化展示，并推荐消费者使用优惠券，同时可以展示商品与服务价格走势与变动，赋能消费者做出更明智的购买决策。

5.3.1.10　智能客服

通过自然语言处理技术和零售知识库，可以作为零售企业客服热线，理解消费者需求，做出适当的解答。智能客服广泛应用于电话营销，自动拨打潜在消费者的电话，进行产品推销和品牌宣传；并根据消费者历史数据，为零售厂商提供精准的消费者画像和市场趋势分析，优化商品布局和营销策略。随着人力成本的提升和对服务时间要求范围的提升，很多企业开始使用智能客服，针对顾客简单、重复类型高的需求场景进行解答，同时保留人工客服处理特殊需求场景，不但能降低在人力投入上的成本，还能为顾客提供 7×24 小时的客户服务。另外，在零售企业内部场景中，尤其是企业经营管理的流程长、业务多，面对经营管理过程中的系统管理支持、系统使用帮助、内部疑问处理，大多是通过人工培训、操作文档 FAQ 等方式解决内部问题。通过智能助手，将企业数字化流程、管理规范、系统操作使用等能力通过 AI 深化学习，帮助内部使用者更好地应用数字化场景，减少系统与场景割裂、业务流程管理困难的局面。

5.3.2 货的应用

智能零售场景中货的应用如表 5-2 所示。

表 5-2　智能零售场景举要——应用领域"货"

序号	具体细分领域	模型	解决问题	应用程度
1	商品识别与知识图谱	主体检测、特征学习和向量检索等技术	适用于货架陈列分析、智能结算、智能库存管理、智能货柜、电商平台等以图搜图的场景	大规模应用
2	智能陈列	物联网技术、计算机视觉技术、大数据分析技术、人工智能技术	通过物联网技术，实时监控商品陈列和库存情况，及时调整陈列和补充货物，实时监控和反馈。通过准确预测需求和优化库存，降低过剩货物和缺货的风险，降低成本。通过智能陈列管理，提供个性化的商品推荐和购物体验，提高顾客满意度，提高顾客购买率和销售额，提升销售效果	大规模应用
3	智能选品	大数据技术、神经网络	帮助零售厂商发现具有潜力的商品品类与趋势，及时调整选品策略	大规模应用
4	智能采购	大数据技术、人工智能技术	驱动企业采购业务每个环节智能化，无缝集成企业内部 ERP、SAP、SRM、OA、财务等各类业务系统，帮助企业挖掘采购数据价值，为企业管理者提供企业采购全过程数据分析，支撑企业采购决策管理	大规模应用
5	智能订货	人工智能、大数据分析、自动化技术	实现提前预测需求、自动补货、准确控制库存等功能，以提高企业的供应链效率和竞争力	大规模应用
6	智能物流	物联网技术、自动化控制、算法模型	通过新一代信息技术应用帮助企业改变零售企业的运营模式，打造完全数字化的商品到店、上架、拣货、打包、配送任务链路，实现了商品库存和物流履约状态的精准控制，显著提升了企业物流配送效率，同时减少企业人工成本	大规模应用
7	智能供应链管理	大数据技术、物联网技术、自动化控制、算法模型	实现了数字化供应链的网络供应链操作方式，实现了供应链网络分析和供应链各环节可视化、智能化。实现选品、采购、物流、金融、绩效管理、人力资源、资产管理、客户体验、产品生命周期管理等统一的供应链融合。	大规模应用
8	智能定价	机器学习、深度学习、强化学习等技术	充分利用海量的数据和先进的算法，以及灵活的接口和平台，实现商品定价策略的智能化和自动化	探索应用
9	智能质检	机器视觉技术、大数据技术	主要应用于生鲜商品质量控制、服务质量控制等领域，可以对各种渠道的数据进行实时采集、处理和分析，从而帮助企业快速发现问题、改进服务、提高客户满意度	探索应用
10	智能仓补	机器视觉技术、大数据技术、人工智能技术	结合商品库存、陈列、销售等数据实时分析，通过 AI 摄像头视觉算法将零售企业补货任务数字化，实现任务到人、按单计费	大规模应用

序号	具体细分领域	模型	解决问题	应用程度
11	智能库存管理	大数据技术、人工智能技术	利用大数据和智能算法，对未来需求进行预算，如根据历史数据、市场趋势，以及产品的畅销程度、季节性、区域性甚至网络话题热度等因素，智能化预测库存需求，合理安排库存结构，提前做好采购规划，利用智能技术提高库存管理的效率，提高库存周转率	大规模应用
12	智能风控	商务智能（BI）	通过采集、整理和分析大量的零售业务数据，为企业提供全面的风险分析和决策支持，帮助企业发现潜在的风险点、制定风控策略，并在保持盈利的同时降低风险	探索应用

5.3.2.1　商品识别与知识图谱

在零售场景中，由于商品外观相似度高、结算效率要求高、品类更新快等特点，零售厂商开始探索应用图像识别技术，基于主体检测、特征学习和向量检索等技术应用，部署通用图像识别平台，适用于货架陈列分析、智能结算、智能库存管理、智能货柜、电商平台等以图搜图的场景，提高智能化识别水平与识别效率，节省人工及时间成本。部分零售厂商建立全品类商品的识别和知识图谱，在顾客购买时自动识别并介绍产品详细信息。

5.3.2.2　智能陈列

智能陈列通过人工智能和大数据分析技术，可以帮助零售商优化商品陈列，提升销售效果和顾客满意度。智能陈列管理的关键技术包括物联网技术、大数据技术、人工智能技术等。通过连接各种设备和传感器，实时监控商品陈列情况和库存水平。通过图像识别算法，识别商品陈列位置、陈列情况和是否缺货。通过对顾客购买记录、销售数据和市场趋势的分析，优化商品陈列和销售策略。通过机器学习和深度学习算法，实现对商品陈列和销售数据的智能分析和决策。智能陈列管理的优势主要体现在以下四个方面：一是通过优化商品陈列和销售策略，提高顾客购买率和销售额，提升销售效果。二是通过准确预测需求和优化库存，降低过剩货物和缺货的风险，降低成本。三是通过智能陈列管理，提供个性化的商品推荐和购物体验，提高顾客满意度。四是通过物联网技术，实时监控商品陈列和库存情况，及时调整陈列和补充货物，实时监控和反馈。智能陈列系统能够成为善于统计分析的"店铺管理员"，帮助店长更清晰地了解顾客的选品偏好、停留更久的区域和逛店轨迹等信息，哪块区域是顾客喜欢停留的区域，顾客逛店的轨迹等；辅助零售店长根据单店顾客的喜好调整选品和摆放，最大化顾客满意度和坪效。

5.3.2.3　智能选品

基于消费者需求、历史销量、市场趋势、竞争对手等数据，通过神经网络模型，将商品特征向量和用户特征向量输入神经网络模型进行训练，并根据动态数据实时进行系统优化与调整，帮助零售厂商发现具有潜力的商品品类与趋势，及时调整选品策略，抢抓市场的热点和需求，从而增加销售机会。同时可以根据竞争对手产品组合、销售情况和定价策略等数据，动态应用于选品策略，帮助零售厂商实现差异化竞争策略。

5.3.2.4　智能采购

由于消费者细分与差异化竞争策略，零售厂商采购必须面向消费者、面向体验、面向数据、面向业务场景，因此智能采购决策系统的设计与研发成为核心，基于大数据技术与人工智能技术应用，提供智能比价、智能预警、AI 智能助手、供应商智能风控等多项 AI 智能，驱动企业采购业务每个环节智能化，无缝集成企业内部 ERP、SAP、SRM、OA、财务等各类业务系统，帮助企业挖掘采购数据价值，为企业管理者提供企业采购全过程数据分析，支撑企业采购决策管理。

5.3.2.5　智能订货

智能订货系统依赖人工智能、大数据技术、物联网技术应用，利用机器学习处理和分析历史数据、销售数据、需求数据等，通过自主学习和模型优化，提高预测准确性和信度。智能订货系统的主要功能包括需求预测、自动补货、库存控制和供应链协调等。第一，智能订货系统通过收集和分析海量的销售数据、供应链数据和市场数据和其他相关信息，预测未来的需求量和趋势。这有助于企业准确预测市场需求，并及时采取措施，帮助企业发现隐藏的模式和趋势，优化订货策略，并提高供应链的灵活性和效率。第二，智能订货系统借助物联网技术，实现对各个环节的实时监测和数据收集。物联网传感器可以实时监测库存水平、货物运输状态和供应链环节的各项指标，提供准确和实时的数据支持。基于需求预测和库存水平，智能订货系统能够自动触发补货操作，确保及时补充库存，企业能够保持适当的库存水平，以满足客户需求，同时避免过多的库存占用资金和仓储成本。第三，智能订货系统能够实时监控和分析库存情况，对库存进行调整和管理。通过合理的库存控制，企业可以更好地管理库存周转率、降低滞销和过期产品的风险，并提高资金利用效率。第四，智能订货系统能够实时协调各个供应链环节，包括供应商、生产和物流等，准确预测和协调各个环节的需求和供应，确保供应链的稳定和高效运作。

5.3.2.6　智能物流

智能物流通过打造完全数字化的商品到店、上架、拣货、打包、配送任务链路，实现了商品库存和物流履约状态的精准控制，显著提升了零售企业物流配送效率。智能物流的基础是采用智能货架和电子价签等设备，基于 RFID 技术能及时获取商品信息，对库存实施准确管理。基于 RFID 自动识别、精准称重以及集成化的数据管理系统，简化了库存管理流程，更大幅提升了物资处理效率。仓储智能货架通过内置的 RFID 技术，能够迅速而准确地识别每一个物资标签，与此同时，其高精度的称重系统也能确保每一份物资的重量都能得到准确的记录。仓储智能货架通过其智能系统，可以实时追踪物资的领取、归还等信息，并生成详细的盘点报告。仓储智能货架支持定时自动盘点和主动盘点模式，不仅大大提高了盘点效率，还节省了人力、物力成本。智能仓储货架的数据分析功能不仅可以帮助企业实现库存预警与预测，还可以为企业提供更加智能化的决策支持。通过系统分析，企业可以预测未来的库存需求和市场趋势，从而提前做出合理的库存调整和采购计划。传统零售企业很难实现拣货、派发、运输等环节的协同管理，通过新一代信息技术赋能零售企业的运营模式转型，打造仓储全程智能化作业，将商品的种类、价格、重量等全部由智能技术统一管理，实现自动备货、自动分拣和自动派发，在消费者下单之后，智能技术将自动拣货和派发，并且这种运营模式可为企业大大减少人工成本。

5.3.2.7　智能供应链管理

智能供应链管理是智能选品、智能定价、智能物流、智能补货等智能化决策的集成应用，零售厂商期望供应链能力和技术随着消费者的购买习惯的变化而做出相应调整，基于大数据技术、物联网技术、自动化控制、移动设备等使用，实现了零售供应链的数字化、智能化操作方式，实现了供应链网络分析和供应链各环节可视化、智能化。通过供应链重塑，实现选品、采购、物流、金融、绩效管理、人力资源、资产管理、客户体验、产品生命周期管理等统一的供应链融合，快速精准地响应消费者需求不确定性。零售企业可以通过实施智能供应链解决方案来提高运营效率、降低成本、提高顾客满意度并增强市场竞争力。

5.3.2.8 智能定价

商品定价策略是影响企业营收和利润的重要因素之一，它需要综合考虑市场需求、竞争环境、成本结构、产品特性、消费者心理等多个方面因素，以制定出合理的价格区间和动态调整的策略。然而，商品定价策略的制定和执行是一项复杂的任务，它需要大量的数据分析和模拟，以及对不确定性和变化性的应对。传统的商品定价策略往往依赖于人工的经验和规则，难以适应复杂多变的市场环境，也难以充分利用海量的数据资源。智能定价系统具有超大规模的参数和数据的人工智能模型，它可以通过深度学习的方法，从大量数据中自动学习和提取有价值的信息和知识，学习和模拟商品和用户的行为和规律，从而实现商品定价的自动化和优化，为商品定价策略提供了新的解决方案。智能定价系统通过对市场数据、竞争数据、消费者数据等进行深度分析和建模，以及对不同的价格策略进行模拟和评估，从而为商品定价策略的制定和执行提供智能的支持和优化。智能定价系统利用海量的数据，对市场需求进行精准的预测和分析，如用户行为、市场趋势、竞争对手等，从而帮助产品经理和运营人员了解市场的动态和变化，以及用户的需求和偏好。智能定价系统利用先进的算法，对商品成本进行准确的计算和分析，如原材料成本、生产成本、运输成本等，从而帮助产品经理和运营人员控制商品的成本和利润率。智能定价系统利用强大的优化能力，对商品定价策略进行智能的优化和调整，如动态定价、个性化定价、促销定价等，从而帮助产品经理和运营人员提高商品的销量和收入，以及用户的满意度和忠诚度。智能定价系统可以利用实时数据流、在线学习、自适应控制等技术，对动态定价数据进行深度的理解和分析，从而生成动态定价的规则、参数、结果等，为产品经理和运营人员提供关于动态定价全面和高效的描述和实施。智能定价系统可以利用用户画像、用户分群、用户偏好、用户意图等技术，对个性化定价数据进行深度的理解和分析，从而生成个性化定价的方案、价格、效果等，为产品经理和运营人员提供个性化定价全面和细致的描述。智能定价系统可以利用季节和节日的影响、社会和经济的影响、行业和政策的影响等技术，对促销定价数据进行深度的理解和分析，从而生成促销定价的计划、价格、效果等，为产品经理和运营人员提供促销定价的全面和准确的描述和执行。智能定价系统利用灵活的接口，对商品定价策略进行高效的实施和监控，如自动调价、实时反馈、数据可视化等，从而帮助产品经理和运营人员节省时间和精力，提升工作效率和质量。智能定价系统的目标是最大化零售商的总收益，它可以根据不同的门店特征、商品特征、顾客特征、市场需求、竞争价格等因素，动态地调整每件商品的价格，以适应不同的零售门店和顾客的需求，同时考虑商品的库存和保质期等因素。智能定价系统的优化过程是实时的、动态的和自适应的，它可以根据实时的数据和反馈，随时调整商品的价格，以应对市场的波动和顾客的变化。例如，当某个零售门店的人流量增加或减少时，智能定价系统可以自动提高或降低该门店的商品的价格，以吸引更多的顾客或清理更多的库存；当某个商品的竞争对手降低或提高价格时，智能定价系统可以自动跟随或反向调整该商品的价格，以保持竞争优势或提高利润空间；当某个商品的顾客评价或反馈较差或较好时，智能定价系统可以自动降低或提高该商品的价格，以提升顾客的满意度或忠诚度。此外，智能定价系统还可以根据顾客的个人特征和行为，进行个性化的定价，以提高顾客的购买意愿和满意度。例如，当某个顾客对某个品牌或类别的商品有较强的喜好或忠诚度时，智能定价系统可以自动给该顾客提供较低的价格，以增加该顾客的购买频次和金额；当某个顾客对某个品牌或类别的商品有较弱的喜好或忠诚度时，智能定价系统可以自动给该顾客提供较高的价格，以提高该顾客的购买价值和利润率。

5.3.2.9　智能质检

在零售业经营中，产品质量和服务质量是吸引和留住顾客的关键。为了确保顾客满意度和业务连续性，国内典型零售企业已经开始采用智能质检技术来监控和改进企业的服务质量。智能质检是一种利用人工智能和大数据技术对语音、文本、图像等数据进行自动分析、识别、分类和处理的系统。它可以对各种渠道的数据进行实时采集、处理和分析，从而帮助企业快速发现问题、改进服务、提高客户满意度。现阶段，智能质检技术主要应用于生鲜品控、语音质检、文本质检领域。其中，智能质检在生鲜品控中的应用非常广泛，通过近红外光谱检测技术、光谱无损检测技术、大数据技术、人工智能技术应用，为消费者提供更加安全、可靠的生鲜产品。利用近红外光谱检测技术（NIR）非侵入性的检测方法，可以通过分析水果或蔬菜的近红外光谱来评估其内部品质，如糖度、酸度、水分含量等。通过光谱无损检测，分析不同波长下的光谱特性来判断生鲜产品的品质。利用收集到的生鲜产品数据进行分析，识别出影响品质的关键因素，进而优化生产过程。利用机器学习，训练算法来识别优质产品和劣质产品之间的差异，如颜色、形状、重量等特征。通过智能质检系统应用，部分零售厂商实现 100% 的生鲜产品快检，即所有入库生鲜产品都要经过快速检测，确保不将不合格产品出售给消费者。通过自动分析客户与客服代表的通话录音，智能质检系统可以检测出客服代表的语气、语调、用词等是否得当，以及消费者对产品的态度和反馈。语音质检方式能够及时发现服务中的不足之处，为企业提供改进方案。智能质检系统还可以对消费者的在线咨询、投诉、评论等文本数据进行自动分析。通过自然语言处理技术，系统可以检测出客服代表的回复是否及时、是否满足消费者需求、是否解决客户问题等，从而帮助企业提高客户服务质量。在零售行业中，产品展示和广告宣传是非常重要的。智能质检系统可以通过图像识别技术，自动检测产品图片是否清晰、色彩是否准确、产品信息是否完整等，从而帮助企业提高产品展示的质量和广告宣传的效果。智能质检系统可以实时收集、处理和分析各种数据，包括客户反馈、服务质量、销售数据等，为企业提供全面的数据分析报告。这些报告可以帮助企业及时发现业务中的问题和不足，制定相应的改进策略，提高客户满意度和业务连续性。

5.3.2.10　智能仓补

智能仓补结合商品库存、陈列、销售等数据实时分析，通过 AI 摄像头视觉算法将零售企业补货任务数字化，任务到人、按单计费。帮助企业提高补货效率，系统性降低综合补货成本；降低空排面导致销售损失，提升经营能力。自动生成补货任务到人提升效率，补货系统根据销售、库存、陈列信息及 AI 摄像头分析结果，实现及时高效的补货管理，并具有稽核保障。精准的前场后仓货架位管理，降低补货门槛。任务精准提示后仓取货位，前场补货位，新员工简单培训即可开始补货作业，大幅降低补货门槛。

5.3.2.11　智能库存管理

智能库存管理在零售环节是非常重要的一部分。在商品售卖过程中，需要保证有足够的产品数量来满足门店的销售需求量，又要避免库存积压带来资金和管理成本的浪费。以往传统的库存管理方法更多的是依赖管理人员的个人经验，在如今市场快速变化的环境下，很容易因为自身认知、需求变化、人为因素等导致库存管理更加困难。通过对库存实时监控，了解库存的数量、仓库信息，可以及时发现库存异常，避免库存积压和缺货。利用大数据和库存管理算法，对未来需求进行预算，如根据历史数据、市场趋势，以及产品的畅销程度、季节性、区域性甚至网络话题热度等因素，智能化预测库存需求，合理安排库存结构，提前做好采购规划，利用人工智能技术提高库存管理的效率，提高库存周转率。智能库存管理是智能零售的基础，第 9 章将基于零售智能库存管理实际场景与数据开发具体的智能库存管理算法。

5.3.2.12　智能风控

在竞争激烈的零售行业中，风险管理是非常重要的。不仅需要关注供应链、顾客需求、价格等各种因素，还需要保护财务利益、预防欺诈和损失。智能风控的引入，可以有效地帮助零售企业降低风险并提高业务决策的准确性。智能风控是指通过采集、整理和分析大量的零售业务数据，为企业提供全面的风险分析和决策支持。智能风控系统结合数据分析、预测模型和业务智能技术，帮助企业发现潜在的风险点、制定风控策略，并在保持盈利的同时降低风险。智能风控可以应用于各个环节和业务场景，帮助企业实现风险管理和业务决策的优化。一是库存管理，通过智能风控，企业可以实时了解库存情况，预测销售趋势，避免因库存过多或过少导致的损失。二是供应链管理，智能风控可以提供供应链的可视化和数据分析，帮助企业评估供应商风险、预测供应链延误以及管理供应链合作伙伴。三是欺诈预防，通过分析顾客购买行为和风险指标，智能风控可以帮助企业及时发现欺诈行为，并采取相应的措施进行预防，提高交易的安全性。引入智能风控可以带来许多优势，通过实时数据分析，智能风控可以实时收集和分析大量的业务数据，帮助企业及时了解风险情况，并做出相应的应对措施。通过建立预测模型，智能风控可以帮助企业预测市场趋势、顾客需求以及其他一些关键指标，提前做好准备，实现精准预测。智能风控可以帮助企业发现隐藏的风险点，并制定相应的风险控制策略，从而降低潜在的损失和风险。通过提供准确、全面的数据分析和决策支持，智能风控可以帮助企业做出更加科学和有效的业务决策，改善决策质量。智能风控在零售业中的应用越来越重要，它可以帮助企业降低风险、提高效率，并提供准确的业务决策支持，第 8 章将基于零售智能风控实际场景与数据，开发具体智能风控算法。

5.3.3　场的应用

智能零售场景中场的应用如表 5-3 所示。

表 5-3　智能零售场景举要——应用领域"场"

序号	具体细分领域	模型	解决问题	应用程度
1	智能迎宾	人脸识别技术、知识库、智能硬件	智能机器人可以进行迎宾、导航带路、语音交互等简单且重复的工作。通过编辑机器人知识库，将最常用问答录入，帮助门店人员解决大部分单一而重复的咨询工作，提升简单业务办理的工作效率，有效减少客户等候时间	大规模应用
2	AI 互动大屏	人工智能、虚拟现实和人机交互等技术	AI 互动大屏的核心在于其搭载的 AI 数字人技术，这是一种具有高度智能化的虚拟人物形象，可以根据用户的行为和语言进行智能化的响应和反馈。AI 互动屏通过与消费者的互动，实现信息的实时传递、娱乐、教育等多种功能	探索应用
3	零售数字人	自然语言处理、计算机视觉、语音合成、人工智能技术	零售数字人也称为虚拟店员或 AI 店员，是基于人工智能技术，特别是自然语言处理、计算机视觉、语音合成等技术，为零售行业打造数字化、智能化服务的代表。它们可以在实体店铺、线上平台或移动应用中，以虚拟形象出现，为顾客提供一系列互动式服务和体验	探索应用
4	AR 试衣镜	AR、大数据技术、人工智能技术	用户可以通过试衣镜的界面实时调整衣物的款式、颜色甚至搭配配饰，从而在试穿过程中体验到不同的时尚风格。这为顾客提供了更多选择，并促使他们在购物时做出更加满意的决策	探索应用
5	AR 试妆镜	AR、大数据技术、人工智能技术	通过增加测肤功能，3D 皮肤立体成像分析技术，融合 4D 图像采集，多维度即时检测皮肤状况，深度掌握肌肤细节，生成清晰数据分析报告，为肌肤提供更科学的专属护理方案，并为顾客精准推荐护肤产品	探索应用
6	智能监控	摄像机、大数据技术、算法、物联网技术	前端监控系统采用高清摄像头、音频采集器等设备，支持多种视频编码格式和传输协议。后端采取高性能服务器和存储设备，支持大数据分析与决策。支持多种报警方式，如移动侦测、人脸识别等，一旦触发报警，系统会立刻发出警报并通知相关人员。支持对监控画面智能分析，如人数统计、客流分析等，为零售厂商提供数据支撑	大规模应用
7	无人值守安防管控	智能烟感、智能门磁、倾斜传感器等 NB-IoT 设备以及人形算法	通过智能烟感、智能门磁、倾斜传感器等 NB-IoT 设备以及利用人形算法，帮助门店实现无人值守安防管控	大规模应用
8	智能巡店	智能点检对	在渠道运营管理人员资源紧张时，可利用智能点检对图片自动筛选，降低人力成本；当无法直接判断某张图片反映的情况是否正常属实时，可通过人工比对图片进行二次确定，如确实发现人员管理、货品管理、门店管理中的不规范现象，人工截图并创建事件发送给相应的责任人进行整改，整改完后再将结果拍照上传进行整改确认，形成闭环管理	探索应用
9	刷脸支付	人脸识别技术	通过人脸识别技术验证消费者身份并完成支付账号匹配，完成支付过程，提高零售店支付效率	大规模应用
10	智能导购	大数据、人工智能、机器学习	智能导购并非简单的 AI 技术应用，它是结合了大数据、人工智能、机器学习等多项前沿技术的零售解决方案，可以对顾客的购买行为进行深度分析，从而提供个性化的购物推荐，提升顾客的购买体验。同时，智能导购还能帮助店主更好地管理库存和销售数据，做出更准确的商业决策	大规模应用

续表

序号	具体细分领域	模型	解决问题	应用程度
11	无感支付	3D机器视觉、深度学习、多传感融合等技术	通过采用以上技术重构整个线下物理空间，然后基于AI算法引擎实时分析"人、货、场"的动态数据，精准追踪"人"的轨迹和行为姿态，掌握"人、货"交互情况和相关商品信息，消费者可以刷脸/扫码进店，出店自动结算。	大规模应用
12	智能收银称重	机器视觉、神经网络、高精度重点传感器	基于机器视觉与算法模型，自动识别水果、蔬菜等称重品类商品，实现了称重、商品AI识别、打印、收银、会员管理、支付功能一体化管理，与后台管理软件（如进销存系统、溯源系统、客户系统、结算系统）无缝对接	大规模应用
13	零售商务智能	BI技术	零售商务智能核心是系统数据指标的选取和系统实现的关键技术，数据指标选取涵盖销售、会员销售、供应链管理等方面。系统实现的关键技术包括数据仓库、数据抽取工具、多维数据库、数据仓库管理、信息发布系统等技术。系统为决策者和管理者提供直观、便捷的展现方式，便于管理人员从海量的数据中迅速获取重要指标的数据	大规模应用
14	智能照明	大数据技术、算法模型	照明智能控制系统可以根据不同区域的需求和特点，实现个性化的照明设置。差异化的照明设计不仅能够提升商品的吸引力，还能够增加顾客的购物体验，培养顾客的忠诚度	探索应用
15	智能门店出清	人工智能技术	根据各个门店不同的销售情况，及时修改价格和促销活动，更敏捷地辅助经营工作，提升运营效率	大面积应用
16	智能设备管控	物联网技术、大数据技术、人工智能技术	将IoT设备快速接入云端，为商家提供在线化、数字化的统一设备管理服务，通过物联网平台，可以实现设备的智能化管理和运营优化	大规模应用
17	智能收货	物联网技术、人工智能技术	以人工智能物联网（AIOT）技术赋能平台远程监管，确保收货可以在任何时段安全进行，提高收货效率，降低管理成本	大规模应用
18	远程值守	物联网技术、人工智能技术	以物联网技术为支撑、使用视频分析、智能监控、大数据等多项技术与传统便利店业务结合，打造"日间人工+夜间远程智守"新模式，轻松实现7×24小时营业，帮助门店降本提效	较大规模应用
19	智能防损	物联网技术、人工智能技术	使用视觉AI行为分析系统，对顾客自行完成商品扫码结算全过程中的漏扫商品、遮挡条形码等异常行为，进行自动标记和视频取证	大规模应用
20	智能银线	物联网技术、人工智能技术	通过POS和智能购时段销售数据的分析，结合AI摄像头视觉算法将零售企业收银区域数字化，动态排班到人、按件计费	大规模应用
21	智能购物车	物联网技术、人工智能技术	智能购物车依靠自身配备的智能系统，可以支持消费者边购物边扫码，购物结束自动结算离开超市，优化购物流程，有效缓解收银台结账排队的难题	大规模应用
22	智能能耗	物联网技术、人工智能技术、大数据技术	基于AIoT技术将零售企业用能情况数字化，智能挖掘低效浪费环节，帮助企业优化用能策略和控制方法，实现系统性降本增效	大规模应用
23	无人零售	物联网、计算机视觉、生物识别、深度学习以及传感器融合等技术	实现全过程无人值守，实现"即拿即走"的购物体验，摆脱传统零售业态人员成本约束，降低人力资源成本，提高经营效率	探索应用与分场景应用

序号	具体细分领域	模型	解决问题	应用程度
24	智慧停车		智慧停车场逐步开通面向车行和人行的信息查询、车位预约、路径规划、场内导航、空车位引导、反向寻车、便捷支付等服务功能，为车主提供覆盖出行停车全过程的智能引导服务，并根据测试反馈情况动态优化完善服务功能，帮助消费者解决"快速停车及找车"的痛点	探索应用与分场景应用
25	智能试衣间	3D红外传感技术、RFID、大数据技术、人工智能技术等	智能试衣间场景的应用，更为关键的是为智能会员应用提供技术数据，未来通过消费者持续不断数据的搜集，可以为消费者购物以及身材管理提供商品与服务组合，满足消费者不断变化的需求不确定性	探索应用与分场景应用
26	机器人店员	大数据技术、人工智能技术、自动控制技术等	可以在无人便利店、智能配送、智能客服机器人、无人甜品店、库存管理、码垛机器人、客户服务机器人、补货机器人、协作机器臂、安全监控等场景应用	探索应用与分场景应用

5.3.3.1 智能迎宾

零售智能迎宾是指利用人工智能技术，如人脸识别、语音识别、大数据分析等，为零售商店设计的自动化迎宾系统。智能迎宾系统旨在提升顾客的购物体验，提高门店运营效率，并收集宝贵的消费者行为数据。具体功能和应用可能包括：通过安装在入口处的人脸识别摄像头，系统能够识别新老顾客，自动向顾客发出个性化的欢迎信息，实现人脸识别欢迎；利用摄像头和传感器追踪顾客在店内的移动路线、停留时间等，帮助零售商理解顾客对不同商品或区域的兴趣程度，从而优化商品陈列和店内布局，实现顾客行为分析；结合顾客的历史购买记录和店内行为分析，系统可以向顾客推送个性化的产品或优惠信息，通过电子屏幕或移动设备传达，实现智能推荐；配备语音助手的智能迎宾系统能够回答顾客的常见问题，如商品位置、促销活动详情等，提升顾客服务体验，实现语音交互。智能迎宾系统可以通过面部表情分析顾客的情绪状态，帮助店员及时介入，解决潜在的不满或提升顾客满意度，实现情绪识别。除迎宾功能外，这些系统还能增强店铺的安全管理，通过异常行为检测预防盗窃和其他安全问题。

5.3.3.2 AI互动大屏

AI互动大屏是一种结合了人工智能、虚拟现实和人机交互等技术的大屏幕显示设备，它可以通过与消费者的互动，实现信息的实时传递、娱乐、教育等多种功能。AI互动大屏的核心在于其搭载的AI数字人技术，这是一种具有高度智能化的虚拟人物形象，可以根据用户的行为和语言进行智能化的响应和反馈。在零售场景，AI互动大屏可以作为展示企业形象、产品特点的重要工具，顾客可根据兴趣挑选广告或商品，提高购物效率。

5.3.3.3 零售数字人

零售数字人也称为虚拟店员或AI店员，是基于人工智能技术，特别是自然语言处理、计算机视觉、语音合成等，为零售行业打造的数字化、智能化服务代表。它们可以在实体店铺、线上平台或移动应用中，以虚拟形象出现，为顾客提供一系列互动式服务和体验。数字人不受时间限制，能够24小时不间断地为顾客提供咨询服务，解答产品信息、库存查询、购物引导等问题，实现全天候客户服务。通过分析顾客的购物历史、浏览行为和偏好，数字人能提供个性化的产品推荐，增加销售转化率，实现个性化推荐。利用自然语言处理和语音识别技术，数字人可以与顾客进行自然对话，模拟真实的交流场景，提升购物的趣味性和参与感，实现互动体验。具有高度拟人化外观和表情的数字人能够在视觉上吸引顾客注意力，尤其在展示新产品、进行品牌故事讲述时，增强信息传递的效果，实现视觉吸引。零售数字人不仅限于实体店，还可以应用于电商平台、社交媒体、移动 App 等多种渠道，实现全渠道一致的顾客体验，多渠道应用。虽然初期开发和部署成本较高，但长期来看，数字人可以减少对实体人力的依赖，降低运营成本，提高效率，实现成本效益。随着人工智能技术的持续发展和消费者对新鲜购物体验的追求，零售数字人将重新定义顾客与品牌之间的互动方式。

5.3.3.4 AR 试衣镜

用户无须真实穿上衣物，通过 AR 技术，试衣镜能够在用户身上投影出不同款式、颜色的服装效果。这种虚拟试衣体验让用户能够在短时间内尝试多种风格，轻松寻找适合自己的时尚搭配。用户可以通过试衣镜的界面实时调整衣物的款式、颜色甚至搭配配饰，从而在试穿过程中体验到不同的时尚风格。AR 试衣镜为顾客提供了更多选择，并促使他们在购物时做出更加满意的决策。基于用户的身形和购物历史数据，AR 试衣镜还能够提供个性化的服装建议和大数据展示。通过深度学习算法，试衣镜可以了解用户的喜好，大数据展示适合的服装款式，为用户打造独特的时尚体验。AR 试衣镜不仅存在于实体商店，也逐渐在线上购物中崭露头角。通过智能手机或平板电脑，用户可以在家中使用 AR 试衣镜进行虚拟试衣，实现"一站式"的线上购物体验。这使用户能够更加方便地尝试不同款式，促使在线购物更为直观和个性化。

5.3.3.5 AR 试妆镜

AR 试妆镜是专业级人工智能虚拟试妆商用设备，通过它消费者可以快速体验各种彩妆品的特性，以及个性化妆容搭配的效果，用有趣的互动体验让商家与消费者快速产生链接，实现更精准的销售转化。AR 试妆镜通过增加测肤功能、3D 皮肤立体成像分析技术，融合 4D 图像采集，多维度即时检测肌肤状况，深度掌握肌肤细节，生成清晰的数据分析报告，为专属肌肤提供更科学的护理方案，并为顾客精准推荐护肤产品。

5.3.3.6 智能监控

智能监控的前端监控系统采用高清摄像头、音频采集器等设备，支持多种视频编码格式和传输协议。后端采取高性能服务器和存储设备，支持大数据分析与决策。智能监控支持多种报警方式，如移动侦测、人脸识别等，一旦触发报警，系统会立刻发出警报并通知相关人员。智能监控系统可以实时监控商品库存、商品陈列与摆设、防盗预警，可以实时进行人流统计、顾客行为分析、顾客安全保障，可以实时进行员工工作状态监控、服务质量评估、员工行为规范分析，也可以实时智能监控人员跌倒、火灾等异常情况。随着人工智能技术的发展，基于智能监控系统会出现越来越多的算法模型，同时结合物联网数据的大规模采集，智能监控系统将产生越来越多的智能化决策，支持零售厂商降本增效。

5.3.3.7 无人值守安防管控

通过智能烟感、智能门磁、倾斜传感器等 NB-IoT 设备以及利用人形算法，帮助门店实现无人值守安防管控。智能烟感实时上报烟雾、温湿度等数据，预警火灾发生。有的门店没有高效便捷的安防管理手段，一旦被盗窃或者出现火灾等紧急情况，多则 7~8 小时才可以发现，而现在则可以做到秒级发现、及时处理。智能门磁可以实现在门店下班歇业后或上班期间有暂时离岗需要时，有效防止盗窃。智能门磁针对仓库、机房等重要场所进行异常行为监控报警。

5.3.3.8 智能巡店

零售运营人员可以自定义时间和监测范围，每日自动截取视频图片发送给相关人员进行审核处理；实现每日自动巡视与检查；在渠道运营管理人员资源紧张时，可利用智能点检对图片自动筛选，降低人力成本；当无法直接判断某张图片反映的情况是否正常属实时，可通过人工比对图片进行二次确定，如确实发现人员管理、货品管理、门店管理中的不规范现象，人工截图并创建事件发送给相应的责任人进行整改，整改完后再将整改结果拍照上传进行整改确认，形成闭环管理。

5.3.3.9 刷脸支付

刷脸支付作为销售的最终环节，也是智能识别技术的核心展示。通过识别和扫描人脸，就可以完成在线支付。基于人脸的独一无二性和动态非配合式特性，刷脸支付的安全性与便利性远大于指纹支付，可以给用户营造更高效安全便捷的支付环境。

5.3.3.10 智能导购

智能导购并非简单的 AI 技术应用，而是结合了大数据、人工智能、机器学习等多项前沿技术的零售解决方案。它可以对顾客的购买行为进行深度分析，从而为顾客提供个性化的购物推荐，提升顾客的购买体验。同时，智能导购还能帮助零售店面更好地管理库存和销售数据，做出更准确的商业决策。通过收集和处理大量的用户行为数据，将用户的基础画像信息、浏览记录、购买记录、搜索记录、消费记录进行清洗转化，再将商品数据进行数字特征转化，利用合适的算法模型对用户数据和商品数据进行不断学习优化，最终生成个性化的推荐列表。

5.3.3.11 无感支付

实体零售场景中排队问题仍是零售厂商面临的主要痛点，高级的支付系统设计如智能化的支付通道、无感支付等，使交易过程更为顺畅，降低了消费者的排队等候时长，改善了消费者的购物体验，是零售业长期期待的结果。传统无感支付尝试 RFID 路径，鉴于结算时可能会出现系统误读、漏读以及顾客自行撕掉标签免费带走商品等情况，无法有效降低实体门店的盗损率。而 3D 机器视觉技术的成熟，则让这一问题有了新的答案。3D 机器视觉技术被广泛应用于食品检测、工业检测、养老监护等场景，并在零售领域加速"开疆辟土"。最优的无感支付体验应将购买的门槛降至最低，不仅可以摆脱现金、手机等介质的"束缚"，而且支付不再作为一个独立的环节出现，并且支付速度更快，只需数秒即可完成。采用 3D 机器视觉、深度学习、多传感融合等技术打造了"即拿即走"的 AI 智能无人店，用更具科技感、未来感的体验诠释了"无感支付"的真正含义。通过采用以上技术重构整个线下物理空间，然后基于 AI 算法引擎实时分析"人、货、场"的动态数据，精准追踪人的轨迹和行为姿态，掌握人货交互情况和相关商品信息。消费者可以刷脸 / 扫码进店，出店自动结算，人均购物时间节省 45 秒，购买一瓶矿泉水最快仅需 1 秒。支持识别各类物品，准确区分外观、重量高度相似的物品，支持错拿错放、货物入包 / 袋 / 筐，无惧盗损。

5.3.3.12　智能收银称重

基于机器视觉与算法模型，自动识别水果、蔬菜等称重品类商品，实现了称重、商品AI识别、打印、收银、会员管理、支付功能一体化管理，与后台管理软件（如进销存系统、溯源系统、客户系统、结算系统）无缝对接，解决了消费者排队称重以及打秤员手动输入商品代码问题，解决了传统商超称重收银环节低效问题，提升称重结算效率。

5.3.3.13　零售商务智能

零售商务智能（Retail Business Intelligence，RBI）是指在零售行业中应用的一系列技术和分析方法，旨在通过收集、分析和解释大量数据，帮助企业做出更明智的业务决策。这包括从销售点（POS）系统、库存管理系统、顾客忠诚度计划、在线销售平台等多个来源收集数据，并利用数据分析工具来识别趋势、模式和潜在的机会或问题。零售商务智能的关键目标是提高运营效率、增强客户体验、优化库存管理、提升销售额和利润率。零售企业通常采取蛛网式的数据访问方式，公司高管、分析人员、业务人员从各个系统中获取采购、销售、财务、代理商等方面的数据。若这些独立运行的系统不能有效共享，管理层和决策层就难以对企业的发展状况做到实时监测，从而影响零售企业的管理效率和经营效益。新的商业智能系统应该满足管理者的浏览、查询、输出等基本功能需求和预测、监测、预警、诊断咨询、决策支持、绩效管理等高级功能需求。以基本功能为例，针对不同等级、不同业务范围的用户，赋予不同等级、不同范围的浏览权限，用户可以自定义查询条件，通过简单、易操作的形式查询各种所需数据，在定义的查询条件下以报表的形式将数据结果输出，同时提供数据导出功能。高级功能则可以帮助零售企业实现智能化、自动化管理。商务智能系统为决策者和管理者提供直观、便捷的展现方式，便于管理人员从海量的数据中迅速获取重要指标的数据，同时经营人员也能从简单、机械、重复的收银任务中解放出来，从事更高价值的工作。零售商务智能可以快速实现销售分析、客户行为分析、库存与供应链管理、价格优化、店铺绩效评估、市场篮子分析、预测分析、可视化报告与仪表板等，为零售商提供了前所未有的洞察力和竞争优势。具体到零售门店，借助零售商业智能系统，零售门店经营人员可以随时随地了解订单量、销售额、客单价等情况，并根据可视化报表轻松做出决策，在线完成采购、商品调拨、调整价格、营销策划等工作，显著提升门店经济效益。

5.3.3.14　智能照明

在零售经营过程中，照明智能控制系统正成为提升零售店形象、增加销售、降低成本的有效手段。通过科学合理的灯光设计和控制，可以有效展示商品的色彩和质地，提升产品的吸引力，从而引导顾客的注意力，促进购买决策。同时，合适的照明还能够营造出舒适的购物氛围，让顾客感受到愉悦和放松，增加停留时间，提高购买率。首先，照明智能控制系统可以根据不同区域的需求和特点，实现个性化的照明设置。例如，在展示区域，可以采用聚光灯或射灯来突出商品的亮点，吸引顾客的目光；而在休息区域，则可以运用柔和的环境光，营造出舒适轻松的氛围，让顾客感受到宾至如归的体验；在库存区，可以采用感应灯光设计，在非操作时间熄灯，降低用电成本。这种差异化的照明设计不仅能够提升商品的吸引力，还能够增加顾客的购物体验，培养顾客的忠诚度。其次，照明智能控制系统还能够通过调节色温和亮度，有效展示商品的真实色彩和细节。研究表明，合适的照明可以改善顾客对商品的感知和评价，提升购买欲望。例如，对于服装店来说，使用具有高显色指数的灯源可以使服装色彩更加鲜艳真实，吸引顾客的注意力；而对于珠宝店而言，采用暖色调的灯光可以让珠宝更加闪亮迷人，提升顾客的购买欲望。因此，通过智能调节照明系统，零售店可以有效提升商品的展示效果，增加销售额。最后，照明智能控制系统还可以根据不同时间段和活动需求，自动调节照明方案，提升店铺的灵活性和互动性。例如，在促销活动期间，可以通过灯光变换、灯光闪烁等方式吸引顾客的注意力，增加促销活动的曝光度和吸引力；而在晚间营业时段，则可以通过调节照明色温和亮度，营造出温馨浪漫的氛围，吸引夜间消费者。智能化的照明控制不仅提升了店铺的活力和吸引力，还能够提升顾客的购物体验，增加店铺的口碑和知名度。

5.3.3.15　智能门店出清

零售门店出清采取新型的人机交互模式，通过大数据与人工智能技术的集中应用，可以让一线员工用自然语言与系统交互，根据各个门店不同的销售情况，及时修改价格和促销活动，更敏捷地辅助经营工作，提升运营效率，实现门店快速出清。

5.3.3.16　智能设备管控

依托物联网管理平台可以轻松将 IoT 设备快速接入云端，为商家提供在线化、数字化的统一设备管理服务，通过物联网平台，可以实现零售门店设备的智能化管理和运营优化。物联网平台可以构建多样化的智能场景，通过不同类型设备的组合应用，搭建数字零售智能场景库。智能设备管控系统通过物联网管理平台可以集成多个智能设备和系统，形成一个综合性的解决方案，覆盖零售店的各个方面，如智能照明、温湿度控制、智能货架等。随着消费者需求不确定性显著增强，智能设备管控可以帮助零售厂商提供更多的场景设置，满足消费者"一人千面"的场景需求。

5.3.3.17　智能收货

智能收货以物联网技术与人工智能技术赋能平台远程监管，确保收货可以在任何时段安全进行，提高收货效率，降低管理成本。智能核验，通过检测车牌的一致性、铅封的完整性来确认商品安全。自动开门，无须人员现场开门。自动布撤防，收货区域自动布撤防，避免警情误报。

5.3.3.18　远程值守

远程值守以物联网技术为支撑、使用视频分析、智能监控、大数据等多项技术与传统便利店业务结合，打造"日间人工＋夜间远程智守"新模式，轻松实现 7×24 小时营业，帮助门店降本提效。一是延长营业时间，降低客流低谷期的营业成本，通过顾客到店记录，智能派单给远程客服，轻松应对客流波动。二是提升门店管理效率，通过顾客到店记录与视频实现订单数据关联，提升总部对门店的管理效率。三是门店智能系统，智能门禁控制进出，自助收银完成支付，对讲监控远程服务。四是服务平台，顾客到店后智能派单，对讲监控远程服务，自动同步核验。五是数据分析平台，通过订单视频关联到店记录，顾客标签管理，经营数据统一管理。

5.3.3.19　智能防损

使用视觉 AI 行为分析系统，对顾客自行完成商品扫码结算全过程中的漏扫商品、遮挡条码等异常行为，进行自动标记和视频取证。零售商对以上异常事件进行人工确认后，联络顾客挽回损失。通过海量的场景数据训练集，异常行为自动、精准的筛查能力，完善的订单和视频记录，分析及损耗控制；通过海量数据训练，对结算过程中漏扫商品、遮挡条形码、扫一拿多等异常行为进行自动标记和视频取证，可以完成从盗损自动筛查、证据记录、追查，挽回损失、客户标签的管理闭环。

5.3.3.20　智能银线

通过 POS 和智能购时段销售数据的分析，结合 AI 摄像头视觉算法将零售企业收银区域数字化，动态排班到人、按件计费。帮助企业提高收银效率，系统性降低收银区域的营运管理成本，全面推动门店智能数字化进程，包含海量的场景数据训练集。用工预测包含天气、节假日、促销等多维度数据模型，结合 AI 摄像头实时测算，形成完善的数据分析模型。提升门店工作效率，系统智能动态排班到人。绩效数字化，自动化生成报表并实现成本实时监测。

5.3.3.21　智能购物车

智能购物车依靠自身配备的智能系统，可以支持消费者边购物边扫码，购物结束自动结算离开超市，优化购物流程，有效缓解收银台结账排队的难题。作为自助收银的组成部分，有效降低了不断攀升的人工收银成本，而移动购物车实现了边购物边结账，体验感更好。依靠消费者用车时的登录操作入口，自动记录消费者从进店到离店的所有购物过程，包括区域停留时间、购物偏好，购物数量等传输到超市的系统，方便商超和品牌商进行"千人千面"的营销。

5.3.3.22　智能能耗

基于物联网、大数据技术、人工智能技术将零售企业用能情况数字化，智能挖掘低效浪费环节，帮助企业优化用能策略（节能）和控制方法（节人），实现系统性降本增效。首先，建立健全能源管理人员、组织、制度、设备、报表、报告、评估体系，使管理、考核有依有据，实现能源管理体系化。其次，实时采集能源消耗设备运行和用电安全数据，实现能源数据可视化、能源消耗数字化。再次，实现能源管理分级、分项、分时统计、能源计划、能效对标，从粗放型"糊涂账"到精细化管理，促进能源管理精细化。最后，通过数据建模、深度学习发现能源疏漏，寻找节能空间，提供管理、系统和技术节能策略，实现节能策略智慧化。

5.3.3.23　无人零售

无人零售是多种技术综合应用的结果，使用物联网技术、计算机视觉、生物识别、深度学习以及传感器融合等技术，主要通过三种路径实现：一是基于二维码识别为主的技术路径；二是基于 RFID 标签为主的物联网路径；三是基于计算机视觉、生物识别、深度学习以及传感器融合等的人工智能路径。现阶段成型的零售业态包括无人便利店、无人超市、自动贩卖机、无人货架等，实现全过程无人值守，摆脱传统零售业态人员成本约束，降低人力资源成本，提高经营效率。

5.3.3.24　智慧停车

停车场是实体零售店面的消费者数据入口，又是亟须解决的消费者购物体验痛点。通过对实体零售店面配置停车场电子地图，安装符合技术标准的定位、通信、感知和信息采集设备，可实现场（库）停车资源的监测、调控和分配，帮助消费者解决"快速停车及找车"的痛点。智慧停车场逐步开通面向车行和人行的信息查询、车位预约、路径规划、场内导航、空车位引导、反向寻车、便捷支付等服务功能，为车主提供覆盖出行停车全过程的智能引导服务，并根据测试反馈情况动态优化完善服务功能。智慧停车场新增了场库内部引导，对车、人、车位、停车场上方建筑物的位置进行导航，让停车功能更加精细化。在偌大的停车场库里，车主可以使用空车位导航功能，通过一键行车导航，以最快的方式找到场库内的空车位；如果忘记车停在哪里，车主可以通过停车位置引导（反向寻车）功能，通过一键步行导航至停车位置，实现快捷取车。除预约停车、动态空车位找寻、动态反向寻车等基础应用外，智慧停车尝试探索衍生应用，实现了停车位、空车位搜索，出入口、电梯、楼梯等点位与办公楼导航的全覆盖。部分实体零售店面也探索其他衍生应用，如安全通道疏散引导、热点目标（网红打卡点、兴趣目标点等）动态引导、场库用户相互定位、场库管理人员轨迹管理等，使得智慧停车场与地上主体建筑形成"无界"的完美融合，在用户停车的同时提供更多的互动便捷。部分实体零售店面根据应用需求增加了停车场和消费者行为数据采集等，包括某一个时点的车流数量、车牌号、车辆类型、进场时间、出场时间、停车时长、出口名称等，通过消费者停车数据与实体零售商品数据建立关联关系，如 A 品牌车主偏好 B 类商品，即可以通过智能推荐与智能会员系统进行商品推荐与抵扣券发放，实现停车数据的开发利用。

5.3.3.25 智能试衣间

对于零售厂商而言，试衣间设置一直存在争议，其需要额外的店员，但同时增加了盗窃的风险；其优点也十分明显，消费者在知道尺码合适而减少了很多退货，英国零售厂商 River Island 的数据显示有 30%~35% 的总销售额与试衣间的体验密切挂钩。智能试衣间综合应用了 3D 红外传感技术、RFID、大数据技术、人工智能技术等，通过 3D 红外传感技术可以精确测量消费者全部的体型数据，并可以了解、关注和记录消费者的体型变化，为智能会员管理提供基础数据。通过 RFID 技术，消费者无须脱下自己的衣服，只需走进试衣间，通过智能设备上的感应系统，即可实时查看不同款式、颜色、材质的服装效果。利用大数据技术、人工智能技术，智能试衣间还具备虚拟搭配、智能推荐等功能，直接可以进行交叉销售和增加销售额。除线下采取智能试衣间外，线上零售厂商也为消费者提供该套交互工具，快速生成 AI 数字人。消费者可以用 AI 生成以本人为蓝本的数字人去穿搭试衣间的全品类衣物，在不同场景中体验穿搭的乐趣，利用 AI 数字人就能换遍试衣间的全品类衣服，随心搭配，就像自己亲身试衣一样，甚至可以让消费者代替商品详情图中的模特，生成逼真的场景穿着图，极大地提升了体验的真实感。消费者对在 AI 试衣间中看中的衣服，可以点击购买链接下单，提高消费者购衣后实际"人、衣、景"的适配度，减少消费者线上购买可能产生的退换货运费。智能试衣间场景的应用中，更为关键的是为智能会员应用提供技术数据，未来通过消费者持续不断数据的搜集，可以为消费者购物以及身材管理提供商品与服务组合，满足消费者不断变化的需求不确定性。

5.3.3.26 机器人店员

随着线下门店人力资源成本的增加，全球主要零售厂商分别测试机器人店员应用，应对劳动人口下降、老龄化加深、便利店需要 24 小时营业等问题。美国零售商劳氏（LOWE's）在洛杉矶成立了创新实验室，与硅谷的 Fellow Robots 公司合作，推出了劳氏 Holoroom 家装模拟器和 OSHbot 零售机器人，已在实体店内测试应用。日本大型连锁便利店全家在东京都丰岛区的门店进行测试，利用 VR 虚拟现实技术远程操控机器人，代替店员进行商品陈列等工作，希望借此来解决"全家"人力匮乏的难题，日本另一家大型连锁便利店罗森也开始采用这款"机器人店员"。现阶段，机器人店员主要集中在智能补货、智能巡检、智能商品管理等领域。日本企业 Telexistence 在日本 300 家全家便利店部署 TX SCARA 补货机器人，其内置多个 AI 模型，分别用于确定哪种饮料属于哪个货架、使机器人拿起饮料并准确地将其放在货架上、进行异常检测以及识别货架区域数量不足，这套 AI 系统为饮料自动补货的成功率达到 98% 以上。便利蜂通过部署巡检机器人，实现了从门店机器人图像采集、图像识别、陈列质量评估的全流程 GPU 加速，优化商品陈列质量，提升用户体验。巡航机器人在店内采集门店当前状态，极大降低了稽查人员到门店巡检的频率，并同时保留门店历史状态便于回溯分析；云端的计算机视觉图像分析系统可以快速地识别图像中的商品，建立门店数字孪生；通过门店内机器人采集图像确认问题修复，实现质量监控闭环。未来随着零售数字孪生技术的测试与应用，零售供应链全过程与线下零售"人、货、场"领域可视化以及数据交互，更多机器人店员将部署使用，进一步提升店内体验和协作，优化实体店面运营。

5.3.4 新兴人工智能技术应用场景

2023 年，Gartner 发布新技术与 AI 成熟度曲线，指出许多新人工智能技术的普及将对商业和社会产生深远影响。大规模的预训练和 AI 基础模型的规模，对话代理的普及以及生成性人工智能应用的激增，预示着新一轮的劳动力生产力和机器创造力的浪潮；重点指出除生成式人工智能之外，人工智能模拟、因果人工智能、联合机器学习、图数据科学、神经符号人工智能和强化学习等新兴人工智能技术也为增强数字客户体验、做出更好的业务决策和建立可持续的竞争优势提供了巨大的潜力。

5.3.4.1 生成式人工智能

2023 年 3 月，ChatGPT 开发商 OpenAI 宣布开放应用程序接口（API），允许第三方开发者通过 API 将 ChatGPT 集成至他们的应用程序和服务中。生成式人工智能正在主导人工智能的讨论，使 ChatGPT 等系统以非常真实的方式提高了开发人员和知识工作者的生产力。这导致组织和行业重新思考其业务流程和人力资源的价值，使生成式人工智能得到广泛关注和期待。类似 ChatGPT 的通用模型技术，具有强大的自然语言识别和写作能力，在智能对话场景中还支持多轮对话，表现出较强的信息收集和分析推理能力，随着对话深入能充分理解客户的需求，从而生成更精准的决策。借助于通用模型的这种能力，通过场景与数据的融合，大模型能实现思维链分析、个性化定制等优势，带来更高效、更人性化的智能服务。生成式人工智能探索正在加速，大多数行业的最终用户组织在积极尝试生成式人工智能，传统零售厂商与技术供应商正积极组建生成式人工智能小组，交付零售领域人工智能应用和工具通过集成 ChatGPT 来改善用户体验，主要应用场景如下：

（1）智能客服

零售厂商借助 ChatGPT 升级原有智能客服，通过采用监督微调（SFT）等方式推动通用大模型在零售行业落地，构建零售行业知识库，利用行业知识库知识图谱中的实体、属性和关系进行单独训练，输出带有零售行业特征和特色的通用大模型。针对顾客简单、重复类型高的需求场景进行解答，同时保留人工客服处理特殊需求场景，不但能降低在人力投入上的成本，而且能为顾客提供 7×24 小时的客户服务。ChatGPT 的学习能力非常强，它可以根据顾客的反馈和对话记录，不断优化自己的回答，提高顾客满意度。例如阿里巴巴开发的通义自然语言大模型，具备多轮对话、文案创作、逻辑推理、多模态理解、多语言支持等功能，现阶段天猫、淘宝、盒马鲜生等全面接入通义自然语言大模型，增强智能客服用户体验。京东基于零售数据、产业实践与技术积累，研发言犀人工智能应用平台，全面改造原有京东商城与第三方零售厂商智能客服。返利科技基于开源 ChatGPT 开发电商导购 App "如意"，基于聊天对话模式为消费者提供精准的导购服务与智能客服。海外跨境电商 SaaS 服务商 Shopify 已率先集成 ChatGPT，以此升级智能客服功能，节省商家与客户的沟通时间，同时通过 ChatGPT 快速生成评论、标题、文案等内容，提升运营效率。

（2）数字营销

零售厂商主要服务于消费者，消费者对零售厂商营销内容的准确性和可靠性有一定要求，因此如何以较低的成本达到平均水准以上的效果，成为零售厂商进行智能营销需要考量的问题。ChatGPT 通过品牌创意内容、智能营销、电商平台转化、用户互动等全链路营销能力的落地可能，实现营销内容与用户需求的定制和匹配。在品牌创意内容领域，利用 ChatGPT 生成的广告更加贴近消费者的需求和喜好。例如，在电商网站上，ChatGPT 可以根据用户的购买记录和浏览行为生成一条个性化的广告，吸引用户的注意。ChatGPT 还可以用于内容创作，在自媒体、新闻媒体等领域，ChatGPT 可以根据特定的主题或文章结构，自动生成文章，大大提高了内容创作的效率和质量。在智能营销领域，ChatGPT 在营销领域的应用前景非常广阔。它不仅能够提高营销的效率和质量，而且能够为消费者提供更加个性化、贴心的服务。在这个信息爆炸的时代，ChatGPT 将会成为零售企业营销管理人员的得力助手，帮助我们在激烈的市场竞争中脱颖而出。ChatGPT 可以作为智能推荐系统，为用户推荐更加符合其兴趣和需求的内容。利用 ChatGPT 快速生成营销推送的邮件标题、短信文案等进行 A/B test，助力营销效果提升。在电商平台转化领域，在平台侧，ChatGPT 优秀的语言理解能力能够在将来帮助提升不同媒体平台的用户画像和定向能力；在用户侧，ChatGPT 可以在对话过程中通过商品推荐实现用户的注意力引流，并通过互动引发用户深度兴趣。因为经过反复训练，ChatGPT 已经能够近乎准确地推测用户的偏好。借助 ChatGPT，电商平台的 "AI 设计师" 一秒内可以生成十几万张海报，用户会被推送符合审美或兴趣的海报，内附购买链接，只要点击就能购买。电商平台的决策效率、创意效率以及呈现效率都将大大提高。在用户互动领域，ChatGPT 会在引导用户复购的基础上，利用频次和时长更深入地占领用户心智，构建用户忠诚体系，让客户花更多时间与品牌共同相处。这种私域的用户连接，可以让 ChatGPT 基于不同的心智模型与消费者互动，让客户参与其中，形成融洽的客户关系。可以预见的是，以 ChatGPT 为代表的人工智能技术将从消费者的体验提升、智能广告投放的降本增效，以及加速用户决策等方面发挥巨大的作用，进而对智能营销产生深层次的影响。

（3）数字人直播

自从以 ChatGPT 为代表的大语言模型和生成式 AI 流行以来，虚拟数字人的商业模式迎来了真正的质变。数字人直播在零售领域成为常态，与人的工作相辅助，降低企业成本，为企业提供自动化、标准化和智能化的服务。数字人直播带货的背后，是 AI 大模型技术的支持。这些大模型通过大量的数据训练，具备了强大的学习和推理能力，能够在直播过程中实时分析用户的行为和反馈，调整自己的表现方式，以达到最佳的直播效果。数字人不仅外形逼真，能够模拟真实人类的各种表情和动作，而且能够在直播过程中进行实时互动，为用户提供个性化的购物建议，让购物变得更加便捷、高效。与传统的直播带货相比，数字人直播带货有着诸多优势。首先，数字人不受时间和空间的限制，可以全天候、不间断地进行直播，为用户提供更加灵活的购物时间。其次，数字人具备强大的数据分析能力，能够根据用户的购物习惯、喜好等信息，为用户推荐更加精准的商品，提高用户购物满意度。最后，数字人能实时回答用户的问题，解决用户的疑虑，提升用户的购物体验。数字人直播不仅是一种新型的零售模式，而且是一种科技与传统零售的深度融合，为用户带来了全新的购物体验。在未来，随着技术的不断进步，AI 数字人直播带货将会越来越普及，成为购物的新常态。根据京东商城数据，2024 年 4 月 18 日，基于京东言犀人工智能应用平台开发的"采销东哥"AI 数字人尝试直播，数字人还原京东创始人刘强东的表情、姿态、手势、音色，直播间观看人数超过 1300 万，京东已将数字人技术的成熟实践成果向传统零售厂商开放。

（4）个人信息助手

第 3 章我们介绍了个人信息助手，个人信息助手是指经过消费者的全部访问授权，通过智能终端对消费者所有行为数据进行采集，挖掘消费者显性需求与隐性需求，辅助、替代消费者进行信息处理的个人应用。将个人信息助手理念结合自然语言大模型技术，可以实现一种理解用户目标、定制化商品服务的模式，其实质是基于自然语言大模型的个人信息助手实践。以下列应用场景为例：一个电子商务平台开发了一套用户目标驱动的 AI 系统，一个用户在该平台上寻找最适合他的烹饪工具。首先，系统会与用户沟通需求，比如他想要烹饪什么样的菜，预算是多少，他对品质、耐用度或设计有何特别要求等，这都是通过人机与客户对话的方式完成。其次，基于用户的回答，系统通过 AI 技术理解用户的需求，从平台的广大商品中挑选出最符合客户需求的产品推荐给他。例如，用户想要烹饪意大利面，那么系统可能会推荐一个特殊的意大利面锅，一个质量上乘的厨用刀，以及一本有关意大利烹饪的食谱，每一样推荐的商品都会附上详细的解释，告诉用户为什么这些商品适合他。再次，为了帮助客户做出最好的决策，AI 系统还可以提供更多的交互服务，如通过对比分析让用户了解为什么这些选择是最合适的，或者在用户需要时提供更多其他的商品选择等。最后，当客户对商品满意有购买意愿时，AI 系统将引导用户完成交易过程，如添加到购物车、选择支付方式、填写送货地址等。基于以上应用场景，在自然语言大模型的基础上，AI 系统履行了个人信息助手的角色，有效提升了消费者购买决策过程的效率与效果。

5.3.4.2 因果人工智能

人工智能已经在数据智能领域取得了长足进步，但是基于神经网络的机器学习本质上依赖统计数据拟合的相关性计算，通过相关关系产生决策，难以主动理解事物发展背后的规律和原因，即在理论研究与实践过程中被反复提及的"数据智能更擅长相关关系的处理，而对因果关系无能为力"。随着算力成为智能时代的新质生产力，交叉融合了因果科学的人工智能或将赋予这种生产力穿透事物本质的能力，并可最终实现规模性的稳定、可归因的高质量生产。

（1）因果人工智能界定

人类之所以能创造文明是因为我们不断追问"为什么"。简单来说，因果科学就是研究因果关系并不断回答"为什么"的学科。那么，什么是因果关系呢？通俗意义来讲，在保持其他要素不变的情况下，如果改变 X 会引起 Y 的变化，那么就称 X 是 Y 的原因。现实世界是一个变化的世界，我们所采集到的大部分数据在不同环境、不同时间、不同的人等因素影响下都会变化，寻找到因果关系就有机会找到控制方向与控制手段，从而模拟实现路径与不同效果。这将为零售领域，或推理决策、人机交互等多个场景带来深刻影响。当我们试着从现实世界的变量数据中提取因果关系时，就需要完成因果推断的动作——用数学语言表达出看似合理的因果知识，将其与经验数据相结合，从而回答具有实际价值的因果问题。由此，我们需要根据现实数据求解出三层因果关系之梯在不同层的答案。

第一层：关联（Association），涉及由数据定义的统计相关性，大多数机器学习系统运行在这一层。

第二层：干预（Intervention），不仅涉及能看到什么，还涉及一个干预或行动将会导致什么结果，典型问题是"如果我们把价格翻倍，将会发生什么？"。

第三层：反事实（Counterfactual），是对过去发生的事情的反思和溯因，典型问题是"如果过去做出不一样的行为，现在的结果会有何不同？"。

基于以上三层因果关系，在现有机器学习系统基础上，我们可以通过海量数据寻找 $(X_1, X_2, \cdots, X_n)$ 与 Y 之间的关系，但难以更精确地找出具体哪个细分指标 X_n 是影响 Y 的原因。因此因果 AI 系统开始进行第二层干预，实现决策增强，更有能力为企业或个人寻找出目标下达成最优解的干预措施，实现对结果更好的动态预测，最大化减少数据与线索的浪费。在公平和无偏见上，因果 AI 系统可以透明呈现"事情为什么会发生"以及"如果……会……"等计算内容，找出具体哪个细分指标 X_n 是影响 Y 的原因。因果 AI 系统中的"反事实"推理，需要机器假设造成某种结果的条件不存在，并推理出在这种情况下结果如何，验证因果关系是否成立，将极大激发机器的想象力，为决策提供"超乎预期"的方向。现实应用中，因果 AI 打造的人工智能系统在现阶段完全可以在决策增强、内在可解释性、适应性及可迁移性、人机合作伙伴关系、赋予机器想象力、公平和无偏见、不受数据集大小限制七个方面作出优化。图灵奖得主、"贝叶斯网络之父"朱迪亚·珀尔在《为什么：关于因果关系的新科学》（*The Book of Why: The New Science of Cause and Effect*）一书中举过一个例子，可以说明因果人工智能与机器学习系统的差别：假定你的家中有一个机器人，在你睡觉的时候机器人打开了吸尘器开始工作。你被吵醒了，很生气地告诉它："你不该吵醒我的！"你的这句话是想说，在你睡觉时打开吵闹的吸尘器是错误的行为。这个时候，机器人需要明白：你不睡觉的时候，它可以吸尘；家中无人的时候，它也可以吸尘；吸尘器是静音的时候，它仍然可以吸尘。但事实上，机器人却很难"想"到"吵醒"和"吸尘器"之间的因果，甚至可能会将你的抱怨理解为不能使用吸尘器打扫卫生。这个例子直观地说明了很多对人类而言无比简短的口令，实际却包含了丰富的内容，而机器人要"get"到这些"隐藏"的信息量，就必须要学会因果推理，理解因果关系。因果 AI 的兴起，使 AI 系统不再只是简单的统计拟合，而是转向主动了解事物发展的背后规律和因果联系，从感知智能向认知智能演变。这不仅关乎下一代人工智能突破现有的局限，而且对进一步丰富与扩容服务业具有重要意义。

（2）消费者行为分析

基于因果 AI 理论打造用户需求探询系统，并率先以销售场景切入，可以在顾问式销售过程中不断理解和激发用户需求，深入分析用户购买决策的复杂干扰因素，迭代需求模型和效果模型。当下的消费者存在个性化、多元化的需求，这要求零售厂商必须用更加周全的服务去解决。目前的主流人工智能技术是基于大量数据进行深度学习，抓取关键词、关键特征、关键元素形成的自动化应用即通过消费者给出不同的关键词，自动化推出与之相关的所有配套解决方案，解决消费者明确的需求。不过需要注意的是，这类 AI 技术是根据消费者的喜好、行为习惯进行关联式处理，给用户"贴标签"，以解决用户已知需求的方案。满足的是标准化、按需购买的条件下的精细化运营。类似于在原有的土地范围不变的基础上，借助关联式 AI 完成更精细的培育，以求收获更多果实。但在面对个性化、多元化需求时，还是按照标签上的东西去给消费者推送系统认定的需求，这样的服务会让人反感，这也是大家疯狂吐槽"人工智障"的原因之一。总体而言，现阶段 AI 系统主要基于消费者标签与商品服务标签进行推荐，是在以往消费与既有商品服务体系内的优化，难以创造性地满足消费者隐性需求，导致提供的服务不具备针对性，最终收获的市场也不完整。另外，客观观察到的用户选择，往往是用户综合各种因素（如价格、时间、性格、品牌等）妥协之后的结果，并不能完全反映需求本身。因为如果把用户需求视为一个立体图，把条件约束视为切割角度，用户决策是切割的过程，决策结果则是截面视图；而从用户决策反推用户需求并决定用户分类，就如同盲人摸象一样缺少全局信息，即便在某一时刻有相似人群特征的人选择了类似的消费方案，也不代表他们下次依然会做出相似的决策。在用户需求不够明确的情况下，基于关联式的 AI 服务更是无法触达。要想达到企业的理想预期，AI 技术需要根据"立体还原用户需求"做进一步升级，不再仅依靠关联性判断，而是可以追因溯果。因果 AI，本质是让 AI 系统具备主动了解事物发展的背后规律和因果联系，不再只是简单的统计拟合，而是可以从感知智能向认知智能演变。即因果 AI 是能够直接去引导人们做决策的，能够干预人的主观，即便是在人们不明确自身需求或者未意识到有需求情况下，因果 AI 依旧能做到，它完全有能力成为"零售业智能升级的通用性 AI 技术底座"。以销售场景为例，不断在服务式销售过程中理解和激发用户需求，深入分析用户购买决策的复杂干扰因素，持续迭代模型效果，挖掘消费者隐性需求，具体来讲，就是从三个层面实现对 AI 的优化：

第一层：基于大数据，从过去的客观数据等的描画上，对消费者进行主观数据的探询并加以数字化。依托零售厂商长期积累的海量数据，形成影响消费者行为的影响因素，寻找（X_1, X_2, …, X_n）影响因素与消费者行为 Y 之间的关系，为因果 AI 提供线索基础。

第二层：用因果性替代关联性，将互联网用关联来"猜你喜欢"转变成用因果探询来"挖掘你的需求"。改变现阶段基于关联性法则对所采集来的用户客观数据进行标签处理方式，在考虑科学事实的前提下来模拟信息传递，挖掘事物背后的因果逻辑，利用底层的因果图和 AI 算法，使机器可以正确判断两件事是否具有因果关系，并根据因果关系做出更准确的预测，让结果输出的可靠性大大增强。在实际零售工程落地过程中，因果 AI 技术的难点在于底层因果图的建立。因果 AI 需要对场景中的真实需求进行提炼总结并且图模型化，之后才有可能基于因果图进行规模化和结构化，完成对用户需求的挖掘。

第三层：持续探索"强"人工智能，从用户出发，通过用户的开放式表达探索并精准满足用户真实需求。精准营销不能仅停留在"猜用户"，而应该去真正"懂用户"。随着获客成本攀升，企业想要实现有价值的增长，需要以用户为中心，关注企业"长期＋短期"的价值实现。在用户侧，准确洞察用户真实偏好和需求，在尊重用户意愿和保护用户权益基础上，为用户提供其所需所想的产品和服务。在服务侧，通过专业化资源配置，促进场景开发、用户服务与业务流程适配融合，提升服务的深度、广度和"温度"。在技术侧，增强客群需求探询、分层分类的经营能力，利用技术打造服务用户全生命周期的营销范式，推动用户经营的智能化、精细化升级。通过对用户侧做深维的探询和需求还原，也对服务者和服务流程以及服务策略进行深度的解构。依托因果 AI，通过对目标用户的沟通理解，将用户进行精准分类，进而匹配不同的销售策略和服务能力，在服务场景中进行原子级的人机模式重构，帮助企业完成成本可控、效率更优的转化结果。

（3）因果 AI 与隐性需求

第 3 章我们介绍了消费者的需求一般可以分为显性需求与隐性需求，除了显性需求，我们大量的需求是隐性需求，隐性需求往往不会活跃于我们的认知或内部信息来源，甚至我们从不知道有隐性需求的存在，需要在特殊消费情境的激发和匹配。传统依托相关关系（或关联关系）的机器学习系统是基于消费者已经体现出的显性需求以及厂商已经提供的商品与服务之间的匹配。在冰山之下的隐性需求，是消费者在特殊消费情境下的低频需求，但低频需求的加总需求量要远远超过高频需求的加总需求量。在因果 AI 的大规模使用下，可以有效探寻消费者在特殊消费情境下的隐性需求，为零售厂商与零售供应链满足隐性需求的产品与服务开发提供依据，最终达到"此时、此刻、此情、此景"下的最优解。

5.3.4.3　联合机器学习

联合机器学习又称为联邦学习，是一个机器学习框架，可以在多个参与方数据不出域（库）的前提下，达到联合建模的目的。联邦学习能有效帮助多个机构在满足用户隐私保护、数据安全和政府法规的要求下，进行数据使用和机器学习建模。作为分布式的机器学习范式，联邦学习从技术上打破数据孤岛，实现 AI 协作。人工智能的各类应用逐步深入人们的生产和生活，而人工智能需要大量优质的数据支撑，但在实际中，大部分企业内部拥有的数据规模小且特征维度不足，这为联邦学习的诞生奠定了一定的基础。另外，国内外都在加强数据监管，从 2016 年欧盟通过《通用数据保护条例》（*General Data Protection Regulation*，GDPR），到美国出台《加州消费者隐私法案》（*California Consumer Privacy Act*，CCPA），再到我国出台《数据安全管理办法（征求意见稿）》《中华人民共和国数据安全法》《中华人民共和国个人信息保护法》，以上种种都让联邦学习顺其自然地领跑人工智能"最后一公里"。零售精准匹配的前提是实现对消费者的信息完全，针对消费者画像，仅依赖一个企业掌握的数据是无能为力的，但局限于消费者数据安全，零售商无法获取其他供应链企业数据。采取联邦学习方式，在数据可用而不可见的基础上，多个零售厂商与零售平台企业可以在多个参与方数据不出域（库）的前提下，达到消费者画像联合建模的目的，缓解零售活动各环节信息不完全。

5.3.4.4　强化学习

强化学习（RL）是机器学习领域涉及培训软件代理以确定适合实现优化性能的特定环境中的理想行为。在强化学习中，代理人会因任何积极行为而受到奖励，并因任何消极行为而受到惩罚。最终，代理人可以学习最大化总奖励的期望行为。这种新兴技术正在各个领域得到应用，以提升流程并最大限度地提高产出。零售活动分为三个级别，底层流程性质的工作（诸如进销存活动）可使用配置化的软件实现自动化，更复杂的判决类的工作（如根据人脸识别结果决定是否营销）可基于机器学习实现自动化判决，而策略层面的活动涉及长期收益的考虑，如会员长期利益与短期利益的决策策略，或是在超市管理场景，管理者每天需要根据销售量与存货决定第二天应该补货的数量与种类组合来最大化经营利润，这样的商业活动也需要有长期策略来指导行为。强化学习可以处理复杂、随机、长期动态变化的场景问题，商业价值极大，但难度与风险也高。在零售领域，强化学习的应用场景主要包括个性化推荐、优化广告预算、提高消费者终身价值、预测客户对价格计划变化的反应等。

（1）个性化推荐

个性化产品推荐为客户提供做出购买决策所需的个人风格。然而，在大规模提供个性化建议时，数字营销人员经常遇到各种障碍，例如受欢迎程度偏差、广泛或有限的客户数据以及客户不断变化的意图。强化学习被证明能够解决动态数字营销问题，从而可以提供高质量的建议，与客户的特定偏好、需求和行为产生共鸣。例如，来自南京大学和阿里巴巴集团的一组研究人员引入了强化学习算法 Robust DQN，并展示了其稳定奖励估算和提供有效在线建议的能力，即使在现实世界的动态环境中也是如此。当研究人员将 Robust DQN 应用于中国最大的电子商务平台——淘宝时，该算法在向客户提供个性化推荐方面实现了优化的性能。

（2）优化广告预算

大多数数字营销人员面临的挑战是如何优化他们的推广工作，并从花费的每一笔钱中获得最大价值。在所发布的数百个广告中，哪些广告投放回报率（ROI）最高？哪些广告系列成本高，需要停止投放？哪些是吸引最忠诚的客户？获得这些问题的可靠答案可能是压倒性的。强化学习有望为在线营销人员提供简单可靠的方法，以最大化其投资回报。例如，为了说明 RL 可以协助出价优化，阿里巴巴集团的一组研究人员开发了一种多智能体强化学习（MARL）算法，并将其用于广告拍卖。有趣的是，该算法显示了令人印象深刻的结果：在相同的预算花费下，MARL 出价导致投资回报率提高240％[①]。来自天津大学和阿里巴巴集团的另一组研究人员展示了如何通过使用基于用户兴趣动态变化分配广告位的算法来优化广告预算，提出了一种受限制的两级结构化强化框架，旨在根据客户做出购买决策的可能性，自适应地向客户展示广告产品，从而提高广告投资回报率。

（3）客户生命周期价值管理

在数字营销中，客户生命周期价值是一个重要的指标，可以帮助零售厂商预测在与客户的整个关系中获得的收入。零售厂商应该着眼于优化客户的生命周期价值，并在未来运行成功的在线商业模式，而不是采取近似方法并专注于短期结果。虽然有各种传统方法可以提高客户的生命周期价值，但强化学习的采用被证明是一种非常有前途的选择。例如，Adobe 的研究人员提出了一种基于 RL 的优化算法，该算法显示了个性化的广告建议，以最大限度地提高客户的生命周期价值。通过优化客户生命周期价值，零售厂商可以生成个性化优惠，从长远来看可以带来更高的投资回报率。

---

① 5 Ways Tech Companies Apply Reinforcement Learning to Marketing, https://www.topbots.com/reinforcement-learning-in-marketing/.

（4）定价策略

对于大多数数字营销人员来说，如何启动定价变更，尤其是价格上涨，往往是一个令人头痛的问题。如果没有可靠的预测买方反应的方法，大多数营销人员在实施变更时通常会犯错误，从而导致代价高昂的遗憾。但是，通过强化学习，数字营销人员可以对前瞻性客户的行为进行建模，并适当预测他们对价格计划变更的反应。例如，来自纽约大学坦登工程学院的研究人员创建了一种反向强化学习（IRL）算法，通过预测目标群体的未来行为来模拟最佳升级营销服务。

5.3.4.5　神经符号人工智能

基于理性主义的符号系统立足于逻辑和符号表征，直接将人类的推理方式编码到机器中，它的优势在于抽象能力强大，仅使用较少的数据就可以达到比较好的结果。不过受限于现实世界知识的复杂多样以及非结构化，很难将这些优势完美地编码到机器可读的规则中。而基于经验主义的神经网络直接利用大量的数据，通过隐式（无监督）或者显式（监督）地指导模型学习到数据有用的表征，无须设计复杂的规则，就可以实现优异的性能。不过，神经网络也面临着解释性弱、数据饥饿等难题。神经网络与符号系统能够更好地促进 AI 模型对世界知识与抽象推理等能力的融合。Hochreiter 教授认为它们在分子属性、社交网络建模、工程领域的预测等强调动态交互和推理领域都有很好的表现。社交网络（如用户之间的关系网）通常是图形数据。神经符号人工智能技术，如图像识别、图形嵌入、图神经网络等可以用于处理这些图形数据。社交网络凭借其独特的社交属性和用户黏性，对零售业态创新产生了深远影响，并在零售业态优化升级中扮演了重要角色。社交网络通过大数据、人工智能等技术手段实现精细化运营和个性化服务、场景化与体验式消费、社交裂变与口碑传播，助力零售业态优化升级。神经符号人工智能通过数据准备、建构图结构、特征工程、构建神经网络模型、模型训练、推荐与预测等步骤，可以高效完成基于社交网络的商品与服务推荐。

5.3.4.6　图数据科学

无论是构建产品或促销推荐引擎、打造个性化客户体验，还是重新设计供应链以满足不断变化的客户需求，零售厂商都面临需要具备实时利用关联数据能力的挑战，因为将信息存储在列和行中的传统关系型数据库系统已不再适用。图数据平台将数据存储为包含关系信息的连接节点，这是一种更强大、更灵活的解决方案，用于存储和分析复杂的数据集，构建客户 360° 视图。适合零售商创建个性化、无缝的客户体验，提高客户忠诚度和营收。通过二维码或电子表格显示客户数据库是一种极其有限的方法，这种方法可以存储和查询数据，但在数千行和单元格中，查询模式并不是一个简单或快速的过程，实现不同领域数据的关联极其困难。例如，不仅要确定客户是谁，还包括他们购买了什么、如何购买、在哪里购买以及为何购买。图数据科学利用数十亿甚至数万亿个数据点之间的关联和关系，让连接的数据"自己说话"，例如运行无监督图算法在噪声中发现信号。通过客户数据库，可以显示客户在社区如何互动，对数据分类提供有用信息。

（1）个性化推荐

向在线购物者提供实时推荐是改善客户体验和增加销售的一种行之有效的方法。为确保有效性，除购物车已有的商品，零售厂商还必须根据消费者的偏好、购物历史、兴趣和需求进行个性化推荐。实时推荐需要连接大量且复杂的买家和产品数据，以深入了解客户需求和产品趋势。大数据平台可以快速查询客户过去的购买记录，并立即捕捉他们当前在线访问的新兴趣。由于关系在地图数据库中被视为一级实体，零售厂商可以将客户的浏览历史与其购买历史关联起来，包括其线下产品及品牌互动，使实时推荐算法能够利用客户过去和现在的选择提供个性化推荐。

（2）动态定价

为了应对亚马逊、阿里巴巴、京东等零售巨头的动态定价，零售商需要在产品层次结构的任何级别实时更改定价和开展促销活动。同样，零售商必须实施具有竞争力的促销。实时促销涉及复杂的规则，而大数据平台可以轻松管理这些规则。在现实零售实践中，沃尔玛和 eBay 发现图数据平台的执行速度比传统关系型数据库快数千倍。

（3）供应链可视化

零售厂商产品通常由不同供应商提供的不同部件组成，每个部件都可能来自全球不同供应商的子部件。鉴于这种复杂性，零售商往往只知道他们的直接供应商。这可能会引发涉及风险和合规性的问题。零售商需要跨整个供应链的透明度来检测欺诈、污染、高风险站点和未知产品来源。这要求在没有延迟或其他性能问题的情况下管理和搜索大量数据。透明度对于识别供应链中的薄弱环节或其他单点故障也至关重要。图数据平台使零售商和制造商可在没有性能问题的情况下管理和搜索大量数据，且实现所需的供应链可见性。

5.3.4.7 人工智能仿真

人工智能仿真（AI simulation）是指通过利用人工智能技术来模拟和模仿现实世界的各种场景和情境，它是人工智能和仿真技术的结合应用，共同开发人工智能代理以及可以训练、测试甚至部署人工智能代理的模拟环境。人工智能仿真的意义在于它能够提供一种安全、高效、低成本的方式来测试和验证各种复杂系统和场景。通过人工智能仿真，可以在虚拟环境中进行大规模的测试和优化，从而减少现实世界中的风险和成本。此外，人工智能仿真也可以用于预测和模拟未来的发展趋势，帮助决策者做出更加明智的决策。零售商品定价策略的制定和执行是一项复杂的任务，需要大量的数据分析和模拟，以及对不确定性和变化性的应对。传统零售商品定价策略往往依赖于人工的经验和规则，难以适应复杂多变的市场环境，也难以充分利用海量的数据资源，而人工智能仿真可以通过对市场数据、竞争数据、消费者数据等进行深度分析和建模，以及对不同的价格策略进行模拟和评估，从而为零售商品定价策略的制定和执行提供智能的支持和优化。

新兴人工智能在零售领域的典型应用如表 5-4 所示。

表 5-4　新兴人工智能在零售领域的典型应用

新兴人工智能技术	典型应用领域	解决的问题	应用程度
生成式人工智能	智能客服	针对顾客简单、重复类型高的需求场景进行解答，不但能降低在人力投入上的成本，还能为顾客提供 7×24 小时的客户服务，同时可以根据顾客的反馈和对话记录，不断优化自己的回答，提高顾客满意度	大规模应用
	数字营销	在品牌创意内容、智能营销、电商平台转化、用户互动等全链路营销能力的落地可能，最终实现营销内容与用户需求的定制和匹配	探索应用

新兴人工智能技术	典型应用领域	解决的问题	应用程度
生成式人工智能	数字人直播	生成式人工智能大模型通过大量的数据训练，具备了强大的学习和推理能力，能够在直播过程中实时分析用户的行为和反馈，调整自己的表现方式，以达到最佳的直播效果	探索应用
	个人信息助手	沉淀消费者完备数据，指经过消费者的全部访问授权，通过智能终端对消费者所有行为数据进行采集，辅助、替代消费者进行信息处理的个人应用，解决消费者有限理性问题	探索应用
因果人工智能	精准营销	现有精准营销的核心是关联性法则对所采集来的用户客观数据进行标签处理，由于观察所得的数据容易出现混杂因素，对人的主观的需求探寻存在偏差。因果人工智能不完全借助相关关系，而是利用底层的因果图和 AI 算法，使机器可以正确判断两件事是否具有因果关系，并根据因果关系做出更准确的预测，让结果输出的可靠性大大增强。在实际落地当中，因果 AI 技术的难点在于底层因果图的建立，它需要对场景中的真实需求进行提炼总结并且图模型化，之后才有可能基于因果图，进行规模化和结构化，从而达到"此时、此刻、此情、此景"下的最优解，帮助企业完成成本可控、效率更优的转化结果	探索应用
联合机器学习（联邦学习）	零售数据共享	供应链数据共享是解决消费者需求不确定性的关键途径，联邦学习可以联合渠道成员在不传输本地数据的情况下协同训练机器学习模型，是实现零售渠道成员数据安全共享的新范式	探索应用
	联合消费者画像	针对消费者画像，仅仅依赖于一个企业掌握的数据是无能为力的，但局限于消费者数据安全，零售商无法获取其他供应链企业数据，因此鼓励采取联邦学习方式，实现数据可用不可见，实现消费者数据完全	探索应用
强化学习	个性化推荐	解决依靠标签进行个性化推荐的受欢迎程度偏差、广泛或有限的客户数据以及客户不断变化的意图等问题，例如 Robust DQN 强化学习算法，其通过稳定奖励机制，提高了高质量的在线建议能力，即使消费者行为不确定性显著增强	探索应用
	优化广告预算	零售厂商面临着广告投放效率评价问题，哪些广告投放回报率最高？哪些广告系列成本高，需要停止投放？哪些是吸引最忠诚的客户？例如阿里巴巴在应用过程中的多智能体强化学习算法，在相同的预算花费下，MARL 出价导致投资回报率提高 240%	探索应用
	客户生命周期管理	客户生命周期价值是一个重要的指标，可以帮助预测与客户的整个关系中获得的收入。零售厂商应该着眼于优化客户的生命周期价值并在未来运行成功的在线商业模式，而不是采取近似方法并专注于短期结果。Adobe 的研究人员提出了一种基于 RL 的优化算法，该算法显示了个性化的广告建议，以最大限度地提高客户的生命周期价值。通过优化客户生命周期价值，零售厂商可以生成个性化优惠，从长远看可以带来更高的投资回报率	探索应用
	定价策略	通过强化学习，零售厂商可以对前瞻性客户的行为进行建模，并适当预测他们对价格计划变更的反应。例如，来自纽约大学 Tandon 工程学院的研究人员创建了一种反向强化学习算法，该算法通过预测目标群体的未来行为来模拟最佳升级营销服务	探索应用
神经符号人工智能	社交网络推荐	社交网络数据通常是图形数据，例如用户之间的关系网。神经符号人工智能技术可以用于处理这些图形数据，例如图像识别、图形嵌入、图神经网络等	探索应用
图数据科学	个性化推荐	关系在图数据库中被视为一级实体，零售商可以将客户的浏览历史与其购买历史关联起来，包括其线下产品及品牌互动，实时推荐算法能够利用客户过去和现在的选择提供个性化推荐	探索应用

续表

新兴人工智能技术	典型应用领域	解决的问题	应用程度
图数据科学	动态定价	为了应对亚马逊、阿里巴巴、京东等零售电商的动态定价，零售厂商需要在产品层次结构的任何级别实时更改定价和开展促销活动，实时促销涉及复杂的规则，而图数据平台可以轻松管理这些规则，沃尔玛和 EBay 发现图数据平台的执行速度比传统关系型数据库 SQL 快数千倍	探索应用
	供应链可视化	零售商需要跨整个供应链的透明度来检测欺诈、污染、高风险站点和未知产品来源。这要求在没有延迟或其他性能问题的情况下管理和搜索大量数据。透明度对于识别供应链中的薄弱环节或其他单点故障也至关重要。图数据平台使零售商和制造商可以在没有性能问题的情况下管理和搜索大量数据，且实现所需的供应链可见性	探索应用
人工智能仿真	定价策略	人工智能仿真可以通过对市场数据、竞争数据、消费者数据等进行深度分析和建模，以及对不同的价格策略进行模拟和评估，从而为商品定价策略的制定和执行提供智能的支持和优化	探索应用

5.3.5　零售通用大模型

5.3.5.1　零售通用大模型的实现

通过前述分析，零售领域现阶段主要应用专用模型解决智能化决策问题，但由于小数据场景普遍，高质量的大数据难以获取；数据标注困难，可用数据量有限；定制化模型数目庞大，人工智能专家稀缺；通用性差，仅可用于解决特殊场景问题。上述问题的存在，严重限制了零售行业智能化水平与智能决策应用。2022 年以来，以自然语言处理大模型 ChatGPT 和视频大模型 Sora 为代表的通用大模型受到社会的广泛关注，通用大模型的使用能以较低的成本拓宽智能化决策的范围和广度，但在具体产业数字化转型过程中的效果不尽如人意。而垂直大模型瞄准特定行业或需求，在精度和深度上更能满足实际要求，因此零售行业领军企业采用 SFT 监督微调等方式推动通用大模型在垂直行业落地，加快推动在垂直模型上进行验证和调优，满足其特定领域的需求。同时加快构建零售行业知识库，利用行业知识库知识图谱中的实体、属性和关系进行单独训练，输出带有零售行业特征和特色的通用大模型，解决零售通用大模型幻觉问题。此外，零售行业领军企业还应不断构建零售垂直行业通用大模型生态，探索切实可行的商业模式，打通产学研用各方，贡献行业共性知识，构建开放、协同、包容的科技创新共同体，解决行业共性壁垒。最终通过人工智能（AI）、数据智能（DI）、商业智能（BI）三位一体，打造"追溯过去、管理现在、预测未来"的零售垂直行业大模型。

零售垂直行业大模型成为未来零售竞争力的直接来源，让大模型和已有的系统与模型融合，成为功能更强、解决问题更多的零售通用大模型，解决零售"人、货、场"场景决策问题。通用大模型在落地零售行业时，会面临数据准确性、零售常识、业务理解程度等层面的问题，不管外界环境怎么变化，要在特定任务中，基于海量模型与分析能力，始终保持决策准确性。要将零售大模型的自适应能力、机器分辨能力、语言理解能力、声音感知能力进行整合，构建新兴的零售大模型体系。实现"完善人工智能生态"的两条路径，是消费侧零售大模型的实际应用，可以获得更多用户交互、智能业务层面的宝贵经验，进行敏捷迭代与模型进化。供给侧则将大模型转变为零售业科技输出解决方案的一部分,提升自身定制化能力,也为更多中尾部机构提供利于发展的大模型"底座",成为数字化转型过程中有力的推进器。

在零售场景中,大模型应用面临的核心挑战包括以下三点:

一是模型缺乏零售领域的专业知识,建设业务专属大模型训练成本高。

二是模型内容生产伴有幻觉,而检索海量业务信息又缺乏有效技术,检索成本高。

三是在商家问答等多流程复杂业务场景下,模型缺乏自主规划能力,需要大量人工干预。

一种基于 ReAct 框架的融合 AI Agent、监督微调(SFT)与检索增强生成(RAG)技术的应用框架,不仅赋予大模型学习领域知识的能力,还显著提升了模型的自主决策和信息处理精确度,为业务人员高效落地大模型的微调、部署和应用提供了落地保障。

(1)监督微调(SFT)

通用大模型虽然在处理通用知识方面表现出色,但缺乏针对零售垂直领域的知识理解。为此,需要引入经过人工标注的领域数据,对已完成预训练的通用大模型进行微调,从而得到具有该领域知识的零售垂域大模型。这个过程就是"监督微调"(Supervised Fine-Tuning,SFT)。

SFT 的流程包括数据生产、模型选型、模型微调、效果验证四个环节,每一步都存在相应的技术挑战。

数据生产的技术挑战:创建用于微调预训练模型的高质量数据集,数据集质量对模型训练的效果至关重要。在零售场景,需要零售大模型开发主体沉淀了丰富的领域数据,如电商营销策略、消费者行为数据、商品信息数据等,这些数据往往格式不统一、噪声多,如何以这些业务数据为基础,高效构建可用于微调训练的数据集,是数据生产环节的痛点。

模型选型的技术挑战:根据对中文的支持程度、参数量级、性能等选择合适的预训练模型作为微调的起点。高速发展的开源社区为业务方提供了大量可供选择的预训练模型,但不同模型擅长不同任务,需要实验对比模型表现。而开源模型存在样本标注、模型标准不统一的问题,将开源方案应用在企业环境中也需要一定的适配工作量,这给业务方带来了较高的模型选型成本。

模型微调的技术挑战:使用准备好的数据集对选定的预训练模型进行微调。训练时需要设置适当的学习率、批次大小和训练周期等参数,同时监控模型的性能,如损失函数和准确率等指标。在算力资源紧缺的背景下,不少业务方面临算力资源不足的问题,如何用最小的算力资源实现最优的模型训练性能至关重要。

效果验证的技术挑战:使用独立的验证数据集对模型进行测试,评估模型训练效果。其关键是建立系统的模型评估指标,并选择合适的方法高效进行效果评估。

通过 SFT 高效微调框架,从高质量数据集的构建到灵活的模型选择、训练过程中的算力优化到效果验证,都提供了创新的解决方案,确保了 SFT 技术的高效实施。主要优势如下。

数据生产优势:通过使用开源基座大模型能力,构建通用大模型数据增强(LLM Data Augmentation,LDA)工具,使用场景覆盖 Self-Instruct、Query 扩展,Query2Doc,Doc2Query

等。帮助业务方高效创建可用于 SFT 训练的标准样本集。

模型选型优势：集成 15 个左右的主流 LLM 模型（如言犀、ChatGLM，Llama 等），统一模型的样本标准和训练模式，实现一份样本在多模型间随意切换；同时，开源 LLM 模型经过中台工程师的适配，可在九数的环境下开箱即用，帮助业务方灵活进行模型选型实验。

模型微调优势：第一，支持方法广：支持对 LLM 模型的预训练（Pretrain）和监督微调，微调方面支持全参微调（Full-parameter Fine-tuning）和 LoRA 等参数高效微调 PEFT 方法（Parameter-efficient Fine-tuning）。支持人类反馈强化学习训练（Reinforcement Learning from Human Feedback，RLHF），支持近端策略优化算法（Proximal Policy Optimization，PPO）、直接偏好优化（Direct Preference Optimization，DPO）等强化学习算法。第二，训练性能高：通过编译优化、算子优化、网络和 IO 优化等方法，相比纯开源的代码性能提升 40% 左右；支持 70B+ 超大规模模型微调。第三，支持 SFT 模型蒸馏：建设模型知识蒸馏组件，在模型效果无损或损失较小的同时缩小模型规模，降低模型线上运行的成本，帮助业务方节约算力资源，未来可在端上使用。

效果验证优势：支持高性能批量离线推理与客观 + 主观评估方式。通过手动融合 Kernel、Triton 编译优化、通信压缩等手段，提升批量离线推理性能。通过建立客观评估维度与用户自定义主观维度，实现生成效果验证。

（2）检索增强生成技术（RAG）

大型语言模型通过监督微调补充了特定领域知识的不足，但在获取时效性知识、减少内容幻觉以及确保数据安全等方面依然存在挑战。在零售场景中，无论是来自 C 端用户的商品咨询，还是来自 B 端商家的平台规则咨询，对生成答案的时效性、专业度、准确性要求都更高，还需要大模型具备多轮对话的理解能力。

检索增强生成技术（Retrieval-Augmented Generation，RAG）的引入，有效减轻了这些问题。RAG 的核心是根据用户提问（Query）从外部数据库检索相关信息，并基于此生成回答（Answer），相当于给大模型装上了"知识外挂"，基础大模型不用再训练即可随时调用特定领域知识。这不仅提升了回答的时效性和准确性，还增加了答案的可解释性和可扩展性。此外，企业可以将数据库在本地维护，无须上传至开源模型，确保了数据安全性。当用户询问"某两款不同品牌手机有什么不同时"时，RAG 技术通过索引，为大模型"外挂"两款手机不同参数和属性数据、最新热门趋势等知识库，通过检索技术在商品知识库中找到准确的商品参数等信息，通过大模型生成能力对比两款手机在哪些重要维度有所不同，高效、精准地向用户输出两款手机差异性。

RAG 的流程包括检索数据增强、检索过程增强、效果增强三个阶段。

检索数据增强阶段：构建用于检索的语料库的过程，包括数据提取与处理—文本向量化—创建索引—导入向量数据库四步。这一阶段的关键是如何通过各类技术，构建有效的语料库，以提供给模型用于生成文本的信息。

检索过程增强阶段：根据用户查询在语料库中进行检索，召回相关信息，并通过 LLM 服务生成摘要内容的过程。检索环节中，通过文本检索与向量检索的方式计算问题与语料库内文档块之间相似度来召回相似度最高的 Top K 个文档块。为了提升检索的精度，往往会在首次召回后加上过滤（Filter）、排序（Rank）等环节。在摘要生成环节中，结合

Prompt 工程，利用大模型对用户问题与检索完成的答案进行总结，生成答案摘要。为提升结果准确度，大模型可根据问题范围提前进行 SFT 微调训练。

效果增强阶段：针对 RAG 检索和生成结果可进行效果评估，通过客观 + 主观方式对 RAG 模式进行批量标注与评分，评价结果可用于进一步优化检索质量与生成质量。

通过 SFT+RAG 技术，已经可以实现相对固定流程复杂业务问题的解决。面向未来，九数算法中台致力于实现"基于意图的结果指定"这一全新的产品交互方式，通过智能体（AI Agent）赋予大模型自主规划和执行能力，高效解决多流程复杂的业务问题。

（3）智能体

智能体可以理解为：一个可以感知环境并能够基于当前场景做出决策的模型。当下大模型应用大多仅具备类似 ChatGPT 的对话式能力，无法自主执行复杂任务。为了拓展大模型的能力，可以为其添加各类组件（如 Planning/Proflie /Memory/Action 等），实现复杂任务的拆解、规划和执行。AI Agent 常见组件如下：

Planning：将复杂的任务分解为更易处理的子任务，并制定出有效的策略。

Proflie：描述了 Agent 的各种属性，如角色、目标、能力、知识和行为方式等。

Memory：存储和组织从环境中获取的信息，以指导未来行动。

Action：将抽象的决策转化为具体的行动。

早在 20 世纪 80 年代，计算机科学家已着手探索类似 AI Agent 这样能与人类交互的智能软件。在大模型能力的加持下，AI Agent 已成为既具有想象空间，又贴近应用的 AI 行业爆点。从交互形式上看，基于大语言模型的 Agent（LLM-based Agent）可分为单智能体（Single Agent）和多智能体（Multi-Agents）：

单智能体：在其运行环境中独立作用，专注于一个特定的任务或服务领域，能够接收人类以自然语言提出的指令，并基于这些指令执行一些简单的任务，如数据查询、日程管理等，扮演人类智能助手的角色。目前比较成熟的产品包括 AutoGPT、BabyAGI 等。

多智能体：涉及多个 Agent 协同工作，以解决单个 Agent 难以独立处理的复杂问题。各 Agent 有不同的角色和专长，通过有效的协作共同实现目标。协作方式可以是合作型的，即通过共享信息、观点和资源来解决问题；也可以是对抗型的，比如通过竞争、谈判和辩论来优化决策过程，淘汰错误策略。这种多元化的互动模式使多智能体系统能够应对更为复杂和动态的环境，展现出比单一智能体更加强大和灵活的问题解决能力。

5.3.5.2 京东零售通用大模型典型实践

零售业大模型的实现路径是基于现有通用大模型 API（应用程序接口），完成大模型微调、部署和应用，同时随着各类大模型的使用，视频大模型、多模态大模型的使用，继续完成大模型微调、部署和应用，最后让大模型和已有的系统与模型融合，成为功能更强、解决问题更多的零售通用大模型，解决零售"人、货、场"场景决策问题。关于大模型的微调、部署和应用，本部分以京东零售通用大模型典型实践为例，介绍京东利用 ChatGPT 基模在零售领域的落地过程。

在复杂业务模型自主规划层面，京东零售基于 ReAct 范式构建 Agent LLM，帮助大语言模型理解上下文，精确把握用户意图，并在复杂情况下做出决策、执行任务和使用工具。ReAct 范式结合了推理（Reasoning）与行动（Acting）机制，通过生成交替的推理路径和特定行动，优化模型的决策制定和执行流程，以及与外部资源的有效交互。在此过程中，推理路径为模型提供了对行动计划的追踪与更新机制，而具体的行动使模型能够与外部工具进行直接交互。这种交替机制增强了模型在复杂情景下的决策和多应用调度的精确度。

以常见的商家助手场景为例，随着越来越多的商家入驻京东平台，关于平台入驻规则、产品营销策略等方面的提问逐渐增多，传统的智能客服、人工回复等方式无法精准回复商家提问，且运营成本较高。京东零售基于 Multi-Agents 理念搭建的商家助手大模型在线推理服务架构，可以打通数据系统、算法系统和业务系统，不仅能够帮助商家快速了解平台规则、优化经营策略，而且能通过自然语言交互提供个性化、多轮次的即时沟通服务。这一系统的核心是算法层多个定制的 AI Agent，每个 Agent 都有专门角色和功能，可以调用不同的工具来解决相应问题。例如，当商家就如何提升某个商品的销量提出问题，AI Agent 对商家提问进行语义理解，精准识别出商家的具体需求，然后调用商品信息查询的 API 接口，快速获取所需的数据和信息，并据此给出个性化的销量提升建议。

目前京东零售的 Agent LLM 已经应用于零售业务知识库构建，成功服务商家、消费者、企业、门店等多类用户群体，涵盖多种复杂使用场景，并支持通过工具调用来解决多流程的复杂业务问题。

九数算法中台的大模型基础应用框架融合基于 ReAct 框架的 AI Agent、指令微调（SFT）与检索增强生成（RAG）技术，显著提高了大语言模型在零售业务的应用效率和效果。通过这一系列技术融合和创新，京东零售成功地将大模型的强大能力应用于"人、货、场"场景中，在"人"的场景，提供面向用户与商家的智能助手服务，如商家助手、用户增长等；在"货"的场景，提供面向商品的知识问答服务，如知识问答等；在"场"的场景，提供面向场域的智能运营服务，如舆情风险挖掘、数据分析等。零售大模型应用不仅提升了用户体验，优化了运营效率，而且为零售行业的数智化转型提供了有力支撑，展现了大模型技术在零售领域广泛应用的巨大潜力和价值。

5.3.6 零售智能决策链

随着各类自然语言处理大模型、视频大模型、多模态大模型的使用，零售领域需要继续完成大模型微调、部署和应用，其具体下游适配过程与自然语言处理大模型类似，在此不再赘述。同时，在零售领域仍存在更为多样的专用模型，零售厂商基于数据共享与生态构建，将为零售大模型提供越来越丰富的智能生态，让大模型和已有的系统与模型融合，成为功能更强、解决问题更多的零售通用大模型，解决零售"人、货、场"场景决策问题。随着零售大模型的使用，零售领域已经形成相互作用的多条链条，包括零售供应链、零售数据链和零售智能决策链。在具体的零售活动中，随着消费者需求不确定性水平提高，根据消费者需求形成了"拉式"零售供应链，零售供应链的实体活动与交易活动构成了零售"人、货、场"组合变化。通过网络技术与大数据技术应用，零售供应链实体活动与交易活动数据全量采集，构成了零售数据链，并且零售数据链与零售供应链是相互映射的，最终形成实体空间与数据空间相互作用的数字孪生零售。零售数据链是零售供应链的数据映射，并形成了零售活动与主体之间的相关关系与因果关系，通过专用模型与通用模型的数据建模，零售智能决策链将相关关系与因果关系转变成零售决策，实现对零售

"人、货、场"的重构，进一步为零售商业模式创新与可持续发展提供支撑，最终完成零售活动的降本增效，具体如图 5-6 所示。

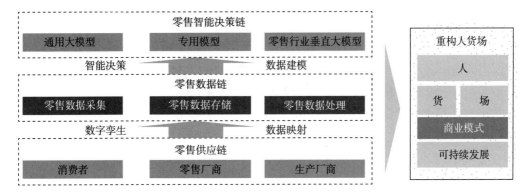

图 5-6　零售智能决策链

5.4　本章小结

智能零售模式是新一代信息技术集中应用的结果，网络化、数字化、智能化、平台化四个阶段技术应用与相互关系，形成了智能零售的技术架构。通过智能零售采纳过程中新一代信息技术应用的网络化、数字化、智能化、平台化过程看，智能零售是依托"互联网＋零售"、数字零售发展的零售业态的高级阶段，其发展必须依赖网络化阶段数据采集与数据化阶段相关关系，不然人工智能技术应用将成为"无源之水、无本之木"，零售业态创新将失去基础。同时离开智能零售，"互联网＋零售"、数字零售将无法产生基于零售"人、货、场"活动的决策，无法实现零售活动的降本增效。本章基于智能零售技术架构，系统分析了专用模型、通用模型以及新型人工智能技术在零售领域的应用，在此应用基础上零售领域已经形成相互作用的多条链条，包括零售供应链、零售数据链和零售智能决策链。

6 消费者行为变革与智能零售模式采纳

——基于用户生成内容的实证检验

第 4 章分析了消费者需求不确定性。智能零售采纳主要是为了缓解消费者需求不确定性，其基本功能是实现消费者需求不确定性与差异化产品匹配，因此本章重点通过多源异构网络大数据分析消费者需求不确定性，用户生成内容（口碑数据）是消费者的客观反馈，对于了解消费者需求特征扮演着极其重要的角色，通过用户生成内容发现消费者需求不确定性显著增强，对消费者不确定性的关注可以显著增加零售厂商销量。同时本章基于用户生成内容，设计 B–RGCN 在线评论推荐系统，推荐效果显著优于传统模型。

6.1 引言

移动互联网时代的快速发展使人们可以随时随地通过电子设备进行网购，不受时间和空间的限制，极大地提升了购物的便利性。然而，随着商品数量和类型的持续增加，商品功能与用户需求之间的不匹配问题逐渐凸显，导致用户流失和产品黏性下降成为常态。例如，从 2014 年到 2018 年，坚果手机走向了衰败。2017 年 5 月，锤子科技推出了坚果 Pro 系列手机，凭借出色的配置和合理的价格，加之与京东达成包销协议，其取得了令人瞩目的销售成绩。然而当用户收到手机后，既有赞叹之声，也有不少用户投诉发现的问题，例如屏幕边框碎裂、漏光、摄像头内有污迹、前置摄像头位置不正、实体按键塌陷或窜键等。产能和良品率成为锤子手机面临最大的问题，也正是由于产品的功能和消费者的需求不匹配而导致了产品的失败。锤子科技于 2020 年宣布停止手机业务，结束了其在手机领域的探索之路。而华为手机能成为国货之光，离不开其对用户需求的清晰理解和精确定位客户群。华为手机一直致力于技术创新，例如推出了多款搭载麒麟芯片的旗舰手机，特别是 mate60 系列还搭载了卫星通话技术。除此之外，华为手机从摄影能力、设计与外观、价格定位等诸多方面考虑和迎合消费者爱好和需求，因此在 2020 年华为就已经成为全球第二大手机厂商，被打上"遥遥领先"的标签。对于企业来说，挖掘消费者偏好和需求不确定性对于指导产品的改进和推广策略的制定尤为重要。

在当今数字化时代，互联网的普及和社交媒体的蓬勃发展使在线评论成为消费决策中不可或缺的一部分。消费者通过阅读他人的评论来获取产品或服务的信息和反馈，从而影响其最终的消费行为。因此，研究在线评论对用户消费行为的影响显得尤为重要。然而，在线评论数据量通常非常庞大，因此如何选择合适的方法来全面、准确地挖掘消费者需求成为一项具有挑战性的任务。与此同时，在商品的更新换代过程中，消费者的偏好和需求也在实时发生改变，更新的商品能否满足消费者的需求，是企业面临的一大难题。实际上，消费者的满意度直接关系到他们对商品的消费行为。通常情况下，如果用户发现产品功能不够完善或者无法满足个人偏好，他们往往会给予差评并转向其他能够满足需求的商品，这可能导致企业失去用户的信任和面临用户流失等问题。因此，商品的销售量可以被视为衡量用户需求和满意度的重要指标。以往的研究表明，在线评论中包含消费者需求、满意度以及产品评价等信息，而这些因素会影响其他用户在购买商品时的决策。此外，实证研究也证实了在线评论对用户消费行为的影响。基于此，本章将通过挖掘在线评论数据来研究消费者需求，并探究消费者在线评论与商品销售量之间的关系，帮助企业更好地理解用户需求和提升产品体验。

当前关于在线评论分析商品销售量和用户在线评论之间关系的研究相对较少，大多数文献侧重于通过在线评论的情感分析来研究消费者的满意度。例如，郑福和周祚山（2024）通过对京东商城苦丁茶消费者在线评论进行高频词、语义网络和情感特征分析，确定了影响消费者满意度的因素，并提出了提升满意度的策略。然而，在线评论数据不仅反映了用户的情感倾向和对商品的满意程度，还包括了重要的用户需求信息，消费者在购买前往往会参考在线评论中的各种信息来帮助自己做决策。基于此，本章以华为mate系列手机为例，首先运用扎根理论挖掘用户需求；其次建立分位数回归模型，将销售量作为衡量用户消费行为的指标，研究用户在线评论对销售量的影响；最后通过分位数回归结果将用户需求可视化，并为企业提供了关于优化营销策略、提升产品质量的一系列建议。

本章的研究思路如图6-1所示。

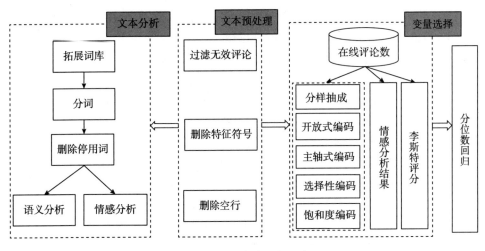

图6-1　本章的研究思路

6.2　数据获取与预处理

华为手机作为中国领先的智能手机制造商，在全球智能手机市场中具有重要地位和影响力。华为 Mate 系列手机更是定位于高端市场，拥有领先的技术和设计，通常搭载最新的芯片组、拍照系统和其他先进功能，受到追求高性能和品质的用户青睐。华为手机的每一次新品发布都会引发热议，消费者购买商品时也会留下自己的购物体验和使用评价。对企业来说，在注重技术创新的同时，消费者的需求偏好也很重要。销售平台的消费者评论数据可以很好地体现用户对产品的各种功能性、非功能性需求以及产品的情感倾向。例如，通过"手机打游戏时会出现闪退无响应"可以发现用户认为手机系统和游戏之间的兼容性、优化程度不佳导致游戏运行不稳定，出现闪退或无响应情况，这样的真实反馈可以帮助开发者进行手机性能的进一步优化，达到企业与消费者互利互惠的效果。因此，零售企业只有充分了解和重视消费者的需求和偏好，才能有针对性地进行产品改进和优化，提升产品质量和用户体验。研究消费者评论数据对企业针对用户需求的挖掘具有重要意义。

本部分通过 Python 软件爬取了京东平台上各个店铺华为 mate 系列手机的销售量、评论内容、评论时间、手机型号、星级评分等数据，涵盖了华为 mate10~60 系列共计 147 个商品，得到近十万条数据。由于原始数据中存在许多空行、重复评论、特殊符号和无关评论，使用 python 软件建立正则表达式去除特殊符号与无关评论，并建立循环语句去除空行与重复评论。经过严格的数据清洗工作，最终得到有效的消费者评论数据量共有 56606 条。

6.3　基于扎根理论挖掘消费者需求

扎根理论（Grounded Theory）是一种社会科学研究方法，最初由社会学家 Barney Glaser 和 Anselm Strauss 在 1967 年提出。它的核心思想是通过对数据的系统性分析和归纳来发展新的理论或模型，而不是基于现有理论进行假设和验证。研究者通过对数据的反复比较和分析，逐步建立起关于研究对象的理论框架，从而揭示出其中的模式和规律。扎根理论有三个原则：一是感知数据，即研究者应当从数据本身中提取信息，将资料从下往上不断进行浓缩，而非先入为主地套用现有理论。二是对比分析，即数据分析过程中要不断进行对比，将新的发现与已有观点进行比较，以发展出更深入的理解。三是理论饱和，当不再出现新的信息时，表明理论已经饱和，即数据收集足够。

关于为何选择使用扎根理论进行消费者需求分析：一是为了深度理解用户需求，扎根理论允许研究者从数据中挖掘出用户需求背后的真实动机和模式，而不受传统理论框架的约束，有助于深入理解用户行为背后的逻辑。二是使用扎根理论进行用户需求分析可以带来新颖的视角和发现，有助于揭示出以往被忽视或未被发现的用户需求模式，为产品设计和市场营销提供创新思路。三是灵活性和开放性，扎根理论注重数据驱动和灵活分析，使研究者能够在研究过程中灵活调整研究方向和假设，更好地适应复杂多变的用户需求环境。扎根理论主要包括四个阶段：开放性编码、主轴编码、选择性编码、理论饱和度检验。

6.3.1　分层随机抽样

由于获取到的数据量很大，并且涵盖了华为 mate10~60 六个系列，因此在编码之前对数据进行抽样处理，保证取得最具有代表性的数据，再运用扎根理论进行研究分析。分层抽样是一种在进行样本抽取时，将总体按照某种特定的层次结构划分成若干相互独立或有重叠的子总体（层），然后从每个层中独立地随机抽取样本的抽样方法。这种抽样方式可以更准确地控制每个层次的样本规模，提高研究结果的精度和可信度，因此采用分层抽样。

首先要确定抽样的样本容量，这就需要考虑设计效应（deff）以确保研究结果的准确性和代表性。deff 的值通常大于 1，表示相对简单随机抽样，分层抽样设计引入了更多的复杂性和额外误差。首先按照简单随机抽样的方法计算基础样本容量 n_0，即根据所需的置信水平、允许的抽样误差等因素来确定样本容量的初始值，计算公式如式（6-1）所示。

$$n_0 = Z_{\alpha/2}^2 \times p \times (1-p) / \Delta^2 \tag{6-1}$$

根据预先设定的分层抽样结构和层内相关性等信息计算设计效应 deff。将基础样本容量乘以设计效应来调整样本容量，其中 n_s 是调整后的样本容量，计算公式如式（6-2）所示。

$$n_s = n_0 \times deff \tag{6-2}$$

在进行最终样本量确定之前，需要检查和修正样本容量，以考虑其他可能影响样本量的因素，如预期的非响应率、样本分层的比例等。由于本部分的样本数据是华为 mate10~mate60 系列的手机评论数据，所以将其看作是 6 个层构成的总体，计算得到分层抽样的样本量为 2264。确定样本量之后选择分层抽样中的比例分配法确定各层的样本数，即各层样本数与该层总体数的比值相等，具体抽样比例与样品数如表 6-1 所示。

表 6-1　抽样明细

版本	mate10	mate20	mate30	mate40	mate50	mate60
总体（条）	2052	3793	9920	9936	8497	22408
抽样比例（%）	4	4	4	4	4	4
样品（条）	82	152	397	397	340	896

6.3.2　开放性编码

开放性编码是扎根理论研究中的第一步，也称为初级编码。在这个阶段，研究者对收集到的数据进行细致分析，将数据进行逐条拆解，识别和标记出现的概念、现象、关系等，并赋予这些现象临时的名称或标签。这个过程是对数据进行初步的分类和整理，帮助研究者深入理解数据。

基于 6.3.1 得到的样本量为 2264 条，本部分首先使用 Nvivo11 软件对在线评论数据进行初始编码，并生成初始概念。其次进行比较分析，将产生的初始概念中意思相近的部分合并，得到 142 个初始概念。最后剔除频次少于 10 次的初始概念，得到 72 个初始概念。根据初始概念之间的语义关系与逻辑关系进行范畴化处理，总结为 15 个初始范畴。部分开放式编码过程如表 6-2 所示。

表 6-2 部分开放式编码过程

原始资料（部分）	初始概念化	范畴化
边框卡手掉漆	边框设计不好	
后壳塑料感重，易有划痕	后壳质量不行	外观细节
屏幕会频闪	屏幕不护眼	
按键不够灵敏	按键触感不好	
手机重量较重	重量感强	手感舒适度
不喜欢素皮手感	手感不好	
手机屏幕玻璃容易刮花	玻璃抗摔性差	材质质感
金属质感包边圆润饱满	金属质感好	
电池耗电快	电池不耐用	电池容量
快充还要一小时	快充速度慢	
充满之后用不了一天	待机时间短	续航时间
打电话很耗电	通话时间短	
智能省电跟没开一样	智能省电技术不行	节能功能
开省电模式没一会儿就死机了	省电模式不行	
店铺发货太慢	发货速度慢	配送时效
京东次日达太快了	次日达很满意	
能不能所有店铺都发顺丰啊	不能指定快递	物流渠道
直接放在菜鸟驿站了	没有快递专送	
只有机器人自动回复	没有人工客服	在线客服
客服一直不回消息	客服回复不及时	
退换货周期太长，出问题不给退	退换货政策不满意	售后服务
品质保证，有挺长的质保期	质保期长	
维修点太少	维修网点覆盖范围不广	维修服务
售后点维修手机七天还没回复	维修周期长	
打游戏会出现闪退情况	第三方应用不兼容	软件兼容性
系统更新以后手机内存变小了	系统升级问题	
偶尔会卡顿运行不流畅	流畅性不好	操作系统
指纹识别不出来	智能识别不灵敏	
屏幕好糊，会有绿边	屏幕分辨率不行	屏幕显示
超大弯曲屏没有直屏好	屏占比不喜欢	
非常好	体验很好	
不满意	体验不好	主观体验性
还是更喜欢苹果手机	竞品体验较好	

6.3.3 主轴编码

主轴编码是在开放性编码基础上进行的进一步分析和整合阶段。在这一阶段，研究者开始将开放性编码中识别出的概念和现象之间的关联性进行探索和建立连接。通过辨认出现频率高的核心概念，并将其与其他相关概念联系起来，构建更为综合和系统的理论框架。

本部分基于已经得到的 15 个初始范畴，将这些具体、细分的概念整合到更广泛、总体性的主要类别，即将外观细节、手感舒适度和材质质感归纳成外观手感需求，将电池容量、续航时间和节能功能整合成待电续航需求，将配送时效和物流渠道归纳成配送速度需求，将在线客服、售后服务和维修服务汇总成服务保障需求，将软件兼容性、操作系统、屏幕显示和主观体验性归纳成通用体验需求。主轴编码过程如表 6-3 所示。

表 6-3　主轴编码过程

主范畴	副范畴	范畴的内涵
外观手感需求	外观细节	产品外部设计的细节，如边框设计、后壳、屏幕等
	手感舒适度	产品在手握持时的舒适程度，包括握持感觉、按键的手感等
	材质质感	产品外壳或表面材料的质地和手感，对产品整体质感的影响
待电续航需求	电池容量	产品内置电池耐用程度、快充技术等
	续航时间	产品单次充电后能够使用的持续时间，通常与电池容量和产品功耗相关
	节能功能	产品在使用过程中的节能功能，例如智能省电模式等
配送速度需求	配送时效	购买产品后物流配送的速度和效率
	物流渠道	产品配送的物流渠道和合作伙伴，直接影响到配送时效
服务保障需求	在线客服	提供在线咨询和售后服务支持的客服通道
	售后服务	产品购买后提供的售后服务，包括保修政策、退换货政策等
	维修服务	产品出现故障时提供的维修服务，包括保修范围、维修渠道等
通用体验需求	软件兼容性	产品与不同软件、系统的兼容性，影响用户的使用体验
	操作系统	产品所采用的操作系统类型，对用户界面和功能支持具有重要影响
	屏幕显示	产品屏幕的显示效果、分辨率、色彩表现等特点
	主观体验性	用户对产品使用过程中产生的主观感受和体验

6.3.4 选择性编码

选择性编码是扎根理论研究中的最后阶段，也是最具深度和广度的阶段。在这个阶段，研究者将焦点集中在核心概念上，选择性地深入挖掘这些核心概念之间的关系，并进一步发展出完整的理论模型。通过持续的数据分析和理论构建，研究者逐渐建立起一个有机的理论框架，解释研究领域中的重要现象和关系。

通过观察和梳理各范畴之间的逻辑关系，发现非功能需求因素和功能需求因素的 5 个类别都对销售量有一定的影响，它们之间有典型的关系结构。选择式编码过程如表 6-4 所示。

表 6-4　选择性编码过程

核心类属	因素结构	典型关系结构	关系结构的内涵
销售量	非功能需求因素	外观手感需求—销售量	外观手感需求包括外观细节、手感舒适度和材质质感，是销售量的影响因素
		服务保障需求—销售量	服务保障需求包括在线客服、售后服务和维修服务，是销售量的影响因素
		通用体验需求—销售量	通用体验需求包括软件兼容性、操作系统、屏幕显示和主观体验性，是销售量的影响因素
	功能需求因素	待电续航需求—销售量	待电续航需求包括电池容量、续航时间和节能功能，是销售量的影响因素
		配送速度需求—销售量	配送速度需求包括配送时效和物流渠道，是销售量的影响因素

6.3.5　理论饱和度检验

理论饱和度是扎根理论研究中的一个重要概念，意味着研究者通过数据收集和分析逐渐达到了理论发展的饱和状态。当数据分析不再带来新的信息或概念时，可以认为已经达到了理论饱和度，即所获得的数据已经足够支持所形成的理论框架。在这一阶段，研究者可以停止数据收集，并进一步深化和完善已有的理论模型。

本部分从 2264 个样本量数据中随机抽取 100 条评论进行饱和度检验。针对销售量这一核心范畴，我们在检验过程中发现编码过程并未出现新的初始概念、范畴和结构关系，同时认为主范畴和初始概念已相对完备，那么可以得出结论：通过理论饱和度检验，已经证明所得到的理论模型达到了饱和状态。

6.4　在线评论对消费者行为的影响研究

6.3 节的研究揭示，在线评论数据不仅反映了用户的情感倾向和对商品的满意程度，还包括了重要的用户需求信息。当用户购买商品之前，会综合考虑在线评论中关于商品的各种信息，来决定最终是否购买。至于在线评论具体如何影响商品的销售量，这是本节重点探讨的问题。

在研究方法上，本节采用了文本分析工具对评论内容进行情感分析，以揭示评论的情感倾向和用户满意度。同时，运用统计软件对评论的量化指标进行了深入分析，以探究评论特征如何影响其他潜在消费者的购买意向。研究发现，正面评论和高用户评分对消费者的购买决策具有显著的正面影响。这意味着，当看到其他用户对产品的积极评价和高分评分时，消费者更倾向于选择购买该产品。此外，评论的数量和赞同数也对消费者的购买决策产生了正面影响，表明评论的活跃度和认可度对于提升产品的购买率具有重要作用。

通过情感分析，本节还发现消费者更倾向于信赖那些具体且情感正面的评论。这些评论往往详细描述了产品的使用感受、性能特点等，使潜在消费者能够更直观地了解产品的优劣。此外，评论中提到的产品特性（如电池续航、摄像头性能）对消费者的影响大于对品牌的整体评价。这说明，消费者在购买决策时更加注重产品的实际性能和特点，并非仅关注品牌声誉。消费者情感与评价会直接影响销量。本部分通过京东平台获取华为mate10~mate60各阶段销售数据，由于采集了京东平台全部用户评价数据，相对应地，我们需要采集对应京东自营、其他形式店面各阶段销售数据，并对各阶段销售数据进行加总，最终形成华为mate10~mate60精确的销售数据。为了更深入地挖掘用户评论中的信息，根据上一节获得的五个用户需求因素，分析了用户评论数据的词频。通过筛选出每个用户评论中前100个常用的关键词，建立了一个python的代表性词库。在这个词库中，筛选出了外观手感、服务保障、通用体验、配送速度、待电续航等作为每个因素的代表词汇。这些词汇不仅反映了消费者对产品的关注点，而且提供了进一步分析消费者购买行为的线索。

本部分通过深入分析京东平台上华为mate10~mate60系列的用户评论，揭示了在线评论对消费者购买行为的影响机制。这不仅有助于品牌商家和电商平台更好地理解消费者需求和行为模式，而且为他们提供了优化产品策略、提升营销效果的宝贵建议。同时，对于消费者自身而言，有助于他们更加理性、明智地进行购买决策。

6.4.1 分位数模型的选择

分位数回归模型作为一种统计技术，其独特的视角和方法在回归分析中发挥着重要作用。它不仅能够估计自变量对因变量不同分位数的影响，而且能够展现出条件分布不同水平上的效应，为研究者提供更为全面和深入的分析工具。

与传统的最小二乘法回归模型（OLS）相比，分位数回归模型具有显著的优势。OLS主要关注因变量的条件均值，而分位数回归则关注条件分布的不同水平上的效应。这意味着分位数回归能够提供更丰富的信息，特别是在数据不遵循均匀分布时。通过估计不同条件分位数下的变化，分位数回归能够更精确地描述自变量对因变量变化范围以及条件分布形状的影响。在实际应用中，分位数回归模型展现出其独特的适用性。当数据分布不均或含有异常值时，分位数回归能够探索数据的全貌，提供更为稳健的估计结果。例如，当自变量对不同部分的因变量分布产生不同影响时，分位数回归能够更全面地刻画分布的特征，从而得到更为全面的分析。此外，分位数回归模型述与其他回归方法（如岭回归和逐步回归）形成了有益的补充。岭回归主要用于处理多重共线性问题，而逐步回归则致力于选择最有解释力的变量集合。这些方法的结合使用，可以使回归分析更为全面和准确。

具体到华为手机用户评论对销量增长的影响研究，分位数回归模型的应用尤为合适。通过对比分析不同型号华为手机用户的评论对销量增长的影响，我们可以深入探究积极评论数量与销量增长之间的关系。分位数回归模型能够帮助我们更精确地理解不同分位数下评论对销量的影响程度，从而为企业制定更为有效的营销策略提供有力支持。

分位数回归模型作为一种统计技术，在回归分析中具有独特的优势和应用价值，通过估计自变量对因变量不同分位数的影响，能够提供更全面、更深入的分析结果，为研究者提供有力的决策支持。在华为手机用户评论对销量增长影响的研究中，采用分位数回归模型能够更好地揭示评论与销量之间的关系，为企业的市场营销提供重要参考。

6.4.2　建立分位数回归模型

在 6.4.1 节用户评论数据的基础上，本部分利用分位数回归建立不同的用户评论是否对手机销量有影响的研究模型。首先，对所有的用户文本评论进行分析，根据得出的 5 个用户需求以及 python 情感分析，先进行文本词频分析，筛选出用户词频在前 100 的关键词并建立辅助性词库，选择合适的解释变量。其次，在被解释变量中，选择从京东平台爬取华为手机各个系列的销量数据，作为华为用户的消费行为的衡量指标。由于数据量过大，为保证数据的有效性和准确性，对销量取对数进行分析，不仅能保证数据的稳定性，并且也不改变解释变量和被解释变量之间的性质与相关关系，更方便做回归分析。最后，根据建立好的代表性词库，计算代表性词库的用户评论数占总评论数的百分比，所占百分比越高，说明所对应的代表性词库影响越大。建立分位数模型的变量，如表 6-5 所示。

表 6-5　分位数模型变量说明

变量名称	变量符号	变量说明
LN	LNY	手机销量的对数
积极情绪占比	pos	使用 python 的情感分析，分数较低，判别为消极情绪，分数较高判别为积极情绪
消极情绪占比	neg	
一般满意占比	X_1	用户对华为手机的使用满意程度，依据 ROSTCM6 评分为 6 种满意程度，满意程度等级为：高度满意＞中度满意＞一般满意＞一般不满意＞中度不满意＞高度不满意
中度满意占比	X_2	
高度满意占比	X_3	
一般不满意占比	X_4	
中度不满意占比	X_5	
高度不满意占比	X_6	
一星占比	S_1	依据用户评论的星级打分进行计算，分为 5 个级别的占比
两星占比	S_2	
三星占比	S_3	
四星占比	S_4	
五星占比	S_5	
外观手感需求	F_1	用户对手机设计、材料、大小、重量和整体触感的偏好
服务保障需求	F_2	用户关注于购买后的支持、保修政策、维修服务和其他客户服务
通用体验需求	F_3	用户关注于为用户提供满意、便捷和高效的使用体验
配送速度需求	F_4	表明用户从购买到收到手机的整个过程尽可能快速
待电续航需求	F_5	用户关注于购买后的电池寿命以及使用时间

要对各个研究变量进行分析，首先利用 Python 的 Snownlp 进行情感分析，但传统的 Snownlp 只关注积极情绪的分数，忽略了消极情绪，因此本部分优化了代码，将传统的情感分析区间 0~1，修改为新的情感分析区间 –0.5~0.5，可筛选出不同用户评论数据下的消极情绪和积极情绪；其次满意度的区分不能仅依靠与主观判断，本部分选用 ROSTCM6，

先进行文本的分词和词频分析，并利用 Likert 评级，将用户评论进行情感分析打分，在 20 分及以上的为高度满意、10~20 分为中度满意、0~10 分为一般满意；再次用户星级打分也包含在模型中，可以使分位数模型更加细致，而不是只局限于文本的情感分析；最后分析文本评论是否对销量有影响，还是要基于评论本身进行剖析，利用 python 建立正则表达式，根据用户评论筛选出代表性词库：外观手感、服务保障、通用体验、配送速度、待电续航，每个代表性词库所占总评论数的比例作为每个需求的计算方式。

6.4.3 对分位数回归模型进行检验

在量化用户需求的基础上，回归模型的构建需要观察各个变量的概率分布，检验其是否符合模型的假设条件（正态性假设）。通过统计分析发现星级评分、通用体验占比不是正态分布。可见，传统多元线性回归模型不再适用此类数据形态，而分位数回归模型对数据的正态性假设没有要求。

图 6-2 基本上呈现偏态分布，图 6-3 基本上呈现钟形分布（中间高，两端低），说明数据虽然不是绝对正态，传统的多元线性回归模型不适合处理这种数据类型；相比之下，分位数回归模型不需要数据满足正态分布的假设。由此，我们建立以下分位数模型，如式（6-3）所示。

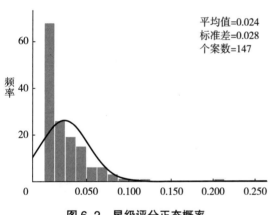

图 6-2　星级评分正态概率

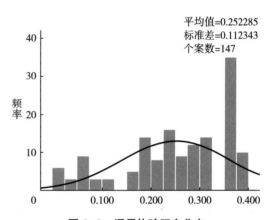

图 6-3　通用体验正态分布

$$Q_\tau(y_i) = \beta_1 X_{i1} + \beta_2 X_{i2} + \cdots + \beta_p X_{ip} + \alpha_i$$
$$i = 1, 2, 3, \cdots, n$$
（6-3）

其中，τ 是分位数的分位点，β_p 是关于分位点的函数，α_i 是误差项。则最小化目标函数如式（6-4）所示。

$$\min_{\beta \in R^p} \sum_{i=1}^{n} p_\tau(y_i - x_i'\beta)$$
$$i = 1, 2, 3, \cdots, n$$
（6-4）

定义损失函数：

$$\rho_\tau(\varepsilon) = \varepsilon(\tau - I(\varepsilon))$$
（6-5）

$$I(\varepsilon) = \begin{cases} 0, & \varepsilon \geqslant 0 \\ 1, & \varepsilon \geqslant 1 \end{cases} \tag{6-6}$$

其中，$x_i = (1, x_{i1}, x_{i2} \cdots, x_{p2})'$，$i = 1, 2, 3, \cdots, n$

关于分位数模型的建立，本部分与变量 Y 相关的有 LNY，变量 X 相关的有 POS，NEG，X_1，X_2，X_3，X_4，X_5，X_6，S_1，S_2，S_3，S_4，S_5，F_1，F_2，F_3，F_4，F_5，所采用的分位点为：开始 = 0.05，结束 = 0.95，间隔 = 0.05，即 0.05，0.1，0.15，0.2，0.25，0.3，0.35，0.4，0.45，0.5，0.55，0.6，0.65，0.7，0.75，0.8，0.85，0.9，0.95。所得到的分位数模型结果如表 6-6~ 表 6-8 所示。

表 6-6　分位数回归各个分位点自变量系数显著性（分位数 0.05~0.30）

分位数 自变量	0.05	0.10	0.15	0.20	0.25	0.30
const	343.632 （0.507）	−188.307 （0.835）	−295.679 （0.722）	−426.644 （0.594）	−595.723 （0.428）	−771.606 （0.186）
POS	−365.571 （0.597）	328.587 （0.793）	461.943 （0.687）	634.578 （0.565）	861.351 （0.405）	1108.229 （0.160）
NEG	−365.851 （0.597）	328.266 （0.793）	461.566 （0.687）	634.11 （0.565）	860.691 （0.406）	1107.103 （0.160）
X_1	−1.018 （0.381）	−0.98 （0.402）	−0.676 （0.552）	−1.569 （0.198）	−2.477 （0.048**）	−2.622 （0.052*）
X_2	−1.25 （0.272）	−1.09 （0.322）	−0.777 （0.481）	−1.762 （0.139）	−2.583 （0.040**）	−2.907 （0.031**）
X_3	−0.871 （0.423）	−0.94 （0.432）	−0.7 （0.546）	−1.534 （0.223）	−2.418 （0.058*）	−2.711 （0.049**）
X_4	−1.728 （0.129）	−1.517 （0.174）	−1.162 （0.309）	−2.103 （0.092*）	−3.001 （0.022**）	−3.395 （0.018**）
X_5	−1.917 （0.424）	−0.445 （0.842）	0.238 （0.910）	−0.817 （0.719）	−1.809 （0.429）	−1.992 （0.386）
X_6	0.145 （0.432）	0.161 （0.301）	0.149 （0.310）	0.136 （0.358）	0.239 （0.103）	0.489 （0.002***）
S_1	23.72 （0.893）	−139.423 （0.708）	−165.922 （0.626）	−206.693 （0.524）	−263.541 （0.383）	−334.373 （0.115）
S_2	22.701 （0.897）	−140.372 （0.706）	−165.884 （0.627）	−207.309 （0.523）	−262.211 （0.386）	−332.028 （0.118）
S_3	26.176 （0.881）	−135.971 （0.715）	−162.042 （0.634）	−202.121 （0.533）	−258.584 （0.392）	−326.366 （0.123）
S_4	24.602 （0.888）	−137.571 （0.711）	−163.669 （0.631）	−204.633 （0.527）	−261.463 （0.386）	−331.89 （0.116）
S_5	23.044 （0.895）	−139.257 （0.708）	−165.605 （0.627）	−206.392 （0.524）	−263.111 （0.384）	−333.855 （0.115）
F_1	−0.009 （0.989）	0.043 （0.942）	0.131 （0.835）	0.168 （0.814）	0.067 （0.928）	0.086 （0.918）

续表

自变量 \ 分位数	0.05	0.10	0.15	0.20	0.25	0.30
F_2	0.112 （0.863）	0.011 （0.985）	0.03 （0.961）	0.029 （0.966）	−0.06 （0.929）	−0.071 （0.926）
F_3	0.098 （0.862）	0.15 （0.772）	0.235 （0.678）	0.302 （0.619）	0.22 （0.738）	0.3 （0.681）
F_4	−0.12 （0.862）	0.103 （0.869）	0.24 （0.702）	0.262 （0.728）	0.199 （0.800）	0.194 （0.820）
F_5	0.309 （0.763）	0.083 （0.933）	0.088 （0.927）	0.078 （0.943）	−0.08 （0.942）	0.087 （0.943）
R^2	0.026	0.026	0.025	0.019	0.018	0.022

注：***、**、* 分别代表 1%、5%、10% 的显著性水平。

表 6-7 分位数回归各个分位点自变量系数显著性（分位数 0.35~0.60）

自变量 \ 分位数	0.35	0.40	0.45	0.50	0.55	0.60
const	−779.651 （0.219）	−1412.4 （0.044**）	−3331.77 （0.002***）	−3051.283 （0.010**）	−3441.061 （0.006***）	−3969.402 （0.007***）
POS	1118.373 （0.192）	1942.21 （0.041**）	4437.534 （0.003***）	4075.375 （0.012**）	4608.783 （0.007***）	5295.793 （0.008***）
NEG	1117.32 （0.192）	1940.706 （0.041**）	4432.883 （0.003***）	4070.351 （0.012**）	4603.836 （0.007***）	5289.784 （0.009***）
X_1	−2.569 （0.077*）	−2.237 （0.174）	−3.286 （0.197）	−2.853 （0.318）	−2.155 （0.505）	−2.145 （0.560）
X_2	−2.932 （0.046**）	−3.184 （0.056*）	−3.482 （0.177）	−4.417 （0.129）	−4.367 （0.184）	−5.115 （0.172）
X_3	−2.699 （0.072*）	−2.815 （0.094*）	−4.759 （0.068*）	−5.335 （0.069*）	−5.107 （0.122）	−5.719 （0.128）
X_4	−3.423 （0.026**）	−3.034 （0.077*）	−2.579 （0.326）	−2.867 （0.329）	−2.525 （0.446）	−2.436 （0.519）
X_5	−2.005 （0.411）	−1.043 （0.686）	0.442 （0.909）	−2.041 （0.619）	−1.7 （0.703）	−1.779 （0.717）
X_6	0.537 （0.002***）	1.099 （0.000***）	1.561 （0.000***）	1.92 （0.000***）	3.085 （0.000***）	3.194 （0.000***）
S_1	−336.628 （0.144）	−528.377 （0.040**）	−1103.533 （0.006***）	−1022.211 （0.021**）	−1166.761 （0.015**）	−1325.148 （0.018**）
S_2	−334.309 （0.147）	−523.845 （0.042**）	−1101.646 （0.006***）	−1018.958 （0.021**）	−1163.932 （0.015**）	−1323.271 （0.018**）
S_3	−328.512 （0.153）	−520.258 （0.043**）	−1084.308 （0.006***）	−1002.149 （0.023**）	−1146.128 （0.017**）	−1300.755 （0.020**）
S_4	−334.138 （0.146）	−526.796 （0.041**）	−1110.87 （0.005***）	−1026.585 （0.020**）	−1169.88 （0.014**）	−1330.909 （0.017**）

续表

自变量＼分位数	0.35	0.40	0.45	0.50	0.55	0.60
S_5	−336.004 (0.144)	−527.36 (0.041**)	−1103.202 (0.006***)	−1022.135 (0.021**)	−1165.777 (0.015**)	−1324.349 (0.018**)
F_1	0.141 (0.867)	0.472 (0.604)	1.79 (0.171)	2.947 (0.040**)	2.642 (0.082*)	3.113 (0.066*)
F_2	−0.018 (0.981)	0.323 (0.695)	1.468 (0.216)	2.357 (0.069*)	2.289 (0.094*)	2.936 (0.052*)
F_3	0.316 (0.674)	0.515 (0.532)	1.775 (0.138)	2.9 (0.028**)	2.581 (0.064*)	2.996 (0.051*)
F_4	0.296 (0.732)	0.828 (0.377)	2.086 (0.125)	3.368 (0.022**)	3.146 (0.045**)	3.471 (0.046**)
F_5	0.119 (0.923)	0.229 (0.859)	0.955 (0.604)	2.021 (0.313)	1.38 (0.512)	1.655 (0.478)
R^2	0.027	0.026	0.028	0.045	0.067	0.095

表 6-8 分位数回归各个分位点自变量系数显著性（分位数 0.65~0.95）

自变量＼分位数	0.65	0.70	0.75	0.80	0.85	0.90	0.95
const	−3546.786 (0.076*)	−4320.352 (0.013**)	−4836.878 (0.014**)	−4379.836 (0.038**)	−5242.934 (0.418)	−13044.903 (0.226)	−12286.666 (0.283)
POS	4762.956 (0.080*)	5734.285 (0.017**)	6383.109 (0.019**)	5729.009 (0.042**)	6654.137 (0.453)	16918.127 (0.255)	15698.31 (0.334)
NEG	4755.191 (0.081*)	5724.186 (0.017**)	6372.984 (0.019**)	5721.928 (0.042**)	6651.296 (0.453)	16898.561 (0.256)	15675.082 (0.335)
X_1	−0.734 (0.883)	−2.436 (0.461)	−2.824 (0.653)	0.242 (0.946)	7.667 (0.660)	4.682 (0.717)	−1.726 (0.909)
X_2	−5.068 (0.316)	−6.293 (0.060*)	−6.347 (0.321)	−5.055 (0.170)	−1.183 (0.947)	−23.709 (0.067*)	−37.685 (0.008***)
X_3	−4.809 (0.345)	−7.048 (0.039**)	−7.728 (0.228)	−4.706 (0.211)	−0.195 (0.991)	−12.962 (0.326)	−21.003 (0.171)
X_4	−2.488 (0.624)	−2.508 (0.460)	−2.109 (0.740)	−2.444 (0.479)	0.963 (0.956)	−4.682 (0.727)	−11.404 (0.428)
X_5	−2.181 (0.736)	−4.509 (0.388)	−4.055 (0.589)	−1.02 (0.844)	7.558 (0.707)	12.917 (0.543)	6.422 (0.820)
X_6	2.866 (0.000***)	2.716 (0.000***)	2.654 (0.000***)	2.513 (0.006***)	1.548 (0.411)	−1.756 (0.620)	2.871 (0.026**)
S_1	−1212.034 (0.111)	−1406.022 (0.048**)	−1538.66 (0.056*)	−1346.088 (0.059*)	−1417.64 (0.574)	−3847.223 (0.377)	−3375.388 (0.522)
S_2	−1209.653 (0.112)	−1410.663 (0.048**)	−1544.041 (0.055*)	−1350.07 (0.059*)	−1409.765 (0.576)	−3914.055 (0.369)	−3457.583 (0.512)

续表

分位数 自变量	0.65	0.70	0.75	0.80	0.85	0.90	0.95
S_3	−1183.309 （0.119）	−1375.651 （0.053*）	−1509.613 （0.060*）	−1313.971 （0.065*）	−1376.267 （0.585）	−3862.061 （0.375）	−3372.043 （0.522）
S_4	−1221.131 （0.108）	−1419.096 （0.046**）	−1555.903 （0.053*）	−1359.287 （0.057*）	−1445.759 （0.566）	−3922.652 （0.368）	−3469.009 （0.510）
S_5	−1212.691 （0.110）	−1409.368 （0.047**）	−1541.779 （0.055*）	−1345.652 （0.059*）	−1405.361 （0.577）	−3862.33 （0.375）	−3394.106 （0.519）
F_1	0.965 （0.632）	1.623 （0.455）	2.225 （0.316）	1.031 （0.710）	−5.543 （0.299）	5.334 （0.508）	8.446 （0.451）
F_2	0.813 （0.652）	1.563 （0.419）	2.092 （0.288）	0.357 （0.884）	−5.731 （0.223）	10.689 （0.141）	17.585 （0.086*）
F_3	1.016 （0.585）	1.691 （0.400）	2.167 （0.289）	−0.565 （0.824）	−11.355 （0.022**）	−6.998 （0.346）	−5.187 （0.630）
F_4	1.451 （0.480）	2.416 （0.270）	3.037 （0.172）	4.219 （0.120）	0.33 （0.950）	1.205 （0.871）	−0.014 （0.999）
F_5	−0.766 （0.784）	−0.465 （0.875）	0.206 （0.944）	−2.166 （0.544）	−6.581 （0.354）	17.176 （0.128）	27.032 （0.068*）
R^2	0.126	0.16	0.176	0.204	0.236	0.337	0.435

表 6-6 至表 6-8 所展示的分位数回归参数结果，可以从多个维度进行深入分析。我们可以看到多个分位数点（如 0.1、0.25、0.5、0.75、0.9）对应的回归系数。对于每一个自变量，我们可以沿着这些分位数点进行纵向比较。如果回归系数随着分位数的增加呈现递增或递减的趋势，那么这可能意味着该自变量对因变量的影响随着因变量分布位置的变化而变化。例如，X_3、X_4 以及部分星级评分在分布的下端可能具有较大的影响，而在上端影响较小；反之亦然。这种变化趋势的分析有助于我们更全面地理解自变量与因变量之间的关系，特别是在因变量存在异质性或非线性关系时。

除回归系数的变化趋势外，我们还需要关注各个自变量在不同分位数处的显著性。在统计学中，P 值用于检验假设是否成立。如果 P 值小于设定的显著性水平（通常为 0.05），则我们拒绝原假设，认为该自变量对因变量有显著影响。因此，在表格中，我们可以查找每个分位数点下各个自变量的 P 值，并判断其是否小于 0.05。如果某一自变量在多个分位数点上的 P 值都小于 0.05，那么我们可以认为该自变量是一个主要影响因素，其影响在不同分位数水平上都是显著的。然而，如果 P 值仅在特定分位数点上小于 0.05，那么这可能意味着该自变量的影响仅存在于因变量的某个特定分布位置。

围绕输出结果中的估算参数图进行分析，对于不同的分位点，估计得到的结构参数（斜率）是否相等。图 6-4~ 图 6-9 刻画出在销售量不同分位点（横坐标）时解释变量的结构参数及其置信区间，以及一般线性回归的结构参数及其置信区间。由各变量的估算参数图可知，在不同的分位点，大部分变量的估计系数变动都比较大，即在下载量不同的分位点处，解释变量的影响是不同的；即可认为模型通过了斜率相等检验，其通过了系列分位数回归检验。

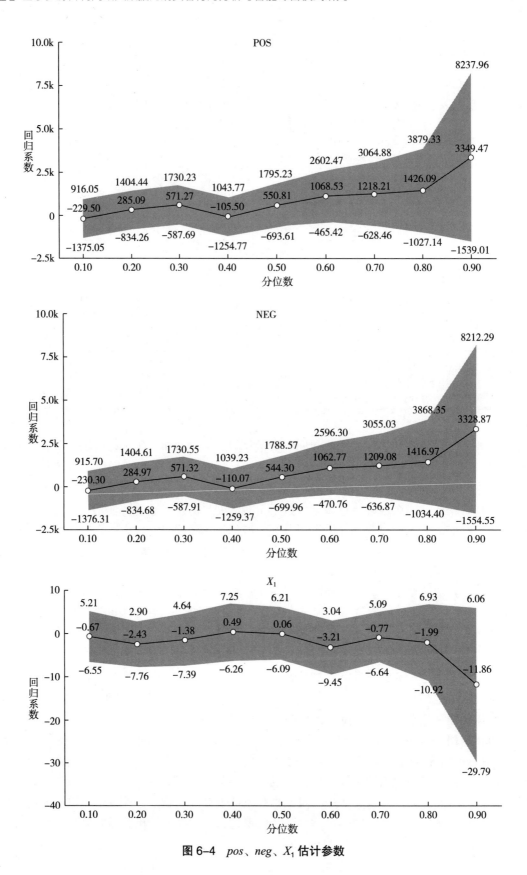

图 6-4 *pos*、*neg*、X_1 估计参数

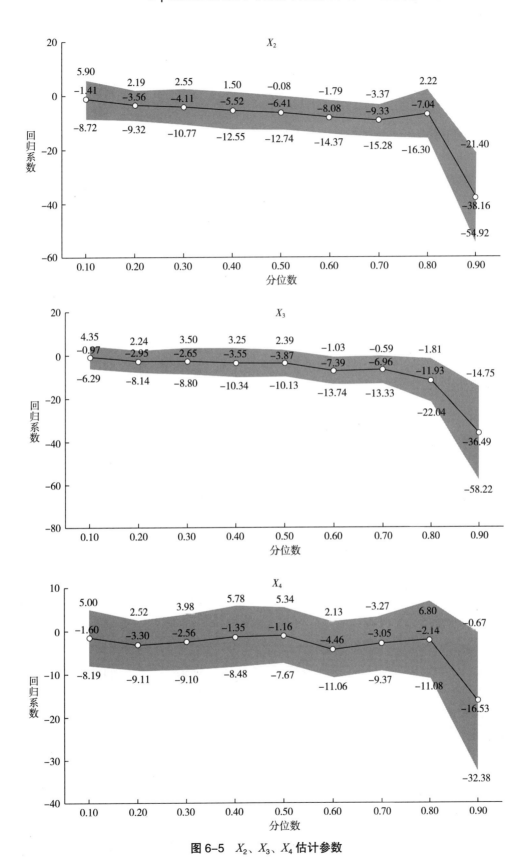

图6-5 X_2、X_3、X_4 **估计参数**

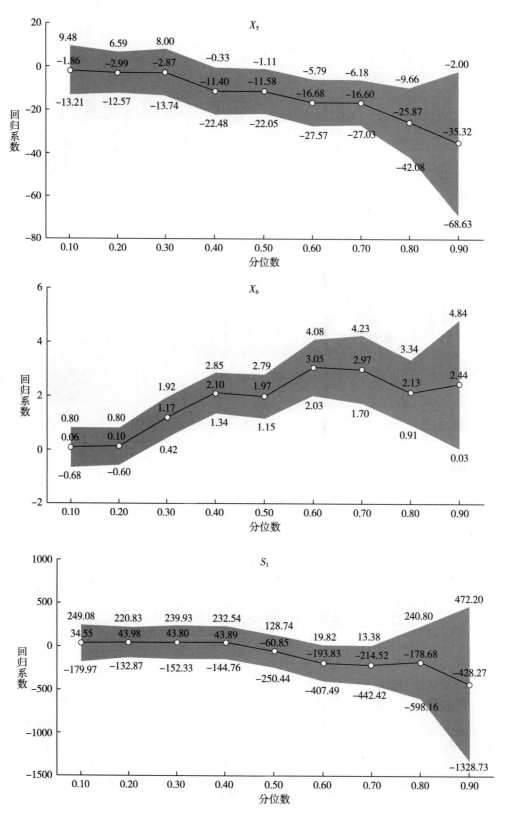

图 6-6 X_5、X_6、S_1 估计参数

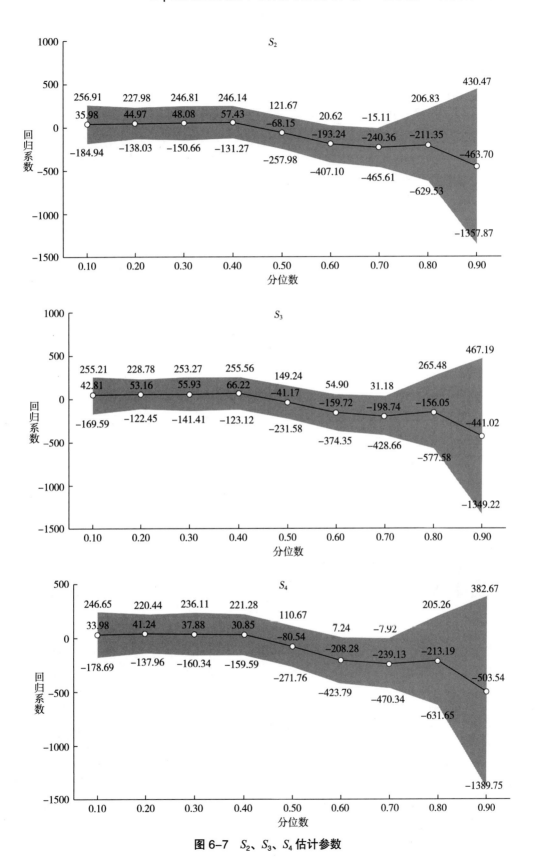

图6-7 S_2、S_3、S_4 估计参数

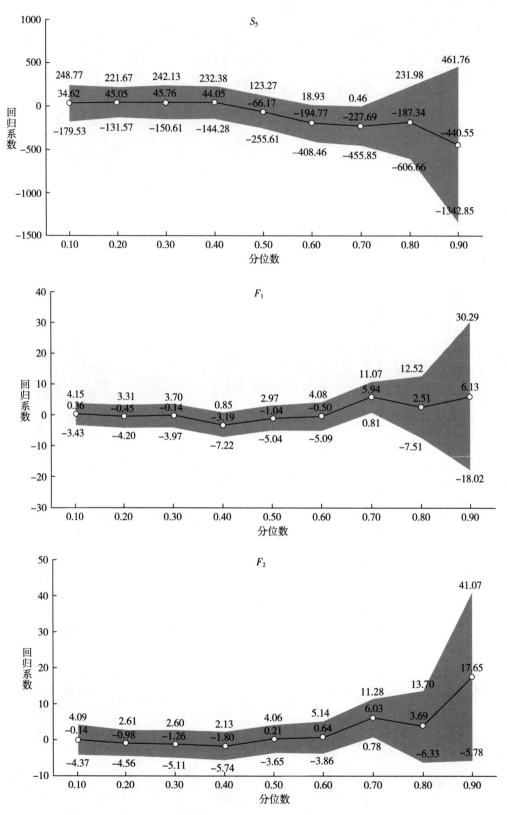

图6-8 S_5、F_1、F_2 估计参数

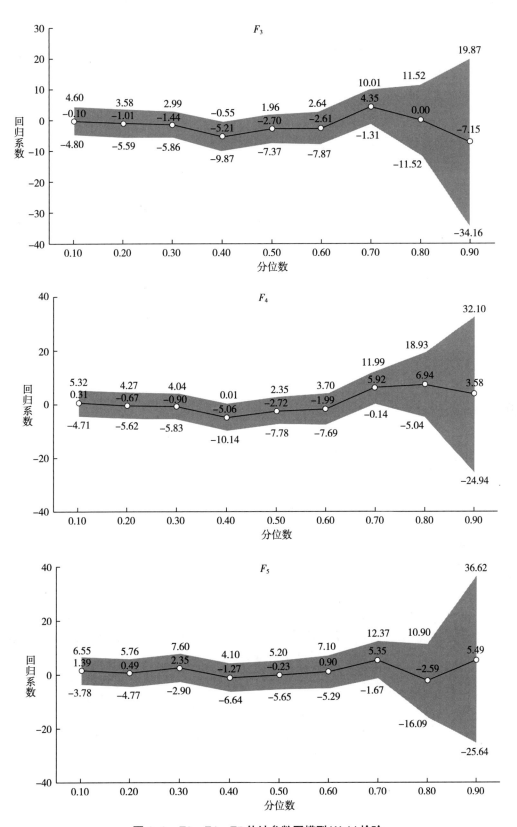

图 6-9 F3、F4、F5 估计参数图模型 Wald 检验

本部分对分位数回归模型进行 Wald 检验。Wald 检验通常用于检验解释变量的有效性，大多数分位数的变量通过了 Wald 检验。根据表 6-9，0.2、0.25、0.3、0.35、0.5、0.55、0.6、0.65、0.7、0.75 分位数处的模型具有良好的拟合效果，其解释变量具有高度有效性。

表 6-9　似然比检验结果

分位数	拟合优度	Wald 检验	Prob
0.20	0.0188	1.30E+05	0.0000
0.25	0.017	1.20E+06	0.0000
0.30	0.0187	7.60E+05	0.0000
0.35	0.0234	1.50E+05	0.0000
0.40	0.0271	3.00E+05	0.0000
0.45	0.0249	2.70E+05	0.0000
0.50	0.0324	9.10E+05	0.0000
0.55	0.0487	7.70E+05	0.0000
0.60	0.0732	6.00E+05	0.0000
0.65	0.1022	4.30E+05	0.0000
0.70	0.139	1.70E+05	0.0000
0.75	0.1629	62083.61	0.0000

6.4.4　结果分析

根据分位数回归显著表，在低销售量阶段，积极情绪 POS 和消极情绪 NEG 都不显著，说明在销售量较低时，情绪占比对销售量影响不大，随着销售量的增加，用户的主观情绪开始扮演越来越重要的角色。积极情绪可能激发消费者的购买欲望，推动销售量的进一步提升；而消极情绪则可能抑制消费者的购买意愿，对销售量产生一定的负面影响。特别是在高销售量阶段，积极情绪和消极情绪依然保持着显著性。这表明，在销售量达到一定水平后，用户的主观情绪对销售量的影响变得更加明显。在这一阶段，商家需要更加关注消费者的情绪变化，通过有效的情感营销策略来调动消费者的积极情绪，同时尽量避免引发消费者的消极情绪，以维持和推动销售量的持续增长。

同时，由分位数回归结果可知，在大多数分位点上，一般满意程度、一般不满意程度以及中度不满意程度是不显著的，可见这三个解释变量对华为手机销售量几乎没有影响；而高度不满意、星级评分占比这几个解释变量几乎对所有分位点的影响都具有显著性。外观手感需求、服务保障需求、通用体验需求，配送速度需求和待电续航需求对 0.5~0.6 的分位点上有显著影响，这里将 0.1~0.4 分位点记为低销售量阶段，0.4~0.65 记为中等销售量阶段，0.65~0.95 记为高销售量阶段。基于这五大需求，我们进行词频分析，得到排名前 100 的关键词，绘制词云图如图 6-10~ 图 6-14 所示，字体大小代表了关键词在文本数据中出现的频率或重要性，字号越大说明消费者需求越高。详细分析结果如下：

6.4.4.1　外观手感需求

由分位数回归系数显著性表可知，在探讨华为手机销售量的影响因素时，我们发现 F_1（外观手感方面）这一自变量在不同销售量阶段呈现不同的显著性水平。具体来说，当华为手机处于低销售量阶段时，F_1 回归系数并不显著，这意味着在这个阶段，消费者对手机的外观手感功能关注度相对较低，或者说，外观手感并不是影响消费者购买决策的主要因素。然而，随着销售量的逐渐提升，进入中等销售量阶段后，显著性水平有所增强。这说明在中等销售量阶段，消费者对手机的外观手感功能给予了更高的关注，并成为影响他们购买决策的重要因素之一。因此，对于华为而言，在这一阶段，相较开发新的功能模块，更应注重对手机外观的精细验收和手感顺滑等方面的改进。

如图 6-10 所示，大多数用户对手机的外观手感还是比较满意的，其中支持、大气、好评、清晰、国货类词频最高，也有人评论说手机厚重、沉甸甸、配色少，说明用户认为在重量方面需要改进，也希望品牌方能够推出更多的手机配色。消费者在不同销售量阶段对于华为手机关注点的变化方面，在销售量不大时，由于品牌知名度、价格等其他因素可能占据主导地位，消费者对于手机的外观手感功能并未给予过多关注。然而，随着销售量的提升和市场竞争的加剧，消费者对于产品的要求也逐渐提高，开始更加关注产品的细节和品质。因此，华为应根据分位数回归系数显著性表的分析结果，在不同销售量阶段制定不同的产品优化策略。在低销售量阶段，可以着重提升其他方面的竞争力，如价格策略、市场推广等；而在中等销售量阶段，则应更加注重对手机外观和手感等方面的改进，以满足消费者对产品品质和细节的追求。这样的策略调整有助于华为更好地适应市场变化，提升销售业绩，并在竞争激烈的市场中脱颖而出。

图 6-10　外观手感需求

6.4.4.2　服务保障需求

根据分位数显著表进一步分析，发现 F_2（服务保障需求）这个自变量在低销售量阶段的回归系数同样并不显著。这意味着在华为手机销售量尚未达到一定规模时，服务保障并不是消费者购买决策的主要考虑因素。这可能是因为在销售初期，消费者更关注产品的基本属性和价格等直观因素，而对服务保证的需求尚未凸显。

然而，随着销售量的提升，进入中等销售量阶段后，F_2 的显著性水平开始逐渐增强。且相较 F_1（外观手感方面），F_2 在高销售量阶段都表现出了显著的回归系数。这说明在华为手机销售量达到一定规模后，服务保障需求开始成为消费者关注的重点。

如图 6-11 所示，用户的主要关注点在于手机的质量保障，认为整体比较失望，并提到了客服解答不到位、询问没有响应、身边维修点少、维修流程复杂等问题，说明消费者认为应该提升服务质量，改进售后服务。在高销售量阶段，消费者对于手机的期待已经不再局限于产品的基本属性和外观手感，而是开始追求更高层次的服务体验和更广泛的适用场景。因此，对于华为来说，在高销售量阶段，除继续关注产品品质和外观手感等方面的改进外，更应注重提升服务保障。具体而言，华为可以通过完善售后服务体系、提供优质的客户支持、加强产品耐用性和稳定性等方面的改进来满足消费者的服务保障需求。

图 6-11　通用体验需求

6.4.4.3　通用体验需求

根据分位数显著表进一步分析，我们发现 F_3（通用体验需求）这个自变量在低销售量阶段的回归系数同样也不显著。但是随着销售量增加，当销售量达到中分位点时，F_3 的回归系数开始变得显著。这表明，随着市场的逐步打开和消费者的逐步积累，通用体验需求开始成为影响销售的重要因素。这是因为随着销售量的增加，产品逐渐得到了市场的认可和口碑的积累，消费者对产品的体验需求也逐渐提高。此时，如果产品能够满足这些通用体验需求，就能够进一步促进销售的增长。同时，在高销售量阶段，依旧存在显著分位点，说明随着销售量的增加，用户更注重整体的体验。如图 6-12 所示，用户主要关注点在操作系统不顺畅、手机运行迟缓、音效不行、打游戏延迟、性能不满意和体验不好等问题，表达了用户追求手机的高性能，希望企业能够重视第三方软件的兼容性等需求。因此，华为可以通过优化系统性能、提升用户体验、增加实用功能等方式来满足消费者的通用体验需求。这样的策略调整有助于华为在高销售量阶段进一步提升品牌形象和市场竞争力，赢得更多消费者的青睐。

图 6-12　通用体验需求

6.4.4.4　配送速度需求

根据分位数回归系数显著性可知，F_4（配送速度需求）在中等销售量阶段展现出更多的显著点。这意味着随着华为手机销售量的逐渐上升，消费者对商家的配送速度也提出了更高的要求。为了满足消费者对配送速度的高要求，商家需要采取一系列措施来提升物流服务的质量和效率。首先，商家可以优化仓库管理和库存控制，确保产品在第一时间能够准确、快速地发出。其次，商家可以选择与高效、可靠的物流公司合作，确保产品在运输过程中的安全和时效。最后，商家还可以考虑采用先进的物流技术，如智能配送系统、实时物流追踪等，提升物流服务的智能化和便捷性。

如图 6-13 所示，用户整体对配送速度不太满意，提出了京东华为商家服务发货时间太慢、退换货处理不及时、解决问题拖延、包装非常简陋、对配送速度失望等问题，表明了消费者希望商家能够加快配送速度、提高配送时效和包装质量等需求。通过确保配送速度与销售量相匹配，商家不仅能够满足消费者的即时需求，提升消费者的购买体验，而且能够增强消费者对品牌的信任度和忠诚度。这种信任和忠诚度的积累将进一步促进销售量的增长，能够为商家带来更多的市场份额和竞争优势。

图 6-13　配送速度需求

6.4.4.5　待电续航需求

根据分位数回归系数显著性表可知，F_5（待电续航需求）在高销售量阶段表现出显著性影响。这说明在华为手机销售量达到较高水平时，用户对于手机的续航功能有了更为迫切的需求。如图 6-14 所示，用户提出了电池续航能力不行、充电器充满时间太长、手机充电发热问题明显、打电话耗电快、待机时间不长等问题，说明用户认为华为应该改进手机电池续航功能，重视手机发热的问题，以满足手机能够快速充满持久续航的消费者需求。随着智能手机的普及和功能的不断扩展，用户在日常使用中对手机的依赖程度也越来越高。因此，在高销售量阶段，用户更加注重手机的续航能力，希望华为手机能够拥有更长的待机时间和更稳定的电池表现。针对这一需求变化，华为应加大在电池技术方面的研发力度，提升手机的续航性能，以满足用户长时间使用的需求；同时，通过优化系统功耗、推出节能模式等方式，也可以有效延长手机的待机时间，提升用户体验。

图 6-14　待电续航需求

6.5　本章小结

本章以京东平台上华为 mate10~mate60 系列手机为研究对象，基于扎根理论从用户在线评论中挖掘出用户需求，利用多源异构网络大数据分析消费者需求不确定性，并构建了用户需求和销售量的逐步回归模型和分位数回归模型。分析结果表明，用户生成内容直接体现了消费者的需求特征，通过对用户生成内容的分析可以有效识别消费者需求不确定性；通过对消费者不确定性识别并实施差异化创新，可以有效提升产品销售数量；分位数回归模型能够较好地解释用户需求对销售量的影响，且在线评论中的用户需求特征对消费者行为（销售量）有显著影响。

7 消费者行为变革与智能零售模式采纳

——基于 B-RGCN 在线评论推荐系统设计

第 6 章系统分析了消费者需求不确定性，消费者需求不确定性体现在消费者对相同产品各项特征评价的差异，并且个性特征评价会显著影响零售厂商产品销量，因此平台厂商、零售厂商以及生产厂商需要充分关注用户生成内容，实施产品迭代并提供差异化版本，以满足消费者需求不确定性。但是对平台厂商与零售厂商而言，在充分知晓消费者需求特征（或通过口碑体现出的需求特征）与生产厂商迭代产品特征的基础上，需要充分发挥零售匹配供需的作用。因为消费者需求是不确定性的，并且需求特征差异性较强，单纯依赖传统手段进行供需匹配是不可能的，需要针对消费者具体的评价信息提供针对性匹配，以提高供需匹配效率。因此本章在第 6 章的基础上，重点开发基于消费者在线评论推荐系统 B-RGCN，从根本上提高零售厂商供需匹配效率。B-RGCN 在线评论推荐系统代码见附录 2。

7.1 推荐系统定义

推荐系统在人工智能和机器学习技术的不断发展下变得越来越智能和精准，对零售企业提升销售额、用户留存率和用户满意度起着重要作用。例如，人们空闲中的大部分时间在刷短视频以及各大购物平台，而推荐系统通过大数据的推送使人们"流连忘返"。推荐系统的工作原理通常分为以下步骤：收集用户数据、分析用户行为、构建模型并预测用户偏好，从而生成最优的推荐结果。其目标是通过提供符合用户个性化需求的精准推荐，改善用户感受，增加用户参与度和促进交易转化。为了满足人们多样化的需求，在电子商务平台中，产品通常被分为几大类（如服饰、鞋类、电子产品、母婴用品、彩妆等），大类又可以细分为几小类（如彩妆系列可以分为口红、粉底、眼影、腮红等），以方便用户更加精准地找到所需产品。同时，大型购物平台，如淘宝、京东等利用节日进行的促销活动，通常根据产品类别进行划分。对于有计划的零售厂商而言，这种分类策略既方便了平台，也方便了有特定需求的消费者。然而，当前的推荐系统仍面临一些挑战，尤其是在目标领域下存在多样化的产品分类时，用户的购物欲望就会下降，因此零售厂商需要实现更加细化的产品推荐。

在线评论已经作为人们获取信息和做出决策的首要参考依据之一，人们在购买商品之后，根据自身的体验发表对商品的评价，主要对特定内容的观点、经验和建议，正面的评论可以增加人们的信任和兴趣，而负面的评论可能会让人们犹豫是否购买该商品。第 6 章已经阐述了在线评论中用户的需求特征对其他用户有着显著影响。对于一些有着强烈购买目标的用户，一些正面的评论会坚定用户的购买决心，比如一些用户会在小红书上发表对某种彩妆商品的喜好，由于她的肤质适合这种商品，评论区就有大量其他用户的回复，表示她们也有相同的肤质，并询问该商品的价格以及怎么使用。推荐系统就会捕捉到其他用户发表的评论信息进而向她们推荐适合的商品。本部分旨在通过分析相似用户评论信息来推测用户购买偏好，从而实现个性化商品推荐。

现有的推荐系统主要有以下两种：第一，以内容为基础的推荐体系，根据商品的属性和特点，将与用户以往喜欢的商品有相似之处的商品推荐给用户。这套推荐系统一般采用商品的描述信息和特点来做推荐，主要是通过将用户的需求特征聚合起来，更好地学习对用户来进行商品推荐。第二，协作过滤（Collaborative Filtering，CF）推荐系统，根据用户的行为数据（如评分、购买记录等），通过计算用户之间的相似性，推荐给他们喜欢的同类商品，或向他们推荐其他相关的商品。该推荐系统专注利用过去的用户—商品互动来实现预测，仍然是有效的个性化推荐的基本方法。近年来，随着深度学习技术的发展，作为用于处理图结构数据的专用深度学习模型，图神经网络（Graph Neural Network，GNN）受到越来越多的关注。常见的图神经网络模型一般分为五大类，分别是图卷积网络（Graph Convolution Networks，GCN）、图注意力网络（Graph Attention Networks）、图自编码器（Graph Autoencoders）、图生成网络（Graph Generative Networks）和图时空网络（Graph Spatial-temporal Networks）。GCN 作为一种强大的图神经网络模型，为图数据分析和挖掘提供了新的思路和方法，例如 NGCF、LGCN 等推荐算法的出现，都是在 GCN 的基础上发展来的（He et al.，2020）。本部分考虑到在图数据中，不同的连接（边）可能具有不同的重要性，但是传统的图神经网络模型往往难以有效地区分连接之间的重要性差异，从而影响了推荐系统对用户—商品互动行为的精细建模。针对无法区分连接重要性的问题，本部分改进了 GCN 模型，利用预训练的语言模型 BERT，将用户评论转换成边上的特征表示，进而创建出表达用户需求或偏好的向量。接着，把这些需求特征纳入 GCN 的表征学习过程中，进一步区分重要性用户的需求特征，成为用户与商品之间重要的互动信息，从而实现对用户的个性化推荐。

7.2 基于图神经网络的推荐算法的介绍

图神经网络推荐系统利用图形结构数据建模用户和商品之间的关联，将用户与商品在图中表示为节点，并将它们之间的交互行为用图中的边表示。基于图神经网络的推荐算法可以通过对图上的节点分类或链接预测任务进行个性化推荐，从而更好地理解和商品之间复杂的关系，提高推荐的精确性和有效性。推荐系统的核心任务是预测用户和商品之间是否会产生互动行为，比如各种形式的互动（如点击、评级、购买等）。其目标是提供个性化的推荐结果，通过分析用户行为和商品特性，最大限度满足用户的兴趣和需求。在现行推荐系统的算法框架中，协同过滤技术分为基于内存与基于模型的策略两大部分。前者依托用户历史互动数据，如商品评价等，以此构建用户间或商品间相似度的衡量尺度；后者则致力于挖掘用户及商品背后潜藏的因子，运用矩阵分解等数学工具来细致推敲用户的评价模式。然而，在面对数据稀疏、新用户或物品的冷启动困境，以及需适应不断膨胀且动态变换的数据环境时，这些方法的有效性遭遇了不可忽视的挑战，成为限制其广泛应用的重要因素。相比传统的推荐算法图神经网络能够有效地处理推荐系统中的异构信息，并且可以捕捉用户和商品之间的复杂互动关系，以及用户和商品的上下文信息，通过构建一个反映用户与商品互动关系的图结构，并逐步通过多层网络迭代优化节点表示。图神经网络能够有效捕捉到用户与商品之间深度的相关性，这使推荐更加个性化和精准。图 7-1 是图神经网络用户与商品之间的深度信息，随着图中层数的增加，节点之间的互动信息传递得更加深入。由于用户 u_1 与用户 u_2、用户 u_3、用户 u_4 都有一条路径相连，那么可以认为这 4 个用户具有相似性。因此，为了为用户 u_1 推荐商品，可以考虑推荐商品 c_4、c_5 和商品 c_6。在这种情况下，优先推荐商品 c_5，因为它与用户之间存在两条路径，而 c_4 和 c_6 只有一条路径相连。因此，可以推断用户对 c_5 更感兴趣。这展示了深度互动信息带来的潜在价值，图神经网络在推荐领域的应用，其独特之处在于通过用户与商品互动的信息，构建起了推荐的图结构基础。

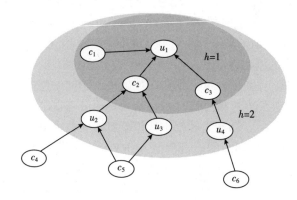

图 7-1　用户与商品的深度信息

图卷积网络在处理非网格数据，如图结构时，展现出与传统 CNN 不同的优势。GCN 可以有效地处理非欧几里得结构的数据。GCN 最初提出用于属性图上的节点分类，其中每个节点都有丰富的属性作为输入特征，其核心思想是利用节点之间的连接关系来进行信息传播和特征学习。在一个图中，节点代表实体（如用户、商品等），边代表节点之间的关系（如交互、关注等）。GCN 通过迭代更新节点的特征表示，使每个节点能够聚合和传播其邻居节点的信息，从而获得更丰富的表示。GCN 这种聚合邻居的信息如式（7-1）所示：

$$e_u^{h+1} = g\left(e_u^h, \left\{e_c^h : c \in N_u\right\}\right) \tag{7-1}$$

其中，聚合函数 g 构成图卷积枢纽，涵盖特征映射与激活非线性运算。e_u^h 是 h 层的特征向量。第 $h+1$ 层的目标节点的特征是来源于第 h 层节点及邻域特性之融汇。GCN 模型架构如图 7-2 所示。

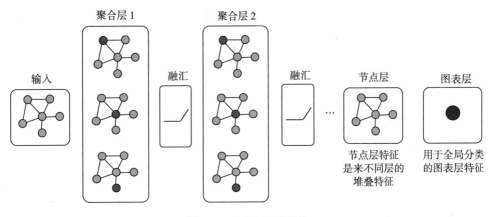

图 7-2　GCN 模型架构

7.3　基于图卷积网络的推荐算法的改进

目前基于图神经网络的推荐系统主要依靠用户与商品之间的互动信息作为输入，通过节点特征学习来预测未来的互动情况。然而，在这种方法中，虽然可以捕捉用户与商品之间的互动信息，但无法直接获得用户对商品的偏好和需求信息。为了改进这一问题，我们可以在原有的 GCN 模型的基础上，将在线评论中的用户需求特征信息纳入考虑范围。具体而言，我们可以在用户节点和商品节点之间的边上添加需求特征，其中这些需求特征可以通过分析在线评论中的内容来获取。通过这样的设计，推荐系统不仅能够捕捉用户与商品的互动信息，还能从用户的评论中洞察他们的喜好和需求，这有助于提升推荐的质量。鉴于此，本部分提出了一种基于 BERT 模型的在线评论的图神经网络推荐模型（B-RGCN），该模型主要分为三个模块：特征提取与交互关系建模、图结构的学习过程、基于生成模型的推荐策略。

7.3.1　特征提取与交互关系建模

在 GCN 中，通过边表示用户和商品之间的连接关系。这种连接关系反映的是用户和商品的交互信息，如用户买过某件商品。一般情况下，可以认为图网络中用户与商品之间的联系往往与他们偏爱该商品的程度密切相关。然而，在某些情况下，一旦用户购买了某件商品并感到不喜欢，他们可能会发表在线评论。为了更准确地捕捉用户对商品的喜好，本部分将在线评论提取的需求特征整合到图神经网络的边缘特征中。通过这种方式，模型能够更好地理解用户的喜好。具体地说，我们的模型包含了两个主要部分：首先是特征阶段包括学习的需求特点；其次是基于在线评论的交互建模，通过这一步骤让模型更好地了解用户对商品的偏好。

7.3.1.1 特征提取

将在线评论融入 GCN 中进行特征学习，主要是深入分析了在线评论信息，并构建了用户评论在用户—商品嵌入学习中的影响能力。故应对网络评论资料施以预置训练，以深度提取语义要素。LSTM 可以根据上下文来预测下一个单词，因此在语言建模任务中表现良好互动建模，但是由于每次只能输入一个词语，会增加时间的开销。此外还有更优秀的特征提取算法，如 Word2Vec、Glove 等，以提高模型的准确性和效率，但对于一词多义的情况就比较难以区分。2018 年，谷歌推出的 BERT 模型通过双向 Transformer 架构，实现了语言表征的深层学习。该模型在预训练阶段，借助广泛的语料库，并结合掩码语言模型与下一句预测两种机制，有效地促进了模型对句内及句间语义联系的把握。这种方法不仅加强了上下文语义的捕捉能力，也为自然语言处理领域带来了革新性的进展。

因此本部分采用 BERT 模型对在线评论的数据进行预训练，首先将预处理后的在线评论数据转换为适合 BERT 模型的输入格式。这通常包括将文本转化为标记的序列，并添加特殊的标记，如［CLS］表示句子的开头，［SEP］表示句子之间的分隔符。由于 BERT 在处理句子时有长度限制，当句子长度超过 512 个字符时，会被截断；若句子较短，则会添加 0 来填充至规定长度。BERT 通过采用 Transformer 的编码器部分逐字处理文本，并引入相对位置编码以处理一词多义的情况，从而生成的句子向量能够准确地捕捉在线评论的语义内容。使用准备好的数据对 BERT 模型进行预训练，在预训练过程中，采用掩蔽语言模型与下句预测相结合的策略来训练模型的参数，使其学习到丰富的语言内涵。在预训练完成后，可以根据特定的任务需求对 BERT 模型进行微调，将任务相关的标注数据与预训练模型结合，通过进一步训练来优化模型在特定任务上的性能。

7.3.1.2 交互关系建模

如图 7-3 所示，利用 BERT 模型对在线评论数据进行预训练，并将提取的评论特征输入 GCN 模型中，这些特征将加在 GCN 模型的边上，将节点自身的特征、邻居节点的特征以及连接这些节点的边上的评论信息一起进行信息传播和特征更新。这样，在每轮迭代中，节点的特征就能够更充分地整合来自邻居节点和评论信息的语义信息，从而更准确地表达整个评论网络的特征。由于在线评论中包含了用户对商品的喜好信息，将评论特征通过边融合到节点之间，不仅可以学习到用户与商品之间的相互作用，还可以捕捉用户的喜好信息，从而更好地服务于推荐系统。

在处理非结构化数据方面，图神经网络与传统神经网络之间存在显著差异，传统神经网络倾向于处理数值化的数据，如图像（像素阵列）和文本（词嵌入），而对复杂关系的表达就较弱。图神经网络则专注于图结构的数据，其中节点代表实体，边代表实体间的关系，这种结构对于表达复杂的关系和依赖非常有效。

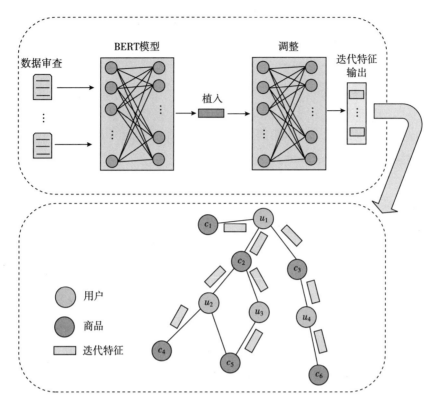

图 7-3　特征学习与互动建模

7.3.2　图结构的学习过程

GCN 的传播规则如式（7-2）所示，N_c 表示节点 u 的邻居节点集合，r_{uc} 是边上的权重值，w^h 是第 h 层的权重矩阵，σ 是激活函数。这只是节点的邻居节点根据自身的特征进行迭代更新并更新的信息传递到节点上。

$$e_u^{h+1} = \sigma\left(\sum_{c \in N_c} \frac{1}{r_{uc}} w^h e_c^h\right) \tag{7-2}$$

现在将评论信息考虑进来，可以将传播公式修改为：

$$e_u^{h+1} = \sigma\left[\sum_{c \in N_c} \frac{1}{r_{uc}}\left(w^h e_c^h + \alpha r_{uc}\right)\right] \tag{7-3}$$

其中，α 是一个权衡邻居节点信息和评论信息的超参数。这样，传播公式被修改为在更新节点的特征时，同时考虑了邻居节点的特征以及连接节点的边上的评论信息，从而更全面地融合了这两个方面的信息。

当模型网络传递阶数为 2 时，基于在线评论的图神经网络推荐学习形式与节点特征的更新策略如图 7-4 所示。在第一层传播中，节点特征通过考虑邻居节点的特征和评论信息进行更新；而在第二层传播中，利用第一层传播得到的节点特征进一步更新节点表征。模型层次的深化，使用户对未交互商品属性的认知更为丰富精准。然而，并不意味着模型的推荐效果会随着层数的增加而一定会变得更好。层数增加可能会导致过拟合或者模型复杂度过高，从而影响模型的泛化能力和推荐效果。因此，需要平衡模型的复杂度和推荐效果之间的关系，在实践中选择适当的层数以获得更好的推荐性能。有研究证明，在第7层时，网络推荐的商品就出现了偏差，第2层或第3层的网络推荐效果最好，因此本文选择的是第2层网络结构。这种更新机制使节点表示能够充分考虑邻居节点的信息以及评论信息，从而更好地完成推荐学习任务。

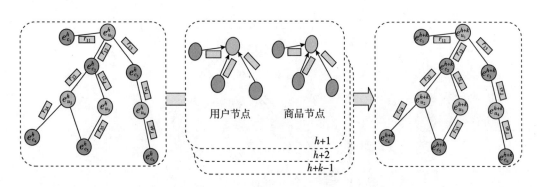

图 7-4 在线评论与图的学习过程

7.3.3 基于生成模型的推荐策略

在训练模型之后，使用节点和评论信息的嵌入表示来为商品评分。对于每一个用户节点 u，我们会计算其与所有商品节点及其评论信息的关联权重，并据此向用户推荐商品。具体操作是，对于每一个商品节点 c，我们通过将评论信息的权重与商品节点的特征向量相加权求和，来得到加权特征表示。然后，利用用户和商品的这些加权特征表示 e_c，估算出用户对商品的预测评分。

$$R_{uc} = \sigma(e_u \cdot e_c) \tag{7-4}$$

其中，R_{uc} 表示用户对商品的预测评分。σ 是激活函数，· 是向量内积操作，评分越高代表用户对该商品偏好的可能性大。通过对评分进行排序，通常取前10名左右作为用户的推荐商品，在推荐系统的构建过程中，常常面临的一个挑战是，如何从众多可能的选项中筛选出少量商品展示给用户。用户通常只会对推荐列表中的一部分进行查看和消费，因此，列表中商品的排序质量就显得尤为重要，它直接关系到用户对推荐列表整体满意度的达成。本部分通过预测评分让模型重点关注用户对不同商品的偏好，从而更精准地为用户进行个性化推荐。

7.4 实验分析

7.4.1 实验设置

本部分选取的是来自斯坦福的亚马逊数据集合中的 Movies and TVs、Clothing and Shoes、Toys and Games、Appliances 数据集，这些数据集在推荐系统领域被普遍应用。数据集的具体信息如表 7-1 所示。

表 7-1　数据集的具体信息

数据集	Movies and TVs	Clothing and Shoes	Toys and Games	Appliances
评论数量	7911684	64706	167597	602777
用户数量	889176	5541	19412	19384
商品数量	253059	3568	11924	11283

为了有效地进行实验，必须对数据集中的评论部分执行特定的预处理操作，这包括利用 BERT 模型的分词器对评论内容进行切分，将每个词转化为其对应的 tokens。完成这一步骤后，需要将整个数据集按照 8 : 1 : 1 的比例拆分成三部分，分别作为训练集、验证集以及测试集，确保模型训练的效率和评估的准确性。

7.4.2 评价指标

推荐系统的评价指标有多种，本部分选取推荐系统常用的评价指标（张楚，2022）：

一是精确率（Precision）：它是评价推荐系统性能的重要指标之一，衡量了推荐系统给出的推荐结果中有多少是用户真正感兴趣的。精确率的计算公式为：

$$Precision = \frac{TP}{TP + FP} \tag{7-5}$$

其中，TP 表示真正例（True Positives），即系统推荐给用户的商品中，用户实际感兴趣并且正确的数量；FP 表示假正例（False Positives），即系统误判用户感兴趣的商品并推荐的数量。精确率的取值范围在 0~1，数值越接近 1 表示推荐系统的推荐结果中包含的真正感兴趣商品比例越高，即推荐结果的准确性越高。

二是召回率（Recall）：它衡量了推荐系统能够找到用户真正感兴趣的商品的能力。召回率的计算公式为：

$$Recall = \frac{TP}{TP + FN} \tag{7-6}$$

其中，FN 表示假负例（False Negatives），即用户实际感兴趣但系统未推荐的数量。召回率的取值范围在 0~1，数值越接近 1 表示推荐系统能够找到更多用户真正感兴趣的商品，系统的推荐结果更加全面。

三是命中率（Hit Rate，HR）：它表示用户实际点击或购买的商品在推荐列表中的命中比例。命中率可以通过以下公式计算：

$$HR = \frac{1}{S}\sum_{i=1}^{S} hit(i) \qquad (7-7)$$

其中，S 是用户总需求的数目，当用户的第 i 项在推荐列表中时，$hit(i)=1$，相反 $hit(i)=0$。命中率可以帮助评估推荐系统生成的推荐列表中用户真正感兴趣商品的覆盖程度。

四是平均倒数排名（Mean Reciprocal Rank，MRR）：它关注用户感兴趣的商品在推荐列表中的排名，排名靠前的商品表示用户感兴趣大的可能性大。平均倒数排名的公式如下：

$$MRR = \frac{1}{N}\sum_{i=1}^{N} \frac{1}{Rank_i} \qquad (7-8)$$

其中，N 表示总共的用户数量，$Rank_i$ 表示第 i 个查询或用户的第一个正确推荐商品在推荐列表中的位置。

7.4.3 对比模型与结果分析

7.4.3.1 对比模型

为了证明该推荐系统确实有很好的效果，将本部分的算法与其他推荐算法在相同的数据集上进行训练，进而对比。这里选择了在推荐系统中比较好的模型——NGCF、LGCN、BPR 进行对比。

（1）NGCN

NGCN 是一种邻域感知图卷积网络，旨在克服传统图卷积网络在捕捉节点间复杂关系方面的局限性。NGCN 通过引入邻域感知机制，有效地整合了节点的邻居信息，实现了更全面和准确的节点表示学习，但在处理大规模图数据时，可能面临计算复杂度过高的问题，导致训练和推理的效率下降。

（2）LGCN

LGCN 是一种轻量级图卷积神经网络算法，旨在简化协同过滤算法的特征构造及非线性化冗余。该方法通过线性组合已学习层次的节点嵌入，巧妙地规避了特征过度平滑的风险，以获得最终的节点表示。通过这种方式，LGCN 在保持模型轻量化的同时有效地学习节点的表征，从而更好地应对推荐系统中的个性化推荐任务。但是 LGCN 中的超参数设置对最终性能有较大影响，需要进行精细的调参工作，这增加了模型调优的难度。

（3）BPR

BPR 是一种个性化推荐算法，基于贝叶斯推断的方式，针对每个用户学习一个排序模型，从而实现根据用户个性化偏好对商品进行排序推荐。由于在学习用户偏好时通常将商品视为独立的个体，忽略了商品之间可能存在的关联性和相互作用，BPR 主要适用于处理有显式反馈数据的推荐任务，而对于隐式反馈数据或者冷启动问题的处理相对有限。

7.4.3.2 对比结果分析

在本部分中，我们实现了所提出的模型，并与 NGCF、LGCN 和 BPR 这三种现有的模型进行了比较。所有实验都使用了上述提及的四个基于评论的数据集，并且在统一的软件和硬件环境下进行。实验的成果如表 7-2 所示，列出了各模型的性能比较结果。

表 7-2　实验数据

数据集	模型	*Precision*	*Recall*	*HR*	*MMR*
Movies and TVs	NGCF	0.0130	0.2814	0.2948	0.0311
	LGCN	0.0137	0.2923	0.2853	0.0368
	BPR	0.0101	0.1914	0.2016	0.0260
	B-RGCN	0.0140	0.2950	0.2900	0.0510
Clothing and Shoes	NGCF	0.3596	0.0225	0.3596	0.3140
	LGCN	0.4494	0.0287	0.5494	0.3075
	BPR	0.3292	0.0248	0.6292	0.3784
	B-RGCN	0.4593	0.0256	0.5893	0.03482
Toys and Games	NGCF	0.6912	0.0255	0.6832	0.4011
	LGCN	0.7029	0.0447	0.7229	0.4027
	BPR	0.5588	0.0659	0.6588	0.3993
	B-RGCN	0.7315	0.0622	0.7356	0.4050
Appliances	NGCF	0.6280	0.0336	0.5380	0.3137
	LGCN	0.6514	0.0460	0.6596	0.3873
	BPR	0.3478	0.0348	0.3478	0.2736
	B-RGCN	0.6624	0.0799	0.6831	0.4263

根据上述实验，得到以下结论：

第一，与 BPR 模型相比，B-RGCN 能够建立更有深度的用户—商品模型，并且从实验数据中能看出来 NGCF 和 LGCN 的推荐性也都能优于 BPR 模型。这一观察结果验证了图学习在处理复杂信号时有着一定的优势。

第二，与 NGCF 模型相比，B-RGCN 和 LGCN 模型在降低计算复杂性的同时，也提高了推荐系统的性能。在 NGCF 中，每个节点在信号传递过程中都关联着一个可学习的参数，这无疑加剧了训练过程中的计算负载，并消耗了更多的计算资源。相较之下，B-RGCN 模型借鉴了 LGCN 的方法，避免了在信号传递中使用可训练参数，而是通过一种简化的聚合方式来更新节点的特征信息，从而实现了计算效率和推荐性能的提升。

第三，本部分的 B-RGCN 模型优于其他模型，主要是因为在本部分中，我们利用 BERT 模型能够将用户的在线评论转化为特征向量，这些向量有效地捕捉到了用户偏好的特征，可以显著提高模型的性能。

7.5   本章小结

根据第6章的研究结论，发现在线评论中反映的用户需求对用户的购买决策产生了显著影响。然而，传统的推荐算法存在一些不足之处，因此本章提出了一种改进方法，将边的表征信息引入推荐任务中，通过图卷积网络的机制构建了融合节点邻域信息的迭代更新框架，允许二阶相连节点的属性和边缘数据共同促进特征融合。这种方法的应用可以更准确地执行个性化推荐任务，同时充分考虑到用户的需求特征和偏好信息，从而提高推荐系统的效果和用户满意度。相较最近提出的其他方法，本章的模型在计算效率方面表现出明显优势，这种模型能够更好地利用图结构中的信息，从而提高推荐系统的准确性和效率，为用户提供更符合其需求和偏好的个性化推荐服务。

8 消费者行为变革与智能零售模式采纳

——基于供应链风险场景实证检验

零售供应链是零售物理活动的集中体现，也是零售"人、货、场"活动的基础，长期以来各种不确定事件或因素对零售供应链运作的潜在影响，导致零售供应链中的延迟、缺货、成本增加等问题，本章采取微观企业数据，利用机器学习和神经网络的供应链风险管理模型，有效预测零售供应链风险，最终支撑智能风控场景应用。近年来，随着经济的发展，我国居民的生活质量不断提升。不仅如此，人们在对各种产品的需求不断增加的同时也逐渐转向重视产品的质量安全。然而，目前我国供应链主要是集聚型产品供应链，存在运输时间长、货物损耗大、物流缺乏柔性以及风险管控不足等多重问题，难以适应当前需求。后疫情时代，零售业的不稳定性成为新常态，为寻求零售业健康稳定发展，应提高零售供应链抗风险能力和竞争力，提升供应链韧性，实现零售供应链协调发展。

在全球化竞争日益激烈的背景下，供应链管理作为提升企业竞争力的核心策略，其重要性不言而喻。供应链管理关键在于构建一个基于流程优化的集成管理框架（Turkulainen & Swink，2017），这一理念已被学术界广泛认可，成为供应链研究的前沿热点（Luo & Yu，2019）。为了适应市场变化，突破发展桎梏，企业正积极将集成思维融入产品供应链的每一个环节，并借助信息技术实现高效管理，这不仅是推动市场创新的关键，而且是现代企业管理不可或缺的一环。产品供应链的演进已从内部资源的简单整合，跨越至深度纵向一体化，并正逐步迈向多供应链间的动态协同网络（Gholamian & Taghanzagdh，2017）。在此趋势下，构建一套全面而高效的供应链集成效率评价体系及模型显得尤为重要。这一体系需覆盖供应链的每一个参与方及运作环节，精准评估其效率表现，从而为企业揭示潜在的问题点，指导其进行针对性改进与优化，持续推动供应链整体效能的提升。鉴于产品供应链集成运作的复杂性与动态性，传统的效率评估方法已难以满足其需求。因此，有必要基于理论基础与实证分析，量身定制一套专为产品供应链设计的集成化、高效率运作效率评价体系。这一体系融合最新的管理理念与技术手段，确保评价结果的准确性与前瞻性，进而通过精细化的效率评价模型，引导供应链向最优状态持续进化，确保企业在激烈的市场竞争中保持领先地位；并且它最大限度地保护了客户的权益，为提高效率提供了更加系统、科学的优化方法（Bahemia，Squire & Cousins，2017）。同时，产品供应链的集成运作对以往供应链规划的研究成果起到了补充和完善的作用，因此具有较好的理论意义和实际应用价值。

供应链管理对零售企业经营和社会经济发展具有重要意义。然而，目前的供应链效率管理并不能有效地控制供应链管理效率低下所带来的风险。为了研究供应链效率管理的改进，在机器学习和神经网络技术的支持下，本章构建了基于机器学习和神经网络的供应链风险管理模型。此外，本研究还根据供应链管理的现状对风险指标体系进行了评估，且在MATLAB平台中进行模型仿真研究，并结合实例进行模型的有效性分析。最后通过训练模型对数据进行训练后，输出风险评估值并给出应对风险的策略。

8.1　供应链风险相关文献整理

供应链绩效是供应链管理水平的集中体现，然而，关于供应链绩效评价的确切定义及构建的指标体系，目前尚未形成广泛共识。主要因为供应链管理的复杂性和多样性，不同行业、不同企业在供应链运营中面临的挑战和目标各异，因此，对绩效评价的需求和侧重点也不尽相同。Zhalechian等（2017）从供应链的及时性、制造策略、需求变化和合作机制四个方面评价供应链绩效。Tan等（2017）认为供应链绩效的重点是对整体供应链绩效和效率的测量。Georgiadis等（2017）提出供应链绩效评价在某种程度上聚焦于需求信息共享的程度。他们强调，在日益复杂和动态的供应链环境中，信息共享效率对于提升整体绩效具有关键作用。这种评价不仅仅局限于传统的运营效率或成本效益分析，而是将信息共享视为供应链协同与响应市场变化能力的核心要素之一。

国际供应链协会基于计划、采购、生产、分销等五个指标建立了流程参考模型（SCOR），作为考核供应链绩效的比较基准与测度指标（Evanschitzky & Goergen，2018）。美世咨询公司基于订单完成率、库存准确率、运输准确率、准时运输、准时交货、项目完成率和损坏率指标构建指标体系，客观评价第三方物流和第三方供应商的绩效（Preston et al.，2017）。Zijm等（2015）在研究中引入了平衡计分卡模型（BSC）作为战略绩效管理工具，构建了四个核心评估维度：财务绩效、客户满意度、内部业务流程优化以及组织的学习与成长。这四个维度相互关联、相互平衡，共同构成了评价组织整体绩效的综合框架。随着全球贸易的发展和供应链网络的不断扩大，供应链风险管理越来越重要。Kolben（2014）、Wu和Siew（2004）都认为供应链风险是指由于供应链系统具有脆弱性，因此可能会对供应链系统具有潜在威胁，导致上下游企业供应链断裂以及降低整个供应链效率。对于供应链风险的影响因素，学者们提出了不同的研究视角。Staniek和Sierpinski（2014）认为自然因素是引起供应链风险的主要原因，如病毒肆虐、经济危机、自然灾害等会导致供应链物流、资金流、信息流的断裂。Lu（2015）等认为供应链风险主要源于网络安全风险，网络安全风险引发的经营风险和违约风险会影响供应链中上下游企业的合作关系，引发供应链信任危机。孙宝文和章宁（2004）认为企业供应链管理存在两个风险：一是单个企业自身利益最大化的目标及供应链整体利益的冲突；二是信息不对称问题，节点企业可能不会向供应链上下游企业共享所有信息，存在逆向选择和道德风险。Rola（2016）认为自然灾害、运营事故、恐怖主义和政治不稳定是供应链风险的主要来源。关于供应链风险管理，部分学者认为供应链风险管理是供应链成员通过协调或协作来管理供应链风险，以确保供应链的效益和可持续性。由于单个企业的风险管理难以适应供应链对风险监控的要求，因此供应链管理最重要的就是供应链成员之间的合作，加强对供应链成员企业的管理、监督和控制。

许多学者从不同视角对供应链风险管理进行了研究。对于由于网络安全风险引起的供应链信任危机，企业需要定期评估潜在网络风险，确保企业的数据安全和业务连续（耿勇和向晓建，2024）。对于突发事件导致的供应链风险，Taha、Hachimi 和 Moudden（2017）提出了从供应链控制系统、供应采购、分销渠道、组织文化等方面提高供应链的弹性的措施，从而降低供应链风险。对于风险的预警及应对策略，Kim、Cohen 和 Netessine（2017）指出根据不同突发事件类型引发的供应链风险进行情景构建，全链条评估供应链安全风险，进而建立不同的应急预案。对于供应商是否可靠而引起的供应链风险，Reitsma、Hilletofth 和 Mukhtar（2018）利用决策树预测学模型构建供应链中断情境下供应商数据最优决策模型，发挥供应链风险防范作用。

8.2　神经网络模型的结构设计

BP 神经网络是最为主流的神经网络模型。单层感知网络（M–P 模型）是最早期使用的神经网络模型，其具有结构简单、计算高效的优点，但无法处理非线性问题。解决神经网络无法计算处理非线性问题最有效的途径是在输入层与输出层之间叠加隐含层，BP 神经网络解决了多个隐含层连接权问题，并且隐含层级越复杂，其解决非线性决策问题的能力越突出。长期试验发现，三层 BP 神经网络可以有效构造 m 维到 n 维的映射，因此本部分采纳三层 BP 网络。

8.2.1　输入层节点数

输入层作为供应链风险评估的起始点，负责搜集关于供应链风险评估的各类外部信息。在本研究中，供应链风险评估的框架细分为三个层级，合计涵盖了 28 项关键评价指标，这意味着输入层需配置 28 个节点，以确保能全面捕获所有相关数据。这些指标详细涵盖了诸如供应商的供货能力、商品质量、价格变动、市场需求的不稳定性、消费者偏好的变化、新产品的市场涌现、物流成本及其过程中可能遭遇的意外事件、延期交付的风险、企业自身的技术创新能力、技术持续演进的能力、新商品上市的周期管理、信息共享的有效性、供应链网络的复杂度及其信息化水平、供应链伙伴间的利润分配合理性、相互之间的信任构建、战略目标一致性、价格与成本的波动情况、宏观经济因素（如通货膨胀及汇率变动、税收政策的影响、自然灾难的应对准备、资源使用的效率与可持续性、环境保护措施、产品损耗的控制、政治法律环境的适应性、社会舆论导向及监督机制的有效性，以及市场竞争态势的分析）等多维度要素。

8.2.2 隐含层节点数

隐含层作为神经网络架构的中枢纽带，巧妙地嵌入在输入层与输出层之间，它不仅是输入信息向输出转化的桥梁，还深刻体现了两层之间的复杂映射逻辑。该层节点的数量对网络效能具有决定性作用：节点越多，意味着网络模型的表达能力越强，学习潜力和解决问题的灵活性也随之提升。然而，这一优势的获取是以增加训练时间和计算资源消耗为代价的，过多的隐含层节点可能导致训练周期显著延长；反之，若隐含层节点设置过少，则网络的学习能力可能受限，难以在训练过程中找到有效的数据表示，从而影响其收敛性能及最终的预测或分类准确性。因此，确定适宜的隐含层规模是平衡神经网络效率与效果的关键所在。

尽管神经网络技术已被广泛应用于众多领域，但在隐含层节点数量的确切计算理论上仍存在空白，这是 BP 神经网络模型一个为人所熟知的局限性。目前，确定最为合适的隐含层神经元数量主要有两种实践策略：一是采取"试探调整法"，即通过实施多种神经元配置的训练实验，并依据实际学习成效来筛选最优配置；二是借鉴经验规则或公式，以此为基础预估一个较为合理的神经元数目。这两种途径均反映出在缺乏直接理论指导的情况下，研究人员依赖实践探索与经验积累来优化神经网络设计的现状。本部分采取经验公式的方式进行，具体经验公式如下：

$$m = \sqrt{n+l} + a \tag{8-1}$$

$$m = \log_2 n \tag{8-2}$$

$$m = \sqrt{nl} \tag{8-3}$$

$$m = \frac{n+l}{2} \tag{8-4}$$

其中，n 表示输入层神经元，m 表示隐含层神经元，l 表示输出层神经元，a 表示 $[0,10]$ 任意常数，通过对下述模型进行测试，得出最终节点数是 5。

8.2.3 输出层节点数

输出层是 BP 神经网络计算的结果，对应本部分即供应链风险评估模型的计算的风险水平，基于风险水平结果，确定输出层对应唯一的节点，即风险水平。在神经网络结构中，各个节点扮演着信息传递者的角色，它们接收上游数据并将其传递给后续层级，无论是流向隐藏层还是最终的输出层。特别是，输入层节点担当起直接桥梁的作用，将原始特征数据无损地传送到紧随其后的神经网络层次中。贯穿于隐含层与输出层之中，节点间的信息交流被建模为一种特定的函数关联，此函数被称作激活函数或传递函数，它负责引入非线性特性，增强网络的表达能力。BP 神经网络模型中，为了实现这一转换，通常采纳 Sigmoid 函数（以其饱和性质著称），或是线性函数，依据实际任务需求来选择，以期达到最佳的学习表现和预测效果。

线性函数根据输入得出线性输出值，式（8-5）是一个典型的线性函数。

$$f_i(u) = cu \tag{8-5}$$

其中，涉及的变量 c 设定为一个正值常量。线性函数的一个特点是其输出范围不受最大值或最小值的约束，展现出连续且无界的特性。至于 Sigmoid 激活函数，其优势在于既是可微分的，又具备将输入值非线性转换的能力，加之实现算法相对直观简洁。具体而言，Sigmoid 函数的形式定义如式（8-6）所示：

$$i(u) = \frac{1}{1 + e^{-au}} \qquad\qquad (8\text{-}6)$$

其中，参数 a 代表了 Sigmoid 函数的陡峭程度，而变量 u 能够接纳实数集内的任意数值，赋予了该函数灵活的位置与形态调控能力，这得益于对外部参数的精细调节。Sigmoid 函数的一大特色，在于它展现出平滑且可微分的特性，能有效地将无限的实数域压缩映射到紧凑的（0，1）或（-1，1）区间里，由此实现了对输入信号的非线性放大处理。鉴于 BP 神经网络对激活函数的基本要求是可微性，在选用激活函数时需格外谨慎。当 Sigmoid 函数被部署在输出层时，网络产生的输出值会被严格框定在一个狭窄的区间内部，这在某些应用场景下可能不够理想。有鉴于此，在本部分设计的神经网络架构中，特别选用了 Sigmoid 函数作为输入层的激活函数，旨在利用其出色的非线性映射能力处理复杂的输入信息；而在输出层则采用了线性激活函数，以确保网络输出能够覆盖所有可能的实际值范围，从而提高模型的适用性和预测精度。

综上所述，供应链风险评估模型将 28 个三级评价指标体系作为输出层节点，将供应链风险评估水平作为 1 个输出节点，在输入节点与输出节点之间内嵌一个隐含层，根据试错法，隐含层节点数确定为 5 个，具体的可持续供应链风险评估的 BP 神经网络模型如图 8-1 所示。

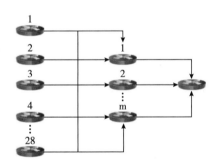

图 8-1　可持续供应链风险评估的 BP 神经网络模型

8.3　BP 神经网络模型的学习与训练

8.3.1　BP 神经网络的学习算法

根据上述研究，我们已明确神经网络模型中隐含层采用的是 Sigmoid 激活函数，而输出层则使用了线性激活函数。在此基础上，设输入层、隐含层及输出层的神经元数量分别为 M、I 和 L。具体而言，标记输入层的第 m 个神经元为 X_m，其中 m 的取值范围覆盖从 1

到 M 的所有整数；隐含层的第 i 个神经元记作 K_i，其索引 i 同样遍历从 1 至 I 的整数集；相应地，输出层的第 j 个神经元定义为 y_j，j 在 1 至 L 的整数序列内变动。此外，我们定义从输入层的神经元 x_m 到隐含层神经元 K_i 的连接强度为权重 ω_{mi}，而隐含层的 k_i 神经元到输出层 y_i 神经元的连接权重则为 ω_{ij}。这样的设定清晰地描绘了神经网络内部各层神经元间信息流动的方向与强度调控机制。BP 神经网络的实际输出为：

$$Y(n) = \left[v_j^1, \ v_j^2, \ \cdots, \ v_j^n \right] \tag{8-7}$$

BP 神经网络所期望达到的输出结果为：

$$d(n) = [d_1, \ d_1, \ \cdots, \ d_j] \tag{8-8}$$

在 BP 神经网络训练过程中，设总迭代轮数为 N，并且将第 n 次迭代步骤中产生的误差信号明确界定为：

$$e_j(n) = d_j(n) - Y_j(n) \tag{8-9}$$

输入层的输出值作为整个神经网络的输出信号，可表示为：

$$v_M^m(n) = x(n) \tag{8-10}$$

第 i 个隐含层神经元所接收的输入值，等于所有输入层神经元在第 n 次迭代时的输出 $v_M^m(n)$ 与相应连接权重的加权总和：

$$u_I^i(n) = \sum_{m=1}^{M} \omega_{mi}(n) v_M^m(n) \tag{8-11}$$

假定 $f(*)$ 代表 Sigmoid 激活函数，则第 i 个隐含层神经元所产生的输出值可表述为：

$$v_I^i(n) = f\left(u_I^i(n)\right) \tag{8-12}$$

输出层中第 i 个神经元所接收的输入总量，等同于隐含层所有神经元在第 n 次迭代的输出 $v_I^i(n)$ 的与各自连接权重的加权求和：

$$u_I^i(n) = \sum_{i=1}^{MI} \omega_{ij}(n) v_I^i(n) \tag{8-13}$$

输出层中第 j 个神经元的输出值为：

$$v_J^j(n) = g\left(u_J^j(n)\right) \tag{8-14}$$

输出层中第 j 个神经元的误差值为：

$$e_j(n) = d_j(n) - v_J^j(n) \tag{8-15}$$

BP 神经网络的总误差值为：

$$e(n) = \frac{1}{2} \sum_{j=1}^{j} e_j^2(n) \tag{8-16}$$

误差信号的反向传播过程可表述如下：为了优化隐含层与输出层间的连接权重 ω_{ij}，依据最速下降法原理，首先计算误差 $e(n)$ 相对当前权重 $\omega_{ij}(n)$ 的梯度 $\dfrac{\partial e(n)}{\partial \omega_{ij}(n)}$，随后依据此梯度值执行反向的权重修正操作：

$$\Delta\omega_{ij}(n) = -\eta\frac{\partial e(n)}{\partial\omega_{ij}(n)} \qquad (8-17)$$

$$\Delta\omega_{ij}(n+1) = \Delta\omega_{ij}(n) + \omega_{ij}(n) \qquad (8-18)$$

上述梯度值可以通过偏导求出，根据链式微分原理，其结果如下：

$$\frac{\partial e(n)}{\partial\omega_{ij}(n)} = \frac{\partial e(n)}{\partial e_j(n)}\cdot\frac{\partial e_j(n)}{\partial v_J^j(n)}\cdot\frac{\partial v_J^j(n)}{\partial u_J^j(n)}\cdot\frac{\partial u_J^j(n)}{\partial\omega_{ij}(n)} \qquad (8-19)$$

$e(n)$ 是 $e_j(n)$ 的二阶函数，因此其微分结果仍然是线性函数：

$$\frac{\partial e(n)}{\partial e_j(n)} = e_j(n) \qquad (8-20)$$

$$\frac{\partial e_j(n)}{\partial v_J^j(n)} = 1 \qquad (8-21)$$

输出层激活函数的倒数可以表示为：

$$\frac{\partial v_J^j(n)}{\partial u_J^j(n)} = g'u_J^j(n) \qquad (8-22)$$

$$\frac{\partial u_J^j(n)}{\partial\omega_{ij}(n)} = v_J^j(n) \qquad (8-23)$$

其梯度值可以表示为：

$$\frac{\partial e(n)}{\partial\omega_{ij}(n)} = -e_j(n)g'\left(u_J^j(n)\right)v_I^i(n) \qquad (8-24)$$

其权重修正量可以表示为：

$$\Delta\omega_{ij}(n) = \eta e_j(n)g'\left(u_J^j(n)\right)v_I^i(n) \qquad (8-25)$$

因此，我们引入了局部梯度的概念，定义如下：

$$\delta_J^j = -\frac{\partial e(n)}{\partial u_J^j(n)} = \frac{\partial e(n)}{\partial e_j(n)}\cdot\frac{\partial e_j(n)}{\partial v_J^j(n)}\cdot\frac{\partial v_J^j(n)}{\partial u_J^j(n)} = e_j(n)g'\left(u_J^j(n)\right) \qquad (8-26)$$

其权重修正量为：

$$\Delta\omega_{ij}(n) = \eta\delta_J^j v_I^i(n) \qquad (8-27)$$

局部梯度本质上指示了权重调整的方向与幅度。具体来说，任一神经元的局部梯度是其个体误差信号与其激活函数导数的乘积。考虑到输出层采用的是线性函数，该函数的导数恒等于 1，简化了计算过程：

$$g'\left(u_J^j(n)\right) = 1 \qquad (8-28)$$

$$\Delta\omega_{ij}(n) = \eta e_j(n)v_I^i(n) \qquad (8-29)$$

误差信号经历向前传播的过程后，用于调整输入层至隐藏层间权重 $\Delta\omega_{mi}$ 的更新规则可表述为：

$$\Delta\omega_{mi}(n) = \eta\delta_J^j v_M^m(n) \tag{8-30}$$

v_M^m 是输入神经元的输出信号：

$$v_M^m(n) = x^m(n) \tag{8-31}$$

δ_J^j 为引入的局部梯度：

$$\delta_J^j = -\frac{\partial e(n)}{\partial u_J^j(n)} = -\frac{\partial e(n)}{\partial v_I^i(n)} \cdot \frac{\partial v_I^i(n)}{\partial u_J^j(n)} = -\frac{\partial e(n)}{\partial v_I^i(n)} f'\left(u_J^j(n)\right) \tag{8-32}$$

其中，$f(g)$ 代表 Sigmoid 激活函数。鉴于隐含层的内在状态并非直接可观测，我们无法直接计算出针对隐含层输出误差的偏导数 $\frac{\partial e(n)}{\partial v_I^i(n)}$。为解决这一问题，我们转而借助之前已计算得出的输出层神经元的局部梯度信息进行推导：

$$\frac{\partial e(n)}{\partial v_I^i(n)} = \sum_{j=1}^J \delta_J^j \omega_{ij} \tag{8-33}$$

$$\delta_J^j = f'\left(u_J^j(n)\right)\sum_{j=1}^J \delta_J^j \omega_{ij} \tag{8-34}$$

至此，3 层 BP 网络权重调整轮次完成。

在神经网络的训练进程中，依据前述理论持续迭代优化权重，直至达到预设的误差容限，随后网络将输出其对供应链风险总评估值的预测。在本部分中，这一输出直接关联到供应链风险的总体量化评估。BP 神经网络复杂性的根源在于其权重调整机制，尤其是在诸如隐含层间的相互调整，以及隐含层与输入层之间的互动中，每一轮权重调整都依赖于前一轮计算获得的局部梯度信息。更具体地说，某一层的局部梯度实质上是其下一层所有神经元局部梯度经由对应连接权重加权求和的结果，这种递归依赖性构成了 BP 算法深度与复杂性的核心特征。

8.3.2　BP 神经网络学习步骤

BP 神经网络可持续供应链风险的学习过程如图 8-2 所示。

阶段 1：数据导入与预处理，将数据集切分为两部分，一部分作为学习材料的训练集，另一部分作为验证模型准确性的测试集。

阶段 2：搭建神经网络模型的基础框架，完成其初始配置。

阶段 3：导入样本，通过网络模型运算，以获得隐含层与输出层的实际响应输出。

阶段 4：量度并计算各神经元权重的校正值。此环节涉及评估当前网络的误差水平，若误差落在预定的接受范围内，迭代过程将终止；反之，则推进至下一优化步骤。

阶段 5：依据计算出的误差逆向调节权重参数及阈值，此步骤深入反向传播的核心算法中，逐步减小预测误差。

阶段6：利用独立的测试数据集对网络性能进行全面检验。

阶段7：展示最终预测或分类结果，完成模型应用的输出环节。

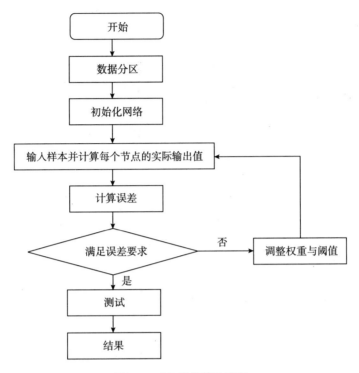

图 8-2　BP 网络算法流程

通过对供应链风险管理进行总结，发现供应、需求、信息、财务、采购、合作、技术、市场、组织关系及环境等因素构成了供应链中高频发生的风险类别。为了更聚焦于可持续供应链的特定视角，并考虑到风险因素间的内在关联与层次结构，本部分深入剖析了供应链运营中的几个核心风险领域：供应风险、需求风险、物流风险、信息风险、技术风险与合作风险。这些主要风险类别还细分为一系列更为具体的子风险。通过对上述风险因素的详细分析，本部分旨在为构建更加稳健、可持续的供应链提供理论支持和实践指导，帮助企业更好地识别、评估和管理供应链中的潜在风险。

供应商作为供应链网络结构的起始点，是供应链顺畅运作不可或缺的角色。供应商不仅是产品和服务的提供者，还通过供应链渠道传递着至关重要的基础产品信息。鉴于供应商在供应链中的核心地位，其内部存在的不稳定性因素，如生产能力波动、质量不稳定或交货延误等，还有供应商可靠性问题、原材料短缺、价格波动以及供应链中断等，这些因素直接影响产品的供应稳定性和成本，均可能直接转化为供应链面临的潜在风险，对整体供应链的稳定性与效率构成显著影响。因此，有效管理和减轻供应商风险，对于维护供应链的安全与韧性至关重要。

消费者位于供应链的最终环节，其多样化的需求直接决定了市场所需产品的类型与规模，从而对上游生产企业的生产计划产生关键影响。一方面，需求侧风险主要源自消费者偏好的不可预测性和市场动态的瞬息万变，导致供应链的不确定性。另一方面，物流作为供应链顺畅运作的基石，其高效运作对于保障供应链的整体稳定性至关重要。然而，物流过程中蕴含着多重风险因素，包括运输延误、货物损坏、物流成本上升及物流网络脆弱性等风险，这些因素直接关系到产品的及时交付和成本效率，阻碍物流系统的顺畅运行，导致服务延迟，并削弱供应链各个节点企业对市场变化的快速响应能力。因此，有效识别、评估与管理物流风险，是确保供应链持续高效运行的关键所在。

供应链体系既蕴含合作机遇也伴随竞争挑战。供应链管理存在信任缺失、合同违约、利益冲突及沟通不畅等合作风险，因此强化合作机制显得尤为重要。合作机制是推动供应链持续健康发展的核心动力，建立稳固的合作伙伴关系、加强沟通与协调机制至关重要。构建并维持长期稳定的合作关系，不仅为供应链的稳定性提供了有力保障，更是实现供应链可持续发展的关键所在。可持续供应链的理念强调各节点企业之间需建立更加紧密无间的合作纽带。这种合作不仅限于业务层面的协同，更涵盖了社会责任的共担与传递。通过深化合作，供应链能够将环保、公平贸易等社会责任理念贯穿从供应商到最终客户的每一个环节，促进供应链整体的社会责任表现。同时，紧密的合作关系能够促进供应链内部信息的畅通无阻，增强企业间的沟通与理解，为共同创造更大的社会价值奠定坚实基础。

技术风险源于企业在技术采纳与应用过程中可能遭遇的挑战，包括因依赖或未采纳先进技术而引发的成本上升、产品质量不达标、能源效率低下等不利后果。在追求可持续发展的道路上，企业高度依赖于技术创新与进步，因为技术是推动产业升级、提升产品环保性能与竞争力的关键力量。企业的核心目标之一，便是通过技术革新来打造符合可持续发展理念的产品与服务，这不仅能够增强企业的市场竞争力，还能助力企业实现长期、稳定的增长。技术变革不仅是企业应对市场变化、满足消费者日益增长的绿色需求的必由之路，更是企业构建可持续发展能力、实现社会价值与经济效益双赢的重要手段。

信息贯穿从原材料采购、生产制造、销售流通直至最终消费者手中的每一个环节。然而，在这一复杂的信息流转过程中，信息不对称现象普遍存在，影响了供应链整体效能的发挥。信息在供应链网络结构中的重要性不言而喻，它不仅是协调各节点企业行动、优化资源配置的基石，而且是提升供应链响应速度与灵活性的关键。然而，信息在传递过程中可能遭遇多重风险。一方面，人为失误或技术故障可能导致信息损坏、丢失或延迟，影响决策的准确性和及时性；另一方面，出于保护自身利益或竞争优势的考虑，部分企业可能不愿共享关键信息，加剧了信息孤岛现象。可持续供应链的信息风险问题更显突出。信息不对称问题突出、供应链网络复杂性增加以及信息化程度不足等，都是可持续供应链面临的重要挑战。为有效应对这些风险，企业需要加强信息系统建设，提升信息处理能力，同时建立更加开放、透明的信息共享机制，促进供应链各个节点企业之间的紧密合作与协同，共同推动供应链的可持续发展。

8.4 BP神经网络模型的验证

为获取可持续供应链风险评估的实证数据，我们通过向业界企业和高等教育机构发放调查问卷的形式，成功搜集到了100条有效反馈。这些数据充分展现了不同主体对供应链风险认知的多样性，由于数据量庞大，表8-1仅展示了其中的部分内容。在数据分析阶段，我们特意挑选了前90份样本（样本1至样本90）作为训练集，用以驱动神经网络模型的学习过程，确保其能从丰富的实例中汲取规律。与此同时，保留了最后10份样本（样本91至样本100）作为独立的测试集，以此来衡量模型在未见过的数据上的泛化性能，即其在新情境下的适用性和准确度。

表 8-1　样本数据统计（部分）

序列号	X_1	X_2	X_3	X_4	X_5	X_6	X_7
1	1.61	1.61	1.31	1.31	1.61	1.81	1.51
2	1.91	2.71	1.81	1.61	1.51	2.01	2.71
3	0.91	1.61	1.31	2.01	2.31	3.41	1.61
4	1.81	1.91	1.31	1.61	1.41	3.31	3.61
5	1.81	1.91	1.61	1.91	1.91	3.71	2.31
6	3.51	1.21	1.71	1.91	3.01	1.41	1.01
7	1.51	2.21	1.91	2.51	1.51	0.71	1.71
8	1.51	1.51	1.71	1.61	0.91	1.31	2.01
9	3.31	1.31	1.31	1.91	1.61	3.81	3.81
10	1.81	2.01	0.51	0.81	1.81	1.01	3.41
11	1.61	1.31	2.81	2.61	1.71	3.61	2.71
12	1.51	1.41	0.41	0.31	1.61	3.81	1.71
13	1.71	2.31	1.61	2.01	1.21	0.41	0.71
14	2.41	2.71	1.81	1.61	1.51	2.01	3.61
15	1.31	1.61	1.31	2.01	2.31	3.41	2.51
16	1.41	1.41	1.91	1.31	1.71	1.41	2.01
⋮	⋮	⋮	⋮	⋮	⋮	⋮	⋮
86	2.71	2.51	2.31	2.81	3.21	2.91	2.51
87	4.31	1.21	3.61	2.41	0.41	2.61	0.51
88	2.81	3.41	1.51	0.81	1.71	2.51	4.01
89	3.61	3.01	1.81	2.71	2.81	0.51	3.01
90	0.51	1.61	1.71	2.51	1.41	2.41	3.01

续表

序列号	X_1	X_2	X_3	X_4	X_5	X_6	X_7
91	1.41	1.51	3.51	3.51	0.91	3.31	2.71
92	1.31	2.91	2.61	3.61	2.51	2.71	1.81
93	1.51	4.81	4.21	1.01	0.91	3.01	0.61
94	3.21	0.71	4.51	0.31	2.91	3.71	1.91
95	1.31	0.21	2.41	2.91	3.71	2.41	3.81

调查问卷精心设计了一套五级评分体系，用以量化风险因素对供应链的潜在影响，其中：[0.0，1.0）标志着影响轻微，供应链表现出高度的安全稳定性；[1.0，2.0）指示影响虽不显著，但已略显安全水平的下滑；[2.0，3.0）代表中等程度的影响，属于常规风险范畴；[3.0，4.0）警示高风险区域，表明影响显著增强；[4.0，5.0]强调极端高的风险水平，供应链面临严峻挑战。

此外，每份问卷还包括一个"期望值"（或称为"综合风险评分"）指标，这是基于受访专家的专业判断，对供应链整体风险的综合量化评估，旨在为模型提供一个明确的目标值，即供应链的总风险评分。

图8-3是根据表8-1中的数据绘制的统计图。由于数据较多，只显示了部分数据，基本可以反映本次调查的结果。

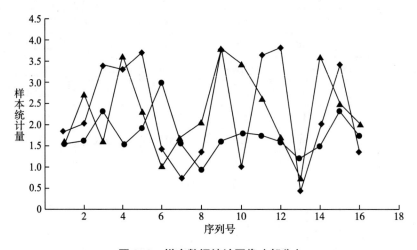

图8-3 样本数据统计图像（部分）

8.4.1 训练过程与结果

在模拟实验设置中，选取了数据集的前95条记录作为训练素材，旨在通过这些数据对模型进行深入学习与训练。训练规程预设了循环迭代1000次的上限，同时界定了学习过程中的容忍最小误差为0.001，以确保模型收敛于高精度解。学习速率被谨慎地设定为

0.01，以便在追求快速学习的同时保持训练的稳定性。此外，神经网络的隐含层设计包含5个节点，作为中间信息处理的关键环节。训练过程的适应性表现通过图 8-4 直观展示，清晰反映了模型对训练数据的拟合程度。而训练过程中模型误差的变化趋势，则分别在图8-5、图 8-6 及图 8-7 中详细描绘，这些图表不仅揭示了误差随训练迭代逐步减小的过程，而且直观体现了模型优化的动态路径与效果。

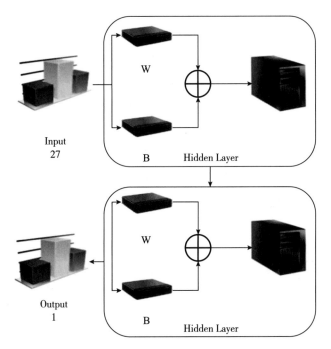

图 8-4　神经网络拟合

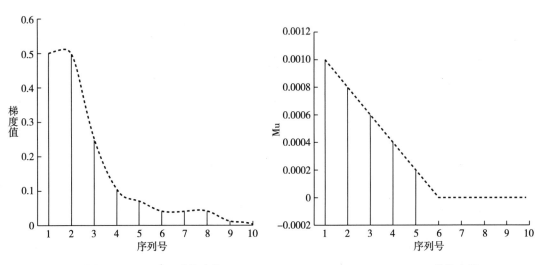

图 8-5　梯度 =0.0021119，迭代次数 5　　　　图 8-6　Mu=0.0006，迭代次数 5

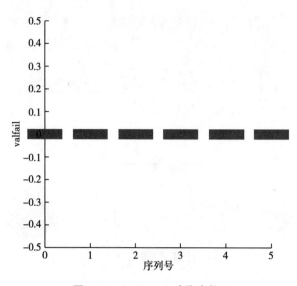

图 8-7　Valfail=0，迭代次数 5

从图形分析中可以明确观察到，经过连续五轮的迭代优化之后，所设定的目标误差阈值已被达成，表 8-2 详细呈现完整训练输出资料。表 8-2 展示了模型历经训练迭代后，针对供应链综合风险评估的输出预测值，深刻反映出模型效能与准确性。进一步地，为了更直观地理解这些输出数据的特征与分布，图 8-8 提供了关键统计数据的视觉摘要。

表 8-2　模型训练结果

序列号	网络输出值	期望	绝对误差	相对误差
1	1.788633	1.782	0.006633	0.0036729
2	2.163645	2.178	0.0143154	0.0065043
3	2.099097	2.079	0.0200673	0.0094743
4	1.570932	1.584	0.0130779	0.0081774
5	3.042072	3.069	0.0269082	0.0086823
6	1.398177	1.386	0.0121572	0.008613
7	2.283633	2.277	0.0066132	0.0028611
8	2.097513	2.079	0.0184932	0.0087318
9	3.365208	3.366	0.0007524	0.0003861
10	1.310958	1.287	0.0239877	0.0127116
11	1.582515	1.584	0.0015246	0.0009504
12	1.270368	1.287	0.0166122	0.0127809
13	1.761606	1.782	0.0203643	0.0113157
14	2.102958	2.079	0.0239679	0.0113058
15	1.583208	1.584	0.0007722	0.0004851
16	1.371447	1.386	0.0145233	0.0103554

续表

序列号	网络输出值	期望	绝对误差	相对误差
⋮	⋮	⋮	⋮	⋮
89	2.183247	2.178	0.0052569	0.0023859
90	2.280267	2.277	0.0032373	0.0014058

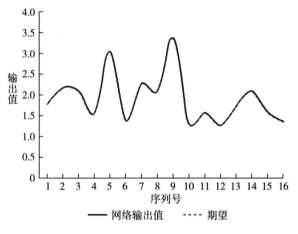

图 8-8　网络训练结果

8.4.2　模型验证及结果

在模型吸收并学习了样本数据之后，关键的一步是利用未曾参与训练的 91~100 号数据样本，对训练成型的模型展开验证，以此来严格考验其在未知数据上的泛化表现力。这一验证流程对于评估模型的实用性和可靠性至关重要。验证结果（包括模型对这些测试数据的预测输出），被悉数汇总于表 8-3 中，清晰展示了模型的预测效能。为进一步增强可视性和理解深度，图 8-9 展示了这些验证结果的统计概况，不仅直观反映了模型预测与实际情况的契合度，而且为深入分析模型的强项与潜在改进空间提供了宝贵的可视化依据。

表 8-3　神经网络泛化能力验证结果

序列号	网络输出值	期望	绝对误差	相对误差
91	2.14236	2.178	0.0356697	0.0162162
92	1.775763	1.683	0.0927432	0.0517077
93	2.183148	2.178	0.0051579	0.0023364
94	2.369169	2.376	0.0068805	0.0028710
95	1.450449	1.485	0.3456090	0.0230472
96	3.359763	3.366	0.0062073	0.0018216
97	1.587267	1.683	0.0957627	0.0563211
98	1.816452	1.782	0.0344223	0.0187605

续表

序列号	网络输出值	期望	绝对误差	相对误差
99	2.571723	2.574	0.0022869	0.0008811
100	2.141964	2.079	0.0629244	0.0290862

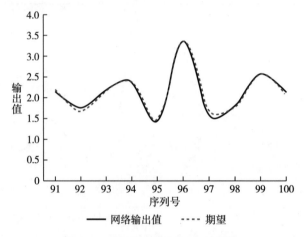

图 8-9　神经网络泛化能力验证结果

从验证数据的细致分析结果来判断，尽管 92 号数据和 97 号数据的预测相对误差略高于 0.05，绝大多数数据的预测误差维持在较低水平，这有力地证明了构建的模型具有良好的泛化性能，能够有效地评估可持续供应链所面临的各种风险。基于此神经网络模型的构建原理及结合 MATLAB 平台的编程实践，我们总结出以下具体的风险评估流程：

一是模型设计阶段，首先规划单隐层神经网络模型的结构，以明确指定输入层的节点数以匹配供应链风险评价的多个指标；合理设置隐含层节点数目，以确保模型的复杂度和学习能力；同时确定输出层节点数，以反映供应链风险的综合评估值。

二是模型训练与验证，利用收集到的训练集数据，对设计好的可持续供应链风险评估模型进行深入学习与调优。在训练过程中，系统将持续监控误差水平，一旦达到预设的误差精度标准，就自动调整权重，直至优化结果输出。此后的关键步骤是利用独立的验证集数据对模型的预测能力进行严格检验，进一步确认模型的稳定性和可靠性。

三是实际应用与风险评估，将企业最新采集的真实数据导入已训练成熟的模型中，通过反复运行模型并观测输出结果，系统性地评估供应链的整体风险状况。依据模型预测的风险级别，可以有针对性地提出风险管理策略和改进建议，为企业的供应链安全管理提供科学依据和决策支持。

8.5　经验分析

本书以某食品零售企业为例进行风险预测评估，并将该企业命名为 A。该企业生产基地遍布全国各地，在行业内具有较高的影响力。通过对公司高级管理层实施问卷调研，我们搜集到了他们针对公司多种风险指标的具体评分，详细数据见表 8-4。在问卷设计中，我们精心界定了五个级别来衡量风险因素对供应链的潜在影响，划分如下：［0.0，1.0）标志着极低的影响程度，意味着供应链处于高度安全状态；［1.0，2.0）表示影响轻微，安全水平适中偏低；［2.0，3.0）代表中等级别的影响，反映了常规风险范围；［3.0，4.0）标示着影响显著增强，伴随较大的风险暴露；［4.0，5.0）则强调了极其严重的影响，指出风险水平极高。为了直观展示这些评估结果，我们进一步将收集的数据具体展现于图 8-8~图 8-10 中。

表 8-4 A 公司各类风险评估值统计

序号	1	2	3	4	5
X_1	4.6	3.5	4.7	4.5	3.8
X_2	2.8	3.5	4.6	4.5	3.8
X_3	4.2	3.1	4.8	3.7	2.7
X_4	2.8	3.6	4.9	2.7	3.7
X_5	1.6	2.3	3.4	1.4	2.1
X_6	2.9	2.5	3.2	1.8	2.6
⋮	⋮	⋮	⋮	⋮	⋮
X_{24}	2.2	2.9	4.5	2.5	2.3
X_{25}	2.9	4.9	3.2	2.6	2.3
X_{26}	4.5	3.7	1.7	2.9	2.5
X_{27}	3.6	2.8	2.4	4.3	3.0
X_{28}	2.2	2.9	4.5	2.5	2.3

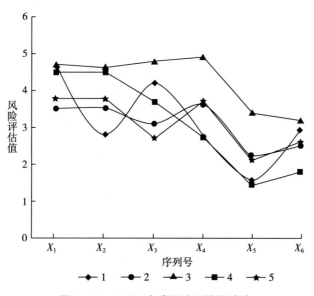

图 8-10 A 公司各类风险评估值统计

将表 8-4 中的数据集导入已优化的模型中，进行了 10 轮独立的运算。每一轮运算产生的结果被记录下来，具体呈现在表 8-5~ 表 8-9 中，并绘制成统计图，如图 8-11~图 8-15 所示。

表 8-5　Person1 的十次预测输出值

预测序号	网络输出值	风险程度
1	3.4460	Higher
2	3.5840	Higher
3	3.3500	Higher
4	3.5198	Higher
5	3.4870	Higher
6	3.5040	Higher
7	3.2960	Higher
8	3.4740	Higher
9	3.3240	Higher
10	3.3650	Higher

表 8-6　Person2 的十次预测输出值

预测序号	网络输出值	风险程度
1	4.1260	Higher
2	4.1420	Higher
3	4.0810	Higher
4	3.9571	Higher
5	4.0540	Extremely high
6	4.0180	Extremely high
7	3.8740	Extremely high
8	4.2050	Extremely high
9	3.9880	Extremely high
10	3.9200	Higher

表 8-7　Person3 的十次预测输出值

预测序号	网络输出值	风险程度
1	3.6400	Higher
2	3.8690	Higher
3	3.6630	Higher

预测序号	网络输出值	风险程度
4	3.7195	Higher
5	3.7190	Higher
6	3.7010	Higher
7	3.5460	Higher
8	3.7510	Higher
9	3.5480	Higher
10	3.6230	Higher

表 8-8　Person4 的十次预测输出值

预测序号	网络输出值	风险程度
1	3.983	Higher
2	3.899	Higher
3	4.098	Extremely high
4	3.929	Higher
5	4.125	Extremely high
6	4.013	Extremely high
7	4.076	Extremely high
8	4.039	Extremely high
9	4.028	Extremely high
10	3.973	Higher

表 8-9　Person5 的十次预测输出值

预测序号	网络输出值	风险程度
1	4.1400	Higher
2	4.5610	Higher
3	4.1770	Extremely high
4	3.9852	Higher
5	4.0490	Extremely high
6	4.0120	Extremely high
7	3.8540	Extremely high
8	4.2840	Extremely high
9	3.8070	Extremely high
10	3.9000	Higher

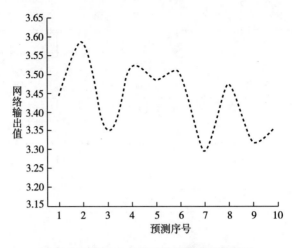

图 8-11 Person1 的十次预测输出值统计

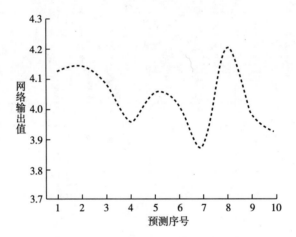

图 8-12 Person2 的十次预测输出值统计

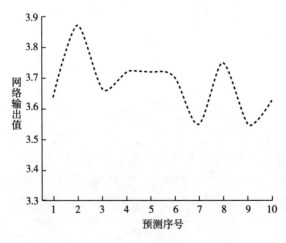

图 8-13 Person3 的十次预测输出值统计

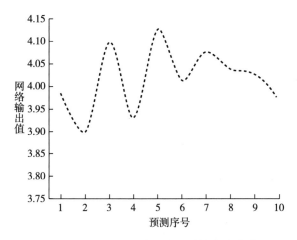

图 8-14　Person4 的十次预测输出值统计

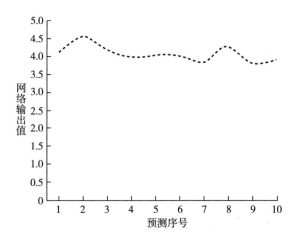

图 8-15　Person5 的十次预测输出值统计

经计算，该模型中 Person1 平均风险评估值为 3.433，位于区间 [3.0，4.0），属于较高影响，也就是说供应链的总风险较高。Person2 的总风险评估均值为 4.025，处于区间 [4.0，5.0] 内，属于高影响。也就是说，供应链的总风险是极高的。Person3 的总风险评估均值为 3.681，处于区间 [3.0，4.0）。即属于较高影响。也就是说，该供应链的风险总价值较高。Person 4 的总风险评估均值为 4.064，处于区间 [4.0，5.0] 内，属于高影响，供应链总风险极高。Person 5 的总风险评估值的平均值为 4.069，处于区间 [4.0，5.0]，属于高影响，即供应链的总风险为较高风险。基于详尽的风险因素评估数据，借助已训练成熟的模型，我们有效地预测并量化了公司供应链的总体风险水平。分析整合 5 位关键受访者的反馈显示，多数意见倾向于负面：其中有 3 位受访者评判公司供应链正面临高风险状况，而另外 2 位受访者则进一步指出，公司供应链所承受的风险达到了极高水平。

对可持续供应链进行综合评价的核心目的在于，精准识别并剖析供应链运营过程中潜在的各种风险，进而科学解析各类影响因子，为制定行之有效的改善策略奠定基础。在一项围绕特定企业的深入研究案例中，研究者通过严谨的数据梳理工作揭示：供应链的稳健性受到多重因素的显著影响，包括生产领域中的产能问题、需求侧的波动性、物流开支的上升、信息流中的牛鞭效应加剧、生态环境中污染问题的突出、市场环境稳定性不足的社会学考量，以及其他若干关键风险维度，所有这些都对供应链能否实现长期可持续发展构成了重大挑战。

8.6　本章小结

本章通过研究国内外关于供应链风险管理现状和供应链可持续发展的已有研究，了解了国内外学者关于供应链风险管理的诸多方法。近年来，可持续供应链的研究议题日益成为学术界聚焦的热点。立足于对可持续供应链管理和风险控制的理论框架概述，本章深入探讨了影响该领域风险管理的内外部要素，并采用因子分析法科学筛选出关键风险驱动因子，进而构筑了一套完善的可持续供应链风险评估指标体系。在此基础上，本章构建了一个技术性的工具——配备单隐含层的 BP 神经网络模型。该模型设计精巧，其中输入层映射了 28 个三级评价指标，反映了供应链风险评价的全面性；隐含层含 5 个节点，旨在增强模型的复杂度与学习能力；输出层则集中体现整个指标体系的汇总风险值。在技术实施环节，本章借助 MATLAB 的强大功能，对搜集的 100 组实际数据进行了深度挖掘。策略性地，前 90 组数据被指定为训练集，用以"教导"神经网络模型学习与迭代，直至模型误差收敛至预设的最小值，确保模型的有效训练并输出训练成果。余下的 10 组数据则扮演验证集的角色，它们在模型经过训练后被用来检验模型的泛化能力和适应性，进一步确证模型的可靠性和实用性。通过模型预测输出的风险评估结果，为案例企业提供了针对性的风险管理建议，不仅深化了理论研究的应用价值，而且为企业可持续供应链的优化管理提供了实践指导。

第一，树立可持续供应链理念。为构建可持续的供应链管理体系，零售企业需摒弃传统思维框架，拥抱开放、低碳、环保及可持续性的发展视角，前瞻性地规划企业未来蓝图。这一转型要求企业主动将环境成本纳入总体成本考量，从源头上实施控制策略，提升资源利用效率并有效缩减运营成本。企业管理层需发挥引领作用，将可持续发展的核心理念深深植根于企业运营的每一个部门与环节之中。这不仅是战略层面的调整，更是企业文化与日常实践的深度融合。具体而言，企业应确保供应链的全链条——从设计、采购、物流、生产制造、销售，直至产品回收与再利用，均遵循可持续发展的管理原则。此外，将可持续理念内化为企业文化的重要组成部分，是推动这一转型成功的关键。通过培训、激励与沟通机制，促使每位员工都能深刻理解并践行可持续发展的价值观，共同为构建绿色、高效、和谐的供应链生态系统贡献力量。

第二，实施可持续供应链柔性改造。供应链柔性本质上是对产品库存调整速度与新产品市场需求响应能力的综合反映。响应时间的缩短直接增强了供应链的柔性，这是任何供应链模式在设计与运营中均不可忽视的关键要素。针对库存商品的管理，高效利用大数据技术成为关键。通过深度挖掘历史数据与市场趋势，企业能够更精准地预测市场需求，从而维持一个既不过剩也不短缺的库存水平。这种精细化管理不仅确保了企业能迅速响应市场变化，还有效降低了资金在库存上的占用，提升了运营效率。而对于新产品与新需求的涌现，供应链柔性则要求企业具备敏锐的市场洞察力与高效的创新能力。这意味着供应链必须能够迅速捕捉市场信号，灵活调整生产计划与资源配置，以最快的速度将创新转化为符合市场需求的产品。这种快速响应能力与创新能力是企业在竞争激烈的市场环境中保持领先地位的关键。

第三，强化供应链成员信息共享。信息因素，如牛鞭效应、信息共享不足及信息技术匮乏，对可持续供应链风险构成显著影响。加强供应链企业间的信息共享，不仅能增强供应链的协同运作与效率，还能精准、快速地识别并应对可持续供应链中的潜在风险，为企业建立市场竞争优势。然而，供应链内的企业间既存在相互依赖的合作关系，也隐含着竞争态势，如供应商提价可能损害下游企业或伙伴的利益。这种博弈心理导致企业倾向于保留信息，阻碍了信息共享的深入。同时，随着通信与信息技术的飞速发展，信息安全问题日益凸显，进一步复杂化了信息共享的挑战。为解决上述问题，企业可采取的策略包括：将信息系统服务外包给专业的信息管理公司，以此构建可持续性的资源数据库；或在成本效益考量下，供应链节点企业可通过外包方式，让专业团队负责信息系统的运营与维护，从而建立起覆盖供应商、销售商及客户的一体化信息管理系统。这一系统需精心设计，确保各节点企业能按需访问相关信息，同时严格保障信息的机密性与安全性。通过此类措施，企业能在保障信息流动的同时有效管理风险，促进供应链的长期稳定发展。

第四，可持续供应管理支撑技术的发展。可持续供应链管理的深化离不开技术支持与创新的驱动，其可持续设计的实现，远非单一或少数企业之力所能及，而是需要整个商业生态系统中多元主体的协同作用。因此，可持续商业理念的推进必须构筑在坚实的技术基础之上，特别是那些能够促进环境友好与经济效率并重的绿色技术。在技术进步的浪潮中，企业若想实现长远稳健的发展，就必须将绿色技术深度融入供应链的每一个环节，包括但不限于构建先进的可持续供应链管理决策系统，采用绿色材料以减轻环境影响，推广绿色制造工艺降低能耗与排放，实施绿色运输策略减少碳足迹，以及研发废弃物再利用专利技术，促进资源的循环与高效利用。与此同时，政府及相关部门应通过政策引导与资金支持，鼓励企业追求可持续发展目标，包括引进国际先进的再生技术与设备、为国内企业在技术空白领域提供必要的支持与援助、加速技术交流与融合、共同推动行业整体的绿色转型。企业还需在废弃物管理领域持续发力，加大技术研发与投入，提升废弃物的回收利用率与无害化处理水平。这不仅有助于减轻环境压力，还能为企业开辟新的资源来源，实现经济效益与生态效益的双赢。

第五，建立高效激励约束机制。政府在企业发展方向上的引导作用非常重要。为响应政府推动可持续发展的号召，构建一套科学合理的约束与激励机制显得尤为关键。借鉴国际先进经验，政府可选择代表性行业作为试点，制定针对性扶持政策与措施，通过政策导向促进企业采纳清洁生产方式。具体实施路径可涵盖以下三个方面：一是强化环境监管，政府可通过实施废气排放费与污水处理费等经济手段，有效约束企业的排污行为，引导其向环保方向转型。二是建立正向激励机制，政府及相关部门应设立清洁生产奖励制度，对在节能减排、资源循环利用等方面表现突出的企业给予表彰与资金、政策上的支持，同时简化其资金申请与项目审批流程，以资鼓励。三是搭建市场桥梁，政府可扮演桥梁角色，协助企业拓展绿色产品的销售渠道，提升市场竞争力，从而激励企业在生产经营中积极践行绿色可持续发展理念。此外，供应链内部也应构建激励机制，各企业通过协商制定统一的激励标准，对在污染减排、环境友好型产品开发等方面做出显著贡献的伙伴企业给予奖励，以此促进供应链整体的绿色化、可持续化进程，共同构建互利共赢的可持续发展生态。

第六，加强供应链企业间沟通协调。在推动供应链向可持续发展转型的过程中，对供应链节点企业的要求日益严苛。可持续供应链的理念促使企业间不仅需深化合作，还需整合各自的运营活动，以共同实现可持续目标。在此背景下，供应链成员间共享一致的可持续发展战略变得尤为重要，它有助于将社会责任的承担分散至供应链的各个环节，包括供应商、制造商、分销商等，从而优化资源配置，最大化利用社会资源，为社会带来更为广泛和深远的正面影响。为实现这一目标，企业间的合作与沟通需进一步加强。通过深化合作，企业能够协同优化生产流程、减少浪费、提升资源利用效率，并共同探索创新的可持续发展解决方案。同时，加强沟通有助于及时传递市场信息、技术进展及政策导向，确保供应链各环节紧密衔接，灵活应对市场变化与挑战。供应链的可持续发展依赖于企业间的紧密合作与高效沟通，这不仅有助于提升资源利用效率，还能创造更大的社会价值，为构建更加绿色、和谐的社会环境贡献力量。

9 消费者行为变革与智能零售模式采纳

——基于零售库存预测场景实证检验

由于消费者购买行为离散程度增加，导致零售厂商采取全渠道相适应，直接导致了物流协调的难度增加，如何精准的实现物流库存预测成为物流协调的核心问题，第3章已经系统说明了由于消费者需求不确定，导致其需求不确定性沿着供应链网络在供应链成员中扩散，供应链成员采纳智能物流模式消除消费者需求不确定性。本章基于BA优化神经网络的方式构建预测模型，实现对零售物流精准预测，最终支撑智能物流管理场景应用。

9.1 研究背景

随着企业规模的不断扩张，库存作为维持生产连续性和应对市场需求波动的关键"缓冲器"，其重要性日益凸显。企业规模的扩大直接导致了对原材料、半成品及外购件需求量的激增与种类的多样化，进而加剧了资金占用的压力。若库存需求预测偏高，将引发库存积压问题，这不仅会占用大量流动资金，还可能成为企业发展的沉重负担，在极端情况下甚至会威胁企业的生存。因此，零售业领域内库存管理的重要性不容忽视。以成本结构为例，中国产品生产的直接成本仅占10%，而物流成本则占据40%。尤为值得注意的是，库存成本在物流成本中占据了主导地位，占比高达80%~90%，这意味着库存成本直接影响了产品总成本的32%~36%，远超直接生产成本[①]。另外，若库存需求预测偏低，则可能导致缺货情况的发生，这种影响并不局限于单一企业，而是会沿着供应链向上游和下游蔓延，对整个供应链体系造成连锁反应。以大型跨国公司为例，如波音、空客等，其产品线复杂，涉及全球范围内的众多供应商，任何库存管理的失误都可能对数千乃至数万个零部件的供应造成影响，进而波及整个供应链网络中的众多企业，最终损害到这些跨国巨头的健康发展。综上所述，合理且科学的库存需求预测对于企业的稳健运营及供应链的整体效能至关重要。它不仅能够帮助企业优化资金配置，减少不必要的成本支出，还能够增强供应链的韧性，确保在面对市场波动时能够迅速调整，保持供应链的稳定性和连续性。

---

① 资料来源：国产奶有时反而价格高于进口奶？国内流通成本有多高？［N］.人民日报，2017-06-12.

随着企业规模的持续扩张，产品线的广度和深度也显著增加，这种多样化与复杂化趋势给库存需求预测带来了前所未有的挑战。特别是对于波音、空客这样的大型制造企业，其产品的复杂性和规模性要求极高的供应链管理精度，这些企业的大型产品往往由成百上千乃至上万个零部件组成，每个零部件的供应状况都直接关系到整体生产的顺利进行。因此，对这些企业而言，进行准确的库存需求预测无疑是一项既复杂又关键的任务，其难度可想而知。

"零库存"管理理念在日本、美国等发达国家得到了广泛的实践与应用，其核心并非指库存数量绝对为零，而是强调物资（涵盖原材料、半成品及成品）在供应链的各环节中以高效流转代替静态储存。尽管"零库存"模式在提升运营效率、降低库存成本方面具有显著优势，但它也伴随两大潜在风险：一是供应链脆弱性问题，若供应链受到冲击或企业难以迅速响应市场变化调整生产，将直接影响企业经营的稳定性，增加运营风险；二是成本上升风险，频繁的小批量配送需求可能促使供应商要求加价，从而限制了企业从更广泛的市场获取更低成本的产品的灵活性。实施"零库存"管理模式要求供应链从原材料采购至最终产品销售的每一个节点都保持高度协同与紧密衔接，任一环节的脱节都可能引发连锁反应，造成严重后果。例如，缺货将直接阻断生产流程，影响整体运营效率。此外，该模式的脆弱性在突发事件中尤为凸显，如日本福岛核电站事故对当地汽车行业的重创便是一个典型案例，展示了"零库存"管理模式在面对外部冲击时的应对能力局限性。

综上所述，"零库存"管理模式固然有其独特的价值与意义，但在实际应用中，它并不能完全替代传统库存管理的重要性。库存作为缓冲机制，在灵活应对市场需求的波动、确保生产活动的连续性和稳定性方面，仍然扮演着不可或缺的角色。因此，在追求高效运营的同时，企业也需充分认识到库存管理的战略价值，合理平衡"零库存"与适度库存之间的关系。基于此，有必要对商业物流库存进行预测分析，开发相应的库存系统，并在此基础上进一步提高物流系统的运行效率。本部分通过对商业物流的预测体系进行分析，通过准确地预测帮助企业提前做好应对措施，促进物流平稳运行，提高物流运作效率。

9.2 库存需求预测相关文献

国外学者在库存需求预测领域的研究呈现多元化趋势，涵盖了定量预测方法、基于概率统计的模型以及非线性理论的应用等多个维度。随着技术的进步，特别是 BP 神经网络的兴起与普及，其强大的预测能力和适应性逐渐被认可，并成功引入库存需求预测领域。BP 神经网络以其独特的结构和学习机制，在复杂问题、非线性预测问题上展现出显著优势，为库存需求预测提供了新的思路和方法。

Babai 等（2018）开发了一种创新的非线性神经网络模型，专注于时间序列预测，通过利用历史时间序列数据作为训练集，成功训练出该网络，并有效应用于未来时间序列的预测中。实验结果表明，Babai 等所构建的人工神经网络不仅展现了卓越的预测性能，还具备出色的非线性关系拟合能力，这一发现进一步巩固了人工神经网络在预测领域的地位。Huang（2019）的研究通过实证分析，对比了单变量与多变量线性模型与人工神经网络在预测精度上的差异。研究发现，相较于传统线性模型，神经网络模型在预测精度上展现出了更高的优势，其预测结果更加贴近实际情况，这一结论得到了广泛认可。此外，Yu、Cadeaux、Song（2017）也进行了一项对比研究，他们将神经网络与包括移动平均法、自回归积分滑动平均模型在内的传统需求预测方法进行了深入比较。实验结果显示，在预测准确性和效果上，神经网络模型显著优于传统方法，进一步验证了神经网络在需求预测领域的优越性。

Guo（2017）通过应用 BP 神经网络对制成品库存需求进行了前瞻性的预测研究。其研究结果表明，该神经网络模型在预测制造企业的库存需求方面展现出了广泛的适用性，为行业内的库存管理提供了有力的技术支持。与此同时，Hofmann 和 Macro（2017）深入剖析了传统预测方法如时间序列模型、指数平滑、移动平均法等在处理非连续需求时所面临的局限性，并创新性地提出将神经网络应用于这一领域。实践证明，神经网络在处理非连续需求预测上相较于传统方法表现出更为优异的性能，预测结果更加精准可靠。此外，Giuffrida 等（2017）在计算机服务器库存需求预测领域也取得了显著成果。他们采用人工神经网络进行预测，结果显示预测准确率的平均值维持在 85%~89%，这一高水平的表现极大地提升了库存需求预测的精准度，为计算机服务器行业的库存管理带来了积极的影响。

Hui 和 Gengui（2017）针对传统库存需求预测方法的局限性进行了深入探讨，并创新性地将 BP 神经网络技术引入该领域。通过一系列精细的步骤，包括样本数据的精心准备、BP 算法的针对性改进、网络结构的优化调整以及网络的全面训练，成功构建了库存需求预测模型。该模型不仅有效缓解了高库存问题，还显著提升了客户服务水平。与线性回归分析等传统方法相比，BP 神经网络的预测结果展现出了更高的准确性和可靠性。Wang 等（2018）则聚焦于神经网络与时间序列之间的紧密联系，深入剖析了如何利用神经网络的强大能力进行时间序列预测，并详细阐述了相应的预测流程。同时，他还对传统 BP 神经网络在预测领域的优势与不足进行了全面分析，进而推导出了 GA-BP 神经网络模型，为时间序列预测提供了新的思路和方法。Li（2018）在服装产品库存需求预测方面取得了重要突破，他成功地将人工神经网络算法应用于该领域，并详细阐述了预测过程的一般步骤，并通过借助 MATLAB 神经网络工具箱进行实际运算分析证明了人工神经网络算法在预测精度上远超平均预测方法，为服装行业的库存管理提供了有力的技术支持。Vanderroost 等（2017）针对慢行备件需求预测问题，创新性地提出了基于神经网络的预测方法。他们将预测过程分解为"需求是否发生""需求是什么"两个关键部分，使预测思路更加清晰高效。通过实例分析验证，该方法在慢行备件需求预测中表现出了良好的性能，且实现过程并不复杂。这一研究成果为企业进行慢行备件需求预测提供了一种可靠且有效的方法。Sumets（2017）则系统地介绍了人工神经网络算法在需求预测中的应用实践。他详细阐述了创建函数 Newff、训练函数 Train 以及仿真函数 Sim 等关键步骤，并通过实际案例验证了这些步骤的有效性。这一研究为人工神经网络算法在需求预测领域的应用提供了宝贵的参考建议和借鉴。

在数据交互与共享领域，Santén（2017）的研究探索了 Web 服务的应用潜力，通过该技术实现了医疗器械系统数据的实时翻译、深入分析以及高效存储与检索，促进了数据在不同系统间的无缝流动。Wang、Liang、Zhao（2017）则针对进开票流程中的信息记录与关键数据互联需求，设计并实现了基于 Web 服务的仓库信息管理系统。该系统紧密贴合实际业务场景，显著增强了数据的互联互通能力，不仅提升了工作效率，还有效降低了运营成本，展现了 Web 服务在优化业务流程方面的价值。此外，Perboli 等（2018）针对连锁企业面临的库存管理难题，特别是跨地域、跨平台数据访问的局限性，提出了一种创新的解决方案——基于 Web 服务的库存管理系统。该系统突破了传统库存管理系统的技术壁垒，实现了数据的跨平台、跨语言无缝访问，为连锁企业提供了更加灵活、高效的库存管理模式。

在预测算法的优化策略上，Filho 和 Morais（2018）成功引入了随机种群搜索算法，特别是粒子群优化算法（PSO），对 BP 神经网络进行了有效改进。这种融合不仅保留了 BP 神经网络原有的优势，还显著提升了预测的精确度，为预测算法的优化开辟了新的路径。Hultin（2016）则将目光转向了另一种新颖的自然启发式优化算法——蝙蝠算法（BA），并将其应用于光电防御领域中的目标威胁估计。通过 BA 对 BP 神经网络的优化，实验结果显示该模型能够更准确地预测输出，验证了蝙蝠算法在全局搜索最优解方面的卓越能力。蝙蝠算法的独特之处在于它巧妙地融合了 PSO 和 GA 的优点，确保了搜索过程的高效性和解的最优性。进一步地，Moghaddam、Mokhtarzade、Beirami（2020）进行了更为全面的对比研究，分别采用 BA、GA、PSO 以及 BCC（细菌群体趋化性算法）对 BP 神经网络进行了优化，并通过实验对比发现，BA 优化的 BP 神经网络在预测效果上展现出了更为显著的优势。这一发现不仅巩固了 BA 在优化领域的应用价值，也预示着其在未来更多领域中的广泛应用前景。鉴于上述研究成果，本部分旨在设计并实现一个既具备高精度预测能力又操作简便的商业物流库存预测系统，以应对当前物资库存过剩的挑战。具体而言，本部分选择了 BA 优化 BP 神经网络作为核心预测模型，并计划将其应用于钢材交易所的钢材库存预测系统中，以期通过实践验证其有效性和实用性。

通过对国内外相关研究的深入分析，认识到尽管业界已普遍认识到构建高精度商业物流库存预测系统的重要性，但当前仍处于理论探索与初步实践阶段，真正成熟且广泛应用的系统仍较为罕见。因此，本部分不仅是对现有研究成果的继承与发展，更是对未来商业物流库存管理智能化、精准化趋势的一次积极探索与实践。

9.3 预测模型的分析与选择

BP 神经网络

BP 神经网络是一种依赖于误差反向传播机制的前馈型网络架构，其特点在于层间不存在循环反馈，每一层直接向前一层传递信息，而无层间横向联结。该网络设计至少包含三个层级，依次为输入层、一个或多个中间的隐含层，以及输出层。在隐含层中，普遍应用激活函数以实现非线性变换，从而产生向输出层的信号。尤为重要的是，BP 神经网络的广泛适用性和渐近收敛性已为众多研究者所证实。依据柯尔莫哥洛夫定理，一个具备隐含层的三层 BP 神经网络理论上能够逼近任何定义在闭集上的非线性连续函数，基于此理论支撑，本部分选用含单一隐含层的 BP 神经网络结构作为阐述对象。图 9-1 所展示的即为一个标准的三层 BP 神经网络模型结构图例。网络结构主要包括输入层、中间层和输出层。输入层主要是数据输入部分。中间层也称为隐含层，主要进行数据处理。输出层是输出数据到终端。

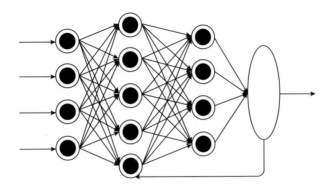

图 9-1 BP 神经网络工作结构

在图 9-1 中，BP 神经网络结构有 n 个输入层，输入向量表示为 $X = (x_1, x_2, x_3, \cdots, x_n)^T$。隐含层有 q 个神经元，输出层有 m 个输出，输出向量表示为 $Y = (y_1, y_2, y_3, \cdots, y_m)^T$。连接输入层至隐含层的权重参数标记为 w_{ij}，其中 i 的取值范围是 1 到 n；而隐含层各神经元的阈值则定义为 θ_j，此处 j 遍历 1 至 q。另外，隐含层指向输出层的权重以 w_{jk} 表示，k 的序号从 1 至 m；输出层神经元所对应的阈值则为 β_k。

BP 神经网络的运作机制基于双重信息流：首先是前向的信息传导过程，从输入层启动，层层推进，逐步求解各神经元的激活输出；其次是误差的逆向反馈步骤，始于输出层，反向逐层分析，计算权值及阈值关于误差的梯度变化，据此完成对网络权值与阈值的调整与优化。重复上述两个过程，直到达到指定的训练次数或停止错误的准确率。BP 神经网络训练流程如图 9-2 所示，与传统网络相比，BP 神经网络的训练过程逻辑性更强，训练过程非常可靠，兼容性更强。

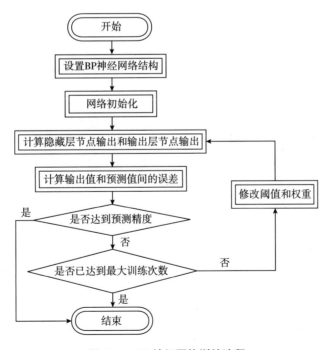

图 9-2 BP 神经网络训练流程

步骤 1：确定神经网络的结构，本研究选取标准的输入层、隐含层和输出层三层网络结构。

步骤 2：网络初始化配置，首先，依据实际需求设定 BP 神经网络的结构参数，包括输入层节点数量 n、隐含层节点数量 q 以及输出层节点数量 m，这些是模型搭建的初始框架。其次，为网络中的连接分配初始权重，具体为输入层至隐含层的权重 w_{ij} 及隐含层至输出层的权重 w_{jk}，两者皆需预先设定。紧接着，为确保信息的有效传递，隐含层中每个神经元的阈值 θ_j 与输出层神经元的阈值 β_k 也需要被初始化至合适值。此外，网络学习过程的关键参数——学习率 η 被明确指定，它控制着权重调整的步长，影响学习效率与精度。激活函数的选择对于网络性能至关重要，本部分在隐含层采用的是双曲正切类型的 Sigmoid 激活函数，数学表达式定义为 $\tan sig(u)$，其中 $sig(u)$ 代表标准 Sigmoid 函数，通过此激活函数引入非线性，增强了网络的表达能力和学习复杂模式的能力，计算公式如下：

$$f(u) = \tan sig(u) = \frac{2}{1 + e^{(-2u)}} - 1 \tag{9-1}$$

步骤 3：计算隐含层节点输出，根据输入向量 $X = (x_1, x_2, x_3, \cdots, x_n)^T$、权重 w_{ij} 和阈值 θ_j 计算隐含层的输入值，然后用激活函数获得隐含层的输出 H_j，计算公式如下：

$$H_j = f\left(\sum_{i=1}^{n} w_{ij} x_i - \theta_j\right) = \tan sig\left(\sum_{i=1}^{n} w_{ij} x_i - \theta_j\right), j = \{1, 2, \cdots, q\} \tag{9-2}$$

步骤 4：计算输出层节点输出，根据输入值 H_j、权重 w_{jk}、阈值 β_k 计算输出层输出，将输出层输出代入激活函数得出神经网络输出 Y_k，计算公式如下：

$$Y_k = f\left(\sum_{i=1}^{n} w_{jk} H_j - \beta_k\right) = \tan sig\left(\sum_{i=1}^{n} w_{jk} H_j - \beta_k\right), k = \{1, 2, \cdots, q\} \tag{9-3}$$

步骤 5：计算误差。设定期望输出为 O_k，计算网络输出 Y_k 和期望输出 O_k 的误差 e_k：
$$e_k = Y_k - O_k \tag{9-4}$$

在训练过程中，需持续监测误差是否已缩小至预设的网络精确度标准，或检查是否已执行了预定的最大训练迭代次数。一旦发现误差满足精度要求，或训练回合并已达上限，随即终止训练流程。相反，若当前误差水平仍未达标，且训练轮次仍有余地，训练进程将继续推进，则算法进行到步骤 6。

步骤 6：权重更新。根据误差 e_k，更新连接权重 w_{ij} 和 w_{jk}，计算公式如下：

$$w_{ij} = w_{ij} + \eta H_j \left(1 - H_j\right) x_i \sum_{k=1}^{m} w_{jk} e_k, i = \{1, 2, \cdots, n\}, j = \{1, 2, \cdots, q\} \tag{9-5}$$

$$w_{jk} = w_{jk} + \eta H_j e_k, j = \{1, 2, \cdots, q\}, k = \{1, 2, \cdots, m\} \tag{9-6}$$

步骤 7：更新阈值。根据误差 e_k，更新阈值 H_j 和 β_k，计算公式如下：

$$\theta_j = \theta_j + \eta H_j \left(1 - H_j\right) \sum_{k=1}^{m} w_{jk} e_k, j = \{1, 2, \cdots, q\} \tag{9-7}$$

$$\beta_k = \beta_k + e_k, k = \{1, 2, \cdots, m\} \tag{9-8}$$

在依据误差对权值和阈值进行相应调整之后，程序将自动跳回步骤3，再次开始新一轮的前向传播与误差计算过程。

9.4 蝙蝠算法模型

9.4.1 蝙蝠算法

在本部分中，我们采纳了蝙蝠算法作为核心模型算法，这是一种衍生自遗传算法的计算方法，并且与神经网络技术存在密切联系，确保了其在研究中的稳健应用。蝙蝠算法的灵感源自蝙蝠通过回声定位进行觅食的自然行为，对其捕食策略进行了巧妙的数学抽象与概括。具体而言，算法首先对蝙蝠的关键属性进行高度概括，涵盖了蝙蝠的飞行位置、速度以及发出声波的频率等关键参数。在此基础上，算法进一步将蝙蝠的位置映射为问题求解空间中的一个潜在解，而猎物的位置则对应于所求问题的理想解决方案或目标解。随后，算法通过模仿蝙蝠搜寻食物的过程，构建了一个动态优化函数，在反复迭代的框架下，系统性地探索并逐步逼近最优解，实现了蝙蝠（解）向猎物（目标解）的有效趋近。此算法的独特之处在于，它不仅融合了遗传算法的进化思想与粒子群算法的群体智能优势，还深度融合了回声定位机制，这一生物学策略显著增强了算法的搜索效率与解的精确度，从而为解决复杂优化问题提供了一个更为高效与精准的计算工具。

蝙蝠算法的实施过程如下：

步骤1：将蝙蝠位置设定为 $X_i = \{x_1, x_2, x_3, \cdots, x_D\}$，蝙蝠速度设定为 $V_i = \{v_1, v_2, v_3, \cdots, v_D\}$。

蝙蝠频率设定为 $f_i \in [f_{min}, f_{max}]$，蝙蝠响度设定为 A_i，脉冲频率设定为 r_i，且脉冲最大值为 R_0，在设定中，令 $f(x)$ 代表评估解决方案适应度的函数，整个优化过程将持续进行 T 次迭代。此处，符号 i 特指第 i 个参与搜索过程的蝙蝠个体，而 D 则标示了问题搜索空间的维度大小。

步骤2：初始化所有蝙蝠的位置参数是随机进行的，依据特定的适应度函数 $f(x)$，我们评估每个蝙蝠位置的适应度值，以此来确定当前最佳位置 X^*，即代表最优解的蝙蝠位置。

步骤3：蝙蝠的频率、速度、位置相应表述如下：

$$f_i = f_{min} + (f_{max} - f_{min})\beta \tag{9-9}$$

$$V_i^t = V_i^{t-1} + (V_i^t - X_i)f_i \tag{9-10}$$

$$X_i^t = X_i^{t-1} + V_i^t \tag{9-11}$$

其中，随机因子为 β，$\beta \in [0,1]$，增加搜索过程的随机性，t 表述持续第 t 次迭代。

步骤 4：首先生成一个随机数。假如这个随机数超越 r_i^t 的界限，那么依据式（9-12），当前最佳位置将会遭受随机扰动，从而生成一个新的局部最新解，并确保该位置不超过预设边界。反之，如果随机数未超过 r_i^t，我们将直接推进至步骤 5 继续执行算法。

$$X_{new} = X_{old} + \varepsilon A^t \tag{9-12}$$

其中，ε 为搜索精度，$\varepsilon \in [-1,1]$ 的随机数，A^t 为 t 次迭代中所有蝙蝠的响度平均值，X_{new} 为新的局部最新解，X_{old} 为最佳位置。

步骤 5：首先生成一个新的随机数，若该随机数不仅小于 A_i^t，而且函数值 $f(X_i^t)$ 小于最优解 $f(X^*)$，那么我们将采纳步骤 4 中所得的新解，并依据以下公式来调整响应强度和脉冲频率。反之，如果这两个条件中的任何一条不满足，算法将立即跳转至步骤 6 继续执行：

$$A_i^t = \alpha A_i^{t-1} \tag{9-13}$$

$$r_i^{t+1} = R_0 \left[1 - \exp(-\gamma t) \right] \tag{9-14}$$

其中，α 为响度衰减系数，$\alpha \in (-1,1)$ 的随机数。常数 γ 是脉冲频数增强系数，$\gamma > 1$。

步骤 6：所有蝙蝠依据它们的适应度值进行重新排序后，最优位置 X^* 得到更新。

步骤 7：判断算法是否已达成预设的精度要求或是否已进行到预定的迭代轮数 T。一旦满足任一条件，算法即刻终止，并输出找到的最佳位置解；如果条件未达成，则算法将继续循环执行从步骤 2 到步骤 6 的过程。

9.4.2　BA-BP 神经网络算法

鉴于蝙蝠算法擅长探寻全局最优点的特性，以及 BP 神经网络固有的局限性，我们可通过 BA 来初始化 BP 神经网络的权重与阈值，旨在加速网络收敛进程，提升预测准确度，并有效减少 BP 神经网络易陷于局部极小值的困境。以下是该优化策略的具体实施步骤：

步骤 1：明确 BP 神经网络每层级的神经元数量，为网络架构奠定基础。

步骤 2：构建蝙蝠种群模型并初始化其参数，在这里，蝙蝠在搜索空间中的位置被赋予特殊意义，直接映射为神经网络权重和阈值的初值。此外，蝙蝠的适应度评价标准选取为 BP 神经网络的误差函数，以此衡量解的质量。

步骤 3：启动 BA 算法的训练流程。该过程持续至预设的精确度阈值达成或迭代次数上限触及，随即终止。此时，辨识并记录下拥有最高适应度评分的蝙蝠位置。

步骤 4：将上述甄选出的最优蝙蝠位置所对应的数值，直接配置给 BP 神经网络作为其初始权重与阈值设置。

步骤 5：对经过 BA 算法优化初始化的 BP 神经网络开展深入训练。同样地，训练活动将在满足预设精度标准或迭代次数上限时宣告结束，标志着网络优化与学习完成。这一整套通过 BA 算法优化 BP 神经网络的方案，其流程概览如图 9-3 所示。

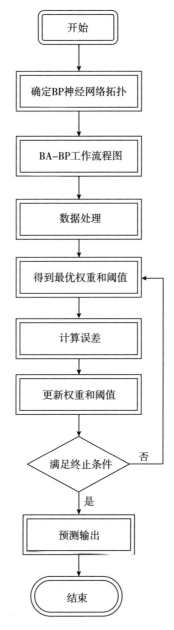

图 9-3 BA-BP 算法的工作流程

9.4.3 BA-BP 神经网络实验测试

在本次实验中，由于全样本数据的可获得性，我们搜集了一家钢铁销售平台的部分关键运营数据，涵盖其销售平台上库存、订单及销售记录。这些数据源出自多样化的业务系统，不可避免地夹杂了一些错误或无效信息。因此，首要任务是对数据进行全面筛查，移除无用字段，仅保留核心数据列，包括但不限于钢材编码、种类、材质、单价、销量等。基于预测模型训练的特定需求，我们进一步对清洗后的数据进行有选择性的整合，提炼出实验所需的基础数据集。考虑到多类型的钢材模型预测需求，书中特别挑选了"普通钢板"，限定其材质为"Q235C"及规格"12"，作为案例分析的对象。实验数据跨度为 2010~2019 年，详细数据配置请参阅表 9-1 所列出的输入参数概述。实验设计上，选取上个月的"普通钢板"单价、销售量以及市场需求量作为模型输入因子，旨在预测下一月份的市场需求量。这一设置旨在直观展示预测模型的实操应用与效果验证。

表 9-1　输入参数

日期	单价（元/吨）	销售量（吨）	需求（吨）
January 2010	2222	1389	1717
February 2010	2199	1426	1869
March 2010	2338	1391	1705
April 2010	2475	1445	1687
May 2010	2576	1414	1778
September 2019	2757	2161	2000
October 2019	2717	2222	2333
November 2019	2843	2000	2444
December 2019	2828	1889	2414

该列表共有 120 个数据，基于预设的预测特性，共筛选出 119 条有效记录用于分析（其中包括用 2019 年 12 月的数据来预测 2020 年 1 月的情况，尽管实际上 2020 年 1 月的数据并不符合预测用途）。为了进行模型训练与验证，从这些数据中随机抽取出 110 条作为训练集，剩余的 9 条数据则被预留作测试集，用以评估模型性能。接下来，实验将遵循以下具体步骤展开。

步骤 1：在构建 BP 神经网络模型时，依据式（9-15），我们配置网络结构如下：输入层设计有 3 个神经元，以匹配预测特征的数量；输出层精简为单个神经元，旨在得出单一的预测结果；而隐含层则配备 6 个神经元，用以增强模型的表达能力和学习复杂特征。为促进非线性映射，隐含层与输出层均采用了双曲正切 S 型（tanh）激活函数。学习过程采纳了经典的梯度下降法策略，力求优化权重，其中学习速率精心设定为 0.001，以平衡学习速度与精度。此外，为了充分训练模型并确保其收敛性，BP 神经网络的迭代训练次数被设定为 5000 次：

$$m = \sqrt{n+l} + \alpha \qquad\qquad (9\text{-}15)$$

式中，m 为隐层神经元个数，n 为输入层神经元个数，l 为输出层神经元个数，α 为介于 $[1, 10]$ 之间的常数。

步骤 2：在配置蝙蝠算法的参数时，首先，确定使用 15 只蝙蝠组成算法的种群。每个蝙蝠的空间位置变量维度由网络阈值和权重总和决定，合计为 31 维。其次，为确保算法的充分探索与收敛，将迭代循环次数设定为 300 次，并将目标精确度阈值设定为 0.001，以作为算法终止的条件之一。最后，依据设定框架，对所有蝙蝠的起始属性进行随机初始化。

步骤 3：依据式（9-15），对训练数据实施归一化处理，以确保所有输入特征在同一尺度上，便于算法更好地学习与泛化：

$$X_{norm} = \frac{X - X_{min}}{X_{max} - X_{min}} \tag{9-16}$$

其中，X_{norm} 为实施归一化处理后的数据，X 为实施归一化处理后的数据，在训练数据集中，X_{min} 和 X_{max} 分别代表各属性的最小值与最大值，用以界定数据的原始取值范围。

步骤 4：运用经过标准化处理的训练数据来驱动 BA 进行学习过程。

步骤 5：待 BA 训练完毕后，提取最佳蝙蝠位置的解作为初始化 BP 神经网络的权重及偏置值。

步骤 6：开展 BP 神经网络的训练任务，直至达到预设的迭代次数或预期精度，随即保存该优化过的模型配置。

步骤 7：对接收的测试样本实施相同的标准化预处理，再利用已训练成熟的模型进行预测输出。随后，依据式（9-17）逆向进行标准化，转化出真实的预测数值，并将这些预测结果与实际目标值进行对比分析：

$$X = X_{norm} \times (X_{max} - X_{min}) + X_{min} \tag{9-17}$$

在本次实验中，我们选取了传统的 BP 神经网络作为对比算法。其实施步骤基本遵循 BA-BP 算法的框架，但不同之处在于，网络的初始权值和阈值是通过随机方式产生的。经由实验运行，我们获得了包括表 9-2 预测数据结果，以及图 9-4 所展示的预测结果趋势折线图等多项测试成效。

表 9-2 预测结果

日期	BP 预测值	BP 预测值	BP 预测值
2010-5-1	1854.79	1796.58	1760
2012-3-1	1789.64	1826.47	1836
2012-9-1	1612.39	1656.12	1645
2015-4-1	1715.19	1799.96	1810
2017-1-1	2110.81	2000.13	1985
2017-5-1	1894.68	2003.09	2000
2018-9-1	2334.87	2275.89	2150
2019-6-1	2534.56	2618.54	2560
2019-10-1	2234.98	2358.75	2310
绝对误差	4.35%	1.77%	
训练精度	2.30%	0.001	

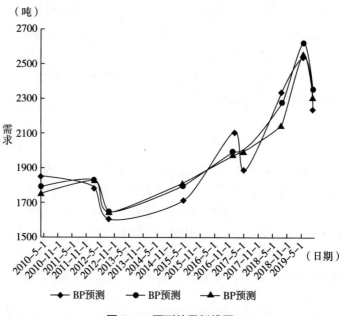

图 9-4　预测结果折线图

通过表 9-2 和图 9-4 可以看出，在保持训练迭代次数一致的前提下，BA-BP 算法展现出了超越标准 BP 神经网络的预测精度，表明其在优化求解方面具有更优越的表现。另外，从收敛速度及实际应用效能的角度审视，BA-BP 算法同样表现出更快达到理想解的特质，进一步凸显其实践优势。鉴于以上优势，本部分最终采纳 BA-BP 算法作为解决钢材库存预测问题的核心算法。

9.5　分类方法优化

主成分分析（PCA）的核心理念，在于最大限度地维护数据中的信息量，同时大幅度削减数据的维度，以此来简化复杂的数据处理问题。这一过程追求的是，通过构建综合变量（即主成分），在保证其对方差贡献度较高，即拥有较大变异性的前提下，使原数据集中的变量方差总和得以最大限度地逼近。实现这一目标的关键步骤可概述如下：

步骤 1：进行样本方差数据的协方差矩阵计算：

$$S = \frac{1}{n-1}\sum_{k=1}^{n}(x_{ki}-\bar{x})_i(x_{ki}-\bar{x})_j, i,j=1,2,\cdots,n \tag{9-18}$$

$$\bar{x}_i = \frac{1}{n}\sum_{k=1}^{n}x_{ki} = 1,2,3,p \tag{9-19}$$

$$\bar{x}_j = \frac{1}{n}\sum_{k=1}^{n} x_{kj} = 1,2,3,p \tag{9-20}$$

步骤 2：计算得出特征值 λ_i 及相应的正交单位特征向量 α_i。主成分所贡献的方差比例直接体现了信息的丰富程度，其中，向量 α_i 可具体表示如下：

$$\alpha_i = \frac{\lambda_i}{\sum_{i=1}^{m} \lambda_i} \tag{9-21}$$

步骤 3：确定主成分，主成分分析的目标包含减少变量数目，故在变量数 m 小于原变量总数 p 的情形下，通常选取 m 个主成分，确保它们的累计贡献率超过 85%，以此作为选取标准，即：

$$\frac{\sum_{i=1}^{m} \lambda_i}{\sum_{i=1}^{p} \lambda_i} \geqslant 85\% \tag{9-22}$$

基于主成分分析，能够在有效减少信息丢失的同时，实现变量数量的缩减，从而达到简化问题处理的目的。

步骤 4：进行主成分得分的计算，具体涉及计算每个样本在选定的 m 个主成分方向上的得分：

$$F_i = \alpha_{1i}x_i + \alpha_{2i}x_i + \alpha_{3i}x_i + \cdots + \alpha_{mi}x_i, i = 1,2,m \tag{9-23}$$

结合主成分分析（PCA）与 BP 神经网络的模型能够实现库存量更精准的预测，这对于提升客户服务满意度至关重要。为此，本部分创新性地引入了一种以客户需求为导向的分类策略，旨在通过 PCA 优化 BP 神经网络的输入变量处理流程，在具体操作上，融合了质量屋分析与 PCA 技术，共同构建了一套综合因子分析体系。首先，借助质量屋理论及相关分析工具，系统性地评估并排列出影响库存需求各因素的重要性等级，优选出排名靠前的关键影响因素。在此基础上，通过对客户需求为中心的质量屋模型进行深入解析，进一步应用 PCA 技术，科学地选取那些能够高度概括原始数据信息的主成分因子，以此达到减少 BP 神经网络输入层维度、精简输入变量的目的，从而提升了模型的预测效能及实用性。

质量屋作为一种关键工具，专注于通过定量分析手段探究顾客需求与产品（或服务）质量特性之间的内在联系，旨在从数据分析中挖掘出更能贴近顾客期望的质量特性，是实现质量功能展开（QFD）理念实践的重要桥梁，其结构表现为一种二维矩阵图解形式。图 9-5 形象展示了质量屋模型所涵盖的六大核心构成要素。

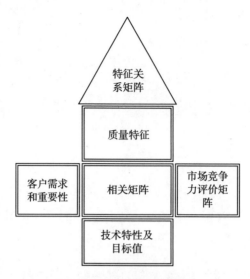

图 9-5　质量屋的基本结构

各个基本构成元素在质量屋中扮演独特的角色，具体职责阐述如下：

左侧墙体体现客户需求及其相对重要性等级，采用 1~5 的数字编码来区分五个不同层次的重要性，其中 1 表示最低，5 表示最高。

天花板部分罗列产品的质量特性或设计规范，直接对应于满足顾客需求的具体技术指标。

顶部连接板即特征关系矩阵，展示质量特性间相互作用的状态，使用"○"符号标识正相关，意味着两者同步增减；而"×"则指示负相关，表示一方增加时另一方减少。

房间内部的相关矩阵这座桥梁构建于顾客需求与质量特性之间，通过矩阵的形式精细描绘它们的互动关系。关系强度可用数值量化，推荐等级为 1、3、5、7、9，数值越大，表示该质量特性对于满足特定顾客需求的贡献越大。具体来说，1 象征微弱关联，3 指示适度影响，5 代表紧密联系，7 强调显著相关，而 9 则表达极其紧密的依存关系。矩阵中每一行代表一个客户需求，通过行的长度间接反映与之相关的质量特性数量及其对需求的满足程度。

右侧墙体市场竞争力评价矩阵可以取 1、2、3、4、5 五个等级，分别代表无竞争力、低竞争力、一般竞争力、良好竞争力和极强竞争力。

地坪的技术特性及目标值，表示如下：

$$H_i = \sum K_i r_i \qquad (9-24)$$

式（9-24）揭示了技术特性的重要度直接关系客户需求的重要性和两者间关系矩阵所赋予的数值，遵循数值增大则技术特性重要性提升的规律。在推进产品设计实践及质量功能展开（QFD）策略时，整合产品的工程技术特点，旨在促进产品性能与质量的创新升级是至关重要的步骤。在神经网络设计的范畴内，寻找最优隐含层节点数量往往颇具挑战，常规做法涉及培养多个网络模型并评估它们对于新数据的泛化能力，因缺乏坚实的理论基础指导隐含层节点的确切数量选择，此过程显得尤为艰难。节点数量不足的网络，可能会遭遇收敛缓慢、预测精确度低及弱容错性等问题。反之，节点数设置过多，则可能引致训练耗时大幅增加、训练误差累积，即过拟合现象，即网络过分学习训练数据中的噪声和细节，降低了模型在未见数据上的表现，即泛化性能受损。

本部分通过运用质量屋理论及相关分析工具，对影响库存需求的各项因素进行了系统性的重要性评估与排序，从中挑选出位居前列的关键影响因素。在此基础上，深入剖析了以客户需求为核心的质量屋模型，并进一步借助主成分分析法甄别出能够有效代表原始变量信息的主成分，旨在缩减 BP 神经网络输入层的维度，优化模型输入，提升预测效率与准确性。

尽管学术界对 BP 神经网络的探索日益深入，确定最佳隐含层节点数量的实践策略依然依赖若干经验法则，主要包括：第一，隐含层节点计数建议位于输入层与输出层节点数量之间；第二，一种常见的估算方法是，将输入层与输出层节点数相加后乘以约 2/3；第三，对于仅含一层隐藏层的多层感知器，隐藏节点数量原则上不宜超过输入层节点的两倍；第四，还有一种观点认为，隐藏层节点数应与捕获输入数据大约 70%~90% 方差所需的主成分数相匹配。然而，必须指出的是，这些经验公式应用范围有限，主要是因为它们未能充分考虑训练数据集的大小、目标输出中的噪声干扰，以及学习任务本身的复杂度等关键因素。训练采用以下误差代价函数：

$$E_f = E_{total} + \varepsilon \sum_{s,j,i} \left| w_{ij}^h \right|, \ j=1,2,\cdots,h, \ i=1,2,\cdots,n \tag{9-25}$$

在式（9-25）中，E_{total} 代表着网络输出误差的平方和，用以量化模型预测与实际结果的偏差程度；n 表示输入层中神经元的数量，h 则代表隐含层的节点数量。该参数 E_{total} 通过引入一个惩罚项，旨在促使网络训练后获得较小的连接权重，从而提升模型的泛化能力。基于此逻辑，可以合理推测，对于任何给定的 BP（反向传播）人工神经网络，存在一个理想的隐含层节点数量，它能在保证训练时间合理与预测精度高的前提下，实现最佳性能平衡。为了寻找这一最优的隐含层节点数目，本部分提出了一系列经验性公式，旨在为选择过程提供实用的指导依据，确保在模型设计初期就能做出较为合理的决策。

$$h = \sqrt{m+n} + a \tag{9-26}$$

其中，n 表示输入层中神经元的数量，m 代表输出层节点数量，h 代表隐含层的节点数量，α 为介于 $[1,10]$ 之间的常数。

$$h = \sqrt{mn} \tag{9-27}$$

其中，n 表示输入层中神经元的数量，m 代表输出层节点数量，h 代表隐含层的节点数量。

$$h = \log n \tag{9-28}$$

其中，n 表示输入层中神经元的数量，h 代表隐含层的节点数量。在本节中，我们引入了二分法来改进隐含层节点数的选定过程。首先，依据先前的经验公式确定一个初步的节点数量范围。随后，借鉴数学中的经典"二分法"原理，不断将此范围对半分割，逐步缩小搜索区间，以此加速寻找最优节点数量的过程。最终，通过对比区间端点及中间点对应的模型训练结果，即它们所产生的输出均方误差，来确定能带来最小误差的隐含层节点数，从而实现更高效的参数优化选择。

归一化处理旨在通过数据转换技巧，确保神经网络的输入及输出数据分布局限于［0，1］或［-1，1］的范围内。这一过程的重要性体现在两个关键方面：一是鉴于神经网络处理的数据可能涵盖多个具有不同量级和尺度的特征维度，归一化有助于统一各维度特征的尺度，促使它们在相同的数值水平上参与计算，从而增强模型学习效率。二是考虑到神经网络常用的激活函数如 Sigmoid 函数，其输出值域通常落在（0，1）或（-1，1）之间，若输入数据未适当缩放，可能导致输出侧的误差放大，尤其是在输出值偏离函数活跃区域时。因此，通过将样本数据的输入及输出值规范化至［0，1］区间，可以有效规避误差放大问题，促进模型训练的稳定性和收敛性，其变换公式如下：

$$x_1 = \frac{x_i - x_{min}}{x_{max} - x_m} \tag{9-29}$$

在式（9-29）中，x_i 为输入或输出数据，x_{min}、x_{max} 分别为输入或输出数据的最小值和最大值，x_1 为标准化值，将样本数据中的输入输出数据转换为［-1，1］区间内的数值，其变换公式如下：

$$x_{mid} = \frac{x_{max} + x_m}{2} \tag{9-30}$$

$$x_2 = \frac{2(x_i - x_{min})}{x_{max} - x_{min}} \tag{9-31}$$

在公式中，x_{mid} 是输入或输出数据中的中间值，x_{min} 是输入或输出数据中的最小值，x_{max} 是输入或输出数据中的最大值，x_2 是标准化值。

9.6 试验性研究

为削减 BP 神经网络的输入维度，研究者提议应用主成分分析（PCA）技术，对初步筛选出的 6 个关键影响因子实施二次精简。在初次筛选之后，一个核心考量因素是这些选定变量之间是否存在高度相关性，乃至相关系数接近或等于 1，这意味着数据中可能存在冗余信息。鉴于 BP 神经网络的特性，这些高度相关变量在预测库存需求时贡献相似或几乎相同，提示我们能够安全地移除其中之一，以此来进一步精简数据集，剔除不必要的干扰因素，从根本上改善数据的纯净度和分析效率。因此，接下来的步骤将依托统计学中的 Pearson 简单相关分析及偏相关分析，识别并标记相关系数等于 1 的数据特征为冗余项，并做出策略性剔除。在具体实施中，利用 SPSS 软件来计算数据的增强型相关系数矩阵及各自变量间的偏相关系数矩阵，为高效识别并处理冗余数据提供了有力支持。输出结果如表 9-3、图 9-6 所示。

表 9-3　SPSS 数据显示

月份（2018 年）	原材料价格	订单量	订购单价	实际成本	总订购	实际库存需求
1 月	2.7371	1702	4.141	4612.0135	6977.585	1737
2 月	2.6866	1908	4.0501	5074.9874	7650.6389	2010
3 月	2.6361	2379	3.9289	6208.0155	9252.5595	2454
4 月	2.6563	2757	3.9895	7251.699	10891.335	2808
5 月	2.7169	2475	4.141	6656.405	10145.45	2535
6 月	2.5755	2939	3.8279	7494.705	11139.189	3055
7 月	2.7169	2382	4.0501	6406.4502	9550.1358	2429
8 月	2.7371	2848	4.141	7718.622	11677.62	2922
9 月	2.6664	2827	4.1511	7463.2536	11618.9289	2865
10 月	2.6664	2555	4.1309	6745.992	10451.177	2604
11 月	2.6361	2740	3.9188	7151.7393	10631.7044	2834
12 月	2.7472	1930	4.2319	5249.8992	8087.1609	2115

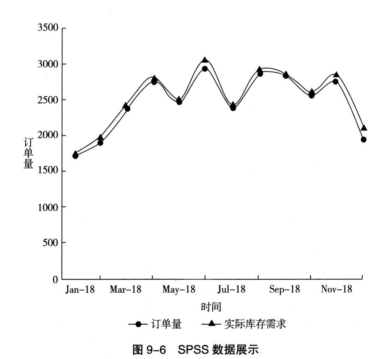

图 9-6　SPSS 数据展示

　　由图 9-3 和表 9-6 可知，原料成本与成品合格率显示出负相关性，而针对选取的 6 个库存影响因子，它们彼此间相关性系数均小于 1，表明这 6 个因素对实际库存需求的作用存在差异性，排除因素间的高度相似性或数据冗余问题。基于此，这些差异化因素被认为都是不可或缺的，应全部予以保留。利用 SPSS 软件对这 6 个独立的影响因子实施主成分分析，以进一步优化并提炼关键信息。分析结果如表 9-4~ 表 9-6 所示，统计结果如图 9-7~ 图 9-9 所示。

表 9-4　公因子方差

初始	提取
原材料价格	0.887
订单量	0.993
订购单价	0.934
通过率	0.844
实际成本	0.983
总订购	0.987

表 9-5　总解释方差

成分	总计	百分比差异	累计（%）
1	3.67	60.154	60.154
2	1.994	33.215	93.369
3	0.298	4.948	98.316
4	0.102	1.678	99.995
5	0	0.005	100
6	2.38E-05	0	100

表 9-6　成分矩阵

	1	2
原材料价格	-0.741	0.564
订单量	0.974	0.211
订购单价	-0.614	0.746
通过率	-0.043	-0.917
实际成本	0.944	0.301
总订购	0.919	0.377

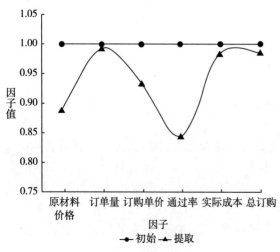

图 9-7　公因子方差

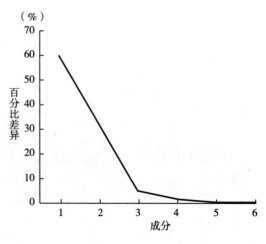

图 9-8　总方差解释

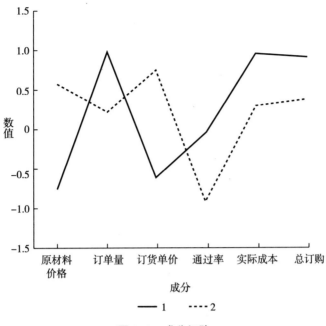

图 9-9　成分矩阵

在运用 SPSS 软件进行分析时，遵循惯例仅保留特征根大于 1 的主成分。具体而言，首个特征根为 3.609，第二个特征根为 1.993，两者均超越了 1 的阈值。尤为重要的是，这两个主成分联合捕获了原始数据 93.369% 的信息量，这一比例显著高于通常要求的 85%，清晰地证明了两者作为主成分的高效性与合理性。尽管已有上述深入分析，直接从现有结果中导出用于原变量转换的新变量矩阵尚不可行，缘由在于 SPSS 输出的成分矩阵实质上展示的是因子载荷而非直接的主成分系数矩阵。为了获取主成分系数，需依据第 3 章所述的主成分分析方法公式，计算出前两个主成分的系数矩阵，进而构建成分得分系数矩阵。这一矩阵的详情已整理成表 9-7 与图 9-10，为后续分析提供了必要的数据支撑。

表 9-7　成分得分系数矩阵

	1	2
原材料价格	−0.205	0.283
订单量	0.271	0.107
订购价格	−0.171	0.375
通过率	−0.013	−0.461
实际成本	0.262	0.152
总订购	0.255	0.19

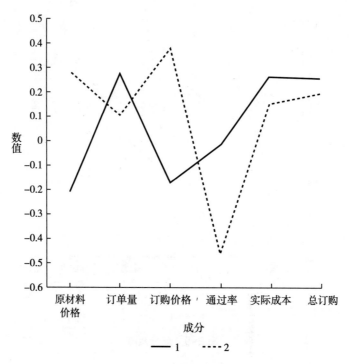

图 9-10　成分得分系数矩阵

基于以上分析，可以得到新的数据样本，如表 9-8 所示。新数据样本统计如图 9-11 所示。以上图表表明，与原始数据中的众多变量相比，新构建的样本集合成功地捕捉并保留了原始数据集的绝大部分关键信息。这一精简过程有效地实现了数据降维的目标，不仅减轻了 BP 神经网络在训练阶段面临的复杂度，还显著增强了训练过程的效率与可行性。

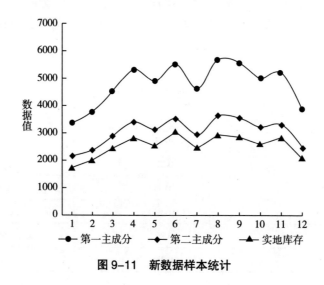

图 9-11　新数据样本统计

本部分旨在聚焦于客户需求与技术特性的剖析（关键影响要素），并未涵盖市场竞争层面，故未纳入市场竞争力评估矩阵部分。同时，鉴于屋顶特征矩阵对本部分分析无直接关联，故予以排除。针对可量化的客户需求及技术特性，我们构建了 QFD 质量屋模型。该模型的架构细节展示在表 9-8 中，并通过图 9-12 予以直观呈现。

表 9-8 QFD 质量屋模型数据

	重要性	原材料价格	订单量	订购价格	通过率	实际成本	总订购
高生产成本	3	7	5	7	1	7	3
短订购时间	3	1	3	3	1	3	3
更多订单	3	3	9	5	5	7	9
低存储成本	5	1	1	1	1	1	1
技术特征与重要性	4	1	1	1	1	1	1
良好的仓储技术	1	1	1	1	1	1	1

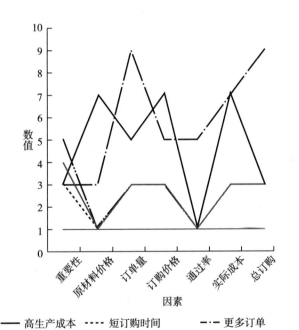

图 9-12 QFD 质量屋模型

在评估的技术特性中，订单量与实际成本被认定为最关键因素，其次为订购价格及总订购，而钣金材料成本和产品合格率紧接其后，显示出相对重要的地位。QFD 质量屋模型的构造清晰地揭示了一个规律：技术指标越高的项目，其对整体的影响力度越大。基于此，我们可以初步筛选出库存管理中的五个核心影响变量——订单量、订购价格、实际成本、总订购，以及钣金材料价格（原材料价格）作为 QFD 质量屋模型深入分析的重点对象，结果见表 9-9 和图 9-13。

表 9-9　QFD 质量屋分析后库存的影响因素

月份（2020）	原材料价格	订单量	订购价格	实际成本	总订购	实际库存需求
1 月	2.7642	1719	4.182	4657.677	7046.67	1754
2 月	2.7132	1927	4.0902	5125.235	7726.388	2030
3 月	2.6622	2402	3.9678	6269.481	9344.169	2479
4 月	2.6826	2785	4.029	7323.498	10999.17	2836
5 月	2.7438	2499	4.182	6722.31	10245.9	2560
6 月	2.601	2968	3.8658	7568.91	11249.48	3086
7 月	2.7438	2405	4.0902	6469.88	9644.692	2453
8 月	2.7642	2876	4.182	7795.044	11793.24	2951
9 月	2.6928	2855	4.1922	7537.147	11733.97	2894
10 月	2.6928	2581	4.1718	6812.784	10554.65	2630
11 月	2.6622	2767	3.9576	7222.549	10736.97	2862
12 月	2.7744	1949	4.2738	5301.878	8167.232	2136

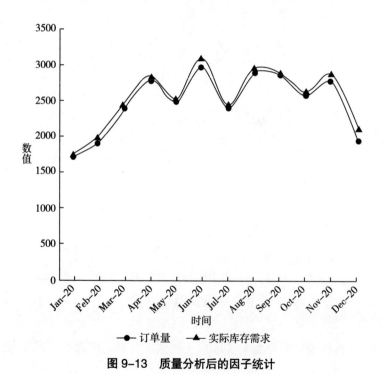

图 9-13　质量分析后的因子统计

表 9-10 展示了新数据样本的主成分分析，其统计量如图 9-14 所示。这种经过重构的

样本集合，有效捕获了原始数据集的主体信息。它的设计成功实现了数据降维的目标，不仅减轻了 BP 神经网络训练过程中的复杂度，还显著增强了训练的效率。

表 9-10　新数据样本的主成分分析

第一主成分	第二主成分	实际库存
3387.096	3760.711	1720
3729.776	4135.695	1990
4548.105	5032.789	2430
5328.142	5900.827	2780
4912.699	5453.316	2510
5501.248	6077.908	3025
4674.498	5180.502	2405
5669.468	6291.386	2893
5583.391	6201.207	2837
5033.876	5589.336	2578
5232.817	5788.605	2806
3890.024	4324.985	2094

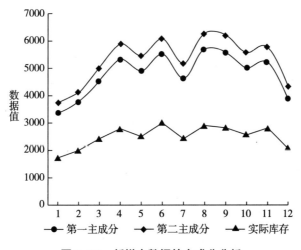

图 9-14　新样本数据的主成分分析

　　为了严谨且精确地评估改进后网络库存需求预测模型的效能，我们采取双管齐下的分析策略：首先，通过对比分析新提出的 BP 神经网络预测模型与传统网络预测模型在预测误差上的差异；其次，具体数据显示在表 9-11 中，直观展现了 BP 神经网络模型与传统模型在预测精度上的直接对比，以此来深入探讨和验证改进模型的优势。图 9-15 和图 9-16 分别给出了预测误差和预测精度的统计图。

表 9-11　BP 神经网络模型与传统模型预测结果对比

类别	10	11	12
预测库存（传统）	1832.4	2345.2	2872.8
实际库存（传统）	1990	2430	2837
预测库存（BP）	2418.3	2496.1	2923.9
实际库存（BP）	2430	2510	2893
绝对误差（传统）	157.6	84.8	35.8
绝对误差（BP）	11.75	13.86	30.94
绝对误差率（传统）	7.92	3.49	1.26
绝对误差率（BP）	0.48	0.55	1.07

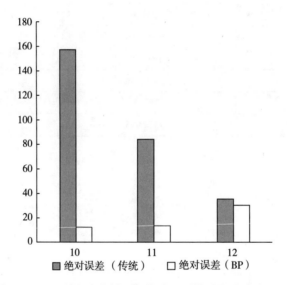

图 9-15　BP 神经网络模型与传统预测模型的预测误差对比

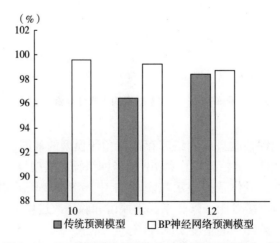

图 9-16　BP 神经网络模型与传统模型的预测精度对比

本部分以某商业物流公司为例，进行本次实验研究。经过初步筛选，最终决定选取钣金材料价格、订购价格、通过率、订单量、实际成本、总订购 6 个因素。由图 9-15 和图 9-16 可知，BP 神经网络预测模型的预测误差低于传统预测模型，BP 神经网络预测模型的预测精度高于传统预测模型。以上结果较好地说明了本部分提出的 BP 神经网络预测模型在库存预测方面优于传统预测模型。

9.7　本章小结

由于全渠道零售物流的复杂性，导致精准预测库存成为智能零售的基础性工作。本章对商业物流库存预测系统进行了需求分析，并将研究成果应用到库存管理系统中。此外，本章对网络结构进行了优化：首先，确定输入层和输出层的神经元个数以及隐含层的个数。其次，将 BP 神经网络预测模型得到的预测结果与传统的预测结果进行对比。结果表明，本章提出的 BP 神经网络预测模型在库存预测方面优于传统预测模型，具有更高的精度，具有更好的预测效果。本章的成果可以直接作为零售企业智能库存管理的基础性算法，提高零售企业物流预测的精准度，同时也可以在复杂物流场景，如汽车供应链、消费电子供应链中广泛应用。

10 智能零售商业模式采纳

智能零售技术模式采纳可以有效缓解消费者需求不确定性，但由于技术成本的存在，增加了零售厂商技术成本与实施费用，如果仍采用传统零售商业模式，不能拓展新的利润空间，智能零售技术采纳将使传统零售厂商陷入智能化转型"泥潭"，导致智能化转型失败。智能化转型成功的零售企业案例，都是技术模式与商业模式共同作用的结果，本章将系统分析智能零售商业模式的采纳与实施。

10.1 智能零售商业模式构成

商业模式画布是由 Osterwalder 和 Pigneur（2005）提出的对商业模式进行描述、分析、设计和创新的工具，包含客户细分、价值主张、渠道通路、客户关系、收入来源、核心资源、关键业务、重要合作和成本结构九个模块。客户细分将消费者总体需求细分为不同的时空、场景与状态，定位企业的目标客户；价值主张以实现消费者价值最大化为目标，是客户选择企业的主要原因；渠道通路是将服务和产品传送到客户手中的途径；客户关系指如何与客户建立良好的关系；收入来源描述的是企业盈利的方式；核心资源指的是企业获取核心竞争力的关键性资源，是保证一个商业模式顺利运行所需要的最重要资产；关键业务是企业拥有核心竞争力的业务，能保障其商业模式正常运行；重要合作指的是与其他企业合作、优势互补实现共赢；成本结构指是使一个商业模式正常运行所发生的全部成本。智能零售商业模式包括目标顾客、价值主张、渠道通路、顾客关系、收入来源、关键资源、关键活动、关键伙伴和成本结构，这九个构成要素描述了零售厂商采纳人工智能技术创造、传递和获取价值的原理，具体见表 10-1。

表 10-1　智能零售商业模式构成

关键伙伴 KP 关键伙伴是指保证商业模式有效运作所必需的供应商和伙伴的网络。在智能零售商业模式中，关键伙伴要素描绘了零售商使其人工智能商业模式有效运作所必需的其他相关主体。这些相关主体主要包括人工智能技术供应商和零售供应链的业务伙伴	关键活动 KP 为了保证智能零售商业模式有效运作，必须进行人工智能技术部署和集成以及流程变革或产品创新两项工作	价值主张 VP 向"消费价值"全面转型，将消费者总体需求细分为不同的时空、场景与状态，零售商势必根据不同消费者、不同场景的消费需求提供针对性产品和服务，以实现消费者价值最大化为目标	顾客关系 CR 重视客户数据挖掘、关系营销以及信息交流，尤其是通过与客户一对一即时沟通，持续采集消费者数据，与客户建立良好关系	客户细分 CS 将消费者总体需求细分为不同的时空、场景与状态，亚马逊在实践应用中将其定义为 0.1 单位细分
	关键资源 KP 在智能零售商业模式中，关键资源要素描绘了零售商其智能零售商业模式有效运作所必需的最重要资产，这些最重要的资产已经逐渐从实物资产向数据资产转变。这里的数据资产包括数据要素与数据工具		渠道通路 CH 随着消费者需求不确定性程度提高以及零售商差异化创新进程加快，零售商与消费者都需要通过零售渠道获取有效信息，消除不确定性，提高零售系统的有序程度，因此全渠道零售成为常态	

成本结构 CS 成本结构是指运作一个商业模式所需的所有成本，智能零售商业模式的实施需要较高成本的，主要包括直接成本与间接成本。其中，直接成本包括硬件投入、软件投入以及人力资本投入成本，间接成本包括业务流程重构成本、安全与隐私保护成本、文化变革成本、风险管理成本等	收入来源 RS 基于 0.1 单位细分，为差异化定价与服务商品组合提供了可能，因此企业可以挖掘并重新定义高额利润区，同时根据消费者需求变化，挖掘价值链上下游多个盈利点；并且通过与消费者持续性客户关系建立，通过智能零售协力零售商获得多维度、长久、持续的获利能力

10.1.1　目标客户

第3章我们系统论述了消费者行为变化，总体而言，现阶段消费者需求不确定性显著增强，零售厂商面临的主要是非概率型不确定性。非概率型不确定性在理性层面是不可化解的，但由于信息技术的变革，人们对非概率型不确定性也并非无能为力，通过相关技术（如大数据、人工智能）是可以化解的。消费者需求不确定性直接的表现是其在不同时空、场景与状态下需求存在显著差异，因此零售厂商必须采纳智能零售商业模式，将消费者总体需求细分为不同的时空、场景与状态，亚马逊在实践应用中将其定义为 0.1 单位细分。

10.1.1.1　离散化解构

本质上就是对现实经济活动进行数据化表达、解构的过程。经济社会从过去的实体表达模式，逐步发展为离散化、虚拟化的表达模式，离散化表达的重要载体是网络。零售渠道成员通过中台技术、物联网技术、区块链技术投资形成互联互通的协同网络，渠道成员的所有实体活动将被离散化解构为协同网络上的细颗粒度的数据，即实体活动完成了数字化表达。数字化表达的结果是在协同网络上形成了虚拟数字网络，零售渠道活动已经转化为实体活动网络与虚拟数字网络统一的平行系统（米加宁等，2018；鄢章华、刘蕾、李倩，2018），虚拟数字网络是实体活动网络的映射，为零售活动决策提供了稳定的数据来源，通过数据挖掘、处理可以形成多维度决策信息，供渠道成员再利用。大数据技术的应用使渠道成员可共享的信息不再局限于历史信息与宏观信息，更多的实时信息与微观信息被共享使用。以消费者需求信息为例，传统渠道成员通过积累消费者人口统计特征数据，如通过客户关系系统搜集消费者年龄、受教育程度和家庭收入等历史数据（Chatterjee & Kumar，2017），又如通过对宏观信息、数据的批量汇总与统计分析，得出线下渠道与线上渠道消费者的总体统计信息与平均值信息，进行渠道定位、商品选择与服务配套。现阶段，随着大数据技术的应用，零售渠道成员开始大规模收集消费者购买行为数据。在实际操作过程中，零售渠道成员往往可以采集六类数据：一是个性化特征资料，涵盖顾客的基础身份信息及独特偏好记录；二是前瞻性需求数据，这类数据聚焦于定制化商品的详细个性化参数、预购商品的详细列表等，以预判消费者未来需求动向；三是跨渠道交易数据，它不仅涵盖了传统实体店、在线网店、移动购物应用及社交媒体购物平台等多渠道的全部订单详情，还深入分析了顾客的交易习惯与模式；四是渠道间"流动轨迹"数据的收集，旨在追踪并理解消费者如何在不同零售渠道间穿梭与互动，以及这些行为背后所反映的特定需求与偏好；五是个人社交网络活动数据，通过搜集用户在各大社交平台上公开发布的信息，我们得以掌握并分析消费者群体间的热门话题与讨论焦点，从而更全面地把握市场趋势与消费者心声；六是时空数据，通过传感器与智能终端的普遍使用，使得消费者在特定时间、特定地点的具体行为数据、交易数据收集成为可能。图 10-1 中的纵轴表示数据的收集方式，即数据是从宏观角度收集的，还是从微观角度收集的；横轴表示时间，即这些数据是实时获取的数据，还是在某个时间点上汇总并进行批量处理的数据。通过上述分析，传统消费者分析主要集中于宏观信息批量汇总，其假设消费者是同质的，这也符合新古典经济学的基本假设，通过宏观信息批量汇总得出稳定的消费者偏好特征与规律。随着大数据技术的使用，消费者数据收集逐步向个人特定信息批量实时转变，其认为消费者是异质的，并且其需求随着不同环境、时空、状态发生改变，为更加细分单位（颗粒度细分）的消费者需求特征分析提供了依据。

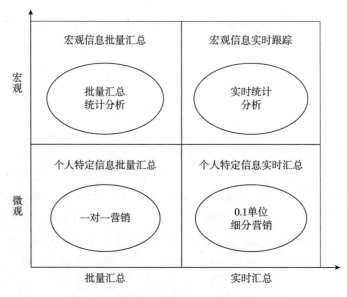

图 10-1 根据数据属性对大数据进行分类

10.1.1.2　全息化重构

全息论是关于部分与整体之间关系的一种理论。按照这一理论，部分和整体之间具有全息对应和全息相关的关系，因此，可以有条件地把部分看作整体的缩影。整个经济活动被离散化解构与数字化表达之后，经济活动将被细颗粒度细分，因此需要将细颗粒度细分数据汇总（数据整合），通过全息化重构发现数据关联与商机。与离散化解构过程相比，全息化重构同样重要，是大数据经济运行过程必不可少的关键环节，如果没有全息化重构，离散化解构就失去了价值。全息化重构可以从全息化视角探索经济系统内部存在的潜在价值关联与交易可能性，对实现隐性关系显性化具有不可估量的意义。新一代信息技术的发展使全息化重构成为可能，新一代信息技术对全息化重构的影响包括两个方面：全属性海量数据出现与数据处理能力提升。全属性海量数据的出现，表现在两个方面，即全体样本数据化和单一信息全局数据化，进而催生了描述全体样本的数据呈现爆炸式增长，以此来全面、系统地反映出经济事件的全貌。通过有效的全局化视图分析进行跨领域、多维视角的全局性观测，以提高判断信息真伪的正确性和有效性。新一代信息技术显著提升了数据处理能力，现在每天有大量数据和信息生成，因此数据和信息处理工作就变得尤为重要。

近年来，云计算技术取得了重大突破，为大数据处理工作奠定了重要的技术基础。零售渠道成员在数据挖掘与渠道成员信息共享的基础上，通过建立专门数据库，实现零售活动的全息化重构与全属性海量数据存储。零售厂商通过大数据技术应用可以实时采集消费者个人特征数据、未来需求数据、时空数据等单一活动主体的所有数据，可以实现对消费者进行跨领域、多维视角的全局性观测。制造商通过大数据技术投资与渠道成员信息共享，可以围绕单一产品建立全样本数据，包括产品口碑、目标市场、渠道选择等具体细分数据。物流服务商可以将所有商品、物流节点、空间位置、交通工具等物流活动资源产生的离散化数据收集、整合，形成关于物流活动的全样本数据，全面、系统地反映物流活动的全貌。金融机构通过大数据技术应用，更加全面、客观、多维度的建立单一零售活动主体的金融数据与信用数据。通过大数据技术应用，渠道成员围绕特定渠道活动，逐步实现全息化重构与全属性海量数据存储，为进一步分析数据、渠道决策提供了全局性观测的可能。

10.1.1.3　价值关联

价值关联是经济活动在大数据时代出现了原有实体关系的数据体现，或者指原有既定的价值关系在大数据技术的离散化解构与全息化重构下得以重新体现。单条数据的价值是有限的，大数据技术的价值在于从海量数据中将关联度较强的数据信息挖掘出来进行整理和分析，为决策者提供决策参考与依据。什么是有关联价值的数据？应该有一个关联度的界定，如在数学相关性分析中，相关关系系数在0.8及以上为强相关关系，0.6~0.8为偏强相关性，0.6~0.3的为偏弱相关性，0.3及以下的为弱相关性。在大数据时代，数学上相关性极低的数据，只要足够海量，样本足够全，那么它们汇集起来就会发生价值关联，产生价值。因此，大数据时代研究的是基于庞大数据库和庞大计算能力的数据相关关系问题。而大数据研究的是海量数据如何形成有效价值关联的问题，基本前提是整个社会经济的解构与重构，在这个基础上，原本模糊的、复杂的事物之间的关系变得清晰明了，从而产生巨大的经济价值。全体样本数据化和单一信息全局数据化，使零售渠道整合过程中特定经济现象中的价值关联清晰显性，这种价值关联既可以是相关关系（维克托·迈尔－舍恩伯格和肯尼斯·库克耶，2013），也可以是因果关系（周涛，2016）。具体而言，通过全体样本数据化，渠道整合过程中零售成员、零售资源、零售活动的关系可以得到直观体现，为渠道资源优化配置提供可能。以物流活动为例，所有商品、物流节点、空间位置、交通工具、配送人员形成了全体样本数据，其空间距离远近的关系直接体现出来，为接下来的物流线路、资源的优化配置提供基础。通过单一信息全局数据化，可以跨领域、多维度对单一零售活动主体进行观测。以消费者需求信息为例，通过对单一消费者的数据进行全样本整合，可以形成单一消费者立体、全方位画像，为渠道成员业务创新、产品创新提供依据。

10.1.1.4 需求还原

通过离散化解构与全息化重构，将充分展现出渠道成员与渠道资源的价值关联。以消费者为例，消费者所有行为沉淀在协同网络之上，通过数据挖掘形成消费者全样本数据库，完成全息化重构（消费者画像），此时消费者偏好通过价值关联充分体现，对消费者隐性需求的了解成为可能。零售渠道成员基于消费者隐性需求进行产品创新与业务创新，制造商进行个性化定制生产，零售商进行渠道优化与场景创新，物流服务商对物流配送线路进行优化，金融机构开发消费信贷方案。渠道成员开展全方位的价值创造，满足消费者需求不确定性与隐性需求。价值创造还体现在成本节约，通过对渠道资源的价值关联分析，将实现资源动态优化与全局优化。以零售渠道整合过程中物流资源为例，通过物流资源的价值关联分析将实现 5R 全局优化，即在正确的时间、地点、条件下，将正确的商品送到正确的顾客手中，实现零售渠道整合过程中物流成本的最小化。通过智能零售技术模式应用，零售厂商可以通过离散化解构、全息化重构与价值关联，知晓消费者显性需求与隐性需求，实现对消费者真实需求的还原，使零售活动建立在正确的逻辑起点，避免供需错配带来的零售活动资源配置损失。更为关键的是，这种需求还原是基于亚马逊提出的 0.1 单位细分，或者是阿里巴巴提出的从"千人一面""千人千面"到"一人千面"的转化，使零售活动供需匹配具备更加细腻化的微观基础，为形式多样的价值创造提供了最为关键的消费者基础。

10.1.2 价值主张

价值主张是指为特定目标顾客创造价值的系列产品和服务，由于智能零售采取 0.1 单位细分，零售商势必根据不同消费者、不同场景的消费需求提供针对性的产品和服务，以实现消费者价值最大化为目标，通过对目标顾客的沟通理解，将用户进行精准细分，进而匹配不同的系列产品和服务能力，在服务场景中进行原子级的人机模式重构，从而达到"此时、此刻、此情、此景"下的最优解，帮助企业完成成本可控、效率更优的转化结果。为了满足消费者需求不确定性，迫使零售厂商加速商品与服务的差异化，而产品与服务差异化的需求主要来源于消费者潜在的、未被挖掘的隐性需求，小众特色的长尾商品往往满足了消费者低频和隐性的需求。零售厂商基于消费者画像进行差异化创新，开发小众特色的长尾商品，而消费者信息能力的提升，尤其是消费者复杂决策网络与消费者决策数据智能将挖掘、匹配隐性需求。例如，个人信息助手能够帮助我们管理这些隐性需求，因为个人信息助手能够将很多低频的需求保持在随时可以唤醒的状态，有时其中的一部分会匹配到真实的需求。

传统零售厂商的典型做法是基于消费者已沉淀的喜好猜测、行为习惯，进行关联式处理，给消费者贴标签以解决用户已知需求的方案，这时满足的是消费者的显性需求，零售厂商根据消费者的显性需求做精细化运营。消费者是具有独立思维的个体，有时候自己意识不到在某些领域有购买需求，或只对自己的需求有一个模糊的认知，并不能形成标签化，即消费者往往不知晓自身的隐性需求。此时仅依赖于传统大数据技术与模型构建，消费者隐藏在冰山之下的隐性需求便会被忽略，这也导致传统零售厂商对消费者的理解是不全面深刻的，提供的服务也不够具备针对性，最终收获的市场也不完整。因为客观观察到的用户选择结果，往往是用户综合各种因素妥协之后的结果，并不能完全反映需求本身。

智能零售通过对消费者行为数据的全过程采集，为消费者画像提供可能，消费者画像的基础是在零售业态中沉淀的历史数据，以及与零售厂商全渠道获得的历史数据。基于历史数据库，将实现对消费者的细微观察，同时通过消费者进入零售业态时获取的实时数据，以历史数据、实时数据为基础，将消费者行为限定在特定的时间与空间，更加精准地了解消费者需求。消费者的决策行为在不同的时间与空间是不同的，例如在每天的不同时段、工作日与周末其需求都存在显著的差异性，在熟悉的生活空间与陌生的生活空间也存在明显差异。对消费者形成数据的全过程采集，将明确消费者的显性需求，同时可通过商品推荐与服务优化满足潜在的隐性需求，最终做到"比你更懂你"。

基于0.1单位细分或者"一人千面"消费者细分，零售厂商提供满足消费者差异化需求的产品与服务组合，提出"此时、此刻、此情、此景"下的最优解的价值主张。智能零售"此时、此刻、此情、此景"下的最优解的价值主张导致零售厂商必须重构渠道通路、客户关系、核心资源、关键业务、重要合作等商业模式要素，使零售活动复杂程度指数级增长。同时"此时、此刻、此情、此景"下的最优解的价值主张，也导致传统零售厂商必然向深度使用新一代信息技术转变，离开新一代信息技术的集中应用与集成，其价值主张是无法实现的，这也使零售厂商逐步由劳动力密集型、资本密集型向技术密集型转变，符合当下全球零售厂商转型的典型实践。从全球来看，亚马逊、沃尔玛、阿里巴巴、物美等零售企业都逐步提出"此时、此刻、此情、此景"下的最优解的价值主张，同时转型成为技术密集型企业。

智能零售商业模式采纳将依据消费者需求，基于完备数据为消费者提供"此时、此刻、此情、此景"下的最优解，满足消费者显性需求。更为关键的是，基于传统人工智能技术和新兴人工智能技术应用，将通过商品推荐与服务优化满足潜在的隐性需求，最终做到"比你更懂你"。

10.1.3 渠道通路

渠道通路是对价值主张的传递过程，是零售厂商与消费者、渠道成员的桥梁和纽带，相对智能零售商业模式，渠道通路主要指零售渠道。国内外学者普遍以渠道宽度为依据研究零售渠道的演化。从历史视角看，零售渠道先后经历了单渠道、多渠道、交叉渠道、全渠道零售阶段（Burdin，2013），此后零售渠道演化阶段的划分大致沿用此标准。单渠道零售是指零售商拥有一条销售渠道，如线上直销渠道与线下实体渠道。多渠道指零售商具有多种销售渠道，每个渠道都可独立完成商品的转移过程，但渠道间不存在交叉融合行为。交叉渠道（Cross-channel），国内部分学者也将其翻译为"跨渠道"，但其行为实质是一致的，本部分采用"跨渠道"。跨渠道零售由多渠道零售演变而来，它集成不同渠道的功能，整合不同渠道的作用，允许消费者在信息搜集、体验、支付、物流等环节跨渠道移动和协同（Chatterjee，2010；Schramm-Klein et al.，2011）。关于多渠道零售与跨渠道零售的区别在于，多渠道零售的实质是由多条渠道独立完成零售行为过程的全部功能，渠道间不存在交叉；而跨渠道零售是由多条渠道协同完成零售活动过程，每条渠道只履行部分功能（而非全部功能）。如线上渠道只能进行信息搜集，线下渠道只能完成购买与支付，社交渠道只能完成双向沟通，消费者在购买的不同阶段可以采用不同的渠道，只有通过渠道协同才能完成整个零售活动过程（Berman & Thelen，2004）。

国际数据公司（International Data Corporation，IDC）最早开始关注全渠道零售现象，其发现消费者在渠道选择过程中逐步开始关注并使用全渠道。Leggatt（2009）指出全渠道零售模式指顾客与商家的互动不再受地理位置和时间的限制，而是可以广泛采用互联网及移动互联网平台作为媒介，使消费者能够跨越多渠道获取交易商品，最终顺利完成购买行为其关于接触点的论述在后续的研究中得到普遍应用。全渠道零售得到普遍关注始于 Rigby（2011）发表的 *The Future of Shopping* 一文，其根据未来购物场景的预想，通过数字化零售的现实实践，指出全渠道零售必然成为渠道成员的主流选择。全渠道零售阶段的消费可以在多种渠道进行交易，旨在为消费者打造高质量的购物体验（Verhoef et al.，2015）。企业采用多样化渠道策略，并通过渠道间的深度整合与协同作用，确保顾客能在购物的每一个环节，无论是何时何地，都能享受到购物、娱乐与社交的无缝融合体验（齐永智和张梦霞，2014）。整合了实体店、电商与移动电商等多种渠道，以全方位、灵活的方式提供产品和服务，这便是全渠道零售的核心所在（王虹、孙玉玲、石岿然，2018）。

跨渠道零售和全渠道零售的概念经常与多渠道零售的概念同时出现，这三个概念都可用于零售商同时提供两个及以上零售渠道的情形（Beck & Rygl，2015）。跨渠道零售与全渠道零售都普遍存在渠道间交互行为，跨渠道零售中各渠道只完成部分渠道功能（而非全部功能），而全渠道零售中各渠道可以完成全部渠道功能，即可以根据消费者时间、空间、属性特点，在购买行为过程中实现渠道功能任意组合，任意渠道同时具备商流、物流、信息流、资金流等所有渠道功能。以图 10-2 为例，上半部分阐释了消费者的购买、零售商的销售过程，下半部分是为了衔接消费者购买与零售商销售过程所提供的零售渠道类型。具体而言，消费者通过微博、微信等社交渠道产生购买需求与动机，进行决策信息的搜集，通过社交网络提供的链接进入 PC 网店（如天猫商城、京东商城、亚马逊），在完成了价格、服务对比后，直接在 PC 网店下单，利用二维码、手机支付完成付款，实体店通过前置仓完成物流配送，借助呼叫中心协助完成安装与初次使用，消费者在移动端进行评价、互动反馈。如果渠道仅提供阴影部分功能，不具有其他功能，阴影部分链接形成的渠道交互就定义为跨渠道零售。如果每种渠道类型具备客流导入、产品展示、说服购买、接受订单、收款、退货、售后服务、数字客户关系管理全部功能，我们将这种渠道交互定义为全渠道零售。随着零售基础设施的不断完备以及提供即插即用的接口能力，全渠道零售成为零售厂商的主要通路。

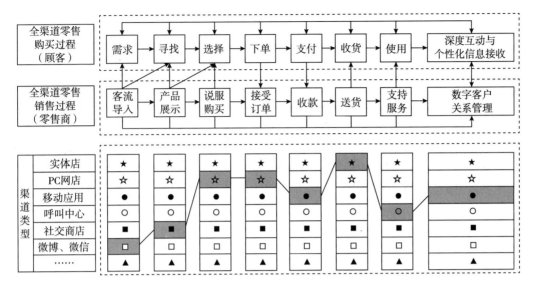

图 10-2　全渠道零售行为过程流程

资料来源：根据齐永智和张梦霞（2014）进一步绘制而成。

以上我们从现象层面说明了智能零售商业模式中渠道通路的直观变化，接下来我们进一步分析，为什么在消费者需求不确定性的情况下我们必然采取全渠道融合。由于消费者需求不确定性程度提高，零售商会根据消费者需求不确定性进行商品和服务差异化创新（这里的服务是指品类服务、区位服务、交付服务、环境服务和信息服务、金融服务等，而商品包括搜索商品与经验商品），获得熊彼特租金，而不是仅作为物质"循环流转"的提供者，分享其他渠道成员的微薄利润。在消费者不确定性需求与零售商差异化供给之间，需要零售渠道提供双向匹配。消费者可以借助零售渠道进行信息搜集、处理，找到零售商提供的差异化商品与服务组合。在双向匹配过程中，零售渠道除是商品与服务的载体之外，还被另外赋予了信息传输通道的作用。在购买过程中，零售商作为客体，消费者作为主体，零售商（信源）要将商品与服务信息，通过零售渠道传输给消费者（信宿）。线上渠道通过沉淀消费者口碑、评价，线下渠道通过面对面交流，实现了信息传输的作用，满足了消费者信息搜集要求。对应售卖过程，零售商作为主体，消费者作为客体。零售商需要了解消费者信息，消费者在购买过程中会在零售渠道主动沉淀行为数据、交易数据与传感器数据，实现从消费者（信源）到零售商（信宿）的信息传输过程。

随着消费者需求不确定性程度的提高以及零售商差异化创新进程的加快，零售商与消费者都需要通过零售渠道获取有效信息，消除不确定性，提高零售系统的有序程度。在售卖过程中，零售厂商为了消除消费者需求不确定性，实现消费者信息熵 H 减小，其需要搜集消费者所有行为数据、交易数据与传感器数据，建立完备的消费者数据库，因此其必然进行全渠道布局，并实现跨渠道整合。在此基础上，零售厂商通过大数据技术、人工智能技术，可以实现对消费者需求不确定性的概率测算，实现消费者信息熵 H 不断降低。对应购买过程，由于零售厂商差异化创新进程加快，消费者为了消除零售厂商供给不确定性，实现零售厂商信息熵 H 减少，需要获取有效信息，提高信息处理水平。零售渠道整合为消费者信息搜集提供了完备的口碑、评价等信息,消费者利用复杂决策网络增加了有效信息的搜集能力。零售渠道整合提供的智能推荐、数据可视化,提高了消费者信息处理能力。消费者借助零售渠道整合提供的复杂决策网络与数据智能,可以实现零售商信息熵 H 减少。将消费者购买行为与零售商售卖行为过程统一时,此时消费者、零售商互为主体与客体,零售渠道的作用是提高双向的信息搜集与信息处理能力,实现双向熵值 H 降低,即消费者与零售商构成的零售系统熵值 H 降低,消除双向不确定性。综上所述,零售渠道整合根本动因是提供消费者与零售商双向匹配的信息传输通道,同时提升双向信息搜集、处理能力,实现零售系统信息熵 H 降低,消除双向不确定性,提高零售系统有序程度。零售渠道整合过程是从消费者、零售厂商无序开始,通过信息交互,构建一种新的有序的过程。伴随零售系统信息熵 H 降低,零售商与消费者之间的交易费用普遍降低。围绕商品与服务交易,消费者可以随时随地搜集信息,完成交易评估,降低交易费用。零售商可以通过数据沉淀,高效识别潜在消费者,提供差异化产品与服务,降低交易费用。

零售渠道整合的动因模型如图 10-3 所示。

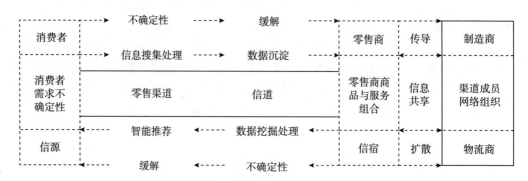

图 10-3　零售渠道整合的动因模型

10.1.4　客户关系

客户关系是指如何与客户建立良好关系,让用户了解、接触并接受企业的产品或服务。具体到零售领域,客户关系是指零售厂商如何与消费者建立良好关系,让消费者了解、接触并接受零售厂商的商品与服务组合。智能零售商业模式要求 0.1 单位细分以及全渠道全接触的渠道通路,提供"此时、此刻、此情、此景"下的最优解,这必然导致客户关系的结果是零售厂商与消费者形成良性互动的双向关系,消费者嵌入零售厂商价值创造链条与价值创造网络,并在价值创造过程中成为价值共创的主要参与者。普拉哈拉德提出的价值共创理论,其实质是以个体为中心,由消费者与企业共同创造价值的一种价值创造方法。价值是谁创造的,一直是经济学界和管理学界关注的主要问题,无论是劳动价值论、效用论和需求决定论阶段,主要关注的都是价值创造主体问题。传统零售商业模式普遍认为零售厂商是价值创造的主体,消费者并不参与价值创造,是零售价值的使用者。随着零售环境的变化,尤其进入智能零售阶段,消费者的角色发生根本性转型,不再是消极的购买者,而是已经转变为积极的参与者。消费者与零售厂商或者其他零售成员共创价值,并且价值的实现最终由消费者决定。在交易过程中,消费者积极贡献其知识与见解,不仅助力了零售服务品质的跃升，还实现了成本的有效削减与运营效率的提升。同时，这一互动过程促进了市场新机遇的挖掘，推动了新品的创新问世与现有产品的持续优化，这些举措共同构筑了智能零售企业相较同行的独特竞争优势。通过深度参与价值共创活动，消费者不仅有机会定制出符合自身偏好的产品，还能在此过程中体验到成就感、荣誉感的满足，甚至获得实质性的奖励。此外，这种共创模式下的互动体验，为消费者带来了前所未有的独特感受与记忆。而消费者的这些积极反馈与收获，又反过来对零售厂商产生了深远的影响，它不仅增强了顾客的满意度与忠诚度，还激发了更强的购买意愿，为零售厂商构建了更加稳固且积极的客户关系基础。更通俗具象化理解，智能零售客户关系，即视消费者为家人，为消费者提供家人般的关怀。我们通过具象化的思维考虑智能零售客户关系，智能零售全渠道融合的实质是全天候与消费者具有接触点，实质是在家庭的环境中每个家庭成员充分接触与交流；智能零售商业模式的目标客户0.1单位细分，实质是家庭成员长时间积累实现的彼此了解；智能零售商业模式价值主张"此时、此刻、此情、此景"下的最优解，其实质是在彼此了解的基础上，家庭成员彼此满足。

智能零售商业模式通过优化零售厂商的战略布局与资源配置策略，特别是深度重塑数据生态体系，以实现对消费者行为动态变化的快速响应。这种模式的转变，是确保零售企业能够持续获取盈利能力的关键所在，同时引领其向更加注重以消费价值为核心的全面转型之路。在智能零售的新范式下，零售价值创造的核心逐渐转向以消费者为中心，形成消费者需求—渠道—产品服务—资源投入—企业资源及能力的新路径。这一模式强调围绕消费者动态变化，从外部市场需求出发，逆向整合内部资源与能力，旨在精准捕捉市场机遇、灵活调整业务流程与运营系统，从而重塑零售企业的商业模式，实现更高效的价值创造与传递。

价值共创的客户关系使智能零售商业模式下做好客户关系管理（CRM）成为一项综合性的战略任务，需要融合先进的信息技术、数据分析和个性化服务策略。随着新一代信息技术的广泛应用，零售企业需升级客户关系管理策略以增强市场竞争力，包括从单一分析用户消费行为向构建包含消费者生活、社交等多维度的消费者行为画像转变；同时，服务场景需从传统的门店扩展至各类社交化平台，以实现客户关系管理的智能化与全面化。在智能零售时代，消费者互动渠道多样化，需求日益差异化、个性化和社交化，传统以交易为中心、门店为单一接触点的客户关系管理模式已显力不从心，难以满足当前零售企业对高效、精准客户管理的需求。因此，创新客户关系管理策略，以适应智能零售的新趋势，成为零售企业保持竞争力的关键。创新客户关系管理策略分为以下五种：

一是数据驱动的消费者行为分析。在智能零售的精细化运营下，零售商依据0.1单位的细致划分，针对每位消费者及特定消费场景，定制化提供产品和服务，旨在最大化消费者价值。0.1单位的细致划分需要构建全渠道消费者数据中心，利用数据分析实现精准营销，这样不仅能有效降低营销成本，还能显著提升与消费者互动响应的即时性与有效性。利用大数据分析技术收集和整合来自线上、线下多渠道的消费者行为数据，包括购买记录、浏览历史、社交媒体互动、评价反馈等。通过分析这些数据构建详细的消费者画像，了解客户需求、偏好、消费习惯及潜在需求。数字中心搜集了消费者的多样行为数据，不仅限于简单的购买记录，还包括消费者在浏览商品时的停留时间、点击频率、搜索关键词等。比如，当一位消费者在某电商平台上频繁搜索"户外徒步鞋"并浏览了多个相关产品页面，这些数据就会被平台捕捉并分析。数字中心还能整合消费者在社交媒体、新闻阅读应用等其他渠道的行为数据。比如，如果这位消费者在社交媒体上分享了多篇关于徒步旅行的文章，或者在新闻应用中阅读了关于户外装备的评测，这些阅读互动数据也会被纳入分析范围，进一步丰富其消费者画像。基于这些丰富的数据，系统能够更深刻地了解消费者的兴趣、偏好和需求。商家利用这些数据准备和规律寻找，可以自主描绘出客户的详细画像，包括其年龄、性别、职业、消费习惯、购物偏好等。有了这些画像，商家就能进行更加精准的智能推荐。例如，当这位消费者再次访问电商平台时，系统可能会智能推荐几款高评分、适合徒步的鞋子，并根据他的历史购买记录和预算范围进行个性化调整。此外，商家还可以通过短信、邮件或应用内消息等方式，向消费者发送个性化的优惠券和促销活动，引导其完成购买行为。这种从"人找货"到"货找人"的服务模式转变，不仅提升了消费者的购物体验，还帮助商家实现了更加精准和高效的营销。通过数据驱动的消费者洞察和个性化服务，商家能够更好地满足消费者的需求，建立更加稳固的客户关系，从而在竞争激烈的市场中脱颖而出。

二是全渠道一体化。随着客户关系管理模式的革新，传统"信息传播式管理"正逐步迈向"全渠道精准互动"的新阶段。鉴于客户活跃渠道的多元化，单一渠道已难以满足客户需求。未来，客户关系管理的演进将聚焦于加速 API 接口与集成算法的应用，以更高效的方式整合外部服务与工具，从而构建起跨越多渠道的统一客户体验管理平台，确保客户无论在哪个渠道都能享受到连贯且优质的服务体验。实现线上电商平台、线下实体店、移动终端等多种销售渠道的数据互联互通，为客户提供无缝衔接的购物体验；通过全渠道统一的会员系统，确保无论在哪一渠道接触消费者，都能识别其身份并提供个性化服务；融合会员体系、权益及数据，实现跨平台无缝对接；确保会员身份、享有的特权及累积的数据信息在不同渠道间自由流通，提升用户体验的一致性。例如，线上会员在实体店购物时，其会员身份得到自动识别；线下会员在跨区域购物时，其会员资格依然有效。实现优惠券的全渠道通用，打破线上线下界限，具体而言，无论是线上发放的优惠券还是线下积累的积分，均可在另一渠道得到相应的使用或抵扣，为用户带来无缝衔接的购物体验。

三是精准营销与个性化服务。根据消费者细分结果制定针对性的营销活动和促销方案，利用 AI 算法进行精准推送和智能推荐。为消费者提供个性化的购物体验，如定制化产品、专属优惠和服务，提升消费者满意度和忠诚度。客户关系管理正迈向智能化时代，得益于近年来计算机大数据处理能力的飞跃与存储处理成本的显著降低。人工智能技术日益融入消费者应用程序中，助力企业利用电子设备、终端传感器、社交网络等多渠道资源，在售前、售中、售后各阶段高效捕获并处理海量数据。通过深化数据挖掘与分析，企业能精准捕捉客户需求的动态变化，并在最佳时机通过客户偏好的沟通渠道推送个性化的信息，从而提升服务响应速度，增强客户满意度，并为未来需求预测提供更加精准的依据。精准营销与个性化服务的核心要求是以消费者场景为中心。智能零售是将"人、货、场"等传统商业要素进行数字化升级与重构的过程，核心是"人"的数字化升级，"人"的数字化升级不仅是在线化，而是要实现对消费者的多源异构数据进行采集，是智能零售的逻辑起点。如果不清晰消费者信息，无法缓解消费者不确定性，货和场景的供给必然是低效的。"货、场"的供给是根据消费需求的不确定性提供确定性有效供给。有效供给是指与消费需求和消费能力相适应的供给，即产品的供需平衡，也就是根据消费需求和消费能力，提供恰到好处的产品和场景匹配能力。"货、场"构成零售系统，互联网、社交网络和物联网将每一个消费者和零售系统实时连接起来。

四是消费者生命周期管理。对客户从认知、购买、使用到复购的整个生命周期进行精细化管理，关注不同阶段的需求变化，适时推出相应的产品和服务。通过搭建定制化的运营流程模型，我们实现了对客户的精确互动与线上线下融合运营。在此基础上，引入并优化 OAI-M-PL 流程模型，以重塑客户运营路径。除运用人群画像进行精准互动外，我们还构建了 OAI-M-PL 客户交流路径模型，涵盖从潜在机会到认知、激发兴趣、引导入会、促进购买，直至培养忠实客户的全过程，从而助力品牌实现客户资产的量化管理和流程化运营。OAI-M-PL 模型作为 AIPL 模型的深化与细化，为处于不同运营阶段的人群提供了更加具体和针对性的指导。品牌需根据客户在链路中的具体位置，量身定制沟通内容，并选择他们偏好的沟通渠道，这一策略紧密契合精准营销的 4R 原则，即围绕客户核心，确保在恰当的时机通过合适的渠道，向目标客户传递恰当的信息，促进客户在链路中的高效转化，如推动潜在客户向兴趣客户转变，推动兴趣客户向会员转化，推动会员向购买者进阶，最终将购买者培养为忠实客户。设立有效的客户关怀机制，包括售后服务、客户满意度调查、定期回访等，维护与客户长期稳定的关系。

五是互动与社区建设。创造社交电商环境，鼓励消费者参与品牌社区交流，分享产品体验，并及时回应消费者的咨询与投诉；利用直播、短视频、内容营销等方式增强与客户的实时互动，增强客户黏性。零售厂商加快构建智能化互动平台，加强与客户的联系与沟通，推动数字人应用，可以在网站或应用上实现自动化客户服务，回答常见问题，处理客户投诉，提供 24×7 不间断的服务，降低了人力成本，并改善了客户体验。数字人销售助手能够回答常见问题、提供产品信息和建议，确保每位顾客都得到相似的高水平服务。重视客户数据挖掘、关系营销以及信息交流，尤其是通过与客户一对一即时沟通，持续采集消费者数据，与客户建立良好关系。客户关系是企业积极构建、培育与巩固的友好互动纽带，其优质状态构成了企业不可或缺的核心竞争优势。这种紧密关系不仅增强了客户忠诚度，稳固了客户资源基础，更是企业实现长期稳定盈利的坚实保障。

10.1.5 收入来源

智能零售模式采纳本身不会产生任何财务上的回报。作为一个精密复杂的信息提供工具，智能零售模式采纳的收益取决于如何使用它的功能和它所提供的信息。如果一个企业在采纳了智能零售商业模式后，其业务模式与商业模式一成不变，还沿用原有的方法和工具，由于智能零售采纳本身具有较高的成本，则智能零售模式的收益为负。所以在制定智能零售商业模式规划时，一定要考虑如何使智能零售发挥作用，重新挖掘和定义高额利润区，弥补智能零售商业模式成本投入。由于基于 0.1 单位细分，为差异化定价与服务商品组合提供了可能，因此企业可以挖掘并重新定义高额利润区；同时可根据消费者需求变化，挖掘价值链上下游多个盈利点，并且通过与消费者建立持续性客户关系，通过智能零售协同零售商获得多维度、长久、持续的获利能力。成功的商业模式并非简单地复制既有模式，而是聚焦于高利润区域，创新设计出独具特色的盈利策略。在复杂多变的市场环境中，核心挑战在于企业能否精准识别并重塑高利润领域，同时确保拥有持续盈利能力。

智能零售企业不应局限于单一要素或环节的优化，而应拓宽视野，将高利润探索延伸至价值链的前端消费、后端供应链，乃至整个价值链的垂直与水平整合。通过实施一体化战略、构建战略联盟，企业能够形成规模经济效应，不仅在多个价值链节点上创造盈利机会，还能强化其独特的竞争优势，从而实现多维度、长远且可持续的盈利增长。

一是定制化商品与服务组合。定制化商品与服务组合是传统零售进销差价盈利模式的升级。传统零售依赖规模化采购降低采购成本，进而依赖进销差价实现盈利。在智能零售模式下，商品与服务组合逐步转向定制化，主要包括规模化定制与个性化定制，逐步实现从同质化到规模定制化再到个性定制化的转变。零售规模化定制结合了传统大规模生产的优势与个性化定制的灵活性，旨在为消费者提供更加个性化的产品或服务，同时保持成本效益。这种模式允许零售厂商在保持一定生产规模的基础上，根据顾客的具体需求来调整产品设计、功能、尺寸、样式等，从而提升顾客满意度和市场竞争力。零售个性化定制是指在零售行业中，企业根据每位消费者的特定需求和偏好，提供独一无二的产品或服务的商业模式。这种定制化服务强调以顾客为中心，通过增加产品的个性化元素来提升顾客体验感和满意度。零售个性化定制利用大数据分析和人工智能技术，收集并分析消费者的购物行为、偏好、社交媒体互动等数据，以深入了解消费者需求，为个性化推荐和服务打下基础，具体方法有根据顾客的具体要求，提供定制化商品。如服装的尺寸、颜色、图案定制，鞋子的尺码、款式定制，甚至护肤品根据个人肤质定制配方等，使产品更加贴合个人需求。通过线上配置器、虚拟试衣间、AR（增强现实）试妆等技术，让消费者参与到产品的设计和选择过程中，增强购物的互动性和趣味性。提供一对一咨询服务、专属客服、定制化包装、个性化送货选项等增值服务，让顾客感受到专属的关怀和服务体验。构建快速响应的供应链体系，能够迅速调整生产计划，在小批量快速生产个性化产品的同时保持成本可控。定制化商品与服务组合是智能零售商业模式下零售厂商高额利润区，也是智能零售商业保持持续运行的前提，相对其他收入来源，其具有基础性和可操作性。盒马鲜生、物美等智能零售典型代表企业的实践表明，通过自有品牌的规模化定制和个性化定制，使其在获取高利润水平的同时可以有效满足消费者需求不确定性，实现商业模式的稳定性。

二是供应链优化。利用大数据、云计算和物联网技术，实现对供应链各个环节的精准管理，降低库存成本，提高物流效率。通过 C2M（Customer-to-Manufacturer，消费者直连制造）等模式，在减少中间环节、降低成本的同时提升产品新鲜度和服务响应速度，实现产业链整体交易成本的降低、协同效率的提高以及整合利润的获得。

三是客户运营。建立全面的会员体系，通过深度数据分析提供个性化服务，提高复购率和用户生命周期价值（LTV）。会员通策略可以帮助企业更好地理解客户需求并提供定制化服务，从而增加高价值用户的贡献利润。通过大数据分析，企业可以对消费者行为、偏好进行深度洞察，实现精准推送商品信息和服务，提高转化率，减少无效营销支出，从而提升单位用户的消费价值。

四是增值服务。针对消费者的附加服务，如智能配送、安装调试、售后服务等，形成新的盈利点。数据分析服务、广告推广服务以及基于消费者行为的交叉销售或关联销售也是智能零售利润区的一部分。智能配送系统能够根据消费者的偏好与实际情况，提供个性化、高效率的配送方案，极大地提升了购物便利性与顾客满意度。此外，对于需要专业安装与调试的商品，企业还可提供一站式服务，确保顾客能够轻松享受商品带来的价值，进一步增强了消费体验与品牌信赖。售后服务作为提升顾客忠诚度的重要环节，同样被智能零售企业所重视。通过建立完善的售后服务体系，企业能够迅速响应消费者需求，解决使用过程中遇到的问题，从而维护良好的客户关系，为持续盈利奠定坚实基础。除直接面向消费者的服务外，智能零售还利用大数据分析能力，为商家提供精准的数据分析服务。通过对海量消费数据的深入挖掘与分析，企业能够帮助商家更好地理解市场需求与消费者行为，为产品优化、营销策略制定提供有力支持，并从中获取服务费用作为新的利润来源。同时，智能零售平台具备强大的广告推广功能，基于对用户画像的精准描绘，企业能够实现广告的个性化推送，提高广告转化率与投资回报率。这不仅为企业带来了显著的经济效益，也为智能零售平台自身创造了可观的广告收入。另外，基于消费者行为的交叉销售与关联销售策略也是智能零售利润区的重要组成部分。通过分析消费者的购买历史与浏览行为，企业能够发现消费者潜在的购买需求与兴趣点，进而推荐相关或互补的商品，促进销售增长与利润提升。这种智能化的销售策略不仅提高了购物体验的便捷性与个性化程度，还为企业带来了更多的盈利机会。

五是数据驱动决策。智能零售以数据为核心驱动力，通过对海量消费数据的分析洞察市场趋势，优化商品结构和定价策略，提高整体利润率。以消费者行为数据为基础，满足绿色食品、健康生活等领域的新品类需求，提前布局以抢占市场份额，并获得高增长带来的利润。作为新零售领域的先锋，盒马鲜生构建了全方位的消费生态系统，通过构建闭环购物体验，深度运用大数据分析洞察消费者偏好，进而精准定位并满足市场需求。这一过程不仅强化了其粉丝基础与会员价值的深度挖掘，还引领了一场由消费需求反向驱动供应链优化的变革，有效提升了用户忠诚度和消费水平。在确保顾客满意度为基石的前提下，盒马鲜生实现了盈利与顾客体验的双重提升。

六是场景重构与体验。利用人工智能、虚拟现实、无人零售等新技术手段，降低人力成本，提升经营效率，并创造新的消费场景和消费需求。人工智能作为智能零售的智力引擎，通过深度学习、自然语言处理等先进技术，精准捕捉并分析消费者的购物习惯、偏好及需求变化，为每位顾客提供量身定制的购物建议与体验，还能在商品推荐、价格策略等方面实现高度个性化。虚拟现实技术的引入，则为消费者打造了一个超越现实的购物空间。虚拟现实技术通过沉浸式体验不仅激发了消费者的购买欲望，还促进了新消费需求的诞生，为市场带来了更多元化的选择。无人零售作为智能零售的又一亮点，通过自动化技术与物联网的紧密结合，实现无人便利店、智能售货机等新型业态的涌现，不仅降低了人力成本，还提高了运营效率与顾客满意度。智能零售的核心在于其强大的消费需求洞察与场景匹配能力，即根据消费需求和消费能力，提供恰到好处的产品和场景匹配能力。在这个过程中，智能零售不仅促进了零售业的转型升级与效率提升，更为消费者带来了更加丰富、便捷、个性化的购物体验。

10.1.6 关键资源

关键资源是支撑商业模式成功运作不可或缺的核心资产。在智能零售的商业框架下，这些关键资源要素具体描绘了零售企业为确保其智能零售模式高效运行所必需的关键资产。这些最重要的资产已经逐渐从实物资产向数据资产转变，这里的数据资产包括数据要素与数据工具，数据要素包括数据和加工处理后的数据要素。零售"人、货、场"活动产生的海量多源异构数据，经过数据处理（收集、存储、使用、加工、传输等），形成的数据模型、数据标签、数据接口、数据图谱等数据本身不会产生决策以及降本增效的效果，其需要模型应用将其数据关系转变为零售决策，因此零售模型成为关键资源，其中包括专用模型与通用模型，具体见5.3节。关键资源构成了企业长期竞争优势的基石，是其在市场中脱颖而出的核心能力。杰恩·巴尼的VRIO模型深刻揭示了独特资源、持续竞争力与企业卓越绩效之间的紧密关联。在智能零售领域，厂商的核心功能在于运用网络技术、大数据技术与人工智能技术，赋能传统零售，构建起集订单处理、采购管理、安全交易、物流配送、大数据分析、运营优化等多功能于一体的综合平台，促进商品在全方位渠道中的无缝流通，极大地提升交易效率与便捷性，从而催生出全新的经济价值链，为企业带来前所未有的增长动力。

零售领域涵盖的数据范围广泛，主要可以分为以下七类：

第一，销售数据。一是日常销售额，包括单品销售量、总销售额等；二是销售渠道数据，包括线上销售、实体店销售、移动应用销售等不同销售渠道的表现数据；三是时段分析，如每日/每周/每月的销售趋势，以及不同时间段（比如早晚高峰）的销售表现。

第二，消费者数据。一是消费者信息，包括客户基本信息（姓名、联系方式、地址等）、消费记录、购买频率、购物篮分析（即消费者一次购买多个商品时的组合规律）；二是客户行为数据，包括访问频率、浏览路径、搜索关键词、停留时间、转化率、退货率、满意度调查结果等；三是客户价值分析，即RFM模型分析（最近一次消费时间、消费频率、消费金额），以确定高价值客户和潜在流失客户。

第三，库存数据，包括库存总量、单个商品库存数量、安全库存水平、补货点、库存周转率、滞销品分析等；库存分布数据：各个仓库、门店之间的库存分布及调拨情况。

第四，供应链与物流数据。供应链数据包括供应商信息、采购订单、到货周期、运输成本、物流时效等。物流数据包括实时货物位置、配送状态等。

第五，财务数据，包括营业收入、毛利润、净利润、现金流、成本结构、毛利率、净利率、资金周转率等财务指标；投资回报率（ROI）、每平方米销售额等特定运营效率指标。

第六，市场与竞争数据，包括市场份额、竞品销售情况、价格走势、促销活动效果对比、品牌影响力等；行业报告、宏观经济数据等外部环境因素对零售业务的影响。

第七，营销与推广数据，包括广告投放效果、邮件营销打开率、社交媒体互动数据、优惠券使用情况、会员计划参与度等；线上线下活动的曝光量、点击率、转化率等相关数据。

此外，从零售数据到智能化决策，需要海量数据模型应用，具体包括：

预测算法，包括时间序列分析和机器学习预测模型时间序列分析（如ARIMA模型），用于销售预测、库存管理和需求规划。机器学习预测模型（如线性回归、决策树、随机森林、支持向量机等），对销售额、客户行为、库存需求等进行预测。

关联规则挖掘。Apriori算法和FP-Growth算法常用于购物篮分析，发现商品间的购买关联规律，优化产品摆放和促销策略。

聚类分析，包括K-means、DBSCAN、层次聚类等算法，对消费者群体进行细分，实现精准营销和个性化推荐。

分类与回归算法，包括逻辑回归、神经网络、深度学习等，可用于客户价值评估、客户流失预警、价格敏感度分析以及个性化推荐系统构建。

协同过滤算法。用户—用户协同过滤和物品—物品协同过滤，应用于推荐系统，基于用户历史行为数据预测其可能感兴趣的商品。

图像识别与计算机视觉算法。在智能零售场景中，用于无人售货机或自助结账系统的商品识别。

自然语言处理（NLP）技术。用于处理和理解客户评论、社交媒体反馈等非结构化数据，以改善客户服务和产品改进。

强化学习算法。在动态定价、库存管理及物流配送路径优化等领域尝试应用，通过不断试错并根据环境反馈调整策略。

网络爬虫和数据分析算法。收集竞争对手信息、市场趋势、社交网络数据等，并使用统计分析方法提炼有用信息。

随着新一代信息技术的应用，零售"人、货、场"活动已经分化为供应链、数据链、决策链，随着新一代信息技术在零售企业的成熟度的提高，零售企业依托的关键要素也在逐步发生变化，由原有的实体供应链资源向数据资源、模型资源转化，智能零售成熟度越高，数据依赖度、模型依赖度越高。

10.1.7 关键活动

关键活动是商业模式顺畅运行不可或缺的支柱，它们在智能零售领域尤为关键，是零售企业为维持其智能零售模式高效运转所必须执行的核心任务。关键活动与关键资源相辅相成，共同构成了人工智能技术价值创造与获取的基石，其实现场景既可能在零售企业内部，也可能跨越至零售企业外部。为了确保智能零售商业模式的成功运作，两大核心工作不可或缺：一是人工智能技术的战略部署与深度集成，这涉及物联网硬件设施的铺设及其配套软件系统的搭建，并将这些元素无缝融入企业现有的信息技术架构之中；二是伴随技术部署而来的流程优化与产品创新，这两者是驱动企业从战术性成本节约迈向战略性竞争优势的关键。单纯的技术部署与集成虽能带来成本降低的即时效益，但往往局限于短期与局部。要真正实现战略层面的飞跃，企业必须将人工智能技术深度融入业务流程的重塑与产品服务的创新之中（关于流程再造将在12.2节重点论述，产品服务创新已在10.1.5节进行了重点论述，在此不再赘述），使之成为推动变革、塑造独特市场地位的有力武器。通过这样的融合，企业不仅能够巩固现有的市场地位，更能开拓新的增长点，实现长期可持续的竞争优势。

零售厂商在部署与集成人工智能技术时，应进行需求分析与目标设定，明确希望通过人工智能解决的具体问题或达成的目标，如库存管理优化、个性化推荐、顾客行为分析、智能客服等。这一步骤涉及对现有流程的深入分析，识别痛点和机会点；根据需求选择合适的人工智能技术，如机器学习、NLP、计算机视觉等，尤其需要考虑技术的成熟度、实施成本、可维护性以及与现有系统的兼容性。人工智能系统的效果在很大程度上取决于数据的质量，零售企业需要收集、整理并清洗相关数据，包括销售记录、顾客信息、库存数据等，确保数据的准确性和完整性。同时将人工智能解决方案与企业现有的IT系统（如POS系统、CRM系统、库存管理系统）进行集成，确保数据能够顺畅流通，保证系统的稳定性和安全性。通过利用选定的数据集对人工智能模型进行训练，不断迭代调整参数以优化模型性能，这可能需要专业的数据科学家团队或与外部人工智能服务商合作。在小范围内进行测试和试点运行，如选择几家门店或特定客户群体先试用人工智能功能，收集反馈，评估效果并调整策略。基于试点成功经验，逐步扩大人工智能应用的范围，实现全链条或全渠道的智能化改造。在智能零售采纳过程中需要为员工提供必要的人工智能知识和技能培训，确保他们能够有效使用新的工具和技术，同时建立相应的技术支持体系。在智能零售系统部署后持续监控人工智能系统的运行状态和效果，定期评估其对企业运营和顾客体验的影响，根据市场变化和技术进步进行调整优化。在人工智能部署过程中，严格遵守数据保护法规，确保顾客隐私安全，建立透明的数据使用政策，维护零售厂商的声誉。

在人工智能技术部署和集成过程中，会存在显著的信任危机；在模型训练与优化以及测试与试点阶段，零售厂商与技术提供方会存在信任危机。专用模型与通用模型在初始使用阶段并不会快速达到理想的效果，需要一定的训练周期才能不断提高准确度以及系统的适配度，这是人工智能技术固有的特点。如果在此过程中，零售厂商与技术提供方以及技术协调方存在知识差距，就会存在零售厂商过于关注模型结果，忽略实现过程问题，导致零售厂商对技术提供方的信任危机，尤其当人工智能投资较高，同时零售厂商期待较高时，由于算法的初始精度较低，会出现人工智能系统结果与零售厂商期望结果的差距，因此陷入零售厂商唯结果论的信任危机，直接影响后续阶段的人工智能部署与集成进展。如果零售厂商人工智能项目在企业可容忍的范围内一直没有产生降本增效的决策，人工智能项目往往以失败告终或终止后期的进一步合作。对于专用模型与通用模型而言，其决策的准确性是一个指数型函数。如果零售厂商与技术提供方跨越信任危机周期，并且专用模型与通用模型也在不断迭代的过程中逐渐提升决策准确性，直至达到零售厂商期望，此时零售厂商与技术提供方将达成项目后续合作，将智能零售采纳推向深入。因此在智能零售采纳过程中，对于零售厂商而言要遵循专用模型与通用模型客观规律，对智能零售采纳采取包容态度。

10.1.8 关键伙伴

关键伙伴是确保商业模式顺利运行的关键组成部分，在智能零售领域内特指那些对零售商的人工智能驱动商业模式成功至关重要的外部合作方，广泛涵盖了人工智能技术解决方案的提供者以及零售供应链中的关键业务伙伴。他们共同的作用在于协助企业减轻在采纳和应用人工智能技术过程中的风险与不确定性，确保企业能够获取必要的资源、技能与能力，并进一步助力企业设计并优化其智能零售商业模式，以实现更高效的运营与更卓越的市场表现。

智能零售商业模式人工智能技术部署和集成以及流程变革或产品创新两项工作都需要供应链成员相互协调、相互合作。在人工智能技术部署和集成环节，以智能库存管理为例，随着0.1单位细分的实施以及全渠道融合程度的深化，对供应链成员的库存管理要求较高，必须实现供应链信息共享与系统集成才能完成快速反应，最终才能达到降低成本的目的。同时在流程变革或产品创新领域，零售商更需要依赖供应商根据消费者需求快速供应定制化商品来实现其零售功能，以赚取差价。智能零售商业模式是零售商缓解消费者需求不确定性的适应性行为。除了零售商，零售供应链的各个环节同样直面消费者需求变化的挑战。这种不确定性不仅会在供应链内部各职能部门间传递，而且会在制造商、金融机构、物流服务商等供应链伙伴间沿着复杂的利益关系网络蔓延。基于消费者需求不确定性的传递机制，其影响范围将进一步扩大，渗透到更广泛的商业生态系统中，即经过零售供应链传导到供应链成员的过程。制造商也直面消费者日益增长的个性化需求与多样化需求，这一趋势随着消费者需求不确定性的加剧而越发显著。为了响应这一变化，制造商被驱动着不断创新，推出新品，以增强产品线的丰富度与多样性，从而更好地满足市场的多元化需求。实际上，一个多世纪之前，新古典经济学创始人马歇尔就说过，产品的多样化趋势是经济增长的一个主要原因。企业可采取制衡策略以应对消费者增权。传统上，这一策略常通过差异化战略实现，即创造独特的产品特征以模糊市场信息透明度，进而形成市场中的制衡力量。随着制造商积极拥抱大规模及个性化定制，产品更新换代的速度显著加快，特别是在手机、服装、汽车等成熟制造领域，产品迭代已成为常态，年度内推出显著升级的新品屡见不鲜。这一趋势加剧了消费者需求的不可预测性，促使制造商不断进行差异化创新，同时缩短了产品的生命周期，形成了消费者需求多变—制造商差异化创新—产品生命周期加速缩短的循环。

从合作的物流企业看，面对消费者需求日益显现的不确定性，物流企业亟须通过差异化创新策略来灵活应对。具体而言，消费者需求的个性化与碎片化趋势显著，不仅体现在对商品选择的多样性上，还反映在消费时间与地点的非集中性上，这种时空上的离散性对物流服务模式构成了根本性的挑战。为应对这些变化，物流企业必须在多个关键环节，如客户接触点管理、物流网络架构及退换货流程优化等方面做出适应性调整，这一过程不可避免地加剧了企业面临的不确定性。随着市场渠道整合的进一步加深，物流企业或将转变为连接消费者与商品的关键实体桥梁，其服务质量的优劣将直接影响到整个渠道整合的成效，从而促使物流行业不断提升服务标准，以满足更高层次的市场期待。就物流体系构建而言，鉴于消费者对物流服务个性化与即时性的强烈需求，物流企业与零售商需携手对物流网络进行精细化布局，包括但不限于优化终端配送中心布局、增强线下门店的物流辅助功能、推动共同配送中心等合作模式的创新，旨在通过资源的有效整合与配置提升物流效率，并创造更加卓越的用户体验，以回应消费者日益增长的物流需求。从退换货体系看，退换货体系在处理退货产品时，可允许顾客通过不同渠道退回他们在另一个渠道中购买的产品，即物流服务不仅要做到交叉销售，还要做到交叉退换货和交叉售后服务。

从合作金融机构的视角出发，面对消费者需求的不确定性，金融机构需积极拓展支付方式的多样性和消费金融服务的灵活性，同时加大对渠道合作伙伴的金融产品创新支持。消费者需求的波动性和数据分布的广泛性，使这些数据跨越多个渠道、接触点及消费场景，涵盖了行为、交易及时空等多维度信息，这无疑加大了大数据服务商整合消费者"全方位"数据画像的难度。在金融服务领域，无论是物流服务的便捷性、消费信贷的个性化，还是大数据驱动的精准服务，均不再局限于单次交易周期，而是随着消费者需求的动态演变而持续进化。这意味着金融机构需建立一种迭代升级的服务机制，确保在每一次消费者购物体验中提供的服务与支持都能比前一次更加贴心、全面，以适应消费者需求不断变化的特性。

在合作关系面临不确定性的情境下，企业可依托共同专有的互补性资产，作为驱动力量，推动商业模式创新，提高运营效率。因此在进行智能零售商业模式采纳时，需要零售供应链企业提高共同专用性资产投资。奥利弗·E.威廉姆森认为资产专用性、不确定性与交易频率是决定交易成本的三个关键因素。关于不确定性，上文已经分析由于消费者需求不确定性逐渐提高，并且其不确定性在零售供应链内具有不断传导并增强的趋势。资产专用性是指一项资产可调配用于其他目的的程度。由于不完全契约的存在，导致事前专用资产投资不足与事后的机会主义行为的可能，最终导致交易主体不会在"First-best"情况下做出最合意的专用资产投资决策。在智能零售采纳过程中，常伴随特定的资产专用性投资，如协同网络构建与 AI 技术的深度应用等，这些投资在制造商、零售商及服务提供商之间形成高度定制化，难以轻易转用于其他领域。面对消费者需求的不稳定性，AI 投资的具体类型与节奏亦呈现出不确定性，这进一步促使了合同条款的调整与再协商的必要性，以适应市场变化。同时在智能零售模式采纳利益分配方面，由于双方事后讨价还价的势力不同，也可能无法达成有效的协议。在智能零售采纳过程中，由于智能零售模式采纳的投资与收益是不确定的，导致供应链成员不愿在"First-best"情况下做出最合意的专用资产投资，所以智能零售采纳的专用性资产投资不足。威廉姆森强调，交易频率是交易成本考量中的一个核心变量，它虽不直接决定交易成本的总量，却深刻影响着不同交易方式间相对成本的高低。在高频交易中，交易双方倾向于建立专门的治理结构，即便初期投入较高，但通过将成本分摊至长期、多次的交易过程中，这种结构最终变得经济可行且高效。在智能零售模式采纳过程中，由于零售商与制造商是趋向长期合作的，所以可以分摊智能零售模式采纳的专用资本投资，如协同网络搭建成本与人工智能投资成本。对于智能零售模式的采纳，若属一次性事件或低频事件，构建专门治理结构的成本往往显得高昂、不经济，因为此成本难以在有限的交易次数内有效分摊。相较之下，采用多用途或通用型的治理结构，其成本相对较低，更适应此类非频繁发生的智能零售模式采纳情境。

威廉姆森首先假定交易的不确定性程度高，因此交易成本主要取决于资产专用性与交易频率。按照资产专用性划分，可以分为非专用性、中等专用性和高度专用性。按照交易频率可以划分为一次性交易、偶尔的交易和重复交易。威廉姆森排除一次性交易的场景的基础上，将交易细分为 6 类，即经常发生的非专用性交易、经常发生的中等专用性交易、经常发生的高度专用性交易、偶尔发生的非专用型交易、偶尔发生的中等专用性交易、偶尔发生的高度专用性交易。现在问题的焦点是，如何将交易类型与合同类型进行匹配，降低交易成本。

威廉姆森借鉴 Macnail（麦克奈尔）对合约的分类，将合约分为古典合同、新古典合同和关系合同。麦克奈尔认为古典合同属于完全合同，其假设所有交易因素与未来事项都可以在合同中得到体现。关系合同对总体目标、广泛适用的原则和意外事件出现时的处理程序和准则，以及解决争议的机制达成协议。关系合同与新古典合同的区别是是否对初始协议内容的规定，关系合同不对初始协议进行规定，使交易是在交易主体之间协调的结果。新古典合同的主要特征有三个：一是交易是复杂的；二是合同是不完全的；三是交易主体相信某种协调解决机制。具体而言，新古典合同规定了明确的合同条款与未来事项，如果出现争议，需要中立第三方按照合同约定进行仲裁与调解。关系合同是对合同不完全的一种理性反应，既然不可能清晰所有交易因素与未来事项，那么其会放弃对初始协议内容的规定。古典合同广泛适用于标准化交易场景，包括频繁发生的非专用性交易及偶尔发生的同类交易，这些交易均遵循既定的规范与模式。关系合同则专门应对重复性非标准交易，涵盖频繁发生的、具有中等至高度专用性的交易类型，强调长期合作与关系维护。而新古典合同则灵活应对偶尔发生的非标准交易，特别是那些偶尔涉及中等或高度专用性的情形，提供了一种更为灵活和具有适应性的合同安排。

根据威廉姆森的假设，我们清晰地发现，智能零售采纳的不确定性充分大，这与威廉姆森的假设是完全吻合的，这里的不确定性包括消费者偏好的不确定性以及合作伙伴信息不对称带来的不确定性。那么问题的关键是考虑供应链成员在资产专用性与交易频率上的划分，从交易频率看，供应链成员存在偶尔进行的交易和重复发生的交易两种类型，但绝大多数是重复发生的交易。从资产专用性看，从零售业态演化的过程看，早期趋向于非专用，制造商提供的商品是同质的，零售商与制造商不需要进行频繁高效的信息共享，相应供应链成员间的信息投资也是非专用的；随着消费者需求不确定性的增加，零售商采取差异化竞争，自有品牌的增加以及精简 SKU，需要进行频繁高效的信息共享，相应的渠道成员间信息投资也逐步趋向专用性。零售商必然要求制造商（或供应商）增加专用资产投资，所以从资产专用性看，渠道成员间趋向中等专用性交易和高度专用性交易。那么从基本假设看，零售供应链成员智能零售模式采纳的交易特征是经常发生的中等专用性交易、经常发生的高度专用性交易。现在的问题是上面所述的合同分类如何与这些经常发生的中等专用性交易、经常发生的高度专用性交易相匹配，以使交易成本最小化。显然经常发生的中等专用性交易、经常发生的高度专用性交易的智能零售采纳特征适应于关系合同。综上所述，为优化智能零售模式的采纳效果并提升零售绩效，零售供应链成员需加大专用互补性投资力度，并致力于构建稳固持久的合作关系。在此基础上，双方应就关系合同的核心要素达成共识，包括明确合作总体目标、确立普遍指导原则、制定突发事件应对流程与标准，以及确立有效的争议解决机制，以确保合作过程的顺畅与高效。

在推进智能零售模式时，除了与零售供应链成员建立良好关系外，与新一代信息技术供应商的紧密合作同样至关重要。人工智能技术供应商是应对挑战、把握机遇的关键伙伴，他们掌握着必要的知识、经验与技术。在企业内部设立专门的 IT 研发部门或人工智能实验室，能够显著推动人工智能商业模式的采纳与应用。这些机构不仅专注于追踪前沿技术动态，还深入洞察零售企业的实际需求，确保技术解决方案与业务场景高度契合。例如，通过开发人脸识别交互屏等创新应用，不仅增强了顾客体验，而且有效提升了会员的忠诚度与品牌价值。此外，专门的组织机构作为业务与技术之间的桥梁，在促进内外部沟通方面发挥着不可替代的作用，能够有效缓解因知识背景差异而导致的沟通障碍，确保人工智能项目的顺利实施。这些机构成员既了解公司业务运作的细节，又精通技术，能够确保项目从概念到落地全过程的顺畅衔接。在与第三方合作中，它们更是展现出了强大的"黏合"能力，促进了各方资源的有效整合与协同。

10.1.9　成本结构

成本结构是指运作一个商业模式所需的所有成本。智能零售商业模式的实施是需要较高的成本的，主要包括直接成本与间接成本，其中直接成本包括硬件投入、软件投入以及人力资本投入成本，间接成本包括业务流程重构成本、安全与隐私保护成本、文化变革成本、风险管理成本等。一直以来，研究者往往忽略智能零售商业模式采纳的成本，最终导致智能商业模式采纳带来的降本增效收益无法弥补其成本，导致智能零售采纳失败。随着零售企业数字化转型步伐的加快以及中台改造，零售业经营沉淀了海量多源异构数据，但海量数据的处理与应用成为难题，数据如果不能形成零售决策满足消费者需求，只能徒增企业成本，例如大润发早期通过线上渠道（飞牛网）和系统应用，并未产生降本增效的效果，数字化转型探索失败，被阿里巴巴收购。

零售企业可从以下六个方面优化成本：

一是技术投资成本。智能零售商业模式采纳离不开技术支持，包括硬件设备、软件系统、网络基础设施等方面的投资。零售企业需要购买适合自身需求的计算机、服务器、存储设备等硬件设备，并且可能需要定制或购买各种软件系统以支持业务流程的智能化。此外，零售企业还需要建立安全可靠的网络基础设施，确保数据的传输和存储的安全性。这些技术投资成本对零售企业来说是一笔不小的费用，但也是智能化转型的基础。

二是人力资源成本。智能化转型需要专业的技术人员来进行系统的规划、开发和维护。零售企业需要招聘或培训具备智能化转型所需的技能和知识的技术人员。零售企业还需要组建一个专门的团队来负责智能化转型项目的推进和管理，这也需要一定的人力资源投入。人力资源成本不仅包括薪资和培训费用，还包括人员管理和激励机制的建立，以吸引和留住优秀的人才。

三是业务流程重构成本。智能化转型往往需要对零售企业的业务流程进行重新设计和重构。传统的业务流程可能无法适应智能化转型的需求，因此需要进行调整和优化。这可能涉及业务流程的重新规划、人员培训和组织结构的调整等方面。业务流程重构的成本包括时间、精力和人力资源的投入，以及可能的业务中断和调整带来的损失。

四是安全与隐私保护成本。智能化转型意味着企业的数据将更加集中和依赖于信息系统。为了保护数据的安全和隐私，企业需要加强网络安全防护措施、建立完善的数据备份和恢复机制、制定数据安全管理政策和操作规范等。这些安全与隐私保护措施的建立和维护需要投入相应的成本，包括技术投资、人力资源投入和安全技术的培训费用。此外，企业还需要遵守相关的法律法规，如数据保护法规和隐私保护法规，以减少潜在的合规风险。安全与隐私保护的成本是智能化转型中不可忽视的一部分。

五是文化变革成本。智能化转型不仅是技术和业务流程的改变，还需要企业内部的文化变革。企业需要培养员工的智能化思维和创新意识，推动组织的变革和适应新的工作方式。这需要进行培训和教育，以增强员工对智能化转型的理解和支持。文化变革的成本包括培训费用、时间投入和组织调整的费用，也需要解决员工的抵触情绪和应对潜在的人员流失。

六是风险管理成本。智能化转型过程中存在一定的风险，包括技术风险、安全风险、运营风险等。企业需要进行风险评估和管理，制定相应的风险应对措施。这可能涉及投保相关的保险，进行备份和灾难恢复计划，建立紧急响应机制等。风险管理的成本包括保险费用、技术设备的备份和维护费用等，以降低潜在风险对数字化转型的影响。

以上我们论述了智能零售商业模式的核心构成要素，为了进一步清晰智能零售商业模式，我们对比分析智能零售商业模式与传统零售商业模式的区别，如表10-2所示。

表 10-2　传统零售与智能零售核心构成要素的比较

	传统零售	智能零售
目标客户	统计特征数据细分	0.1 单位细分
价值主张	质优价廉	"此时、此刻、此情、此景"下的最优解
渠道通路	单渠道、多渠道、跨渠道	全渠道
客户关系	消费者是零售价值的使用者	消费者是零售价值的共创者
收入来源	进销差价	零售供应链"高利润空间"
关键资源	有形要素	数据与模型
关键活动	规模化经营	人工智能技术部署和集成以及流程变革和产品创新
关键伙伴	供应商	供应链成员与技术提供商
成本结构	实体成本	数据成本与模型成本

10.2　智能零售商业模式关键伙伴合作的实证检验

10.1.8 节系统分析了智能零售商业模式的实施需要技术提供商与供应链成员协同合作才能最大化智能零售商业模式，同时需要零售厂商与技术提供商、供应链成员利益共享，建立利益协调机制。本部分以零售商、大数据服务商、制造商构成的三级供应链为例，系统分析关键伙伴合作与利益协调价值的重要性。

10.2.1　问题描述

智能零售商业模式采纳过程中，大数据技术为零售供应链资源配置与产品服务创新提供有效信息，增加供应链成员收益，弥补新一代信息技术投入成本，实现零售帕累托改进。具体而言，大数据技术通过离散化解构与全息化重构，利用数据的价值关联实现价值创造，解决了智能零售的应用问题。在实际应用过程中，大数据技术主要应用于消费者画像、产品创新、渠道优化、渠道定价等领域。大数据技术通过优化供应链资源配置带来收益，同时需要供应链成员支付成本，大数据技术投资决策是收益与成本权衡的结果。由于分散决策的存在，往往导致决策低效与利益分配不均衡问题，最终导致大数据技术投资失败，需要供应链成员通过机制设计保证集中决策与收益再分配，确保大数据技术投资决策满足参与约束与激励相容条件。在智能零售模式采纳过程中，数据采集、处理、解释可以由供应链成员完成，但由于供应链成员信息处理能力欠缺，往往采取服务外包形式，利用大数据服务商对沉淀在零售供应链中的数据进行挖掘、处理。

关于大数据服务商参与智能零售模式采纳的研究，主要集中于大数据技术投资的价值研究，说明零售供应链成员可以通过对数据的采集、处理、解释来发现新知识，进而进行价值创造，可以有效降低成本、增加收益（Aral et al., 2011）。国内学者较早地研究了大数据技术对商务管理的影响，重点说明大数据对网络生态系统、市场营销策略与商业模式创新的影响（冯芷艳等，2013）。关于大数据投资的协调机制设计，部分学者考虑零售供应链成员利用大数据进行营销的情况，建立零售商、制造商与大数据服务商三阶段供应链，利用微分博弈理论对零售商支付、联合支付与合作契约下实现均衡的收益情况进行比较，结果表明合作契约下渠道成员的总利润、制造商的质量努力水平和大数据服务商的营销努力水平均为最高，分散决策下联合支付较零售商支付更优（吴成霞，2016）。部分学者将大数据服务商确定为常量建立了大数据服务商参与零售商、制造商的二阶段供应链模型，在制造商承担大数据成本时，通过分散决策与集中决策的收益水平比较，结果表明集中决策下存在帕累托改进，但遗憾的是没有给出机制设计协调制造商、零售商收益（王红春，2016）。在其基础上部分学者进一步研究了大数据技术对零售商与制造商的成本优化的影响，通过单一制造商与两个零售商组成的二阶段供应链模型，讨论了分散决策与集中决策对渠道成员利润的影响，并通过数量折扣契约，实现了从分散决策到集中决策的过程（李国刚和宫小平，2018）。

传统研究普遍认同大数据技术具有成本优化与价值创造的作用，分别验证了分散决策下与集中决策下大数据技术对制造商、零售商的影响，并分析了制造商与零售商在大数据技术投资中的收益差别情况，但往往将大数据供应商确定为常量。上述文献仅研究了大数据技术对单个企业的影响，鲜有文献将大数据服务商作为一个独立的供应链成员来研究大数据技术对整体供应链运营的影响以及渠道动态优化的问题。本章拓展了大数据服务商的角色，认为大数据服务商可以通过努力水平调节供应链收益，供应链成员可以通过支付水平影响大数据服务商的努力水平。因此，本章建立制造商、零售商、大数据服务商三级供应链模型，分别考虑分散决策与集中决策下零售供应链及供应链成员的收益水平，并通过协调机制实现供应链成员由分散决策向集中决策转化，最终通过数值算例分析分散决策、集中决策、协调下的收益变化。可以预见大数据服务商参与到智能零售模式采纳过程中，势必引发零售供应链结构的改变和交易关系的复杂化，在此背景下研究大数据服务商参与零售供应链动态合作的策略具有重要的理论意义。

10.2.2　模型构建

本部分考虑由一个占主导地位的制造商 M 与一个下游零售商 R 构成的生产、出售一般产品的供应链模型。制造商是供应链的领导者，单位生产成本为 c_1，并通过投入单位研发费用 c_2 提升产品质量，在供应链运营过程中制定产品批发价格 w。零售商 R 作为供应链终端成员，根据批发价格 w 和市场需求情况决定产品采购量 q，假设采购量即为市场需求量，且产品运输过程没有损耗。零售商为改善消费者购物体验，付出单位服务费用 s。需求量是关于产品价格、质量、服务水平的线性函数形式 $q = a - b \times p + (\eta + \beta) \times v$，$a$ 为不受价格和其他因素影响的市场基准需求量；零售商以价格 $p(w < p)$ 向消费者提供产品，实现收益；价格需求价格弹性 $b(0 < b < 1)$ 反映消费者对价格变动的敏感程度，产品质量敏感系数 $\eta(0 \leq \eta \leq 1)$ 体现消费者对产品间质量差异的敏感程度，也是制造商提高产品形象和销量的重要措施；附加服务的敏感系数 $\beta(0 \leq \beta \leq 1)$ 反映消费者对零售商提供的一系列销售服务的满意程度，用于度量消费者购物体验；制造商提高产品质量、零售商提供附加服务给消费者带来额外价值 v，最终通过影响市场需求量的方式反馈到制造

商和零售商的利润水平。将价格弹性、产品质量敏感系数、附加服务敏感系数和消费者额外价值加入模型，主要是消费者需求不确定的结果，供应链成员的策略性行为受到消费者需求不确定性的直接影响。

若供应链成员不采购大数据服务，则渠道运营流程为如图 10-4 所示的传统零售供应链模型。若供应链成员采购大数据服务，制造商 MR 通过大数据服务商对消费者行为数据、交易数据等进行分析，获得消费者画像，更精确的了解市场需求，增加产品销售量，由占主导地位的制造商对大数据服务商 B 的每单位努力水平 t，支付费用 m。大数据服务商 B 参照制造商每单位支付水平选择服务努力程度 $t(0 \leq t \leq 1)$，通过对海量数据分析发现消费者需求信息，并提供精准营销服务挖掘市场潜在消费者，得到制造商支付 tm 数量的费用，承担随努力程度变化的成本 $1/2gt^2$，其中 $g(g > 0)$ 是大数据服务商成本系数，体现大数据服务商服务效率；大数据服务将潜在的消费者数量 F 转化为市场需求量 $\ln(tF)$，F 是由大数据服务商挖掘的潜在消费者数量，但并不能将其全部转化为市场需求量；记 q^b 是采购大数据服务后的市场需求量，则零售供应链成员采购大数据服务后市场需求变为 $q^b = a - bp + (\eta + \beta)v + \ln(tF)$；大数据服务商提供服务需投入固定成本 $k(0 < k)$，大数据服务商加入后的零售供应链运营过程如图 10-5 所示。

图 10-4　不采购大数据服务的零售供应链模式

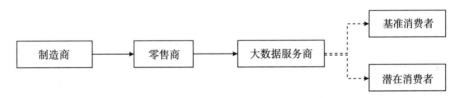

图 10-5　大数据服务商参与的零售渠道模式

10.2.3　分散决策下供应链成员采购大数据服务决策

10.2.3.1　供应链成员不采购大数据服务收益模型

分散决策下制造商不采购大数据服务时，记 π_M^a 和 π_R^a 分别为制造商 M 和零售商 R 的利润，w^a 为制造商制定的单位商品批发价格，$q^a(0 < q^a)$ 为零售商从制造商处采购的商品数量，此时 $q^a = a - bp^a + (\eta + \beta)v$，零售商以单位价格 $p^a(w^a < p^a)$ 向消费者出售商品，则有：

$$\pi_M^a = (w^a - c_1 - c_2)q^a \tag{10-1}$$

$$\pi_R^a = (p^a - w^a - s)q^a \tag{10-2}$$

市场逆需求函数为：

$$p^a = [a + (\eta + \beta)v - q^a]/b \tag{10-3}$$

根据 Stackelberg 博弈规则，博弈分为两个阶段：第一阶段制造商首先决定批发价格 w^a；第二阶段零售商根据批发价格制定采购量 q^a；最终得到产品需求数量 p^a，整个博弈结束。由逆向求解法求解该主从对策模型，首先对 π_R^a 关于 p^a 求一阶偏导，令 $\partial \pi_R^a / \partial p^a = 0$，得到零售商关于批发价格 w^a 的最优定价 $p^a(w^a)$；将 $p^a(w^a)$ 代入 π_M^a 并对 w^a 求一阶偏导，令 $\partial \pi_M^a / \partial w^a = 0$，可得制造商最优批发价格 w^a，将其反代入 $p^a(w^a)$，则求得零售商最优批发价格 p^a，最终得到零售商最优采购量 q^a，可得：

$$\begin{cases} w^a = \left[a + b(c_1 + c_2 - s) + v(\eta + \beta)\right] / 2b \\ p^a = \left[3a + 3v + b(c_1 + c_2 + s)\right] / 4b \\ q^a = \left[a - b(c_1 + c_2 + s) + v(\beta + \eta)\right] / 4 \end{cases} \quad (10-4)$$

将 (w^a, p^a, q^a) 代入式（7-1）、式（7-2）可得：

$$\begin{cases} \pi_M^a = \left[a - b(c_1 + c_2 + s) + v(\beta + \eta)\right]^2 / 8b \\ \pi_R^a = \left[a - b(c_1 + c_2 + s) + v(\beta + \eta)\right]^2 / 16b \end{cases} \quad (10-5)$$

定理 1：供应链成员不采购大数据服务时，参数 (w^a, p^a, q^a) 为供应链成员博弈的均衡解；(π_M^a, π_R^a) 分别为制造商和零售商的最大期望收益。

在分散决策下，只有当供应链成员均获得正收益且需求量大于零时，零售供应链才能趋于稳定，此时保持零售供应链稳定的必要条件为：

$$\begin{cases} \pi_M^a = [a - b(c_1 + c_2 + s) + v(\beta + \eta)]^2 / 8b > 0 \\ \pi_R^a = [a - b(c_1 + c_2 + s) + v(\beta + \eta)]^2 / 16b > 0 \\ q^a = [a - b(c_1 + c_2 + s) + v(\beta + \eta)] / 4 > 0 \end{cases}$$

解得：$[a + v(\beta + \eta)] / b > c_1 + c_2 + s$ \quad (10-6)

定理 2：制造商、零售商向消费者提供附加服务，转化的需求量与市场基准需求量收益之和大于 M 与 R 投入成本之和满足式（10-6）时，供应链成员合作才趋于稳定，否则制造商和零售商不会提供相关的附加服务，不会生产出售相关产品。

性质 1：对比 π_M^a 与 π_R^a 的解析式可得，制造商主导的分散决策零售渠道中，制造商获得的收益是零售商收益的两倍。

10.2.3.2 供应链成员采购大数据服务收益模型

分散决策下制造商采购大数据服务时，记 π_M^b、π_R^b、π_B^b 分别为制造商 M、零售商 R、大数据服务商 B 的利润，w^b 为制造商制定的单位商品批发价格，q^b 为零售商从制造商处采购的商品数量，此时 $q^b = a - bp^b + (\eta + \beta)v + \ln(tF)$，零售商以单位价格 $p^b (w^b < p^b)$ 向消费者出售商品，则有：

$$\pi_M^b = (w^b - c_1 - c_2)q^b - mt \quad (10-7)$$

$$\pi_R^b = (p^b - w^b - s)q^b \quad (10-8)$$

$$\pi_B^b = mt - 1/2gt^2 - k \quad (10-9)$$

市场逆需求函数为：

$$p^b = [a + (\eta + \beta) \times v + \ln(t \times F) - q^b] / b \tag{10-10}$$

根据 Stackelberg 博弈规则，该博弈分为三个阶段：第一阶段制造商根据利润函数，决定批发价格 w^b，确定单位支付费用 m；第二阶段零售商得知制造商采购大数据服务，根据制造商变化的利润函数及批发价格确定零售价格 p^b，并制定商品采购数量 q^b；第三阶段大数据服务商根据制造商的支付水平 m，由利润最大化原则确定努力水平 t^b，整个博弈结束。根据逆向求解原则，制造商可预测到零售商零售价格 p^b 与大数据服务商努力水平 t，最终决定批发价格 w^b 与单位支付 m。加入大数据服务后，首先根据大数据服务商利润函数，求其努力水平 t^b，将 t^b 代入式（10-7）和式（10-8），由于求解过程与式（10-4）相同，这里略去不写，可得：

$$\begin{cases} t^b = m / g \\ p^b = [3a + 3\ln((Fm) / g) + bc_1 + bc_2 + bs + 3\eta v + 3\beta v] / 4b \\ w^b = [a + \ln((F \times m) / g) + bc_1 + bc_2 - bs + \eta v + \beta v] / 2b \\ q^b = [a + \ln((Fm) / g) - bc_1 - bc_2 - bs + \beta v + \eta v] / 4 \end{cases} \tag{10-11}$$

将 (p^b, w^b, q^b) 分别代入式（10-7）、式（10-8）、式（10-9）可得：

$$\begin{cases} \pi_R^b = (a + \ln((Fm) / g) - b\beta - b\eta - bs + \beta v + \eta v)^2 / 16b \\ \pi_M^b = [g\ln((Fm) / g)^2 + a^2 g - 8bm^2 + b^2 c_1^2 g + b^2 c_2^2 g + b^2 g s^2 + g\beta^2 v^2 + g\eta^2 v^2 + \\ \qquad 2ag\ln((F \times m) / g) + 2ag\beta v + 2ag\eta v + 2b^2 c_1 c_2 g + 2b^2 c_1 gs + 2b^2 c_2 gs + \\ \qquad 2g\beta\eta v^2 \, 2bc_1 g\ln((Fm) / g) - 2bc_2 g\ln((Fm) / g) - 2bgs\ln((Fm) / g) - \\ \qquad 2abc_1 g - 2abc_2 g + 2g\beta v\ln((Fm) / g) + 2g\eta v\ln((Fm) / g) - 2abgs - \\ \qquad 2bc_1 g\eta v - 2bc_1 g\beta v - 2bc_2 g\eta v - 2bc_2 g\beta v - 2bg\eta sv - 2bg\beta sv] / 8bg \\ \pi_B^b = (m^2 - 2gk) / 2g \end{cases} \tag{10-12}$$

定理 3：供应链成员采购大数据服务时，参数 (w^b, p^b, q^b, t^b) 为供应链成员博弈均衡解；$(\pi_M^b, \pi_R^b, \pi_B^b)$ 分别为 M、R、B 的最大期望收益。

在分散决策下，供应链成员均获得正收益，且当市场需求量为正时，零售供应链才趋于稳定，此时保持稳定的必要条件为：

$$\begin{cases} \pi_B^b = (m^2 - 2gk) / 2g > 0 \\ \pi_M^b = (w^b - c_1 - c_2)q^b - mt > 0 \\ \pi_R^b = [a + \ln((Fm) / g) - b\beta - b\eta - bs + \beta v + \eta v]^2 / 16b > 0 \\ q^b = [a + \ln((Fm) / g) - bc_1 - bc_2 - bs + \beta v + \eta v] / 4 > 0 \end{cases}$$

解得：$\begin{cases} [a + v(\beta + \eta) + \ln(Fm)] / b > s + c_1 + c_2 + (\ln g) / b \\ m > \sqrt{2gk} \end{cases} \tag{10-13}$

由于 π_M^b 的解析式过于复杂，不便于表示其边界条件，但由性质 1 可得，当零售商收益为正时，制造商一定有正的收益，式（10-13）满足零售渠道运营的必要条件。

定理 4：制造商主导的分散决策零售供应链选择采购大数据后的收益大于零售供应链

运营和采购大数据付出的成本，且大数据服务商提供服务的临界条件为制造商单位支付 m 至少是成本系数的 $\sqrt{2gk}$ 倍，满足式（10–13）。

10.2.3.3 供应链成员采购大数据服务的投资决策

分散决策下，面对大数据服务商提供的服务，供应链成员有两种选择：一是不投资大数据服务，避免采购大数据服务带来的费用，维持零售供应链原态；二是采购大数据服务，享受大数据服务商带来的消费者增量，支付给大数据服务商相应费用。

性质 2：对比式（10–4）（w^a，p^a，q^a）和式（10–11）（p^b，w^b，q^b）可得，供应链成员采购大数据服务后，批发价、零售价与市场需求量均有增长，可得：

$$(\Delta w, \Delta p, \Delta q) = (\ln((Fm)/g)/2b, \ln((Fm)/g)/4b, \ln((Fm)/g)/4) \qquad (10-14)$$

记 $\Delta\pi_R$ 与 $\Delta\pi_R$ 分别表示分散决策下制造商和零售商采购大数据服务后的利润变动量，有 $\Delta\pi_M = \Delta\pi_M^a - \Delta\pi_M^b$，$\Delta\pi_R = \Delta\pi_R^a - \Delta\pi_R^b$，可得：

$$
\begin{cases}
\begin{aligned}
\Delta\pi_M = [&(-8b)m^2 + ga^2 - ga^2b^2 + 2gab^3c_1 + 2gab^3c_2 + 2gab^3s - 2gab^2\beta v - \\
&2gab^2\eta v - 2gabc_1 - 2gabc_2 - 2gabs + 2ga\beta v + 2ga\eta v + 2ga\ln((Fm)/g) - \\
&gb^4c_1^2 - 2gb^4c_1c_2 - 2gb^4c_1s - gb^4c_2^2 - 2gb^4c_2s - gb^4s^2 + 2gb^3c_1\beta v + \\
&2gb^3c_1\eta v + 2gb^3c_2\beta v + 2gb^3c_2\eta v + 2gb^3\beta sv + 2gb^3\eta sv + gb^2c_1^2 + 2gb^2c_1c_2 + \\
&2gb^2c_1s + gb^2c_2^2 + 2gb^2c_2s - gb^2\beta^2v^2 - 2gb^2\beta\eta v^2 - gb^2\beta^2v^2 + gb^2s^2 - \\
&2gbc_1\beta v - 2gbc_1\eta v - 2gbc_1\ln((F\times m)/g) - 2gbc_2\beta v - 2gbc_2\eta v - \\
&2gbc_2\ln((F\times m)/g) - 2gb\beta sv - 2gb\eta sv - 2gbs\ln((F\times m)/g) + g\beta^2v^2 + \\
&2g\beta\eta v^2]/8bg
\end{aligned} \\[2ex]
\begin{aligned}
\Delta\pi_R = [&\beta^2v^2 + \eta^2v^2 + 2a\ln((Fm)/g) + \ln((F\times m)/g)^2 + a^2 - a^2b^2 + b^2c_1^2 + \\
&b^2c_2^2 - b^4c_1^2 - b^4c_2^2 + b^2s^2 - b^4s^2 + 2\beta\eta v^2 - 2bc_1\ln((F\times m)/g) - \\
&2bc_2\ln((F\times m)/g) - 2bs\ln((F\times m)/g) - 2abc_1 - 2abc_2 + \\
&2\beta v\ln((F\times m)/g) + 2\eta v\ln((F\times m)/g) - 2abs + 2a\beta v + 2a\eta v - \\
&b^2\beta^2v^2 - b^2\eta^2v^2 + 2ab^3c_1 + 2ab^3c_2 + 2b^2c_1c_2 - 2b^4c_1c_2 + 2ab^3s + 2b^2c_1s + \\
&2b^2c_2s - 2b^4c_1s - 2b^4c_2s - 2bc_1\beta v - 2bc_1\eta v - 2bc_2\beta v - 2bc_2\eta v - 2b\beta sv - \\
&2b\eta sv - 2ab^2\beta v - 2ab^2\eta v + 2b^3c_1\beta v + 2b^3c_1\eta v + 2b^3c_2\beta v + 2b^3c_2\eta v + \\
&2b^3\beta sv + 2b^3\eta sv - 2b^2\beta\eta v^2]/16b
\end{aligned}
\end{cases}
\qquad (10-15)
$$

定理 5：在分散决策下，零售供应链满足必要的运营条件——式（10–13）时，渠道成员采购大数据服务的充分条件为 $\Delta\pi_M \geqslant 0$ 且 $\Delta\pi_R \geqslant 0$。

通过定理 5 可知制造商 M 采购大数据与零售商 R 参与供应链运营的临界条件，由于对解析式进行解析分析较为复杂，本部分通过算例分析进行阐述。

首先比较分散决策下，供应链成员采购与不采购大数据服务时零售供应链整体利润。即 $\pi_T^a = \pi_M^a + \pi_R^a$ 为不采购大数据服务时零售供应链整体利润，$\pi_T^b = \pi_M^b + \pi_R^b$ 为采购大数据服务后零售供应链整体利润。采用控制变量法对 π_T^a 与 π_T^b 进行比较，此时考察共同变量服务敏感系数 β 与质量敏感系数 η 对利润的影响，结合其他学者的研究，其他参数设为 $a=30$，$b=0.6$，$c_1=1.4$，$c_2=1.6$，$s=3$，$v=9$，$F=8$，$g=2$，$m=3$，结果如图 10–6 所示。

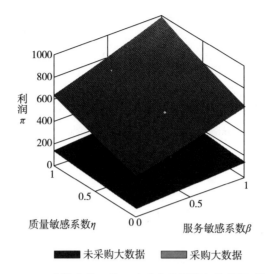

图 10-6　分散决策下是否采购大数据服务的利润对比

结合式（10-15）可得：$\pi_T^b - \pi_T^a = \Delta\pi_M + \Delta\pi_R$，由图 10-6 可明显看出采购大数据服务后零售供应链整体利润大于采购前零售渠道整体利润，证明 $\Delta\pi_M + \Delta\pi_R > 0$。

其次考察采购大数据后 M 和 R 利润变动情况，此时选择单位支付费用 m 为 $\Delta\pi_M$ 与 $\Delta\pi_R$ 的共同变量，在图 10-6 参数不变的情况下，令 $\eta = 0.6$，$\beta = 0.7$，结果如图 10-7 所示。

由图 10-7 可看出，在自变量取值范围内 $\Delta\pi_M > 0$、$\Delta\pi_R > 0$，且可以预测，R 的利润增量会随着 M 支付费用的增长而不断增加，这是由零售商免费享受制造商采购大数据服务带来的需求增长，产生的"搭便车"效应；相反，随着支付费用逐渐增长，M 的利润先增后减，呈凸函数，由 M 支付费用的增长速度快于需求量增长速度造成，因此制造商会根据实际情况选择合理的费用区间，如图中 $m \in [3, 4]$。

由图 10-7 可进一步看出，供应链成员采购大数据，可以让 R 与 M 以及零售供应链整体都实现收益增长，关键在于结合实际条件确定单位支付费用 m 的数值。

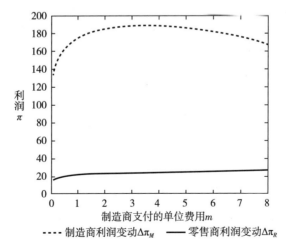

图 10-7　分散决策下采购大数据服务后制造商和零售商利润水平对比

10.2.4 集中决策下供应链成员采购大数据服务决策

10.2.4.1 供应链成员不投资大数据服务利润模型

集中决策下，供应链成员不采购大数据服务时，零售商以价格 p_D^a 向消费者提供产品，市场总体需求为 q_D^a，此时 $q_D^a = a - bp_D^a + (\eta + \beta)v$，零售渠道获得整体利润 π_D^a，则有：

$$\pi_D^a = \left[p_D^a - (c_1 + c_2 + s) \right] q_D^a \tag{10-16}$$

市场逆需求函数为：

$$p_D^a = \left[a + (\eta + \beta) \times v - q_D^a \right] / b \tag{10-17}$$

根据逆向求解法，可得最优需求总量和零售价格为：

$$\begin{cases} p_D^a = [a - b(c_1 + c_2 + s) + v(\beta + \eta)] / 2b \\ q_D^a = [a - b(c_1 + c_2 + s) + v(\beta + \eta)] / 2 \end{cases} \tag{10-18}$$

将式（10-18）代入式（10-16）可得：$\pi_D^a = [a - b(c_1 + c_2 + s) + v(\beta + \eta)]^2 / 4b$

定理5：集中决策下，供应链成员不采购大数据服务时，参数 (p_D^a, q_D^a) 为供应链成员博弈均衡解；π_D^a 是零售供应链整体的最大期望收益。

集中决策下当零售供应链收益和市场需求量均为正值时，零售供应链才趋于稳定，此时保持稳定的必要条件为：

$$\begin{cases} q_D^a = [a - b(c_1 + c_2 + s) + v(\beta + \eta)] / 2 > 0 \\ \pi_D^a = [a - b(c_1 + c_2 + s) + v(\beta + \eta)]^2 / 4b > 0 \end{cases}$$

解得：$[a + v(\beta + \eta)] / b > c_1 + c_2 + s \tag{10-19}$

定理6：集中决策下，制造商与零售商向消费者提供附加服务，转化的需求量与市场基准需求量收益之和大于 M 与 R 投入成本之和满足式（10-19）时，零售供应链合作才趋于稳定，否则制造商和零售商不会提供相关的附加服务，不会生产出售相关产品。

性质3：集中决策下，不采购大数据服务时，零售供应链整体利润 π_D^a 大于分散决策的整体利润 π_T^a，利润差额 $\Delta\pi^a = \pi_D^a - \pi_T^a$ 为 $\Delta\pi^a = [a - b(c_1 + c_2 + s) + v(\beta + \eta)]^2 / 16b$。此时，集中决策下的市场需求量 q_D^a 是分散决策下市场需求量 q^a 的两倍，出现该现象的原因是集中决策下零售价格 p_D^a 比分散决策下零售价格 p^a 低，价格差额为 $\Delta p^a = p_D^a - p^a = [b(c_1 + c_2 + s) - v(\beta + \eta) - a] / 4b$。

10.2.4.2 供应链成员集中决策采购大数据服务利润模型

集中决策下，供应链成员采购大数据服务时，零售商以价格 P_D^b 向消费者提供产品，面临市场总体需求 q_D^b，此时 $q_D^b = a - b \times p_D^b + (\eta + \beta) \times v + \ln(t \times F)$，大数据服务商选择努力程度 t_D^b，承担相应运营成本 $1/2g(t_D^b)^2$，大数据服务商利润 π_D^B 与零售渠道整体利润 π_D^b 有：

$$\pi_D^b = \left[p_D^b - (c_1 + c_2 + s) \right] q_D^b \tag{10-20}$$

$$\pi_D^B = mt - 1/2gt^2 - k \tag{10-21}$$

市场逆需求函数为：

$$p_D^b = [a + (\eta + \beta) \times v - q_D^a + \ln(t \times F)] / b \tag{10-22}$$

集中决策下，零售商与制造商共同采购大数据服务，根据 Stackelberg 博弈规则，该博弈分为两个阶段：第一阶段制造商和零售商共同决定产品零售价格 p_D^b，面对市场需求量 q_D^b，支付单位费用 m 采购大数据服务。第二阶段大数据服务商参照支付水平 m 确定努力水平 t_D^b，整个博弈结束。根据逆向求解原则，制造商可预测到大数据服务商的努力水平 t_D^b，可得大数据服务商努力水平、零售价、市场需求量为：

$$\begin{cases} t_D^b = m/g \\ p_D^b = [a + \ln((Fm)/g) + bc_1 + bc_2 + bs + \beta v + \eta v] / 2b \\ q_D^b = [a + \ln((Fm)/g) - bc_1 - bc_2 - bs + \beta v + \eta v] / 2 \end{cases} \tag{10-23}$$

将式（10-23）代入式（10-20）与式（10-21）可得：

$$\begin{cases} \pi_D^b = [g\ln((Fm)/g)^2 + a^2 g - 4bm^2 + b^2 c_1^2 g + b^2 c_2^2 g + b^2 g s^2 + g\eta^2 v^2 + g\beta^2 v^2 + \\ \qquad 2ag\ln((F \times m)/g) + 2ag\beta v + 2ag\eta v + 2b^2 c_1 c_2 g + 2b^2 c_1 g s + 2b^2 c_2 g s + \\ \qquad 2g\beta\eta v^2 - 2bc_1 g\ln((Fm)/g) - 2bc_2 g\ln((Fm)/g) - 2bgs\ln((Fm)/g) - \\ \qquad 2abc_1 g - 2abc_2 g + 2g\beta v\ln((Fm)/g) + 2g\eta v\ln((Fm)/g) - 2abgs - \\ \qquad 2bc_1 g\eta v - 2bc_1 g\beta v - 2bc_2 g\beta v - 2bc_2 g\eta v - 2bg\beta s v - 2bg\eta s v] / 4bg \\ \pi_D^B = (m^2 - 2gk) / 2g \end{cases} \tag{10-24}$$

定理 7：集中决策下，当供应链成员采购大数据服务时，参数（p_D^b, q_D^b, t_D^b）为供应链成员博弈的均衡解；π_D^b 是零售供应链整体的最大期望收益，π_D^B 是大数据服务商的最大期望收益。

集中决策下，当零售供应链收益和市场需求量均为正时，零售供应链合作才趋于稳定，此时保持稳定的必要条件为：

$$\begin{cases} \pi_D^B = (m^2 - 2gk) / 2g > 0 \\ \pi_D^b = [p_D^b - (c_1 + c_2 + s)]q_D^b > 0 \\ q_D^b = [a + \ln((Fm)/g) - bc_1 - bc_2 - bs + \beta v + \eta v] / 2 > 0 \end{cases}$$

解得：
$$\begin{cases} [a + v(\beta + \eta) + \ln(Fm)] / b > s + c_1 + c_2 + (\ln g) / b \\ m > 2\sqrt{gk} \end{cases} \tag{10-25}$$

定理 8：集中决策下，供应链成员选择采购大数据服务后的价值大于零售供应链运营和采购大数据付出的成本，且大数据服务商提供服务的临界条件为制造商单位支付 m 至少是成本系数的 $2\sqrt{gk}$ 倍，满足式（10-25）。

10.2.4.3 供应链成员集中决策采购大数据服务的投资决策

集中决策下，通过对比采购大数据服务前后零售供应链整体参数和利润的变动情况，可以求出供应链成员采购大数据服务的边界条件。

性质 4：对比式（10-18）中（p_D^a, q_D^a）和式（7-23）中（p_D^b, q_D^b），供应链成员采购大数据服务后，零售价与市场需求量均有所增长，可得：

$$(\Delta p_D, \Delta q_D) = (\ln((Fm)/g)/2b, \ln((Fm)/g)/2) \tag{10-26}$$

记 $\Delta\pi_D$ 为采购大数据服务后零售供应链整体利润变动，有 $\Delta\pi_D = \pi_D^b - \pi_D^a$，可得：

$$
\begin{aligned}
\Delta\pi_D = \Big[& g\ln((Fm)/g)^2 + a^2g - 4bm^2 - a^2b^2g + b^2c_1^2g + b^2c_2^2g - b^4c_1^2g - b^4c_2^2g + \\
& b^2gs^2 - b^4gs^2 + g\beta^2v^2 + g\eta^2v^2 + 2ag\ln((Fm)/g) + 2ag\beta v + 2ag\eta v - \\
& b^2g\beta^2v^2 - b^2g\eta^2v^2 + 2ab^3c_1g + 2ab^3c_2g + 2b^2c_1c_2g - 2b^4c_1c_2g + 2ab^3gs + \\
& 2b^2c_1gs + 2b^2c_2gs - 2b^4c_1gs - 2b^4c_2gs + 2g\beta\eta v^2 - 2bc_1g\ln((F\times m)/g) - \\
& 2bc_2g\ln((F\times m)/g) - 2bgs\ln((F\times m)/g) - 2abc_1g - 2abc_2g + \\
& 2g\beta v\ln((F\times m)/g) + 2g\eta v\ln((F\times m)/g) - 2abgs - 2b^2g\beta\eta v^2 - 2bc_1g\beta v - \\
& 2bc_1g\eta v - 2bc_2g\beta v - 2bc_2g\eta v - 2bg\beta sv - 2bg\beta sv - 2ab^2g\eta v - 2ab^2g\beta v + \\
& 2b^3c_1g\beta v + 2b^3c_1g\eta v + 2b^3c_2g\beta v + 2b^3c_2g\eta v + 2b^3g\beta sv + 2b^3g\eta sv \Big]/4bg
\end{aligned}
\tag{10-27}
$$

定理 9：集中决策下，零售供应链满足运营条件——式（10-25）时，供应链成员采购大数据服务的充分条件为 $\Delta\pi_D > 0$。

通过定理 9 可知供应链成员采购大数据服务的临界条件，由于直接通过解析式进行解析分析较为复杂，本部分将通过算例分析进行阐述。

首先对集中决策和分散决策下供应链成员不采购大数据时，零售供应链整体利润差异，证明集中决策优于分散决策，不失一般性，通过控制变量法，选择质量敏感系数 η 和服务敏感系数 β 作为共同变量，考察分散决策和共同决策的利润差别，同图 10-6 和图 10-7，其他参数为 $a = 30$，$b = 0.6$，$c_1 = 1.4$，$c_2 = 1.6$，$s = 3$，$v = 9$，$F = 8$，$g = 2$，$m = 3$，结果如图 10-8 所示。

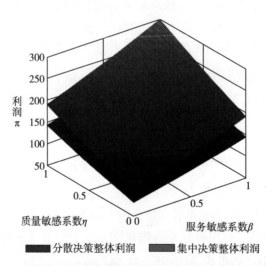

图 10-8　不采购大数据服务时集中决策和分散决策利润水平对比

从图 10-8 可以明显看出，分散决策时零售供应链整体收益低于集中决策时零售供应链整体收益，符合性质 3 的结论。

其次考察集中决策下，供应链成员采购大数据服务前后利润对比，同样采取控制变量法，参数设置和变量选取同图 10-8，结果如图 10-9 所示。

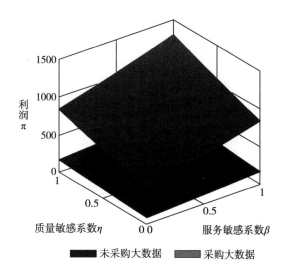

图 10-9　集中决策下零售供应链采购大数据服务前后的利润水平对比

从图 10-9 可以看出，供应链成员采购大数据服务后所得收益明显大于采购大数据服务前的收益；同时，消费者对质量和购物体验敏感度越高，零售供应链整体利润越大。

最后选取大数据服务商努力水平作为变量，分别取三组数值：$m=4$，$m=5$，$g=2$，$g=4$，$k=0.4$，考察制造商单位支付费用和大数据服务商成本系数对大数据服务商利润的影响，随努力水平变化的大数据服务商利润水平如图 10-10 所示。

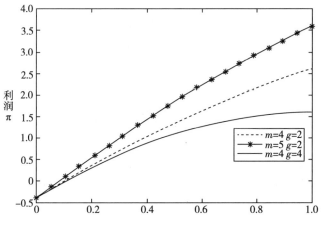

图 10-10　随努力水平变化的大数据服务商利润水平

从图 10-10 可以看出，大数据服务商单位支付费用越高，大数据服务商会通过提高努力水平以增加利润；同时，能否将成本系数控制在合理范围内是大数据服务商利润多少的关键，因此在制造商单位费用一定时，要努力优化成本系数，以增加收益。

10.2.5 分散决策下供应链成员采购大数据服务的协调机制

集中决策且采购大数据服务对零售供应链、制造商、零售商、消费者都存在利益，在分散决策下，由于制造商与零售商都以实现个人利益最大化为目标，最终导致分散决策下的零售价高于集中决策的零售价，分散决策下的市场需求量低于集中决策下的市场需求量，即表现出"双重边际化效应"。为了提升零售供应链整体利润水平，使供应链成员达到集中决策下的收益水平，本部分在制造商主导的情形中引入数量折扣—两部定价契约 (w^c, T) 对零售供应链进行协调，其中 $w^c = w - \lambda \times q^c$，$w$ 是批发价格的最高值，$\lambda (0 < \lambda < 1)$ 是线性折扣系数，q^c 是零售商 R 的最终采购数量；制造商根据零售商的采购数量对批发价格给予线性的折扣，使分散决策下的采购量等于集中决策下的采购量。由于零售商免费搭乘了制造商采购大数据服务的好处，向制造商支付固定费用 T。由于分散决策与集中决策下采购大数据服务不影响大数据服务商利润，此时不考虑其利润。令 π_M^c 表示制造商 M 的收入，π_R^c 表示零售商 R 的收入，则有：

$$
\begin{cases}
\pi_M^c = q^c \left(w - \lambda q^c - c_1 - c_2 \right) - t^c m + T \\
\pi_R^c = q^c \left(p - w + \lambda q^c - s \right) - T
\end{cases}
\tag{10--28}
$$

定理 10：分散决策下，供应链成员采购大数据服务时，若 w^c 满足：

$$
w^c = \frac{(1 - \lambda b)\left[a + \ln((Fm)/g) + v(\eta + \beta) \right]}{2b} + \frac{(1 + \lambda b)(c_1 + c_2) + s(\lambda b - 1)}{2}
$$

且若 $T_{min} \leqslant T \leqslant T_{max}$，则可以实现零售供应链最大限度地协调。其中 T 的取值范围为：

$$
T_{min} = \left\{
\begin{array}{l}
[4ab^2c_1g - 2b^3c_1^2g - 2b^3c_2^2g - 2b^3gs^2 - 2bg\ln((Fm)/g)^2 - 2a^2bg - \ln((Fm)/g) \\
(4abg - 4b^2c_1g - 4b^2c_2g - 4b^2gs + 4bg\eta v + 4bg\beta v) + 4ab^2c_2g - 4b^3c_1c_2g + \\
4ab^2gs - 4b^3c_1gs - 4b^3c_2gs - 2bg\eta^2v^2 - 2bg\beta^2v^2 - 4abg\eta v - 4abg\beta v + 4ab^2c_2g - \\
4b^3c_1c_2g + 4ab^2gs - 4b^3c_1gs - 4b^3c_2gs - 2bg\eta^2v^2 - 2bg\beta^2v^2 - 4abg\eta v - 4abg\beta v + \\
4b^2c_1g\eta v + 4b^2c_1g\beta v + 4b^2c_2g\eta v + 4b^2c_2g\beta v - 4bg\eta\beta v^2 + 4b^2g\eta sv + 4b^2g\beta sv\lambda + \\
8bm^2 - \ln((F \times m)/g)^2(-2gb^2 + g) - \ln((F \times m)/g)(2ag + 2bc_1g + 2bc_2g - 2bgs + \\
2g\eta v + 2g\beta v - 4ab^2g + 4b^3gs - 4b^2g\eta v - 4b^2g\beta v) - ga^2 + 2ga^2b^2 + 3gb^2c_1^2 - \\
2gb^4c_1^2 + 3gb^2c_2^2 - 2gb^4c_2^2 - gb^2s^2 + 2gb^4s^2 - g\eta^2v^2 - g\beta^2v^2 - 8gtbm - 2ga\eta v - \\
2ga\beta v + 2gb^2\eta^2v^2 + 2gb^2\beta^2v^2 - 4gb^4c_1c_2 + 6gb^2c_1c_2 - 4gab^3s + 2gb^2c_1s + 2gb^2c_2s - \\
2g\eta\beta v^2 - 2gabc_1 - 2gabc_2 + 2gabs + 4gb^2\eta\beta v^2 - 2gbc_1\eta v - 2gbc_1\beta v - 2gbc_2\eta v - \\
2gbc_2\beta v + 2gb\eta sv + 2gb\beta sv + 4gab^2\eta v + 4gab^2\beta v - 4gb^3\eta sv - 4gb^3\beta sv]/(-8bg)
\end{array}
\right\}
$$

$$
T_{max} = \left\{
\begin{array}{l}
[\eta^2v^2 + \beta^2v^2 + \ln((F \times m)/g)^2 + a^2 + \ln((F \times m)/g)(2a - 2bc_1 - 2bc_2 - 2bs + \\
2\eta v + 2\beta v) + b^2c_1^2 + b^2c_2^2 + b^2s^2 + 2\eta\beta v^2 - 2abc_1 - 2abc_2 - 2abs + 2a\eta v + \\
2a\beta v + 2b^2c_1c_2 + 2b^2c_1s + 2b^2c_2s - 2bc_1\eta v - 2bc_1\beta v - 2bc_2\eta v - 2bc2\beta v - \\
2b\eta sv - 2b\beta sv)\lambda + 2bs^2 - 2as - \ln((F \times m)/g)(-2sb^2 + 2s) - 64b - 2b^3s^2 + \\
2bc_1s + 2bc_2s - 2\eta sv - 2\beta sv + 2ab^2s - 2b^3c_1s - 2b^3c_2s + 2b^2\eta sv + 2b^2\beta sv]/4
\end{array}
\right\}
$$

证明：若使供应链成员采购大数据服务后的分散决策收益水平，达到集中决策时的收益水平，需使 $q^c = [a + \ln((Fm)/g) - bc_1 - bc_2 - bs + \beta v + \eta v]/2$。

则有 $w^c = \dfrac{(1-\lambda b)[a + \ln((Fm)/g) + v(\eta + \beta)]}{2b} + \dfrac{(1+\lambda b)(c_1 + c_2) + s(\lambda b - 1)}{2}$，定理 10 前半部分得证。对于定理 10 后半部分，令其满足 $\begin{cases} \Delta \pi_M^c = \pi_M^c - \pi_M^b + T > 0 \\ \Delta \pi_R^c = \pi_R^c - \pi_R^b - T > 0 \end{cases}$，即采取协调机制后，制造商和零售商所获收益要大于分散决策时双方所得收益，此时：

$$
\begin{cases}
\begin{aligned}
\Delta \pi_M^c = &[4ab^2c_1g - 2b^3c_1^2g - 2b^3c_2^2g - 2b^3gs^2 - 2bg\ln((Fm)/g)^2 - 2a^2bg - \ln((Fm)/g) \\
&(4abg - 4b^2c_1g - 4b^2c_2g - 4b^2gs + 4bg\eta v + 4bg\beta v) + 4ab^2c_2g - 4b^3c_1c_2g + 4ab^2gs - \\
&4b^3c_1gs - 4b^3c_2gs - 2bg\eta^2v^2 - 2bg\beta^2v^2 - 4abg\eta v - 4abg\beta v + 4ab^2c_2g - 4b^3c_1c_2g + \\
&4ab^2gs - 4b^3c_1gs - 4b^3c_2gs - 2bg\eta^2v^2 - 2bg\beta^2v^2 - 4abg\eta v - 4abg\beta v + 4b^2c_1g\eta v + \\
&4b^2c_1g\beta v + 4b^2c_2g\eta v + 4b^2c_2g\beta v - 4bg\eta\beta v^2 + 4b^2g\eta sv + 4b^2g\beta sv\lambda + 8bm^2 - \\
&\ln((F \times m)/g)^2(-2gb^2 + g) - \ln((F \times m)/g)(2ag + 2bc_1g + 2bc_2g - 2bgs + 2g\eta v + \\
&2g\beta v - 4ab^2g + 4b^3gs - 4b^2g\eta v - 4b^2g\beta v) - ga^2 + 2ga^2b^2 + 3gb^2c_1^2 - 2gb^4c_1^2 + \\
&3gb^2c_2^2 - 2gb^4c_2^2 - gb^2s^2 + 2gb^4s^2 - g\eta^2v^2 - g\beta^2v^2 - 8gtbm - 2ga\eta v - 2ga\beta v + \\
&2gb^2\eta^2v^2 + 2gb^2\beta^2v^2 - 4gb^4c_1c_2 + 6gb^2c_1c_2 - 4gab^3s + 2gb^2c_1s + 2gb^2c_2s - 2g\eta\beta v^2 - \\
&2gabc_1 - 2gabc_2 + 2gabs + 4gb^2\eta\beta v^2 - 2gbc_1\eta v - 2gbc_1\beta v - 2gbc_2\eta v - 2gbc_2\beta v + \\
&2gb\eta sv + 2gb\beta sv + 4gab^2\eta v + 4gab^2\beta v - 4gb^3\eta sv - 4gb^3\beta sv]/(8bg) + T \\
\Delta \pi_R^c = &[\eta^2v^2 + \beta^2v^2 + \ln((F \times m)/g)^2 + a^2 + \ln((F \times m)/g)(2a - 2bc_1 - 2bc_2 - 2bs + 2\eta v + \\
&2\beta v) + b^2c_1^2 + b^2c_2^2 + b^2s^2 + 2\eta\beta v^2 - 2abc_1 - 2abc_2 - 2abs + 2a\eta v + 2a\beta v + 2b^2c_1c_2 + \\
&2b^2c_1s + 2b^2c_2s - 2bc_1\eta v - 2bc_1\beta v - 2bc_2\eta v - 2bc2\beta v - 2b\eta sv - 2b\beta sv\lambda + 2bs^2 - \\
&2as - \ln((F \times m)/g)(-2sb^2 + 2s) - 64b - 2b^3s^2 + 2bc_1s + 2bc_2s - 2\eta sv - 2\beta sv + \\
&2ab^2s - 2b^3c_1s - 2b^3c_2s + 2b^2\eta sv + 2b^2\beta sv]/4 - T
\end{aligned}
\end{cases}
$$

可知定理 10 后半部分得证，其中 T 值的具体取值，取决于 M 与 R 的市场地位与谈判能力。

以下通过算例进行说明，不失一般性，仍设 $a = 30$，$b = 0.6$，$c_1 = 1.4$，$c_2 = 1.6$，$s = 3$，$v = 9$，$F = 8$，$g = 2$，$m = 3$，$\eta = 0.6$，$\beta = 0.7$，此时分散决策下采购大数据服务的最大收益为 $\pi_T^b = 143.9411$，制造商和零售商各自的收益为 $(\pi_M^b, \pi_R^b) = (101.6543, 42.2868)$，批发价 $w^b = 13.2555$，最优商品采购量与零售价格为 $(p^b, q^b) = (20.4232, 10.1462)$；共同决策下采购大数据服务的最大收益为 $\pi_D^b = 166.7472$，最优商品采购量与零售价格为 $(p_D^b, q_D^b) = (14.3355, 20.2925)$。可以看出，分散决策下存在明显的双重边际化效应，即分散决策下的零售价格大于集中决策下的零售价，商品采购量低于集中决策下的采购量，同时零售供应链总收益低于集中决策时的总收益。

为了克服双重边际化效应，使分散决策下采购大数据服务时零售供应链得到优化，此时制造商根据零售商的采购量，给予其 λ 数量的线性折扣，零售商给制造商 T 数量的固定支付。这里假设 $\lambda = 0.2$，$T = 4$，则契约协调后的批发价格为 $w^b > w^c = 9.1970$，而分散决策下最大收益有 $\pi^c = \pi_D^b = 166.7472$，可得最优商品采购量与零售价格为 $(p^c, q^c) =$

$(p_D^b, q_D^b) = (14.3355, 20.2925)$，制造商和零售商各自的收益为 $(\pi_M^b, \pi_R^b) < (\pi_M^c, \pi_R^c) = (123.3520, 43.3952)$，说明分散决策下的零售供应链完全得到协调，达到集中决策下零售供应链收益水平。

不失一般性，其他参数值保持不变，以 λ 与 T 作为变量，如图 10-11 所示，随着折扣系数 λ 增大，M 利润减少，R 利润增加；相反，随着固定支付 T 增大，M 利润减少，R 利润增多。因此零售供应链利益协调的关键在于找到可行的契约空间，即图 10-11 中箭头所指的可行域，协调后制造商和零售商均获得正收益，说明参与主体得到协调，分散决策下零售供应链得到优化。

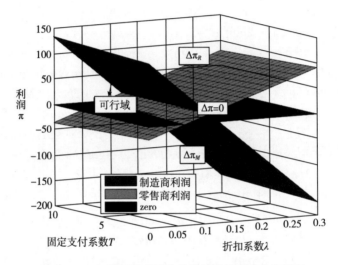

图 10-11　机制设计后零售供应链成员收益变化情况

随着新一代信息技术的应用，消费者需求不确定性增强，消费者个性化需求趋势明显。鉴于此，零售供应链成员通过大数据技术投资对消费者行为数据、交易数据、传感器数据进行挖掘、处理，精确捕获市场需求，增加产品销售量，从而供应链成员收益增加。本部分构建大数据服务商参与的零售供应链模型，经研究得出以下结论：

第一，无论是分散决策还是集中决策，采购大数据服务后零售供应链整体收益高于采购前零售供应链整体收益，说明大数据技术投资可以准确获知消费者画像，增加供应链成员的销量。同时在采购大数据服务后，消费者对质量和购物体验敏感度越高，零售供应链整体利润越大。

第二，无论是否采购大数据，分散决策时零售供应链整体收益低于集中决策时零售供应链整体利润。分散决策下存在明显的双重边际化效应，即分散决策下的零售价格高于集中决策下的零售价，商品采购量低于集中决策下的商品采购量，同时零售供应链总收益低于集中决策时的总收益。

第三，大数据服务商单位支付费用越高，大数据服务商会通过提高努力水平以增加利润；同时，能否将成本系数控制在合理范围内是大数据服务商利润多少的关键。因此在制造商单位费用一定时，要努力优化成本系数，以增加收益。

第四，由于分散决策存在双重边际化效应，零售供应链协调的关键在于找到可行的契约空间，实现分散决策下的供应链优化，通过引入数量折扣—两部定价契约，可以有效解决分散决策问题，协调后制造商和零售商均获得正收益，满足参与约束与激励相容条件，供应链成员利益得到协调，分散决策下的零售供应链得到整合。

本部分仅考虑了大数据技术投资对零售供应链的作用以及供应链整合的作用，在智能零售模式采纳过程中，还涉及人工智能技术、物联网技术、区块链技术、智能合约技术的投资决策场景，其经济学分析过程与大数据投资决策是一致的，都涉及分析分散决策与集中决策下投资收益的比较，以及从分散决策到集中决策的协调过程。由于人工智能技术、物联网技术、区块链技术、智能合约技术作用于智能零售模式采纳的机制不同，其从分散决策到集中决策所采取的协调机制（契约）可能存在差别，但其决策过程的经济学一般原理是相同的。

10.3 智能零售商业模式影响因素与组态效应——基于 TOE 理论框架

智能零售技术模式与商业模式采纳后，是否会带来零售业经营绩效提升仍面临着诸多问题，即智能零售模式采纳与零售业经营绩效提升之间，仍然受到诸多调节变量影响，本部分通过 TOE 理论框架，重点讨论智能零售商业模式采纳的影响因素。

10.3.1 研究视角

在探讨智能零售商业模式采纳的众多理论框架中，Tornatzky 和 Fleischer（1990）提出的技术—组织—环境（TOE）框架占据了显著地位，其影响力跨越多个领域。该框架独特地聚焦于技术应用的多层次情境，深入剖析了技术应用的场景适应性、组织需求契合度及技术与组织规则的融合性，从而构建了一个综合性的技术应用分析视角（邱泽奇，2017）。具体而言，TOE 框架将影响技术采纳的因素划分为技术、组织与环境三大维度。技术维度聚焦于技术本身的属性及其与组织环境的兼容性，包括技术的先进性、与组织结构的匹配度、对组织能力的增强作用以及潜在的经济与社会效益（Chau & Tam, 1997）。组织维度则广泛涵盖了组织特征对技术应用的影响，如组织规模、业务范围、内部治理机制、沟通效率以及资源储备等，这些因素在实证研究中均被证实对技术采纳具有显著作用（Walker, 2014；谭海波、孟庆国、张楠，2015）。尤为值得一提的是，环境维度作为 TOE 框架中的创新点，引入了市场结构、政府政策等外部因素，为理解技术应用提供了更为宽广的视野（Oliveir & Martins, 2011）。这一维度的引入使 TOE 框架能够更全面地捕捉技术应用过程中的复杂性与动态性。尽管 TOE 框架自 20 世纪 90 年代以来在信息管理及相关领域取得了显著的理论与实证成就，但其后续发展也面临挑战。一方面，随着技术快速迭代与市场环境的不断变化，TOE 框架在解释新兴技术应用现象时显得力有不逮，需要不断吸纳新理论、新视角以丰富其内涵（Awa & Ojiabo，2016；Zhang et al.，2017）。另一方面，如何在保持框架灵活性的同时，确保其分析框架的严谨性与普适性，也是未来需要深入探索的问题。

首先，值得注意的是，尽管 TOE 框架在西方情境下得到了广泛应用与验证，但在中国这一独特的社会经济环境中，其实证应用的成熟度与适应性调整尚显不足。中国特有的制度背景、市场环境及文化背景，都可能对源自西方的 TOE 框架在解释本土案例时的效力和适用性产生影响。为此，郭迅华、张楠和黄彦（2010）通过深度访谈等方法，尝试将 TOE 框架应用于分析开源软件在中国政府部门的采纳效果，这标志着国内学界在利用 TOE 框架进行本土化实证研究方面的初步探索。然而，就整体而言，针对中国实践情境的 TOE 框架实证研究在深度与广度上仍有待加强。特别是在技术—组织—环境三大核心要素的具体内涵上，需要结合中国特有的社会、经济、文化等因素进行深入剖析与拓展。TOE 框架作为一个高度概括性的理论模型，其基本概念在不同研究对象及领域中的具体表现形式会有所差异。因此，在将 TOE 框架应用于特定技术应用场景时，研究者需要注重对其进行精细化的定义与拓展，以更准确地捕捉并解释中国情境下的技术采纳现象。未来研究应致力于深化对中国情境下 TOE 框架的理解与应用，通过更多元化的实证研究与理论探索，不断丰富和完善该框架在中国特定环境下的内涵与外延。

其次，TOE 框架在探讨多重技术应用场景间的复杂关系组合上尚存不足，即技术、组织与环境三要素如何协同作用，以何种模式共同影响组织的技术应用效能，这一问题尚需深入探讨（邱泽奇，2017）。在开放系统理论框架下，智能零售技术的采纳与商业模式的创新不仅受制于企业内部资源与能力，还高度依赖于外部环境的支持与配合。这要求我们在分析时，不仅要考虑零售企业自身的资源禀赋，还需评估外部环境如何促进或制约这些资源的有效利用。复杂组织治理的实践启示我们，采用组态分析方法能够更全面地揭示多重条件间的相互作用及其对组织结果的复杂影响机制（Fiss，2011）。组态视角强调条件间的相互关联性和匹配性，认为不同的条件组合可能以不同路径达到相似的组织目标。这一观点为管理者提供了灵活的策略选择空间，使他们能够根据自身资源禀赋和发展阶段，通过差异化的条件配置实现预期目标。在我国智能零售快速发展的背景下，零售企业间的资源禀赋和发展阶段差异显著，这进一步凸显了多元驱动机制在推动智能零售模式采纳中的重要性。因此，对智能零售模式采纳及其经营绩效背后的技术、组织、环境等多重条件进行组态分析，不仅有助于深入理解其背后的复杂机理，还能为不同企业量身定制有效的发展策略，具有重要的现实意义。

10.3.2 分析框架

在充分借鉴现有研究成果的基础上，本部分立足于智能零售技术与商业模式的实际应用场景，对传统的 TOE 框架进行了针对性的调试与拓展，构建了一个适应性更强的分析框架（见图 10-12）。这一框架旨在更精确地捕捉智能零售领域的独特特征与动态变化，为相关研究与实践提供更为有力的理论支撑。

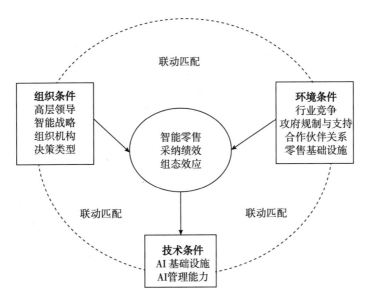

图 10-12　智能零售模式采纳影响因素的 TOE 框架

10.3.2.1　技术条件

根据图 10-12，智能零售采纳的技术条件具体包括 AI 基础设施与 AI 管理能力两个二级条件。零售业智能化转型在技术应用上存在显著的网络化、数字化、智能化、平台化、云端化五个阶段，智能化转型离不开这五个阶段提供的人工智能基础设施。网络化为智能化提供了数据来源，数字化为智能化提供了相关关系，平台化为智能化提供了应用载体，云端化为智能化提供了数据存储计算保障；同时，智能化为网络化、数字化、平台化、云端化技术投资带来了决策保障与盈利保障，因此智能零售采纳严格依赖网络化、数字化、平台化、云端化阶段的基础设施，并且需要与网络化、数字化、平台化、云端化阶段的基础设施保持同步迭代、协同发展。已有研究文献广泛指出，投资于 AI 基础设施并有效运用，能够显著优化企业的内部业务流程，强化决策制定的精准度与效率，进而促进生产效能的提升与交易成本的削减。这一系列积极效应在增强企业管理能力、推动企业绩效增长方面扮演着至关重要的角色（Vial，2019）。具体到本部分中，人工智能基础设施包括网络基础设施、云计算基础设施、大数据基础设施等，在此技术上支撑人工智能技术设施部署应用。人工智能技术设施作用的发挥不是独立部署的结果，而是需要计算机网络与移动互联网提供底层网络，在此基础上通过物联网部署，可以产生海量多源异构数据。在利用网络沉淀、采集数据的基础上，依托大数据技术提供的数据存储、计算能力，挖掘数据体现的物理世界零售活动的相关关系。云计算技术为数据存储、数据计算以及模型训练提供硬件保障。在网络基础设施、云计算基础设施、大数据基础设施集中应用的基础上，人工智能模型基于大数据技术产生的相关关系，依托零售数据产生智能化决策，实现零售活动的降本增效与业务创新。因此从人工智能基础设施看，智能零售模式采纳并不是单一技术的结果，是多种 IT 技术综合作用的产物，互为基础、相互促进，尤其是相互集成与应用程序编程接口（API）的水平决定智能零售模式采纳的使用绩效。

另外，智能零售的优势核心不仅在于技术层面，更在于人工智能能力的深度开发与应用,即管理智慧的展现。依据企业资源基础观的视角,单纯的 AI 基础设施并不足以构筑稳固的竞争优势,因为其易于被其他企业复制。真正决定企业价值创造的是如何在特定环境中有效运用这些 AI 基础设施的能力(Vial,2019)。这种 AI 管理能力构成了智能零售商业模式创新的重要基石,它涉及对海量信息的整合优化、对资源的高效配置、对企业网络的构建,以及对市场变化的敏锐捕捉与迅速响应,最终服务于企业的长远战略决策,引领企业迈向成功(Wiesböck、Hess、Spanjol,2020)。具体而言,人工智能管理能力是指零售厂商在经营管理中整合和应用人工智能技术的能力,以优化业务流程、提升决策效能、增强竞争优势。这种能力体现在以下十个关键领域:

一是人工智能战略规划能力。根据零售厂商业务发展目标,制定 AI 战略规划,确定技术发展方向、数字化投入、关键技术选型等,确保 AI 基础设施、应用系统和服务的发展符合业务需求和行业发展趋势。

二是架构设计与优化能力。构建高效、稳定、灵活且可扩展的 IT 基础架构,包括硬件设施、网络结构、数据中心、云服务架构及应用程序架构等,规划和推行专用人工智能、通用人工智能等新兴技术的应用架构。

三是人工智能项目管理能力。有效执行人工智能项目的启动、规划、执行、监控和收尾过程,确保项目按期、按预算、按质完成交付。使用敏捷方法论或精益方法论进行迭代开发和持续集成 / 部署。

四是人工智能服务管理能力。实施服务生命周期管理,包括服务策略、设计、转换、运营和持续改进(如采用 ITIL 框架);提供高质量的人工智能服务,包括问题解决、变更管理、发布管理、服务级别管理等。

五是人工智能运维管理能力。日常运维工作,包括系统监控、故障排查、备份恢复、安全防护等;能力管理,确保 AI 资源的合理配置和性能优化以满足当前和未来业务需求。

六是合规与风险管理能力。确保 AI 活动遵守相关法律法规、行业规范及企业内部政策;识别、评估和应对 AI 相关的各类风险;确保企业信息系统及其数据的安全性,包括数据保护、访问控制、网络安全等方面。

七是人工智能安全管理能力。确保企业信息系统的安全性,包括但不限于数据安全、网络安全、访问控制、应急响应、灾难恢复等方面。

八是 AI 资产与资源配置能力。包括合理采购、分配、使用和处置 AI 资产,同时做好成本控制和经济效益分析。

九是创新能力。不断引入和应用新技术,推动企业业务模式和工作方式的创新改革,助力企业数字化转型。

十是组织与人员发展能力。建设和发展高效、专业的 AI 团队,提供持续的技能培养和职业发展规划,激发团队潜能;提供培训和发展机会,以适应不断变化的技术环境和业务需求。

企业的人工智能管理能力不仅体现在技术层面的应用,还体现在将 AI 融入整个企业的战略决策、运营管理、客户服务等多个维度,形成一种全面而深入的智能管理模式,以求在日益激烈的市场竞争中取得优势地位。在 AI 基础设施与 AI 管理能力基础上,零售厂商采纳智能零售技术模式与商业模式,智能零售模式与 AI 基础设施、AI 管理能力深度融合,最终实现 AI 基础设施和 AI 管理能力相互补充,共同促进智能零售商业模式采纳及其使用绩效。

10.3.2.2　组织条件

技术革新具有重塑组织结构的强大力量，组织环境也会反过来对技术产生深远的影响，甚至在一定程度上塑造技术的发展方向（Mergel & Desouza，2013）。在探讨技术创新应用的成功要素时，学术界往往将焦点放在组织与管理层面，考察组织资源调配的效能、权力结构的集中或分散程度，以及组织间互动产生的竞争与合作压力等因素（于文轩和许成委，2016；Grimmelikhuijsen & Feeney，2017）。具体到智能零售模式的实施，领导者的角色显得尤为关键，他们的关注焦点与支持力度，成为决定政策导向与项目进展的重要风向标（陈思丞和孟庆国，2016）。高层领导的深度参与，能够促使组织重新评估并调整各项议题的优先级，零售企业对智能零售模式采纳的敏锐度与响应速度，将直接映射到该模式对企业绩效的促进效果上。因此，高层领导不仅是智能零售商业模式创新的倡导者，更是推动其落地生根、开花结果的关键力量。

零售厂商高层领导具有一定的战略远见和技术趋势的前瞻性，企业就更倾向于采纳并坚定执行智能零售商业模式的转型，进而在组织内部实现深度融合与应用，最终达成降本增效的双重目标。此外，技术应用成功实施的关键在于高层管理者是否具备强烈的变革动机以及高效整合资源的能力。埃森哲的调研数据显示，高达 58% 的领军企业受访者指出，其数字化进程由高层管理人员亲自掌舵，这凸显了高层在推动转型中的核心地位。一方面，高层管理者对智能化转型的坚定支持，能够有效减少内部整合过程中的阻力，促使企业加大对智能化转型的投资力度，从而更好地把握转型带来的机遇，并增强对未来发展的预见性。另一方面，管理者的领导力被普遍视为数字化转型成功的首要驱动力（Karimi，2015）。在当今快速变化的市场环境中，管理者持续追踪市场动态、敏锐捕捉技术革新并将其转化为商业优势的能力尤为重要。通过科学合理地配置资源，管理者能够确保智能化转型的顺畅进行，推动零售企业在智能化转型的浪潮中稳健前行。

组织因素包含高层管理和智能化战略，在高层领导的主导下，根据零售厂商业务发展目标，制定 AI 战略规划，确定技术发展方向、数字化投入、关键技术选型等，确保 AI 基础设施、应用系统和服务的发展符合业务需求和行业发展趋势。现有研究与丰富的实践案例共同揭示，智能化战略在推动企业成功实现智能化转型过程中扮演着举足轻重的角色（Bharadwaj、Sawy、Pavlou，2013）。智能化战略通过聚焦于智能化领导力的培养、构建敏捷且可扩展的智能化运营体系、优化智能化客户体验、促进新兴智能化创新，并有效协调整个智能化转型流程，助力企业达成智能化转型的既定目标（Proksch、Rosin、Stubner，2021）。企业若想在智能化浪潮中保持并增强自身的竞争力，制定并执行一个全面而周密的智能化战略就至关重要。相反，若缺乏明确的智能化战略指引，企业可能会面临决策失误与资源错配的困境，最终导致宝贵资源的无谓浪费（Hess、Matt、Benlian，2016）。因此，构建并持续优化智能化战略已成为企业智能化转型不可或缺的一环。企业智能化战略由外部咨询机构提供，依托专业的第三方机构围绕零售企业智能化转型战略、路径、策略等需求，为零售企业提供智能化转型升级路线图和发展指引。

在确立清晰的智能战略框架后，构建专门的组织机构负责实施显得尤为重要，专门的组织机构将聚焦于技术应用的深化、业务流程的精细化优化及组织的持续变革。设立独立的 IT 研发部门或人工智能实验室，不仅为企业采纳先进的人工智能商业模式奠定了基础，更促进了技术的深度融入与落地。一方面，此类专门机构能够精准捕捉前沿科技动态与行业动态，深入理解企业内部的业务需求与人工智能应用场景，从而定制化开发符合企业实际的人工智能项目。通过内部的专业分工与流程化运作，部门经理能够有更多精力投身于前沿技术的探索与研究，引领企业向更高级别的人工智能领域迈进。另一方面，专门的组织机构在促进企业内部与外部沟通方面发挥着不可替代的作用。在企业内部，业务部门与技术部门之间的知识壁垒常常成为制约合作效率与效果的瓶颈。而由内部人员构成的 IT 研发部门或人工智能实验室，凭借其既懂业务又懂技术的双重优势，能够有效打破这一壁垒，成为连接业务与技术、内部与外部的桥梁。企业内部人员不仅熟悉企业的业务流程，还能以技术语言与各方进行有效沟通，确保人工智能项目的顺利推进与实施。部分零售厂商探索以智能零售实验室替代传统组织机构。智能零售实验室有两个作用：一是寻找外部合作资源，丰富企业内知识；二是理解企业内部可以 AI 赋能的实验场景。智能零售实验室的具体连接作用如图 10-13 所示。

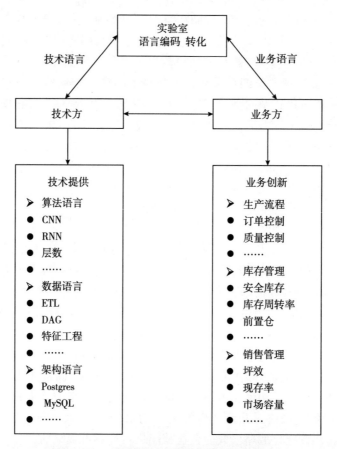

图 10-13　智能零售实验室的具体连接作用

智能零售实验室起到将技术语言与业务语言相互转化（翻译）的作用，其将零售厂商内部"人、货、场"业务部门实际业务痛点与业务需求转化成人工智能技术需求，同时将技术需求传导到人工智能技术提供方。在智能零售实验室的技术架构与技术选型基础上，人工智能技术提供方通过专用模型与通用模型解决零售厂商内部"人、货、场"业务部门实际业务痛点，最终实现实验室与技术提供方、业务方合作，其解决了技术提供方与业务合作方直接沟通过程中的信息不对称以及监督问题。

零售企业的决策模式对于智能零售商业模式的采用具有至关重要的影响。当企业高度依赖一线员工的经验来指导决策时，企业对于引入人工智能技术的动机往往更为强烈。这是因为，过度依赖个别员工的经验可能带来潜在的风险：一旦这些关键员工离职，他们长期积累的隐性知识也会随之流失，可能破坏已经建立起的流程管理逻辑，使企业面临不可预测的风险与损失。因此，通过智能零售商业模式的引入，企业可以寻求更加系统化、标准化的决策支持体系，以减少对个别员工经验的过度依赖，提升整体运营的稳健性与可持续性。

此外，零售厂商资金资源的充裕与否对于其零售商业模式采纳同样有潜在影响。最后需要持续不断的资金支持，诸如技术开发与采购、专业技术人才聘用、信息系统升级、服务外包等均需要零售厂商投入相当的资金资源以提供保障。因此，技术开发与采购是智能零售模式采纳最主要的资金投入，主要包括智能硬件、软件系统、云计算与物联网等，包括自助结账机、智能货架、电子货架标签（ESL）、人脸识别支付系统、AR/VR 试衣镜等智能硬件；包括库存管理系统、客户关系管理系统（CRM）、大数据分析平台、个性化推荐引擎等软件系统；云计算与物联网（IOT），用于数据收集、处理和分析，支持系统的稳定运行和远程管理。零售企业需要采集和使用海量消费者数据，由于《中华人民共和国网络安全法》《中华人民共和国数据安全法》《中华人民共和国个人信息保护法》的相继出台，确保数据的安全和合规成为必须，这需要投资于高级的数据加密技术、安全认证系统及合规咨询等。虽然智能零售旨在减少人力成本，但对技术维护、数据分析和顾客体验设计等高技能人才的需求增加，需要投资于员工培训或引进新人才。总体来说，智能零售的资金投入规模根据企业的具体目标、现有基础和市场定位而异，从中小零售商的局部智能化改造到大型连锁零售企业全面智能化转型，所需投资可以从数十万元到数亿元不等。零售企业在进行投资决策时，应综合考虑长远战略规划、预期回报率及市场接受度等因素。

10.3.2.3 环境条件

零售业是生产与消费的中间环节，其零售活动需要嵌入社会再生产系统，受到外部环节的影响与制约。在智能零售模式采纳过程中，零售业受到行业竞争、政府规制与支持、合作伙伴关系、零售基础设施等外部环境影响，制约智能零售模式经营绩效。在数字经济时代，行业智能化水平是形成竞争优势的重要支撑，面对来自竞争对手及合作伙伴在智能化领域的快速进步，企业普遍感受到强烈的竞争压力，这种压力反而激发了企业内部的创新活力，驱使其加快智能化转型的步伐（金珺、李诗倩、黄高彬，2020）。进一步的研究揭示，技术水平较高的行业内的企业，相较技术相对滞后的行业内的企业，展现出更强的创新能力（Hue，2019）。当一种创新的商业模式成功进入市场后，它往往会成为一股不可忽视的力量，对既有的市场格局产生深远影响，展现出独特的传染与扩散效应。在智能零售领域，竞争对手的积极采纳无疑成为推动零售企业加速采纳智能零售模式的重要外部因素。竞争对手在人工智能技术和产品上的积极布局，以及由此产生的竞争加剧和技术迭代加速，直接促使零售企业积极采纳智能零售模式，以保持在市场中的竞争力。

同时，行业智能化水平可以直接降低智能零售商业模式采纳的成本。智能硬件设备的成本降低和普及率上升，使智能零售解决方案更为经济可行，提升了智能零售采纳的可能性与经济性。行业智能化水平的提高，可以有效提升资本市场对智能零售的关注和支持程度，以及是否有足够的资金支持企业进行技术创新和市场拓展。例如，阿里巴巴新零售概念的提出，持续带动了资本市场对零售行业的关注，导致零售企业普遍采取数字化转型、全渠道融合、智能物流改造等策略，同时使零售业数字化成本普遍下降，最终带来零售业全行业转型。

若将竞争对手等外部环境因素视为对企业智能零售采纳与应用产生的隐性市场驱动力，那么政府的政策支持则构成了直接且显著的显性推动力量。政府往往通过提供基础设施建设的承诺、向零售企业发放补贴及奖励等措施，积极推广创新信息技术，旨在激发零售企业采纳与应用新技术的意愿。研究已证实，政府的支持政策能够显著提升中小企业采纳创新科技的积极性，特别是在资源有限且渴望技术升级的情况下，中小企业更倾向于向政府机关寻求外部援助。鉴于零售企业，尤其是占据主导地位的中小企业在智能化转型过程中常受限于自身资源和能力，难以与大型企业直接竞争，外部支持显得尤为重要。若缺乏外部力量的介入，中小零售企业的智能化转型之路将举步维艰。现有研究，如 Chen、Lin 和 Chen（2021）的工作，已明确指出政府支持是企业智能化转型成功的关键因素之一。因此，作为政策制定者，政府应积极制定并强化一系列支持性政策和项目，为中小企业提供必要的政策保障和转型助力，从而有效推动整个零售行业的智能化转型进程。政府通过制定科技创新战略、财政补贴、税收优惠等政策来鼓励人工智能的研发和商业化进程，促进本土人工智能技术及产业的发展。政府在智能零售领域的政策引导、行业标准制定以及对新商业模式的监管态度都会影响行业的发展路径，尤其是智能零售行业标准的制定与出台，可以加速全行业技术创新以及推广应用速度，直接降低智能零售模式采纳成本，增加竞争零售供应链上下游兼容的可能性。政府投资建设支持 AI 发展的数字基础设施，如数据中心、高速网络等，以及推进大模型在零售领域的应用落地与应用程序开发接口（API），也会进一步影响智能零售采纳绩效。除了支持性的政策和项目外，政府出于数据安全的考量会对数据流动性的限制。人工智能发展在很大程度上依赖于大量且多样化的数据资源，零售厂商严格依赖于消费者数据的开发与利用，严格的数据安全相关法律法规将影响人工智能领域的大数据收集、分析和模型训练。各国政府对数据安全和个人隐私保护方面的法律法规越来越严格，如欧盟 GDPR、CCPA 等与数据安全相关的法律法规，针对人工智能伦理、安全、透明度和责任归属的制定专门的法律法规，要求企业在开发和应用人工智能时遵循严格的指导原则，防止潜在的风险和危害。这些法律法规会影响到人工智能对个人数据的采集、处理和使用，直接导致零售企业人工智能使用与合规成本不断上升。

智能零售采纳的绩效深受零售供应链上下游企业间的互动影响，积极参与并共同构建生态圈，已成为推动零售智能化转型不可或缺的路径。成功的智能化转型依赖于构建一个充满活力的合作伙伴生态系统，这一系统能够促使组织不断进化与适应（Chen、Lin 和 Chen，2021）。组织间关系的建立，如同一张紧密网络的编织，有助于企业跨越界限获取资源，降低运营中的不确定性，并增强彼此间的相互依赖性。即便在资源相对有限的情况下，企业仍可通过与合作伙伴携手合作，实现跨越式增长。这种合作关系的构建，以及随之形成的价值共创机制，不仅为企业开辟了新的资源获取渠道，还促进了协同效应的发挥，共同创造出更大的市场价值。对于零售企业而言，这正是推动其智能化转型、实现可持续发展的关键要素。零售业智能化转型与供应链合作是相辅相成的，不仅能够提升企业内部的运营效率，还能增强整个供应链的灵活性和响应速度，最终在竞争激烈的市场环境中获得优势。面对快速变化的市场需求和技术革新，供应链合作伙伴之间的协同合作能够加速新技术的应用，如物联网、大数据分析、AI 等。供应链合作伙伴共同开发智能物流系统，实现货物运输的实时监控和优化，提升供应链的整体反应速度和效率。例如，在零售场景中，例如智能补货和智能物流的应用，离不开零售供应链厂商的同时采纳和应用，不然智能零售商业模式是无法实施的。通过建立长期稳定的合作关系，零售商与供应商、物流服务商等合作伙伴可以共享信息，实现集中采购、库存共享，降低运营成本。智能供应链解决方案能有效减少库存积压和缺货现象，平衡供需，进一步降低成本。供应链合作促进了信息的透明流通，有助于缓解牛鞭效应，即需求预测的逐级放大现象，使供应链上下游企业能更准确地根据市场动态及时调整策略，降低由信息不对称带来的风险。智能化供应链通过提高物流配送效率、缩短交货周期、实现精准库存管理，直接提升了顾客的购物体验，增强了品牌的市场竞争力。在面对突发事件（如疫情、自然灾害）时，一个高度协同、灵活的供应链网络能够更快地调整供应链策略，保障供应链的连续性和稳定性，帮助企业迅速恢复运营。通过与供应链伙伴的深度合作，企业能够共同探索新的商业模式，如线上线下融合、个性化定制服务等，这些创新不仅能提升企业自身的竞争力，也能带动整个行业的发展和升级。供应链合作是零售业智能化转型成功的关键，它不仅关乎效率与成本，更是企业适应未来市场变化、实现可持续发展的重要基石。

随着数字化、网络化和智能化水平的不断提高，零售基础设施的智能化水平也不断提高，高效智能的零售基础设施是智能零售快速反应和高效服务的基础，影响智能零售的效率和服务质量，同时也对接入零售厂商的智能化水平提出了全新要求。零售业基础设施由交易平台、物流平台、数据平台、金融平台、物联网、社交平台、其他第三方平台组成。交易平台分为 B2B、B2C、C2C、O2O、C2B 模式。其中 C2B 即消费者到企业模式，消费者提出价值主张和具体需求，企业按需定制生产。物流平台是以智能骨干网络连接物流企业、仓储企业、第三方物流服务商、供应链服务商实现全社会物流供需的双向匹配。金融平台将面向供应链网络资金需求，实现普惠金融和精细化管理，发展的核心是支付、信用、供应链金融等。社交平台是实现双向交互的基础，具体包括即时通讯与社交网络等。物联网是实现零售基础设施物物连接与交互的核心，以共同标准形成覆盖零售供应网络的物联网，是零售业智能化的基础与核心。数据（信息）平台是零售基础设施的先导，信息具有二重性，任何信息都代表着相应的零售活动的要素、资源和事物，反映零售主体的存在、活动与关系，信息是零售物质存在的反映；同时信息是实际存在和变化的资源、活动和行为，是具体的零售服务。其他第三方平台是零售基础设施的有效补充，是零售基础设施的黏合剂。在整个零售业态演化的过程中，典型零售商普遍尝试构建覆盖全社会的商业基础设施，沃尔玛在 20 世纪 90 年代基于信息流的整合，建立了 Retail Link 开放系统，将系统开放给供应商，并为供应商提供成熟的、多角度的商品分析方法和工具，共享商品管理、定价、促销、毛利等零售信息，使信息共享、共同利用成了发展趋势。在物流方面，第三方物流的出现，进一步促进了物流的专业化，提升了物流效率。2016 年京东商城正式宣布京东物流正式向第三方开放，服务中国商业社会，为外部企业降低供应链成本，提升流通效率。阿里巴巴作为中国领先的商业基础设施供应商，其提供资金流（支付宝、蚂蚁金服）、大数据（阿里云）、物流（菜鸟物流）等基础服务，赋能商业基础设施，重构中国商业体系。零售基础设施为零售活动的商流、物流、信息流、资金流等提供了普遍接入的接口，零售企业通过较低成本接入即可履行零售职能。随着零售基础设施网络化、数字化程度深化，交易平台、物流平台、数据平台、金融平台、物联网、社交平台、其他第三方平台等普遍部署专用模型与通用模型，加速智能化转型，零售企业通过 API 接口可以快速实现智能化决策，降低了零售企业智能化转型成本，有效提高了经营绩效。零售基础设施智能化转型在为零售厂商提供了便利的同时，对接入零售厂商的智能化水平也提出了全新要求。只有零售厂商拥有较好的数据基础与人工智能决策能力，接入零售基础设施才会带来明显的降本增效，否则会增加自身的协调难度与运营成本。例如，现阶段部分线下零售企业通过接入即时零售平台（如美团闪购、饿了么、京东到家等），即时零售与即时配送效率紧密相关，消费者更加关注即时配送效率，因此需要在前置仓等方面加大智能化投入，匹配好资金、人力、技术等资源，并加大对无人车、无人机等无人配送技术的投入，优化配送大数据系统，缩短配送时间。部分零售企业在接入即时零售平台后，由于自身不具备较好的数据基础与人工智能决策能力，导致大量即时订单无法满足，影响消费者体验，降低零售厂商经营绩效。

10.3.2.4 组态效应

智能零售商业模式的采纳是一个多维度、多因素交织的复杂过程，其驱动力并非源自单一要素，而是技术条件、组织条件以及外部环境条件协同作用的综合体现。单一因素的推动难以独立促成智能化转型的成功，而是需要多个前提条件在动态交互中共同发力，展现出"多重并发"的显著特征。这一发现从实证层面强化了智能化转型作为复杂系统工程的观点，强调其深受多因素交织影响的本质。值得注意的是，不同要素对智能化转型的"净效应"并非普遍适用，而是高度依赖具体情境，这在一定程度上解释了过往研究中结论差异性的原因。技术、组织与环境的多样化组合，为零售厂商探索智能化转型开辟了多条等效路径，每条路径虽方法各异，却均能殊途同归，达到相似的转型成效。这一认识不仅丰富了我们对智能化转型过程的理解，也为企业在实践中灵活应对、选择最适合自身条件的转型策略提供了理论依据。全要素驱动型是最为理想的智能零售商业模式采纳类型，由技术、组织、环境各条件通过相互间的联动适配才能发挥作用，共同推动智能零售商业模式转型成功，因此将其命名为"全要素驱动型"。全要素驱动型具有最大的一致性与覆盖度，对智能零售模式采纳成功具有强解释力。但在零售厂商智能化转型的过程中，很难获取全要素的联动匹配，例如研究技术缺失型零售厂商的转型方案，表明技术并不是零售厂商转型的必要核心条件，存在技术劣势的企业更应该注重组织和周边环境生态的协同共生，因此会产生组织—环境导向型转型路径。又如研究高技术条件的零售厂商的转型方案，零售厂商依托较强的 AI 基础设施与 AI 管理能力，可以通过组织条件配套形成组态效应，快速实现零售厂商智能零售商业模式采纳，如阿里巴巴、京东等平台厂商依托其线上零售沉淀的 AI 基础设施、AI 管理能力以及高效的组织条件，可以快速采纳智能零售商业模式并获得成功。研究结果表明，零售厂商智能零售商业模式采纳不存在唯一最佳路径，产生统一结果的路径是多样的和等效的。

10.4 智能零售商业模式采纳后的融合与冲突

零售厂商在采纳智能零售商业模式之后，往往会面临一个关键的挑战，即新模式与既有管理体系及业务流程之间的潜在不兼容或冲突。这种新兴技术与商业模式的引入，本质是对传统零售运营惯例和制度框架的一种革新，因此，它不可避免地会与现有的运营方式和组织文化产生差异，从而引发对旧有合法性的质疑与挑战。在这一过程中，新模式的推广往往会遭遇来自组织内部的多重阻力。这些阻力可能源自对未知变化的恐惧、对既有利益格局的维护，或是对新模式效果的疑虑。这些因素共同作用，可能在一定程度上削弱新模式的推广力度，进而影响其整体实施效果。因此，零售厂商在推动智能零售商业模式落地时，需要充分预见并妥善应对这些潜在的冲突与阻力。通过有效的沟通、培训与激励机制，促进组织内部的认知转变与行为调整，确保新模式能够顺利融入并优化现有的管理体系与业务流程，最终实现零售企业的智能化转型升级与可持续发展。零售企业在引入人工智能技术时，必须在提高效率、降低成本、增强竞争力与妥善处理人力资源、消费者权益、法律法规以及文化心理等诸多方面的冲突中寻找最优路径，做到合理化、人性化、合规化的技术应用。零售企业在使用 AI 时所遇到的冲突主要包括以下九个方面：

第一，人力资源的变革与冲突。人工智能技术能够自动化替代许多重复性的任务，如库存管理、客户服务、采购管理等，可能导致一部分传统零售岗位的消失，引起员工失业或需要重新培训转岗的冲突。尤其随着智能零售高级形态——无人零售的大规模采纳与应用，这种趋势会愈加明显。这涉及劳动法规定、社会保障、工会谈判等一系列与员工权益相关的冲突。在推进人工智能商业模式的过程中，组织与管理层面所遭遇的阻力不容忽视，其中一个显著的问题是人工智能技术的引入可能导致劳动力重新配置问题。随着 AI 逐渐取代部分人工劳动，既有劳动力面临闲置的风险，如何高效、公平地重新分配这些劳动力资源，成为企业亟须解决的管理难题。此外，部门管理者对新模式的抵触情绪也是一大挑战。由于 AI 商业模式通过算法优化和自动化手段减少了对人力的依赖，这在一定程度上削弱了管理者的管理权力，使他们感到被边缘化或失去控制感。正如访谈中某位基层管理者所表达的那样，从管理众多员工转变为管理少数机器，这种角色的转变可能引发深刻的心理不适和抵触情绪。若忽视这类管理层的抵触情绪，将可能对项目的顺利推进构成阻碍。因此，企业在实施 AI 商业模式时，需采取积极的沟通策略，充分理解并尊重管理者的感受，通过培训、激励等方式帮助他们适应新的管理角色，共同探索人机协作的新模式，以实现组织的平稳过渡与持续发展。

第二，客户体验与隐私权的平衡。人工智能可以通过分析消费者数据提供定制化的产品推荐和服务，但这也可能引发消费者对个人隐私数据被滥用或泄露的担忧，零售企业在提升服务质量与保护消费者隐私间需要找到平衡点。

第三，技术投入与回报预期。高昂投资与短期收益难匹配，部署和维护 AI 系统往往需要大量资金投入，而短期内可能看不到显著的经济效益，这使企业的财务规划和股东期望形成了冲突。从智能化转型现实看，高昂的投资需要依赖较长周期的成本节约与利润创造实现弥补，难以从短期获得财务回报，因此容易在管理团队与股东间产生冲突。

第四，零售厂商与技术提供方会存在信任危机。在人工智能技术部署和集成过程中，特别是在模型训练与优化以及测试与试点阶段,零售厂商与技术提供方会存在信任危机。由于专用模型与通用模型在初始使用阶段并不会快速达到理想的效果,需要一定的训练周期才能不断提高准确度以及系统的适配度,这是人工智能技术固有的特点。如果在此过程中,零售厂商与技术提供方存在知识差距以及缺少技术协调方,就会存在零售厂商过于关注模型结果,而忽略实现过程问题,导致零售厂商对技术提供方产生信任危机。尤其是当存在人工智能投资较高的同时零售厂商期待较高时,由于算法的初始精度较低,会出现人工智能系统结果与零售厂商期望结果的差距,因此陷入零售厂商唯结果论的信任危机,直接影响后续阶段的人工智能部署与集成进展。

第五,决策权威与人工角色定位。一是人工决策与 AI 决策融合,AI 系统能够做出基于数据驱动的决策,但在某些情况下可能不如经验丰富的管理者判断准确。零售企业需要明确在何种情境下应更多地依赖 AI,何时又应坚持人为决策,避免两者间的决策冲突。二是决策权分配,随着 AI 在决策过程中的作用增加,零售企业原有权力结构可能发生改变,传统零售企业管理层级可能与 AI 决策机制发生冲突。三是信任问题,员工可能对 AI 的决策和判断产生怀疑或抵触,特别是在涉及晋升、裁员等关键决策时。

第六,法规遵从与技术发展。新兴技术的法规滞后,随着 AI 在零售领域的应用不断深化,现有法律法规可能无法全面覆盖其所带来的新问题,企业在追求创新与保持法规合规性之间可能会遭遇冲突。

第七,文化接受度与技术采纳。员工和消费者对 AI 的态度方面,并非所有员工都愿意接受或擅长与 AI 技术配合工作,而部分消费者可能对无人化或高度智能化的服务持有疑虑或抵触情绪,这就要求零售企业在推行 AI 技术时需考虑文化接受度的问题。人机协作冲突方面,在实际操作层面,零售企业员工可能对与 AI 协同工作感到不适或抗拒,尤其是在工作流程被颠覆、人际关系被淡化的情况下。

第八,内部组织与外部组织冲突。在外包类项目中,涉及 AI 技术的引入往往伴随一个复杂的融合过程,这一过程中,内部技术人员可能产生特定的心理反应与行为表现。由于外部技术人员携带的 AI 新知识往往处于行业前沿,他们的加入可能会改变内部技术团队原有的工作格局,使部分内部技术人员感到自身地位受到挑战或边缘化,尤其是在他们被要求辅助外部团队进行数据收集等支持性工作时。这种情境下,内部技术人员可能产生排外心理,担心外部人员的到来会威胁到自己的职业安全或重要性,进而表现出对外部团队的不配合或抵触行为。例如,在数据收集阶段,内部技术人员可能会采取拖延战术,降低沟通效率;在项目验收阶段,则可能对技术细节过分挑剔,甚至故意夸大项目缺陷,以凸显自身在团队中的价值。为了缓解这一矛盾,企业应采取有效措施促进内外部技术团队的融合与协作。首先,加强沟通与交流,确保双方对项目的目标、期望及各自角色有清晰的认识;其次,提供必要的培训与支持,帮助内部技术人员快速掌握新知识、新技能,增强其在新环境中的竞争力;最后,建立公平的激励机制,认可并奖励内部技术人员的贡献,同时鼓励其积极参与到项目的各个环节中,共同推动项目的成功实施。

第九,知识态度冲突。企业在面对新兴技术(如人工智能技术)时的知识融合策略,深受其对待知识的态度影响,而这种态度在国内外企业中呈现鲜明的对比。A 超市作为本土企业的代表,其在外包人工智能项目时,倾向于将技术实现过程全权委托给第三方,通过严格的时间管理和服务方案要求,追求快速投产与运营效率,展现出一种以应用为导向的知识利用态度。相较之下，外资驻华的大型零售企业 B，其策略则大相径庭。在与人工智能方案提供商的合作中，B 企业坚持让本公司的 IT 技术人员深度参与整个过程，通过紧密的人员交互和嵌入式合作，不仅确保项目的顺利推进，更将重点放在知识的获取与积累上。这种合作模式旨在培养内部技术人员掌握核心的开发技术和系统维护能力，体现了一种探索型的知识学习态度。由此可见，国内外企业在知识融合策略上的差异，不仅体现在合作方式的选择上，还深层次地反映了它们在技术创新、人才培养及长期发展规划上的不同理念和战略导向。

10.5　本章小结

智能零售技术投入是存在显著成本的，因此其需要在传统零售商业模式基础上构建与智能零售相适应的商业模式，弥补智能零售技术投入成本。本章重点基于画布理论，从客户细分、价值主张、渠道通路、客户关系、收入来源、核心资源、关键业务、重要合作和成本结构方面介绍了智能零售商业模式构成。智能零售商业模式采纳并不是单一零售企业的结果，其需要零售供应链成员相互合作、利益共享。本章通过三级零售供应链模型进一步验证智能零售技术投入过程中供应链合作的作用与结果。智能零售技术模式与商业模式采纳后，是否会带来零售业经营绩效提升仍面临着诸多问题，即智能零售模式采纳与零售业经营绩效提升之间，仍然受到技术—组织—环境调节变量影响，本章重点借助 TOE 框架分析了三者的影响以及其构成的组态效应。

11 智能零售商业模式采纳与零售业经营绩效研究

智能零售采纳可以实现零售企业降本增效，也会带来采纳成本，其最终绩效取决于智能零售采纳净效应。同时，上述分析也表明，智能零售模式采纳仍面临着技术、组织、环境条件的影响，其最终绩效受到技术、组织、环境三者的调节。本章通过中国零售业上市公司数据，验证智能零售采纳与零售业经营绩效之间的影响机制与调节效应。

11.1 研究背景

面对数字革命所带来的机遇和挑战，中国始终致力于促进数字技术和实体经济深度融合发展加速数字产业化与产业数字化转型，为传统产业的蜕变升级注入强劲动力。随着互联网技术发展与大数据应用的广泛渗透，传统零售企业正步入数字化转型的快车道，这不仅是零售企业追求高质量发展的必由之路，也是顺应时代发展的必然选择。零售业作为国民经济基础行业，是支撑国家经济增长和社会发展的重要力量。2022 年社会消费品零售额占 GDP 总额的 40% 以上，表明零售行业是驱动国家经济持续增长中的核心地位。在此背景下，国家宏观政策的精准调控、行业发展趋势的清晰指向，以及消费者日益增长的多元化、高品质需求，共同构成了推动零售企业向数字化转型的强大动力。

实体零售企业在长期运营中，因业态、商品及商业模式的趋同性，陷入了同质化竞争的困境，加之电子商务的迅猛冲击，导致关店潮频发，行业面临严峻挑战。随着"互联网+"的深入发展，虽然初期线上用户激增带来了显著流量红利，但近年来传统电商行业也步入了增长放缓的瓶颈阶段。国家统计局数据显示，自 2017 年起，零售额增速已显现放缓迹象，进一步加剧了零售业的经营压力。2020 年新冠疫情的暴发更是加速了消费者行为模式的转变，为零售企业带来了前所未有的生存考验。面对行业低迷与不确定性加剧的市场环境，零售企业如何破局而出，实现稳健发展与壮大，成为亟待解决的关键问题。"十四五"规划提出"充分发挥海量数据和丰富应用场景优势，促进数字技术与实体经济深度融合，赋能传统产业转型升级，催生新产业新业态新模式，壮大经济发展新引擎"，为传统零售业指明了转型升级的新路径——向智能零售迈进,这不仅是我国新实体经济发展的核心要义,而且是行业顺应数字经济时代潮流、实现可持续发展的必然趋势。那么智能零售模式采纳是能够带来企业经营绩效的提升,还是由于高额的固定成本导致企业转型失败?这一问题值得探究。从现有文献看,对于智能零售模式是否能提高企业的经营绩效这一观点,学者未能达成共识,持肯定和否定两种态度。

持肯定态度的学者认为智慧零售商业模式能够提高企业全要素生产率,并且在企业不同资源禀赋和动态能力约束下,不同所有制企业表现特征不同(王晓东、万长松和谢莉娟,2023)。智能零售商业模式对企业经营绩效的影响主要表现在智能零售通过提高企业创新能力从而提高企业绩效。一方面,数字技术驱动促进零售企业商业模式创新(赖红波,2020),促进企业提供具有技术优势的产品和服务,提升企业绩效(张省和杨倩,2021);另一方面,促进零售企业供应链创新、整合资源,提高供应链治理水平,增加创新投入,降低融资成本,提高创新产出(贾军和薛春辉,2022)。智能零售还可以通过技术创新和管理创新机制缓解信息不对称,降低企业的交易成本和代理成本(刘淑春等,2021),激励企业增加创新投入,提高企业经营绩效(周红星和黄送钦,2023)。

持反对态度的学者认为目前新零售的盈利模式尚未被验证,大多数零售企业的经营情况不容乐观(施凡成,2020)。一方面,企业进行数字化的投入需要经过一段时间才会发生作用,在短期进行投资后,可能并不会产生效果,以至于由于资金问题对企业的经营、运营产生抑制影响(崔琳和曾峰,2023)。另一方面,企业在引入新型数字技术时,常面临管理模式与既有业务深度交织的挑战,这要求在一定时间内进行内部融合与适应。同时,现有数字技术可能尚未充分贴合企业的实际需求,特别是在处理复杂业务场景时应用不深入(何姗,2016)。此外,企业管理能力的提升往往滞后于技术变革的速度,这导致新投入的数字技术难以迅速与企业原有资源深度融合,进而限制了数字化转型后整体绩效的显著提升(戚聿东和蔡呈伟,2020)。尹雪婷(2020)的研究揭示了效率型商业模式创新在先动型市场导向的推动下,能够有效提升企业竞争力,从而促进企业绩效增长;然而,新颖型商业模式创新虽然具备潜力,却也伴随与交易伙伴间沟通成本的增加,这可能动摇现有销售渠道的稳定性,最终对企业的财务绩效产生不利影响。因此,企业在追求数字化转型与创新时,需审慎评估并平衡不同模式间的利弊,以确保转型策略的有效性与可持续性。

11.2 智能零售对零售业经营绩效影响理论分析

随着"互联网+零售""数据×零售"战略的实施,零售业在降本增效方面取得了一定效果,但仍存在一定问题。一方面,传统零售业高库存、市场响应慢及供应链不健全问题日益突出;另一方面,互联网普及所带来的流量红利在逐年衰减,数字零售的发展也陷入瓶颈,再加上持续技术创新与消费不断升级的联合驱动,零售业向智能零售转型升级势在必行(周永务和李斐,2022)。

11.2.1 智能零售采纳对零售业经营绩效直接影响效应

第一，智慧零售采纳可以解决传统零售的供需双方信息不对称问题。一方面，智能零售能够通过数据挖掘与智能分析进行消费者画像，向消费者提供基于个人独特偏好的信息，动态更新所传递产品与服务，实现"千人千面""一人千面"，满足消费者个性化、多样化的需求，提高供需匹配效率，有效改善由于供给端信息不对称造成的供需匹配效率低问题。另一方面，智能零售采纳实现供应链各环节信息共享与兼容，企业能够迅速捕捉产品销售的实时数据以及用户的直接反馈，从而敏捷地洞察市场动态的变化趋势以及消费者对产品需求的微妙演变。这种高效的信息获取能力，为企业提供了宝贵的市场洞察，助力其灵活调整策略，快速响应市场变化，充分开发微小化细分市场以及长尾市场（王宝义，2017），有助于企业识别和开拓新市场，缓解需求端信息不对称。同时，零售厂商和生产厂商间的合作生产关系可以由基于流通渠道的供销关系转变为基于供应链的产销合作关系，供应链的上游组织基于零售终端信息制度化共享，充分整合分散化的生产资源，进一步实现将有效产能高效配置到生产的各个环节（谢莉娟和庄逸群，2019），减少了信息不对称引起的损耗，协调产业链的柔性化建设。随着全社会范围内协同网络的日益完善，零售业的整体运作将显著减少信息不对称现象（任阳军等，2024）。在这一协同框架下，生产厂商、零售企业与消费者紧密合作，以消费者需求为核心驱动力，共同参与到商品与服务的全生命周期中，包括设计、生产及流通等关键环节。借助协同网络的力量，各参与方能够高效整合资源、优化要素配置并公平地分配利益，最终促成零售业生态系统中各方合作共赢新局面的形成。

第二，智能零售采纳以消费者交易数据为中心进行顾客关系管理和线上线下零售资源整合。这不仅促进了零售企业内部商业资源的互补互促，还促使产品、物流、服务、消费数据、会员体系等关键要素与业务流程高度契合，实现了企业资源的深度整合与高效利用。线上线下销售网络的协同作业与资源要素的精准配置，有效缓解了新零售创新路径上的挑战，同时分摊了资源与要素投入成本，直接降低了单品成本，提升了利润空间，增强了零售企业的盈利能力。线下零售长期以来积累的品牌信誉为线上渠道的产品销售增添了信任背书，而线上线下的无缝对接则拓宽了消费者社群，深化了用户对产品价值及购物体验的感知。这种正面感知进一步加深了顾客与企业产品之间的情感联系，提升了顾客忠诚度，促使顾客在同等条件下更倾向于选择该企业产品，显著拉动了销售额增长，进而强化了零售企业的盈利能力。此外，线上线下全渠道的信息融合还促进了零售企业内部的知识流通与积累，零售企业不仅提升了自身的学习与创新能力，也积极影响了消费者与供应商的知识吸收与共创能力。智能零售模式下，消费者与供应商更加积极地参与到零售企业主导的价值创造过程中，这不仅巩固了零售企业在供应链中的领导地位与议价能力，还有效遏制了渠道成员的潜在投机行为，全面优化了企业的价值获取机制与盈利能力，提升企业经营绩效。因此，本部分提出如下假设。

假设 8：智能零售模式采纳可以有效提升企业经营绩效。

11.2.2 智能零售采纳对零售业经营绩效间接影响效应

11.2.2.1 成本节约效应

智慧零售采纳通过深度融合新一代信息技术，对现有业务流程进行精细化改造，实现了流程间的无缝衔接与高效协同，有效降低了企业的运营成本。首先，智能零售采纳凭借 AI、机器人等先进技术部分替代人力资本，虽然劳动力成本攀升，但技术成熟与制度完善使数字技术应用成本逐步下降，从而降低了单位劳动成本。AI 与区块链等技术的应用还优化了物流环节，减少了供应链成本，进而降低了企业的管理费用（Verhoef et al.，2021）。其次，大数据、云计算等数字工具的应用，促进了企业内部信息流通的畅通无阻，提升了信息传递效率，优化了管理流程与决策质量，使企业组织结构更加扁平化、管理更加高效，管理成本显著降低，生产效率显著提升。再次，这些技术还使企业能精准捕捉消费者偏好，减少冗余的客户服务，进一步降低了企业管理费用。最后，智能零售采纳企业借助数字化手段深度剖析客户订单等数据，为企业制定了更加精准高效的运营规划，显著降低了搜索、复制、追溯及认证等成本（戚聿东和肖旭，2020）。在库存管理方面，零售企业通过 ERP、PLM 等系统实现了库存的精准监控与管理。直面消费者不仅减少了中间环节，大幅降低了管理成本，还使企业能直接感知市场需求，优化库存管理，避免库存积压或短缺，平衡供需，减少物流费用。同时，这种即时反馈机制有助于企业快速响应市场变化，指导未来的生产与销售策略，提升整体运营效率。综上所述，智慧零售通过数字技术的应用，不仅提升了生产效率，减少了资源浪费，降低了人力与制造成本，还显著增强了企业的市场竞争力，为企业绩效的持续增长奠定了坚实基础，形成智能零售→成本节约→企业经营绩效提升的正向路径。因此，本部分提出如下假设。

假设 9：智能零售采纳通过成本节约效应提升企业经营绩效。

11.2.2.2 运营效率提升效应

智能零售助力企业完善生产流程、业务模式、内部组织架构，增强内部治理能力，优化企业配置资源，提高企业运营效率。首先，智能零售有利于优化内部信息流转，缓解各经营流程中的管理摩擦。通过打破信息壁垒，智能零售消除了员工在获取关键信息、发展机会及必要资源时面临的结构性限制，从而降低了部门间信息不对称带来的沟通难题。这种信息透明度的提升，直接促进了企业内部管理水平的提升，使各部门间的协作更加紧密，决策更加精准高效。其次，在外部，智能零售能够弱化企业与市场投资者、金融机构之间的信息不对称。一方面，智能零售加速了企业内部部门与客户间的沟通效率，确保企业能够迅速捕捉市场动态并作出响应（陈伟、杨增煜、杨栩，2020）；另一方面，它通过精细化的专业分工与紧密的协同合作，显著提升了企业的整体运营效率（何帆和秦愿，2019），这种高效运作模式也为外部市场和监管机构提供了更清晰的监督窗口，提升了企业经营管理的透明度与规范性。随着这种内部治理水平的持续优化，企业运营效率也随之提升，将有助于企业更好地寻求利润最大化的战略目标，进而达到提升企业经营绩效的目的，形成智能零售→运营效率提升→企业经营绩效提升的正向路径。因此，本部分提出以下假设：

假设 10：智能零售采纳通过运营效率效应提升企业经营绩效。

11.2.3 智能零售采纳对零售业经营绩效的调节效应

11.2.3.1 组织条件对零售业经营绩效的调节效应

在智能零售商业模式的实际运作中，领导者的关注程度以及支持力度是影响一项政策和项目执行情况的重要因素（陈思丞和孟庆国，2016）。企业组织能力能够引导团队成员创造绩效并实现组织目标（Renko et al.，2015）。领导者是企业采纳智能零售商业模式的重要推动力量。首先，高层领导的参与可以改变组织对一系列议题事项的优先性排序，零售厂商对智能零售议题所分配注意力的迟速将直接影响智能零售商业模式采纳的绩效，合理的组织条件有助于企业优化资源配置，提高管理效率。其次，领导者的战略洞察力与对技术趋势的敏锐把握对企业采纳并实施智能零售商业模式变革至关重要。具有前瞻性的领导能够引领企业把握机遇，帮助企业抓住机会获得竞争优势，并持之以恒地在组织内部融合应用，最终产生降本增效的实际效应。企业成功的关键也在于高层管理者的积极意愿与高效整合资源的能力。因此，本部分提出如下假设：

假设11：组织条件能够正向调节智能零售模式采纳与企业经营绩效关系。

11.2.3.2 环境条件对零售业经营绩效的调节效应

政府支持是企业数字化转型成功的重要因素。作为政策制定者，政府可以通过制定和加强支持性的政策和项目以支持中小企业数字化转型议程。政府通过制定科技创新战略、财政补贴、税收优惠等政策来鼓励 AI 的研发和商业化进程，促进本土 AI 技术及产业的发展（成琼文和丁红乙，2022）。一方面，政府政策往往带来资源的倾斜，有助于缓解企业融资约束，为企业采纳智能零售创造条件，促进市场、人力、运营、技术研发等多种资本投入，正向影响企业绩效（康志勇和刘馨，2020）。另一方面，政策支持有助于增加管理者采纳智能零售商业模式的信心，激励他们着眼于企业的长远发展，积极投身于智能化转型升级（谭劲松、冯飞鹏、徐伟航，2017）。鉴于智能化建设投资周期长、见效慢的特点，政策导向显得尤为重要，它能够有效缓解管理者在决策过程中的不确定感与顾虑，减少管理者对智能化投资的疑虑与抵触情绪。政策的支持不仅让管理者意识到智能化建设的战略价值，更从心理上坚定了他们推进智能化进程的决心与信心。政府在智能零售领域的政策引导、行业标准制定以及对新商业模式的监管态度都会影响行业的发展路径。因此，本部分提出如下假设：

假设12：环境条件能够正向调节智能零售模式采纳与企业经营绩效关系。

11.2.3.3 技术条件对零售业经营绩效的调节效应

新一代信息技术是智能零售模式采纳的基础，其核心优势不仅体现在技术革新上，更在于 IT 能力的有效开发与实际应用（张振刚等，2021）。这一转变不仅引领了技术层面的革新，更深刻重塑了零售业的商业模式，构建出以顾客为核心的新型购物体验。企业通过整合大数据、移动互联网、云计算等前沿数字技术，深度融入其运营流程，实现了产品与商业模式的双重创新。这一融合策略不仅优化了企业的生产运营效率，还增强了市场响应的敏捷性，间接提升了企业整体绩效（Mikalef & Pateli，2017）。智能零售模式不仅为企业指明了创新路径，还夯实了技术创新的知识基础，加速了创新进程，为企业的可持续发展注入了强劲动力。同时，借助新一代信息技术，企业能够精准把握当前及未来的技术创新趋势，巩固市场竞争优势，推动销售额增长，提高经济绩效。此外，新一代信息技术驱动的协同创新过程因其独特性和难以复制性，有效减少了技术创新的外溢风险，进一步增强了企业的社会影响力和经济收益。更重要的是，数字技术使企业能够敏锐捕捉外部环境变化，特别是制度环境的变化，促使企业在技术创新的同时，注重环境保护与社会责任，有效规避了潜在的环境治理成本，实现了经济效益与社会效益的双赢。因此，本部分提出如下假设：

假设 13：技术条件能够正向调节智能零售模式采纳对企业经营绩效的影响。

11.3　研究设计

11.3.1　数据选取

数据来自 2015~2022 年国泰安数据库及 Wind 数据库，对原始样本作如下处理：一是剔除数据严重缺失的企业；二是在样本期内被 ST、*ST、PT 处理的企业的财务制度异常，也予以剔除；三是在中小板和创业板上市的部分企业会由于上市后得到积极的发展机会使如今员工规模或营业收入过高，远远超出中小企业的范畴，需予以剔除。经筛选，最终得到 80 家样本企业，共 640 条观测值。本部分所用的上市企业年报来自巨潮资讯网。

11.3.2　变量选取

一是被解释变量——零售业经营绩效。利用主成分分析法测度零售业经营绩效，具体指标选择参考赵霞和徐永锋（2021），从盈利能力、运营能力和发展潜力三个方面构建零售业经营绩效评价指标体系，如表 11-1 所示。

表 11-1　零售业经营绩效

企业经营绩效	盈利能力	总资产回报率（ROA）	税前利润/平均资产总额
		营业净利润（ROS）	（净利润/营业收入）×100%
	运营能力	库存周转率（INVT）	主营业务成本/［（期初存货净额＋期末存货净额）/2］×100%
		流动资产周转率（CATO）	（主营业务收入净额/平均流动资产总额）×100%
	发展潜力	总资产增长率（IAGR）	（本年总资产－上年总资产）/上年净资产×100%
		营业收入增长率（IPBR）	（本年营业收入－上年营业收入）/上年营业收入×100%

二是解释变量——智能零售。参考吴非、常曦和任晓怡（2021）做法，从数字技术、数字技术应用、智能零售场景应用三个方面构建零售业智能零售程度关键词词典，如表 11-2 所示，利用 Python 爬取零售业上市公司年报中关键词，以词频统计数之和来衡量智能零售程度。

表 11-2　智能零售关键词词典

数字技术	人工智能技术	人工智能（AI）、商业智能（BI）、智能识别、计算机视觉（CV）、投资决策辅助系统、智能机器人、智能决策、柔性化、集成化、数控化、精细管理、产业智能、智能系统、智能运维、专家系统、机器学习、语义搜索、生物识别技术、人脸识别、身份验证、自然语言处理（NLP）、客户关系管理（CRM）、制造资源管理系统（EPR）、企业资源管理（ERP）、数字控制（NC）、办公自动化（OA）、产品生命周期管理（PLM）、机器人流程自动化（RPA）、企业资源管理软件系统（SAP）、智能化、智能技术、机器人、机器学习、控制技术、传感器技术、网络通信技术、数据挖掘技术、知识图谱技术、计算机视觉技术、增强现实技术、虚拟现实技术、机器学习技术、大模型、零售大模型、大模型微调
	区块链技术	区块链、分布式计算、差分隐私技术、智能金融合约、基础设施即服务（IaaS）、平台即服务（PaaS）、点对点分布式技术（P2P）、地理信息系统（GIS）、信息物理系统、数据库（Oracle）、分布式控制系统（DCS）
	云计算技术	云计算、流计算、图计算、内存计算、多方安全计算、类脑计算、认知计算、融合架构、亿级并发、EB 级储存、物联网、信息物理系统、云存储、云联网、云平台、云迁移、上云、云技术、服务器虚拟化
	大数据技术	大数据、数据挖掘、文本挖掘、数据可视化、异构数据、数据存储、数据可视化、异构数据、数据赋能、数据采集、数据清洗、数据交换、关系型数据库、数据驱动、数据产业、工业数据、数字化转型
数字技术应用		智能制造、智能终端、机器人、自动化控制、数字化运营、智能装备、智慧物流、智能工厂、智能仓储（WMS）、机械臂、库存盘点机器人、自动管理系统、数据决策系统、个性化推荐、个性化定价、精准投放、人脸识别、消费者身份识别、商品信息识别、视频数据结构化、智能客服、互动机器人、物联网平台、大数据平台
智能零售场景塑造		自动贩售、智能化供应链管理、精准营销、数字零售、无人零售、智能化运营、智慧门店、智能助手、多业态、多渠道、全渠道零售、新零售、智能零售、B2B、B2C、C2B、C2C、C2M、线上对线下（O2O）、线上零售、电子商务、公众号、小程序、应用程序（APP）、直播、移动电商（M2M）、无人配送、CRM 系统、SAP 系统、云店、移动场景营销、共享平台

第三，中介变量。考虑到企业采纳智能零售模式期间会产生费用，降低绝对成本难以实现，因此采用成本控制效率即营业收入 / 营业成本衡量企业的成本节约效应。参考楼永和刘铭（2022），以总资产周转率表示企业运营效率。

第四，调节变量。组织条件变量用公司内部控制是否有效表示，有效赋值 0，无效赋值 1；环境条件主要考虑政府对企业数字化转型的政策引导程度，参考李丹和邱静（2023），利用 Python 对数字化关键词在《政府工作报告》中出现的词频数进行统计，并据以构建政策引导（Support）指标来衡量政策对数字化建设的引导程度；技术条件主要体现在企业数字技术应用能力，因此从战略规划能力、架构设计与优化能力、项目管理能力、服务管理能力、运维管理能力、合规与风险管理能力、安全管理能力、资产与资源配置能力、创新能力、组织与人员发展能力十个方面构建企业技术条件关键词词典，利用文本分析的方法获取词频，以词频总数衡量企业技术条件。

第五，控制变量。考虑到其他因素对企业经营绩效的影响，本部分选取流动比率、现金比率、资产负债率、财务杠杆、两职合一、企业年龄、企业规模、审计意见作为控制变量，其中企业年龄 = ln（Year- 上市年份），企业规模 = ln（员工数）。各变量描述性统计结果如表 11-3 所示。

表 11-3 各变量描述性统计结果

变量	符号	平均值	标准差	最小值	最大值	N
智能零售	IR	1.7031	0.8685	0.0485	8.7896	640
零售业经营绩效	BP	24.8766	45.1957	1	583	640
成本节约	CS	1.0072	0.1701	0.4290	2.3438	640
运营效率	OE	0.1221	0.3414	−0.9657	3.3909	640
流动比率	Z_1	0.5975	0.0169	0.5796	0.8519	640
现金比率	Z_2	0.5558	0.7541	−0.1347	6.8887	640
资产负债率	Z_3	0.5341	0.2428	−0.0300	3.6453	640
财务杠杆	Z_4	1.8569	3.7574	−10.7149	48.3434	640
两职合一	Z_5	0.7109	0.4537	0	1	640
企业年龄	Z_6	2.4352	1.0824	−3.4657	3.4965	640
企业规模	Z_7	1.7910	0.2947	1.0668	2.5464	640
审计意见	Z_8	0.9766	0.1514	0	1	640

11.3.3 模型构建

第一，固定效应模型。为分析智能零售模式采纳对零售企业经营绩效的影响，构建双向固定效应模型：

$$BP_{it} = \alpha_0 + \alpha_1 IR_{it} + \sum \alpha_j Z_{it} + \gamma_i + \delta_t + \varepsilon_{it} \tag{11-1}$$

其中，BP_{it} 是企业经营绩效指数，为被解释变量；IR_{it} 是智能零售，为核心解释变量；Z_{it} 是控制变量；γ_i 表示个体固定效应；δ_t 表示时间固定效应；ε_{it} 是随机扰动项。本部分重点关注智能零售的系数 α_1，它能够反映智能零售对零售企业经营绩效的综合效应。

第二，中介模型。为检验智能零售对企业经营绩效的中介效应机制，以营业收入/营业成本为中介变量 M_{it}，$\beta_1 \times \partial_2$ 为中介变量 M 产生的中介效应，总效应为 $\beta_1 \times \partial_2 + \partial_1$。构建中介模型：

$$BP_{it} = \alpha_0 + \alpha_1 IR_{it} + \sum \alpha_j Z_{it} + \gamma_i + \delta_t + \varepsilon_{it} \tag{11-2}$$

$$M_{it} = \alpha\beta_0 + \beta_1 IR_{it} + \sum \beta_j Z_{it} + \gamma_i + \delta_t + \varepsilon_{it} \tag{11-3}$$

$$BP_{it} = \partial_0 + \partial_1 IR_{it} + \partial_2 M_{it} + \sum \partial_j Z_{it} + \gamma_i + \delta_t + \varepsilon_{it} \tag{11-4}$$

第三，调节效应模型。为检验组织条件、技术条件及环境条件对智能零售与企业经营绩效之间关系的调节作用，构建以下计量模型，其中，ZZ 为组织条件变量，HJ 为环境条件变量，JS 为技术条件变量：

$$BP_{it} = \alpha_0 + \alpha_1 IR_{it} + \alpha_2 IR_{it} \times ZZ_{it} + \sum \alpha_j Z_{it} + \gamma_i + \delta_t + \varepsilon_{it} \tag{11-5}$$

$$BP_{it} = \alpha_0 + \alpha_1 IR_{it} + \alpha_3 IR_{it} \times HJ_{it} + \sum \alpha_j Z_{it} + \gamma_i + \delta_t + \varepsilon_{it} \tag{11-6}$$

$$BP_{it} = \alpha_0 + \alpha_1 IR_{it} + \alpha_4 IR_{it} \times JS_{it} + \sum \alpha_j Z_{it} + \gamma_i + \delta_t + \varepsilon_{it} \tag{11-7}$$

11.4 实证结果分析

11.4.1 基准回归结果

本部分在进行基准回归之前进行豪斯曼检验，结果 Prob > chi2 = 0.0000，表示拒绝原假设，因此采用双向固定效应模型，运用最小二乘法进行基准回归，回归结果如表 11-4 所示。模型（1）中未加入控制变量，智能零售系数为正且在 1% 的水平上显著，说明采纳智能零售模式可以提高企业经营绩效。模型（2）在模型（1）的基础上加入控制变量，模型（2）中核心解释变量系数依旧为正，且在 1% 的水平上显著，说明智能零售模式采纳能够促进零售业经营绩效，假设 1 得到了验证。

表 11-4　基准回归结果

变量名	模型（1） Coef	模型（2） Coef
IR	0.0061*** （0.0019）	0.0062*** （0.0019）
流动比率		-0.0291 （0.0783）
现金比率		-0.0499 （0.0960）
资产负债率		-0.3565* （0.1954）
财务杠杆		-0.0027 （0.0103）
企业年龄		0.1802* （0.0809）
企业规模		-0.6980 （0.4096）
两职合一		0.0036 （0.1042）
审计意见		-0.4044* （0.2086）
时间固定	是	是
个体固定	是	是
常数项	1.5822*** （0.2438）	2.9766*** （0.8571）
N	640	640

注：括号内为稳健标准误，*、** 和 *** 分别表示在 10%、5% 和 1% 的显著性水平上拒绝原假设，下同。

11.4.2　内生性检验

随着企业经营绩效提高，企业可能会增加对智能零售资金投入，进而促进智能零售发展，因此可能存在反向因果关系引起的内生性问题。参考李琦、刘力钢和邵剑兵（2021）构建工具变量 $IR_{i,\,t-1} \times TS_t$，其中 $IR_{i,\,t-1}$ 为滞后一阶的智能零售指数，TS_t 为政府对科学技术财政支出，把两者交互项作为工具变量。地方财政科学技术支出是城市科技创新的基础力量，政府对企业技术创新活动的支持影响企业采纳智能零售决策行为，且政府科技支出不受企业经营绩效影响，符合工具变量外生性和相关性的选择条件。表 11-5 中给出了两阶段最小二乘法的回归结果。列（1）和列（2）的估计结果显示，工具变量（IV）与智能零售具有显著的正相关关系，智能零售与企业经营绩效则具有显著正相关关系。Wald-F 检验证明工具变量的选取具有合理性。在采用工具变量解决内生性后，本部分的主要结论依然稳健。

表 11-5　内生性检验结果

变量名	第一阶段（1）	第二阶段（2）
IR		0.0016** （0.0008）
IV	0.6677*** （0.0290）	
控制变量	是	是
时间固定	是	是
个体固定	是	是
常数项	−0.5698*** （7.1435）	3.6587*** （0.3586）
Wald F	531.274（16.38）	
N	640	640

11.4.3　稳健性检验

为保证回归结果的稳健性，本部分采用以下方法进行稳健性检验。

第一，替换被解释变量。用企业总资产增长率衡量企业经营绩效，将其与智能零售重新进行回归，以验证基准回归结果的稳健性。由表 11-6 模型（1）中结果可知，核心解释变量结果依旧显著为正，与前文回归结果一致。

第二，更换解释变量测算方法。由于基准回归中是以词频综述来衡量智能零售指数，最大值与最小值之间差距较大。为排除数据差距对结果的影响，本部分改变智能零售指标度量方式，对智能零售词频进行对数化处理，进一步验证基准回归结果的稳健性，结果如表 11-6 中模型（2）所示，核心解释变量依旧显著为正，验证了结论的稳健性。

表 11-6　稳健性检验结果

变量名	模型（1）	模型（2）
IR	0.0020*** （0.0008）	0.0784** （0.0330）
控制变量	是	是
时间固定	是	是
个体固定	是	是
常数项	−0.7025** （0.3529）	2.6618*** （0.8540）
N	640	640

11.4.4　异质性分析

11.4.4.1　企业规模异质性

将企业规模划分为中小型企业和大型企业，由表 11-7 结果可知，中小型相比大型企业采纳智能零售对企业经营绩效影响效果更好。原因可能是：第一，中小型企业相比大型企业拥有更高的灵活性与适应性。中小型企业通常拥有更灵活的组织结构和决策流程，能够更快地响应市场变化和消费者需求；在采纳智能零售模式时，能够迅速调整策略，优化资源配置，以适应新的商业模式和技术要求。第二，中小型企业在面临市场竞争时，往往具有更强的创新驱动力。为了保持竞争优势，中小型企业更倾向于采纳新技术、新模式，以提升经营效率和顾客体验。第三，中小型企业拥有更高的劳动密集程度，吸纳劳动力的能力强。在采纳智能零售模式后，中小型企业可以通过优化人力资源配置、提升员工技能等方式，进一步提高劳动力效率和质量，从而为企业创造更多的价值。

表 11-7　企业规模异质性分析结果

变量名	中小型企业	大型企业
IR	0.0058** （0.0028）	0.0049* （0.0026）
控制变量	是	是
时间固定	是	是
个体固定	是	是
常数项	5.9439*** （1.1813）	1.3483 （1.3805）
N	317	318

11.4.4.2　企业产权异质性

由表 11-8 可知，相对国有企业来说，非国有企业智能零售对企业经营绩效促进作用更明显。国有企业拥有制度、资金、规模等优势，在实施智能零售战略上理应更具优势，但是实际上表现出智能零售对企业经营绩效提升作用小于民营企业，造成这一结果的可能原因是：第一，非国有企业具有更为灵活和快速的决策机制。在智能零售的采纳和实施过程中，非国有企业能够更快地响应市场变化，调整经营策略，以适应新的商业模式和技术要求。相较之下，国有企业由于决策层级较多，决策流程可能相对复杂和缓慢，这在一定程度上限制了其快速适应市场变化的能力。第二，非国有企业在资源配置上可能更加高效。国有企业由于历史原因和体制因素，可能在资源配置上存在一定的冗余和浪费。非国有企业能够更加精准地分析市场需求和消费者行为，从而优化产品结构和库存管理，减少资源浪费。第三，非国有企业更注重市场定位和差异化竞争。在智能零售的推动下，非国有企业能够更加精准地定位目标客户群体，提供个性化的产品和服务，从而增强顾客黏性和忠诚度。

表 11-8　企业产权异质性分析结果

变量名	国有企业	非国有企业
IR	0.0019 （0.0021）	0.0108*** （0.0034）
控制变量	是	是
时间固定	是	是
个体固定	是	是
常数项	3.5675** （1.9383）	2.6108** （1.0977）
N	254	381

11.4.4.3　区域异质性

由于地区间经济发展水平、数字基础设施建设水平、政策支持力度以及技术积累与创新能力等方面存在差异，因此智能零售的应用可能会呈现区域异质性特征。区域差异是数字经济差异主要来源（刘传明和马青山，2020），地区差异可能会影响智能零售对企业经营绩效影响效应。为了验证这种异质影响的存在，本部分从东部地区、中部地区和西部地区开展区域异质性检验。由表 11-9 可知，在东部地区，智能零售显著促进企业经营绩效提升，而在西部地区和中部地区不显著。可能有以下几个原因：第一，东部地区在数字基础设施建设方面投入较大，网络覆盖广泛、数据传输速度快，为智能零售技术的应用提供了良好的硬件支持。智能零售技术在西部地区和中部地区的普及难度相对较大，导致技术应用效果不显著。这也进一步验证了零售基础设施对智能零售采纳的重要作用。第二，东部地区经济相对发达，消费者购买力较强，对高品质、高效率的购物体验有更高需求。这为智能零售技术的应用提供了广阔的市场空间。并且消费者对智能零售带来的便捷性和个性化服务有着强烈的需求，从而促进了智能零售技术的快速普及和应用。第三，东部地区政府往往对新技术、新模式的支持力度较大，通过出台一系列优惠政策和激励措施，鼓励企业采用智能零售技术提升经营绩效。第四，东部地区拥有更多的科技人才和创新资源，能够为企业提供强有力的人才支持和技术保障，推动智能零售技术的不断创新和应用。与东部地区相比，西部地区和中部地区在科技人才和创新资源方面相对匮乏，这在一定程度上制约了企业在智能零售技术方面的创新和发展。

表 11-9 区域异质性分析结果

变量名	东部	西部	中部
IR	0.0145***	0.0018	0.0000
	（0.0039）	（0.0021）	（0.0041）
控制变量	是	是	是
时间固定	是	是	是
个体固定	是	是	是
常数项	3.7218***	9.8890***	−0.6043
	（1.0875）	（1.9933）	（1.6832）
N	398	110	131

11.5 智能零售对零售业经营绩效机制检验

11.5.1 智能零售对零售业经营绩效中介检验

根据数字化生产的边际成本的长尾效应和互联网消费的网络外部性效应，智能零售能够提高企业运营管理水平，产生成本节约效应。为检验智能零售能否产生成本节约效应，本部分根据逐步回归法对智能零售、成本节约效应与企业经营绩效的关系做进一步检验。在判断成本节约效应时，首先考察智能零售对成本节约效应的影响，根据表 11-10 BP 回归结果，智能零售对成本节约的系数在 1% 的水平上显著，智能零售对成本节约效应有积极促进作用。其次考察成本节约效应对企业经营绩效的影响，由列（3）结果可知，成本节约效应对企业经营绩效的系数同样显著，说明智能零售可以通过成本节约提高企业经营绩效，并且有 37.37% 的中介效应，验证了假设 10。智能零售通过降低企业劳动力成本、管理成本、销售费用等提高企业经营绩效。在判断运营效率提升效应时，首先考察智能零售对运营效率提升效应的影响，根据表 11-10 列（5）回归结果，智能零售对成本节约的系数在 5% 的水平上显著，智能零售能够显著提升企业运营效率。其次考察运营效率提升效应对企业经营绩效的影响，由列（6）结果可知，运营效率提升效应对企业经营绩效的系数在 1% 的水平上显著，说明智能零售可以通过提升企业运营效率提高企业经营绩效，并且有 17.86% 的中介效应，验证了假设 11。智能零售通过降低企业劳动力成本、管理成本、销售费用等提高企业经营绩效。

表 11-10 中介检验结果

变量名	成本节约效应			运营效率提升效应		
	BP	CS	BP	BP	OE	BP
IR	0.0145*** (0.0021)	0.0023*** (0.0004)	0.0087*** (0.0016)	0.0061*** (0.0019)	0.0018** (0.0009)	0.0056*** (0.0019)
CS/OE			1.4137*** (0.1838)			0.5367*** (0.0957)
控制变量	是	是	是	是	是	是
时间固定	是	是	是	是	是	是
个体固定	是	是	是	是	是	是
常数项	3.7385*** (0.8300)	0.9126*** (0.0518)	0.2456 (0.2796)	2.5729*** (0.7148)	−0.5624 (0.3754)	3.3881*** (0.8397)
N	640	640	640	640	640	640

11.5.2 智能零售对零售业经营绩效调节效应检验

由表 11-11 可知，组织条件对智能零售促进企业经营绩效有正向的调节作用，验证了假设 5。良好的组织条件能够促进部门间知识交流与转移（李立威和黄艺涵，2022），为企业制定合适的未来战略，进而促进企业经营绩效提高。由表 11-11 可知，环境条件对智能零售促进企业经营绩效有正向的调节作用，验证了假设 6。一方面，政府政策引导有助于企业管理者增添智能零售模式采纳信心，增加对数字化投入；另一方面，良好的环境条件有助于带来资源倾斜缓解融资约束。由表 11-11 可知，技术条件对智能零售促进企业经营绩效有正向的调节作用，验证了假设 7。首先，良好的技术条件有助于企业创新资源配置，有助于创新产品、流程和商业模式（Ciro et al.，2022）。其次，智能设备的应用能够实现对生产流程、批发采购、仓储物流及销售各个环节的数据集成及挖掘，打通产业链堵点（赵宸宇，2020），实现资源优化配置，进而提高企业经营绩效。

表 11-11 调节效应检验结果

变量名	组织条件	环境条件	技术条件
IR	0.0069*** (0.0020)	0.0048** (0.0021)	0.0049*** (0.0019)
IR × 调节变量	0.0034** (0.0015)	0.0001** (0.0000)	0.0106*** (0.0014)
控制变量	是	是	是
时间固定	是	是	是
个体固定	是	是	是
常数项	3.3830*** (0.8676)	3.14117*** (0.8581)	3.1575*** (0.8222)
N	640	640	640

11.6　本章小结

在人口红利逐渐消退、要素比较优势不断弱化和外部经济风险和不确定急剧增加的背景下，要素投入、要素协同、资本对劳动、资源要素替代等传统动力机制对零售业增长的驱动作用式微。以新一代信息技术为核心的数字技术蓬勃发展，但数字化—TFP 悖论、数字化绩效陷阱等问题的提出，让智能零售对企业经营绩效影响效果备受质疑。因此本章通过研究 A 股上市零售企业 2015~2022 年数据，揭示了智能零售采纳与企业经营绩效的关系，发现：一是智能零售采纳总体上能够提高零售企业经营绩效，且在经过内生性检验与稳健性检验后结论依旧稳健。二是成本节约效应与运营效率提升效应分别在智能零售采纳与企业经营绩效之间起到 37.37% 和 17.86% 的中介作用，即企业的采纳智能零售模式对经营绩效的影响是先通过节约成本，提高运营效率进而促进经营绩效的提升。三是组织条件、环境条件与技术条件均正向调节智能零售与经营绩效之间的关系。四是相对大型企业和国有企业，中小型企业和非国有企业采纳智能零售对企业经营绩效的影响效果更显著，且对东部地区零售业经营绩效提升效果更明显。

本章基于研究结论，提出以下建议：

第一，重视智能零售模式对企业经营绩效的驱动作用，掌控核心数字技术，充分利用智能零售的成本节约效应，缓解零售业经营绩效有待提升的困境。要重视数字技术研发费用问题，企业在开始采纳智能零售商业模式时，盈利并非即时显现的，需要持续投入资源，资源投入无疑加剧了企业的经营风险。因此，企业在整合资源、探索商业模式创新之际，务必审慎评估资源整合方案，深刻洞察自身资源是否足以支撑至盈利拐点。同时，企业应根据自身独特属性，灵活调整智能零售的发展战略。特别是中小企业，应巧妙避开与大企业的直接市场竞争，明确市场定位与战略规划，以此来弥补资源劣势，实现弯道超车。此外，缩小中西部地区与东部地区之间以及区域内部的发展鸿沟，促进区域协调发展。

第二，注重数字技术与原有资源的统筹协调。智能零售转型的核心价值，深刻体现在引领生产研发、运营管理，以及销售获客等关键流程的创新与再造，从而构筑起企业全新的资源架构。这一过程不仅催生了新应用与产品的诞生，更为零售企业带来了生产效率的显著提升与管理成本的有效降低，最终促进了企业经营绩效的全面增强。具体而言，数字技术需与企业的传统资源，如人力资源、供应链体系、客户资源等实现无缝对接，通过数据驱动的方式优化资源配置，提升整体运营效率。在生产环节方面，数字化技术能够助力企业实现智能制造，提高生产灵活性和响应速度；在运营管理方面，数字化技术能通过数据分析与预测，精准把控库存、物流等关键环节，降低运营成本；而在销售获客方面，数字化技术则为企业提供了更多元化的营销渠道和更精准的客户画像，助力企业精准触达目标客群，提升销售转化率。

第三，发挥政府部门的激励和引导作用。优化政府部门的激励机制与导向功能的关键在于构建一套既科学又高效的政策体系，以精准施策促进企业数字化建设的加速发展。具体而言，可以采取以下策略：首先，根据企业规模、产权及数字化发展阶段，量身定制差异化的激励政策。对处于数字化转型初期或关键突破期的企业给予更高的税收减免。其次，设立专项政府补助基金，重点支持数字化基础设施建设、关键技术研发、高端人才引进等关键领域。再次，明确政策导向，鼓励企业将资金和资源优先配置于数字化改造升级项目。政府通过发布分享智能零售采纳成功企业案例，帮助企业了解数字化转型的路径与最佳实践，减少其试错成本，提高转型效率。最后，政府应搭建平台，促进企业与高校、科研机构之间的合作与交流，加速科技成果转化，解决企业在数字化进程中遇到的技术难题。同时，支持建立数字化创新联盟或产业集群，通过集群效应推动整个行业的数字化水平提升。

第四，积极培育多元化企业高管团队智库，拓宽高管团队决策视野，成立由高层领导牵头的转型团队，负责智能零售项目的整体规划、实施和监督。制定更有利于企业发展的经营管理决策，根据智能零售的需求，重新划分和调整部门职能，确保各部门能够协同工作，共同推动转型进程；加强员工对智能零售技术的培训和学习，培养既懂业务又懂技术的复合型人才，为数字化转型提供人才支持，不断提高零售企业经营绩效与可持续发展水平。

12 智能零售模式采纳的差异化路径研究

上一章我们分析了智能零售模式采纳对零售企业经营绩效存在显著影响，但大型零售企业与中小零售企业存在显著差异。因此，本章根据大型零售企业以及中小零售企业实际情况，细化出智能零售模式采纳的差异化路径，可以为零售厂商智能化转型提供切实可行的路径与建议。

12.1 智能零售模式采纳的规模异质性分析

在零售业智能化转型的进程中，大型零售企业凭借雄厚的资金实力、丰富的人才储备以及前沿的技术资源，占据了转型的先机，成功跨越了初步探索阶段，步入广泛实践与深度集成的成熟时期。相较之下，众多中小企业由于面临资源相对匮乏、资金紧张等挑战，其智能化转型的整体步伐显得较为迟缓，成效尚不显著。人工智能技术是推动中小企业数字化转型的关键驱动力，能够显著优化中小企业的商业生态环境，通过自动化、智能化手段降低运营门槛，提升生产效率，进而重构中小企业的竞争态势与发展蓝图。然而，当前中小企业内部普遍存在对人工智能技术认知不足的问题，从管理层到基层员工，往往缺乏对人工价值的深刻理解及有效应用策略，导致应用人工智能技术的积极性不高，动力不足。在零售业，不同规模的企业存在明显的特点差异，中国零售企业以中小企业为主，本部分重点分析大型零售企业与中小零售企业的差异与特点，为智能零售采纳的差异化实施路径提供依据。

12.1.1 技术条件差异

在实践中，中小零售企业由于自身的特点，相对大型零售企业，不具备智能零售采纳的技术条件，即人工智能基础设施与人工智能管理能力。

12.1.1.1 人工智能基础设施

智能化转型要求企业能够更好地利用新型基础设施，包括宽带网络、云计算、人工智能平台、区块链平台等。然而，调查表明，与大型企业相比，中小企业在利用数字技术方面仍有较大的差距。从数字基础设施来看，在所有 OECD 国家中，大型企业与中小企业在高速宽带连接方面的数字鸿沟在 2011~2018 年急剧扩大。在数字技术应用方面，大型企业与中小企业之间也存在差距，2018 年，OECD 国家中，大型企业购买云计算服务的可能性是中小企业的两倍（Kergroach，2020）。我国也存在同样的情况，2021年下半年广东省电信规划设计院对省内30余家企业的走访调研发现，在云计算的投入方面，中小企业仍处于起步状态，租用云服务的中小企业极少（仅1家）；在政策方面，对中小企业利用这些新型基础设施也缺乏精准的支持政策。人工智能基础设施是一个涵盖硬件、软件、网络、数据处理、计算能力、智能运维以及安全保障等多维度的复杂系统，它旨在支持AI模型的开发、训练、测试、部署和维护等全过程，为人工智能的广泛应用和发展提供强大支撑。从中小零售企业发展的现实看，其缺乏高性能服务器、存储设备、网络设备、传感器和物联网设备、显示及交互设备、硬件加速设备等硬件基础设施。同时，中小零售企业也缺乏数据处理和分析工具、自然语言处理（NLP）和计算机视觉（CV）工具包、开发工具和编程接口（APIs）、AI操作系统和中间件等软件基础设施。大型零售企业与中小零售企业AI基础设施的差异，直接体现在其在IT架构的差异。大型零售企业往往具有稳定、灵活且可拓展的IT架构，在此基础上可以高效规划和推行专用人工智能、通用人工智能等新兴技术的应用架构。人工智能基础设施的差异，不仅导致大中小企业在人工智能应用广度上存在差异，而且直接体现在人工智能应用的深度。在实际调研过程中，大型、中小型零售企业在人工智能的广度上存在显著差异，大型零售企业对竞争对手与技术变革保持动态能力，在零售活动的"人、货、场"场景中，只要人工智能技术能带来实际降本增效和解决业务痛点的实际效果就普遍采用，例如智能收银称可以有效解决生鲜商品识别与称重过程中的排队问题，大型零售企业已经普遍采用并在门店大范围推广使用，而中小零售企业仍然以传统电子秤为主。同时在人工智能的应用深度上也存在显著差异，大型零售企业不仅将人工智能技术应用于业务场景中，更采纳了商务智能技术应用于降本增效具体决策与门店可视化管理过程中。

12.1.1.2 人工智能管理能力

人工智能技术的优势不仅在于技术本身，更为关键的是要具备运用与创新人工智能技术的能力，人工智能基础设施可以通过外部技术供应商提供，并不是企业核心的竞争优势，容易被竞争对手模仿，使用AI基础设施的能力才是企业创造价值的关键（Gregory，2019）。大型零售企业与中小零售企业人工智能战略规划能力、架构设计与优化能力、人工智能项目管理能力、人工智能服务管理能力、人工智能运维管理能力、合规与风险管理能力、人工智能安全管理能力、人工智能资产与资源配置能力、创新能力、组织与人员发展能力存在显著差异，更为关键的是由于规模的差异，大型零售企业与中小零售企业在数据获取与数据建模能力方面存在显著差异。中小零售企业在智能化转型过程中面临缺乏数据文化和数据管理实践、缺乏明确的成本与收益分析框架等现实困境。一是中小零售企业缺乏数据意识和数据管理实践。现实情况表明，零售行业的本质特性使其能够积累庞大的数据量，中小零售企业在实际运营中虽产生大量数据，但面临数据整合与利用能力的局限。调研显示，众多中小零售企业的业务系统缺乏外部数据接入的灵活性，数据格式与收集方式的不统一，阻碍了数据的有效收集、存储、分析及利用。这一数据化短板直接导致智能化转型过程中所需的数据数量与质量不足，难以满足转型需求。在中小零售企业内部，不同经营环节的数字化程度差异显著，数据质量与数量不均衡，跨部门间的数据互联互通性差，形成了数据孤岛现象，限制了数据价值的最大化。尽管在行政办公、市场营销等初步数字化领域有所进展，但在ERP、CRM、SCM等核心经营管理系统方面，中小企业与大型企业的数据资源基础仍存在较大差距。OECD（2021）数据显示，中小企业在数字化转型中常遭遇基础数据资源匮乏的挑战。具体到实践层面，广东省电信规划设计院 2021 年下半年的调研发现，绝大多数企业依赖人工方式收集基础数据，物联网技术应用率低；ERP 系统数据亦以人工输入为主，缺乏与物联网、大数据、人工智能等技术的深度融合。若能将企业内部数据与外部免费或付费资源（如行业趋势、消费者行为、竞争对手信息等）有效整合，将极大地提升数据的价值潜力，但中小企业在此方面的能力普遍不足，难以实现数据的协同增效。二是中小企业在数据安全领域的投入与能力薄弱。随着数据量的增加，特别是在线上业务依赖加深的背景下，中小企业面临的数据泄露风险加剧。OECD（2021）指出，中小企业在数据安全政策与执行上显著落后于大型企业，这种差距使中小企业成为黑客攻击的主要目标之一，可能引发严重的经济与声誉损失，甚至危及整个供应链的数据安全。中小企业对本地部署数字化系统的信心不足，担心云上数据安全，特别是涉及商业机密的敏感信息，这种担忧抑制了企业数据化的积极性。因此，提升中小零售企业的数据管理能力、加强数据安全建设，并促进内外部数据资源的整合利用，是推动其智能化转型、增强竞争力的关键所在。在缺乏数据的基础上，中小零售企业很难根据业务数据及其相关关系，开发适合企业实际情况的模型，将 AI 融入整个企业的战略决策、运营管理、客户服务等多个维度，形成一种全面而深入的智能管理模式。

12.1.2　组织条件差异

中小零售企业在智能化转型的过程中存在显著的技术劣势，也存在明显的优势，例如"船小好调头"的业务调整能力。中小零售企业因战略灵活、决策迅速，在商业模式采纳与创新上展现出高效能，甚至可能超越大型企业（Cenamor & Frishammar，2021）。其精简的业务架构促进了智能零售模式的快速接纳，同时，行业进入壁垒较低，为中小企业快速调整业务布局、利用智能化增强客户互动提供了契机。相较之下，大型企业因结构复杂、路径依赖，转型步伐较为迟缓。然而，中小企业在智能化转型中也面临挑战，尤其是人才短缺问题显著。其智能化基础薄弱，需从底层结构如数据收集、生产流程、管理模式等全面升级，而这类复合型人才稀缺，难以获得（Agrawal，2019）。国内外研究均指出，智能化人才不足是制约中小企业转型的关键因素（Kani，2017；李勇坚，2022），且资金短缺进一步加剧了这一困境，使中小企业在与大企业竞争中处于劣势。资金与成本的限制成为中小企业智能化转型的重大障碍，尤其是对于零售业，微薄的利润难以支撑庞大的转型开支。加之转型周期长、收益不确定，企业决策更为谨慎。此外，智能化战略与业务发展的脱节也是普遍问题，无论是大型企业还是中小企业，均存在智能化建设与业务发展脱节的现象，缺乏明确的智能化转型战略和成本效益分析框架，导致转型难以触及核心，难以有效赋能业务。零售企业对数字化、网络化、智能化的发展阶段理解不足，存在认知偏差。领导者对智能化的认知多停留在表面，缺乏对其深层次技术逻辑和发展阶段的认识，从而难以制定出切实可行的转型战略。综上所述，中小企业在智能化转型过程中需克服人才、资金、战略认知等多重挑战，以实现可持续的转型升级。

12.1.3　环境条件差异

零售企业智能化转型面对着行业竞争、政府规制与支持、合作伙伴关系、零售基础设施等因素影响，从行业竞争与零售接触设施看，大型零售企业与中小零售企业面对的行业竞争是一致的，可接入的零售基础设施也是无差异的，主要差异体现在政府规制与支持、合作伙伴关系。

从技术供应商关系看，中小企业在智能化转型过程中面临工具匮乏的困境。当前市场上的智能化转型方案多聚焦于大型零售企业，普遍缺乏针对中小企业特性定制的深度解决方案。这些方案往往是对大型企业方案的简单缩减，未能精准对接中小企业在研发、设计、生产、营销、管理及服务等环节的独特需求。在价格策略上也未充分考虑中小企业的承受能力，整体偏高。此外，中小企业因产品多样、数据接口不统一，导致数据采集系统集成难度大，增加了智能化方案实施的复杂度（文婧，2020）。同时，为适应中小企业的管理现状，还需对方案进行额外调整，进一步推高了开发成本，降低了服务商的积极性。中小企业自身智能化基础薄弱，缺乏数据积累、信息化建设和智能化应用经验，亟须低门槛、高效能、易操作的转型工具来启动并加速其数字化进程。OECD 全球中小企业数字化论坛发布的 *SME Digitalisation to "Build Back Better": Digital for SMEs（D4SME）Policy Paper* 强调了远程办公幸福感和数据快速处理工具的重要性，但指出当前工具在功能匹配度和价格合理性上未能充分贴合中小企业需求，呼吁更精准的政策支持。

在数据安全与合规方面，中小企业在数字化转型中面临较大挑战，包括数据保护不足和法律风险高。这要求政策制定应兼顾灵活性与安全性，减轻中小企业的合规负担。智能化转型的效益实现需企业内外资源的紧密协作，但调研显示，项目成功率不高，且成功项目也常伴随长周期、低即时回报的特点，增加了中小企业的投资风险。金融机构对此类项目的融资态度谨慎，融资成本相对较高。以人工智能为例，其效益显现需长期积累，短期内不确定性较大，进一步加大了中小企业融资难度（OECD，2019）。中小企业智能化转型亟需定制化工具、精准政策支持、灵活的数据安全框架及有效的风险管理策略，以克服现有障碍，实现数字化转型的可持续发展。

此外，对于大型零售企业和中小零售企业而言，在智能零售模式采纳方面还存在其他一些不同之处，具体如表 12-1 所示。

表 12-1　智能零售模式采纳影响因素的规模差异比较

调节变量差异			大型零售企业	中小零售企业
技术条件	AI 基础设施	宽带网络、云计算、人工智能平台、大数据平台	相对完备，独立部署	普遍缺乏，仅在某类基础设施单点式部署
	AI 技术能力	意识、技能、工具	具有独立的 IT 部门，具备智能化转型意识、技能、工具	缺乏智能化转型意识和技能、缺乏足够的适合中小企业的智能化转型工具，缺乏明确的成本与收益分析框架
组织条件	高层重视	数据意识和数据管理实践	具备数据意识和管理实践	智能化转型概念的认知都是十分模糊且片面的
	智能战略	清晰的智能化转型战略	具备智能化转型战略，但智能战略与业务发展是"两条线、两层皮"	不具备清晰的智能化转型战略
	组织机构	独立机构	拥有独立机构与人员	不具备独立机构与人员

续表

调节变量差异		大型零售企业	中小零售企业
组织条件 决策类型	决策灵活性	"大船难调头"，由于组织结构庞杂，既有业务成熟，又有优势显著，在变革中易存在路径依赖	"船小好调头"，战略更灵活，决策时间相对较短，其商业模式创新的效率甚至可能高于大型企业
资金支持	持续投入资金	具有稳定的预算与资金	缺乏持续投入的资金
环境条件 行业竞争	竞争对手及合作伙伴智能化发展程度	行业竞争压力大	行业竞争压力大
政府规制与支持	支持性的政策和项目	获取政府科技创新战略、财政补贴、税收优惠等政策来鼓励 AI 的研发和商业化进程	由于政策"抓大放小"，难以获得支持性政策和项目
合作伙伴关系	与合作伙伴建立智能化转型合作关系	开放系统，将系统开放给供应商，并为供应商提供成熟的、多角度的商品分析方法和工具，人工智能提供商出于成本—收益考量偏好为大型零售企业提供定制化智能零售方案	缺乏智能工具阻供应链协同，现有方案难以符合中小零售需求
零售基础设施	交易平台、物流平台、数据平台、金融平台、物联网、社交平台、其他第三方平台	无接入限制	无接入限制

12.2 中小零售企业智能零售模式采纳的可行性路径

中国零售领域以中小企业为主，相较大型企业，中小零售企业的智能化转型能加速企业内部沟通，增强与客户及合作伙伴的互动，并简化资源获取流程，如融资、培训、招聘及政府支持等，这有助于其更紧密地融入产业链与供应链生态（OECD，2021），同时促进与银行业的深度融合，有效缓解中小企业融资难题（Varma、Bhalotia、Gambhir，2022）。随着数字化转型进程加快，全社会完成数字化、网络化、智能化转型，零售业中小企业如果不加入数智化转型过程，会被排斥在价值创造网络之外，迫使零售业中小企业进行数智化改造。根据表 12-1，中小零售企业在采纳智能零售模式时面临着技术条件、组织条件和环境条件的多重限制，中小零售企业采纳智能零售商业模式壁垒明显。为了打破制约中小企业采纳智能零售商业模式的壁垒，在实践中，已提炼出人工智能即服务（AIaaS）、零售云、平台、供应链、智慧商圈路径等，五种模式的显著特点是通过环境条件赋能解决中小零售企业在技术条件和环境条件的局限。本部分将重点探讨零售业中小企业的特点，并对其相关智能零售模式进行分析。

12.2.1 人工智能即服务路径

12.2.1.1 人工智能即服务路径界定
人工智能即服务是指将人工智能的能力通过云端平台以服务的形式提供给中小零售企

业使用，它显著降低了中小零售企业直接开发和维护 AI 系统的门槛，使零售领域的企业能够更便捷地引入和应用 AI 技术，提升运营效率、优化客户体验以及增强竞争力。目前 AIaaS 已经在智能客服、个性化推荐、供应链管理、价格优化、视觉识别技术、营销自动化、防损与安全保障、需求预测与采购决策等零售场景进行应用，人工智能即服务在零售领域的应用广泛且深入，从前端的用户体验改善到后端的运营管理优化，都有助于推动整个零售行业的数字化和智能化进程。AIaaS 通过云平台提供对人工智能工具和技术的便捷访问。借助 AIaaS，企业可以将强大的人工智能功能融入其工作流程中，而无需从头开始构建技术。中小零售企业无需投入时间和资源来开发定制的人工智能解决方案，而是可以利用预构建的人工智能服务和 API。AIaaS 使各种规模的组织都可以轻松地试验人工智能并利用它来增强运营，为企业提供了根据需要扩大或缩小使用规模的灵活性，甚至允许资源有限的小团队访问通常只有大型科技公司才能使用的复杂人工智能。AIaaS 是一种基于云的产品，允许个人和组织利用人工智能工具和服务，而无需在内部构建和维护人工智能基础设施和专业知识。借助 AIaaS，公司可以通过 API 或图形界面访问预构建的 AI 模型、算法和工作流程，这消除了从头开始开发人工智能功能的需要。

12.2.1.2　人工智能即服务路径关键功能

AIaaS 平台提供的关键功能包括：

一是预先训练的 AI 模型。访问可立即部署的计算机视觉、NLP、建议、预测等模型，有效消除了对数据科学专业知识的要求。

二是自动化机器学习。自动化模型构建、调整、验证和部署，消除了机器学习开发的手动工作。

三是 AI 工作流程。预定义的工作流程可自动执行数据准备、模型训练和模型监控等用例的多步骤 AI 流程。

四是云基础设施。AIaaS 托管在云中，确保灵活扩展、高可用性和快速部署，无需设置基础设施。

五是开发人员工具。SDK、API、库、框架和其他工具可帮助开发人员将人工智能功能高效集成到应用程序中。

六是安全性。AIaaS 提供商提供企业级访问控制、加密、数据治理和其他安全功能。通过处理这些完整并可立即使用的功能，用户可以专注于应用人工智能来解决业务挑战，而不是从头开始构建模型。AIaaS 为缺乏数据科学资源和专业知识的组织释放了人工智能的潜力。

12.2.1.3　人工智能即服务路径主要类型

企业可以利用五种主要类型的人工智能即服务产品：

一是数字助理和聊天机器人。人工智能驱动的数字助理和聊天机器人可以理解请求、回答问题、执行任务等。例如，零售企业的聊天机器人可以提供全天候客服支持。

二是机器学习框架。机器学习框架使开发人员能够使用强大的机器学习功能来构建自定义人工智能应用程序和服务，提供预先训练的模型、算法、神经网络架构和其他资源来加速开发。示例包括 TensorFlow 和 PyTorch。

三是应用程序编程接口（API）。零售企业通过 API 提供 AI，允许将 AI 集成到中小零售企业现有的应用程序中。API 提供了现成的人工智能功能，因此中小零售企业不必从头开始构建，如图像识别 API、语音识别 API 等。

四是无代码机器学习服务。无代码机器学习平台允许非技术用户利用机器学习。这些工具提供可视化界面和预构建组件，因此中小零售企业无需编码技能即可开发机器学习应用程序，实现人工智能民主化。

五是数据分类。AIaaS 产品提供高级数据分类功能，可以自动对数据进行分类、提取、标记和结构化，这为其他人工智能应用程序准备了数据集。

12.2.1.4 人工智能即服务路径落地步骤

AIaaS 在零售企业的落地主要包括以下九个关键步骤：

一是需求分析与战略规划。中小零售企业需要对其业务进行全面梳理，找出可以利用 AI 技术优化的关键环节，如库存管理、客户需求预测、个性化推荐、客户关系管理、智能客服、供应链优化、防损防盗、营销策略制定等。

二是选择适合的 AIaaS 供应商。考虑到技术和成本效益，中小零售企业需要在市场上挑选具备丰富经验和良好口碑的 AIaaS 供应商，如大型云服务提供商（AWS、Google Cloud、阿里云、腾讯云等），它们通常提供了一系列预训练模型和 API，可以满足不同业务场景下的需求。

三是定制化与集成。中小零售企业与供应商紧密合作，将 AIaaS 平台上的各项服务与自身的 ERP、CRM、POS 等信息系统进行深度集成，以便实时获取和分析数据，同时也可以根据自身特色定制模型或功能，如针对中小零售企业商品特性的推荐引擎、基于自有客户数据训练的分类器等。

四是数据准备与合规性。为了有效利用 AIaaS，中小零售企业必须保证拥有充足且高质量的数据，并确保数据收集、存储和使用的合规性。这可能涉及建立数据湖或仓库，清理、整合及标注数据，以及遵守隐私法规要求。

五是测试与试点。在选定的业务场景中进行小范围的试点项目，如在某家门店或某个线上渠道试行 AI 驱动的智能推荐系统，或者在部分商品线中应用动态定价策略；通过试点收集数据，评估 AI 服务的实际效果和潜在影响。

六是培训与团队建设。为了让中小零售企业全体员工更好地接纳和使用 AIaaS，企业需要组织培训，提升员工对新技术的理解和应用能力，同时组建专门的跨职能团队，负责对接 AIaaS 项目实施和后期运维。

七是持续优化与扩展。根据试点结果，调整 AIaaS 服务设置和参数，持续优化算法性能，然后逐渐将成功案例推广到其他业务场景。同时，密切关注 AI 技术的发展趋势，适时更新和升级 AIaaS 方案。

八是效果评估与 ROI 计算。定期对 AIaaS 的应用成果进行量化评估，包括销售额增长、库存周转率提升、客户满意度上升、成本节省等方面，计算投资回报率，确保 AIaaS 的投入能带来显著的经济效益。

九是政策与补贴利用。在许多地区，政府会推出针对中小企业应用人工智能的扶持政策，包括财政补贴、优惠政策、技术服务等。中小零售企业应当关注相关政策动态，充分利用这些资源降低应用 AIaaS 的成本压力。

通过以上步骤，零售企业可以在各个环节融入人工智能技术，实现精细化运营，提升客户体验，进而增强整体竞争力。同时，AIaaS 模式允许企业按照使用量付费，降低了前期投资风险，便于中小型企业也能享受到人工智能带来的变革力量。随着政策环境和技术生态的日益完善，中小零售企业有望在较低门槛下享受人工智能带来的红利，实现数字化和智能化转型。

12.1.1.5 人工智能即服务路径关键优势

人工智能即服务为寻求改进工作流程和规模内容制作的团队和企业提供了四个关键优势：

一是提高效率。中小零售企业采用 AIaaS 的主要原因之一是 AIaaS 通过处理大量日常工作来提高生产力，自动执行重复且耗时的任务，以便员工可以专注于更具战略性的计划。例如，人工智能助手可以帮助响应常见的客户服务询问，从而使人工代理能够处理更复杂的问题。

二是节约成本。AIaaS 消除了对人工智能基础设施和人才的前期投资的需要，它以即用即付模式提供对人工智能工具的访问，将固定成本转化为灵活的运营支出。中小零售企业可以节省数据科学家的工资以及服务器和存储等基础设施成本。可扩展的消费模型确保组织只需为他们使用的内容付费。

三是可扩展性。团队可以根据需求变化轻松扩大或缩小使用规模，确保人工智能解决方案跟上业务增长的步伐。中小零售企业可以利用 AIaaS 提供商的弹性云功能，而不是配置内部资源。这种按需可扩展性可以快速响应不断变化的市场条件。

四是访问高级人工智能。通过 AIaaS，组织无需人工智能专业知识即可访问最先进的算法和模型；提供商管理模型训练、优化和部署，以便中小零售企业可以专注于应用程序而不是底层技术。中小零售企业可以利用谷歌和 Facebook 等巨头所使用的世界级人工智能。

12.1.1.6 人工智能即服务路径面临挑战

采用任何新技术都会面临挑战，使用 AIaaS 也不例外。以下是组织在使用 AIaaS 解决方案时可能面临的一些主要挑战：

一是数据隐私和安全。其中一个主要问题是数据隐私和安全，使用 AIaaS 时，中小零售企业实质上是将其数据移交给供应商以运行其模型和系统，这可能会引发有关数据治理、合规性和专有数据保密的问题，中小零售企业需要供应商保证数据的私密性和安全性。

二是集成复杂性。将 AIaaS 集成到现有系统和工作流程中也会带来挑战。集成的工作量将取决于 AIaaS 解决方案和架构，基于 API 的服务可能具有更简单的集成，而无代码 ML 平台可能需要更多工作来定制特定用例，IT 团队应预先评估集成需求。

三是供应商依赖性。外部供应商提供关键的人工智能功能会产生需要管理的依赖性。如果供应商停业或大幅改变其模式，可能会中断服务，中小零售企业应该制订一个计划，以便在需要时快速更换供应商。

四是技能差距。虽然 AIaaS 消除了对内部人工智能专业知识的需求，但仍然存在学习曲线。中小零售企业员工需要接受有关在工作流程中使用人工智能和解释输出的培训。如果不发展内部技能，中小零售企业将面临无法从 AIaaS 投资中获得最大价值的风险。

五是模型的可解释性。一些 AIaaS 解决方案由黑盒模型提供支持，缺乏预测和输出的透明度。这种可解释性差距可能会导致很难解决错误或偏见问题。中小零售企业应该寻找提供模型可解释性的供应商。

12.1.1.7　人工智能即服务路径适用范围

中小零售厂商是否采取人工智能即服务，需要仔细评估当前的工作流程和功能。以下是确定 AIaaS 是否适合中小零售企业需求时的一些关键考虑因素：

一是 AI 基础设施基础。采取人工智能即服务的中小零售企业需要具备较好的 AI 基础设施，具备完备的云计算、计算机网络、5G 网络基础，包括已经采纳 ERP、CRM、POS 等信息系统，通过上述应用系统的使用可以将零售活动中的数据进行有效采集，利用大数据技术将数据进行治理，形成数据接口、数据关系、数据图谱等，此时可以与人工智能模型很好地配合，最终通过人工智能即服务产生降本增效的决策。

二是定义清晰的业务流程。采纳人工智能即服务的中小零售企业通过清晰梳理其业务流程可以发现存在大量重复或耗时的工作流程，依赖于自动化和人工智能辅助将带来长期的、直接的降本增效。根据可以优化的工作流程，计算 AIaaS 带来的潜在生产力提升和投资回报率。仔细检查中小零售企业的独特需求将确定现在是不是将 AIaaS 平台添加到其技术堆栈中的合适时机，定义清晰的需要可以将人工智能轻松集成到工作流程中，同时显著提高生产力和效率。

三是知识距离。采纳人工智能即服务的中小零售企业应与供应商知识距离小，即中小零售企业内部团队具备开发、训练和维护人工智能模型的技能简单技能，清晰如何将零售数据借助人工智能即服务产生长期决策，可以将人工智能高效地集成到现有的工具／应用程序中，与 AIaaS 平台实现无缝集成。

12.1.1.8　人工智能即服务路径典型案例

2023 年 12 月，为了推动人工智能即服务标准化工作，全国信息技术标准化技术委员会人工智能分委会制定《人工智能模型即服务（MaaS）参考架构》，阿里云成为标准的牵头制定方。作为国内人工智能即服务较早的提出者，阿里云提供了系统的 AI 开发和应用服务，帮助中小零售企业快速、轻松、安全地构建、训练和部署机器学习模型。阿里云现阶段可以提供的人工智能即服务类型包括人工智能基础设施、人工智能应用、模型平台和服务、人工智能平台。

一是人工智能基础设施，具体包括技术能力与资源池，为人工智能应用提供算力、网络、存储等，支持中小零售企业即插即用式训练模型和推理。

二是人工智能应用，具体包括人工智能应用与模型服务。人工智能应用根据中小零售企业具体场景提供已经产品化的人工智能即服务，中小零售企业可以快速集成到业务系统，产生降本增效的作用。

三是模型平台和服务，具体包括基础模型与服务，中小零售企业可以通过 API 直接调用基础模型与服务。基础模型与服务支持中小零售企业基于自身业务数据对基础模型与服务进行低资源的微调（Fine Tune）／提示词微调（Prompt Tuning），产出适合自身的专用模型。

四是人工智能平台，具体包括从数据标注、模型开发，到模型训练推理的完整工程能力。此外，人工智能平台基于大数据平台能力，提供数据上云、分析、开发及治理等产品化能力，支持中小零售厂商一站完成 AI 模型开发。

五是通用大模型。依托通义千问通用大模型，开发通义万相、通义听悟、通义灵码等应用，可以通过 API 直接调用通用大模型，直接应用于中小零售企业各个业务场景。

六是人工智能模型社区"魔搭"。人工智能模型社区"魔搭"（Model Scope）的贡献包括自然语言处理、视觉、语音、多模态等各领域 300 多个模型，并提供模型库、数据集、创空间、讨论区等不同板块，根据阿里巴巴数据，截至 2023 年 7 月，已吸引 200 万人工智能开发者，累计下载量 4500 万次，为中小零售企业提供基础模型，在此基础上使用零售活动数据对社区提供预训练模型进行调优训练（Finetune），定制满足零售场景智能决策需要的专用模型。

12.2.2 零售云路径

人工智能即服务路径需要具备一定的技术条件与组织条件，仍会将部分中小零售企业排除在智能化转型之外。相较人工智能即服务路径，零售云路径更具有基础性，其从云网基础设施层面开始重塑中小零售企业，更适用于没有数字化、网络化、智能化基础的中小零售企业。

12.2.2.1 零售云路径界定

在零售厂商数字化转型过程中，出现了多样化的零售云为中小零售厂商提供零售数字化转型服务，主要可以分为依托线上优势的阿里零售云、京东零售云、有赞、微盟等，依托线下优势的苏宁易购零售云、多点 DMALL 零售云等，这些零售云从商品、用户、门店、供应链、管理等领域全方位帮助中小零售企业实现数字化、智能化能力的建设。零售云模式的核心是提供给中小零售企业一整套智能零售解决方案，有效解决零售行业中上至选品、营销，下至库存、履约和供应链资源等多方面痛点。

零售云是一种创新的零售商业模式和技术解决方案，它利用云计算、大数据、物联网、人工智能等先进技术手段，赋能传统零售业，实现线上线下融合（O2O）、智能化运营和精细化管理。零售云模式的核心价值在于通过技术手段整合零售业各个环节，打破传统零售的边界，从而实现零售业务的数字化、网络化和智能化，有效应对新零售时代的挑战与机遇。在更广泛的行业语境下，零售云可以理解为一种云端技术为基础的智能零售服务模式，它通过云端基础设施和服务，为零售厂商提供灵活、可扩展且具有强大数据分析能力的 IT 解决方案。零售云服务能够帮助商家快速构建或升级其零售管理系统，包括但不限于商品管理、订单处理、客户关系管理、供应链协同、智能决策支持等，以适应不断变化的消费市场环境，实现精准营销、优化库存、提升运营效率和顾客满意度。综上所述，零售云是依托云计算技术，为零售企业提供一站式、智能化经营管理工具和服务的总称，旨在推动零售行业从传统模式向智能化、数字化转型。

零售云平台为企业提供了一整套基于云技术的零售解决方案，如搭建混合云平台，使零售企业能轻松管理线上线下销售渠道，实现全渠道运营；利用大数据分析，协助零售企业进行精准营销，洞察消费者行为，优化商品结构和库存管理。对于传统实体店，零售云可以帮助它们快速转型为智慧门店，通过接入云端服务，简化门店运营流程，提升服务质量，增强消费者购物体验。针对加盟商或者小型零售商，零售云可以提供全过程的加盟服务，包括供应链、物流、售后支持，以及技术支持，使加盟商能够专注于销售环节，降低经营风险和成本。零售云可以大幅提高零售业的运营效率，通过自动化处理、智能预测和实时数据分析等功能，改善供应链管理、商品流转和资金周转速度。零售云有助于构建新型零售生态系统，通过开放 API 接口、集成各种第三方服务等方式，促进零售厂商与各类服务商之间的合作与资源共享。此外，零售云还可依托创新的零售 SaaS 平台与深厚的行业经验，融合大数据、云计算、物联网及移动互联网等先进技术，为中小零售企业量身定制全面的数字化解决方案，精准对接零售门店的业务需求，以数据为核心驱动力，深度渗透至各个零售环节，旨在实现成本降低、效率提升与收入增长，为零售行业带来全方位的价值提升。

12.2.2.2 零售云路径层级

在零售行业采用云计算技术时，基础设施即服务、平台即服务、软件即服务都可以发挥重要作用，助力中小零售企业实现智能化转型和升级。以下是它们在零售云架构中的应用和价值：

（1）基础设施即服务（Infrastructure as a Service，IaaS）在零售云环境中，IaaS 提供的是底层的基础设施资源，如计算实例、存储空间、网络带宽、数据库服务等。中小零售企业可以通过购买和租用云服务商提供的这些资源，搭建和管理自己的零售信息系统，如电商平台、ERP 系统、仓库管理系统等。IaaS 服务可以大幅降低初期投入成本，且能根据业务需求弹性伸缩资源，如在促销高峰期迅速增加服务器容量以应对流量激增。

（2）平台即服务（Platform as a Service，PaaS）在零售业的应用为开发者提供了一个完整且可定制的应用开发、测试、部署及运行环境。中小零售企业可以利用 PaaS 平台快速构建和迭代定制化的零售应用，如电商网站、移动购物 App、内部供应链管理系统等，而不必关心底层的操作系统、服务器维护、数据库管理等复杂问题。PaaS 可以帮助企业加速创新速度，简化运维流程，促进跨部门、跨渠道的一体化平台建设。

（3）软件即服务（Software as a Service，SaaS）在零售领域，SaaS 能够提供现成的、基于云的全套零售解决方案，用户可以直接使用，无须自己部署和维护软件。例如，客户关系管理（CRM）系统、销售点（POS）系统、电子商务平台、市场营销自动化工具、商业智能分析软件等都可能是 SaaS 形态的产品。中小零售企业只需要订阅这些服务，就可以立即获得所需的零售业务功能，并随着供应商的更新自动享受最新特性和服务。

综上所述，在零售云架构中，IaaS 提供基础计算资源，PaaS 支持应用快速开发和部署，而 SaaS 则帮助中小零售企业便捷地获取和使用预置好的零售业务软件。这三种服务模式相互补充，共同构成了零售业全面迈向云端的核心技术支撑。结合上述三种模式，零售云服务可以帮助企业在无须大规模资本投入的情况下快速搭建并优化零售业务流程，实现线上线下一体化、智能化运营，提升效率、降低成本，并借助大数据和 AI 技术更好地理解和服务消费者。此外，随着新零售业态的发展，还出现了针对特定零售场景的 SaaS 产品，如零售云 POS、会员管理系统、新零售云 ERP、智能供应链管理 SaaS 等，这些都是零售云服务的具体应用。

12.2.2.3 零售云路径落地步骤

零售云在中小企业落地的主要步骤包括以下环节：

一是需求分析与评估。评估零售企业当前 IT 基础设施状况、业务需求和发展战略，明确哪些业务或系统适合迁移到云端。分析各类零售云服务对企业可能带来的好处，如节约成本、增强灵活性、提升创新能力等。

二是选择零售云模式。根据零售企业规模、预算、数据敏感度等因素，选择合适的云计算类型，如公有云、私有云或混合云。比较各大零售云服务提供商（如阿里云、腾讯云、多点零售云等）的优劣，选择最适合的云服务合作伙伴。

三是规划设计。制定详细的云计算迁移策略和实施路径，包括系统架构设计、数据迁移计划、新应用开发或现有应用改造方案。规划网络架构、数据存储、安全防护、容灾备份等技术细节。

四是系统迁移与集成。对现有零售系统进行打包、虚拟化，或者直接在零售云平台重新部署。迁移数据到云端，同时确保数据的安全性和完整性。对新环境下的系统进行集成测试，确保各个模块间的协同工作无误。

五是应用部署与配置。根据零售云平台特性，配置和部署各种零售云服务资源，如计算实例、存储空间、数据库、负载均衡器等。开发或改造应用以适应零售云环境，采用微服务架构或容器化部署等现代化技术。

六是安全与合规。建立零售云环境下的安全管理规范，包括身份认证、访问控制、防火墙策略等。确保零售企业符合数据安全与隐私保护法规要求，尤其是在跨地区、跨国境的数据存储与传输方面。

七是监控与管理。配置监控工具，实时监控云资源的使用情况和性能指标。制订合理的资源扩容和收缩策略，以应对业务波动。建立云资源的运维管理体系，确保系统稳定性。

八是员工培训与支持。对内部 IT 团队进行云技术培训，使其熟悉云平台的操作和管理。与云服务提供商保持紧密沟通，获取技术支持和咨询服务。

九是持续优化与成本控制。定期审视云资源的使用效率，通过优化资源配置和利用自动化工具降低成本。根据业务发展调整云服务方案，充分利用弹性伸缩和按需付费的特性。

12.2.2.4 零售云路径适用范围

零售云路径适合技术条件与组织条件较差的中小零售企业。这些中小零售企业既不具备网络基础设施、云计算基础设施、大数据基础设施，也缺乏 ERP、CRM、POS 等信息系统应用，同时内部团队不具备开发、训练和维护人工智能模型的技能简单技能，与供应商知识差距较大。从中小零售企业业务看，其业务流程存在大量的重复或耗时的工作流程，依赖自动化和人工智能辅助将带来长期的、直接的降本增效。通过零售云技术提供商提供的 IaaS、PaaS、PaaS 服务，中小零售企业可以从构建完整的基础设施、数据模型，从而实现快速的数字化、网络化、智能化升级。从使用成本看，由于集约化使用零售云，其平均成本较低。

12.2.2.5 零售云路径典型实践

随着新零售、数字零售、智能零售等概念的不断迭代，大量企业开始在垂直行业部署零售云，例如传统电商云市场中的阿里云、有赞和微盟等。随着电商行业利润微薄，企业纷纷从电商 SaaS 转型到零售 SaaS 领域；如传统零售市场中的苏宁、每日优鲜、商米、汉朔、微店、科脉、海鼎、多点 Dmall 纷纷推出零售云服务。目前在国内零售云领域，依托物美商业集团自身业务需求与创新，多点 Dmall 已经成为中国内地及亚洲最大的零售云解决方案服务商。尤其在人工智能浪潮过程中，多点 Dmall 与微软联合在营销、巡检、出清等零售场景探索智能化落地；与飞书联合基于零售领域开展人工智能大赛，孵化更多智能零售应用场景，解决零售降本增效实际经营问题。从多点 Dmall 的产品属性看，主要集中于零售 SaaS 范畴，专注于零售垂直行业的场景需求进行产品研发。从多点 Dmall 服务模式看，主要为零售行业提供数字化服务解决方案，按照客户交易规模收取一定比例的服务费，外加广告费和咨询费。从多点 Dmall 零售云服务层次看，在 DaaS 层，多点 Dmall 在完成了零售企业数字化"基础设施"——Dmall OS 系统的研发打磨后，开始深挖零售经营全场景做广、做深，为零售企业提供更多的增值服务。在 SaaS 层，依托物美商业集团旗下物美、美廉美、麦德龙、百安居、新华百货等品牌和业态探索，已经提供从会员营销、门店经营、供应链管理、电商业务、总店业务等智能零售全套零售解决方案。具体到业务场景，在 SaaS 层，多点 Dmall 已经推广落地智能客服、智能防损、无人值守、智能补货等 50 余个业务场景。比如智能补货，核心就是数据驱动、任务到人，进一步帮助零售企业降本增效。多点 Dmall 充分认识到数字化为智能化提供了基础数据。离开基础数据，人工智能的数据分析和决策生成能力将不复存在，所以多点 Dmall 针对数字化、网络化、智能化基础较差的中小零售企业，向下层拓展，做好中小零售企业的网络化、数字化基础，在此基础上通过智能零售模式采纳，赋能中小零售企业降本增效；在实体零售受到巨大挑战的背景下，提出了未来零售是在全面数字化基础上实现线上线下一体化的前瞻性论断，并助力中国实体零售走出店仓一体的分布式电商之路。多点 Dmall 以 Dmall OS 系统为基础，叠加通用人工智能 AGI（Artificial General Intelligence）等新技术，以模块化输出，适配性强，为零售企业提供智能化转型全链条的"技术 + 咨询"服务。

12.2.3 平台路径

在现实场景下，中小零售企业智能化转型往往是从利用平台能力开始，无论是电商平台，还是社交媒体平台，以及 O2O 平台等，零售业中小企业必须借助平台提供的渠道，进行全渠道营销获客，在此基础上沉淀海量数据，平台借助海量数据提供了大量低门槛的数字化、智能化工具，这些工具根植于中小零售企业与平台的长期合作与场景理解，能够较好地解决中小零售企业数字化、智能化转型痛点，并且这些工具前期投入小，能为中小零售企业数字化、智能化转型入门带来极大便利。

12.2.3.1 平台路径界定

平台即双边市场，双边市场的判断标准包括价格结构非中性、平台结构、交叉网络外部性（具体见 2.2.7 节理论基础部分），现有平台主要包括电商平台、社交媒体平台、本地生活 O2O 平台、短视频平台等。在现实经济发展过程中，平台具有市场经济中典型的"市场属性"，可以在连接供需、组合要素、打通产业等方面发挥重要作用，能够高效整合供应链、资金、技术、资讯、培训、人才等各类资源，快速满足中小零售企业的发展需求。在中小零售企业智能化转型过程中，由于传统中小零售企业需要依赖平台提供的线上销售渠道，以及平台提供的金融、物流等零售基础设施，因此平台与中小零售企业具有天然的利益一致性。更为关键的是，平台在提供商流、物流、资金流的过程中，根据中小零售企业实际业务可以沉淀整合中小零售企业全样本数据，基本涵盖了中小零售企业智能化转型的商流、物流、资金流全过程数据资源。平台型企业通过构建开放的生态系统，向中小零售企业提供云计算、大数据、人工智能等先进的新一代信息技术工具和服务，帮助企业快速构建自身的 IT 基础设施，实现业务流程的在线化、智能化。平台通过整合先进的新一代信息技术、数据分析工具以及创新商业模式，不仅有助于中小零售企业实现内部管理的智能化，还能带动整个产业链条的升级和重构，从而在竞争激烈的市场环境中获得持续竞争优势。

12.2.3.2 平台路径落地步骤

平台赋能中小零售企业智能化转型主要包括但不限于以下七个方面：

第一，线上渠道与渠道整合支持。平台为中小零售企业提供多样化的线上渠道，主要围绕即时零售、本地生活、短视频、社交网络等领域，为中小零售企业提供全渠道营销的可能性，并且支持传统中小零售企业利用成型的用户界面和接口能力实现"一键开店"，迅速拥有线上销售渠道，实现全渠道获客。同时提供店铺装修、商品展示、营销活动策划等线上运营工具，帮助中小零售企业提升品牌形象，吸引并留住消费者。短视频平台在信息传播领域的优势，可以为中小零售企业提供直播功能，让商家能够通过视频形式展示商品，实现带货销售，增加用户黏性。除公域流量外，平台还可以帮助中小企业搭建基于社交网络（例如微信体系）的私域流量池，利用小程序、公众号、直播电商等方式触达客户，实现精准营销和用户关系管理。更为关键的是，由于全渠道运营后，订单增加，不同渠道的数据难以统一管理；同时门店的 ERP 数据无法自动同步到线上，依靠原有的人工手动操作很难跟上激增的线上订单，存在各个渠道订单混乱、拣货效率低、出错率高的问题，影响了消费者的购物体验。而平台通过智能渠道管理系统，实现了自动化上品和多渠道同步，打破了传统零售把商品搬到线上货架的首要难题。在接入智能渠道管理系统后，平台协助将线上商品集中到仓库中，实现高效的全仓拣货，系统还可以快速定位商品所在的货架，自动规划出更快的拣货路线，开发智能订单调度功能，实现了零售渠道的高效整合；支持线上线下一体化，如开发电商平台、小程序、App 等，实现多渠道销售，并通过 O2O 模式无缝对接实体店；集成移动支付解决方案，便捷消费者的支付体验，同时积累消费者行为数据。

第二，数据分析与消费者洞察。利用大数据技术和专用算法，平台可为商家提供消费者行为分析、流量来源分析、商品销售分析等数据报告，帮助中小零售企业了解市场需求，优化产品组合及定价策略。用户标签和画像功能有助于商家精细化运营，实施精准营销，提高转化率。平台帮助中小零售企业收集、整合内外部数据资源，形成统一的数据视图，进而通过大数据分析洞察消费趋势、优化商品结构、精准营销。利用 AI 和机器学习技术进行预测分析，改进定价策略、库存控制和个性化推荐。

第三，智能采购与动态定价。基于数据分析与消费者洞察，平台厂商依据其聚合生产的资源，可以为中小零售企业提供精准采购支撑，优化线下店面 SKU，实现反向定制要求。平台依托其聚合供应链资源能力，为中小零售企业对接优质的供应商资源，优化供应链管理，降低成本。基于采购行为图谱的多维关系，平台结合"区域 + 场景 + 商品"全维度数据，通过算法引擎实现"人找货""货找人"的精准匹配，让中小零售企业能够快速锁定所需商品。同时可以通过品类、历史价格、采购规模、行业、场景等数据，形成智能定价模型，根据实时变化供需状况进行动态定价，最终打造动态价格体系，解决中小零售企业依据经验的采购与定价体系。

第四，数智化营销工具与服务。平台可以利用沉淀的各类数智化营销工具，帮助中小零售企业精准定位不同渠道的用户群体，提升用户触达、用户服务、消费洞察、经营分析等多个细分场景的运营效率，并打通从用户获取到留存、再到转化的整条路径，进而实现用户、经营、营销三位一体的稳健增长；提供多样化的促销工具，如限时折扣、满减、优惠券、拼团等，帮助商家提升销量；结合其他平台资源，如本地生活平台、短视频平台等，推出跨平台联合营销方案；提供会员管理系统，通过消费者画像、精准推送、互动营销等手段提升顾客满意度和忠诚度；开展社交媒体营销、直播电商等新型营销方式，扩大品牌影响力和销售额。

第五，零售基础设施服务。无论是阿里巴巴、京东等电商平台，还是美团、饿了么、京东到家等本地生活平台，以及抖音、快手等短视频平台，在其发展过程中都储备了物流、资金流等零售基础设施服务，可以为中小零售企业提供智能物流解决方案，增强商家的配送能力和客户体验。同时依据中小零售企业交易数据，这些平台可以为中小零售企业提供包括信用贷款、流水贷款的多种金融支持，解决企业资金周转难题，促进平台与中小零售企业的良性循环。政府部门联合平台企业可以推出一系列优惠政策，通过补贴、培训、金融支持等方式鼓励中小零售企业进行智能化改造。平台也可以提供融资、保险、支付等相关金融服务，解决中小零售企业在智能化转型过程中的资金难题。

第六，技术支持与培训。平台提供了一系列智能零售课程和实战经验分享，帮助中小零售企业培养智能零售运营人才，提升其在智能零售时代的竞争力。为中小零售企业设立专门的服务中心或机构，如微盟的线下中小企业营销中心，提供一站式服务，包括咨询、培训、技术指导等，帮助中小零售企业根据自身特点设计和实施个性化的智能化战略；提供智能化转型相关的教育培训和咨询服务，帮助中小零售企业培养人才，制定科学合理的智能化战略；加强生态共建，与其他服务商合作，打造涵盖技术、资本、市场、人才等全方位的赋能体系。

第七，人工智能基础设施。随着平台赋能进程的加快，中小零售企业具备一定的数字化能力后，平台可以将其在人工智能即服务、零售云领域的能力应用于中小零售企业智能化转型过程。提供云计算服务，使中小零售企业能够在云端部署信息系统，降低 IT 硬件投入成本，实现弹性扩展和按需付费；推出各种 SaaS 软件解决方案，如 ERP 系统、CRM 系统、POS 系统、智能仓储管理系统等，协助中小零售企业管理和优化采购、库存、销售、客户服务等各个环节；引入物联网、AR/VR 等技术，打造沉浸式购物体验，提升门店智能化水平；推动自助结账、无人售货机等智能零售设施的应用，降低人力成本，提高经营效率。

12.2.3.3 平台路径适用范围

平台路径相对人工智能即服务、零售云路径，其企业规模仍然可以进一步降低，更加适合夫妻店、便利店、社区店等中小零售企业与业态。相较规模化、连锁化零售企业，其天然缺乏数字化、智能化转型的能力。这部分中小零售企业已经开始依托电商平台、本地O2O平台、短视频平台等探索全渠道融合。借助平台的渠道、供应链和数字化工具，此类中小零售企业的经营数据天然沉淀于平台，因此中小零售企业依托平台完成智能化转型具有必然性、内在一致性等优势，可以以较低的成本完成智能零售采纳与智能化决策。

12.2.3.4 平台路径典型实践[①]

京东作为平台模式的典型代表，在助力中小零售企业智能化转型过程中发挥着积极的推动作用。以京东即时零售业务为例，京东通过平台生态能力，为中小零售企业提供从渠

---

① 资料来源：笔者通过调研整理。

道、物流、数据等一站式智能化解决方案，帮助众多中小零售企业真正做到降本增效，有效推动了中小零售企业智能化进程。中小零售企业需要通过全渠道掌握消费者画像，提供精准的商品与服务，同时又面临着传统规模经营策略的失效，靠开店和下沉带来的增量越来越少，体量庞大所产生的成本费用让低利润率更加承压。靠增加点位来获取周围人流的传统方式正在"失灵"，门店密度增加，平均每个点位所能覆盖的客流在减少。基于此，京东到家为中小零售企业提供了渠道入口，可以实现精准获客，同时与其不断地把商品搬到距离消费者最近的位置，不如直接送货上门，回归零售的本质，即"成本、效率、体验"，对数字化、供应链提出了更深的要求。在京东内部，一个共识是：在即时零售的业务模式下，平台和品牌方、线下商家去争抢利润是不明智的。相反，京东要做的是搭好平台，让合作方销量最大化。借助京东的供应链、线上线下渠道、用户等资源发展生态圈，在这场波澜壮阔的技术浪潮中始终走在潮头，发挥消费互联网时代积累的数据和技术资产，以人工智能、大数据等信息技术为底座，提升商品流、物流、信息流、金融流在产业互联网时代的连接效率，带动产业链上下游合作伙伴，特别是中小零售企业伙伴，落实智能化转型和降本增效。

第一，线上渠道与渠道整合支持。依托京东 App 提供京东到家渠道，为超市便利、生鲜果蔬、手机数码、医药健康、个护美妆、鲜花、服饰、家居、家电等中小零售厂商提供线上渠道。以流量赋能、履约赋能、用户赋能、商品赋能、营销赋能为核心，为传统中小零售企业提供线上线下融合的一体化即时零售解决方案，使中小零售企业具备线上履约和精细化运营能力，大幅提升坪效与人效，获得长足的线上业绩增长。通过海博系统 + 达达快送"仓拣配"全链路履约，为门店定制前置仓、店内仓、全卖场拣货履约方案，多渠道订单集中履约，具备前置仓、店内仓、全卖场拣货。提供全渠道运营的进销存、效率预测、合单拣货，大大提高了库存周转率和拣货人效率。

第二，数据分析与消费者洞察。京东零售沉淀的各类数智化营销工具，能够帮助广大中小商家精准定位不同渠道的用户群体，提升用户触达、用户服务、消费洞察、经营分析等多个细分场景的运营效率，并打通从用户获取到留存、再到转化的整条路径，进而实现用户、经营、营销三位一体的稳健增长。依托平台全域销售情况智能分析，沉淀线上品类管理方法，为门店提供周期性选品建议，制定线上最佳商品销售组合。实时监控线上商品库存，提供补货建议，减少销售损失，有效降低缺货率，提升用户门店消费体验。依托完善的商品评估管理系统，为门店提供定制化的商品汰换解决方案。持续提升商品动销率，增加商品销售机会。同时京东依托京东到家业务，开发宏图系统。宏图系统以京东 B2C+O2O 运营数据为基础，向中小零售厂商提供基于位置服务（LBS）的网格化热力图并输出经营策略的系统。通过热力图，中小零售厂商可以看清有发展机会网络的用户分布、订单分布、商品分布、市场占有率等情况，有针对性地铺货或者营销。宏图系统会精准分析网格内热销商品情况，当中小零售企业缺少相关 SKU 时，该系统可以快速部署商品，同时精准分析网格内潜力消费者情况，有针对性地投放广告和营销资源。

第三，智能采购与动态定价。智能采购是中小零售企业经营的基础。一方面，中小零售企业在采购过程中面临供应商数量多、采购规模小问题，尤其是随着全渠道融合的深入，需要不断解决小批量、多品种、多频次采购的需求。另一方面，由于中小零售厂商采购规模小，议价能力弱，采购成本居高不下，更由于缺乏采购管理人员与工具，采购成本与质量难以得到有效控制，采购流程无法实现有效跟踪与追溯。京东到家为入驻企业提供一站式智能化采购服务解决方案，结合中小零售企业数据进行商品的智能推荐，实现优中选优，真正满足快速变化的消费者需求。京东企业购的选品是基于采购行为图谱的多维关系进行的，平台会结合"行业＋场景＋商品"全维度数据，通过算法引擎实现"人找货""货找人"的精准匹配，让采购人员能够快速锁定所需商品。同时通过京东企业购实现集中采购，有效解决了中小零售企业量小价高问题。京东企业购通过品类、历史价格、采购规模、行业、场景等数据，形成智能定价模型，再根据采购量动态定价，最终打造出了极致性价比的价格体系。

第四，数智化营销工具与服务。该服务通过销售情况数字化分析，洞悉消费特点，帮助中小零售企业实现精细化运营，发现潜在销售机会。京东盘古系统以"精准获客＋多渠道触达"为核心的营销方案，为中小零售厂商提供更丰富的营销线索，不断提升触达效率，降低营销费用，提升转化和复购。会员通系统为中小零售企业提供的用户成长管理工具，包含会员增长、权益管理、积分系统三类子系统，帮助中小零售企业提升入店和用户活跃度、刺激转化、提升留存。

第五，零售基础设施服务。传统中小零售企业缺乏终端配送能力，随着全渠道零售和即时零售对终端物流配送提出较高要求。京东到家依托线上平台提供流量入口和物流配送，线下传统中小零售企业负责拣货打包，快速满足即时配送要求。中小零售企业接入海博系统后，可以将标品与非标品快速录入系统；无论订单来自京东到家、美团还是饿了么，都能在系统后台进行库存管理、活动提报、订单履约操作。对接多个配送服务商的卖家，可通过智能调度降低配送成本、提高骑手接单效率，既满足了即时零售对物流的需要，又解决了物流环节降本增效的问题。一方面，京东到家通过达达快送为中小零售厂商提供即时物流基础设施，京东到家的供给足够优质，订单密度足够大，能吸引更多骑手加入达达，为即时零售提供充沛的运力保障。另一方面，达达平台端不断优化履约体验，也能反哺京东到家，使其订单量持续增加，继而吸引更多卖家入驻。据达达集团财报显示，2022 年第四季度海博系统增设的"智能订单调度"功能，当季实现入驻中小零售企业降本增效，具体包括：运营人效提高 75%，接单时效提高 6%，配送成本降低 3% 以上。京东到家则是以平台化模式，在助力传统实体门店升级的过程中，用合作的线下中小零售企业的库存补充平台的供给，接入更多门店商品资源，同时依托海博系统与达达快送，有效解决了即时物流与终端配送降本增效问题。

第六，技术支持与培训。京东长期坚持打造中小零售企业交流阵地，通过面向不同地域、不同产业、不同规模的企业开展个性化的"益企 TALK"研讨活动，将京东所积累的技术能力、运营经验、管理理念开放给中小零售企业，全链路帮助企业家和企业管理人员做知识性的输入，满足中小零售企业在数字化、智能化转型和经营管理水平提升等方面的需求。

第七，人工智能基础设施。京东自主研发的言犀大模型，是一款集自然语言处理技术与行业洞察于一体的创新产品。该模型巧妙融合了 70% 的通用数据与 30% 的数智供应链专有数据，精准聚焦于零售、物流、电商等高度知识化与任务导向型产业领域，旨在解决行业面临的实际挑战。京东正加速推进言犀大模型在零售领域的深度应用，旨在助力品牌商家实现运营成本的优化、效率的提升以及营销策略的创新与突破。依托言犀大模型生成的言犀虚拟主播，已经能够智能"阅读"商品详情，自动生成更真实、生动、可阅读性强的直播文案，低门槛、高效率助力商家实现 24 小时自动开播。同时，京东开发的零售北极星商业操作系统 JNOS 以技术、业务、用户、数据四大中台为底座，对内支持京东业务高质量发展，对外赋能零售行业客户降本增效。

12.2.4 供应链路径

随着数字化、网络化、智能化转型的深入，消费品与零售业的领军企业在规划智能化转型蓝图时，已不再局限于单一企业的数智化跃升，而是着眼于整个产业链生态的协同发展。行业领军企业致力于构建数字化基础设施的共享网络，携手上下游合作伙伴，共同构筑业务、数据、资源的三大枢纽。这一趋势将催生出一批"智能链主"，它们以平台化运作模式引领并促进所在产业链的持续数智化升级。而在这样的憧憬里，抓住新供应、新市场、新需求、新生态的数字化升级，就抓住了未来发展的关键。

12.2.4.1 供应链路径的界定

中小零售企业在智能化转型的过程中，普遍面临缺钱、缺人、缺技术的困境，因此，在寻找更合适的智能化转型路径上，"以大带小"的链式发展模式可以促进产业链上下游企业更好地通力合作，实现供应链整体智能化转型。供应链路径主要指通过优化和整合供应链资源，通过供应链主导厂商在智能零售领域的先进技术，整合零售供应链企业数据、模型等生态资源，提供精准营销、智慧门店、商品定制等服务，帮助中小零售企业实现业务过程的数字化、智能化改造，提升中小零售企业在采购、销售、物流等环节的运营效率和服务质量，同时有助于中小零售企业对消费者需求不确定性和外部市场环境进行快速响应。以零售供应链链主企业为主导，推动大中小零售企业形成紧密的链式发展模式，有效打通零售供应链各环节的数据壁垒，消除数据流通的断点与瓶颈，充分发挥数据在各流程中充分利用的价值。通过优化数据在各流程中的高效利用，实现更精准的供需匹配，进而提升整体运营效率，减少资源浪费，助力社会资源的合理配置与节约。通过链式智能化转型模式，能让产业链中的关键企业发挥引领作用，并带动产业链、供应链上下游内中小企业协同智能化转型，这将成为推动中小零售企业智能化转型的有效途径。在供应链模式中，核心企业的作用不可或缺，大型零售企业在"链式发展"过程中可以通过政策引领、机制建设、平台打造，推动形成协同、高效、融合、顺畅的大中小企业融通创新生态。大型零售企业可以通过数智赋能、融资服务、人才引培、生态建设等途径，向产业链、供应链上下游中小零售企业开放技术、资金、人才、服务等资源，助力链上中小企业智能化转型。而中小企业的作用则在于补链、固链、强链，由产业链关键企业或数字化服务商进行智能化创新和探索，形成一批可复制可推广的智能化转型经验和样本，从而反哺大型零售企业的供应链和生态链，形成创新共同体，提升整个零售供应链的智能化水平。

12.2.4.2 供应链路径的落地步骤

通过产业链供应链引领带动产业链上下游中小零售企业协同智能化转型的典型做法和解决方案，可以将供应链路径归纳为新型实体链主企业培育、链主企业平台能力建设、链主企业典型示范、中小零售企业探索全业务场景转型四个落地环节，最终形成中小零售企业链式智能化转型的可复制推广经验，破解中小零售企业在智能化转型过程中所面临的痛点、难点和堵点。

（1）新型实体链主企业培育

链主企业，即零售供应链中的领航者，它们不仅凭借在供应链中的优势地位，对众多上下游企业资源调配与行为模式产生深远影响，而且肩负着提升整个供应链综合效能与绩效水平的使命。这里面有一个误区，很多人会将一条供应链条上的部分龙头企业视为链主企业。龙头企业可以成为"链主"，但并非所有的龙头企业都是"链主"。一家龙头企业要想晋级为"链主"，关键要看它是否具备重构整条供应链的智能化整合能力。链主企业一方面可以对接来自上游的各类供应商，另一方面可以凭借自身强大的市场号召力，吸引到来自下游的海量订单，然后迅速将供应链产出的大量产品与之进行精准匹配，提高整个产业链的协同效率，甚至成为产业标准的制定者。链主企业通过推动自身技术创新，以满足市场需求和提升竞争力，传导创新压力到供应链的上下游，共同促进行业协同创新，以高技术升级来提升产业链价值。

随着云计算、人工智能、物联网及大数据等新一代信息技术的广泛应用与跨领域融合，实体经济正经历着深刻的形态变革，催生了新颖的分工格局与多元化的产业生态。在此过程中，一类将新一代信息技术深度融入实体经济的新型实体企业应运而生，它们在促进数字经济与实体经济深度融合、加速现代化产业体系构建方面扮演着日益重要的角色。这类新型实体企业凭借其坚实的实体产业基础与卓越的数字技术能力，率先踏上了产业数字化转型升级的征途，并通过"以实助实"的方式，促进了产业链供应链上下游企业的协同发展与质量提升。新型实体企业的崛起，不仅激发了智能化转型的链式反应，还成为新技术、新产业、新业态、新模式的鲜活例证与典范。新型实体企业以其实体性、科技性与生态普惠性为鲜明特征，既根植于实体产业之中，又服务于实体产业转型升级，通过数字技术的赋能，实现对传统产业的智能化改造与效率提升，为实体经济的高质量发展注入了强大信心；它们广泛布局于支柱产业与战略性新兴产业，运用海量数据与数字技术，推动产业链价值链的重构与升级，引领产业功能、形态、组织方式及商业模式的深刻变革。尤为重要的是，新型实体企业不仅是创新的先锋，而且是联动发展的桥梁，通过技术成果与数据资源的共享与应用，深化了产业链与供应链的整合与协同，成为推动智能零售等新型商业模式普及的关键力量。特别是那些由传统零售头部企业转型而来的新型实体零售企业，更是将大数据、人工智能、区块链等前沿技术融入日常运营，汇聚创新资源，促进协同创新，精准解决产业链上的各类难题。在智能零售时代，新型实体零售企业不仅实现了自身运营的智能化升级，还引领着研发、生产、供应、销售、服务等全产业链环节的智能协同，成为了行业数字化转型的"智能链主"。它们凭借全渠道、全场景、全生命周期的数字化覆盖能力，以及研发、供应链、生产制造、仓储物流、销售服务等环节的高效协作机制，为整个产业链的智能化、高效化发展树立了标杆。

（2）链主企业平台能力建设

零售业智能化转型中，链主企业需要通过自身平台建设，同时接入IT服务商，进而可以形成覆盖零售业供应链的智能化转型能力。随着零售业迈向深度数字化的新阶段，业务场景日益丰富多元，IT需求趋向多样化，而支撑这些变化的基础设施也变得更为复杂精细。传统零售链主企业的数字化路径正发生深刻转变，从局部试点的浅尝辄止转变为追求全面深入的数字化重塑。这种转变不仅体现在广度上，更体现在企业心态的主动性与前瞻性上。从被动适应数字化趋势，到积极寻求变革，企业旨在通过数字化战略强化企业的增长韧性与市场竞争力。如今，零售链主企业更加主动地拥抱数字化，视其为提升运营效率、优化客户体验、增强抗风险能力的关键驱动力。在全面数字化改造的基础上，借助引入智能零售服务商提供开发的一批小型化、快速化、轻量化、精准化的数字化解决方案和产品，零售链主企业逐步形成融合开放、高效协同、极致性价比和安全可控的零售业智能化转型平台；通过集采等方式，将市场中上百个优质服务商开发的软件引进来，开发集成一批小型化、快速化、轻量化、精准化的数字化解决方案和产品。在需求端，中小零售企业只要登录供应链平台，就可以根据自身管理和业务需要选择软件。可见，供应链模式对于中小零售企业智能化转型，一方面能够聚焦于行业的核心企业，要求关键企业利用自身资源能力优势和产业链影响力发挥引领作用，以关键企业引领带动链上中小零售企业智能化转型；另一方面能够聚焦于智能化服务商，以"小快轻准"产品引导推动链上大中小企业协同智能化转型。

（3）链主企业典型示范

链主企业具备平台能力与典型场景尝试的基础上，其在零售供应链上下游企业合作时，将培育推广一批大中小企业协同智能化转型典型模式和解决方案。针对中小零售企业的智能化转型需求，链主企业的智能化转型能力正逐步拓展至更广泛的领域，包括深化消费者价值挖掘、优化内部管理与人效、推动供应链降本增效，以及促进商品与经营的绿色可持续发展，旨在通过数字化手段，为客户打造个性化的购物体验，增强品牌价值，并促使企业从单一的渠道数字化迈向基于客户深度洞察与内部管理优化的全面升级。首先，全链条消费者数据的整合与应用让中小零售企业能够实施精准的用户运营策略，提供定制化服务，延长顾客生命周期，从而实现品牌价值的显著提升。其次，基于用户数据的全面洞察，企业能够更精准地规划业务布局；内部管理数字化的重心也从传统的销售效率提升转向组织协同与整体运营效率的优化，成为中小零售企业智能化转型中的新焦点。

（4）中小零售企业探索全业务场景转型

中小零售企业通过智能化工具与服务，能够直接接触消费者，实现对目标客户群的精准分析，并借助客户导向的渠道资源整合与供应链商品管理优化，构建出以消费者为核心的新型零售模式。这一模式全方位赋能零售产业链，推动行业向高质量增长迈进。具体而言，智能零售在终端市场的实践已证明其有效性，通过深化用户运营提升了客户全生命周期价值，为中小零售企业开辟了增长新路径。同时，智能零售的潜力远不止于此，其应用范围可拓展至零售全链条，在短期内强化内部管理、客户关系维护与销售引导；在中期则通过精准匹配消费者与各类零售资源，实现资源的高效整合与配置；长远来看，更有望构建生产与消费间的良性循环，促进供应链成本的降低与效率的提升。在零售企业的数字化转型进程中，"数字化1.0"阶段侧重于需求端的数字化改造，通过技术提升营销效率与顾客体验；"数字化2.0"阶段进一步深化，聚焦于供给侧的数字化重构，推动营销向全面运营的数字化转型；"数字化3.0"阶段则是更高层次的跨越，旨在构建供需两侧紧密连接的数字化生态体系，以数据为核心驱动力，打造智能化、协同化的"智链"生态系统，引领零售行业的未来发展趋势。

12.2.4.3 供应链路径的适用范围

相对于人工智能即服务、零售云、平台路径，供应链路径的企业规模仍然可以进一步降低，更加适用于被排除在数字化、智能化转型之外的乡镇中小零售企业。区别于人工智能即服务、零售云、平台路径,供应链路径往往是单点式智能化转型,通过对大量基于"点"的数据分析,挖掘其中的内在连接和内在价值,从而让零售供应链一个个孤立的"点"涌现出新价值。在此过程中,链主企业作为产业链的"领头雁""牛鼻子",发挥链主企业的示范引领作用是提升产业链整体智能化水平的重要抓手。链主企业的行业地位决定了其自身辐射带动能力强,如果能够率先完成智能化转型,则可以产生巨大的示范效应,引领甚至倒逼零售供应链上中小企业开展智能化转型。

12.2.4.4 供应链路径的典型实践

"独行者疾,众行者远",一个人走得更快,一群人走得更远,在推进自身供应链智能化建设的基础上,苏宁易购高度重视上下游生态构建,通过输出自身经验,带动更多中小零售企业进行智能零售转型。零售行业的数智改造不只是强调个体主义的升级,而是站在大的产业层面,着力于在某种科技基础上实现对外赋能,努力去谋求"代际迭代"。为了解决中小零售企业成本受限、转型能力不足、转型路径不清晰等问题,苏宁易购通过苏宁易购零售云提供集"软件+硬件+平台+服务"于一体的一站式整合交付智能化服务,进一步助力中小零售企业智能化转型。一方面,现阶段,随着智能零售模式的采纳,越来越多的城市中小零售企业尝试智能化转型,但是乡镇中小零售企业却被排除在智能化转型体系之外,城乡数字鸿沟愈加明显,乡镇中小零售企业逐步成为智能化盲区。另一方面,从金字塔效应来看,位于金字塔底座位置的乡镇中小零售企业是中国零售市场最主要的市场空间。传统乡镇零售供应链品类单一,无法满足顾客需要;库存积压,资金周转压力大;数字化程度不高,经营管理方式落后;电商冲击,市场消费方式多样化;店面形象不佳,缺少专业的美陈装修;配送困难,安装售后难解决。为此,苏宁易购探索出了供应链模式,零售云门店主要分布在全国各地乡镇的加盟零售商。加盟零售云体系后,零售商无须自行构建复杂的供应链体系,也无须直面商品库存带来的不确定性风险。依托苏宁易购提供的商品供应链服务,零售商能够轻松实现多品类商品的运营,从而有效降低了经营风险,使业务运营更加稳健高效。商务部将苏宁零售云供应链路径凝练成为典型经验,将其确定为中小零售企业智能化转型提供平台赋能、技术提升、供应链服务的创新经验。苏宁易购零售云是苏宁易购高增长、高潜力的业务板块,是零售服务商落地的样板,通过"供应链+门店+社交电商"的创新模式,加强产融合作与效率提升,赋能零售合作伙伴共享智能零售时代红利。根据苏宁易购发布的 2023 年业绩报告,2023 年,在低线市场,苏宁易购零售云继续保持快速发展,全年新开店面 2686 家,截至 2023 年 12 月 31 日零售云门店数量 10729 家,零售云渠道商品销售总规模同比增长超过 20%。苏宁易购零售云采取了以下措施助力中小零售企业发展。

第一,在产品迭代上,不断扩充前置、趋势及网红产品,联合百大头部家电品牌,针对县镇消费者的家电需求,打造超 300 款高性价比的专属定制产品。共享苏宁易购线上线下两盘货,700 万+全品类 SKU 货源,共享 POP800+主销产品池,C2M 反向定制,建立高效商品流通体系。苏宁易购零售云实际调研过程反馈,随着县镇生活品质的提升,中老年群体对智能便捷家电需求逐渐增强,特别是年轻群体对新家电需求日益扩大,出现了烘干机、洗碗机、洗地机"新三大件"消费新变化;同时,整体呈现"高端智能化、绿色健康化、前置集成化、家电家居一体化"的四化新趋势。因此,苏宁易购根据下沉市场沉淀数据,快速实现反向定制,苏宁易购与海尔联合打造的 KKC 空调,2022 年上市至 2023 年

"双十一"期间，全渠道销量突破 70 万台。2023 年，苏宁易购和美的联合打造的宁梦套系，销量超过 52 万台，其中县镇销售占比超过七成，为消费者带来了性价比更高的家电好物。

第二，在渠道建设上，2024 年零售云布局超过 3000 家门店，深耕家电主赛道，正式启动快消新赛道，加速家居、定制、快修赛道布局，以更开放的模式全域开发，实现县镇商圈、社区商圈、家装商圈的综合覆盖。同时，坚持开大店、开好店，在场景上推出全新升级的 Super 店，打造多元家庭场景。线上业务也持续深化开放合作，依托家电供应链和服务能力，深度链接并扎根各大流量平台，推进电商业务的快速发展。推出共享智慧零售新工具，在渠道建设方面提供全场景流量共享，提供零售云 App、云货架、苏宁易购 App、微信小程序，同时共享互联网直播、社群营销、苏宁推客等共享智能零售新工具。为了解决门店数字化不足问题，实现了用户数据在线化，精准营销；实现了货的在线化，门店仓数据精准，支撑线上线下销售；实现了样机在线化，实时掌握门店绩效；实现了"场"的在线化，即云货架、广告位的在线化；场的拓展，即数字化经营；服务在线化，物流、售后服务、服务在线；绩效在线化，即在线门店评价，优势资源强关联。苏宁易购零售云以"数字化＋供应链"为基础，实现线上线下一体化运营，助力商品端、服务端、消费端全流程效率与体验提升。在终端运营升级方面，2024 年第一季度入驻抖音与美团 3000 家门店，通过"美团到店、抖音本地生活"两大平台入驻，聚拢门店属地化流量，带来持续的销售转化。

第三，在服务优化上，截至 2024 年 1 月，苏宁零售云对 36 个中心仓全面开放，建设 600~1000 个县级前置仓，降低农村市场物流配送成本，提升服务响应能力，同时为用户提供一站式家电家居解决方案，提升送装一体的服务能力，让下沉市场消费者在家门口就能把更便宜的好产品"一网打尽"。此外，强化门店网格化运营赋能，将在终端门店配置 2500 名导购员，提升门店专业化经营。借助全国近 700 个片区及超过 2000 人的专业化运营团队，为合作伙伴提供门店拓展、筹建、开业、经营、售后物流等全生命周期服务。通过"零售学院"开展线上 2000 场次的培训，新增超过 1000 个课程，在线下将启动"云计划"，持续强化赋能培训。同时，强化县级服务体系，借助全国近 700 个片区及专业化运营团队，深化双线融合模式，加速本地化营促销活动的常态化落地。

第四，运营层面上，依托于底层技术的零售科技不断涌现与广泛应用，苏宁易购零售云正引领零售生态向更高层次的数字化、智能化与效率化转型。这一过程不仅促进了零售市场各主体在全渠道环境中与消费者的无缝连接与持续交流，还赋予了它们利用实时、多维度的数据优化供应链布局、整合资源的能力，显著增强了运营效能与顾客服务能力。基于零售云数字零售通路，持续优化云仓、货速融等 B 端工具，持续迭代云货架、砍价、智能海报、以旧换新等 C 端数字化工具，加速本地化营促销活动的常态化落地。通过 IT 共享与数据打通，门店选品智能方便，系统打通与全链路高效协同，满足各类用户一站式解决方案。

苏宁易购零售云致力于帮助中小零售企业智能化转型成功，提升产业发展效率，服务县镇美好生活。从家电到多元赛道，从县域到多线市场，深耕家电领域，加速家居、快修、销服新业态发展。依托苏宁易购在零售领域智能化转型的典型经验和成熟平台，苏宁易购零售云开放零售解决方案平台，S2B2C 全链路生态系统，全面输出苏宁智能零售能力，让门店转型更简单，线下零售更智慧；致力于满足下沉市场消费者不断升级的品质生活需求。苏宁易购将在零售服务商战略长期探索的基础上，持续夯实零售核心能力，加速开放赋能和生态链接，围绕"产品迭代、渠道建设、服务优化、运营升级"四大策略，推动新一轮家电下乡，帮助下沉市场消费者实现家电产品及消费体验的新升级。

12.2.5 智慧商圈路径

12.2.5.1 智慧商圈路径界定

供应链路径是产业链赋能的结果，而智慧商圈路径是典型的产业集群模式。随着数字化转型的深入，城市消费场景也在不断被整合赋能，形成智慧商圈，初步建立起了面向消费者、零售企业、运营机构和政府部门的智慧应用服务体系，实现商业运营大幅提质增效。智慧商圈是运用物联网、互联网、大数据、云计算、人工智能等前沿技术对传统商圈进行数字化、网络化、智能化改造和升级，形成的一个高度信息化、智能化的商业服务生态系统。智慧商圈不仅包含实体商业设施的智能化改造，还包括线上线下的深度融合，以及围绕消费者需求提供的一系列便捷、高效、个性化的服务，其主要特征包括：一是数字化运营，通过各类智能设备收集数据，实现商业资源的数字化管理与分析，帮助商家精准把握市场需求，优化商品结构和服务策略。二是智能服务，提供智能导航、智能停车、无人零售、AR/VR 体验、智能支付等一系列便捷服务，提升消费者的购物体验。三是智慧营销，运用大数据分析，实现精准推送广告和个性化推荐，提高营销效果，促进线上线下一体化销售。四是资源共享，建立商圈内商家间的联动机制，实现信息共享、客户共享、物流配送等方面的协同合作。五是智慧管理，集成智能监控、智能安防、环保节能等管理系统，实现商圈运行的高效管理和可持续发展。六是社交互动，搭建多元化的社交平台，增强消费者与商家、消费者之间的互动交流，创造丰富的社群经济和文化氛围。

12.2.5.2 智慧商圈路径落地步骤

智慧商圈通过构建一个以人为本、全面融合、创新发展的现代化商业空间，通过统一平台与多样化智能零售工具，从深层次推动了企业的数字化、智能化转型，帮助中小零售企业构建以消费者为中心的全新商业模式，从而增强竞争力，适应不断变化的市场环境，智慧商圈赋能中小零售企业智能化转型的路径如下：

（1）建设统一平台与入口

构建统一的智慧商圈平台，通过统一的数据标准与接口标准，在基础设施层通过计算机网络与 5G 网络，整合商圈内物联网设备，通过私有化部署或云计算形式，鼓励智慧商圈原有系统或新建系统统一部署或集中上云。在数据层，通过对接各类业务系统，实现商圈内数据全量逻辑归集，对数据进行统一治理，实现数据关系、数据图谱与数据模型构建，构建可供上层应用复用的数据中台。同时，在共性能力方面，需要提供统一服务、地图能力、人工智能能力等共性能力，构建可供上层应用服务的业务中台，在此基础上围绕商圈内各类零售业态经营所需要的决策，提供智慧营销、智能供应链管理、智能服务等各类应用。最终通过 App、小程序等形式，提供统一入口，包括统一的消费者端以及商户端。通过智慧商圈统一平台提供的应用程序编程接口（API），商圈内中小零售企业直接使用精准营销、智能导航、智能推荐系统、智慧物流管理、智能能耗管理等共性能力。

（2）智能化应用提供

通过统一平台以及 API 接口，智慧商圈可以为中小零售厂商提供以下智能化应用：一是数据驱动决策，利用大数据分析技术，智慧商圈可以收集和整合商圈内消费者的购物习惯、偏好、流量分布等数据，帮助商家实时洞察市场动态和消费者需求，据此制定更加精准的商品策略、营销方案和客户服务计划。二是智能服务升级，通过 IoT、AI 及移动互联网技术，商家能提供个性化、智能化的服务体验，如智能导航、无人值守店铺、AR 试穿试戴、智能推荐系统等，提升客户满意度和忠诚度。三是线上线下融合，智慧商圈支持线上线下一体化运营，商家可以通过线上商城、社交媒体、移动支付等渠道与线下实体店相结合，实现线上线下无缝对接，拓宽销售渠道，促进销售增长。四是供应链优化，通过数字化手段，智慧商圈可以帮助商家实现库存管理、物流配送等方面的优化，提升供应链效率，降低运营成本，同时也能更快地响应市场需求变化。五是精准营销，结合消费者画像和行为数据，智慧商圈可以助力企业开展精准营销活动，如基于位置的营销推送、会员管理系统中的个性化优惠券发放、积分兑换等，有效提高营销效果。六是互动体验创新，创造 VR、AR、元宇宙等新型消费场景，吸引消费者参与，增加品牌曝光度和黏性，为企业带来新的增长点。七是智能化运营管理。商圈管理者可以通过智慧化工具进行能耗管理、人流监控、安全预警等，实现高效、精细化的运营管理。

（3）生态建设与模式创新

随着平台建设与应用持续深化，通过智慧商圈统一平台提供的 API 接口，将吸引智能零售技术提供商根据商圈实际提供智能化解决方案。随着智慧商圈生态体系的完善，智能零售技术服务商将围绕平台提供的一批小型化、快速化、轻量化、精准化的数字化解决方案和产品，构建完整的智慧商圈生态。依据形式多样的智慧商圈智能化工具，商圈内中小零售企业将围绕业务场景进行"人、货、场"创新，通过"人、货、场"活动组合实现零售业态创新以及商业模式创新，最终实现智能零售技术采纳—模式创新—技术再深化等螺旋式上升的良性循环。

12.2.5.3 智慧商圈模式适用范围

智慧商圈模式适用于一、二线城市商业业态比较集中，而且已经建立较为完备的网络基础设施、物联网基础设施的商业街区，在此基础上建立覆盖统一平台与统一入口。这里的统一平台是指统一的数字化底座，包括大数据平台、共性能力平台等，统一入口主要包括统一的消费者端以及商户端。对于中小零售企业而言，要求其具备基本的企业信息系统，借助智慧商圈统一平台可以获得数据，依托细颗粒度数据，中小企业可以借助内部已建立的数据模型，产生智能化决策与智能零售应用；同时可以直接通过智慧商圈统一平台提供的应用程序编程接口，直接使用精准营销、智能导航、智能推荐系统、智慧物流管理、智能能耗管理等共性能力；随着智慧商圈生态体系的完善，中小零售企业可以充分利用技术服务商提供的一批小型化、快速化、轻量化、精准化的数字化解决方案和产品。智慧商圈属于产业集群式智能化升级的典型代表，但由于智慧商圈建设目前主要集中于一、二线城市核心商圈，因此其赋能中小零售企业智能化转型仍存在一定局限。随着数字化、网络化、智能化的深入以及智慧城市建设的广度与深度的提升，智慧商圈模式将成为赋能中小零售企业智能化转型的典型模式。

12.2.5.4 智慧商圈模式典型实践

商务部网站 2022 年 11 月 28 日发布《关于首批全国示范智慧商圈、全国示范智慧商店评审结果的公示》，根据《关于开展智慧商圈、智慧商店示范创建工作的通知》《关于首批全国示范智慧商圈、智慧商店申报工作的通知》要求，商务部委托第三方机构组织专家对有关商圈申报材料进行评审，初步确定 12 个全国示范智慧商圈，广州市天河路商圈光荣入选。位于天河路商圈的正佳广场、广州友谊商店正佳店入选全国示范智慧商店。根据《广州日报》2024 年 3 月 29 日数据，天河路商圈西起天河立交，东至岗顶，北至天河北路，南至黄埔大道，以天河路为轴线，全长约 2.8 千米，总面积约 4.5 平方千米，商业面积达 240 万平方米，日客流量约 150 万人次 / 天，是中国最具规模的高端商贸集聚区之一。2017 年，天河路商圈商品销售总额突破 1 万亿元大关，日客流量峰值达 400 万人次，成为国内首个万亿级商圈，被誉为"华南第一黄金商业带"。天河路智慧商圈充分发挥多方作用，形成共治合力，建立"政府 + 商会 + 企业"联动机制，实行政协企共同全程参与智慧商圈全生命周期开发建设过程。商圈的整体建设由天河路商会牵头负责，选择兼具顶层规划设计能力、集成交付能力和项目运营服务能力的企业合作。

（1）统一智慧服务平台

正佳科技作为广州市天河路智慧商圈的总集成商，为天河路商圈打造智慧服务平台和天河路智慧商圈小程序，推动智慧服务平台和小程序的可持续化运营，实现游客体验提升、商户效益提升和管理者高效便利的多赢局面。通过正佳科技打造的大数据平台，可以实现内外部大数据的有力融合，使数据互联、功能互通和全方位应用更加便利，加强数据的全面汇聚、融合、联通，打破商圈内各个零售企业之间、商圈和城市管理服务部门之间的孤岛效应，共同服务于天河路商圈的智慧升级，为天河路商圈的政策决策、业态调整、宣传推广、产业升级等方面提供有力支撑，充分实现和发挥大数据平台的核心枢纽作用。首先，在内部数据方面，天河路智慧商圈大数据平台以门店、商业综合体、街道、商圈为范围单位建立多个电子围栏，使客流统计颗粒度更精细，客群画像更有针对性；同时对接商业企业信息系统、物业系统、便民公共服务平台、专项信息服务商等多个数据源，通过统一统计口径、数据清洗，以及对影响客流、消费数据的关联因素进行定性、定量建模实现多维度、多指标的对比分析、交叉分析，建立商圈和各商综体的数据日常监测预警管理机制，便于商圈各主体掌握商圈整体动向，深刻挖掘商圈运营价值。其次，天河路智慧商圈大数据平台建立了外部宏观数据对商圈内循环的关联度分析，如人均可支配收入变化对客流量和销售额的影响，便于商圈管理者预判商圈走势，实现对商圈规划管理、业态布局优化、政策制定出台等决策的智能化支持，辅助决策者进行科学研判、精准决策。最后，天河路智慧商圈通过集成各类公共服务功能，探索商品追溯、信用管理、消费投诉处理、消费者权益保护等方面的智慧应用，有利于提升城市管理水平，逐步实现与相应公共平台的对接，将天河路智慧商圈打造成为智慧城市管理样板区。

（2）智慧商圈小程序

为顺应数字化时代用户行为线上化、场景化趋势，正佳科技开发了天河路智慧商圈小程序，利用小程序平台的技术能力、流量效应和数字生活服务能力，实现消费业态与科技创新的共振，吸引新消费群体来消费，满足人民日益增长的美好生活需要。小程序具备"双轨制积分"功能，比如消费者在正佳广场消费以后，既可以在"正佳会员"小程序积分，也可以在"天河路智慧商圈小程序"积分，一次消费，两重福利；同时，小程序整合商贸载体、营销、金融机构等多方资源，在小程序平台推出最齐全的商圈优惠，消费者在踏入商圈后可充分知悉所需信息；并且商家通过消费者的点击次数、浏览时长、消费金额等数据，分析消费者的基本属性、行为轨迹、终端数据，形成其独一无二的兴趣标签，为精准营销及个性化服务奠定基础。

（3）提供智能化决策工具

通过统一的智能化平台与统一入口，天河路智慧商圈通过各类智能设备收集数据，实现商业资源的数字化管理与分析，帮助商家精准把握市场需求，优化商品结构和服务策略。运用大数据分析，实现精准推送广告和个性化推荐，提高营销效果，促进线上线下一体化销售。建立商圈内商家间的联动机制，建成信息共享、客户共享、物流配送等方面的协同合作集成智能监控、智能安防、环保节能等管理系统，实现商圈运行的高效管理和可持续发展。通过智慧化工具进行能耗管理、人流监控、安全预警等，实现高效、精细化的运营管理。

（4）赋能零售业态创新

正佳科技洞察消费者在商圈内的动态、消费、停留、复购等行为，通过旅游舆情监控和数据分析，挖掘旅游热点、游客兴趣点，提炼商圈的核心优势商品，大力发展体验业态，以文商旅融合构建多重消费场景，打造超出消费者预期的联合文旅商产品，有效促进游客在商圈消费，为商圈创造新增长闭环。同时，基于国家级 4A 景区、全国销售额前 20 购物中心的运营顾问服务经验，正佳科技可以对场地规划调整、业态规划调整、品牌升级调整、运营效益提升提供专业的咨询建议以及品牌资源、工具资源导入，助力天河路智慧商圈向"文商旅体融合发展第一圈"迈进。

12.2.6　中小零售企业智能化转型路径比较

上述分析了人工智能即服务、零售云、平台、供应链、智慧商圈路径的界定、落地步骤、使用范围、典型案例等，表 12-2 集中比较了五种模式的核心优势和存在弊端。人工智能即服务模式和零售云模式可以普遍应用于全部场景，但由于其需要具备较好的技术基础以及较高成本，存在一定的使用门槛。平台模式、供应链模式、商圈模式虽然在采纳成本上具有一定优势，但如果不能接入第三方平台、供应链和本地商圈，就无法完成中小零售企业智能化转型，因此其存在显著的应用场景局限。中小零售企业在智能化转型过程中，可以采取多种模式组合，实现混合模式，例如接入平台、供应链、商圈的中小零售企业可以借助其信息系统，利用人工智能即服务模式，就可以快速完成智能化转型，因此上述五种模式的组合与创新将产生更多差异化、智能化转型模式。

表 12-2　中小零售企业智能化转型路径比较

典型路径	使用范围	核心优势	存在弊端	典型代表
人工智能即服务路径	网络化、数字化基础较好中小零售企业	即插即用，成本较低	要求技术基础较好	阿里云
零售云路径	网络化、数字化基础较差中小零售企业	可以帮助企业实现数字化、网络化、智能化的全面转型	成本较高	多点 DMALL
平台路径	依托第三方平台，开展全渠道融合的中小零售企业	中小零售企业与平台智能化转型利益一致性	接入局限	京东到家

典型路径	使用范围	核心优势	存在弊端	典型代表
供应链路径	依托供应链企业，开展连锁经营的中小零售企业	中小零售企业与链主企业智能化转型利益一致性	接入局限	苏宁易购零售云
智慧商圈路径	核心商圈内中小零售企业	中小零售企业与商圈智能化转型利益一致性	接入局限	天河路智慧商圈

12.3　大型零售企业智能零售模式采纳路径

中小零售企业缺乏技术条件、组织条件和环境条件，其智能化转型需要借助技术提供方、第三方平台、供应链、智慧商圈提供的接入与服务。大型零售企业与中小零售企业由于技术条件、组织条件和环境条件存在显著差异，除了可以借助上述人工智能即服务路径、零售云路径、平台路径、供应链路径、智慧商圈路径外，更为关键的是需要依赖自身的技术条件和组织条件建设，完成智能化转型。由于大型零售企业技术条件的差异，可以细化出两条显著的差异化路径，即组织—环境主导型和全要素驱动型。

12.3.1　组织—环境主导型

大型零售企业实现智能化转型，并非单一因素所能促成，而是内外多重因素交织作用的产物。研究表明，转型的成功依赖于多个调节变量的协同作用，展现出"多重并发"的特性，单一要素难以独立驱动此过程。这一发现通过实证分析强调了智能化转型的复杂性，它是系统工程的体现，受到诸多因素相互影响的深刻塑造。每个调节变量对转型的净效应均需在特定背景下考量，从而部分解释了不同研究间结论差异的原因（杜运周和贾良定，2017）。

技术条件能够促进零售企业智能化转型，但并不是必要条件。相较组织条件、环境条件，技术条件可以通过IT服务商实现弥补，尤其随着数字经济发展，IT产业分工逐步深化，并且IT基础设施逐步社会化。网络技术、大数据技术、人工智能技术、云计算技术逐步转化为新型基础设施，零售企业采纳新型基础设施，因其成本低廉与快速迭代的优势，使管理者应更聚焦于组织与外部环境生态的协同构建，而非单一技术投资。中国传统零售企业普遍人工智能基础和能力薄弱，加之数据标准化程度低和部分零售商系统建设滞后等因素，导致在大型零售企业在智能化转型初期，普遍采取组织—环境主导型路径。组织—环境主导型是一种转型策略，它侧重于通过内部组织的重新设计与外部环境的有效利用来推动智能化转型。在技术资源不足的情况下，此模式强调组织重构、环境适应与价值共创的协同作用，使零售企业仍能实现智能化转型。这一路径的核心在于整合组织与环境中具有管理和价值引领作用的要素，故被冠以"组织—环境主导型"之名，为技术基础薄弱的零售企业提供了可行的智能化转型路径，揭示了技术虽重要但非必需，对于技术条件有限的企业而言，更应强化组织与外部环境的和谐共生与协同进化。

12.3.1.1 依托大型零售企业内部组织重构完成智能化转型的步骤和策略

依托大型零售企业内部组织重构完成智能化转型是一项复杂且系统化的工程，以下是一些关键步骤和策略：

（1）高层领导参与

在智能零售商业模式的实际运作中，高层领导的关注程度以及支持力度是影响一项政策和项目执行情况的重要因素，高层领导参与可以改变组织对智能化转型议题的优先性排序，更为关键的是如果存在智能零售商业模式采纳冲突，内部的整合过程受到的阻力就会变小。

（2）智能战略

明确零售企业的智能化转型目标和愿景。结合业务战略制定清晰的智能化转型路线图，明确每个阶段的目标和期望结果；结合业务需求选择合适的技术解决方案，如云计算、大数据分析、人工智能、物联网等，推进企业信息系统集成，形成一体化的智能平台；制订详细的项目计划，采用敏捷管理方法，快速迭代推进智能化转型项目，定期评估效果，根据实际情况调整策略；设计与智能化转型目标相适应的绩效评价体系和激励机制，将智能化成果纳入 KPI 考核，激发员工积极参与和支持转型工作。

（3）组织机构调整

根据智能化转型需求，设立专门的智能化转型团队或职能部门，包括 IT 部门、数据分析部门、智能化产品开发团队等，确保这些部门与传统业务部门紧密协作；吸引并培养具备智能化技术和管理能力的人才，建立持续学习机制，提升员工的数据分析能力、人工智能技能以及对新技术的理解和运用能力。

（4）决策类型改变

塑造以数据驱动、智能决策支撑为核心的企业决策类型，鼓励大型零售企业内部员工接受新技术、新思维，培养全员智能化意识和技能，逐步实现智能化决策替代传统经验决策。将数据作为核心资产进行管理，建立完善的数据治理体系，确保数据质量和安全性，通过数据驱动决策，发掘数据价值。基于智能化决策对现有业务流程进行全面审视和梳理，借助智能化手段优化甚至重构业务流程，消除冗余环节，提高效率，实现端到端的智能化运营。

（5）资金支持

零售企业可以通过留存收益、现金流或其他储备资金，投入智能化改造、技术研发、软硬件购置等转型项目中。国家及地方政府往往会有专项的财政资金或补贴政策，用来支持实体零售企业的数字化、智能化转型，如提供发展专项资金、贴息贷款、税收优惠、奖励金等形式的支持。零售企业可通过向银行或其他金融机构申请贷款，获得长期或短期的资金支持，部分政策性银行或商业银行也会推出专门针对企业智能化改造的低利率贷款产品。零售企业可以寻找合作伙伴共同承担智能化项目的成本，如与技术提供商签订收益分成的合作协议，或与产业链上下游企业共同投资建设智能供应链系统。企业在实施智能化转型的同时，应关注成本控制和效益提升，通过精细化管理、精益生产等手段，从日常经营中释放资金用于智能化转型。

12.3.1.2 大型零售企业利用外部环境实现智能化转型的途径

大型零售企业实现智能化转型的过程中，可以充分利用外部环境中的各种有利条件和资源来推动这一进程，具体途径如下：

（1）政策扶持

关注国家和地方各级政府推出的数字化、智能化发展战略和优惠政策，争取相应的补贴、专项基金、税收优惠等政策支持，用于技术研发、设备升级和人才引进等关键环节。除了关注各级政府数字化、智能化发展战略与优惠政策外，一定要清楚智能化转型是依靠技术投入的结果，其属于传统国家技改相关鼓励范畴，因此应该结合各级政府部门技改和设备更新政策，持续借助政策扶持推进大型零售企业智能化转型。

（2）合作伙伴关系

建立稳固的合作伙伴关系及实施高效的价值共创策略，是零售企业在智能化转型过程中获取关键资源、促进协同效果并增强市场竞争力的重要手段。这些因素在推动转型进程、共同创造市场价值方面发挥着关键作用。大型零售企业可以借鉴中小零售企业智能化转型的五种模式，借助技术提供方、第三方平台、供应链、智慧商圈提供的接入和服务，利用合作伙伴关系的技术力量与成熟方案，共同研发适用于零售业的智能解决方案，如智能供应链管理系统、AI图像识别技术、大数据分析工具等，以较低的成本快速提升自身的智能化水平。利用开放的开源技术和成熟的开发者社区，低成本引入成熟的技术组件，搭建符合自身需求的定制化智能零售解决方案。

（3）零售基础设施

充分借助交易平台、物流平台、金融平台、物联网、社交平台、其他第三方平台、数据（信息）平台等提供从渠道、物流、数据等一站式智能化解决方案，帮助大型零售企业真正做到降本增效，有效推动其智能化进程。交易平台包括 B2B、B2C、C2C、O2O、C2B 模式，C2B 即消费者到企业模式，消费者提出价值主张和具体需求，企业按需定制生产。物流平台是以智能骨干网络连接物流企业、仓储企业、第三方物流服务商、供应链服务商实现全社会物流供需的双向匹配。金融平台面向供应网络资金需求，实现普惠金融和精细化管理，发展的核心是支付、信用、供应链金融等。社交平台是实现双向交互的基础，具体包括即时通讯与社交网络等。物联网是实现零售基础设施物物连接与交互的核心，以共同标准形成覆盖零售供应网络的物联网，是零售业智能化的基础与核心。其他第三方平台是零售基础设施的有效补充，是零售基础设施的黏合剂。数据（信息）平台是零售基础设施的先导，信息具有二重性，任何信息都代表着相应的零售活动的要素、资源和事物，反映零售主体的存在、活动与关系，信息是零售物质存在的反映；同时信息是实际存在和变化的资源、活动和行为，是具体的零售服务。零售基础设施的任何活动将产生具体信息，实现信息集聚，通过大数据、云技术将集聚信息生成引导零售活动的具体服务和产品，全面服务零售基础设施运行。未来零售基础设施在社会化、专业化的基础上，将实现平台化、网络化，物流、金融、社交、交易、数据将实现全社会连接，实现网络化、平台化，专业服务平台相互共享接口、实现兼容，将实现全社会零售基础设施的物联互联，零售基础设施将零售业效率、体验推向更高层次。

通过以上方式，零售企业能够有效地借力外部环境中的资源和机遇，逐步推进自身的智能化转型，最终实现业务流程的数字化、网络化和智能化，提升整体竞争力。企业间的价值共创在智能化转型中扮演核心角色的必要性，与所在行业的智能化成熟度紧密相关。对于那些行业及自身智能化基础均相对薄弱的企业而言，价值共创尤为关键。这一路径为那些技术基础设施尚不完备，却拥有较强 AI 管理能力的大型零售企业，提供了实现智能化转型成功的宝贵实践参考。

上述内容阐述了以组织重构与外部环境为核心，辅以技术资源与能力增强的组织—环境导向型智能化转型模式。此模式凸显了组织准备与外部资源对转型成功的重大推动作用。值得注意的是，尽管技术对于大型零售企业智能化转型是重要一环，但它并非不可或缺的核心条件。实际上，企业的智能化转型是一个全面、综合、系统性的工程，在此过程中，技术虽关键，但管理变革与支持生态的构建更为根本。唯有如此，企业方能汇聚各方力量，协同推进智能化转型的深入发展。

12.3.2 全要素驱动型

技术、组织、环境各条件通过相互间的联动适配才能够发挥作用，共同推动大型零售企业智能化转型成功，因此将该路径命名为"全要素驱动型"。技术资源与能力并不是零售企业智能化转型的必要核心条件，但组织拥有良好的 AI 基础设施尤其是 AI 能力，有利于前沿知识和技术趋势的精准搜索，根据零售企业人工智能实施场景，快速开发人工智能项目，加快人工智能应用与迭代。此外，良好的 AI 基础设施及强大的 AI 能力在促进人工智能部署中的内外部沟通方面发挥着积极作用。在大型零售企业中，业务部门与技术团队之间常存在知识鸿沟。业务部门精通运营但算法知识有限，而技术人员则可能对具体业务流程了解不足，这种知识差异可能阻碍有效沟通，进而影响 AI 项目的实施效果。为此，设立专门的 IT 研发部门或人工智能实验室作为沟通桥梁显得尤为重要。这些机构由既了解公司业务流程又掌握技术语言的内部人员组成，能够有效促进部门间的信息流通与协作，确保 AI 项目的顺利实施。更为关键的是，良好的 AI 基础设施尤其是 AI 能力有助于零售企业与 IT 服务商缩小人工智能知识差距，研究表明，企业与专业服务机构间知识基础差异所产生的知识距离是影响组织变革绩效的重要因素（肖志雄，2014）。在零售企业智能化转型过程中，通过 IT 服务商引入新知识的同时，也带来了知识差异负担问题。研究发现，企业间的知识距离过大会阻碍知识的流动性与可传授性，进而影响企业变革的绩效。良好的 AI 基础设施尤其是 AI 能力可以有效缩小人工智能技术应用的差距，加速人工智能技术的有效应用，改变零售企业原有思维模式或复制原有行为惯例进行运作的特征（白景坤和王健，2019）。IT 服务商提出的解决方案和变革活动可以在零售企业中得到有效的实施和推进，从而提升组织变革的绩效。

采纳组织—环境主导型路径的大型零售企业，在依托内部组织重构与外部环境利用实现智能化转型的同时，可以在企业内部逐渐构建 AI 基础设施与 AI 技术能力。依托 IT 服务商提供的技术支撑，大型零售企业可以逐步完成基础设施升级，依托云计算、大数据处理、物联网等技术，确保线上线下一体化的数据收集和分析能力。推进网络与移动设备集成，优化电子商务平台，开发或更新移动应用，提供无缝购物体验；建立顾客数据库，通过 POS 系统、CRM 系统、社交媒体、电商平台等多种渠道收集消费者行为数据，构建精准用户画像。强化数据标准化与整合，实现跨部门、跨渠道的数据整合，形成统一的数据仓库，支持数据分析和挖掘；借助 IT 服务商提供的服务支撑，加快人才培养与组织结构调整；加强数字化人才队伍建设，引进数据科学家、AI 工程师等专业人才，同时对现有员工进行数字化、智能化技能培训；调整组织架构以适应扁平化、敏捷型的管理模式，促进跨部门协同合作。同时，借助智能化决策场景的试点示范，如通过智能化营销，运用人工智能和机器学习技术，进行个性化推荐和精准营销；通过供应链优化，利用数字技术改善库存管理，预测销售趋势，动态调整供应计划；通过客户关系管理，建立智能化会员运营体系，提供个性化的客户服务和会员权益；创新业务模式，如线上与线下结合、无人便利店、智能货架等新型商业模式；通过社交电商与内容营销，利用社交媒体平台进行品牌推广和销售转化。通过智能化决策场景的试点示范，进一步调试基础设施的适配性，强化零售企业智能化素养与组织重构，最终建立与组织条件、环境条件相适应的技术条件。

AI 基础设施与 AI 技术能力较好的大型零售企业，以及通过组织—环境主导型升级后具备较好 AI 基础设施与 AI 技术能力的大型零售企业，可以采用组态思维，促进技术条件、组织条件、环境条件各要素相互联动，借助多种条件间的协同效应，在智能化转型的进程中，实现思维方式从局部优化到全面协调的深刻转变。这意味着大型零售企业需基于自身独特条件，在全局视野下，精心平衡技术、组织与环境三大要素之间的适配性，优化资源分配，制定贴合实际的发展蓝图。在此过程中，数字战略的引领、高层管理的远见、政策的扶持、合作伙伴的紧密协作以及价值共创的深入实践，构成了大型零售企业智能化转型的核心驱动力，必须给予充分关注与重视，以确保转型路径既科学又高效。

12.4　本章小结

由于企业规模的差异，中小零售企业与大型零售企业在技术、组织、环境方面存在显著区别，因此形成差异化智能零售模式采纳路径。中小零售企业可以采纳人工智能即服务、零售云、平台、供应链、智慧商圈路径，上述路径均属于环境依赖型路径。大型零售企业由于技术条件的差异，可以采纳组织—环境主导型与全要素驱动型两种路径，组织—环境主导型属于短期路径，全要素驱动型属于长期路径。

13 智能零售模式采纳的政策建议

从智能零售模式采纳作用于零售业绩效的调节变量看，有效的政策支持在零售企业智能化转型过程中起核心作用，尤其对于中小零售企业而言，其调节作用更为显著。因此，应该坚持有为政府与有效市场相结合，政府通过制定科技创新战略、财政补贴、税收优惠等政策来鼓励 AI 的研发和商业化进程，促进 AI 技术在零售领域应用的深化。

13.1 推动适智化制度机制实现突破创新

从全球看，在百行千业数字化、网络化、智能化转型过程中，普遍存在制度滞后于市场主体典型探索的局面，尤其在人工智能的研发与商业化应用进程中，由于通用大模型的迅速普及应用以及高性能并行计算的快速迭代，暴露出诸多问题，缺乏明确的制度创新，在智能零售模式采纳过程中亦是如此。

13.1.1 明确消费者数据开发与利用范围

《中华人民共和国网络安全法》《中华人民共和国数据安全法》《中华人民共和国个人信息保护法》相继出台，明确指出自然人的个人信息受法律保护，任何组织、个人不得侵害自然人的个人信息权益，有效保护了自然人的个人信息权益，同时也导致零售企业在收集和使用个人信息十分谨慎。在实际调研过程中，部分数据密集型企业，拥有海量多源异构消费者行为数据，但由于涉及自然人个人信息权益，零售企业普遍"谈数色变"，仅在十分有限的场景进行合规应用。各国和地区对个人信息和隐私保护日益严格，例如欧盟的《通用数据保护条例》（GDPR），要求企业必须合法、公平、透明地处理个人数据，包括 AI 系统处理数据时需获得用户同意，并采取数据最小化原则保障数据主体的权利。零售厂商严格依赖于消费者数据的开发与利用，严格的数据安全相关法律法规，将影响 AI 领域的大数据收集、分析和模型训练，趋严的监管环境对零售厂商在数据保护与数据价值的合理利用之间寻求合理平衡提出了更高要求，同时也对立法部门提出了新的要求。立法机构应加快推出适用上述法律若干问题的解释及配套典型案例，对典型"可为""不可为"场景进行明确。同时数据主管部门应加快推进个人信息使用的试点示范，政府或相关监管机构为了探索和推进个人信息保护的有效路径，在零售领域内选取代表性企业或项目进行先行先试，这些试点项目会遵循相关的法律法规，如《中华人民共和国个人信息保护法》及其他配套法规，来实施并优化个人信息的收集、使用、存储、加工、传输、提供、公开、删除等一系列流程，确保个人信息安全、合规、合理地被利用，逐步改变零售厂商在利用个人信息时观望态度。通过这些试点示范，相关部门旨在总结经验，形成可复制、可推广的模式，推动整个零售行业在个人信息保护方面达到更高的标准和水平。同时，不断调整和完善相关政策法规和技术标准，以适应新的技术和市场环境下的个人信息保护需求。借鉴国际惯例，在数据合规领域，为中小零售企业量身定制简化流程与降低成本的特殊机制，旨在促进其对数据保护法规的遵循，如通过豁免部分需向监管部门报告的义务来减轻中小零售企业的合规负担。欧盟于 2018 年 5 月实施的《通用数据保护条例》明确指出，成员国应为中小企业处理个人数据提供特别安排。GDPR 中的 50 余项灵活条款，赋予了欧盟各国制定补充性国家数据保护法的权力，以适应不同国情。具体到葡萄牙，该国对中小企业数据违规的处罚采取了更为宽容的态度，根据葡萄牙《GDPR 执行法》，罚款额度设定在 500~2000 欧元，相较之下，大型企业面临的罚款则更高，范围在 1000~4000 欧元，以此体现了对中小企业在数据合规上的差异化关怀与支持。

13.1.2　进一步细化和完善人工智能应用法律法规

目前我国已出台《生成式人工智能服务管理暂行办法》用于管理生成式人工智能服务，包括安全评估、算法备案、投诉举报等制度，明确了相关法律责任。从全球看，欧盟的《人工智能法案》最早获批，对 AI 系统的开发、部署和使用施加了严格规定，特别是针对高风险 AI 系统的使用场景，可能涉及生物识别、教育、招聘等领域，需要满足特殊条件和经过审批。随着人工智能技术的进步和实践的发展，需要将相关法律法规进一步细化和完善，以进一步规范人工智能领域的技术研发、应用、伦理道德、数据管理、算法透明度等问题，旨在促进 AI 产业健康发展的同时，加强对公民权利、数据安全、技术伦理等方面的法律保护。由于零售行业是人工智能应用的典型行业，零售主管部门应加快建立零售行业人工智能准则和标准，加快发布人工智能伦理指南，强调人工智能设计和使用过程中的公正、透明和责任原则。同时零售主管部门应加快技术标准和认证，要求 AI 产品和服务达到一定的安全性、可靠性和可解释性标准才能上市。强化安全和审查机制，人脸识别、生物特征采集等技术可能存在严格的使用限制和管控。强化风险评估和管理，在人工智能领域引入负面管理清单制度，即对于高风险的人工智能研发和提供活动，要求事先取得许可或通过事前监管程序；强化伦理和社会责任，人工智能系统在决策过程中可能存在的歧视性、偏见问题，如大数据杀熟与算法歧视。企业应承担社会责任，消除算法中的不公平现象，确保人工智能决策过程的公平公正。

13.1.3　加快出台智能零售行业规范与标准

构建零售业智能化标准化框架，促进跨部门、跨地域、跨行业的紧密合作，包括政府部门、地方政府、行业协会、第三方服务机构及零售企业，共同探索并完善智能化标准体系，加速标准的制定与更新进程。聚焦零售行业的实际需求，制定一系列实用性强、针对性高的智能化转型标准，确保这些标准能够切实指导并推动零售企业的智能化转型实践。同时，强化标准的导向作用，鼓励零售企业积极采纳并遵循智能零售国家与地方标准，从而在提升 AI 管理能力方面实现稳步进展。具体而言，零售主管部门和行业协会应在以下几个领域不断完善智能零售行业规范与标准：一是技术标准，涵盖通信协议，规定智能设备间的无线通信标准，如 T–SILA 009—2022 全屋智能零售店场景化规范中提到的 OOK/MSK/ASK 调制技术及使用的频段；物联网标准，涵盖电子标签系统、智能货架、RFID、二维码等物联网技术的国际标准和应用指南；数据传输与安全，确保数据在智能零售环境中安全、可靠地传输，包括加密技术、数据完整性保护和隐私保护标准。二是硬件与软件规范，涵盖智能硬件设计标准，包括自助结算机、智能货架、无人售货机等智能设备的设计、制造、安装和维护标准；软件系统集成标准，包括库存管理系统、数据分析平台、移动支付系统、顾客识别系统等软件的技术要求和接口标准。三是业务流程与服务规范，涵盖交易流程标准，明确无人零售环境下顾客购买流程、退换货流程、售后服务的标准操作程序；数据采集与利用标准，规定如何合法合规地收集、分析和使用消费者行为数据，确保个性化推荐、精准营销等活动符合隐私保护法规。四是运营管理与安全，涵盖门店选址与布局标准，指导无人零售店或智能零售店的合理布局、店铺设施安全标准等；风险防控标准，包括防盗防损、消防安全、应急处理预案等方面的规范。五是消费者权益保护，保证消费者个人信息在智能零售过程中的安全存储和使用。

13.1.4　实现零售算法的授权监管与良性监管

智能零售模式采纳的核心是在零售"人、货、场"活动中零售算法的深度渗透与大规模使用，算法的使用可以有效缓解消费者需求不确定性，提升零售活动的匹配效率，降低零售活动的交易成本。算法技术的蓬勃发展，在衍生智能零售模式的同时，也引发了一系列算法失当行为，具体包括算法滥用、算法偏见、算法鸿沟等。算法滥用在零售领域主要体现在大数据杀熟、信息茧房等，以及算法滥用带来的不正当经营；算法偏见主要是由于算法工程师价值观偏见以及数据偏见带来的错误的勾连与判断；算法鸿沟主要指零售活动主体在利用算法能力方面的差异带来的社会歧视。随着零售算法深度渗透和大规模使用，监管主体必须充分识别算法失当行为，规避零售算法使用风险。在零售活动中，算法监管的核心是监管模式，即监管机构与零售主体界限的划分，着重解决哪些由零售主体管，哪些由政府管。零售主体的优势在于掌握更多的数据和更多的可选择工具，缺点是不是社会福利最大化，而政府应以社会福利为关切点，监管的核心应基于零售主体的行为。因此，应加快构建授权型监管模式，即政府不介入具体的零售算法应用，零售组织对零售活动中供应链成员使用算法进行把关，政府重点通过事前审查机制、事中抽查机制以及事后追责机制，清晰划分政府与零售企业的权益边界，具体如图 13-1 所示。授权型监管模式，需要监管机构界定清楚零售企业、供应链成员在算法开发使用过程中的权利与义务，同时需要规定零售企业和供应链成员在存在算法失当时需要承担的责任类型、承担的责任方式及责任分配的原则。在事前审查环节，应建立披露机制，零售企业作为算法的开发者与控制者，应披露算法设计、执行、使用过程中数据来源、使用目的以及可能存在的风险；同时零售企业有必要披露零售算法的基本原理与零售决策结果，避免算法黑箱。建立事中抽查机制，对于零售企业应健全算法内部治理，需要建立一个清晰且有效的内部治理结构、内部控制机制和责任体系，以防止算法被滥用，并规避由此产生的风险；同时对零售算法设计、执行和使用过程全程留痕，确保可以做到全程监管、算法审计；确保监管机构的"双随机、一公开"算法抽查。建立事后追责机制，对存在算法失当行为的零售企业和供应链成员依法依规实施追责机制，以及对权益受损主体实施救济机制。

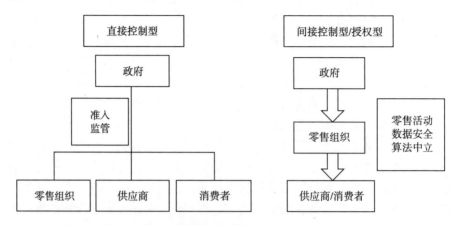

图 13-1　直接控制型与间接控制型监管方式

13.1.5　实施零售行业人工智能民主化工程

　　人工智能的民主化，决定着它在后续的应用中是否能为社会整体带来利益，而不是将技术革新的好处让 IT 寡头独享，事关社会公平。人工智能民主化工程是数字包容、数字普惠的高级阶段，是避免数字鸿沟的高阶形式。人工智能技术作为一种通用性极强的技术工具（General Purpose Technology），其应用范畴广泛，能够显著提升生产效率、削减成本，并激发技术创新活力。在推动人工智能技术的民主化进程中，关键在于实现两个层面的目标：第一，降低技术获取门槛，确保技术红利能够广泛覆盖至中小零售企业，通过合理的定价策略，使人工智能技术的成本低于企业日常运营及智能化转型的财务负担能力。第二，提供便捷化服务，简化操作流程，使这项技术更加贴近用户需求，实现技术普及化。总之，智能化发展应秉持数字包容与普惠的原则，避免资金、规模、技术等因素成为中小零售企业享受人工智能红利的障碍，从而消除智能时代可能产生的数字鸿沟，确保所有企业都能共享技术进步带来的福祉。一是降低访问门槛，人工智能想要实现民主化，必须确保其访问门槛不能设的太高，操作界面与交互方式必须尽可能地从中小零售企业使用角度出发；而在开发层面，也应当形成标准化流程，降低开发成本。二是完善培训流程，高校与企业需要研发制定完善的人工智能培训流程，帮助培养个人对于人工智能的实践操作能力，拥有平等学习的权利。为此，需要制定一系列的培训课程，明确合格标准。当社会对于人工智能的平均理解能力与操作水平提高，对其的接受程度也会随之上升。三是加强协作沟通，通过线上线下多种渠道来加深行业内部的经验技术交流，加速技术的迭代；推动跨行业人才的协作开发，充分推动人工智能应用场景的深入开发，令其拥有更加广泛的用途。四是个性化体验，在用户体验上，模型应当在合法合规的范围内尽可能地开放使用权限。让用户能够根据自身的使用需求，进一步调整对内容输出方向的控制，让用户拥有更加深入的技术体验。五是完善监管框架，要确保人工智能的民主化权益不受侵犯，就必须要求法律法规能够与时俱进的进行完善；跟上人工智能发展的速度，为其排除潜在的风险，并对发展方向做出引导。除此之外，还需要明确数据的透明度，让技术的进步能够得到社会更加充分的监督。

13.2 深化智能零售采纳供给侧结构性改革

各国政府都高度重视零售企业的智能化转型，并从顶层设计、政策性平台建设、政策精准支持等方面，加快推动零售企业智能化转型。建议商业主管部门应在培训、资金、数据、工具、生态等方面加大政策支持力度，为零售业智能化转型创造良好的政策环境，增强政策供给有效性。

13.2.1 培育零售智能化转型标杆企业

借鉴工业领域智能工厂与数字化（示范）车间试点示范典型做法，零售行业应着力培育一批智能化转型的领军企业，通过打造示范项目和标杆企业，深入探索并提炼出零售行业智能化转型的有效模式和路径。典型示范成功案例将被整理成一套易于复制和推广的经验体系，并通过发布典型经验和案例，激发行业的广泛学习与借鉴，加速智能化转型在全行业的普及。零售业主管部门应携手相关部门及地区定期举办经验交流会，汇总并分享高效策略、创新方法及可复制的成功案例，编纂成零售业数字化、智能化赋能的典型案例集。对于具备全国推广价值的实践案例，将适时向全国范围推介，营造全社会共同推动零售行业智能化发展的积极氛围，为行业整体的数字化、智能化升级提供坚实的支撑与指导。鼓励大型零售企业与平台企业强化智能零售技术的投入与探索，推动技术外溢，将自身在人工智能、云计算、大数据、供应链管理等领域积累的技术能力开放给更多合作伙伴。加强大中小企业融通发展，强化产业链上下游、大中小企业供需对接，推动形成从创新到产业化的正向循环。发挥消费互联网时代积累的数据和技术资产，以人工智能、大数据等信息技术为底座，提升商品流、物流、信息流、金融流在产业互联网时代的连接效率，带动产业链上下游合作伙伴，特别是中小零售企业，落实智能化转型和降本增效。聚焦零售供应链的核心链主企业，鼓励倡导其深化与产业互联网平台的战略协作，构建"链主引领、平台支撑、中小企业参与"的紧密合作网络，以集群化发展和协同创新为动力，推动产业整体升级。鼓励零售供应链链主企业在技术革新中扮演先锋角色，由主导转变为积极推动，参与并主导行业标准的制定工作。同时，鼓励零售供应链链主企业不仅在自身关键业务领域率先应用国产技术，还应带动供应链上下游共同推进国产自主研发技术的替代进程，从而激发产业生态的活力与繁荣。为加速这一过程，建议政府直接为零售供应链链主企业提供政策扶持与资金补贴，激励其更加开放地选择技术合作伙伴，促进技术服务的多元化与高效性。在树立零售业智能化转型标杆时，应兼顾行业领军企业与产业链核心企业的引领作用，同时挖掘普通中小企业中的成功转型案例，为更广泛的中小企业群体提供可借鉴的实践经验。充分认识到智能化转型的复杂性与长期性，对资源相对有限的中小企业而言，应采取分阶段、渐进式的策略。鼓励中小零售企业从规模较小、风险可控的创新项目入手，逐步积累智能化转型的经验与信心，为后续的全面转型奠定坚实基础。通过这种方式，中小企业能够在实践中学习，在学习中成长，最终实现智能化转型的平稳过渡与可持续发展。行业龙头企业应做好智能化的示范和引领作用，肩负引领智能化时代的使命，在研发中为中小企业设计小体量、低投入、易上手的智能化基础设施，带动全产业转型升级和高质量发展。

13.2.2 鼓励零售智能化技术提供与创新

大型零售企业在部署系统软件时，往往面临一系列冗长且复杂的流程，包括详尽的需求分析、定制化开发、交付实施、员工培训以及后续运维等，这一模式对于资源有限的中小零售企业而言并不切实际。中小零售企业更倾向于即插即用的服务模式，如 SaaS，它显著降低了智能化转型的初期投入与运营成本。因此，应鼓励并扶持专注于零售行业智能化的服务提供商，致力于开发一系列专为中小零售企业量身定制的小型化、轻量化、快速部署且能精准解决业务痛点的解决方案。通过这些努力，旨在培育出一批零售领域的智能化转型典范企业，为行业树立标杆。同时，需紧密围绕中小零售企业的实际需求，精心筛选并广泛推广那些性价比高、易于上手、效果显著且能切实带来经济效益的智能化服务产品，这些产品将作为中小零售企业智能化转型的重要驱动力。在中小零售企业智能化服务供应方面，要鼓励智能化解决方案提供商、行业龙头企业等，针对中小零售企业的具体情况，提供一些门槛较低、前期布局成本低、上手快、效果明显的智能化解决方案，使中小零售企业能够快速观察到智能化转型的效果，从而提升其智能化转型的意识和主动性。鼓励零售行业智能化技术提供商积极进行服务平台商业模式创新，鼓励零售商业智能化服务商采取零售云形式提供服务，零售云使中小企业无须购置大量计算设备硬件和软件即可开始数字化转型。通过 IaaS、PaaS 和 SaaS 等服务模式使中小零售企业能够以"即需、即用、即付"的模式获得智能化转型所需的基础资源，这使中小零售企业无须承担前期投入。随着人工智能等技术的广泛应用，不断为中小零售企业提供智能化转型能力的平台商业模式持续创新，例如人工智能即服务在灵活性和订阅计划的可扩展性方面提供与 SaaS 类似的优势，能够满足中小零售企业的需求，使中小零售企业有可能自己训练人工智能模型、购买算法或租用人工智能系统所需的基础设施。

13.2.3 鼓励零售领域新型基础设施建设

加快新型基础设施建设，为零售企业提供更加牢固的智能化转型基础。政府投资建设支持 AI 发展的数字基础设施，如数据中心、高速网络等，尤其随着云网融合发展，应积极推进算力网络建设，加强通用计算、智能计算等多元算力资源的科学布局，实现算力、数据、算法协同应用，提升智能算力在人工智能领域适配水平，建立智能算力随时取用、灵活配置、按需收费的算力服务新模式。充分挖掘零售业网络需求，加强 5G 网络、物联网等新型网络基础设施建设，重点解决零售场景中的供应链管理问题，实现在零售"人、货、场"场景的探索应用。营造充满活力的零售业数字化生态环境，差异化部署零售行业特征突出的产业集群，促进零售业数据要素有序流通，打造涵盖算力利用、数据开发的行业数据应用空间，服务零售行业大模型基础实验及商业化应用；积极探索应用隐私计算、联邦学习、区块链等技术，促进零售业相关主体之间开展安全可信的数据共享交换和流通交易，解决零售行业数据共享与智能决策问题；大力推动智能化技术集成创新应用，构建面向零售业关键场景的智能化解决方案，打造智能化协同体系，为零售企业注智赋能。

13.2.4 培育建设智能零售转型促进中心

构建专业服务机构与零售企业的常态化对接机制。智能化转型涉及企业技术与流程改造、部门职能调整、产品与服务创新等多个方面的组织变革，需要专业服务机构与中小零售企业保持长期交流与紧密合作。政府部门应通过支持零售业智能化转型服务咨询机构建设，在商圈、区域等建立公共型智能化转型促进中心；鼓励建设国家、省级智能零售促进中心，国家级零售促进中心应依托智能零售企业与智能零售技术提供企业，建立智能零售前沿技术与落地场景的有效结合，为省级零售促进中心提供参考与依据。省级零售促进中心应依托智能零售企业，在核心商圈与零售业态密集区域，建立智能零售前沿技术与落地场景集中展示、实际运维、科学研究、教育培训等于一体的集中区域，鼓励高等学校参与国家级、省级零售促进中心建设，最终实现政产学研用金一体化共谋发展；鼓励行业龙头企业搭建面向本行业的智能化转型服务平台等方式，以在线直播、视频展播、线上线下同步对接等形式，畅通专业服务机构与零售企业的信息交流与沟通渠道，帮助零售企业从服务平台获取行业资源和应用服务，引导专业服务机构开发针对零售企业智能获客、供应链管理、数字营销等需求场景的智能化转型工具、产品和服务，为行业内的企业提供便捷适用、低成本的个性化解决方案，深化大数据、人工智能、物联网等新一代信息技术在零售企业中的应用。

13.2.5 鼓励建设智能零售共享服务平台

零售业智能化转型涉及技术、经济、政策等诸多方面的事项，单纯某一个方面的努力可能无法充分显现出转型的效益。因此，各国都重视以智能化的方式解决中小企业智能化转型中的问题，倾向于建设一些具有公共性质的平台，集成各类政策资源，从而为零售企业智能化提供各类公共服务。2018年，法国政府推出了一个在线平台France Num，该平台汇聚了大量与数字化转型相关的公共与私人专业顾问，中小企业只需要登录该平台，并说明其规模、位置和业务领域，再明确所需要咨询的问题，专业顾问就能够提供相应的咨询意见和有关可用融资方案的信息。问题领域可以涉及创建数字化战略、增加在线业务、开发客户、在线销售、增强内部流程、培训和招聘、保护公司、更好地使用数据、整合不同的工作方式等。澳大利亚政府构建了数字化转型在线指南，为各种规模的公司提供有关数字化的信息，中小企业可以利用该在线指南，获得企业进行数字化转型的在线指导，为中小企业提供数字化转型服务的在线平台可与地方政府建立合作关系。新南威尔士州政府运行设计系统指南，其中包括与数字团队管理相关的数字协作工具和平台目录，设计系统指南提供了每个工具的信息摘要，促使企业与在线平台互动，以实现更好的内部沟通。丹麦政府于2018年启动了"电子商务中心"平台，该中心旨在促进中小企业数字化转型和电子商务发展。韩国政府也启动了中小企业数字化项目。2017年，韩国政府在国家信息社会局下建立了国家大数据中心（National Big Data Centre，NBDC）。该中心的目标是为中小企业、初创企业、IT风险公司和学术界提供大数据共享服务，以促进大数据分析在经济发展中的使用。其基本原理是将公共数据（来自公共机构、中央和地方政府）和私人数据（来自企业、大学、研究机构）收集到大数据中心。该中心配备了必要的软件和硬件基础设施，使中小企业能够以很低的成本进行大数据分析。面向零售业数字化、网络化、智能化需求，探索建设零售行业共性服务平台，为零售业企业智能化转型提供一揽子解决方案，提供技术、方案、工具、服务、支付、咨询、培训、运营托管等智能化场景支持，增强平台连接能力、感知能力、数据处理能力、智能计算能力、即时响应能力与运作能力，帮助企业建立智能化运营视角和框架，更好地提供智能化服务。以平台、联盟等为牵引，汇聚各类具有服务意愿和服务能力的科研院所、数字化服务商、行业协会等机构，为企业提供规划咨询、技术指导、应用推广等公共服务。依托第三方咨询机构围绕中小企业智能化转型战略、路径、策略等需求，发布中小企业智能化转型升级路线图和发展指引。探索发展核心业务环节数字化服务、平台数据智能分析服务等多类服务，提升智能化转型方案个性化定制实施能力。线上形成的数字化生态集聚为同类零售企业服务的众多服务商，也为中小零售企业智能化转型提供了更多选择。而且，基于线下产业集聚而产生的各种智能化转型工具，能够根据零售行业和企业特点进行持续迭代，更加适应中小零售企业的需求。依托智能零售共享服务平台所带来的需求规模效应，进一步降低零售企业智能化转型的成本，从而进一步推动零售业智能化转型。

13.2.6 鼓励零售行业垂直大模型开发与利用

国家明确提出要把握人工智能等新科技革命浪潮，推进产业智能化，打造现代化产业体系，产业智能化，即人工智能等数字化技术形成产业，在百行千业实现规模化应用的过程，具体包括大模型能力提升、规模化行业应用、创新主体培育和产业生态建设四个环节。目前通用大模型，普遍基于 Transformer 模型架构，其能力的提升关键在于模型训练需要高性能、稳定和普惠的并行计算支撑。对于零售业而言，更为关键的是规模化行业应用，鼓励零售行业垂直大模型开发与利用，是推动零售行业降本增效的核心。随着自然语言处理大模型 ChatGPT 和视频大模型 Sora 为代表的通用大模型受到社会的广泛关注，通用大模型的使用能以较低的成本拓宽智能化决策的范围和广度，但在具体产业智能化转型过程应用中的效果不尽如人意。而垂直大模型则瞄准特定行业或需求，在精度和深度上更能满足实际要求。鼓励零售行业领军企业采用监督微调（SFT）等方式推动通用大模型在零售垂直行业落地，加快推动在零售垂直模型上进行验证和调优，满足其零售领域的需求。加快构建零售行业知识库，利用零售行业知识库知识图谱中的实体、属性和关系进行单独训练，输出带有零售行业特征和特色的通用大模型。加快构建零售垂直行业通用大模型生态，探索切实可行的商业模式，打通产学研用各方，贡献行业共性知识，构建开放、协同、包容的科技创新共同体，推动通用大模型在零售垂直行业的产业化落地，解决行业共性壁垒。鼓励零售垂直大模型在零售领域的应用落地与应用程序开发接口开发，加速在零售场景应用落地，助力零售企业降本增效与营销创新。

13.2.7 鼓励个人信息助手开发与利用

第 3 章我们系统地阐释了个人信息助手的作用，零售是匹配供需的中间环节，是市场机制与作用有效发挥的典型代表，新古典经济学假设供给与需求在匹配的过程中是信息完全与建构理性的，在消费者效用最大化与厂商利润最大化的过程中可以自动实现市场机制，实现帕累托最优。然而，从现实来看，随着网络化、数字化、智能化升级，厂商与消费者在利用信息搜集与处理领域出现了不均衡态势。厂商与零售平台具有诸多可供使用的数据与工具，它们利用数据与工具手段可以精确计算消费者需求，但随着信息爆炸与技术迭代，消费者可以利用的有效数据与工具越来越局限，消费者与厂商之间出现新的数字鸿沟。消费者与厂商之间数字鸿沟的出现导致生产厂商与平台厂商容易产生数据滥用激励，大数据杀熟、算法歧视已经成为典型实践，进一步会影响零售环节供需匹配效率的发挥，甚至影响资源配置效率。因此，零售主管部门与技术提供厂商需要关注消费者信息弱势问题，鼓励个人信息助手开发与利用。首先，鼓励手机、电脑等智能终端私域数据的开发与利用，实现手机、平板电脑等个人终端数据采集与共享，同时加快推进跨应用个人数据的沉淀与应用，基于手机、电脑等智能终端建立消费者全量私域数据，数据安全厂商强化消费者全量私域数据的安全保护。其次，鼓励技术提供厂商基于私域数据开发消费者决策模型。消费者决策模型即个人信息助手，是指经过消费者的全部访问授权，通过智能终端对消费者所有行为数据进行采集，挖掘消费者显性需求与隐性需求，辅助、替代消费者进行信息处理的个人应用。消费者决策模型技术提供厂商需要确保消费者全量数据"不出域""不滥用"，旨在辅助消费者提高决策能力，消除消费者与厂商之间的数字鸿沟。最后，监管机构要明确个人信息助手提供者的算法安全主体责任，明确要求个人信息助手提供者建立数据安全的管理制度、技术手段等，建立健全消费者决策技术模型的机制机理审查、科技伦理审查等管理制度和技术措施。

13.2.8 创新智能零售技术与场景应用培训机制

提升零售企业智能化转型的认知，即智能化技能。如前所述，零售企业对智能化转型存在意识障碍与认知障碍，也缺乏相应的技能。因此，强化培训、提升认知、提高技能是零售企业智能化转型的第一步。从国际经验来看，很多国家在创新培训机制方面有着诸多有益的探索。一些国家将企业培训费用作为税收的抵扣项目，从而以税收优惠激励企业参加数字化、智能化培训。另外，政府还重视利用企业主网络和行业协会来推动知识共享，促进数字化、智能化技能提升。政府通过对经纪人或中介机构的奖励，来推动这些机构积极为企业提供低成本的培训（OECD，2021）。英国、斯洛伐克等国家以数据分析创新券（DAIV）等方式，直接为企业提供培训费用方面的补贴。根据企业数字化、智能化转型的需求和国际经验，我国应创新企业智能化转型培训机制。一是建立零售企业智能化转型的知识平台，汇聚各类知识提供者，为零售企业提供各类数字化、智能化转型的知识培训。政府部门可以通过类似英国中小企业数据分析创新券的方式，对通过平台成交的培训服务合同进行定向支持。二是提供企业数字化、智能化转型的各种免费诊断工具。零售企业往往对其所面临的具体问题缺乏认知，也不能确定其所需要的培训类型和培训知识要点。政府部门通过采购相应的诊断工具，免费为零售企业提供培训前的诊断，从而使零售企业能够更具针对性地选择其所需的培训课程，既有利于企业节省培训成本，也有利于提升培训效率。三是由政府主导建立零售企业智能化转型案例库，以鲜活的案例对零售企业智能化转型进行分析和讲解，从而提升零售企业对智能化转型的认知。四是推动关于税收政策的转型，将对企业开展数字化、智能化所支出的培训等费用视为研发费用，在税前直接抵扣。五是加强智能化转型相关技术和知识的精准化培训与宣传。政府部门应对零售企业管理者智能化培训需求开展摸底调研，准确掌握企业管理者的培训需求。在此基础上，一方面，政府部门应根据企业不同时期的主要需求提供定期培训、远程培训、组织参观、到厂指导、政策解读等适配的培训方式，对企业家及管理人员开展精准化的智能化知识培训与宣传，有效提升企业家的智能化转型意识，激发企业智能化转型的内生动力。另一方面，政府应在充分征求企业意见的基础上，探索建立培训效果的定期评估机制，了解企业家对政府培训的满意度、培训过程中遇到的困难以及改进建议，及时更新智能化知识培训的方式与内容，提高培训的实效性。六是面向零售企业开展形式多样的研学活动，将零售行业智能化转型的标杆企业积累的技术能力、场景能力、运营经验和在零售行业深耕建设的智能化服务生态持续向零售企业开放，能够全链路帮助企业家和企业管理人员做知识性的输入，满足零售企业智能化转型和经营管理水平提升等方面的需求。鼓励国家级、省级智能零售促进中心开放资源，满足零售企业研学活动需求。

13.2.9　鼓励增强源头智能零售技术供给

加强前瞻性基础研究，增加源头技术供给，支持北斗定位导航、5G、云计算、大数据、区块链、人工智能、虚拟现实、物联网等技术在零售行业落地应用，形成低成本数字化、智能化解决方案供给能力，降低零售企业数字化、智能化转型升级壁垒。支持零售智能技术创新应用研发，引导科技企业、平台企业、流通连锁企业等组成创新联合体，充分发挥市场和数据优势，推进关键软硬件技术攻关。通过政府引导基金等方式，为上述联合体提供必要的资金支持和技术指导，加快科技成果向实际生产力的转化。鼓励零售领军企业持续关注新一代信息技术与零售行业结合的可能性，持续建立零售业数字化、智能化技术创新平台，借鉴沃尔玛 Omega 8 创新平台、物美多点 DMAL 创新平台，以实际需求吸引新一代信息技术企业聚焦零售业智能化转型共同痛点，打造可规模化、可延展化、可实际应用的技术解决方案，实现创新概念验证，并优中选优，将部分项目成功孵化，落地智能零售场景，优化门店运营，提升顾客体验。鼓励创新平台应面向零售行业开放，吸引更多的合作伙伴加入，共同推动技术进步。加强政策支持和激励，鼓励设立专项基金，用于支持零售业中的优秀创新项目，加速其市场化进程。强化案例推广与经验分享，定期举办零售科技创新论坛、展览会等活动，促进业界交流与合作。汇总并推广成功的智能化转型案例，帮助更多企业了解并借鉴有效的实践方法。

13.2.10　构建智能零售采纳资金支撑体系

零售企业智能化基础较差，在转型过程中往往需要购置大量的硬件和软件，资金投入量较大。从国际来看，各国也在资金等方面大力支持中小企业加快推动数字化、智能化转型。例如，英国经济和社会研究委员会建立了商业和地方政府数据研究中心（BLGDRC），该中心向微型、小型或中型企业等提供数据分析创新券（DAIV）。创新券是面额为 2000英镑的代金券，每个企业每年可以申请两张创新券，最长为三年，可用于获得专家的咨询服务，或通过数据分析培训提高员工技能。申请创新券的中小企业不需要具备数据库或数据来源，因为在咨询服务中，咨询人员将告知企业需要收集哪些最相关的数据以及如何收集和分析这些数据。斯洛伐克创新和能源局（SIEA）2013 年启动了类似的数据分析支持计划，中小企业提交了项目建议书，在通过专家评估之后可获得价值 5000 欧元的代金券，用于支付中小企业与国家认定的知识提供者之间的数据咨询服务合同费用。从国际经验来看，很多国家都为零售企业智能化转型提供了直接资金资助，但整体上看，这类资金金额非常有限。在满足中小企业数字化转型资金需求方面，重点是要引进金融机构的资金，建立体系化的零售企业智能化融资系统。一是要整合政府资金，发挥政府资金的引导作用。零售企业智能化涉及诸多政府部门，为了推进零售企业智能化，很多政府部门都会提供政策性资金，地方政府也会有相应的配套资金，这些资金比较分散，难以对零售企业智能化的重点领域、重点问题进行大力支持，难以形成具有借鉴意义的智能化转型案例来带动社会资本加大对零售企业智能化的投入。因此，需要对各个部门、各级政府、各类资金进行整合，从而形成推动零售企业智能化的资金支持合力。二是推动金融科技与零售企业智能化的联动。数字化能够打开企业经营管理的黑箱，使金融部门能够利用大数据、人工智能等技术，对中小企业融资风险进行更精准的评估，从而为企业提供更精准可靠的融资服务。推动零售企业智能化转型，要与供应链金融、金融科技应用等深度融合，这不仅能解决企业智能化的融资困难，更能从根本上解决零售企业融资难问题。三是根据零售企业智能化转型的特点，积极试点与零售企业智能化转型相关的金融产品创新。要通过对零售企业智能化案例与数据的分析，建立起零售企业智能化转型的财务模型，对其投入与产出进行精准测算，从而推动金融机构提供相关金融产品。例如，可以根据数字化转型的成本和收益，开发出支持零售企业智能化转型的债券产品、优先股产品、结构化金融产品。四是支持有条件的地方和投资机构设立智能化技术改造专项基金，深化投贷联动，以股权、债权、股债结合等市场化方式投资于智能零售领域企业，发挥技改基金的引导与"放大"作用，撬动社会资本投入智能化技术改造，为零售企业智能化转型提供持续的金融支持。推动设立零售企业智能化转型资金池，为零售企业采用智能零售解决方案等进行补贴；滚动发布零售企业技术改造升级导向计划，支持零售企业人工智能技术改造。

13.2.11 构建智能零售专业人才体系

加快零售业智能化人才培养，解决零售业智能化人才缺口。鼓励普通高等学校、职业院校开设智能零售相关专业。引导企业、平台建设零售业数字化、智能化用工和培训基地，依托职业院校、各类线上线下培训机构，深化产教融合，建立针对性强、低成本、可触达的培训体系。针对零售业数字化、智能化相关新职业、新业态，多形式、多渠道加强专业人才培养。零售业智能化人才的培养需要明确素质标准、拓宽培养渠道。智能化人才可以分为智能化技术应用人才、智能化管理人才和智能化创新人才，要精准施策、分类培养，积极推进智能化人才同传统行业的融合发展。充分发挥行业协会、教育和科研机构等在智能化人才培养和应用中的协调作用，发挥行业协会的信息优势和中介作用，有效链接政府、企业、学校三方，推进校企合作，完善和创新人才培养机制，为零售业智能化转型和零售业发展提供人才支撑。强化中小零售企业智能化转型的人才、金融等服务保障。以学校教育为基础，以在职培训为重点，深化校企合作、产教融合，通过建设企业大学、教学工厂等方式，推动企业深度参与学校课程设置、教学设计、实训课程开发，为零售企业智能化转型培育既精通新一代信息技术又熟悉经营管理的"数字工匠"。同时，建设面向零售企业的智能人才云平台，定期发布供应链管理、商务智能等领域的重点引才目录、产业人才地图和人才招聘活动信息，鼓励企业以股权制、期权制等多种收入激励方式、不定时上班等弹性工作形式吸引一批复合型的智能人才，为企业智能化转型提供坚强的人才保障。

13.3 强化智能零售采纳需求侧管理

在全社会不断为智能零售采纳提供有效供给的同时，借助智能零售供给体系完成零售企业自身技术架构、商业模式、组织能力变革，不断提升人工智能采纳与应用能力，最终实现零售"人、货、场"活动降本增效，是全社会提供有效供给的最终目的。离开智能零售采纳需求侧管理，供给侧改革将失去场景与目的，只有把需求侧管理与供给侧结构性改革结合起来，才能不断实现智能零售采纳的良性循环。

13.3.1 重塑零售企业人工智能能力

人工智能能力是智能零售模式采纳作用于企业经营绩效提升的重要调节变量。人工智能能力主要包括人工智能基础设施与人工智能管理能力，第 5 章系统介绍了人工智能基础设施以及人工智能技术应用，在此不再赘述，除人工智能技术应用外，零售企业需要具备较强的人工智能管理能力。人工智能技术的优势不仅在于技术本身，关键是人工智能的持续开发与创新应用，随着人工智能技术发展，零售厂商在技术获取方面是不存在壁垒的，企业间的壁垒主要是人工智能在内部应用的能力。零售企业应建立数字化、网络化、智能化文化，提高智能意识，鼓励内部在"人、货、场"等零售互动中更多地利用人工智能进行分析、决策、控制、经营，从而形成良好的人工智能文化。鼓励内部创新思维，建立容错机制，让员工敢于尝试新事物。企业建立起用人工智能决策，向人工智能要效益的文化后，应不断提升零售企业人工智能战略规划能力、架构设计与优化能力、人工智能项目管理能力、人工智能服务管理能力、人工智能运维管理能力、合规与风险管理能力、人工智能安全管理能力、AI 资产与资源配置能力、创新能力、组织与人员发展能力等，企业的人工智能管理能力不仅体现在技术层面的应用，还体现在将 AI 融入整个企业的战略决策、运营管理、客户服务等多个维度，形成一种全面而深入的智能管理模式，以求在日益激烈的市场竞争中取得优势地位。

13.3.2 鼓励零售企业实施组织再造

人工智能可以再造零售组织，同时零售组织也会影响智能零售采纳效果。亚马逊、阿里巴巴等全球领先的零售企业在采纳人工智能过程中，同样面临着智能零售采纳效果不尽如人意的状况，在采纳人工智能技术的同时，其同时实施企业组织架构重塑，实现技术架构与组织架构相互赋能。零售企业主要领导者要充分认识到人工智能变革的重要意义，具有智能零售的战略远见和技术趋势的前瞻性，持之以恒地推进组织内部融合重构，同时增加智能零售领域的投资，通过对资源进行合理配置，使得零售企业智能化转型能够顺利实施。在明确的智能战略下，需要明确的组织机构对接实施，负责技术落地、流程优化和组织再造，组织设有专门的 IT 研发部门或人工智能实验室，促使企业采纳人工智能商业模式。智能零售模式被采纳后一定会与现有运营逻辑产生冲突，具体包括原有部门的裁撤与权力削弱、新增部门的设立与融合、被裁撤员工的安置、内部技术人员受到外部技术人员挑战时的工作积极性问题等，同时组织成员对相关知识的匮乏，会增加智能零售模式采纳的障碍并会造成采用时间的延滞，因此零售企业领导者要保持战略定力与技术耐心，以智能零售采纳为契机，对零售企业业务流程进行重新整合，强化职能部门协同，增强面向消费者需求不确定性的灵活性与适应性，实现企业组织架构重塑。

13.3.3 增强零售企业环境适应能力

随着零售业数字化、网络化、智能化水平的不断提升，供应链成员与竞争对手的智能化会激发企业智能零售采纳的热情，智能零售模式市场化后，必然使原有市场格局发生深刻变化，因此零售企业要关注行业人工技术应用和产业布局，以及由此引发的竞争压力和技术迭代速度，一旦行业在某些决策场景采纳人工智能应用，由于规模经济带来的智能硬件设备的成本降低和普及率上升，这些决策场景的人工智能应用便更为经济可行。零售供应链企业智能零售的采纳是直接影响智能零售商业模式绩效的核心问题，在零售场景中，例如智能补货和智能物流的应用，离不开零售供应链厂商的同时采纳和应用，不然智能零售商业模式是无法实施的。行业智能化水平的提高，可以有效提升资本市场对智能零售的关注和支持程度，以及是否有足够的资金支持企业进行技术创新和市场拓展。零售厂商智能化转型受资源和能力限制，尤其是中小零售厂商往往无法单独利用自身资源和能力与大型企业竞争，若没有外部力量的支持，无法实现智能化转型。作为政策制定者，政府可以通过制定和加强支持性的政策和项目以支持零售企业智能化转型议程。政府通过制定科技创新战略、财政补贴、税收优惠等政策来鼓励 AI 的研发和商业化进程，促进本土 AI 技术及产业的发展。综上所述，由于外部环境是不断变化的，零售企业要增强环境适应能力，时刻关注来自外部的供应链动态、产业动态和竞争动态和政府在资金、人才、技术和环境等诸多方面的支持，对智能零售采纳的技术、场景、政策保持专注力和执行力，不断通过智能零售采纳提升竞争优势。

13.3.4 加快智能零售商业模式变革

人工智能技术的投入为企业带来了显著的成本，如果没有配套进行商业模式转型升级，不仅会成为成本单元，更会成为限制发展的累赘。通过智能零售采纳带来较好经营绩效的企业，不仅注重技术、组织、环境能力的提升，更为关键的是借助智能零售提供的有效工具，实现商业模式创新。利用商业模式画布工具，详细规划价值主张、客户细分、渠道、收入来源等关键要素，并确定资金、人力、技术等资源，进行合理分配，设定具体的时间表和可衡量的阶段性目标，确保实施过程有序进行。智能零售商业模式变革要通过前期开展测试和迭代进行小规模试点，选择有限范围或市场进行试点测试，收集反馈数据，基于试点反馈，快速调整优化商业模式，不断进行改进。在试点反馈的基础上全面推广与执行，在验证模式有效后，在零售企业全面推广，加大市场投入，扩大业务规模，并建立监督机制，持续跟进商业模式运行的效果，确保持续优化。定期评估与调整，定期评估商业模式绩效，包括财务表现、市场份额、消费者满意度等指标，针对市场变化和不断迭代的人工智能技术，灵活调整策略，保持商业模式的竞争力。商业模式创新是智能零售技术采纳的基础保障，需要零售厂商高度重视并系统推进商业模式创新，这样才能不断应对消费者需求不确定性与市场挑战，更好地把握未来发展的先机。

13.3.5 强化数据安全与网络安全

数据安全与网络安全是零售厂商智能化转型的生命线，实践过程中零售厂商可能存在的风险包括资料外泄、数据遗失、账号窃取或服务劫持、安全接口风险、应用程序编程接口风险、遭受阻断服务、内部员工的恶意行为、云计算技术服务的滥用以及对云计算技术的审慎评鉴不足等安全威胁，因此在零售厂商智能零售模式采纳过程中，要同步强化数据安全与网络安全。一是建立全面的安全方案，部署并维护最新的防火墙、入侵检测和防御系统，使用防病毒和反恶意软件工具，确保所有系统和设备上的软件保持最新版本；实施网络分段，隔离敏感数据和关键系统，减少横向移动的风险。二是实施身份验证与访问控制，引入多因素认证（MFA），如密码、生物识别、硬件令牌等，以确保用户身份的真实性和合法性；对不同级别的数据和系统设置细粒度的访问控制，确保只有授权人员才能访问敏感信息。三是加密数据传输与存储，对传输中的数据使用 SSL/TLS 等加密协议，保证通信安全；对存储的数据，无论是在本地还是云端，都应进行加密，确保即使数据被盗也无法轻易被读取。四是加强员工安全意识与培训，定期对员工进行网络安全意识培训，包括识别钓鱼邮件、避免下载未知附件、处理个人信息等；建立安全文化，鼓励员工报告可疑活动，并奖励安全行为。五是定期安全审计与风险评估，定期进行内部安全审计，发现并修复潜在漏洞；进行风险评估，确定关键资产和潜在威胁，制定针对性的防护策略。六是管理第三方供应商风险，对与第三方供应商共享的数据实施严格的合同条款和监督机制；要求供应商遵循相同或相似的安全标准和合规要求。七是建立应急响应计划，制订详细的网络安全事件应急响应计划，包括事件报告流程、备份与恢复策略、危机沟通方案；定期进行模拟演练，确保在真正发生安全事件时能够迅速、有效地响应。八是遵守法规与标准。关注并遵守相关的数据保护法律，确保合规性；参照行业最佳实践和标准，如 ISO 27001，指导零售企业的信息安全管理工作。

13.3.6 构建协同与动态能力

零售企业的协同能力和动态能力主要指企业适应快速变化的市场环境，持续整合、构建和重新配置其内外部资源的能力。协同能力是指在复杂系统中各子系统的协同行为的绩效超过自身单独作用，实现 $1+1>2$ 的整个系统联合作用的过程（胡晓瑾和解学梅，2010）。具体到零售企业，动态能力是指零售企业识别、发展、整合、重构和外部能力，以适应快速变化的环境能力。协同能力与动态能力普遍被认为是企业面对消费者需求不确定性与动态竞争环境时持续创新与转型的重要保障。在零售行业，技术进步、消费者偏好变化以及新竞争对手的出现等外部环境因素不断变化，企业需要有效整合内部资源（如员工技能、信息技术系统）和外部资源（如供应商关系、合作伙伴网络、技术提供商、专业咨询机构），弥补资金、知识、技术和人才等各方面不足，有助于新知识的共享，并通过动态能力优化资源配置，以支持创新和快速响应市场。尤其是在供应链层面，与供应链合作伙伴建立更紧密、更灵活的合作关系，减少供应链脆弱性，提高整体运营效率和反应速度。鼓励组织成员不断学习新知识、技术和市场趋势，从而推动产品、服务和商业模式的创新。通过不断改进和创新，零售企业能够创造独特的价值主张，建立和维护竞争优势。协同能力与动态能力是零售企业在当前复杂多变环境中求生存、谋发展的重要武器，它不仅关乎企业的即时应对策略，更是长期战略规划和执行的核心要素。

13.4 本章小结

从智能零售模式采纳作用于零售业绩效的调节变量看，有效的政策支持在零售企业智能化转型过程中起核心作用。零售主管部门以及新一代信息技术主管部门应协同从适智化制度、供给侧改革、需求侧管理三个方面，为智能零售模式采纳提供针对性政策供给，营造支持智能零售模式采纳，构建零售新场景、新业态的政策生态。

14 结论与展望

14.1 研究结论

零售业作为较早进行数字化转型的行业，积累了海量数据与模型，同时由于其数据风险适中，为采纳人工智能技术与商业模式变革提供了较好的基础。部分零售厂商在典型场景采纳人工智能模式，以实现人工智能所带来降低成本、提升效益和改善体验等效能。本书在系统梳理消费者行为与智能零售模式文献的基础上，从消费者需求不确定性视角出发，分析消费者行为变化特征，在此基础上引入信息不完全理论、平行系统理论、双边市场理论等理论，构建了消费者行为与智能零售采纳互动机制概念模型，并基于大数据分析方法、结构方程模型、计量模型、博弈论模型、案例分析等方法，得出以下结论：

第一，消费者需求不确定性是指消费者在购买行为过程中体现出的随机性本源行为和不可预期的变化，具体指消费者的需求特征、需求发生的时空状态等的剧烈变化程度以及零售供应链成员对消费者需求进行预测的困难程度。在微观经济学中，消费者需求函数是一系列受预算硬约束与商品价格约束的连续函数，理论上不同消费者需求函数没有本质区别。而在实际生活中，不同消费者需求函数截然不同，消费者选择一个商品不仅受到其预算约束，而且受消费习惯、时尚流行、商家活动、时间空间等因素影响，因此消费需求往往具有随机性与偶然性。随着网络渗透，消费者决策与行为嵌入复杂决策网络，受到其他决策主体的显著影响，进一步增强其需求不确定性，提高了零售厂商与供应链成员决策的难度。面对消费者需求不确定性，零售供应链成员需要根据消费者的个性化需求提供产品与服务，零售供应链成员策略性行为内生于消费者的行为过程。消费者需求不确定性将通过供应链在成员间传导，消费者需求不确定性沿着社会网络中的利益链在关联的制造商、金融机构、物流服务商间大范围扩散。面对消费者需求不确定性的传导与扩散，要求供应链成员形成协调一致的网络组织，通过网络组织配置供应链资源，实现隐性知识显性化与共同学习，消除消费者需求不确定性。

第二，消费者行为变革呈现需求不确定性。消费者需求不确定性的增加，对于零售厂商而言在认知理性层面是不可解的，具体的"人、货、场"场景需要人工智能赋能，零售厂商只能采取智能零售模式予以应对，除此之外别无他法，智能零售采纳的客观性构成了直接影响机制。智能零售采纳是适应消费者需求不确定性的结果，只有采纳智能零售模式，才可以从根本上缓解需求不确定性，人们对非概率型不确定性也非无能为力，智能零售商业模式采纳是适应消费者行为变革的充要条件。同时由于消费者需求不确定性，而智能零售商业模式具有精准匹配机制、效率提升机制、价值创造机制以及动态能力机制，相较传统零售模式具有较强决策准确性与策略适应性，因此智能零售商业模式采纳是适应消费者行为变革的必要条件，构成了智能零售采纳的间接影响机制。同时，本书基于 A 股上市零售企业 2015~2022 年的数据，验证智能零售采纳对消费者需求不确定性的作用机制，研究结果表明：一是智能零售采纳能够显著降低消费者需求不确定性，且在经过内生性检验与稳健性检验后结论依旧稳健。二是智能零售通过提升企业的运营效率和动态能力，间接地缓解了消费者需求不确定性。三是相对中小企业和国有企业，大型企业和非国有企业采纳智能零售缓解消费者需求不确定性效果更显著。

第三，智能零售模式采纳是零售厂商智能化转型的结果，零售厂商智能化转型不是一蹴而就的，需要经历网络化、数字化、智能化、平台化四个阶段。网络化阶段沉淀海量数据，尤其是通过物联网通过传感器采集零售活动"人、货、场"数据，实现数字孪生的零售环境；数字化阶段依托大数据技术治理数字空间数据，形成数据标签、数据图谱、数据接口等，尤其是将数据空间体现零售物理空间"人、货、场"的数据关系梳理清晰，为上层应用决策提供依据；智能化阶段依托数字化阶段提供的数据关系，进一步将数据空间体现零售物理空间"人、货、场"的数据关系转化为数据模型，其中包括专用模型与通用模型，实现零售物理空间"人、货、场"的再优化以及零售要素的再配置，带来降本增效与帕累托改进。离开网络化、数字化，智能化将失去基础，离开智能化，网络化、数字化将失去目的。在网络化、数字化、智能化的基础上，将物理层集成网络技术，在平台层集成大数据技术与人工智能技术，在应用层面向零售活动"人、货、场"产生智能化决策与应用，最终完成零售厂商平台化转型。平台化阶段是将网络化、数字化、智能化阶段零散技术集成应用的结果，最终形成智能零售技术架构与应用场景。

第四，从总体上检验智能零售采纳缓解消费者需求不确定性是困难的，本书分别推荐系统、供应链风险、库存预测三个场景，利用多源异构网络大数据，验证智能零售采纳将有效缓解消费者需求不确定性，并且开发出可以用于实际零售活动的算法模型，实现了因果关系的验证以及实际工程落地。评论作为消费者的主要生成内容，在一定程度上代表消费者需求特征，通过对华为 Mate 全系列（Mate10-60）评价数据进行采集，发现外观手感、待电续航、配送速度、服务保障、通用体验等因素影响消费者需求，并且消费者由于关注的重点不同，需求存在显著的不确定性，基于分位数回归模型能够较好地解释了用户需求对销售量的影响，且在线评论中的用户需求特征对消费者行为（销售量）有显著影响，最终开发 B-RGCN 在线评论推荐系统。利用 BERT 模型能够将用户的在线评论转化为特征向量，这些向量有效地捕捉到了用户偏好的特征，因此可以显著提高模型的性能。消费者需求不确定性将通过供应链在成员间传导，即沿着社会网络中的利益链在关联的制造商、金融机构、物流服务商间大范围扩散，为零售厂商供应链管理带来了显著的风险，本书还根据供应链管理的现状对风险指标体系进行了评估，且在 MATLAB 平台中进行模型仿真研究，并结合实例进行模型的有效性分析，最终通过训练模型对数据进行训练后，输出风险评估值并给出应对风险的策略。消费者需求不确定性使零售厂商普遍采取与零售相适应的方法；全渠道零售增加了物流配送与逆向物流的难度，尤其是合理库存水平的预测成为零售决策的难点，本书选择 BA 优化神经网络的方式构建预测模型，并利用实际企业数据进行模型训练以及验证模型的有效性。另外，本书通过设置实验对研究的预测模型进行性能分析，通过对比实验研究可知，该模型具有较好的效果，可以应用于零售企业物流库存的实际预测，为后续的相关研究提供理论参考。

第五，智能零售技术模式采纳存在显著的成本，需要零售厂商通过商业模式创新拓展利润空间，弥补智能零售技术模式采纳带来的成本。本书基于商业模式画布，从客户细分、价值主张、渠道通路、客户关系、收入来源、核心资源、关键业务、重要合作和成本结构9个部分系统分析了智能零售商业模式，同时对比分析智能零售商业模式与传统商业模式的差异。智能零售商业模式采纳不仅仅是零售厂商自身行为的结果，智能零售商业模式采纳与零售厂商经营绩效提升受到诸多调节变量影响。本书利用TOE分析框架，系统分析技术、组织、环境对智能零售采纳的影响，同时基于2015~2022年80个A股上市零售企业样本，考察智能零售采纳对零售业经营绩效影响效应。研究表明：一是智能零售能够缓解传统零售信息不对称问题，促进线上线下资源整合，显著促进零售业经营绩效；二是智能零售可以通过节约成本和提高运营效率提高零售业经营绩效；三是智能零售对企业经营绩效的影响受到组织条件、环境条件与技术条件的正向调节作用；四是智能零售采纳对企业经营绩效的积极影响效应在非国有企业、中小企业更显著，且在东部地区的零售业采纳智能零售效果更好。

第六，智能零售采纳与零售业经营绩效表明，规模异质性显著影响智能零售采纳后零售厂商经营绩效，因此本书系统分析大型零售厂商与中小零售厂商在技术、组织、环境因素的差异，提出大型零售厂商与中小零售厂商智能零售采纳路径。相对大型零售厂商，中小零售厂商不具有全要素智能化转型的能力，因此本书提出了人工智能即服务模式、零售云模式、平台模式、供应链模式、商圈模式五种中小零售厂商智能零售模式采纳的差异化路径，并通过案例分析证明其科学性。大型零售厂商除了可以采取人工智能即服务模式、零售云模式、平台模式、供应链模式、商圈模式五种模式外，由于其具备智能化转型的要素条件，可以采取组织—环境主导型和全要素驱动型两种差异化模式，并且从远期看，全要素驱动型是大型零售厂商智能零售采纳的主流模式。

第七，从智能零售采纳的调节变量看，有效的政策支持在零售企业数字化转型过程中起核心作用，尤其对于中小零售企业而言，其调节作用更为显著。因此，应该坚持有为政府与有效市场相结合，政府通过制定科技创新战略、财政补贴、税收优惠等政策来鼓励AI的研发和商业化进程，促进AI技术在零售领域应用深化。具体而言，政府应加快适智化制度机制实现突破创新，在培训、资金、数据、工具、生态等方面加大智能零售采纳的供给侧改革，同时鼓励零售厂商练好内功，实施智能零售采纳的需求侧管理。

14.2 研究展望

尽管本书构建了消费者行为与智能零售模式采纳作用机制概念模型，并通过细分场景对概念模型进行了验证，同时设计了智能零售技术模式、商业模式、落地落实，并对其落地模式进行了实证检验与案例检验，但由于本书的领域尚处于探索性研究阶段，以及团队学术水平与可使用方法的局限，部分理论模型难以在方法上得到更好的检验，在后续的研究过程中将继续完善，主要体现在：

第一，多源异构网络大数据获取。随着《中华人民共和国网络安全法》《中华人民共和国个人信息保护法》等法律法规的出台，对消费者个人信息权益以及个人信息处理活动进行了明确的界定，因此消费者行为数据获取难度不断增加，尤其是零售平台企业，例如阿里巴巴、京东等消费者行为数据密集企业出现了"谈数色变"问题，难以直接利用零售平台企业消费者数据分析行为特征变化。在下一步研究过程中，将采用"数据可用不可见"的方式，利用联邦学习和隐私计算等方式，在满足消费者隐私保护、数据安全和政府法规的要求下，进行数据使用和机器学习建模，进一步验证消费者需求不确定性。

第二，通用大模型的智能零售场景与模式。现阶段，零售厂商普遍通过专用模型实现智能零售"人、货、场"场景落地，由于专用模型的复用能力差、开发使用成本高，限制了智能零售模式使用的深度与广度。随着自然语言处理大模型的出现与探索应用，从理论上解决了专用模型复用能力与开发成本限制，但其使用场景仅限于智能客服、数字营销、数字人直播等有限场景。未来，随着自然语言处理大模型、视频大模型、多模态大模型的研发与应用，将产生更多智能零售应用场景，笔者将持续关注通用大模型在智能零售领域应用，并探索其技术模式、商业模式与落地模式。

参考文献

［1］埃森哲 . 赢得并留住数字消费者［R］. 2013.

［2］埃森哲 . 中国消费者的数字化生存［R］. 2014.

［3］奥利弗·E. 威廉姆森 . 治理机制［M］. 石烁，译 . 北京：机械工业出版社，2016.

［4］白景坤，王健 . 创业导向能有效克服组织惰性吗？［J］. 科学学研究，2019，37（3）：492-499.

［5］鲍观明，叶永彪 . 零售业态演变规律的综合模型构建［J］. 财贸经济，2006（4）：48-51+94.

［6］包振山，常玉苗，万良杰 . 数字经济时代零售商业模式创新：动因、方法与路径［J］. 中国流通经济，2022，36（7）：12-21.

［7］陈炳霖，薛可，余明阳 . 人工智能推荐产品类型对消费者采纳意愿的影响机理研究——基于算法透明度的调节作用［J］. 江西社会科学，2023，43（1）：194-205+208.

［8］陈德光，马金林，马自萍，等 . 自然语言处理预训练技术综述［J］. 计算机科学与探索，2021，15（8）：1359.

［9］陈华 . 社交网络结构对消费者行为的影响分析［J］. 统计与决策，2016（10）：94-97.

［10］陈克文 . 论风险及其与信息和不确定性的关系［J］. 系统辩证学学报，1998，6（1）：83-87.

［11］陈思丞，孟庆国 . 领导人注意力变动机制探究——基于毛泽东年谱中 2614 段批示的研究［J］. 公共行政评论，2016，9（3）：148-176+189-190.

［12］陈伟，杨增煜，杨栩 . 科技型中小企业技术创新模式选择研究［J］. 学习与探索，2020（3）：111-117.

［13］成琼文，丁红乙 . 税收优惠对资源型企业数字化转型的影响研究［J］. 管理学报，2022，19（8）：1125-1133.

［14］崔琳，曾峰 . 数字化转型对零售业企业绩效的影响［J］. 商业经济研究，2023（4）：123-126.

［15］戴黎燕，中国零售业态变革研究［J］. 商业经济文荟，2006（3）：11-13.

［16］狄蓉，曹静，赵衰军 . "新零售"时代零售企业商业模式创新［J］. 企业经济，2020（4）：37-45.

［17］丁宁，丁华 . 实体零售全渠道商业模式创新对经营绩效的影响——基于双重差分法的研究［J］. 商业经济与管理，2020（7）：17-26.

［18］董雅丽，杨蓓.C2C 电子商务平台下消费者购买行为的影响因素分析［J］.消费经济，2007（3）：32-35+38.

［19］杜运周，贾良定.组态视角与定性比较分析（QCA）：管理学研究的一条新道路［J］.管理世界，2017（6）：155-167.

［20］方虹.零售业态的生成机理与我国零售业态结构调整［J］.商业经济与管理，2001（10）：5-8.

［21］菲利普·科特勒，凯文·莱恩·凯勒.营销管理［M］.上海：格致出版社，2017.

［22］冯芷艳，郭迅华，曾大军，等.大数据背景下商务管理研究若干前沿课题［J］.管理科学学报，2013，16（1）：1-9.

［23］弗兰克·奈特.风险、不确定性与利润［M］.郭武军，刘亮，译.北京：华夏出版社，2011.

［24］弗里德里希·奥古斯特·冯·哈耶克.哈耶克论自由文明与保障［M］.石磊，编译.北京：中国商业出版社，2016.

［25］耿勇，向晓建，万攀兵.供应链信任衰退：网络安全风险与企业贸易信贷［J］.中国工业经济，2024（5）：135-154.

［26］龚秀芳.网商生态系统与传统零售生态系统的比较分析［J］.电子商务，2011（9）：8-12.

［27］龚雪.零售业融合发展的内在机理研究［J］.中国商贸，2014（33）：192-196.

［28］贾军，薛春辉.区块链应用对客户关系治理与企业创新关系影响研究［J］.软科学，2022，36（8）：123-129.

［29］郭国庆，杨学成.消费者对服务便利的感知：以超市购物为背景的实证研究［J］.管理评论，2006（8）：21-27+63.

［30］郭漫勤，师佳英.人工智能价值网络下零售企业商业模式创新与企业效益相关性分析［J］.商业经济研究，2021（12）：117-121.

［31］郭守亭，李万方，蔡佳佳.基于模块化思想的零售商业模式构成及创新路径研究［J］.宏观经济研究，2016（2）：113-119.

［32］郭迅华，张楠，黄彦.开源软件的采纳与应用：政府组织环境中的案例实证［J］.管理科学学报，2010，13（11）：65-76.

［33］何大安.互联网应用扩张与微观经济学基础——基于未来"数据与数据对话"的理论解说［J］.经济研究，2018（8）：177-192.

［34］何帆，秦愿.创新驱动下实体企业数字化转型经济后果研究［J］.东北财经大学学报，2019（5）：45-52.

［35］何姗.ERP 实施对企业绩效影响的实证研究——基于纺织行业上市公司的相关数据分析［J］.东南大学学报（哲学社会科学版），2016，18（S1）：58-61.

［36］胡海清，许垒.电子商务模式对消费者线上购买行为的影响研究［J］.软科学，2011，25（10）：135-140.

［37］胡玮玮.关于 Internet 市场信息搜集及对消费者的影响［J］.情报杂志，2003（1）：76-80.

［38］胡晓瑾，解学梅.基于协同理念的区域技术创新能力评价指标体系研究［J］.科

技进步与对策，2010，27（2）：101-104.

［39］黄凯南，程臻宇.认知理性与个体主义方法论的发展［J］.经济研究，2008（7）：142-155.

［40］黄立威，江碧涛，吕守业，等.基于深度学习的推荐系统研究综述［J］.计算机学报，2018，41（7）：1619-1647.

［41］黄漫宇.中国农村零售业态变革分析［J］.农业经济问题，2011（9）：72-76.

［42］黄雨婷.零售组织对消费者异质性需求的响应和匹配——一个理论分析［J］.中国流通经济，2018，32（4）：18-30.

［43］霍春辉，袁少锋，吴雅轩.网络推荐商品信息对消费者购买决策的影响［J］.东北大学学报（社会科学版），2016，18（3）：262-269.

［44］蒋侃，覃美连，李姝蓉.基于人工智能重塑零售价值及创新路径研究［J］.价格理论与实践，2021（12）：147-150.

［45］江玉庆，项立，刘帆，等.考虑异质性消费者的零售平台经营模式研究［J］.管理评论，2022，34（6）：192-202.

［46］姜奇平.网络经济：内生结构的复杂性经济学分析［M］.北京：中国财富出版社，2018.

［47］姜奇平.重读奈特《风险、不确定性与利润》［J］.互联网周刊，2019，11（5）：70-71.

［48］焦志伦，刘秉镰.品类差异下的消费者购物价值与零售业转型升级路径——兼议"新零售"的实践形式［J］.商业经济与管理，2019（7）：5-17.

［49］金珺，李诗婧，黄亮彬.传统制造业企业数字化转型影响因素研究［J］.创新科技，2020，20（6）：22-34.

［50］康志勇，刘馨.政府支持与市场竞争对企业创新绩效的交互影响［J］.研究与发展管理，2020，32（6）：66-77.

［51］赖红波.数字技术赋能与"新零售"的创新机理——以阿里犀牛和拼多多为例［J］.中国流通经济，2020，34（12）：11-19.

［52］雷兵.网络零售生态系统种群成长的系统动力学分析［J］.管理评论，2017（6）：152-164.

［53］雷锦梅，刘婷.智能零售与中高端服务消费的协同发展探索［J］.商业经济研究，2019（22）：29-32.

［54］黎志成，刘枚莲.电子商务环境下的消费者行为研究［J］.中国管理科学，2002（6）：89-92.

［55］李丹，邱静.政策引导促进了企业数字化建设吗——基于政府工作报告视角［J］.财会月刊，2023，44（19）：153-160.

［56］李飞.迎接中国零售业购并风暴［J］.商业经理人，2001（8）：38-39.

［57］李飞，贺曦鸣.零售业态演化理论研究回顾与展望［J］.技术经济，2015，34（11）：34-46.

［58］李富.大数据时代消费者行为变迁及对商业模式变革的影响［J］.中国流通经济，2014，28（10）：87-91.

［59］李光琴．消费者视角下的国内零售业态变迁路径阐释［J］．商业时代，2009（8）：14-15.

［60］李国刚，宫小平．大数据信息对二级供应链利润的影响与协调研究［J］．统计与信息论坛，2018，33（4）：32-39.

［61］李立威，黄艺涵．数字化与组织变革组态如何破解中小企业数字化转型悖论［J］．科技进步与对策，2023，40（24）：101-110.

［62］李琦，刘力钢，邵剑兵．数字化转型、供应链集成与企业绩效——企业家精神的调节效应［J］．经济管理，2021，43（10）：5-23.

［63］李勇坚．中小企业数字化转型：理论逻辑、现实困境和国际经验［J］．人民论坛·学术前沿，2022（18）：37-51.

［64］李玉龙，李雪欣．传统大型零售企业"O2O"双重商业模式整合分析［J］．学习与实践，2015（2）：23-30.

［65］李宗活，李善良，陈祥锋，等．考虑消费者时间价值的平台供应链即时零售引入策略［J］．中国管理科学，2024（7）：229-239.

［66］廖颖川，吕庆华．消费者全渠道零售选择行为研究综述与展望［J］．中国流通经济，2019，33（8）：118-128.

［67］林海伦，王元卓，贾岩涛，等．面向网络大数据的知识融合方法综述［J］．计算机学报，2017，40（1）：1-27.

［68］林乐，谢德仁．分析师荐股更新利用管理层语调吗？——基于业绩说明会的文本分析［J］．管理世界，2017（11）：125-145+188.

［69］刘传明，马青山．网络基础设施建设对全要素生产率增长的影响研究——基于"宽带中国"试点政策的准自然实验［J］．中国人口科学，2020（3）：75-88+127-128.

［70］刘飞．数字化转型如何提升制造业生产率——基于数字化转型的三重影响机制［J］．财经科学，2020（10）：93-107.

［71］刘枚莲，黎志成．面向电子商务的消费者行为影响因素的实证研究［J］．管理评论，2006（7）：32-37+64.

［72］刘淑春，闫津臣，张思雪，等．企业管理数字化变革能提升投入产出效率吗［J］．管理世界，2021，37（5）：170-190+13.

［73］刘望，唐时达，张萍．论我国零售企业的营销策略——基于消费者需求的演变趋势［J］．湘潭大学学报（哲学社会科学版），2007（4）：41-44.

［74］刘向东．移动零售下的全渠道商业模式选择［J］．北京工商大学学报（社会科学版），2014，29（3）：13-17.

［75］刘晓雪．竞争与共生：中国零售业态结构演变分析［J］．北京工商大学学报（社会科学版），2009（1）：1-5.

［76］刘星原．我国零售业态及经营模式异化与趋同的演化规律研究［J］．当代经济科学，2001（4）：75-79.

［77］刘洋，李琪，殷猛．网络直播购物特征对消费者购买行为影响研究［J］．软科学，2020，34（6）：108-114.

［78］刘煜，汤定娜，刘遗志．零售企业实现全渠道战略的路径图［J］．商业经济研

究，2015（3）：20-23.

［79］楼永，刘铭.中小企业数字化变革：从迟徊观望到乘势而上——基于文本挖掘法的变革路径与绩效研究［J］.工业技术经济，2022，41（2）：3-13.

［80］卢泰宏.消费者行为学50年：演化与颠覆［J］.外国经济与管理，2017，39（6）：23-38.

［81］卢艳峰，范晓屏，孙佳琦.网购多线索环境对消费者信息处理过程的影响［J］.管理学报，2016（10）：1546-1556.

［82］鲁晓峰.基于多源异构大数据的学术不端监督有效性研究［J］.中国编辑，2017（12）：36-41.

［83］罗宾·刘易斯，迈克尔·达特.零售业的新规则［M］.高玉芳，译.北京：中信出版社，2012.

［84］罗纪宁.消费者行为研究进展评述：方法论和理论范式［J］.山东大学学报（哲学社会科学版），2004（4）：98-104.

［85］骆品亮，傅联英.零售企业平台化转型及其双边定价策略研究［J］.管理科学学报，2014（10）：1-12.

［86］马树建，王慧敏，施庆生.生产商能力限制条件下零售供应链的 Stackelberg 弈模型［J］.统计与决策，2008（6）：50-51.

［87］迈克尔·R.所罗门.消费者行为学［M］.卢泰宏，杨晓燕，译.北京：中国人民大学出版社，2014.

［88］米加宁，章昌平，李大宇，等.第四研究范式：大数据驱动的社会科学研究转型［J］.学海，2018（2）：11-27.

［89］尼葛洛庞帝.数字化生存［M］.胡泳，范海燕，译.海口：海南出版社，1997.

［90］聂辉华，阮睿，沈吉.企业不确定性感知、投资决策和金融资产配置［J］.世界经济，2020，43（6）：77-98.

［91］彭虎锋，黄漫宇.新技术环境下零售商业模式创新及其路径分析——以苏宁云商为例［J］.宏观经济研究，2014（2）：108-115.

［92］彭娟.基于规模发展的零售业态区域差异实证研究［J］.北京工商大学学报（社会科学版），2012（4）：17-24.

［93］齐严.商业模式创新与"新零售"方向选择［J］.中国流通经济，2017，31（10）：3-11.

［94］齐永智，张梦霞.全渠道零售：演化、过程与实施［J］.中国流通经济，2014（12）：115-121.

［95］祁怀锦，曹修琴，刘艳霞.数字经济对公司治理的影响——基于信息不对称和管理者非理性行为视角［J］.改革，2020（4）：50-64.

［96］戚聿东，蔡呈伟.数字化对制造业企业绩效的多重影响及其机理研究［J］.学习与探索，2020（7）：108-119.

［97］戚聿东，肖旭.数字经济时代的企业管理变革［J］.管理世界，2020，36（6）：135-152+250.

［98］邱泽奇.技术与组织：多学科研究格局与社会学关注［J］.社会学研究，2017，

32（4）：167-192+245-246.

［99］任阳军，田泽，刘超，等.数字化转型如何影响民营能源企业绩效？——来自中国上市企业年报文本识别的经验证据［J］.技术经济，2024，43（1）：41-54.

［100］芮明杰，李想.零售业态的差异化和演进：产业组织的视角［J］.产业经济研究，2007（2）：1-7.

［101］珊娜·杜巴瑞.全渠道购物者崛起［N］.中华合作时报，2012-08-24.

［102］沈蕾，于炜霞.中国服装零售业态发展内在动因的探讨［J］.商业经济与管理，2000（5）：13-15.

［103］盛亚，吴蓓.商业模式研究文献综述：兼论零售商业模式［J］.商业研究，2010（6）：40-43.

［104］盛亚，徐璇，何东平.电子商务环境下零售企业商业模式：基于价值创造逻辑［J］.科研管理，2015，36（10）：122-129.

［105］石明明，消费者异质性、搜寻与零售业态均衡——后福特时代流通过程如何响应消费者异质性［J］.财贸经济，2013（11）：107-116.

［106］石奇，岳中刚.大型零售商的双边市场特征及其政策研究［J］.财贸经济，2008（2）：105-111.

［107］施凡成.数字化程度对于企业经营绩效的影响——基于A股多行业上市公司的实证研究［D］.上海财经大学硕士学位论文，2020.

［108］施蕾.全渠道时代顾客购物渠道选择行为研究［J］.当代财经，2014（2）：69-78.

［109］司金銮.消费者行为：定义分歧与本质界定［J］.浙江学刊，2001（6）：77-78.

［110］苏秦，李钊，崔艳武，等.网络消费者行为影响因素分析及实证研究［J］.系统工程，2007（2）：1-6.

［111］孙宝文，章宁.供应链伙伴关系及其风险管理［J］.经济管理，2004（10）：57-61.

［112］孙明贵.业态管理原理［M］.北京：北京大学出版社，2004.

［113］孙永波，刘晓敏.电商新趋势下影响网络消费者购买行为因素研究［J］.北京工商大学学报（社会科学版），2014，29（4）：93-101.

［114］谭海波，孟庆国，张楠.信息技术应用中的政府运作机制研究——以J市政府网上行政服务系统建设为例［J］.社会学研究，2015，30（6）：73-98+243-244.

［115］谭劲松，冯飞鹏，徐伟航.产业政策与企业研发投资［J］.会计研究，2017（10）：58-64+97.

［116］陶伟军，文启湘.零售业态的生成与演进：基于知识的分析［J］.当代经济科学，2002（6）：52-57.

［117］田华伟.消费者异质性视角下的中国零售业态发展与演进研究［J］.价格月刊，2018（7）：74-79.

［118］田俊峰，田劲松.消费者策略行为下网上零售产品与物流服务的定价机制［J］.系统管理学报，2016，25（2）：326-332.

［119］王宝义."新零售"的本质、成因及实践动向［J］.中国流通经济，2017，31

（7）：3–11.

［120］王成荣.第四次零售革命：从电商到智能零售［J］.时代经贸，2018（1）：6–13.

［121］王崇，王祥翠.网络环境下基于价值理论的我国消费者购买意愿影响因素研究［J］.数理统计与管理，2011，30（1）：127–135.

［122］王飞跃.平行系统方法与复杂系统的管理和控制［J］.控制与决策，2004（5）：485–489+514.

［123］王福，庞蕊，高化，等.场景如何重构新零售商业模式适配性——伊利集团案例研究［J］.南开管理评论，2021，24（4）：39–52.

［124］王国顺，陈怡然.零售企业实体与网络零售协同下商业模式要素的构成［J］.中南大学学报（社会科学版），2013，19（6）：41–47.

［125］王国顺，杨晨.实体和网络零售下消费者的信任转移与渠道迁徙［J］.中南大学学报（社会科学版），2014，20（4）：9–16.

［126］王汉生.数据思维：从数据分析到商业价值［M］.北京：中国人民大学出版社，2018.

［127］王红春，刘帅，王文治.大数据供应商参与竞争的供应链合作分析［J］.物流技术，2016，35（12）：113–116.

［128］王虹，孙玉玲，石岿然.全渠道零售研究述评与展望［J］.商业经济研究，2018（12）：10–12.

［129］王娟.基于消费者行为的零售业态演进研究［D］.中南大学博士学位论文，2012.

［130］王丽丽.网络视角的消费者信息搜索行为［D］.山东大学博士学位论文，2017.

［131］王卫红.广东零售市场消费者行为变化趋势与零售业发展对策［J］.消费经济，2004（4）：35–39.

［132］王先庆，雷韶辉.新零售环境下人工智能对消费及购物体验的影响研究——基于商业零售变革和人货场体系重构视角［J］.商业经济研究，2018（17）：5–8.

［133］王晓东，万长松，谢莉娟.零售企业数字化转型策略选择——基于转型深度和广度对全要素生产率的影响［J］.中国人民大学学报，2023，37（3）：56–69.

［134］王晓欢，王欣欣，赵庆力，等.考虑消费者"时间偏好"的零售电商平台付费会员定价及信息获取策略［J］.管理工程学报，2024（5）：268–281.

［135］王砚羽，苏欣，谢伟.商业模式采纳与融合："人工智能＋"赋能下的零售企业多案例研究［J］.管理评论，2019，31（7）：186–198.

［136］王元卓，靳小龙，程学旗.网络大数据：现状与展望［J］.计算机学报，2013，36（6）：1125–1138.

［137］王玥.基于全球生产网络视角下的零售供应链升级与转型——以鲜奶和大豆油为例［J］.地理研究，2018（7）：1435–1446.

［138］汪建成，任丽霞.中国零售业的环境指数、业态生命周期与业态变迁［J］.当代经济与管理，2006（3）：38–46.

［139］汪旭晖，徐微笑，王新.智能购物体验对消费者购买意愿的影响研究［J］.消

费经济，2022，38（3）：87-96.

［140］维克托·迈尔—舍恩伯格，肯尼思·库克耶.大数据时代：生活、工作与思维的大变革［M］.盛杨燕，周涛，译.杭州：浙江人民出版社，2013.

［141］卫海英，高庆伟.收入水平与零售业态演变［J］.北京工商大学学报（社会科学版），2009（1）：25-29+69.

［142］文婧.新经济时代下企业人力资源管理的创新及其发展方向分析［J］.中小企业管理与科技（上旬刊），2020（7）：54-55.

［143］吴成霞，赵道致，潘新宇.大数据服务商参与的三级供应链动态合作策略及其比较［J］.控制与决策，2016，31（7）：1169-1177.

［144］吴非，常曦，任晓怡.政府驱动型创新：财政科技支出与企业数字化转型［J］.财政研究，2021（1）：102-115.

［145］伍丽君.网上消费者行为分析［J］.湖北社会科学，2001（12）：19-20.

［146］夏清华，冯颐.传统零售企业线上线下双重商业模式创新的冲突与协同——以苏宁云商为例［J］.经济与管理，2016，30（1）：64-70.

［147］肖志雄.知识距离对知识吸收能力影响的实证研究——以服务外包企业为例［J］.情报科学，2014，32（10）：61-64+69.

［148］谢莉娟，庄逸群.互联网和数字化情境中的零售新机制——马克思流通理论启示与案例分析［J］.财贸经济，2019，40（3）：84-100.

［149］徐少丹.基于多维度视角的零售业态变迁分析——以中国和日本为例［J］.商业经济与管理，2014（10）：15-22.

［150］闫佳和，李红辉，马英，等.多源异构数据融合关键技术与政务大数据治理体系［J］.计算机科学，2024，51（2）：1-14.

［151］晏国祥.消费者行为理论发展脉络［J］.经济问题探索，2008（4）：31-36.

［152］晏维龙.零售营销策略组合及零售业态多样化［J］.财贸经济，2003（6）：83-95.

［153］晏维龙.“零售之轮”理论发展的逻辑与不足［J］.北京工商大学学报（社会科学版），2002（6）：30-34.

［154］鄢章华，刘蕾.“新零售”的概念、研究框架与发展趋势［J］.中国流通经济，2017（10）：12-19.

［155］鄢章华，刘蕾，李倩.区块链体系下平行社会的协同演化［J］.中国科技论坛，2018（6）：50-58.

［156］杨德宏.多渠道零售重在协同［J］.富基商业评论，2012（1）：1-3.

［157］杨晓燕.中国消费者行为研究综述［J］.经济经纬，2003（1）：56-58.

［158］杨宜苗，夏春玉.零售业态适应性的影响因素——以35个连锁零售企业为例［J］.经济管理，2007（19）：70-75.

［159］杨一翁，孙国辉，王毅.消费者愿意采纳推荐吗？——基于信息系统成功—技术接受模型社交网络结构对消费者行为的影响分析［J］.中央财经大学学报，2016（7）：109-117.

［160］尹雪婷.商业模式创新与企业绩效关系的实证研究［D］.吉林大学博士学位论

文，2020.

［161］于文轩，许成委．中国智慧城市建设的技术理性与政治理性——基于147个城市的实证分析［J］.公共管理学报，2016，13（4）：127-138+159-160.

［162］余丽．数智化资源、供应链协同与零售企业商业模式创新［J］.商业经济研究，2024（7）：156-159.

［163］原磊．零售企业的商业模式创新［J］.经济管理，2009，31（3）：75-78.

［164］张楚．基于在线评论数据挖掘的用户消费行为解析与推荐算法设计［D］.浙江工商大学硕士学位论文，2022.

［165］张鸿雁，李程骅．商业业态变迁与消费行为互动关系论——新型商业业态本土化的社会学视角［J］.江海学刊，2004（3）：99-105.

［166］张建军，赵启兰．新零售驱动下流通供应链商业模式转型升级研究［J］.商业经济与管理，2018（11）：5-15.

［167］张宁宁，叶永彪．零售业态演变规律探析——一个以消费者为视角的新阐释［J］.商业经济文萃，2006（2）：86-88.

［168］张省，杨倩．数字技术能力、商业模式创新与企业绩效［J］.科技管理研究，2021，41（10）：144-151.

［169］张艳.O2O零售商业模式：内涵、运行及问题［J］.北京财贸职业学院学报，2014，30（4）：25-29+37.

［170］张艳．中国零售商业模式研究［J］.北京工商大学学报（社会科学版），2013，28（4）：31-37.

［171］张翼成，吕琳媛，周涛．重塑：信息经济的结构［M］.成都：四川人民出版社，2017.

［172］张莹，江若尘，杜克田．不同类型商品间消费者信息处理方式的特征研究［J］.现代管理科学，2009（11）：27-29.

［173］张振刚，张君秋，叶宝升，等．企业数字化转型对商业模式创新的影响［J］.科技进步与对策，2021（8）：1-9.

［174］赵宸宇．进口竞争能否提高企业创新效率？：基于中国企业层面的分析［J］.世界经济研究，2020（1）：121-134+137.

［175］赵伟，白长虹．对当前我国大型零售企业业态变革的思考［J］.中国软科学，2000（2）：33-36.

［176］赵玮，李玉萍．消费者行为视角下零售业态演进的影响因素及发展趋势［J］.商业经济研究，2016（11）：23-24.

［177］赵霞，徐永锋．网络零售能撬动城乡居民消费吗？［J］.商业经济与管理，2021（10）：20-33.

［178］郑福，周祚山．乡村振兴背景下农村电商发展机遇、困境及对策研究［J］.中国商论，2024（7）：29-32.

［179］中西正雄，吴小丁．零售之轮真的在转吗［J］.商讯商业经济文荟，2006（1）：14-19.

［180］周红星，黄送钦．数字化能为创新"赋能"吗——数字化转型对民营企业创新

的影响［J］. 经济学动态，2023（7）：69-90.

［181］周蓉蓉. 我国新零售商业模式的动力机制与升级研究［J］. 管理现代化，2020，40（2）：52-55.

［182］周涛. 为数据而生：大数据创新实践［M］. 杭州：浙江人民出版社，2016.

［183］周霄雪. 下游企业市场扩张与上游企业生产效率 ——跨国零售企业对中国制造企业的影响［J］. 国际贸易问题，2016（11）：76-85.

［184］周彦莉. 消费者决策网络及应用研究［D］. 山东大学博士学位论文，2014.

［185］周永务，李斐. 新零售运营管理面临的问题与挑战［J］. 系统管理学报，2022，31（6）：1041-1055.

［186］周雨薇，吕巍. 人工智能重塑零售行业的底层逻辑：综述及展望［J］. 系统管理学报，2021，30（1）：180-190.

［187］朱光婷，朱自璇. 大数据环境下网络消费者行为研究［J］. 统计与决策，2014，23（12）：59-61.

［188］朱涛. 零售业态演化：基于组织能力视角的理论分析［J］. 商业经济与管理，2009（3）：5-10.

［189］庄华强. 零售业态演化规律的理论探讨［J］. 商业经济与管理，2002（7）：32-34.

［190］Agergaard E, Olsen P A, Allpass J. The Interaction between Retailing and the Urban Centre Structure: A Theory of Spiral Movement［J］. Environment and Planning, 1970（2）: 55-71.

［191］Agrawal A . Investigating the Drivers for Organizational Performance: A Comparative Study of A Private and Public Organization Using Sem［J］. International Journal of Research in Social Sciences, 2019, 9（5）: 489-515.

［192］Ajzen I. From Intentions to Actions: A Theory of Planned Behavior［A］//Kuhl J, Beckmann J. Action Control［C］. Berlin Heidelberg: Springer, 1985: 11-39.

［193］Akerlof G A. The Market for "Lemons": Quality Uncertainty and the Market Mechanism ［J］. The Quarterly Journal of Economics, 1970（8）: 488-500.

［194］Albrecht E, Tawfik J. The Converging Business Models of Internet and Bricks-and-mortar retailers［J］. European Management Journal, 2000（5）: 542-550.

［195］Alderson W. Marketing Behavior and Executive Action［J］. Southern Economic Journal, 1957, 25（1）.

［196］Aldserson W. Marketing Behavior and Executive Action［M］. Illinois: Richard D. Irwin Inc., 1957.

［197］Ali W S, Sudan S. Influence of Cultural Factors on Impulse Buying Tendency: A Study of Indian Consumers［J］. Vision: The Journal of Business Perspective, 2018, 22（1）: 68-77.

［198］Alina S, Ruud T, Jagdip S, et al. Innovations in Retail Business Models［J］. Journal of Retailing, 2011（87）: S3-S16.

［199］Amit R, Zott C. Value Creation in E-business［J］. Strategic Management Journal, 2001, 22（6）: 493-520.

［200］Andrew S, Leigh S. "It's Nice to Get A Wee Treat If You've Had A Bad Week":

Consumer Motivations in Retail Loyalty Scheme Points Redemption [J]. Journal of Business Research, 2008, 62（5）: 542–547.

［201］Antia K D, Frazier G L. The Severity of Contract Enforcement in Inter–firm Channel Relationships［J］. Journal of Marketing, 2001, 65（4）: 67–81.

［202］Armstrong M. Wright "Two–sided Markets, Competitive Bottlenecks and Exclusive Contracts"［J］. Economic Theory, 2007（32）: 353–380.

［203］Awa H O, Ojiabo O U. A Model of Adoption Determinants of ERP within TOE Framework［J］. Information Technology & People, 2016, 29（4）: 901–930.

［204］Babai M Z, Dallery Y, Boubaker S, et al. A New Method to Forecast Intermittent Demand in the Presence of Inventory Obsolescence［J］. International Journal of Production Economics, 2018（209）: 30–41.

［205］Bahemia H, Squire B, Cousins P. A Multi–dimensional Approach for Managing Open Innovation in NPD［J］. International Journal of Operations and Production Management, 2017, 37（10）: 1366–1385.

［206］Beck N, Rygl D. Categorization of Multiple Channel Retailing in Multi, Cross, and Omni–channel Retailing for Retailers and Retailing［J］. Journal of Retailing and Consumer Services, 2015（27）: 170–178.

［207］Beem E R, Oxenfeldt A R. A Diversity Theory for Market Processes in Food Retailing［J］. Journal of Farm Economics, 1966（8）: 69–95.

［208］Berman B, Thelen, S. A Guide to Developing and Managing a Well–integrated Multi–channel Retail Strategy［J］. International Journal of Retail & Distribution Management, 2004, 32,（3）: 147–156.

［209］Bharadwaj A, Sawy O A E, Pavlou P. A Digital Business Strategy: Toward a Next Generation of Insighs［J］. MIS Quarterly, 2013, 37（2）: 471–482.

［210］Blodgett J, Hill D J, Tax X X. The Effect of Distributive, Procedural, and Interactional Justice on Postcomplaint Behavior［J］. Journal of Retailing, 1997, 73（2）: 185–210.

［211］Bonetti F, Montecchi M, Plangger K, et al. Practice Co–evolution: Collaboratively Embedding Artificial Intelligence in Retail Practices［J］. Journal of the Academy of Marketing Science, 2022, 51（4）: 21–22.

［212］Boston Consulting Group The Chinese Digital Consumer in a Multichannel World［R］. 2014.

［213］Brand E A. Modern supermarket operation［M］. New York: Fairchild Publications, 1963.

［214］Brown S. Institutional Change in Retailing: A Review and Synthesis［J］European Journal of Marketing, 1987（6）: 5–36.

［215］Brown S. The Wheel of the Wheel of Retailing［J］. International Journal of Retailing, 1998（3）: 16–37.

［216］Burdin T. Omni–channel Retailing: the Brick, Click and Mobile Revolution［EB/OL］.（2013–01–05）, http://www.cegid.com/retail.

［217］Burt-Ronald S. Structural Holes［M］. Massachusetts: Harvard University Press, 1992.

［218］Cao L L. Artificial Intelligence in Retail: Applications and Value Creation Logics［J］. International Journal of Retail & Amp; Distribution Management, 2021, 49（7）: 958-976.

［219］Caroline Heins. Artificial Intelligence in Retail Asystematic Literature Review［J］, Foresight: The Journal of Futures Studies Strategic Thinking and Policy, 2023, 25（2）: 264-286.

［220］Céline J, Nicolas G, Angélique M, et al. Retail Salespeople's Mimicry of Customers: Effects on Consumer Behavior［J］. Journal of Retailing and Consumer Services, 2010, 18（5）: 381-388.

［221］Cenamor J, Frishammar J. Openness in Platform Ecosystems: Innovation Strategies for Complementary Products［J］. Research Policy, 2021, 50（1）: 104-148.

［222］Chatterjee P, Kumar A. Consumer Willingness to Pay Across Retail Channels［J］. Journal of Retailing and Consumer Services, 2017（1）: 264-270.

［223］Chatterjee P. Multiple-channel and Cross-channel Shopping Behavior: Role of Consumer Shopping Orientations［J］. Marketing Intelligence and Planning, 2010（1）: 9-24.

［224］Chau, K., Tam. Y. Factors Affecting the Adoption of Open Systems: An Exploratory Study［J］. MIS Quarterly, 1997, 21（1）: 1-24.

［225］Chen C L, Lin Y C, Chen W H. Role of Government to Enhance Digital Transformation in Small Service Business［J］. Sustainability, 2021, 13（3）: 1028.

［226］Chesbrough H, Rosenbloom R S. The Role of the Business Model in Capturing Value from Innovation: Evidence from Xerox Corporation's Technology Spin-off Companies［J］. Industrial and Corporate Change, 2002, 11（3）: 529-555.

［227］Childs M, Blanchflower T, Hur S, et al. Non-traditional Marketplaces in the Retail Apocalypse: Investigating Consumers' Buying Behaviours［J］. International Journal of Retail & Distribution Management, 2020, 48（3）: 262-286.

［228］Ciro T, Vincenzo C, Abby G, et al. How can SMEs Successfully Navigate VUCA Environment: The Role of Agility in the Digital Transformation Era［J］. Technological Forecasting Social Change, 2022: 174.

［229］Claes F, David F, Larcker. Evaluating Structural Equation Models with Unobservable Variables and Measurement Error［J］. Journal of Marketing Research, 1981, 18（1）: 39-50.

［230］Clark L H. Consumer Behavior（Volume Ⅱ）: The Life Cycle and Consumer Behavior［M］. New York: New York University Press, 1955.

［231］Court D, Elzinga D, Mulder S, et al. The Consumer Decision Journey［J］. Mc Kinsey Quarterly, 2009, 3（3）: 1-11.

［232］Damon C. The Spread of Behavior in an Online Social Network Experiment［J］. Science, 2010, 329（5）: 1194-1197.

［233］Deiderick T E, Dodge H R. The Wheel of Retailing Rotates and Moves［R］. Carbondale: Proceedings Southern Marketing Association, 1983.

［234］Dmitry A, Susan A, et al. Synthetic Difference-in-differences［J］. American Economic Review, 2021, 111（12）: 4088-4118.

［235］Dreesmann A C R. Patterns of Evolution in Retailing［J］. Journal of Retailing, 1968, 44（1）: 64–81.

［236］Edelman D C. Branding in the Digital Age［J］. Harvard Business Review, 2010, 88（12）: 62–69.

［237］Engel J F, Kollat D T, Blackwell R D. Consumer Behavior［M］. New York: Holt, Rinehart & Winston, 1968.

［238］Engel K, Cortra E, Klebwell C. Consumer Decision Process in Restaurant Selection: An Application of the Stylized EKB Model［J］. Market–Trziste, 1968（10）: 173–190.

［239］Engle D, Kollat T, Blackwell R D. Comsumer Behavior（7th ed）［M］. Olando: Florido Dryden Press, 1993.

［240］Erkmen E, Hancer M. Linking Brand Commitment and Brand Citizenship Behaviors of Airline Employees: "The role of trust"［J］. Journal of Air Transport Management, 2015（42）: 47–54.

［241］Evans J S, Over D E, Manktelow K I. Reasoning, Decision Making and Rationality［J］. Cognition, 1993, 49（1–2）: 165–87.

［242］Evanschitzky H, Goergen M. Looking Forward, Looking Back: British.［J］. British Journal of Management. Br J Manag, 2018, 29（1）: 3–9.

［243］Filho J, Morais D C. Group Decision Model based on Ordered Weighted Distance to Aid Decisions on Logistics［J］. International Journal of Uncertainty Fuzziness and Knowledge–Based Systems, 2018, 26（2）: 233–254.

［244］Fink S L, Beak J, Taddeo K. Organizational Crisis and Change［J］. The Journal of Applied Behavioral Science, 1971, 7（1）, 15–37.

［245］Fiss P C. Building Better Causal Theories: A Fuzzy Set Approach to Typologies in Organization Research［J］. Academy of Management Journal, 2011, 54（2）: 393–420.

［246］Francesca B, Eleonora P, Gary W, et al. Augmenting Reality: Fusing Consumers' Experiences and Interactions with Immersive Technologies in Physical Retail Settings［J］. International Journal of Technology Marketing, 2019, 13（3）.

［247］Fulgoni G M. Omni–channel Retail Insights and the Consumer's Path–to–purchase: How Digital Has Transformed the Way People Make Purchasing Decisions［J］. Journal of Advertising Research, 2014（4）: 377–380.

［248］Gabriele P, Daniele S, Marco P, et al. Virtual Reality, Real Reactions?: Comparing Consumers' Perceptions and Shopping Orientation Across Physical and Virtual–reality Retail Stores［J］. Computers in Human Behavior, 2019（96）: 1–12.

［249］Georgiadis G, Tang C S. Project Contracting Strategies for Managing Team Dynamics. Handbook of Information Exchange in Supply Chain Management［M］. Berlin: Springer, 2017.

［250］Gholamian M R, Taghanzadeh A H. Integrated Network Design of Wheat Supply Chain: A Real Case of Iran［J］. Comput Electron Agric, 2017（140）: 139–147.

［251］GIST R. Retailing: Concepts and Decisions［M］. NewYork: John WILey & Sons, 1968.

［252］Gist. Front Matter［J］. Journal of Marketing Research, 1971, 8（1）: 1–19.

［253］Giuffrida M, Mangiaracina R, Perego A, et al. Cross Border B2C E-commerce to Greater China and the Role of logistics: A Literature Review. [J]. Physical Distribution & Logistic Management, 2017, 47 (6): 772-795.

［254］Govindan K, Soleimani H, Kannan D. Reverse Logistics and Closed-loop Supply Chain: A Comprehensive Review to Explore the Future. European Journal of Operational Research, 2015, 240 (3): 603-626.

［255］Granovetter M. Economic Action and Social Structure: the Problem of Embeddedness [J]. Journal of Economic Sociology, 2002, 3 (3): 44-58.

［256］Gregory V. Understanding Digital Transformation: A Review and A Research Agenda [J]. Journal of Strategic Information Systems, 2019, 28 (2): 118-144.

［257］Grewal D, Roggeveen A, Runyan R C. Retailing in Connected World [J]. Journal of Marketing Management, 2013, 29 (3-4): 263-270.

［258］Grimmelikhuijsen S G, Feeney M K. Developing and Testing an Integrative Framework for Open Government Adoption in Local Governments [J]. Public Administration Review, 2017, 77 (4): 579-590.

［259］Guo Y. Modeling and Simulation of Logistics Integration of Electronic Commerce Online Shopping Platform [C]. Proceedings of the Tenth International Conference on Management Science and Engineering Management, Springer, Singapore, 2017: 165-178.

［260］Hansen R, Sia S. K. Hummel's Digital Transformation toward Omni channel Retailing: Key Lessons Learned [J]. MIS Quarterly Executive, 2015 (2): 51-66.

［261］Haubl G, Trifts V. Consumer Decision Making in Online Shopping Environments: The Effects of Interactive Decision Aids [J]. Marketing Science, 2000, 19 (1): 4-21.

［262］He X, Deng K, Wang X, et al. Lightgcn: Simplifying and Powering Graph Convolution Network for Recommendation [C]. Proceedings of the 43rd International ACM SIGIR Conference on Research and Development in Information Retrieval, 2020: 639-648.

［263］Henry C. Business Model Innovation: It's Not Just about Technology Anymore [J]. Strategy & Leadership, 2007, 35 (6): 12-17.

［264］Hess T, Matt C, Benlian A. Options for Formulating A Digital Transformation Strategy [J]. MIS Quarterly Executive, 2016, 15 (2): 36-52.

［265］Hirschman E C. Humanistic Inquiry in Marketing Research: Philosophy, Method, and Criteria [J]. Journal of Marketing Research, 1986, 23 (3): 237-249.

［266］Hofmann E, Marco R. Industry 4.0 and the Current Status as well as Future Prospects on Logistics [J]. Computers of Industry, 2017, 89: 23-34.

［267］Hollander S C. The Wheel of Retailing [J]. Journal of Marketing, 1960 (25): 37-42.

［268］Howard J A, Sheth J N. The Theory of Buyer Behavior [M]. New York: John Wiley and Sons, 1969.

［269］Hu Z, Dong Y, Wang K, et al. Gpt-gnn: Generative Pre-training of Graph Neural Networks [C]. Proceedings of the 26th ACM SIGKDD International Conference on Knowledge Discovery & Data Mining, 2020: 1857-1867.

［270］Huang C F. Evaluation of System Reliability for A Stochastic Delivery–flow Distribution Network with Inventory［J］. Annals of Operations Research, 2019, 277（4）: 1–13.

［271］Hudson L A, Ozanne J L. Alternative Ways of Seeking Knowledge in Consumer Research［J］. Journal of Consumer Research, 1998, 14（4）: 508–521.

［272］Hue T T. The Determinants of Innovation in Vietnamese Manufacturing Firms: An Empirical Analysis Using A Technology–organization–environment Framework［J］. Eurasian Business Review, 2019, 9（3）: 247–267.

［273］Hui Z, Gengui Z. Spatial Agglomeration Evolution and Influencing Factors of Logistics Enterprises in International Inland Port: A Case Study of Yiwu City［J］. Economic Geography, 2017, 37（2）: 98–105.

［274］Hultin, N. Legacies, Logics, Logistics: Essays in the Anthropology of the Platform Economy by Jane I［C］. Guyer Chicago, University of Chicago Press, 2016.

［275］Jason M, Carpenter, M. US Consumers' Perceptions of Non–price Retail Promotions ［J］. International Journal of Retail & Distribution Management, 2008, 36（2）: 111–123.

［276］Jing F, Lan Z. Forecast Horizon of Multi–item Dynamic Lot Size Model with Perishable Inventory［J］. Public Library of Science ONE , 2017, 12（11）: 187.

［277］John Maynard Keynes. A Treatise on Probability［M］. London: Macmillan, 1921.

［278］Junpeng Y, Chongjian L., Xiao C. et al. The Application of the Integrated Medical Logistics Intelligent Integration System in A Hospital［J］. China Journal of Pharmaceutical Economics, 2017, 1（4）: 177–197.

［279］Kahneman D, Tversky A. Prospect Theory: An Analysis of Decision under Risk［J］. Econometrica, 1979, 47（2）: 263–291.

［280］Kani M. Determinants of Demand for Technology in Relationships with Complementary Assets among Japanese Firms［J］. China Economic Journal, 2017, 10（2）: 244–262.

［281］Karimi W. The Role of Dynamic Capabilities in Responding to Digital Disruption: A Factor–based Study of the Newspaper Industry［J］. Journal of Management Information Systems, 2015, 32（1）: 39–81.

［282］Kaynak E, Cavusgil S T. The Evolution of Food Retailing Systems: Contrasting the Experience of Developed and Developing Countries［J］. JAMS, 1982（10）: 249–268.

［283］Kergroach S. Giving Momentum to SME Digitalization［J］. Journal of the International Council for Small Business, 2020, 1（1）: 28–31.

［284］Kim H Y, Lee J Y, Mun J M, et al. Consumer Adoption of Smart In–store Technology: Assessing the Predictive Value of Attitude Versus Beliefs in the Technology Acceptance Model ［J］. International Journal of Fashion Design, Technology and Education, 2016: 1–11.

［285］Kim O, Elsamari B, Jeandri R, et al. Artificial Intelligence in Retail: The AI–enabled Value Chain［J］. Australasian Marketing Journal, 2020（29）: 264–273.

［286］Kim S H, Cohen M A, Netessine S. Reliability or Inventory? An Analysis of Performance–based Contracts for Product Support Services. Handbook of Information Exchange in Supply Chain Management［J］. Handbook of Information Exchange in Supply Chain Management.

［287］Kim Y K, Park S H, Pookulangara S. Effects of Multi-channel Consumers' Perceived Retail Attributes on Purchase Intentions of clothing Products［J］. Journal of Marketing Channels, 2005, 12（4）: 23–43.

［288］Kipf T N, Welling M. Variational Graph Auto-encoders［J］. arXiv: 2016, 16（11）: 308.

［289］Kolben K. Dialogic Labor Regulation in the Global Supply Chain［J］. Michigan Journal of International Law, 2014（36）: 4–25.

［290］Koopsman T C. Three Essays on the State of Economic Science［J］.Outstanding Academic Works of Economics, 1957.

［291］Kusum L A, Bari A H. Findings—Retailer Promotion Pass-Through: A Measure, Its Magnitude, and Its Determinants［J］. Marketing Science, 2009, 28（4）: 782–791.

［292］Lawson R. Consumer Behavior［A］//Baker M J, Saren M. Marketing Theory: A Student Text［C］. London: SAGE, 2010（264）: 269–270.

［293］Leggatt H. Have you Met the Omni-channel Shoppers［J］. Biz Report, 2009（39）.

［294］Li M. Research on the Mechanism and Influence Factors of Urban Style Building based on Cloud Computing Logistics Information［J］. Clust Computing, 2018（2）: 1–8.

［295］Liu P, Yi S P. Pricing Policies of Green Supply Chain Considering Targeted Advertising and Product Green Degree in the Big Data Environment［J］. Journal of Cleaner Production, 2017（164）: 1614–1622.

［296］Lu W. A Cost-benefit Analysis of Construction and Demolition Waste Management throughout the Waste Chain［C］. Regional 3R Forum in Asia and the Pacific. United Nations, 2015.

［297］Lucas R E, Prescott E C. Investment under Uncertainty［J］. Econometrica, 1971, 39（5）: 659–681.

［298］Lucas R E, Stokey N. Optimal Fiscal and Monetary Policy in an Economy without Capital［J］. Journal of Monetary Economics, 1983, 12（1）: 55–93.

［299］Luisa A, Enriqué B, Ruben C, et al. How does the Perceived Retail Environment Influence Consumers' Emotional Experience? Evidence from Two Retail Settings［J］. The International Review of Retail, Distribution and Consumer Research, 2006, 16（5）: 559–578.

［300］Luo T, Yu J. Friends along Supply Chain and Relationship Specific Investments［J］. Review of Quantitative Finance and Accounting, 2019, 53（3）: 895–931.

［301］M, Desouza. Implementing Open Innovation in the Public Sector: The Case of Challenge. gov［J］. Public Administration Review, 2013, 73（6）: 882–890.

［302］Mac Neil M K, Sherif M. Norm Change Over Subject Generations as A Function of Arbitrariness of Prescribed Norms［J］. Journal of Personality and Social Psychology, 1976, 34（5）: 762–773.

［303］Markin R J, Duncan C P. The Transformation of Retailing Institutions: Beyond the Wheel of Retailing and Life Cycle Theories［J］. Journal of Macromarketing, 1981（1）: 58–66.

［304］Mårtenson R. Future Competition in A Cross-cultural Environment［J］. European

Management Journal, 1986 (4): 171–175.

[305] Martenson. The Transformation of Retailing Institutions: Beyond the Wheel of Retailing and Life Cycle Theories [J]. Journal of Macromarketing, 1981 (1): 58–66.

[306] Mayo M C, Brown G S. Building a Competitive Business Model [J]. Ivey Business Quarterly, 1999, 63 (3): 211–217.

[307] Mc Nair M P. Significant Trends and Developments in the Postwar Period [A] // SMITH A B. Competitive Distribution in a High–level Economy and Its Implications for the University [C]. Pittsburgh: University of Pittsburgh Press, 1958.

[308] Mc Nair M P. Signification Trends and Development in the Post–War Period [M]. Pittsburgh: University of Pittsburgh Press, 1958.

[309] Mikalef P, Pateli A. Information Technology–enabled Dynamic Capabilities and Their Indirect Effect on Competitive Performance: Findings from PLS–SEM and fsQCA [J]. Journal of Business Research, 2017: 701–716.

[310] Milan J, Niklas A, Giovanni M, et al. Transitions towards Omni–channel Retailing Strategies: A Business Model Perspective [J]. International Journal of Retail & Distribution Management, 2019, 47 (2): 78–93.

[311] Moghaddam S H A, Mokhtarzade M, Beirami B A. A Feature Extraction Method based on Spectral Segmentation and Integration of Hyperspectral Images [J]. International Journal of Applied Earth Observation and Geoinformation, 2020 (89): 102.

[312] Morris M, Schindehutte M, Allen J. The Entrepreneur's Business Model: Toward a Unified Perspective [J]. Journal of Business Research, 2005, 58 (6): 726–735.

[313] Mostaghel R, Oghazi P, Parida V, et al. Digitalization Driven Retail Business Model Innovation: Evaluation of Past and Avenues for Future Research Trends [J]. Journal of Business Research, 2022, 146 (1): 134–145.

[314] Nam–Kyu P, Cheryl A. Retail Store Lighting for Elderly Consumers: An Experimental Approach [J]. Family and Consumer Sciences Research Journal, 2007, 35 (4): 316–337.

[315] Negroponte, Nicholas. Being Digital [M]. New York: Alfred Press, 1995.

[316] Neslin A, Grewal D, Leghorn R. Challenges and Opportunities in Multichannel Customer Management [J]. Journal of Service Research, 2006, 9 (2): 95–112.

[317] Nielsen O. Developments in retailing. In M. K. Hansen (2Ed.), Readings in Danish theory of marketing [M]. Amsterdam: North Holland Publishing Company, 1966.

[318] OECD, 2021, The Digital Transformation of SMEs [EB/OL]. https://read.oecd-ilibrary.org/industryand–services/the–digital–transformation–of–smes_ bdb9256a–en#page2.

[319] OECD. Financing SMEs and Entrepreneurs 2019: An OECD Scoreboard [R]. Éditions OCDE, OECD Publishing, 2019–04–12.

[320] Oliveir T, Martins M F. Literature Review of Information Technology Adoption Models at Firm Level [J]. Electronic Journal of Information Systems Evaluation, 2011, 14 (2): 312–323.

[321] Oster E. Unobservable Selection and Coefficient Stability: Theory and Evidence [J]. Journal of Business & Economic Statistics, 2019, 37 (2): 187–204.

［322］Osterwalder, Yves Pigneur, Christopher L. Clarifying Business Models: Origins, Present, and Future of the Concept［J］Communications of the Association for Information Systems, 2005（16）: 1–25.

［323］P. H. 林赛，诺曼. 人的信息加工［M］. 北京：科学出版社，1987.

［324］Pantano E, Priporas C V. The Effect of Mobile Retailing on Consumers' Purchasing Experiences: A Dynamic Perspective［J］. Computers in Human Behavior, 2016, 61（1）: 548–555.

［325］Pantano E, Timmermans H. What is Smart for Retailing?［J］. Environmental Sciences, 2014, 22（11）: 101–107.

［326］Pantano E, Viassone M. Engaging Consumers on New Integrated Multichannel Retail Settings: Challenges for Retailers［J］. Journal of Retailing and Consumer Services, 2015（25）: 106–114.

［327］Paul W B, David R F. The Effects of Interactivity and Product Information on Consumers' Emotional Responses to an Online Retail Setting［J］. Journal of Internet Marketing and Advertising, 2009, 5（4）: 260–271.

［328］Perboli G, Rosano M, Saint-Guillain M, et al. A Simulation Optimization Framework for City Logistics. An Application on Multimodal Last-mile Delivery［J］. IEEE Transactions on Intelligent Transportation Systems, 2018, 12（4）: 262–269.

［329］Philipp Schmitt, Bernd Skiera, Christophe Van den Bulte. Why Customer Referrals Can Drive Stunning Profits［J］. Harvard Business Review, 2011, 89（6）: 30–30.

［330］Pierre M L, Mark S. The Retail Revolution［J］. Management Review, 1999（8）: 38–44.

［331］Pillarisetty R, Mishra P. A Review of AI（Artificial Intelligence）Tools and Customer Experience in Online Fashion Retail［J］. International Journal of E-Business Research, 2022, 18（2）: 1–12.

［332］Preston D S, Chen D Q, Swink M, et al. Generating Supplier Benefits through Buyer-enabled Knowledge Enrichment: A Social Capital Perspective［J］. Decision Science, 2017, 48（2）: 248–287.

［333］Proksch D, Rosin A F, Stubner S. The Influence of a Digital Strategy on the Digitalization of New Ventures: The Mediating Effect of Digital Capabilities and a Digital Culture［J］. Journal of Small Business Management, 2021, 3（6）: 1–29.

［334］Rafay I, Jessica D, Brian G. Adapting the Retail Business Model to Omni channel Strategy: A Supply Chain Management Perspective［J］. Journal of Business Logistics, 2023, 45（1）.

［335］Regan W J. The States of Retail Development［M］. Illinoise: Home Wood, 1964.

［336］Reitsma E, Hilletofth P, Mukhtar U. Enterprise Resource Planning System Implementation: A User Perspective［J］. Operations and Supply Chain Management, 2018, 11（3）: 110–117.

［337］Renko M, Tarabishy E A, Carsrud L A, et al. Understanding and Measuring Entrepreneurial Leadership Style［J］. Journal of Small Business Management, 2015, 53（1）: 54–74.

［338］Rigby D. The Future of Shopping［J］. Harvard Business Review, 2011（12）: 64–75.

［339］Rochet J, Tirole J. Platform Competition in Markets［J］. Journal of the European Economic Association, 2003, 1（4）: 990–1029.

［340］Rola R. ISO 14001 Certification a Step Ahead Towards Implementation of Green Supply Chain Management Practices in Chemical Industries［J］. Kvant Electron, 2016, 17（19）: 399–401.

［341］Rosenbloom B, Schiffman L G. Retailing Theory: Perspectives and Approaches［M］. Chicago: American Marketing Association, 1981.

［342］Roth V J, Klein S. A Theory of Retail Change［J］. The International Review of Retail, Distribution and Consumer Research, 1993（3）: 167–183.

［343］Rothschild M, Stiglitz. Equilibrium in Competitive Insurance Markets: An Essay on the Economics of Imperfect Information［J］. The Quarterly Journal of Economics, 1976, 90（4）: 629–649.

［344］Ryan K, Neil H. Consumer Perceptions of Business-to-Consumer Relationships in Electronic Retail Environments: A Means-end Chain Approach［J］. Journal of Relationship Marketing, 2008, 7（1）: 5–27.

［345］Santén V. Towards More Efficient Logistics: Increasing Load Factor in A Shipper's Road Transport［J］. The International Journal of Logistics Management, 2017, 28（2）: 228–250.

［346］Sara Ba S, Muhammad B S, Yasar A, et al. Interaction of Robot with Humans by Communicating Simulated Emotional States through Expressive Movements［J］. Intelligent Service Robotics, 2016, 9（3）: 231–255.

［347］Scarselli F, Gori M, Tsoi A C, et al. The Graph Neural Network Model［J］. IEEE Transactions on Neural Networks, 2008, 20（1）: 61–80.

［348］Schary P B. Changing Aspects of Channel Structure in America［J］. European Journal of Marketing, 1970, 4（3）: 133–145.

［349］Schiffman L G, Kanuk L. Consumer Behavior（7th Ed）［M］. Colorado: Vibrant Publishers, 1999.

［350］Schramm-Klein H, Wagner G, Steinmann S, et al. Cross-channel Integration-is it Valued by Customers?［J］. The International Review of Retail, Distribution and Consumer Research, 2011（5）: 501–511.

［351］Shannonce A. A Mathematical Theory of Communication［J］. The Bell System Technical Journal, 1948, 27: 379–423+623–656.

［352］Singh A, Rakesh K S. Emerging Third Generation Private Label Brands: Retailers' and Consumers' Perspectives towards Leading Indian Retail Chains［J］. International Journal of Business and Emerging Markets, 2020.

［353］Sirgy J M. Self-concept in Consumer Behavior: A Critical Review［J］. Journal of Consumer Research, 1982, 9（3）: 287–300.

［354］Skinner R, Bryant T, Glenn R. Examining the Impact of Reverse Logistics Disposition Strategies［J］. International Journal of Physical Distribution and Logistics Management, 2008, 38

（7）：518-539.

［355］Slywotzky A J, Value Migration: How to Think Several Moves ahead of the Competition ［M］. Massachusetts: Harvard Business School Press, 1996.

［356］Smith V L. Economics in the Laboratory［J］. Journal of Economic Perspectives, 1994, 8（1）：113-131.

［357］Song C, Lin Y, Guo S, et al. Spatial-temporal Synchronous Graph Convolutional Networks: A New Framework for Spatial-temporal Network Data Forecasting［C］. Proceedings of the AAAI Conference on Artificial Intelligence, 2020, 34（1）：914-921.

［358］Spence M l. Job Market Signaling［J］. The Quarterly Journal of Economics, 1973（87）：355-374.

［359］Staniek M, Sierpi nski G. Smart Platform for Support Issues at the First and Last Mile in the Supply Chain: The Concept of the Smile Project［J］. Transport/Politechnika Slaska, 2014（92）：141-148.

［360］Stepen C. The Real Value of "E-businessmodels"［J］. Business Horizons, 2003: 27-33.

［361］Steven W, Rayburn, K E. A Model of Consumer's Retail Atmosphere Perceptions［J］. Journal of Retailing and Consumer Services, 2013, 20（4）：400-407.

［362］Stewart D, Zhao Q. Internet Marketing, Business Models, and Public Policy［J］. Journal of Public Policy & Marketing, 2000, 19（2）：287-296.

［363］Sumets A. Specific Aspects of Logistics Enterprises in the Fat-and-oil Industry［J］. Agricultural and Resource Economics, 2017（3）：37-44.

［364］T. 维伯伦，有闲阶级论：关于制度的经济研究，［M］.北京：商务印书馆，1964.

［365］Taha A, Hachimi M, Moudden A. A Discrete Bat Algorithm for the Vehicle Routing Problem with Time Windows［A］//2017 International Colloquium on Logistics and Supply Chain Management［C］. IEEE Transactions on Intelligent Transportation Systems, 2017: 65-70.

［366］Tan K H, Ali M H, Makhbul Z M, et al. The Impact of External Integration on Halal Food Integrity［J］. Supply Chain Management, 2017, 22（2）：158-164.

［367］Teece D J. Business Models and Dynamic Capabilities［J］. Long Range Planning, 2018, 51（1）：40-49.

［368］Tichy N M, Tushman M L, Fumbrun C. Social Network Analysis for Organizationg［J］. The Academy of Management, 1979, 4（4）：507-519.

［369］Tornatzky L G, Fleischer M. The Processes of Technological Innovation, Lexington ［M］. Massachusetts: Lexington Books, 1990.

［370］Trusov M, Bucklin R E, Pauwels K. Effects of Word-of-mouth Versus Traditional Marketing: Findings from an Internet Social Networking Site［J］. Journal of Marketing, 2009, 73（5）：90-102.

［371］Turkulainen V, Swink M L. Supply Chain Personnel as Knowledge Resources for Innovation: A Contingency View［J］. Supply Chain Management, 2017, 53（3）：41-59.

［372］Urst A, Leimbach M, Prigge K. Organizational Multichannel Differentiation: An

Analysis of Its Impact on Channel Relationships and Company Sales Success [J]. Journal of Marketing, 2017, 81 (1): 59–82.

[373] Vanderroost M, Ragaert P, Verwaeren J, et al. The Digitization of A Food Package's Life Cycle: Existing and Emerging Computer Systems in the Pre-logistics Phase [J]. Computers in Industry, 2017, 87 (C): 15–30.

[374] Varma A, Bhalotia K, Gambhir K. Innovating for Competitive Advantage: Managerial Risk-taking Ability Counterbalances Management Controls [J]. Journal of Management and Governance, 2020, 24 (4): 389–409.

[375] Veličković P, Cucurull G, Casanova A, et al. Graph Attention Networks [J]. arXiv, 2017, 17 (10): 10903.

[376] Verhoef C, Kannan K, Inman J. From Multi-channel Retailing to Omni-channel Retailing: Introduction to the Special Issue on Multi-channel Retailing [J]. Journal of Retailing, 2015, 91 (2): 174–181.

[377] Verhoef P C, Venkatesan R, McAlister L, et al. CRM in Data-rich Multichannel Retailing Environments: A Review and Future Research Directions [J]. Journal of Interactive Marketing, 2010, 24 (2): 121–137.

[378] Verhoef P C., Broekhuizen T, Bart Y, et al. Digital Transformation: A Multi-disciplinary Reflection And research Agenda [J]. Journal of Business Research, 2021, 122 (1): 889–901.

[379] Věželis P, Gopal G. Adoption of Artificial Intelligence Tools by Retail Organisations [J]. Journal of Supply Chain Management, Logistics and Procurement, 2024, 6 (3): 232–245.

[380] Vial G. Understanding Digital Transformation: A Review and A Research Agenda [J]. Journal of Strategic Information Systems, 2019, 28 (2): 118–144.

[381] Vincent-Wayne M, Greg H. The Importance of Consumers' Perceived Risk in Retail Strategy [J]. European Journal of Marketing, 2005, 39 (7): 821–837.

[382] Voropanova E. Conceptualizing Smart Shopping with A Smartphone: Implications of the Use of Mobile Devices for Shopping Productivity and Value. The International Review of Retail [J]. Distribution and Consumer Research, 2015, 25 (5): 529–550.

[383] Walker R M. Internal and External Antecedents of Process Innovation: A Review and Extension [J]. Public Management Review, 2014, 16 (1): 21–44.

[384] Wang J, Wang J Q, Tian Z P, et al. A Multihesitant Fuzzy Linguistic Multicriteria Decision-making Approach for Logistics Outsourcing with Incomplete Weight Information [J]. International Transactions in Operational Research, 2018, 25 (3): 831–856.

[385] Wang K, Liang Y, Zhao L. Multi-stage Emergency Medicine Logistics System Optimization based on Survival Probability [J]. Frontiers of Engineering Management, 2017, 4 (2): 221–228.

[386] Wang X, He X, Wang M, et al. Neural Graph Collaborative Filtering [C]. Proceedings of the 42nd International ACM SIGIR Conference on Research and Development in Information Retrieval, 2019: 165–174.

［387］Wang Y, Assogba K, Liu Y, et al. Two-echelon Location Routing Optimization with Time Windows based on Customer Clustering［J］. Expert Systems with Applications 2018（104）: 244–260.

［388］Weill P, M. Vitale R. Place to Space: Migrating to Ebusiness Models［M］. Massachusetts Harvard Business School, 2001.

［389］Wiesböck F, Hess T, Spanjol J. The Dual Role of IT Capabilities in the Development of Digital Products and Services［J］. Information & Management, 2020, 57（8）: 103.

［390］Wilson C. Insurance Markets with Incomplete Information［J］. Journal of Economic Theory, 1977, 16（2）: 167–207.

［391］Wu G, Siew C K. Integrated Production and Transportation Scheduling in Supply Chain Optimisation［J］. Recent Advances in Simulated Evolution and Learning, 2004: 406–425.

［392］Yadav M S, Pavlou P A. Marketing in Computer-mediated Environments: Research Synthesis and New Directions［J］. Journal of Marketing, 2014, 78（1）: 20–40.

［393］Yang X, Hao W, Lu Y. Inventory Slack Routing Application in Emergency Logistics and Relief Distributions［J］. Public Library of Science ONE, 2018, 13（6）: 198.

［394］Yao L, Mao C, Luo Y. Graph Convolutional Networks for Text Classification［C］. Proceedings of the AAAI Conference on Artificial Intelligence, 2019, 33（1）: 7370–7377.

［395］Yu K, Cadeaux J, Song H. Flexibility and Quality in Logistics and Relationships［J］. Industrial Marketing Management, 2017, 62（3）: 211–225.

［396］Yvonne H. Developing a Generic Retail Business Model: A Qualitative Comparative Study［J］. International Journal of Retail & Distribution Management, 2019, 47（10）: 1029–1056.

［397］Zhalechian M, Tavakkoli-Moghaddam R, Rahimi Y, et al. An Interactive Possibilistic Programming Approach for a Multiobjective Hub Location Problem: Economic and Environmental Design［J］. Applied Soft Computing, 2017, 52: 699–713.

［398］Zhang N, Zhao X, Zhang Z, et al. What Factors Drive Open Innovation in China's Public Sector? A Case Study of Official Document Exchange Via Microblogging（ODEM）in Haining［J］. Government Information Quarterly, 2017, 34（1）: 126–133.

［399］Zijm H, Klumpp M, Clausen U, et al. Logistics and Supply Chain Innovation［M］. Berlin: Springer, 2015.

附录1　消费者决策行为调查问卷

首先非常感谢您在百忙之中抽出宝贵时间填写这份问卷。本调查旨在了解您在消费决策过程对商品与服务信息搜集、处理的有关情况，用于研究和改善渠道行为与信息共享行为。此调查仅以科研为目的，您尽可如实填写。

A. 基本情况

A1. 性别

男	1	女	2

A2. 请问您的实际年龄

18~24 岁	1	45~54 岁	4
25~34 岁	2	55 岁及以上	5
35~44 岁	3		

A3. 请问您的学历

初中及以下	1	本科及同等学历	4
高中 / 中专 / 技校	2	硕士及以上	5
大专及同等学历	3		

A4. 请问您每月的收入

2500 元及以下	1	7501~10000 元	4
2501~5000 元	2	10001 元及以上	5
5001~7500 元	3		

A5. 请问您平均每月网络购物次数

0 次	1	5~6 次	4
1~2 次	2	7 次及以上	5
3~4 次	3		

A6. 请问您平均每月线下购物次数

0 次	1	5~6 次	4
1~2 次	2	7 次及以上	5
3~4 次	3		

B. 消费者复杂决策网络

编号	题项	非常同意	同意	一般	不同意	非常不同意
B1	我在消费决策过程中经常参照我的朋友	5	4	3	2	1
B2	我在消费决策过程中经常与朋友沟通交流	5	4	3	2	1
B3	我喜欢与朋友分享商品或者服务的消费信息	5	4	3	2	1
B4	我经常在微信朋友圈分享体验过的商品与服务	5	4	3	2	1
B5	我与朋友经常对共同感兴趣的商品或服务进行讨论	5	4	3	2	1
B6	我的微信朋友圈能提供给我很多消费信息	5	4	3	2	1
B7	我在消费决策过程中经常浏览购物评价	5	4	3	2	1
B8	我的微信群能给我提供很多消费信息来源	5	4	3	2	1
B9	我经常在微信群讨论商品与服务的消费体验	5	4	3	2	1
B10	我经常关注明星（网红）的穿搭体验和时尚生活	5	4	3	2	1
B11	我在购物后会对商品或服务进行客观评价	5	4	3	2	1
B12	我会主动和好友分享餐厅、理发等生活服务	5	4	3	2	1

C. 消费者决策数据智能

编号	题项	非常同意	同意	一般	不同意	非常不同意
C1	我在决策过程中愿意利用信息技术进行辅助	5	4	3	2	1
C2	我在生活中经常关注手机情景智能与智能推荐	5	4	3	2	1
C3	我在消费者决策过程中依赖可视化数量，如淘宝、京东、大众点评的评价统计	5	4	3	2	1
C4	我在消费者决策过程中依赖智能推荐系统，如京东、淘宝个性化商品推荐	5	4	3	2	1
C5	我经常体验线下智能应用，如皮肤检测、健康检测、智能试衣镜等	5	4	3	2	1
C6	我在消费者决策过程中依赖智能评分排名，如亚马逊图书排行榜、手机跑分软件等	5	4	3	2	1
C7	我购买过智能音响、智能手表等智能设备	5	4	3	2	1
C8	我近期有购买智能音响、智能手表等智能设备的打算	5	4	3	2	1
C9	我在购买电影票过程中经常购买推荐的最佳观影区域座位	5	4	3	2	1
C10	我愿意利用更多人工智能辅助我的消费决策	5	4	3	2	1

D. 消费者信息搜集能力

编号	题项	非常同意	同意	一般	不同意	非常不同意
D1	我愿意主动地搜寻信息支撑消费决策	5	4	3	2	1
D2	我在信息搜集过程中能够明确所需的信息要点	5	4	3	2	1
D3	我在信息搜集过程中能确定信息搜寻的可能范围	5	4	3	2	1
D4	我在信息搜集过程中知晓信息的主要来源	5	4	3	2	1
D5	我在信息搜集过程中能运用合理的信息搜集手段	5	4	3	2	1
D6	我在发现了信息不足时能重新进行大范围信息收集	5	4	3	2	1
D7	我在信息搜集过程中能判断信息的真伪	5	4	3	2	1
D8	我愿意进行深度搜集来理解复杂信息	5	4	3	2	1
D9	我在信息搜集过程中能快速排除干扰项确定有用信息	5	4	3	2	1
D10	我能辨别广告信息和诱导信息	5	4	3	2	1
D11	我能快速完成信息搜集任务	5	4	3	2	1

E. 消费者信息处理能力

编号	题项	非常同意	同意	一般	不同意	非常不同意
E1	我不会盲目听从线上、线下导购的购物建议	5	4	3	2	1
E2	我能快速进行信息整理筛选	5	4	3	2	1
E3	我能对线上线下商品的价格进行对比	5	4	3	2	1
E4	我能够对不同购物平台的价格进行比较	5	4	3	2	1
E5	我在"双十一"购物过程中能较好地运用各种满减、跨店优惠活动	5	4	3	2	1
E6	我能快速处理固定金额包邮商品的筛选和组合	5	4	3	2	1
E7	我能有效运用现有可视化数据验证得出的有效信息	5	4	3	2	1
E8	我在购买手机、电脑过程中能充分地进行参数对比	5	4	3	2	1
E9	我能利用收集的信息进行趋势预测	5	4	3	2	1
E10	我能熟练使用购物网站的排名与筛选系统	5	4	3	2	1
E11	我能快速完成信息处理的过程	5	4	3	2	1

附录 2　B–RGCN 在线评论推荐系统代码

Build_graph– 代码

```
import os
import random
import numpy as np
import pickle as pkl
import networkx as nx
import scipy.sparse as sp
from utils import loadWord2Vec, clean_str
from math import log
from sklearn import svm
from nltk.corpus import wordnet as wn
from sklearn.feature_extraction.text import TfidfVectorizer
import sys
from scipy.spatial.distance import cosine
if len (sys.argv) != 2:
    sys.exit ("Use: python build_graph.py <dataset>")
datasets = ['Movies and TVs', 'Clothing and Shoes', 'Toys and Games', 'Appliances']
# build corpus
dataset = sys.argv[1]
if dataset not in datasets:
    sys.exit ("wrong dataset name")
word_embeddings_dim = 300
word_vector_map = {}
# shulffing
doc_name_list = []
doc_train_list = []
doc_test_list = []
f = open ('data/' + dataset + '.txt', 'r')
lines = f.readlines ()
for line in lines:
```

```
            doc_name_list.append (line.strip ())
            temp = line.split ("\t")
            if temp[1].find ('test') != -1:
                doc_test_list.append (line.strip ())
            elif temp[1].find ('train') != -1:
                doc_train_list.append (line.strip ())
f.close ()
# print (doc_train_list)
# print (doc_test_list)
doc_content_list = []
f = open ('data/corpus/' + dataset + '.clean.txt', 'r')
lines = f.readlines ()
for line in lines:
    doc_content_list.append (line.strip ())
f.close ()
# print (doc_content_list)
train_ids = []
for train_name in doc_train_list:
    train_id = doc_name_list.index (train_name)
    train_ids.append (train_id)
print (train_ids)
random.shuffle (train_ids)
train_ids_str = '\n'.join (str (index) for index in train_ids)
f = open ('data/' + dataset + '.train.index', 'w')
f.write (train_ids_str)
f.close ()
test_ids = []
for test_name in doc_test_list:
    test_id = doc_name_list.index (test_name)
    test_ids.append (test_id)
print (test_ids)
random.shuffle (test_ids)
test_ids_str = '\n'.join (str (index) for index in test_ids)
f = open ('data/' + dataset + '.test.index', 'w')
f.write (test_ids_str)
f.close ()
ids = train_ids + test_ids
print (ids)
print (len (ids))
```

```
shuffle_doc_name_list = []
shuffle_doc_words_list = []
for id in ids:
    shuffle_doc_name_list.append (doc_name_list[int (id)])
    shuffle_doc_words_list.append (doc_content_list[int (id)])
shuffle_doc_name_str = '\n'.join (shuffle_doc_name_list)
shuffle_doc_words_str = '\n'.join (shuffle_doc_words_list)
f = open ('data/' + dataset + '_shuffle.txt', 'w')
f.write (shuffle_doc_name_str)
f.close ()
f = open ('data/corpus/' + dataset + '_shuffle.txt', 'w')
f.write (shuffle_doc_words_str)
f.close ()
# build vocab
word_freq = {}
word_set = set ()
for doc_words in shuffle_doc_words_list:
    words = doc_words.split ()
    for word in words:
        word_set.add (word)
        if word in word_freq:
            word_freq[word] += 1
        else:
            word_freq[word] = 1
vocab = list (word_set)
vocab_size = len (vocab)
word_doc_list = {}
for i in range (len (shuffle_doc_words_list)):
    doc_words = shuffle_doc_words_list[i]
    words = doc_words.split ()
    appeared = set ()
    for word in words:
        if word in appeared:
            continue
        if word in word_doc_list:
            doc_list = word_doc_list[word]
            doc_list.append (i)
            word_doc_list[word] = doc_list
        else:
```

```
            word_doc_list[word] = [i]
        appeared.add (word)
word_doc_freq = {}
for word, doc_list in word_doc_list.items ():
    word_doc_freq[word] = len (doc_list)
word_id_map = {}
for i in range (vocab_size):
    word_id_map[vocab[i]] = i
vocab_str = '\n'.join (vocab)
f = open ('data/corpus/' + dataset + '_vocab.txt', 'w')
f.write (vocab_str)
f.close ()
'''

Word definitions begin
'''

'''

definitions = []
for word in vocab:
    word = word.strip ()
    synsets = wn.synsets (clean_str (word))
    word_defs = []
    for synset in synsets:
        syn_def = synset.definition ()
        word_defs.append (syn_def)
    word_des = ' '.join (word_defs)
    if word_des == '':
        word_des = '<PAD>'
    definitions.append (word_des)
string = '\n'.join (definitions)
f = open ('data/corpus/' + dataset + '_vocab_def.txt', 'w')
f.write (string)
f.close ()
tfidf_vec = TfidfVectorizer (max_features=1000)
tfidf_matrix = tfidf_vec.fit_transform (definitions)
tfidf_matrix_array = tfidf_matrix.toarray ()
print (tfidf_matrix_array[0], len (tfidf_matrix_array[0]))
word_vectors = []
for i in range (len (vocab)):
    word = vocab[i]
```

```
        vector = tfidf_matrix_array[i]
        str_vector = []
        for j in range (len (vector)):
            str_vector.append (str (vector[j]))
        temp = ' '.join (str_vector)
        word_vector = word + ' ' + temp
        word_vectors.append (word_vector)
string = '\n'.join (word_vectors)
f = open ('data/corpus/' + dataset + '_word_vectors.txt', 'w')
f.write (string)
f.close ()
word_vector_file = 'data/corpus/' + dataset + '_word_vectors.txt'
_, embd, word_vector_map = loadWord2Vec (word_vector_file)
word_embeddings_dim = len (embd[0])
'''

'''
Word definitions end
'''
# label list
label_set = set ()
for doc_meta in shuffle_doc_name_list:
    temp = doc_meta.split ('\t')
    label_set.add (temp[2])
label_list = list (label_set)
label_list_str = '\n'.join (label_list)
f = open ('data/corpus/' + dataset + '_labels.txt', 'w')
f.write (label_list_str)
f.close ()


# x: feature vectors of training docs, no initial features
# slect 90% training set
train_size = len (train_ids)
val_size = int (0.1 * train_size)
real_train_size = train_size – val_size  # – int (0.5 * train_size)
# different training rates
real_train_doc_names = shuffle_doc_name_list[:real_train_size]
real_train_doc_names_str = '\n'.join (real_train_doc_names)
f = open ('data/' + dataset + '.real_train.name', 'w')
f.write (real_train_doc_names_str)
```

```python
f.close ()
row_x = []
col_x = []
data_x = []
for i in range (real_train_size):
    doc_vec = np.array ([0.0 for k in range (word_embeddings_dim)])
    doc_words = shuffle_doc_words_list[i]
    words = doc_words.split ()
    doc_len = len (words)
    for word in words:
        if word in word_vector_map:
            word_vector = word_vector_map[word]
            # print (doc_vec)
            # print (np.array (word_vector))
            doc_vec = doc_vec + np.array (word_vector)
    for j in range (word_embeddings_dim):
        row_x.append (i)
        col_x.append (j)
        # np.random.uniform (−0.25, 0.25)
        data_x.append (doc_vec[j] / doc_len)  # doc_vec[j]/ doc_len
# x = sp.csr_matrix ( (real_train_size, word_embeddings_dim), dtype=np.float32)
x = sp.csr_matrix ( (data_x,  (row_x, col_x)), shape= (
    real_train_size, word_embeddings_dim))
y = []
for i in range (real_train_size):
    doc_meta = shuffle_doc_name_list[i]
    temp = doc_meta.split ('\t')
    label = temp[2]
    one_hot = [0 for l in range (len (label_list))]
    label_index = label_list.index (label)
    one_hot[label_index] = 1
    y.append (one_hot)
y = np.array (y)
print (y)

# tx: feature vectors of test docs, no initial features
test_size = len (test_ids)
row_tx = []
col_tx = []
```

```
data_tx = []
for i in range (test_size):
    doc_vec = np.array ([0.0 for k in range (word_embeddings_dim)])
    doc_words = shuffle_doc_words_list[i + train_size]
    words = doc_words.split ()
    doc_len = len (words)
    for word in words:
        if word in word_vector_map:
            word_vector = word_vector_map[word]
            doc_vec = doc_vec + np.array (word_vector)
        for j in range (word_embeddings_dim):
            row_tx.append (i)
            col_tx.append (j)
            # np.random.uniform (-0.25, 0.25)
            data_tx.append (doc_vec[j] / doc_len) # doc_vec[j] / doc_len
# tx = sp.csr_matrix ( (test_size, word_embeddings_dim), dtype=np.float32)
tx = sp.csr_matrix ( (data_tx,  (row_tx, col_tx)),
                    shape= (test_size, word_embeddings_dim))
ty = []
for i in range (test_size):
    doc_meta = shuffle_doc_name_list[i + train_size]
    temp = doc_meta.split ('\t')
    label = temp[2]
    one_hot = [0 for l in range (len (label_list))]
    label_index = label_list.index (label)
    one_hot[label_index] = 1
    ty.append (one_hot)
ty = np.array (ty)
print (ty)
word_vectors = np.random.uniform (-0.01, 0.01,
                                (vocab_size, word_embeddings_dim))
for i in range (len (vocab)):
    word = vocab[i]
    if word in word_vector_map:
        vector = word_vector_map[word]
        word_vectors[i] = vector
row_allx = []
col_allx = []
data_allx = []
```

```python
for i in range (train_size):
    doc_vec = np.array ([0.0 for k in range (word_embeddings_dim)])
    doc_words = shuffle_doc_words_list[i]
    words = doc_words.split ()
    doc_len = len (words)
    for word in words:
        if word in word_vector_map:
            word_vector = word_vector_map[word]
            doc_vec = doc_vec + np.array (word_vector)
        for j in range (word_embeddings_dim):
            row_allx.append (int (i))
            col_allx.append (j)
            # np.random.uniform (−0.25, 0.25)
            data_allx.append (doc_vec[j] / doc_len)  # doc_vec[j]/doc_len
for i in range (vocab_size):
    for j in range (word_embeddings_dim):
        row_allx.append (int (i + train_size))
        col_allx.append (j)
        data_allx.append (word_vectors.item ( (i, j)))
row_allx = np.array (row_allx)
col_allx = np.array (col_allx)
data_allx = np.array (data_allx)
allx = sp.csr_matrix (
    (data_allx, (row_allx, col_allx)), shape= (train_size + vocab_size, word_embeddings_dim))
ally = []
for i in range (train_size):
    doc_meta = shuffle_doc_name_list[i]
    temp = doc_meta.split ('\t')
    label = temp[2]
    one_hot = [0 for l in range (len (label_list))]
    label_index = label_list.index (label)
    one_hot[label_index] = 1
    ally.append (one_hot)
for i in range (vocab_size):
    one_hot = [0 for l in range (len (label_list))]
    ally.append (one_hot)
ally = np.array (ally)
print (x.shape, y.shape, tx.shape, ty.shape, allx.shape, ally.shape)
```

```
'''
Doc word heterogeneous graph
'''
# word co-occurence with context windows
window_size = 20
windows = []
for doc_words in shuffle_doc_words_list:
    words = doc_words.split ()
    length = len (words)
    if length <= window_size:
        windows.append (words)
    else:
        # print (length, length - window_size + 1)
        for j in range (length - window_size + 1):
            window = words[j: j + window_size]
            windows.append (window)
            # print (window)
word_window_freq = {}
print ("windows: ",len (windows))
for window in windows:
    # print ("window_len :",len (window))
    appeared = set ()
    for i in range (len (window)):
        if window[i] in appeared:
            continue
        if window[i] in word_window_freq:
            # print (window[i])
            word_window_freq[window[i]] += 1
        else:
            word_window_freq[window[i]] = 1
        appeared.add (window[i])
word_pair_count = {}
for window in windows:
    for i in range (1, len (window)):
        for j in range (0, i):
            word_i = window[i]
            word_i_id = word_id_map[word_i]
            word_j = window[j]
            word_j_id = word_id_map[word_j]
```

```
            if word_i_id == word_j_id:
                continue
            word_pair_str = str (word_i_id) + ',' + str (word_j_id)
            if word_pair_str in word_pair_count:
                word_pair_count[word_pair_str] += 1
            else:
                word_pair_count[word_pair_str] = 1
            # two orders
            word_pair_str = str (word_j_id) + ',' + str (word_i_id)
            if word_pair_str in word_pair_count:
                word_pair_count[word_pair_str] += 1
            else:
                word_pair_count[word_pair_str] = 1
row = []
col = []
weight = []
# pmi as weights
num_window = len (windows)
for key in word_pair_count:
    temp = key.split (',')
    i = int (temp[0])
    j = int (temp[1])
    count = word_pair_count[key]
    word_freq_i = word_window_freq[vocab[i]]
    word_freq_j = word_window_freq[vocab[j]]
    pmi = log ( ((1.0 * count / num_window) /
                (1.0 * word_freq_i * word_freq_j/ (num_window * num_window))))
    if pmi <= 0:
        continue
    row.append (train_size + i)
    col.append (train_size + j)
    weight.append (pmi)
doc_word_freq = {}
for doc_id in range (len (shuffle_doc_words_list)):
    doc_words = shuffle_doc_words_list[doc_id]
    words = doc_words.split ()
    for word in words:
        word_id = word_id_map[word]
        doc_word_str = str (doc_id) + ',' + str (word_id)
```

```
        if doc_word_str in doc_word_freq:
            doc_word_freq[doc_word_str] += 1
        else:
            doc_word_freq[doc_word_str] = 1
for i in range (len (shuffle_doc_words_list)):
    doc_words = shuffle_doc_words_list[i]
    words = doc_words.split ()
    doc_word_set = set ()
    for word in words:
        if word in doc_word_set:
            continue
        j = word_id_map[word]
        key = str (i) + ',' + str (j)
        freq = doc_word_freq[key]
        if i < train_size:
            row.append (i)
        else:
            row.append (i + vocab_size)
        col.append (train_size + j)
        idf = log (1.0 * len (shuffle_doc_words_list) /
                    word_doc_freq[vocab[j]])
        weight.append (freq * idf)
        doc_word_set.add (word)
node_size = train_size + vocab_size + test_size
adj = sp.csr_matrix (
    (weight,  (row, col)), shape= (node_size, node_size))
# dump objects
f = open ("data/ind.{}.x".format (dataset), 'wb')
pkl.dump (x, f)
f.close ()
f = open ("data/ind.{}.y".format (dataset), 'wb')
pkl.dump (y, f)
f.close ()
f = open ("data/ind.{}.tx".format (dataset), 'wb')
pkl.dump (tx, f)
f.close ()
f = open ("data/ind.{}.ty".format (dataset), 'wb')
pkl.dump (ty, f)
f.close ()
```

```python
f = open ("data/ind.{}.allx".format (dataset), 'wb')
pkl.dump (allx, f)
f.close ()
f = open ("data/ind.{}.ally".format (dataset), 'wb')
pkl.dump (ally, f)
f.close ()
f = open ("data/ind.{}.adj".format (dataset), 'wb')
pkl.dump (adj, f)
f.close ()
```

Train_RGCN– 代码

```python
import torch as th
from transformers import AutoModel, AutoTokenizer
import torch.nn.functional as F
from utils import *
import dgl
import torch.utils.data as Data
from ignite.engine import Events, create_supervised_evaluator, create_supervised_trainer, Engine
from ignite.metrics import Accuracy, Loss
from sklearn.metrics import accuracy_score
import numpy as np
import os
import shutil
import argparse
import sys
import logging
from datetime import datetime
from torch.optim import lr_scheduler
parser = argparse.ArgumentParser ()
parser.add_argument ('--max_length', type=int, default=128, help='the input length for bert')
parser.add_argument ('--batch_size', type=int, default=64)
parser.add_argument ('-m', '--m', type=float, default=0.7, help='the factor balancing BERT and
rgcn prediction')
parser.add_argument ('--nb_epochs', type=int, default=50)
parser.add_argument ('--bert_init', type=str, default='bert–base–uncased',
                     choices=['roberta–base', 'roberta–large', 'bert–base–uncased', 'bert–large–
uncased'])
parser.add_argument ('--pretrained_bert_ckpt', default=None)
parser.add_argument ('--dataset', default='MoviesandTVs', choices=['MoviesandTVs', 'Clothing and
Shoes', 'Toys and Games', 'Appliances'])
```

```python
parser.add_argument ('--checkpoint_dir', default=None, help='checkpoint directory, [bert_init]_
[rgcn_model]_[dataset] if not specified')
parser.add_argument ('--rgcn_model', type=str, default='rgcn', choices='rgcn')
parser.add_argument ('--rgcn_layers', type=int, default=2)
parser.add_argument ('--n_hidden', type=int, default=200, help='the dimension of gcn hidden
layer, the dimension for gat is n_hidden * heads')
parser.add_argument ('--heads', type=int, default=8, help='the number of attentionn heads for gat')
parser.add_argument ('--dropout', type=float, default=0.5)
parser.add_argument ('--rgcn_lr', type=float, default=1e-3)
parser.add_argument ('--bert_lr', type=float, default=1e-5)
args = parser.parse_args ()
max_length = args.max_length
batch_size = args.batch_size
m = args.m
nb_epochs = args.nb_epochs
bert_init = args.bert_init
pretrained_bert_ckpt = args.pretrained_bert_ckpt
dataset = args.dataset
checkpoint_dir = args.checkpoint_dir
rgcn_model = args.rgcn_model
rgcn_layers = args.rgcn_layers
n_hidden = args.n_hidden
heads = args.heads
dropout = args.dropout
rgcn_lr = args.rgcn_lr
bert_lr = args.bert_lr
if checkpoint_dir is None:
    ckpt_dir = './checkpoint/{}_{}_{}'.format (bert_init, rgcn_model, dataset)
else:
    ckpt_dir = checkpoint_dir
os.makedirs (ckpt_dir, exist_ok=True)
shutil.copy (os.path.basename (__file__), ckpt_dir)
sh = logging.StreamHandler (sys.stdout)
sh.setFormatter (logging.Formatter ('% (message)s'))
sh.setLevel (logging.INFO)
fh = logging.FileHandler (filename=os.path.join (ckpt_dir, 'training.log'), mode='w')
fh.setFormatter (logging.Formatter ('% (message)s'))
fh.setLevel (logging.INFO)
logger = logging.getLogger ('training logger')
```

```
logger.addHandler (sh)
logger.addHandler (fh)
logger.setLevel (logging.INFO)
cpu = th.device ('cpu')
gpu = th.device ('cuda:0')
logger.info ('arguments:')
logger.info (str (args))
logger.info ('checkpoints will be saved in {}'.format (ckpt_dir))
# Model
# Data Preprocess
adj, features, y_train, y_val, y_test, train_mask, val_mask, test_mask, train_size, test_size = load_
corpus (dataset)
# compute number of real train/val/test/word nodes and number of classes
nb_node = features.shape[0]
nb_train, nb_val, nb_test = train_mask.sum (), val_mask.sum (), test_mask.sum ()
nb_word = nb_node − nb_train − nb_val − nb_test
nb_class = y_train.shape[1]
# instantiate model according to class number
if rgcn_model == 'rgcn':
    model = Bertrgcn (nb_class=nb_class, pretrained_model=bert_init, m=m, rgcn_layers=rgcn_
layers,
                    n_hidden=n_hidden, dropout=dropout)
else:
    model = BertGAT (nb_class=nb_class, pretrained_model=bert_init, m=m, rgcn_layers=rgcn_
layers,
                    heads=heads, n_hidden=n_hidden, dropout=dropout)


if pretrained_bert_ckpt is not None:
    ckpt = th.load (pretrained_bert_ckpt, map_location=gpu)
    model.bert_model.load_state_dict (ckpt['bert_model'])
    model.classifier.load_state_dict (ckpt['classifier'])
# load documents and compute input encodings
corpse_file = './data/corpus/' + dataset +'_shuffle.txt'
with open (corpse_file, 'r') as f:
    text = f.read ()
    text = text.replace ('\\', '')
    text = text.split ('\n')
def encode_input (text, tokenizer):
```

```
    input = tokenizer (text, max_length=max_length, truncation=True, padding='max_length',
return_tensors='pt')
    #print (input.keys ())
    return input.input_ids, input.attention_mask
input_ids, attention_mask = encode_input (text, model.tokenizer)
input_ids = th.cat ([input_ids[:−nb_test], th.zeros ( (nb_word, max_length), dtype=th.long), input_
ids[−nb_test:]])
attention_mask = th.cat ([attention_mask[:−nb_test], th.zeros ( (nb_word, max_length), dtype=th.
long), attention_mask[−nb_test:]])
# transform one−hot label to class ID for pytorch computation
y = y_train + y_test + y_val
y_train = y_train.argmax (axis=1)
y = y.argmax (axis=1)
# document mask used for update feature
doc_mask  = train_mask + val_mask + test_mask
# build DGL Graph
adj_norm = normalize_adj (adj + sp.eye (adj.shape[0]))
g = dgl.from_scipy (adj_norm.astype ('float32'), eweight_name='edge_weight')
g.ndata['input_ids'], g.ndata['attention_mask'] = input_ids, attention_mask
g.ndata['label'], g.ndata['train'], g.ndata['val'], g.ndata['test'] = \
    th.LongTensor (y), th.FloatTensor (train_mask), th.FloatTensor (val_mask), th.FloatTensor
(test_mask)
g.ndata['label_train'] = th.LongTensor (y_train)
g.ndata['cls_feats'] = th.zeros ( (nb_node, model.feat_dim))
logger.info ('graph information:')
logger.info (str (g))
# create index loader
train_idx = Data.TensorDataset (th.arange (0, nb_train, dtype=th.long))
val_idx = Data.TensorDataset (th.arange (nb_train, nb_train + nb_val, dtype=th.long))
test_idx = Data.TensorDataset (th.arange (nb_node−nb_test, nb_node, dtype=th.long))
doc_idx = Data.ConcatDataset ([train_idx, val_idx, test_idx])
idx_loader_train = Data.DataLoader (train_idx, batch_size=batch_size, shuffle=True)
idx_loader_val = Data.DataLoader (val_idx, batch_size=batch_size)
idx_loader_test = Data.DataLoader (test_idx, batch_size=batch_size)
idx_loader = Data.DataLoader (doc_idx, batch_size=batch_size, shuffle=True)
# Training
def update_feature ():
    global model, g, doc_mask
    # no gradient needed, uses a large batchsize to speed up the process
```

```
        dataloader = Data.DataLoader (
            Data.TensorDataset (g.ndata['input_ids'][doc_mask],
g.ndata['attention_mask'][doc_mask]),
            batch_size=1024
        )
        with th.no_grad ():
            model = model.to (gpu)
            model.eval ()
            cls_list = []
            for i, batch in enumerate (dataloader):
                input_ids, attention_mask = [x.to (gpu) for x in batch]
                output = model.bert_model (input_ids=input_ids, attention_mask=attention_mask)
[0][:, 0]
                cls_list.append (output.cpu ())
            cls_feat = th.cat (cls_list, axis=0)
        g = g.to (cpu)
        g.ndata['cls_feats'][doc_mask] = cls_feat
        return g
optimizer = th.optim.Adam ([
        {'params': model.bert_model.parameters (), 'lr': bert_lr},
        {'params': model.classifier.parameters (), 'lr': bert_lr},
        {'params': model.rgcn.parameters (), 'lr': rgcn_lr},
    ], lr=1e−3
)
scheduler = lr_scheduler.MultiStepLR (optimizer, milestones=[30], gamma=0.1)
def train_step (engine, batch):
    global model, g, optimizer
    model.train ()
    model = model.to (gpu)
    g = g.to (gpu)
    optimizer.zero_grad ()
    (idx, ) = [x.to (gpu) for x in batch]
    optimizer.zero_grad ()
    train_mask = g.ndata['train'][idx].type (th.BoolTensor)
    y_pred = model (g, idx)[train_mask]
    y_true = g.ndata['label_train'][idx][train_mask]
    loss = F.nll_loss (y_pred, y_true)
    loss.backward ()
    optimizer.step ()
```

```
        g.ndata['cls_feats'].detach_ ()
        train_loss = loss.item ()
        with th.no_grad ():
            if train_mask.sum () > 0:
                y_true = y_true.detach ().cpu ()
                y_pred = y_pred.argmax (axis=1).detach ().cpu ()
                train_acc = accuracy_score (y_true, y_pred)
            else:
                train_acc = 1
        return train_loss, train_acc
trainer = Engine (train_step)
@trainer.on (Events.EPOCH_COMPLETED)
def reset_graph (trainer):
    scheduler.step ()
    update_feature ()
    th.cuda.empty_cache ()
def test_step (engine, batch):
    global model, g
    with th.no_grad ():
        model.eval ()
        model = model.to (gpu)
        g = g.to (gpu)
        (idx, ) = [x.to (gpu) for x in batch]
        y_pred = model (g, idx)
        y_true = g.ndata['label'][idx]
        return y_pred, y_true
evaluator = Engine (test_step)
metrics={
    'acc': Accuracy (),
    'nll': Loss (th.nn.NLLLoss ())
}
for n, f in metrics.items ():
    f.attach (evaluator, n)
@trainer.on (Events.EPOCH_COMPLETED)
def log_training_results (trainer):
    evaluator.run (idx_loader_train)
    metrics = evaluator.state.metrics
    train_acc, train_nll = metrics["acc"], metrics["nll"]
    evaluator.run (idx_loader_val)
```

```
        metrics = evaluator.state.metrics
        val_acc, val_nll = metrics["acc"], metrics["nll"]
        evaluator.run (idx_loader_test)
        metrics = evaluator.state.metrics
        test_acc, test_nll = metrics["acc"], metrics["nll"]
        logger.info (
            "Epoch: {}  Train acc: {:.4f} loss: {:.4f}  Val acc: {:.4f} loss: {:.4f}  Test acc: {:.4f}
loss: {:.4f}"
            .format (trainer.state.epoch, train_acc, train_nll, val_acc, val_nll, test_acc, test_nll)
        )
        if val_acc > log_training_results.best_val_acc:
            logger.info ("New checkpoint")
            th.save (
                {
                    'bert_model': model.bert_model.state_dict (),
                    'classifier': model.classifier.state_dict (),
                    'rgcn': model.rgcn.state_dict (),
                    'optimizer': optimizer.state_dict (),
                    'epoch': trainer.state.epoch,
                },
                os.path.join (
                    ckpt_dir, 'checkpoint.pth'
                )
            )
            log_training_results.best_val_acc = val_acc
log_training_results.best_val_acc = 0
g = update_feature ()
trainer.run (idx_loader, max_epochs=nb_epochs)
```